Cesare Segre

Literarische Semiotik

Dichtung – Zeichen – Geschichte

Aus dem Italienischen übersetzt
von Käthe Henschelmann

Herausgegeben von Harro Stammerjohann

Klett-Cotta

Der Aufsatz Nr. 3 wurde von Ursula und Volker Knapp übersetzt

Die Aufsätze Nr. 1, 2, 3, 7, 12 erschienen im Original in dem Band
„I segni e la critica"
© 1979 Giulio Einaudi, Torino
die Aufsätze Nr. 5, 8, 10, 11 in dem Band „Le strutture e il tempo"
© 1974 Giulio Einaudi, Torino
der Aufsatz Nr. 6 in dem Band „Semiotica filologica"
© 1979 Giulio Einaudi, Torino

CIP-Kurztitelaufnahme der Deutschen Bibliothek

Segre, Cesare:
(Sammlung [dt.])
Literarische Semiotik: Dichtung, Zeichen, Geschichte /
Cesare Segre. Aus d. Ital. übers. von Käthe Henschelmann.
Hrsg. von Harro Stammerjohann.
1. Aufl.
Stuttgart: Klett-Cotta, 1980.
ISBN 3-12-911780-6

1. Auflage 1980
Alle Rechte vorbehalten
Fotomechanische Wiedergabe nur mit Genehmigung des Verlages
Verlagsgemeinschaft Ernst Klett – J. G. Cotta'sche Buchhandlung
Nachfolger GmbH, Stuttgart
© für die deutsche Ausgabe Ernst Klett Verlag, Stuttgart 1980
Printed in Austria
Gesamtherstellung: Wiener Verlag, Himberg

Inhalt

Einleitung des Herausgebers 7

Teil I

1. Stilsynthese 21
2. Auf dem Wege zu einer semiotischen Literaturwissenschaft 27
3. Zwischen Strukturalismus und Semiotik 47
4. Erzählforschung, narrative Logik und Zeit 73
5. Erzählstrukturen und Geschichte 137
6. Die implizierenden Strukturen 146

Teil II

7. System und Strukturen in den *Soledades* von Antonio Machado 161
8. Die gekrümmte Zeit bei García Márquez 198
9. Funktionen, Oppositionen und Symmetrien im Siebten Tag
   des *Dekameron* 238
10. Strukturelle Komik in der Novelle von Alatiel 265
11. Gerade und Spiralen im Aufbau des *Don Quijote* 279
12. Die Funktion der Sprache in Samuel Becketts *Spiel ohne Worte* 311

Bibliographie zum theoretischen Teil 332

Einleitung des Herausgebers

Die russischen Formalisten, die Prager Strukturalisten und die Pariser Semiologen sind hierzulande bekannt – der hohe Stand der modernen italienischen Literaturtheorie nicht. Mit ihrer Entwicklung Verbindung zu halten, wäre Sache einer deutschen Italianistik gewesen.

Zum Beispiel stammt von den über sechzig Beiträgen der internationalen Dokumentation *Literaturwissenschaft und Linguistik* von Jens Ihwe (Frankfurt 1971) kein einziger aus Italien. Volker Kapp hat diese Lücke zu schließen versucht und unter dem Titel *Aspekte objektiver Literaturwissenschaft* Texte von Agosti, Avalle, Contini, Corti, Eco, Pagnini, Rossi, Segre und Valesio in deutscher Sprache veröffentlicht (Heidelberg 1973). Vielleicht erfolgte diese Veröffentlichung jedoch zu unvermittelt, als daß sie die angemessene Beachtung hätte finden können.

Mit Cesare Segre soll nun derjenige Autor in Deutschland näher bekanntgemacht werden, der in Italien wie kein anderer die Auseinandersetzung mit den formalistischen Schulen des Auslands gesucht und in die moderne italienische Literaturtheorie eingebracht, der aber auch die Leistungsfähigkeit dieser Theorie anhand von Beispielen aus verschiedenen Literaturen am vielfältigsten gezeigt hat.

Während der charakteristische deutsche Beitrag zur modernen Texttheorie von der Textlinguistik kommt (so charakteristisch offenbar, daß Segre diesen Begriff nicht übersetzt: vgl. S. 87), liegt der italienische Beitrag in der Unterordnung unter die Semiotik. Der Italiener Umberto Eco erhebt den totalitären Anspruch, alle Kultur, also auch Literatur, sei Kommunikation und jede Wissenschaft davon Semiotik[1]. Jedenfalls ist die Semiotik in keinem Land so fruchtbar geworden wie

---

[1] Wie er hier S. 47, Fußnote 3, schreibt, möchte Segre mit Rossi-Landi gern zwischen Semiotik als allgemeiner Zeichenwissenschaft und Semiologie als der Wissenschaft von den kodifizierten, „post- und translinguistischen" Zeichen unterscheiden und nannte demgemäß seine eigene Arbeit zunächst Semiologie. Er weiß aber, daß sich diese Unterscheidung terminologisch nicht durchgesetzt hat: Semiologie war der Begriff Saussures, und französische Autoren sprechen auch heute noch von Semiologie, angelsächsische und russische Autoren aber nur von Semiotik, und das ist auch der Sprachgebrauch, nach dem sich die Internationale Vereinigung für Semiotik benannt und dem sich Segre später angeschlossen hat; er herrscht nun auch in Deutschland vor, und die Übersetzer dieses Buches sind ihm deshalb gefolgt.

in Italien, und neben Eco[2] hat Segre daran den größten Anteil. Die folgenden Daten sind Marksteine in der Entwicklung der italienischen Semiotik:

1953 veröffentlicht Ferruccio Rossi-Landi sein Buch über Charles Morris (Neuauflage 1975 unter dem Titel: *Charles Morris e la semiotica novecentesca*, Milano).

1970 wird die italienische Sektion der ein Jahr zuvor gegründeten Internationalen Vereinigung für Semiotik, deren Präsident Segre heute ist, gegründet.

1971 wird an der Universität von Urbino das Internationale Zentrum für Semiotik und Linguistik eingerichtet. Im selben Jahr erscheint erstmals *Vs (Versus. Quaderni di studi semiotici)*, die wichtigste italienische Zeitschrift für Semiotik.

1973 beginnt die Zeitschrift *Strumenti critici,* zu deren Herausgebern Segre gehört, die italienische Literatur zu Semiotik und Strukturalismus regelmäßig zu bibliographieren.

1974 wird in Mailand der erste Kongreß der internationalen Vereinigung für Semiotik abgehalten. Der Verlag Bompiani widmet der Semiotik eine eigene Reihe.

1975 folgt Felltrinelli dem Beispiel von Bompiani.

Außer der semiotischen Fachzeitschrift *Vs* ist heute noch eine Reihe anderer italienischer Zeitschriften semiotisch orientiert: im Bereich Sprache und Literatur neben *Strumenti critici* noch *Lingua e stile*.

Es gibt inzwischen auch verschiedene Selbstdarstellungen der modernen italienischen Literaturwissenschaft, so den von Maria Corti und Cesare Segre herausgegebenen Sammelband *I metodi attuali della critica in Italia* (Torino 1970 und Nachdrucke) und, kürzer, aber auf einem neueren Stand, Beiträge u. a. von Corti und Segre in einer *Guida alla linguistica italiana (1965–1975)* (einem Band der *Società di linguistica italiana,* Roma 1976). Auch Kapp hat Vorgeschichte und Entstehung dieser Literaturwissenschaft „zwischen Formalismus, Strukturalismus und Semiotik" in der Einleitung seiner *Aspekte* umrissen: die allzu lange Abhängigkeit von der Ästhetik des übermächtigen Croce; zwischen den Kriegen Versuche, sich nach Amerika zu öffnen (Pavese, Vittorini); nach dem Zweiten Weltkrieg Abwendung von Amerika und Aufnahme des Marxismus (Neorealismus), in den sechziger Jahren Aufnahme des Russischen Formalismus und des Strukturalismus, insbesondere Roman Jakobsons. Giulio C. Lepschys Einführung *La linguistica strutturale* von 1966 (deutsch: *Die strukturale Sprachwissenschaft,* München [3]1973) soll innerhalb von Monaten, die italienische Übersetzung von

---

[2] Deutsche Ausgaben: *Einführung in die Semiotik*, Stuttgart/München 1972; *Das offene Kunstwerk*, Frankfurt 1973; *Zeichen. Einführung in einen Begriff und seine Geschichte*, Frankfurt 1977; zusammen mit José Ragué Arias, *Pop. Kunst und Kultur der Jugend,* Reinbek 1978.

Saussures *Cours* 1967 innerhalb von Tagen vergriffen gewesen sein. Und wie die amerikanische ist dann auch die sowjetische Semiotik in Italien früher und ausgiebiger bekanntgeworden als etwa in Frankreich oder der Bundesrepublik.

Zu den charakteristischen italienischen Voraussetzungen für die heutige italienische Literaturwissenschaft gehörte aber auch ein großes und besonderes philologisches Erbe, dank dessen sie empirischer geblieben ist als etwa die französische „critique littéraire". (Diesem Erbe ist sie vielleicht auch dadurch verpflichtet geblieben, daß sie akademisch geblieben ist, nicht wie in Frankreich außerhalb der Universitäten angeregt wurde.) Diese italienische Philologie verfügte über Methoden, die den neuen formalistischen Einflüssen entgegenkamen: Zum einen setzten Schiaffini, Terracini, Devoto und ihre Schulen die linguistische Stilistik Ballys und Spitzers „Stilkritik" fort und versuchten bereits, das Verhältnis zwischen Tradition und einzelnem Werk zu bestimmen; zum anderen hatte Gianfranco Contini die Praxis begründet, zur Erklärung eines Werks dessen Varianten hinzuzuziehen.

Auch Segre kommt aus der Philologie: von der Sprachgeschichte und der Stilistik. Er hat die Einleitung zur italienischen Übersetzung eines Hauptwerks von Bally geschrieben (*Linguistica generale e linguistica francese,* Milano 1963). Seine syntaktischen, stilistischen, aber in zunehmendem Maße dann auch schon soziologischen Arbeiten zur Geschichte der italienischen Prosa sind in einem Band *Lingua, stile e società* (Milano 1963, [2]1974) gesammelt. In die Strukturalismusdiskussion griff er 1963/64 mit einer Umfrage über die Leistung des Strukturalismus für die hermeneutischen Wissenschaften ein:

„Kunst- und Literaturwissenschaft zeigen in letzter Zeit ein lebhaftes Interesse an strukturalistischen Verfahren, besonders denjenigen des linguistischen Strukturalismus seit Saussure: [1.] Glauben Sie, daß diese Verfahren leistungsfähige Interpretationshilfen [Segre spricht damals schon von *strumenti critici,* wie dann auch die von ihm mitbegründete Zeitschrift heißen sollte, s. o.] abgeben könnten? Und wenn ja, an welche strukturalistische Richtung denken Sie? [2.] Glauben Sie, daß die Methoden des Strukturalismus in eine vorwiegend historische hermeneutische Tradition (wie die italienische) eingebracht werden können?" (S. XII der Veröffentlichung.)

Die Antworten von Giulio Carlo Argan, Arco Silvio Avalle, Roland Barthes, Mario Bortolotto, Maria Corti, Hugo Friedrich, Werner Hofmann, Claude Lévi-Strauss, Samuel R. Levin, Enzo Paci, Aurelio Roncaglia, Luigi Rosiello, Jean Starobinski und Vittorio Strada sowie eine Auswertung von Segre selbst erschienen 1965 unter dem Titel „Strutturalismo e critica" im *Catalogo generale 1958–1965* der Casa editrice il Saggiatore (Milano, S. IX–LXXXV). Segres Auswertung der Umfrage ist zusammen mit anderen Aufsätzen wiederabgedruckt in seinem Band *I segni e la critica* (Torino 1969, [3]1976). Seine wichtigsten weiteren Beiträge zur Entwicklung einer semiotischen Literaturtheorie sind in den Bänden *Le strutture e il tempo* (Torino 1974, [3]1977), *Semiotica, storia e cultura* (Padova 1977) und *Semiotica filologica* (Torino 1979) gesammelt.

Aus diesen vier Bänden wurden zwölf Aufsätze für die vorliegende deutsche Ausgabe ausgewählt; nur „Zwischen Strukturalismus und Semiotik" war auch schon in Kapps Anthologie enthalten, wurde jedoch von den Übersetzern für den neuen Abdruck noch einmal durchgesehen.[3] Jeweils in chronologischer Reihenfolge enthält der erste Teil theoretische Abhandlungen, der zweite Interpretationen. Die Auswahl sollte zum einen der theoretischen Bedeutung der Aufsätze Rechnung tragen, zum andern dem Interesse eines deutschen Publikums an bestimmten Texten: Segre ist von Haus aus Romanist, und die romanischen Literaturen liegen ihm am nächsten. Deshalb mußten die Interpretationen solcher Werke bevorzugt werden, die ihrerseits in deutscher Übersetzung vorliegen und bekannt sind. Von den ausgewählten Autoren ist der spanische Lyriker Antonio Machado (Kapitel 7, vgl. auch schon Kapitel 6) bis heute am wenigsten übersetzt, deshalb werden zu den spanischen Zitaten an Ort und Stelle Verständnishilfen gegeben.

Die Einteilung in einerseits theoretische Abhandlungen und andererseits Interpretationen ist auch schon das Einteilungsprinzip von *I segni e la critica,* von *Le strutture e il tempo* und von *Semiotica filologica* – eine Einteilung, die Segre nicht mißverstanden wissen will. Sie sei nichts weniger, schreibt er im Vorwort von *I segni e la critica,* als die Trennung von allgemeinen Grundsätzen und ihrer Anwendung auf Musterbeispiele, denn solange Kunst und die Wissenschaft davon zweierlei seien, sei es Aufgabe dieser Wissenschaft, die Kunst zu erklären (vgl. auch *Le strutture e il tempo,* S. IX), und: „die Formalisierung ist Mittel, nicht Zweck" (ebendort, S. VII). „Ein Appell, der nicht gegen den schöpferischen Einfall, gegen die Freude am Schreiben und das etwaige (beneidenswerte) theoretische Geschick des Literaturwissenschaftlers gerichtet ist, sondern der diese Begabungen dahin lenken möchte, nicht am hermeneutischen Ziel vorbeizuarbeiten. Es ist ein Appell – man könnte fast sagen – an das Berufsethos" (*I segni e la critica,* S. 8). Er empfiehlt den Literaturwissenschaftlern deshalb, „ihr eigenes Tun unter Beobachtung zu stellen, es einer ernsten Prüfung zu unterwerfen", und er sagt auch, wie er das meint: „Die einfachsten Kontrollmöglichkeiten, die die Literaturwissenschaftler haben, liegen in dem Raum zwischen dem Werk als Objekt (...) und der Abstraktheit der theoretischen Hypothese, an der es gemessen wird. Die theoretische Hypothese muß ständig neu angepaßt und überdacht werden, damit sie sich für die Interpretation des künstlerischen Produkts immer besser eignet, und der Objektcharakter des Werks muß unermüdlich herausgefordert werden – so lange, bis die Strukturen aufgedeckt sind, auf denen die Oberfläche des Textes beruht. Das Nebeneinander (das Abwechseln, wenn man die chronologische Reihenfolge berücksichtigt) von Abhandlungen und Interpretatio-

---

[3] Aus dem Band *Semiotica filologica* wäre noch der Aufsatz „La natura del testo" aufgenommen worden, wenn dieser nicht gleichzeitig in englischer Übersetzung in Deutschland erschienen und damit schon verhältnismäßig leicht zugänglich wäre („The Nature of Text". In: J. S. Petöfi, Hrsg., *Text vs Sentence,* S. 77–88, Hamburg 1979).

nen in diesem Band ergibt sich aus eben diesem Bemühen um Kontrolle der Theorien durch die analytische Tätigkeit und der analytischen Verfahren durch die theoretische Übung" (a. a. O.).

Dem Band *I segni e la critica*, deutsch „Die Zeichen und die Literaturwissenschaft", sind die Abhandlungen „Die Stilsynthese", „Auf dem Wege zu einer semiotischen Literaturwissenschaft", „Zwischen Strukturalismus und Semiotik" sowie die Interpretationen „System und Strukturen in den *Soledades* von Antonio Machado" und „Die gekrümmte Zeit bei García Márquez" entnommen. Der Untertitel dieses Bandes lautet „Zwischen Strukturalismus und Semiotik", und in der Tat geht es darin noch um die Überwindung des Strukturalismus oder, richtiger, um die Definition des Verhältnisses zwischen Strukturalismus und Semiotik – dessen, was Semiotik mehr sein soll als Strukturalismus.

Denn die Semiotik soll den Strukturalismus nicht ablösen. Im Vorwort bezeichnet Segre den Strukturalismus als den Blickwinkel seiner Tätigkeit, die Semiotik als ihren Horizont, und er betont darüberhinaus, daß auch seine früheren Arbeiten, in denen die „Instrumente" (*strumenti*, s. o.) eher aus der Sprachgeschichte und der Stilistik stammen, auf derselben Entwicklungslinie zu sehen seien, indem immer das Axiom vom Primat des Textes gegolten habe und von der Notwendigkeit einer linguistisch-philologischen Analyse: „Nur haben die nach und nach eingesetzten Verfahren eine andere und meiner Meinung nach immer stärker synthetische Systematisierung der Befunde ermöglicht" (S. 9).

Insbesondere glaubt Segre, in dem Band *I segni e la critica* zur Überwindung des alten Gegensatzes von Form und Inhalt beitragen zu können: „Vielleicht ermöglicht die Semiotik den Entwurf von ‚Modellen', nach denen die inhaltlichen Fakten im Augenblick ihrer formalen Verarbeitung erfaßt werden können, so daß die Welt der Inhalte nicht für sich bleibt (...), sondern mit den Formen in die gleiche Dialektik eintritt, in der sie sich während des künstlerischen Einfalls befunden hat (eine Dialektik also, die nicht nur als genetisch anzusehen ist, sondern als konstitutiv)" (S. 9).

Er teilt dennoch nicht den Optimismus des linguistischen Strukturalismus, Literatur rein wissenschaftlich, gar taxonomisch erklären zu können: „Aber es ist nicht nur wissenschaftlich, die Gesetze zu erkennen, sondern auch ihren Geltungsbereich, und es wird der Linguistik nicht schlecht bekommen, wenn sie, nachdem sie ihren Beitrag zur Literaturwissenschaft geleistet hat, anderen heuristischen Verfahren Platz macht, die vielleicht nicht immer zu formalisierbaren und quantifizierbaren Ergebnissen führen. Die Kunst, soviel scheint klar zu sein, gehört zu denjenigen Tätigkeiten, die den Menschen auf seinem wissenschaftsgläubigen und technologischen Weg herausfordern, und es ist nur angebracht, daß die Literaturwissenschaft, nachdem die präzisesten Instrumente angesetzt worden sind, sich auch dieser tieferen Natur des Kunstwerks zu stellen weiß" (S. 10).

Und so anpassungsfähig und verfeinert ein hermeneutisches Modell auch sein mag, angesichts der lebendigen Wirklichkeit eines Werks wird es sich immer als starr erweisen und nur eklektisch anwenden lassen. „Deshalb mag man sich auch nicht darüber wundern, welche Vielfalt von analytischen Ansätzen hier versammelt ist. Es kam eben darauf an, einerseits die befriedigendste Antwort von den Texten zu erhalten, andererseits das hermeneutische ‚Modell' und seine Verfeinerung, wenn auch vielleicht nur unausgesprochen, im Auge zu behalten. Man muß also unterscheiden zwischen der Vielfalt der Verfahren und der Einheitlichkeit, wenn nicht Einheit, der Methoden" (a. a. O.).

In der Anerkennung der Grenzen der Literaturwissenschaft geht Segre im Vorwort zu *Le strutture e il tempo* noch weiter, wenn er geradezu von einer „Verpflichtung" spricht, „die – auch formale – Vieldeutigkeit des literarischen Werks vor der Vergewaltigung durch die Formalisierung zu retten. Und gerade der hier verfolgte semiotische Ansatz", schreibt er, „kann den Schemata, Statistiken und Formeln einen bestimmten Platz innerhalb der Interpretation zuweisen" (S. IX).

Diesem Band, deutsch: „Die Strukturen und die Zeit", Untertitel: „Erzählung, Lyrik, Modelle", sind die Abhandlung „Erzählforschung, narrative Logik und Zeit und die Interpretationen „Funktionen, Oppositionen und Symmetrien im siebten Tag des *Dekameron*", „Strukturelle Komik in der Novelle von Alatiel", „Gerade und Spiralen im Aufbau des *Don Quijote*" und „Die Funktion der Sprache in Samuel Becketts *Spiel ohne Worte*" entnommen.

Der Band setzt die Thematik von *I segni e la critica* fort. Das Thema, mit dem jener Band schloß („Die gekrümmte Zeit bei García Márquez"), verbindet alle Aufsätze dieses Bandes: das Thema der Zeit. Dabei geht es letzten Endes immer um zwei Aspekte: „die innere Zeit des Textes, die Folge der narrativen oder lyrischen Ereignisse" – eine zentrale Frage der Erzählforschung und hier des theoretischen Kapitels – „und die äußere Zeit, diejenige der Lektüre oder der Nachschöpfung des Werkes selbst". Diese beiden Aspekte fallen zusammen, „wenn man sich klarmacht, daß die innere Zeit nur durch die Lektüre wahrgenommen werden kann und somit von der äußeren Zeit vereinnahmt wird" (Vorwort, S. VII f.).

Zeit ist Linearität, und die Linearität der Lektüre steht im Gegensatz zu den Strukturen und Systemen des Textes. Die Zeitlichkeit des Textes, die in den „Kategorien, Formeln und Tabellen" der strukturalen Interpretation aufgehoben ist, muß ihrerseits interpretiert werden. „Denn nicht nur die narrativen und lyrischen Ereignisse, sondern auch der Rhythmus der Wörter und Begriffe, Rekursivität und Prozesse der Desambiguierung liegen auf der Achse der Zeit: Lesen ist ein Abenteuer, das mit seinen Phasen und seiner Dauer programmiert worden ist. Unter verschiedenen Gesichtspunkten handeln deshalb alle Kapitel von den auflösbaren Beziehungen zwischen Syntagma und Paradigma, Folge und Zeitlosigkeit" (S. VIII).

Es gibt die Zeit des Textes und die Zeit der Lektüre, aber es gibt auch die Zeit des Autors und die Zeit des Lesers: die historische Zeit, und das ist die Zeit, die am Horizont der semiotischen Interpretation steht. „Dank seiner Zeichenhaftigkeit", schreibt Segre zum Schluß des Vorworts von *Le strutture e il tempo*, „gehört das literarische Werk zur Geschichte: derjenigen, von der es kommt, und derjenigen, die es macht, indem wir es lesen" (S. IX). Besonders um diese Zeit geht es in dem Band *Semiotica, storia e cultura*, deutsch „Semiotik, Geschichte und Kultur", aus dem der Aufsatz „Erzählstrukturen und Geschichte" ausgewählt wurde.

Der Aufsatz „Die implizierenden Strukturen" schließlich entstammt dem Band *Semiotica filologica*. Unter diesem Titel thematisiert Segre noch einmal eigens die für die italienische Literatursemiotik so charakteristisch gebliebene Nähe zu Texten. Andererseits spielt der Untertitel, deutsch „Texte und Kulturmodelle", auf den ganzen Umfang des semiotischen Ansatzes an: „Aber die semiotischen Inhalte wandern von Text zu Text und verfestigen sich zu Kommunikationseinheiten, die miteinander Systeme bilden. Diese Bewegungen zwischen den Texten finden, wie man in Kapitel 6 [auch der vorliegenden Zählung] sieht, vor dem Hintergrund aller unserer Erfahrungen und Erlebnisse statt, an denen das Lesen einen beträchtlichen, aber nicht bestimmenden Anteil hat. Wir sind aufgefordert, das System der Literatur im Zusammenhang der modellbildenden kulturellen Systeme zu betrachten" (Vorwort, S. VII f.).

Der vorliegende deutsche Sammelband beginnt nun also mit dem Aufsatz „Die Stilsynthese". Darin definiert Segre ein literarisches Werk unter Rückgriff auf eine Prager These als ein stilistisches System und beschreibt den Weg von seiner Schöpfung zu seiner Interpretation als eine Dialektik von Analyse und Synthese, bis dieses System wiederhergestellt ist. Dazu denkt er weniger mit Bally an einen Vergleich der Parole des Werks mit der Langue seiner Epoche, sondern an den Vergleich mit anderen Werken desselben Autors und, mit Contini, mit früheren Fassungen desselben Werks. So komplex nun das Werk ist, so komplex muß der Vergleich werden – eine Komplexität, der eine Trennung von Form und Inhalt ebenso wenig gerecht wird wie eine Trennung des Werks von seiner Entstehung und Wirkung von der Geschichte.

In dem Beitrag „Auf dem Wege zu einer semiotischen Literaturwissenschaft" entwickelt Segre seinen kommunikativen Zeichenbegriff, mit dem er Saussure, Buyssens und Prieto folgt und nicht Roland Barthes. Ecos Semiotik findet er insofern noch einseitig, als sie sich auf die Bildung von Kodes und die Dekodierung durch den Empfänger beschränke, statt den Sender einzubeziehen und die vielleicht zentrale Frage nach der Bildung von Zeichen zu stellen – Voraussetzung für die Unterordnung der Literaturwissenschaft unter die Semiotik.

Am weitesten gediehen und für den Literaturwissenschaftler anregend findet er die Semiotik des Films, wobei er auf Arbeiten von Garroni, Metz und Bettetini Bezug nimmt. Da im Film alle narrativen Mittel zusammenkommen, erwartet er von einer systematischen Analyse seiner „Sprache" Aufschlüsse über die gemeinsamen und die verschiedenen narrativen Möglichkeiten des Films und der Literatur und einen Beitrag zu einer umfassenden Theorie des Erzählens.

Der nächste Aufsatz, „Zwischen Strukturalismus und Semiotik", den schon Kapp für seine *Aspekte* ausgewählt hatte, wird hier noch einmal abgedruckt, weil darin entscheidende Elemente der Segreschen Semiotik enthalten sind. Er soll eine

Vorstellung von den Möglichkeiten semiotischer Interpretationen geben und beginnt mit einem Rückblick auf die Quellen der Semiotik: auf Saussure, auf Peirce und Morris, Buyssens und Prieto und auf Hjelmslev, denjenigen Linguisten, der für die Semiotik der Literatur so wichtig werden sollte. Segre stellt der *nouvelle critique,* die eigentlich gar keinen Text mehr brauche, den Empirismus der russischen Formalisten gegenüber und führt dazu die Polemik zwischen Lévi-Strauss und Propp aus.

Sodann erklärt er einige Grundlagen der Semiotik: ihr Verhältnis zur Linguistik, die Unterscheidung von Signalen und Symptomen und von Sender und Empfänger. Er entwickelt seinen Begriff vom literarischen Text als einem Komplex von mehreren verschiedenen Systemen mit Denotationen und Konnotationen im Sinne Hjelmslevs. Diese Konnotationen will er als Anhaltspunkte für die Zugehörigkeit eines Autors zu einer literarischen Strömung oder für seine Wahl einer Gattung nehmen, und zur Semiotik des Syntagmas soll eine Semiotik des Paradigmas kommen. Das läuft auf eine Semiotik der Innovation hinaus, und ihr dient der Vergleich der Sprache des Autors in einem Werk einerseits mit derjenigen ähnlicher Autoren, andererseits mit seinem jeweiligen eigenen Idiolekt.

In einem dritten Abschnitt geht Segre von der verschiedenen Gliederung von Form und Inhalt eines Textes aus. Er erinnert an Hjelmslevs Trennung von Inhaltssubstanz und Inhaltsform und an die russischen Formalisten, die auch bei der Handhabung inhaltlicher Einheiten Traditionen nachgewiesen haben. Er weist aber darauf hin, daß der Inhalt und seine Einheiten ihrerseits Personen und Ereignisse umfassen: inhaltliche Kerne, die man besonders in Frankreich zu formalisieren versucht habe, und er prüft das an Propp anknüpfende Funktionenmodell, wie es etwa Bremond, das Aktantenmodell, wie es Greimas, und das grammatische Modell, wie es Todorov vertreten hat.

Zum Schluß betont Segre noch einmal den Vorrang des Textes, der eine strukturale Analyse unentbehrlich mache, und deshalb solle die Semiotik den Strukturalismus nicht ablösen, sondern nur noch ergänzen: Habe der Strukturalismus seinen Gegenstand isoliert, so stelle die Semiotik synchronische und diachronische Vergleiche an – über die Sprache hinaus auch Vergleiche philosophischer, kultureller und soziologischer Art. Über die Dialektik von Tradition und Innovation gelangt Segre zur Rolle des Autors; zur Besonderheit des Kommunikationskreislaufs, der in die Phasen Sender–Nachricht und Nachricht–Empfänger gespalten bleibt; zur Unerschöpflichkeit der Kunst, zur Aufgabe des Interpreten, zur Rückwirkung des interpretierten Werks auf die Kultur seiner Empfänger.

In dem Aufsatz „Erzählforschung, narrative Logik und Zeit" differenziert und systematisiert Segre die Beziehung von Form und Inhalt der Erzählung und unterscheidet je nach ihrem anderen Verhältnis zur Zeit zwischen Diskurs, Intrige, Fabel und Erzählmodell. Er klärt die Beziehung zwischen dem Diskurs, d. h. dem Erzähltext als Bezeichnenden, der Ebene der sprachlichen, stilistischen und ggfs. metrischen Erscheinung, und der Intrige, d. h. dem Inhalt des Textes in der tatsächlichen Anordnung, der Ebene der Darstellungstechnik, der Konstruktion und Montage – hier greift er auch die deutsche Textlinguistik auf, deren Namen er wie gesagt beibehält; ferner die Beziehung zwischen der Intrige und der Fabel als der logischen und chronologischen Substanz des Inhalts, der Ebene anthropologischer Elemente, von Mythologien, Themen, Motiven; zwischen der Fabel und dem Erzählmodell als der letzten Abstraktion, der Ebene der Funktionen, die selbst unveränderlich sind und nur in verschiedener Auswahl und Verknüpfung auftreten können, und auch das nur in logischen und chronologischen Grenzen. Um die Beziehung von Funktion und Fabel zu klären, knüpft er wieder an Propp und dessen Weiterentwicklung durch Bremond und Todorov an und zeigt den unausweichlichen Subjektivismus und die Zeit- und Ortsabhängigkeit jeder allgemeinen Modellbildung.

Er vergleicht sodann Propps Märchenanalyse mit der Mythenanalyse von Lévi-Strauss und berichtet über die von ihnen angeregte formalistische Ethnographie: über Forschungen zur Logik der Funktionen, die in Propps Nachfolge Dundes, Pop und Meletinskij angestellt haben; über Forschungen zur Gesamtstruktur der Erzählung von Bremond, Labov und Waletzky und von Greimas; über den Begriff des Paradigmas, den Segal von Lévi-Strauss übernommen hat. Für die erfolgreichste Weiterentwicklung von Propp und Lévi-Strauss hält er das Aktantenschema von Greimas, und er stellt dessen Grammatik des Erzählens vor und macht Vorschläge zur Ergänzung dieses Modells. Zwar kann es seiner Meinung nach kein allgemeines Erzählmodell geben, aber als Modelle für die Lektüre von Erzähltexten kommen die vorliegenden Modelle in Frage, und die Unmöglichkeit, zu einem allgemeinen Modell des Erzählens zu gelangen, findet er mehr als aufgewogen durch die Möglichkeit, über die semiotische Abstraktion von Diskurs, Intrige, Fabel und Funktionsstruktur die gesellschaftlichen, also historischen Voraussetzungen einer Erzählung aufzudecken.

Diese Überlegung setzt er fort in dem Aufsatz „Erzählstrukturen und Geschichte". Er führt den historischen Charakter des Verhältnisses zwischen Autor und Leser weiter aus und folgert daraus die Unzulänglichkeit einer werkimmanenten Interpretation. Dazu wiederholt er die im vorigen Aufsatz gewonnenen vier Abstraktionsebenen Diskurs, Intrige, Fabel und Erzählmodell und zeigt, wie sie zum kulturellen Kontext einer bestimmten Zeit und eines bestimmten Ortes in Beziehung stehen, daß ein Autor aber außerdem vom geltenden Gattungssystem abhängt, welches er seinerseits verändern kann.

Die letzte theoretische Abhandlung dieser Auswahl, „Die implizierenden Strukturen", schließt insofern einen Kreis, als die Dialektik von Analyse und Synthese aus der ersten Abhandlung in Beziehung gesetzt wird zu einer Dialektik von System und Struktur: Strukturen verwirklichen Systeme, aber nicht nur explizit, sondern auch implizit, wo die Systeme kollektiv und unbewußt sind. Bei der Verwirklichung der Systeme haben die Menschen bestimmte Schemata ausgebildet, die bei der Produktion und Rezeption eines Kunstwerks gleichermaßen wirksam sind, wiederkehrende Themen und Motive: die Archetypen C. G. Jungs, die Symbole Northrop Fryes, Zumthors *marques formelles,* Klischees, Topoi oder doch Muster. Segre verweist zum Vergleich auf Panofskys Ikonographie, auf die „Psychokritik" von Ch. Mauron und J.-P. Weber. Zur Illustration greift er auf seine Interpretation der *Soledades* von Machado zurück, mit der nun der Interpretationsteil der vorliegenden Auswahl eröffnet wird.

In dieser Interpretation mit dem Titel „System und Strukturen in den *Soledades* von Antonio Machado" unterscheidet Segre zwischen solchen strukturalistischen Analysen von Textsammlungen, die jeden Text als eine selbständige Struktur ansehen und daher eher die syntagmatischen Beziehungen untersuchen, und solchen, die die ganze Sammlung als ein System ansehen und eher die paradigmatischen Beziehungen untersuchen. Er schlägt eine Verbindung beider Analysearten vor, indem man die einzelnen Texte ins System integriert und einerseits die Entstehung dieses Systems, andererseits die Beziehungen zwischen den einzelnen Texten im Laufe der Entstehungsgeschichte des Systems verfolgt.

Der Titel „Die gekrümmte Zeit bei García Márquez" setzt die Metapher vom Rad der Zeit fort. Diese Metapher zieht Segre heran, um die erzählerische Überlagerung verschiedener Zeiten zu beschreiben, die er hier am Text zeigt: des kalendarischen Nacheinanders der berichteten Ereignisse und der gedanklichen Vorgriffe auf die Zukunft oder Rückgriffe in die Vergangenheit, die jeweils nach Belieben auf diese Ereignisse bezogen werden. Im Mittelpunkt der Interpretation steht der Roman *Hundert Jahre Einsamkeit,* aber der Aufsatz schließt insofern an den vorigen an, als Segre dieses Werk nicht nur als System, sondern auch im Verhältnis zu anderen Werken des Autors interpretiert.

In den ersten der beiden Boccaccio-Interpretationen, „Funktionen, Oppositionen und Symmetrien im Siebten Tag des *Dekameron*", beginnt Segre mit der Gruppierung dieser Novellen nach den Erzählfunktionen im Sinne Bremonds. In zunehmender Verfeinerung schematisiert er sodann den Ablauf jeder Phase und schließlich die Beziehungen zwischen den Personen und bestimmten Grundsituationen oder Grundhaltungen. Dank einer solchen Analyse bestimmt er in der zweiten Boccaccio-Interpretation die „Strukturelle Komik in der Novelle von Alatiel" (II, 7) als eine frivole Umwertung der Funktionen eines alexandrinischen Romans.

Die Metaphorik des Titels „Gerade und Spiralen im Aufbau des *Don Quijote*" spielt auf den Wechsel von Folge und Unterbrechung der Episoden in diesem Werk an. Segre interpretiert es als ein Dokument des Übergangs von der Renaissance zum Barock. Er zeigt den Autor zwischen Intuition und Ratio, den Roman zwischen Ritterroman und Schelmenroman, zwischen Irrealität und Realität, den Helden zwischen Irrsinn und Sinn, Literatur und Leben. Er deutet das Verhältnis zwischen dem ersten Teil und dem zweiten Teil, zwischen Don Quijote und Sancho Panza. Er stellt Bezüge her zwischen Autor, Dichtung und Epoche.

In der letzten Interpretation, „Die Funktion der Sprache in Samuel Becketts *Spiel ohne Worte*", zeigt er, wie der gedruckte Text, der nur aus Regieanweisungen besteht, gerade in dem Maße eine poetische Eigenleistung erbringt, wie er sich auf seine Instruktionsaufgabe zu beschränken scheint.

Cesare Segre schreibt nicht einfach. Niemand kann das so gut wissen wie die Übersetzer, und Ursula und Volker Kapp und in besonderem Maße Käthe Henschelmann gebührt Anerkennung für die Mühe, die sie sich um diese Übersetzung gemacht haben. Aber ebenso dankenswerterweise hat Segre selbst klärend zur Verfügung gestanden und die vorliegende deutsche Ausgabe autorisiert. Er hat auch mitgeholfen, aus seiner umfangreichen Bibliographie die nachstehende Auswahl seiner semiotischen Arbeiten zu treffen:

– *I segni e la critica.* Torino 1969, ³1976 (daraus Nr. 1, 2, 3, 7 und 8 der vorliegenden deutschen Ausgabe)

– zusammen mit M. Corti (Hrsgg.), *I metodi attuali della critica in Italia.* Torino 1970 und Nachdrucke

– „Fra strutturalismo e semiologia" (Interview). *Uomini e libri* 7 (1970), Nr. 31, S. 29–32

– *La Chanson de Roland.* Edizione critica, Milano/Napoli 1971

– „Structuralism in Italy". *Semiotica* 4 (1971), 215–239

– „Strutturalismo e critica del film" (Antwort auf eine Umfrage). *Bianco e Nero* 33 (1972), Nr. 3/4, S. 42–45

– „Per chi si scrive, per chi si gira" (Antwort auf eine Umfrage). *Bianco e Nero* 33 (1972), Nr. 5/6, S. 109–111

– „La critica letteraria in Italia" (Interview). *Uomini e libri* 9 (1973), Nr. 43, S. 23 f.

– „Intervista" (Interview) mit Paul Zumthor. In: P. Zumthor. *Semiologia e poetica medievale.* Milano 1973, S. 433–457

– *Le strutture e il tempo.* Torino 1974, ³1977 (daraus Nr. 4 und 9–12 der vorliegenden Ausgabe)

– „Appunti sulla funzione del dialogo nelle Satire dell'Ariosto", *Notiziario culturale italiano dell Istituto Italiano di Cultura, Parigi,* 15 (1974), Nr. 3, S. 77–80

– „Discorso e pragmatica della comunicazione". *Linguistica* 15 (1975), S. 173–179

– „Considerazioni finali", *Intorno al ‚codice'. Atti del III convegno della Associazione Italiana di Studi Semiotici.* Firenze 1976, S. 90–96

– „La semiotica in Italia". In: Società di Linguistica Italiana. *Guida alla linguistica italiana (1965–1975).* Roma 1976, S. 275–286. Wieder abgedruckt unter dem Titel „Semiotica". In: D. Gambarara/P. Ramat (Hrsgg.), *Dieci anni di linguistica italiana (1965–1975).* Roma 1977, S. 373–383

– *Semiotica, storia e cultura.* Padova 1977 (daraus Nr. 5 der vorliegenden Ausgabe)

– „Semiotica, storia e cultura" (Interview). *Uomini e libri* 13 (1977), Nr. 66, S. 34 f.

– Stichwort „Discorso". In: *Enciclopedia* (Einaudi). Torino 1978, IV, S. 1056–1084

- „La giornata VII del *Decameron*. Strutture e livelli di formalizzazione". In: *Strutture e generi delle letterature etniche. Atti del simposio internazionale, Palermo 5–10 aprile 1970.* Palermo 1978, S. 143–149
- „Semiologia e critica letteraria" (Interview). *Uomini e libri* 15 (1979), Nr. 72, S. 22 f.
- *Semiotica filologica.* Torino 1979 (daraus Nr. 6 der vorliegenden Ausgabe)
- Stichwörter „Funzione" und „Generi". In: *Enciclopedia* (Einaudi). Torino 1979, VI, S. 208–222 bzw. 566–585

Teil I

1. Stilsynthese

1. Die Kunst ist ein unendlich komplexes Phänomen und vielleicht wohl auch durch keine – noch so gründliche – Analyse zu erschöpfen. Andererseits bietet sich uns das künstlerische Produkt in trügerischer Unschuld dar: als lineare Folge von Noten oder Wörtern, als mit Farben bedeckte Fläche usw. Deswegen kann der um die Ästhetik bemühte Forscher sich um so ungehinderter auf den Turm von Babel im Reich der Kunst hinaufwagen, allerdings auf die Gefahr hin, daß er dabei deren einzige Spur, eben das künstlerische Produkt, aus den Augen verliert. Demgegenüber bemüht sich der Interpret im Rahmen der Literaturwissenschaft darum, Stück für Stück die Komplexität eines Phänomens zu rekonstruieren, dessen Ergebnis – welch eine Ironie – ungeschützt und frei zugänglich vor seinen Augen liegt.

Das literarische Werk begegnet uns als linearer Diskurs aus Wörtern und Interpunktionszeichen (gegebenenfalls auch unbeschriebenen Zwischenräumen). Es ist das Ergebnis (die Vollendung) nicht nur eines schöpferischen Aktes, sondern auch der menschlichen Erfahrung des Autors. Für den Interpreten ist es umgekehrt der Ausgangspunkt (die Grundlage) einer Analyse, bei der dem Werk so vollständig und treu wie möglich seine Bedeutungen entlockt werden sollen. Charakteristisch für das literarische Werk ist die doppelte Spannung: einerseits zwischen Ausdruck und Interpretation, andererseits und eben dadurch zwischen Autor und Interpret.

Eine Stiluntersuchung unterwirft das Ergebnis der (Ausdrucks-)Synthese, wie sie der Künstler aus den einzelnen Elementen seiner Inspiration vorgenommen hat, ihrerseits einer Analyse, die eine neue Synthese (auf der Ebene der Interpretation) zum Ziel hat. Dank dieses Schemas Analyse – Synthese – Analyse – Synthese kann in die Vielfalt der Auffassungen (und der methodischen Implikationen) des Begriffs *Stil* Ordnung gebracht werden, und damit bahnt sich eine Lösung zur Bestimmung des Verhältnisses zwischen Form und Inhalt an.

2. Die verschiedenen *Stil*begriffe (vgl. dazu den Überblick von Chatman[1]) bilden lauter Versuche, Merkmale zusammenzutragen, die für eine umfassende Definition des Stils eines Werks (der auch nach Chatman wohl zu unterscheiden ist vom

---

[1] *Chatman* 1967, pp. 77–99.

Stil eines Autors) von Nutzen sein können. Nützlich sind diese Merkmale jedenfalls alle in klassifikatorischer Hinsicht; einige erlauben sogar eine historische Situierung der Autoren, d. h. eine Bestimmung ihres Verhältnisses zu literarischen Traditionen, zu soziologisch, regional, einzelkulturell usw. relevanten Präferenzen. Moderne Auffassungen zielen hingegen unmittelbarer auf die Definition des Individualstils, so z. B. der Begriff der „Abweichung" (Spitzer), die *couplings* (Levin), die „Schlüsselwörter" der quantitativen Stilistik, die „distinktiven Punkte" (Terracini) usw.

Es erscheint mir jedoch nicht möglich, stilistische Phänomene getrennt nach ihrem Bezug auf die „Nachricht" und auf den „Sprecher" zu katalogisieren. Das Stilbewußtsein des Schriftstellers ist nämlich in jedem Augenblick seiner Wahl der Formen und Verfahren wirksam; ständig ist es darauf bedacht, das Kunstwerk, d. h. die „Nachricht", auf bestmögliche Weise zu konstituieren. Wenn sich also in einer ersten Analysephase Teile der Nachricht durchaus zur Definition des Sprechers heranziehen lassen, so darf man doch nicht vergessen, das jeder Teil des Werks zum Sprecher gehört hat, nun aber zur Nachricht gehört.

Jedenfalls bedeutet das Herausgreifen bestimmter Stilmerkmale, die dem Interpreten als besonders relevant erscheinen, eine Vorentscheidung, so daß jede Interpretation unvermeidlich partieller (nicht totaler) Natur ist. (Eine totale Interpretation wäre mit dem Kunstwerk identisch oder wäre ein Ersatz dafür – beides gleichermaßen absurde Möglichkeiten.) Außerdem ist zu bedenken, daß ein einzelnes Stilmerkmal praktisch nie eindeutig ist. Seine genaue Funktion ergibt sich vielmehr erst aus der Stellung zu den anderen, damit verbundenen bzw. konkurrierenden Merkmalen, d. h. aus der Ermittlung einer Reihe von Stil„konstanten".

Stil ist demnach ein umfassendes Phänomen. Ein künstlerischer Text stellt ein regelrechtes stilistisches System dar, in welchem die Funktion jedes Teils im Verhältnis zu den anderen Teilen festgelegt ist[2]. Das wird auch durch das Interesse zahlreicher Literaturwissenschaftler am Phänomen der Rekurrenz von Stilmerkmalen bestätigt. Es ist nicht so, daß diese Stilmerkmale, wie behauptet wird, sozusagen dadurch sanktioniert werden, daß sie wiederholt auftreten (denn oft kann auch ein nichtrekurrentes Merkmal maßgeblich sein). Die Rekurrenz von Stilmerkmalen ist vielmehr ein entscheidendes Indiz für die umfassende Natur des Phänomens Stil, denn die Wiederholung von markierten Elementen leitet ihre Funktion allein aus der Tatsache ab, daß diese mit nichtmarkierten oder weniger markierten Elementen alternieren; beide sind also gleichberechtigt an der Konstituierung des Stils beteiligt.

---

[2] Diese Aussage ist bereits in den 1929 vom *Cercle Linguistique de Prague* veröffentlichten *Thèses* enthalten, wo es heißt: „Das dichterische Werk ist eine funktionale Struktur, und die verschiedenen Elemente können nicht außerhalb ihrer *Verknüpfung mit dem Ganzen* verstanden werden."

3. Das Stilsystem eines Kunstwerks ist ein geschlossenes System[3]. Zwar kann dieses ohne weiteres mit anderen Stilsystemen verglichen oder können einzelne Teile davon zu einzelnen sprachlich-stilistischen Traditionen in Beziehung gesetzt werden, aber dabei darf nicht vergessen werden, daß solche Vergleiche stets aus der reinen Synchronie des Werks hinausführen. Auf diese Weise lassen sich zwar die Implikationen und funktionalen Möglichkeiten der Stilelemente erfassen, aber es geht innerhalb eines bestimmten Werks immer um spezifische Funktionen, wie sie sich aus der Interrelation zwischen den verschiedenen Stilelementen ergeben.

Das Stilsystem des Kunstwerks ist nicht nur geschlossen, sondern auch statisch; erst durch die Lektüre gewinnt es Lebendigkeit und Dynamik zurück. Bei der Lektüre des Stils (die sich von anderen Arten der Lektüre lediglich durch ein größeres Maß an Bewußtheit des Verfahrens der Interpretation unterscheidet) werden die Unterschiede und Oppositionen, Querverbindungen und Interrelationen zwischen den Teilen des Kunstwerks ans Licht gebracht; mit anderen Worten: Die Funktionsweise des Systems wird aufgedeckt.

Allerdings ist die Beschreibung eines Stilsystems sehr viel schwerer durchführbar als die Beschreibung anderer Systeme, und zwar nicht nur wegen des vom Künstler verwendeten anspruchsvollen Materials oder seiner ausgeklügelten Verfahren. Beschreibungsschwierigkeiten entstehen beispielsweise: a) dadurch, daß das Stilsystem eines Einzelwerks selbst wiederum ein wohlabgegrenztes grammatisches, rhetorisches, metrisches usw. *Corpus* bildet, also eine Summe von Teilen von Systemen, nicht von Systemen; b) dadurch, daß die Elemente dieser Systemteile sich zwar durch ihre Stellung zu anderen Elementen häufig *in praesentia* definieren lassen, sich *in absentia* jedoch in einer Definition, d. h. einer stilistischen Kommutationsprobe mit möglichen konkurrierenden Elementen, entziehen.

Man könnte meinen, diese Schwierigkeiten ließen sich leicht aus dem Weg räumen, verglich man nur die Parole des Werks mit der Langue (auch Rhetorik, Metrik usw.) der zugehörigen Epoche, d. h., versuchte man, zwischen der Langue-Stilistik (Bally) und der Parole-Stilistik eine Brücke zu schlagen. Diese Lösung wäre vielleicht nicht unfruchtbar, aber doch unzureichend, weil sie aus dem durch das Werk konstituierten Stilsystem hinausführt und nur ein hypothetisch angenommenes Vorher (die von der Langue bereitgestellten Wahlmöglichkeiten) statt eines tatsächlichen Vorher (die vom Künstler tatsächlich vorgenommenen Wahlen) zu liefern vermag.

---

[3] Ich verwende hier den Begriff *System* unabhängig davon, ob es sich um einen einelementigen Text (lyrisches Gedicht, Novelle usw.) oder eine Gruppe von Texten (Zyklus von Gedichten oder andere Sammlungen) handelt. Bei einem einelementigen Text ist das (virtuelle) System als Struktur aktualisiert; die Beziehung zwischen den verschiedenen Texten kann ihrerseits eine Struktur konstituieren. Es erschien mir hier aus Gründen der Einheitlichkeit zweckmäßig, nur virtuelle Systeme zu berücksichtigen, um sie denjenigen Fällen gegenüberstellen zu können, in denen Ableitungen von nichtstrukturierten Strukturmengen oder von aktualisierten Strukturen vorliegen.

Das stilistische System eines Werks kann umgekehrt ohne die Gefahr einer Verfälschung nach zwei Richtungen erweitert werden: in Richtung auf Stilsysteme der anderen Werke des betreffenden Autors oder auf frühere Fassungen ein und desselben Werks. Im ersten Fall handelt es sich um (mehr oder weniger eigenständige) Werke, ein Gedicht oder ein Kapitel, die ihrerseits Teil eines größeren Werks sind: einer Gedichtsammlung, eines Romans, eines Epos usw. Selbstredend konstituieren auch diese größeren Werke ein stilistisches System. Mit zwei unterschiedlichen Stilsystemen haben wir es hingegen zu tun, betrachten wir zwei voneinander unabhängige Werke ein und desselben Autors; allerdings sind auch dann die betreffenden Systeme an ein und derselben stilistischen Methode ausgerichtet, genauer gesagt, an der Tendenz, zu der diese Methode gehört. Wenn jedes einzelne Werk eines Autors ein geschlossenes und statisches System darstellt, so bildet die Gesamtheit seiner Werke ein größeres Stilsystem oder, sagen wir lieber, eine höhere Stilordnung, in der jedes System den ihm zukommenden Platz einnimmt. In diesem Rahmen ist die unter a genannte Beschreibungsschwierigkeit zwar nicht aufgehoben, aber doch abgeschwächt.

Bei der Untersuchung der verschiedenen Fassungen eines Werks, eine in Italien besonders weit entwickelte Forschungsrichtung (Contini), fällt dagegen die unter b genannte Schwierigkeit weg. Vor allem können auf diese Weise Schritt für Schritt die vom Autor vorgenommenen Wahlen nachvollzogen werden: Statt Wörter, Sätze oder Konstruktionen zu hypothetisch angenommenen „Standard"-Formen der Sprache in Beziehung zu setzen, werden ihnen Formen gegenübergestellt, die der Autor tatsächlich präsent hatte und unter denen er eine oder nacheinander mehrere Wahlen vorgenommen hat. Außerdem läßt eine solche Untersuchung – und dies ist noch wichtiger – durch die Gesamtheit der Varianten der ersten, der zweiten usw. Schicht die wechselnde Gestalt ein und desselben Stilsystems deutlich werden. So wird das Werden des Systems bis hin zu seinem endgültigen Zustand nachvollzogen und werden die Veränderungen aufgezeigt, die dem Endstadium vorausgegangen sind und dieses sichtbar gemacht haben. Gibt es eine bessere Art, die Funktionen der Elemente des Stilsystems zu erfassen, als die, daß man die Richtung und die Motive der Veränderungen bestimmt, die sie im Laufe der stilistischen Gestaltung erfahren?

4. Mit Hilfe des Begriffs „System" werden Stilmerkmale und -ebenen zu „Stil" im weitesten Sinn des Wortes zusammengefaßt. Wenn wir von einem geschlossenen System oder einer Struktur sprechen, so rücken wir jenen Organismus, das Kunstwerk, in den Vordergrund, in welchem sich ein solcher Stil konkret realisiert.

Dieses System ist geschlossen und statisch zugleich, d. h., jedes seiner Elemente ist darin endgültig an einer bestimmten Stelle eines linearen Diskurses aus Wörtern und Sätzen eingefügt. Die Elemente fungieren daher gleichzeitig a) als Glieder von Syntagmen und sind Teil eines expliziten Kontinuums; b) als Glieder eines Stilsystems und gehören zu einem impliziten Kontinuum, welches im Verhältnis zum expliziten eine Fortsetzung und eine Ergänzung darstellen oder sogar in Widerspruch dazu stehen kann. In dieser zweiten Eigenschaft lassen sie das Werk als ein großes Syntagma erscheinen, das in kleinere Syntagmen gegliedert sein kann, die sich nicht mit den syntaktischen Syntagmen decken.

Ferner liegt dem Kontinuum aus Wörtern und Sätzen noch eine andere Gliederung zugrunde, nämlich jene, die durch die Kompositionstechnik entsteht, wie sie die russischen Formalisten (Šklovskij, Eichenbaum) eingehend untersucht haben. Mit Hilfe ihrer Technik werden andere Zeitpunkte oder Empfindungen vorweggenommen oder eingeschoben, Details hervorgehoben oder durch die Weglassung von Details besondere Wirkungen erzielt, scheinbar unwichtige Gegenstände oder Gesten in den Vordergrund gerückt, die aber gewisse Anspielungen enthalten und an anderer Stelle des Werks eine wichtige Funktion haben.

Diese Art von Beobachtungen läßt eine der wichtigsten Eigentümlichkeiten des literarischen Werks erkennen: Es hat (im Gegensatz zum alltagssprachlichen Texttyp) nichtlinearen Charakter, zum einen, weil es sich auf mehreren Ebenen gleichzeitig entfaltet, zum anderen, weil die Bedeutungseinheiten auf jeder dieser Ebenen verschieden großen Umfang und verschieden großes Gewicht haben. Hinzu kommt, daß jede der Ebenen die anderen impliziert und von diesen impliziert wird: Eine Stiluntersuchung muß die verschiedenen gleichzeitig wirksamen Ebenen des literarischen Werks, genauer gesagt, den gesamten Diskurs erfassen, der durch das Miteinander der horizontalen Ebenen und der zwischen ihnen bestehenden vertikalen Verbindungen gebildet wird. Die Komplexität und der Reichtum eines solchen Diskurses decken sich wahrscheinlich mit dem „Wert" des Werks: Darin liegt für die literaturwissenschaftliche Interpretation die Möglichkeit, von einer bloßen Beschreibung zu einem echten, wohlbegründeten Urteil vorzustoßen.

5. Nach dem Vorhergesagten erweist sich meines Erachtens die Antinomie zwischen Form und Inhalt, zwischen Signifikant und Signifikat des literarischen Werks als theoretisch unangemessen. Der ganze Sinn eines literarischen Werks ist eine komplexe Struktur, in welcher die Reichweite des semantischen Inhalts erst durch die wohlabgewogene Wechselwirkung der Bedeutungsträger bestimmt, vergrößert oder präzisiert wird. Die Signifikanten erweitern und ergänzen also den Signifikatbereich und erfüllen Funktionen, deren Beschreibung Aufgabe einer Semiotik des Kunstwerks ist.

Dennoch möchte ich bezweifeln, daß es auf diesem semiotischen Wege möglich ist, zur Formulierung von Gesetzmäßigkeiten zu gelangen; es lassen sich dabei lediglich experimentell (d. h. in bezug auf Einzeltexte) Verfahrensweisen definieren, um sie als offene Liste von Möglichkeiten zu definieren. Ich behaupte nicht einmal, daß die Struktur des literarischen Werks, wie ich sie hier zu skizzieren versucht habe, in all ihren Einzelheiten erfaßt werden kann. Der Interpret ist immer gezwungen, diejenigen Elemente herauszugreifen, die ihm am aufschlußreichsten erscheinen, er wird also nie *alle* Funktionen *aller* Elemente des Werks erfassen. (Es besteht eher die Gefahr, daß er unter dem Einfluß seiner eigenen

Phantasie und seines eigenen interpretatorischen Ansatzes zu viele Elemente herausdestilliert; das Werk ist ja absolut offen.)

So sind die gewonnenen Strukturen stets „präferentielle" Strukturen (Starobinski), d. h., sie hängen vom *approach* und von dem Interesse des Interpreten ab, und das literarische Werk verliert nichts von seiner Rätselhaftigkeit (Empson). Der Interpret mag durch die Verfeinerung seiner Methoden immer fündiger werden, jedoch muß er gleichzeitig, und zwar unvermeidlich, mit den verschiedenen Mißerfolgen rechnen: Das Kunstwerk ist wie jedes geistige Produkt durch klare Grenzen, aber einen unausschöpflichen Inhalt gekennzeichnet. Das „Modell", zu dem der Interpret gelangt, kann nicht mehr als eine Annäherung an das Werk sein.

6. Viele Theoretiker sehen in der Form-Inhalt-Antinomie nicht nur den Gegensatz zwischen semantischen und formalen Werten, sondern auch zwischen den ideologischen Werten eines Werks und einer mehr oder weniger ideologiefreien Gestaltung. In diesem Zusammenhang sei noch einmal an die eingangs erwähnte Vorstellung vom Werk als Vollendung der vorangegangenen menschlichen Erfahrung des Autors (bzw. als mehrfaches Spannungsfeld) erinnert. In dem Augenblick, in dem der Autor sein Werk verfaßt, ist und bleibt er eine Summe von Gefühl, Wissen und Willenskraft wie jeder andere Mensch; er legt außerdem in diesem Werk bestimmte Gedanken und Zielvorstellungen nieder, die von Dauer oder Augenblickssache voller Zusammenhang oder zusammenhanglos sein können.

Es sind Gegebenheiten, die Teil der Geschichte eines einzelnen und durch diesen einzelnen aber auch der allgemeinen Geschichte sind. Diese Geschichte verwandelt sich im literarischen Werk in einen narrativen oder poetischen Raum, ein Umschlag, der an die revolutionierende Verknüpfung von Raum und Zeit bei Einstein erinnert. In einem weiteren Schritt wird die räumliche Dimension des Kunstwerks wiederum in Geschichte zurückverwandelt: a) durch die Wirkung, die es auf die Leser ausüben kann, b) durch die Interpretation des Literaturwissenschaftlers, der die geistigen Komponenten des Werks herauszuarbeiten versucht (und dessen Erkenntnisse erneut in die räumliche Dimension eines interpretatorischen „Modells" münden). Das Kunstwerk könnte somit metaphorisch als *Chronotopos* bezeichnet werden. Der Zyklus Zeit–Raum–Zeit(–Raum) verhält sich spiegelbildlich zu dem eingangs dargestellten Vierphasenschema Analyse–Synthese–Analyse(–Synthese). Diesen Zyklus noch einmal zu durchlaufen, darin besteht die verdienstvolle Sisyphusarbeit des Literaturwissenschaftlers.

2. Auf dem Wege zu einer semiotischen Literaturwissenschaft

In seinem *Cours de linguistique générale*, der erst 1916 posthum, auf der Grundlage von Aufzeichnungen seiner früheren Vorlesungen veröffentlicht wurde, postulierte Saussure[1] eine Wissenschaft, die man eigentlich als *Semiotik* hätte bezeichnen müssen:

„Man kann sich [...] *eine Wissenschaft* vorstellen, *die das Leben der Zeichen in den sozialen Beziehungen untersucht;* sie würde einen Teil der Sozialpsychologie und folglich der allgemeinen Psychologie bilden; wir möchten sie Semiologie (von gr. sémeîon, „Zeichen") nennen. Sie würde uns lehren, worin die Zeichen bestehen, welche Gesetze sie beherrschen. Da sie noch nicht existiert, kann man noch nicht sagen, wie sie aussehen wird; aber sie hat eine Daseinsberechtigung, ihr Platz steht schon fest. Die Sprachwissenschaft ist nur ein Teil dieser allgemeinen Wissenschaft; die Gesetze, welche die Semiologie entdecken wird, werden auf die Sprachwissenschaft anwendbar sein, und diese wird so an einen wohldefinierten Bereich in der Gesamtheit menschlicher Phänomene angeschlossen sein."

Über fünfzig Jahre später scheint mit dem Bändchen von Roland Barthes[2] die Geburtsstunde der neuen Disziplin endgültig dokumentiert zu werden. Doch in Wirklichkeit finden sich bei Barthes die gleichen hypothetischen und futurischen Formen wie bei Saussure: Er entwirft nicht die Grundzüge der „neuen Wissenschaft", sondern beschwört weiter die Zukunft: „es ist allenfalls zu erwarten, daß..." (p. 98); „es ist also verfrüht, festzustellen..." (p. 102); „wir wissen fast noch nichts..." (p. 105); „es ist anzunehmen, daß..." (p. 105); „die Zeichenfunktion hat wahrscheinlich einen anthropologischen Wert..." (p. 114); „es ist also damit zu rechnen..." (p. 119); „im Kern liegen die Dinge klar (vielleicht wird dies unter semiologischem Gesichtspunkt nicht genauso gelten)" (p. 122); „es ist möglich, daß...; es ist höchstwahrscheinlich, daß..." (p. 124); „man kann sich ohne weiteres vorstellen...; es ist also wahrscheinlich, daß..." (p. 126); „hier ist mit großen Schwierigkeiten zu rechnen..." (p. 137); „man darf also erwarten, daß...; es ist nicht ausgeschlossen, daß..." (p. 146). Das mag genügen.

---
[1] *Saussure* 1916, dt. 1967, p. 19.
[2] *Barthes* 1964; auch in: Communications 4, pp. 91–134.

Wenn Barthes trotz so vieler hypothetischer Ausdrücke ein etwa 90 Seiten starkes Bändchen verfassen konnte, so deshalb, weil er sich nicht lange mit den Prämissen aufhielt und sofort zu den Schlußfolgerungen überging: Er versuchte, die von der strukturalistischen Schule für die Sprache verwendeten Begriffspaare: Langue, Parole, Syntagma, System usw., auf andere Bedeutungssysteme (Kleidung, Nahrung, Möbel, Auto usw.) anzuwenden – ein originelles, aber doch recht oberflächliches Vorgehen, das man erst dann wirklich ernst nehmen könnte, wenn die zentrale Frage geklärt wäre: Was und wie bezeichnen nichtsprachliche Systeme? Das ist der einzige denkbare Ausgangspunkt für die Korrelierung und etwaige Zusammenfassung aller Bedeutungssysteme.

Ist das Problem umgangen oder ausgeklammert worden? In der Einleitung schreibt Barthes: „Um die Bedeutung einer Entität zu erfassen, muß man notwendigerweise auf die von der Sprache geleistete Gliederung zurückgreifen: Sinn wird erst durch die Bezeichnung konstituiert, und die Welt der Bedeutungen ist die gleiche wie die Welt der Sprache" (p. 80). Daraus erklärt sich die Struktur des Bändchens: Es enthält eine Zusammenfassung der Prinzipien der strukturalistischen Sprachwissenschaft und, überall darin eingeflochten, Bezugnahmen auf bzw. Hypothesen über nichtsprachliche Systeme.

Die eben zitierte Aussage von Barthes müßte allerdings genauer überprüft werden. Zugegeben, daß unser Reden immer an sprachliche Gliederungen gebunden ist; gilt dies aber auch für unsere Wahrnehmungen und Willensäußerungen, auch für die verschiedenen Zeichen, mit Hilfe deren wir solche mitteilen? Wäre das der Fall, hätte die Semiotik keine Daseinsberechtigung und wäre das Postulat Saussures, daß die Sprachwissenschaft als ein Teil dieser umfassenderen Wissenschaft zu betrachten sei, zwar nicht (wie Barthes behauptet) auf den Kopf gestellt, aber doch widerlegt. Die nichtsprachlichen Zeichen wären dann nichts als summarische, undifferenzierte Andeutungen strukturierter Rede.

Wofür sind die nichtsprachlichen Zeichen Zeichen? Auch diese Frage hätte unbedingt gestellt werden müssen, doch der Leser wird enttäuscht. Die klarste Aussage, die Barthes dazu macht, lautet: „Allein schon wegen der sozialen Beziehungen wird jeder Gebrauch zum Zeichen dieses Gebrauchs" (p. 113) – eine Behauptung, die der Semiotik gewissermaßen alles und damit letzten Endes nichts erlaubt. Unseres Erachtens sind allein die intentionalen Entitäten, bei denen ein direkter Zusammenhang zwischen einer psychischen Handlung und deren Ausdruck besteht, als Zeichen in Betracht zu ziehen. Es erschiene uns gefährlich, Zeichen mit Symptomen oder Anzeichen gleichzusetzen: Symptome dominieren beispielsweise in der Kleidung oder in der Küche, wo sie sozialen Kategorien, regionalen Eigentümlichkeiten usw. entsprechen. Sie gehören mit anderen Worten zur Kategorie der Gewohnheiten. Solange sie nicht eine Intention, einen *individuellen Willen, etwas auszudrücken,* implizieren, können sie nicht als Bedeutungs-

---

[3] *Barthes* 1966 a.

träger angesehen werden, es sei denn in dem tautologischen Sinne des Sich-selbst-Bedeutens.

Die Daseinsberechtigung der *Eléments de sémiologie* erschließt sich dem Leser erst in Verbindung mit den *Essais critiques* (1964) und *Sur Racine* (1963). Der Strukturalismus ist im Werk Barthes' als neuer Ansatz zur Analyse und Klassifizierung von Phänomenen, als Instrument für Literaturstudien und weniger als strenge Theorie zu verstehen. Was Barthes im Vorwort zur italienischen Ausgabe seiner Essays[3] über seine frühere Arbeit treffend bemerkt: „Ich suchte und forschte nach ‚Sprachen' für die Auseinandersetzung mit Literatur: daher die Vielfalt meiner Interessen [von Tacitus bis zum Nouveau Roman] und das Nebeneinander offenbar widersprüchlicher Bezüge [Marxismus, Freud, Strukturalismus]", erhellt unseres Erachtens die Grundvoraussetzung für seinen Umgang mit Literatur, worin zahlreiche theoretische Ansätze eingeflossen sind. Die Aufteilung der Essays in solche vorstrukturalistischer und solche strukturalistischer Art läßt die Entschiedenheit seines Standpunkts nur um so deutlicher werden, aber keine Spur von einer „Bekehrung" erkennen.

Ein Vergleich zwischen den Ausführungen zu Balzacs *Le Faiseur* (Essais, pp. 90–93) und dem Essay über *Racine* (pp. 15–132) mag als Beispiel genügen. Bereits in dem Beitrag zu Balzac stehen formale Definitionen der Beziehungen im Vordergrund: die Beziehungen zwischen Mercadet, der alles daransetzt, um aus dem Nichts ein Etwas zu schaffen, und dem unsichtbaren Godeau, diesem Abwesend Anwesenden, ferner die Beziehung zwischen Mercadet und den Frauen, hinter der eine zweite Beziehung steht, die zwischen „dem Schweren, dem Gefühl, der Moral und dem Gegenstand", und „dem Leichten, der leeren Hülse und der Funktion". Das Neue an dem Essay über Racine besteht, abgesehen vom größeren Umfang und von der größeren Ausführlichkeit, darin, daß Barthes die Beziehungen zwischen den Personen in Anlehnung an Lévi-Strauss zu Oppositionspaaren gruppiert, als gelte es, die Verhaltensnormen und Machtverhältnisse in einem Clan von Wilden aufzuzeigen. So wird das Leben in den Tragödien von Racine als von der Gesellschaft, ja sogar vom Theater seiner Zeit losgelöstes System beschrieben: als eine geschlossene, sich selbst genügende Welt.

Von seiner strukturalistischen Warte aus lehnt Barthes jetzt die auf den Gehalt ausgerichtete, historisch oder ideologisch orientierte Literaturwissenschaft ab, er betreibt aber auch keine formalistischen oder stilistischen Literaturstudien. Die Fachterminologie der Grammatik und der Linguistik erscheint bei ihm nur in metaphorischer Verwendung. („Der Tod ist hier ein Nomen, Teil einer Grammatik, Ausdruck für eine Negation. Sehr oft ist der Tod nur ein Mittel, um den Paroxysmus eines Gefühls, eine Art Superlativ auszudrücken, der einen Höhepunkt, eine Hybris signalisieren soll" [*Sur Racine,* p. 40]; „die Substitute des Auges werden tatsächlich, im vollen Wortsinn *dekliniert*: rezitiert wie die flektierten Formen ein und desselben Wortes; enthüllt wie die verschiedenen Zustände ein und derselben Identität; umgangen wie Sätze, von denen keiner mehr als der andere überzeugen könnte; auseinandergebreitet wie die aufeinanderfolgenden

Augenblicke ein und derselben Geschichte" [*Essais critiques,* p. 239]. Zwischen diesen beiden Extremen hat sich Barthes einen Raum abgesteckt und diesen genau definiert: „eine Art der Analyse von Literatur, die das Werk nicht direkt nach seinem Sinn befragt, sondern zu ermitteln versucht, wie sein Sinn konstruiert ist, die genau in der Konstruktion eines Werks den entscheidenden Schlüssel für dessen Existenz sieht; man könnte diese Vorgehensweise – wiederum stark vereinfachend – als struktural oder semiotisch bezeichnen, weil dabei das Werk als umfassendes *Zeichen* betrachtet wird und dessen Zerlegung und Zusammenfügung den Analysierenden mehr interessieren als dessen Inhalt" [Vorwort zur italienischen Ausgabe, p. X].)

In diesem Raum bewegt sich Barthes souverän, mit der Eleganz, der Phantasie und dem Scharfsinn, die ihm eigen sind. Innerhalb dieser Grenzen ist es, da die literarische Essayistik keine oder noch keine Wissenschaft ist, für uns nicht mehr relevant, zu wissen, ob und inwieweit Barthes' Ansatz zum Strukturalismus oder zur Semiotik zu rechnen ist. Seine Essays müssen in Beziehung zu ihrem Gegenstand geprüft und beurteilt werden; fest steht jedenfalls schon jetzt, daß sie gefällig und faszinierend sind – ein Lob, das man nur selten aussprechen kann.

Die in Barthes' semiotischem Ansatz aufgezeigten Widersprüche nehmen in seinem ehrgeizigsten Werk, *Système de la mode* (1967), in dem er diesen Ansatz systematisch angewendet hat, ungeheure Ausmaße an.

Barthes' Interesse an sozialen Phänomenen, insbesondere an der Mode, war schon in zahlreichen Essays zum Ausdruck gekommen. Er hatte darauf Beobachtungsgabe und Scharfsinn, seine ganze Lust am Dialektischen und ein gewisses Maß an Snobismus verwendet. In den *Eléments de sémiologie* (1964) wurde die Mode in Form von knappen, bestechenden Anspielungen (die an Gedanken Trubetzkoys erinnerten) bereits mit einer „wissenschaftlichen" Patina versehen. Mit dem *Système de la mode* (1967) steigt die Mode nunmehr in die höheren Sphären des Olymps auf. Zwischen einer langen Einleitung zur Methode, Wort- und Sachregistern sowie Listen der „Gattungen" und der „Varianten" steht eine komplexe Abhandlung, die mit abstrakten Termini, Neologismen, Tabellen, Schemata, graphischen Symbolen und algebraischen Formeln nur so gespickt ist.

Die Spannung läßt auch dann nicht nach, wenn man, was ein leichtes ist, das heimliche Lächeln des Schriftstellers bemerkt, der mit so viel Akribie ein Phänomen zu erfassen sucht, das doch im allgemeinen als gänzlich unernst gilt. Ebensowenig wird die Lektüre leichter (oder gar entspannter) dadurch, daß man Barthes und seinen manchmal reichlich gewagten und grotesken Variationen in seinem logisch-deduktiven Labyrinth folgt. Immerhin will der Band systematisch sein und führt seine Argumentationen auch konsequent zu Ende.

Um die nur schwer faßbaren Gesetze der Mode in einen systematischen Zusammenhang zu bringen, hat Barthes die strukturalistische Sprachwissenschaft bemüht. Dank heldenhafter Ausdauer (und mit einiger Willkür) ist es ihm gelungen, in der Mode die Kategorien und Oppositionen wiederzufinden, mit Hilfe deren sprachliche Phänomene beschrieben werden. Die Beziehungen zwischen einem Kleidungsstück und einem anderen, zwischen einem Kleid und dem Stoff, aus dem es gemacht ist, oder den Besonderheiten seines Schnittes und der Accessoires, zwischen zwei konkurrierenden Kleidermodellen usw. werden mit den Beziehungen verglichen, die zwischen den tatsächlich vorkommenden und den möglichen Elementen einer sprachlichen Äußerung bestehen, die bei den Assoziationen [im Sinne von Saussure] und Kommutationen, von denen wir beim Reden Gebrauch machen, eine Rolle spielen.

In seiner umfassenden Untersuchung hat Barthes nicht unmittelbar die Kleidung zum Gegenstand genommen, sondern die in den Modezeitschriften zu einem bestimmten Zeitpunkt (1958–1959) beschriebene Kleidung. Die Projektion der Mode auf die Sprache ist so durch eine Metasprache, nämlich die Sprache derer, die sich mit der Mode befassen, geleistet worden. Man braucht nur an die Liste der „Gattungen" in Kapitel 8 zu denken, wo festgestellt wird, daß es nicht mehr und nicht weniger als 60 Gattungen (Accessoires, Spangen, Strümpfe, Rockschöße, Blusen, Borten, Manschetten, Hosenträger usw.) gibt, um zu sehen, daß die Kategorien Barthes' durch die Sprache, in seinem Fall durch das Französische, beeinflußt sind. Das wird dadurch bestätigt, daß die „Arten" jeder „Gattung" nichts anderes als ein kleines Begriffslexikon der Kleidung darstellen.

Der dauernde Wechsel zwischen Mode und Modesprache erreicht seinen Höhepunkt in den letzten Kapiteln, die sich mit dem „rhetorischen System" befassen. Die Sprache feiert ihre großartigen Feste auf der Ebene des Stils. Barthes, der bei seiner Parallelisierung von Mode und Sprache bis zur Einbeziehung der Rhetorik geht, hat sich da ein hübsches Gärtchen freigehalten, in dem er seine eigene Brillanz zur Geltung bringen kann. Dem Leser wird jedoch sofort klar, daß die Rhetorik, von der Barthes spricht, nicht die der Mode ist, sondern die der Zeitschriften, die diese Mode propagieren wollen: das ganze Wortgeklingel, das zwischen Geschäftsleuten und Kunden von Schneidereien und Boutiquen ausgetauscht wird, gehört einfach zum mächtigen Rühren der Werbetrommel.

Schwerwiegender noch ist ein anderes Problem, das offengelassen bzw., genauer gesagt, allzu rasch abgehandelt wird. Bevor man behaupten kann, daß die Mode wie andere im weiteren Sinne kulturelle Phänomene ein Zeichensystem bildet, müßten zunächst einige grundlegende Punkte geklärt sein: Zu welcher Art von Kommunikation dienen diese Zeichen? Wer sind die Sender und die Empfänger der „Nachrichten", die damit formuliert werden? Barthes bleibt hier allgemein oder vage: „Allein schon wegen der sozialen Beziehungen wird jeder Gebrauch zum Zeichen dieses Gebrauchs." Das heißt: Jeder Gebrauch ist Zeichen seiner selbst und könnte allzu leicht mit den eigentlichen Signalen (Wörtern, Plakaten, Gesten usw.), mit ihrer großartigen, fundamentalen Vermittlungs- und Abstraktionsfunktion zwischen Gebrauch und Gegenständen/Sachverhalten einerseits und Mitgliedern der Gesellschaft andererseits verwechselt werden. Wenn man alles zu Signalen erhebt, besteht die Gefahr, daß man, was vielleicht nicht einmal paradox wäre, nichts mehr versteht.

Zweifellos kann die Kleidung zur Übermittlung bestimmter Nachrichten benutzt werden. Man braucht nur an die (vor allem in primitiven Kulturen) kodifizierten Unterschiede in der Kleidung heiratsfähiger Mädchen und verheirateter Frauen, bestimmter Klassen und Berufe zu denken. Hinzu kommt im individuellen Bereich das Tragen von Schmuck oder Abzeichen, die Verwendung von Farben usw., um eine politische Überzeugung, bestimmte Gefühle, Absichten oder Ansprüche auszudrücken. Auch die Sprache der Blumen ist allgemein bekannt. Von alldem spricht Barthes jedoch in seinem Buch nicht mehr. Die Bedeutungen, die er in der Kleidung findet, beziehen sich allein auf die Mode und die Welt der Mode. Im ersten Fall teilt uns ein modisches Kleid eben nur mit, daß es modisch ist; im zweiten Fall sagt es uns (wiederum mittels seiner Beschreibungen in Frauenzeitschriften), daß es z. B. für eine Cocktailparty oder einen Ausflug ins Grüne geeignet ist. Die Bedeutung eines Gebrauchs ist gemäß der oben zitierten Aussage eins mit dem Gebrauch selbst.

Auf diese Weise wird deutlich, daß man sich in einem Teufelskreis bewegt, mag er auch mit allerhand schönem Zierat versehen sein. Meines Erachtens kann uns die Semiotik nur dann zuverlässige Erkenntnisse liefern (Buyssens, Prieto und andere haben schon darauf hingewiesen), wenn sie klar und deutlich jene Entitäten als Zeichen zugrunde legt, die mit der eindeutigen Absicht hervorgebracht wurden, jemandem etwas mitzuteilen, gemäß einer vom Produzenten und vom Adressaten akzeptierten Übereinkunft. In allen anderen Fällen handelt es sich um Symptome (ähnlich den Krankheitssymptomen oder, ganz allgemein, Naturerscheinungen), die wir zu interpretieren versuchen können, die aber, da sie weder intentional noch konventionalisiert sind, keine Übermittlung von „Nachrichten" leisten – Symptome verschiedener Wichtigkeit und verschiedener Herkunft, die man lieber in ihrer Heterogenität erforschen sollte, als daß man sie in eine Schein-Systematik zu bringen versucht.

Es mag verwundern, daß ausgerechnet zu einer Zeit, über der das Damoklesschwert der Absurdität, der Kommunikationslosigkeit und der Entfremdung hängt, immer mehr Theorien entstehen, die glauben, jedes Phänomen systematisieren und erklären zu können, indem wir es zur Sprache bringen. Hier besteht nur scheinbar ein Widerspruch. Man macht aus allem Zeichen, die jedoch nichts mitteilen, allenfalls auf ihre eigene Existenz verweisen, und erstickt damit Signale und Symbole unseres Handelns in der Welt. So wird unter einem silbernen Schleier alles eins: was aktiv und was passiv ist, Ursache und Wirkung, Wert und Unwert, Arbeit und Scheitern.

Natürlich erhebt die Semiotik nicht den Anspruch, an die Stelle von Wissenschaften zu treten, die sich unmittelbarer an die agonistische und antagonistische – mit einem Wort: dialektische – Struktur unserer Existenz anschließen. Ihr zunehmender Erfolg scheint jedoch auf eine Tendenz zu neutraleren, weniger parteiischen und stärker kontemplativen Interpretationen des Lebens und Zusammenlebens der Menschen hinzudeuten.

Um auf die Mode zurückzukommen: Barthes weiß viel besser als wir, daß hinter der Mode eine starke Lobby steht. Da spielen vor allem ökonomische und kommerzielle, aber auch (durch nationale Machtmonopole bedingte) politische, ästhetische usw. Interessen – im sittlichen Bereich nicht zu vergessen: die Sexualität – eine Rolle. In dieser Hinsicht ist die Mode ausgiebig untersucht worden, doch könnten von ihr weitere wertvolle Impulse ausgehen. Heute, da ein neuer Ansatz, der semiotische, versucht worden ist, fragt man sich, welches der ergiebigste für das Verständnis dieses Phänomens ist. Ich stehe trotz des imposanten Versuchs Barthes' dem semiotischen Ansatz nach wie vor skeptisch gegenüber.

Zum Beweis können wir kurz einen Blick in die Vergangenheit werfen. Betrachten wir eine Ausgabe des *Dekameron* mit Zeichnungen, Miniaturen, Holzschnitten aus Manuskripten und Inkunabeln sowie mit Bildern aus der damaligen Zeit[4]. Diese großartige Illustrierung kann zunächst einem künstlerischen Urteil unterworfen werden (was hier nicht interessiert). Sie läßt uns darüber hinaus einen tieferen Einblick gewinnen in die Mode, wie sie durch mehrere Jahrhunderte hindurch in und außerhalb von Italien üblich war.

Bei Anwendung der Theorien Barthes' ergäben sich hinsichtlich der Mode einige Veränderungen in der Liste der „Gattungen" und „Arten", jedoch eine nahezu unveränderte Gesamtsituation. Hinsichtlich der Beschreibung der Mode käme eine unüberbrückbare Kluft zum Vorschein, weil die Abbildungen den Beschreibungen (soweit vorhanden) nur in etwa entsprechen, anstatt zeitlich früher oder gleichzeitig entstanden zu sein. Ein gewaltiger Unterschied besteht auch hinsichtlich der Funktion (ganz zu schweigen von der Qualität) der Prosa in Modezeitschriften und bei Boccaccio!

Auf den ersten Blick fällt dagegen auf, wie die Illustratoren bei ihren Darstellungen die Klassenunterschiede gewahrt haben: Handwerker und Knechte, Notare und Doktoren, Adelige und Fürsten werden tunlichst auseinandergehalten. Und während die Art der Kleidung, sofern der Künstler einigermaßen sorgfältig gearbeitet hat, auf das Herkunftsland der Personen bzw. des Manuskripts schließen läßt, erkennt man an den Brokatstoffen, den Kopfbedeckungen und den Pelzen die Zeichen der vielfältigen Handelsbeziehungen, aus denen die Städte nicht nur materiell Gewinn geschöpft haben. Es wäre faszinierend, in der Geschichte der Mode die enge Verflechtung zwischen Geschmack und Interessen, zwischen Laune und kommerziellem Denken näher zu untersuchen, so daß die Mode früherer Zeiten – ganz modern – im gleichen Licht wie die sogenannten Angewandten Künste, ja vielleicht sogar andere [Disziplinen] erscheinen würde.

Daran liegt es im wesentlichen, daß eine Modesammlung, gleich aus welcher Zeit, unmittelbar unsere Neugier weckt, daß wir mehr wissen wollen über die Zeit, aus der sie stammt, daß sie zu uns spricht. Mag sein, daß sie eines Tages in den komplizierten Termini des *Système de la mode* zu uns sprechen wird, aber wird sie uns dann noch etwas sagen können?

Mit den vorstehenden Bemerkungen soll gesagt sein, daß sich die Semiotik nur

---

[4] Vgl. Ausgabe mit einer Einleitung von *Branca* 1966.

dann als deskriptive Wissenschaft konstituieren kann, wenn sie den von Saussure vorgezeichneten Linien folgt. Ein Markstein in dieser Richtung ist auch heute noch die Abhandlung von Buyssens *La communication et l'articulation linguistique*[5], eine Neufassung und Erweiterung von *Les langages et le discours. Essai de linguistique fonctionnelle dans le cadre de la sémiologie* (1943).

Mit der Ersetzung des Begriffs *sémiologie* durch *communication* wollte Buyssens, der auch noch mit anderen Arbeiten zur Weiterentwicklung und kritischen Rezeption der Saussureschen Grundgedanken beigetragen hat, sogleich zum Ausdruck bringen, unter welchem Gesichtspunkt er sich eine Präzisierung des „semiologischen" Ansatzes vorstellte, den er, Saussure folgend, als Grundlage für sein eigenes sprachtheoretisches Modell gewählt hatte, nämlich hinsichtlich der Kommunikationstechniken.

Die Prämissen blieben jedenfalls [gegenüber dem ersten Buch] die gleichen. Der Band [von 1967] besteht aus zwei Teilen: *Sémiologie* und *Linguistique*. Ich möchte nachher noch zeigen, wie die Beschreibung der sprachlichen Phänomene angelegt ist. An dieser Stelle sei sogleich hervorgehoben, wie fruchtbar sich die Erfahrung des Linguisten auf den semiotischen Ansatz ausgewirkt hat. Buyssens trennt scharf zwischen „Anzeichen" und „Kommunikationsakten": Im einen wie im anderen Fall wird ein Phänomen als Indikator für ein anderes Phänomen interpretiert, im Fall des Kommunikationsakts ist aber das wahrnehmbare, an einen Bewußtseinsakt gebundene Phänomen eigens hervorgebracht worden, damit der, der das Phänomen wahrnimmt, seinen Zweck entschlüsselt; nur in diesem Fall ist das wahrnehmbare Phänomen ein nach einer ganz bestimmten Konvention eingesetztes Mittel zur Kommunikation und nicht eine Wirkung, von der der Beobachter induktiv auf die Ursache schließen kann.

Mit dieser Abgrenzung wendet sich Buyssens also gegen die Tendenz, den Bereich der Semiotik unbedacht und ohne Rücksicht auf die dadurch entstehende Begriffsverwirrung auf alle Entitäten auszudehnen, die als Anzeichen interpretierbar sind, obwohl klar sein dürfte, daß nur intentional verwendete Ausdrücke Zeichencharakter haben und aufgrund ihrer Homogenität systematisierbar sind. Wenn man auch die Anzeichen in die Semiologie einbezieht, so hieße das, daß man die Bipolarität der Kommunikation aufhebt: Das Gewicht wird von der Zeichensenderseite ausschließlich auf den Empfänger verlagert.

Buyssens tritt sehr zu Recht für eine restriktive Konzeption der Semiotik ein; er verfällt manchmal sogar in das andere Extrem. Ich wäre nicht [wie er] der Meinung, daß die Geste eines Ministers, der bei der Einweihung einer neuen Straße das Band durchschneidet, oder eines Priesters, der den Kopf des Täuflings mit Wasser begießt, keinen symbolischen Charakter hat (p. 25): Indem Buyssens dies annahm, argumentierte er „etymologisch", er hat auf den Inhalt des Symbols (eine Straße einweihen, den Heilsweg einleiten) zurückgegriffen, hat aber dabei

---

[5] *Buyssens* 1967.

den institutionellen, bewußten, intentionalen und kommunikativen Charakter solcher Handlungen außer acht gelassen. Auch könnte ich nicht die Auffassung [Buyssens'] teilen, daß ein Kunstwerk nur sekundär semisch sei, weil ein solches Werk expressiven und nicht kommunikativen Ursprungs ist oder weil sich der Kontakt zwischen Künstler und Publikum erst a posteriori entwickelt. Es gilt dennoch, daß der Künstler kommunizieren will (sonst würde er kein Werk schaffen) und daß er dies nach Konventionen tut, die sowohl ihm als auch seinem Publikum bekannt sind.

Zum Beweis des semiotischen Charakters des künstlerischen Schöpfungsaktes kann auf ein Beispiel bei Buyssens selbst zurückgegriffen werden. Er bemerkt richtig, daß eine Frau, wenn sie zu ihrem Mann sagt: „Es regnet!", möglicherweise sagen will: „Nimm einen Regenschirm mit", oder auch: „Bleib zu Hause"; die dabei unausgedrückt bleibende Intention hat mit der Psychologie oder mit den Familiengepflogenheiten, aber nicht mit der Linguistik zu tun. So weit, so gut. Wenn aber ein Schriftsteller uns von einer Frau erzählt, die zu ihrem Mann sagt: „Es regnet!" und damit sagen will, usw. usw., so geschieht dies, nachdem er den Leser durch besondere Merkmale oder durch Rückgriff auf gängige Erzählkonventionen in die Lage versetzt hat, jene unausgedrückte Intention intuitiv zu erfassen. Man kann dann sagen, daß der Schriftsteller *eine* (von den Personen) *nicht ausgedrückte Intention intentional ausgedrückt hat* (vgl. Buyssens' eigene Analysen, p. 58).

Die Unterscheidung zwischen einem konventionellen Kommunikationsverfahren (Sem) und dessen Aktualisierung (semischer Akt) betrachtet Buyssens als einen unserer zahllosen geistigen Abstraktionsschritte; sie zieht einen dritten Erkenntnisschritt nach sich, die Identifizierung der funktionalen oder relevanten Elemente des semischen Aktes. Alle drei Stufen finden sich in der Sprache wieder: Die *parole* entspricht den semischen Akten, der *discours* deren funktionalen Elementen, in denen sich wiederum ein Sem konkretisiert; das System der Seme entspricht der *langue*. Nach Buyssens führt diese Dreiteilung nicht bloß zur Modifizierung, sondern zur Aufhebung der berühmten Dichotomie Saussures: Der *discours* bildet nämlich das Zwischenglied zwischen *parole* und *langue*, und nur wenn man vom *discours* ausgeht und dabei von den der *parole* eigenen (nicht von der Linguistik zu erfassenden) Ausschmückungen abstrahiert, gelangt man zur *langue*. Auf diesen wenigen, außerordentlich anregenden Seiten (40–42) entwickelt Buyssens eine schon früher von ihm formulierte Theorie. Es würde sich lohnen, länger und ausführlicher darauf einzugehen.

Nicht weniger revolutionierend ist der Zeichenbegriff Buyssens': Wählt man als Kommunikationsbasis die Seme und nicht die Zeichen, die lediglich als Subspezies gelten (sie sind „die kleinsten Elemente, die nach Form und Bedeutung zwei Semen gemein sein oder zwei Seme voneinander unterscheiden können"), so folgt daraus, daß die Beziehung zwischen Signifikat und Signifikant nicht umkehrbar ist; das heißt, man kann vom Signifikanten zum Signifikat gelangen, aber nicht umgekehrt, oder noch deutlicher formuliert: „Erst auf der Ebene der Kommunikation wird die Verbindung zwischen Bedeutung und Gedanke hergestellt." Das wird dadurch bestätigt, daß es für ein und denselben Gedanken zwei verschieden strukturierte Semien geben kann. Die Bedeutung ist also konventioneller Natur, ja sie wird gerade erst möglich durch ihre Konventionalität („le moi est ineffable", „Das Ich ist unsagbar"), genauso wie die zwangsläufige Linearität der Rede keineswegs eine analoge Linearität des Denkens impliziert.

Hier wird bereits die Bedeutung dieses semiotischen Ansatzes für die Linguistik deutlich. Buyssens hat die von der Sprache vorgezeichneten, festen Bahnen umgehen können, weil er sich auf einem höheren Niveau bewegte als dem der sprachlichen Gliederung. Er hat die Sprache nicht dem Denken bzw. das Denken nicht der Sprache geopfert, sondern die Sprache als eine Phase analysiert, die zwar ihre eigenen Gesetze hat, aber eine vorgängige Erkenntnisphase impliziert, und eben diesen unauflöslichen Zusammenhang hatte er stets vor Augen. Diese Grundsatzentscheidung hat dann auch beträchtliche Folgen für die eigentliche Thematisierung der Sprache im zweiten Teil des Buches, und zwar nach dem Grundsatz: „Für jede Einheit gilt, daß sie nicht durch ihre Funktion innerhalb einer größeren Einheit definiert ist; es muß also vom Ganzen ausgegangen und erst dann zu den Teilen fortgeschritten werden", d. h., man gelangt vom Text über den Satz und das Monem zum Phonem. Zu zahllosen Einzelfragen hat Buyssens originelle Vorstellungen und Meinungen zum Ausdruck gebracht, so zum Beispiel, wenn er Vokale und Konsonanten definiert oder den Begriff des Archiphonems ablehnt.

Auf Einzelheiten gehe ich hier nicht ein. Das Neue am Werk Buyssens' und die Konsistenz seines Ansatzes dürften bereits aus meinen wenigen Andeutungen ersichtlich geworden sein. Was ich bedaure, ist nur in theoretischer Hinsicht die Tatsache, daß Buyssens, wenn er von der Möglichkeit verschiedener Sätze mit ein und demselben Signifikat oder von den Beziehungen zwischen Signifikat und Kontext spricht, nicht auf die eminent stilistische Rolle dieser verschwenderischen Fülle von Ausdrucksmitteln hinweist. In praktischer Hinsicht fehlt es bedauerlicherweise an bibliographischen Verweisen; sie hätten nicht nur den Vergleich mit den Auffassungen anderer moderner Linguisten (von Martinet über Togeby bis hin zu Chomsky) erleichtert, sondern auch die ungewöhnliche Bedeutung dieses Buches noch mehr unterstrichen. Positiv fällt auf, daß Buyssens sich in einem schlichten, ja geradezu lakonischen Stil und in aller Knappheit mit diesen Problemen auseinanderzusetzen versteht – eine Lehre für jeden, der glaubt, die Bedeutung einer Schrift sei proportional zu ihrer Komplexität, zur Rätselhaftigkeit ihrer Aussagen und zur schweren Verständlichkeit ihrer Logik.

Während Barthes und Buyssens, jeder auf seine Weise, geschlossene theoretische Synthesen oder Grundzüge einer Semiotik vorgelegt haben, ging es Eco darum, für die neue Disziplin einen breiten kulturellen und philosophischen Hintergrund zu schaffen, und ließ er daher auf den ersten Blick heterogene Themen und Problemstellungen in sie einfließen. Eco ging dabei von einem heute weit verbreiteten Axiom der Kulturanthropologie aus: Das ganze soziale Leben kann als Kommunikationsphänomen betrachtet und somit zum Gebiet der Semiotik gezählt werden, da ja Kommunikation immer nur durch Zeichen gestiftet werden kann.

In seinem umfangreichen, aber sehr lesbaren Buch von 1968, *La struttura assente*[6], hat Eco, wie schon öfters, mit der ihm eigenen Intuition eine der anregendsten Strömungen des modernen Denkens aufgegriffen. Vor allem hat er gesehen, daß es ihm mit Hilfe eines semiotischen Ansatzes gelingen würde, eine Reihe seiner Forschungsinteressen in einen Zusammenhang zu bringen, nachdem sie bislang wohl eher nebeneinander als in Beziehung miteinander gestanden hatten.

Das ergibt sich aus der Geschlossenheit des Werks: Am Anfang steht eine klare Synthese der Kommunikationstheorie, wobei besonders die visuellen Kommunikationsformen (vor allem Film und Werbung) behandelt werden; dann folgt eine Diskussion der Hypothese von der Architektur als Kommunikationsphänomen, eine Analyse der Möglichkeiten des Strukturalismus, seiner theoretischen Grundlagen und Implikationen, schließlich ein Abriß über die bisherige und künftige Entwicklung der Semiotik. Fast alle diese Fragen, mit denen sich Eco auch schon früher beschäftigt hat, werden hier nun miteinander verknüpft dank eines äußerst geschickten Verfahrens, welches durch das gleichzeitige Nebeneinander von klaren didaktischen Synthesen, Berichten über Forschungsbeiträge, harten Auseinandersetzungen mit namhaften Exponenten der kulturellen Szene (Goldman, Lévi-Strauss, Lacan, Foucault, Derrida usw.) und einer vom Verfasser konsequent vorangetriebenen Argumentation gekennzeichnet ist.

Das Buch ist deutlich durch eine *Klimax* gekennzeichnet, die ihren Gipfelpunkt in Teil D erreicht, dessen Titel mit dem Buchtitel übereinstimmt: Hier holt der Experte der Massenkommunikation seine bisher versteckt gebliebenen Waffen eines Philosophen hervor und trägt ein ungleiches Duell mit seinen großen Gegnern aus, die am Ende übel zugerichtet am Boden liegen. Es ist daher um so bedauerlicher, daß Teil E zwar einen guten, informationsreichen Überblick über die semiotische Forschung gibt, aber kaum eigene Gedanken enthält, so daß er als fünfter Akt eines Dramas erscheint, das ebensogut (oder sogar besser) mit dem vierten geendet hätte. Vielleicht wäre es schon ein Vorteil gewesen, hätte man diesen Teil als Anhang an den Schluß oder an den Anfang des Buches gestellt.

Mit der Verwendung des Attributs „abwesend" in Verbindung mit dem Begriff „Struktur" im [italienischen] Titel des Buches hat Eco seinen *sense of humor* zu erkennen gegeben: [Es scheint,] als wollte er die Leser mit einem Zauberwort, dessen wichtigste Bedeutungen er auch tatsächlich sorgfältig darlegt, zuerst anlocken, dann aber alsbald im Nichts, das sich hinter dem Wort auftut, allein lassen. Aber der Titel steht als Formel für ein Forschungsverfahren, ja eine persönliche Forschungsrichtung.

Als Kommunikationsforscher, der über die Hexenkünste der Massenmedien

---

[6] *Eco* 1972.

Bescheid weiß, der sich für die Phänomene des modernen Lebens interessiert, mag Eco als „insider" ersten Ranges erscheinen. In diesem Buch gibt er ganz ausdrücklich zu verstehen, daß seine Integriertheit nur eine Form ist, um die Waffen seiner Gegner besser kennenzulernen oder sie ihnen sogar aus der Hand zu reißen: er agiert innerhalb des „Systems" (wie man heute sagen würde) wie die fünfte Kolonne. Ich bin nicht sicher, ob ein Revolutionstribunal diese Erklärungen gelten lassen könnte: sie machen aber die ganze Faszination des Buches aus. Ein erstes Beispiel dafür ist Teil C über die Architektur. Dort steht am Anfang die Hypothese, daß diese Kunst als Phänomen der Massenkommunikation interpretiert werden könne. Am Ende entdeckt man, daß die architektonische und städtebauliche Kommunikation von einer ideologischen Sphäre umzogen ist, deren repressive bzw. befreiende Wirkung stärker ist als die des nach außen vorherrschenden kommunikativen Elements. Hinter den „Kodes" drängt die „Praxis".

Das Beste an Ecos Buch ist jedoch der bereits positiv hervorgehobene Teil D. Er stellt eine hervorragende Untersuchung der philosophischen Implikationen in den verschiedenen Strömungen des Strukturalismus dar (Sprachwissenschaft, Semiotik und alle ihre Nachbardisziplinen sind im allgemeinen strukturalistisch orientiert). Ist die Struktur dem untersuchten Gegenstand eigen, oder ist sie ein vom Forscher entworfenes Interpretationsmodell? Hat dieses Modell eine reine operationale Funktion, oder besitzt es einen bestimmten ontologischen Status? Kann der eventuell vorliegende ontologische Status der Modelle bis zu den Wurzeln der Erkenntnis zurückreichen, oder steht er in einem deduktiven Verhältnis zu anderen Seinsweisen der Realität?

Eco greift auf eine binäre Darstellungsmethode zurück. Er schreitet immer bis zum schwindelerregenden Abgrund voran und enthüllt ihn dann dem erschreckten Leser. Auch um diesen Punkt zu erreichen, wenn es also nicht mehr lange dauert, bis das Verdikt der als Hypothese zugrunde gelegten „Abwesenheit" ausgesprochen wird, gibt es zwei Wege. Wenn der Forscher eine Struktur aufgedeckt hat, muß er sich nach Eco fragen, ob es sein Ziel war, Phänomene besser zu verstehen, dadurch, daß er sie mit anderen formal vergleicht und in Zusammenhang bringt, oder zu einem Kode zu gelangen, der als Grundlage für alle anderen Kodes fungiert, kurz: zu einer letzten Wirklichkeit, die den eigentlichen Beweggrund für seine Untersuchung lieferte.

Den zweiten Weg gingen in immer konsequenterer Weise Lévi-Strauss, Lacan und Foucault. Am Ende stand die Entdeckung eines NICHTS, das durch die großen Lettern zwar furchterregender, aber nicht weniger frustrierend wurde. Und in der Verehrung dieses Nichts tauchen die Schatten Heideggers und hinter ihm Nietzsches auf, jener Lehrmeister, zu denen man sich (dies gilt auch für Lacan und Foucault) nur zögernd bekennt. Ecos Kritik an einem bestimmten Typ von Strukturalismus, der wegen seiner Ahistorizität und seines Antihumanismus schon mehrmals, allerdings in weniger besorgniserregender Weise, in Frage gestellt worden ist, verdient meines Erachtens ganz besondere Aufmerksamkeit. Diese Kritik kann auch für die Anhänger weniger extremer Formen des Strukturalismus heilsam sein, da sie auf Gefahren hinweist, die dann leichter vermieden werden können.

Die strukturalen Modelle dürfen also nur zu operationalen Zwecken, d. h. dazu verwendet werden, in einem homogenen Material eine Reihe von Erfahrungsdaten zu ordnen. Anstatt eine immer stärkere Systematisierung anzustreben, sollte die Formalisierung immer nur auf die größtmögliche Aussagefähigkeit ausgerichtet sein. Der Forscher sollte bereit sein, auf sein Modell zu verzichten oder es durch ein anderes zu ersetzen, sobald er feststellt, daß es den Forschungsgegenstand nicht abzubilden vermag. Ziel der strukturalen Modelle ist also nicht, das Wesen der Wirklichkeit auszuloten, sondern sich mit der Wirklichkeit auseinanderzusetzen, indem sie diese unter den jeweils interessierenden Gesichtspunkten möglichst kohärent und erschöpfend beschreiben. Daß dabei noch etwas bleibt, das sich nicht fassen läßt, ein widerspenstiger Rest, ist unausbleiblich in einer Dialektik, die *per definitionem* zur Unausschöpflichkeit bestimmt ist.

Bei seiner Beschreibung der semiotischen Prozesse trifft Eco zwei völlig legitime, aber nicht allein mögliche Entscheidungen, die der Leser sich vor Augen halten muß, damit er *diese* Semiotik nicht mit *der* Semiotik (einer, wie gesagt, im Entstehen begriffenen Wissenschaft) gleichsetzt. Bei der ersten Entscheidung geht es um die Bevorzugung derjenigen Zeichenfolgen, die sich auf einer konstanten Ebene strukturieren lassen und daher einen „Kode" mit bestimmten Assoziations- und Kombinationsregeln bilden. Bei der zweiten Entscheidung geht es darum, daß der Augenblick der Entschlüsselung der mittels des Kodes ausgedrückten Nachricht dem Augenblick ihrer Formulierung und ihrer Mitteilung vorgezogen wird.

Eco ist sich sehr wohl im klaren darüber und sagt es auch an einigen Stellen (z. B. p. 148), daß viele semiotische Kodes eine derart instabile Ordnung haben, daß man vielleicht treffender von „Lexika" oder „Inventaren" sprechen sollte, d. h. von Elementen, die nach strukturalen Gesetzen nicht oder nur teilweise in einen geschlossenen Zusammenhang gebracht werden können. Er ist sich außerdem dessen bewußt und sagt auch ausdrücklich, daß bei Betonung der Interpretation Elemente, vielleicht sogar dominierende Elemente ins Auge gefaßt werden, die nur dem Empfänger, nicht dem Sender der Nachricht eigen sind: Dann wird, mit anderen Worten, die Strukturierung von *Nachrichten* untersucht, *die nicht mitgeteilt worden zu sein brauchen.*

Diese beiden Grundsatzentscheidungen ergeben sich folgerichtig aus der Konzeption des Buches, das die Massenkommunikation bzw. damit zusammenhängende Phänomene zum Gegenstand hat. Bei der zugrunde gelegten Konzeption ist die Art und Weise, wie die Nachricht empfangen wird, sehr viel wichtiger als die Genauigkeit des Empfangs. Die standardisierenden Wirkungsfaktoren zählen mehr als die kreativen, und die Bedeutung der letzteren beruht auch weniger auf ihrem Inhalt als auf ihrer Fähigkeit, Aufmerksamkeit und damit letztlich Empfangsbereitschaft zu wecken.

So könnte man Eco gegenüber eine Gegenposition einnehmen und ein stärker induktives Verfahren anwenden, das von der Untersuchung der Nachrichten im engeren Sinne ausgeht, d. h. von den kommunikativen Nachrichten, in denen Sender und Empfänger volle Gleichberechtigung genießen; oder man könnte ein anderes, im Hinblick auf die Erfassung der Tiefenstruktur der Nachrichten sinnvolleres Verfahren wählen und sich nur mit dem Sender beschäftigen und versuchen, den Prozeß der Konstituierung von Bildern und Begriffen zu Zeichen zu beschreiben (für den Dichter sind solche Zeichen z. B. Symbole und Metaphern, Erzählsegmente, das Tempo von Dialogen usw.).

Während die erste Art von Forschungsverfahren eine wertvolle Hilfe für Interpretationstheorien wäre, könnte uns die zweite vielleicht zum Kernpunkt der Semiotik führen: es würde dabei deutlich, in welcher Hinsicht, warum und wovon Zeichen Zeichen sind. Dann könnte auch die Literaturwissenschaft in sinnvoller Weise der Semiotik untergeordnet werden. Der Eco so wichtigen Semiotik der durch den Kode ausgedrückten Nachricht müßte jedoch eine Semiotik der Erfindung zur Seite gestellt werden, die die Phasen der Selbst- und Interstrukturierung der vom Künstler konzipierten Zeichen erfaßt. Nur unter dieser „genetischen" Perspektive könnte sich die Homologie der verschiedenen formalen Aspekte eines Werks als natürlich und notwendig erweisen.

Im nächsten Kapitel möchte ich diese Ansätze weiter ausführen und mich im besonderen dem Gebiet der Literaturwissenschaft zuwenden. Nachdem ich aber schon einige der neuesten und interessantesten semiotischen Modelle ziemlich eingehend diskutiert habe, erscheint es mir angebracht, eine Reihe von Arbeiten heranzuziehen, in denen diese Disziplin sich schon ein ganz bestimmtes Ziel gesteckt hat: ich meine die Analyse des Films. Meine Ausführungen werden deutlich machen, warum man (nicht zu Unrecht) gehofft hat, die Semiotik könnte die Theoretiker des Films aus dem Wirrwarr von Aporien, in dem sie sich zu verlieren drohten, befreien. Andererseits kann das Filmwerk dank gewisser, in literarischen Werken weniger auffälliger technischer Besonderheiten dem Literaturwissenschaftler wertvolle Anregungen liefern. Der Film ist nämlich ein makroskopisches Beispiel für die Vielfalt der semischen Mittel eines (im weiteren Sinne) narrativen Werks. Diese Vielfalt ist bei einer literarischen Schöpfung erst nach mühsamer Zerlegung erkennbar, da dort die verschiedenen semischen Funktionen (von der Denotation zu den Konnotationen, von der Gliederung des Diskurses bis zu jener der Inhalte) allein auf den verbalen Bereich konzentriert sind. Im Film dagegen macht die verbale Sprache (Untertitel und/oder Dialoge) nur einen Teil, oft sogar nicht einmal den wichtigsten Teil der künstlerischen Mitteilung aus, während gleichzeitig bzw. mit ihr zusammen die Bilder, Gesten, Farben, Geräusche, musikalische Untermalung usw. ihre eigene Funktion erfüllen. Die Zerlegung ist also bereits mit der Verwendung verschiedenartiger Ausdrucksmittel erfolgt.

In drei neueren Publikationen[7] wird eine semiotische Interpretation des Films versucht: in der einen (Garroni) mehr theoretisch, in den beiden anderen mehr

---

[7] *Metz* 1968; *Garroni* 1968; *Bettetini* 1968.

empirisch. Alle drei halten sich übermäßig lange mit Vorklärungen auf: Garroni, indem er die Diskussion um das „spezifisch Filmische" wieder aufgreift und schließlich überwindet; Metz und Bettetini, indem sie die Möglichkeiten prüfen, die filmische Kommunikation unter die Kategorien der Linguistik zu subsumieren (da Bettetini sich schon die Ergebnisse von Metz zunutze machen kann, fragt man sich, warum er hinsichtlich dieser grundsätzlichen Frage nicht einfach auf ihn verwiesen hat). So beschränken sich die drei Autoren darauf, einige, wenn auch sehr interessante Skizzen für eine semiotische Arbeitshypothese zu liefern.

Der Begriff „Sprache des Films" ist metaphorisch – ähnlich wie die bereits im Zusammenhang mit anderen nichtsprachlichen Künsten verwendeten Ausdrücke („Syntax der Architektur", „Dialekt der Malerei" usw.). Von einer Metapher wäre nicht mehr die Rede, würde man – wie es die französische Schule will – die Semiotik der Linguistik unterordnen, statt die Linguistik der Semiotik, oder wenn man zumindest davon ausginge, daß die Linguistik Beschreibungskategorien bietet, die auch auf die nichtsprachlichen Kommunikationsformen anwendbar sind.

Ich habe hier bereits meine Bedenken gegenüber einem solchen Ansatz zum Ausdruck gebracht und nehme daher mit Befriedigung die letzten Ergebnisse von Metz zur Kenntnis, der diesen Ansatz immer stärker modifiziert und im Kern schließlich verworfen hat, nachdem er ihn anfangs noch als adäquat angesehen hatte (anhand eines Sammelbands mit früheren Aufsätzen lassen sich diese Kurskorrekturen schrittweise verfolgen). Metz ist heute davon überzeugt, daß es in der „Sprache" des Films die für die verbale Sprache spezifische *double articulation* (Phoneme und Moneme) nicht gibt, ja, daß darin nicht einmal Minimaleinheiten ermittelt werden können, die wie die Wörter kodifiziert und (paradigmatisch) gegen andere Wörter ausgetauscht werden können. Es ist „un langage sans langue".

Nach Metz kommt es in der „Sprache" des Films auf die Syntagmen, d. h. auf die zeitlichen und gedanklichen Kontiguitätsbeziehungen zwischen den aufeinanderfolgenden Sequenzen der Erzählung, an – eine Syntax ohne Phonologie und Morphologie. Sind wenigstens diese „Syntagmen" kodifizierbar? Metz scheint davon überzeugt zu sein. Er entwickelt sogar ein allgemeines Sequenzierungsschema (das er auf die Analyse von Roziers *Adieu Philippine* anwendet) und nennt es „grande syntagmatique de la bande-images". Dieses Schema ist zweifellos nützlich und erfaßt einen Großteil der bisher gebräuchlichen Verfahren. Die Frage ist nur, ob dieses (oder ein ähnliches) Schema systematisch und eigenständig ist und sein kann wie irgendein Syntaxmodell oder ob es nicht vielleicht einfach eine Bestandsaufnahme der bisher entwickelten Verfahren vermittelt und jederzeit durch einen Einfall eines findigen Regisseurs umgestoßen werden kann.

Um ein System von gebräuchlichen Verfahren als „Kode" definieren zu können, ist es von grundlegender Bedeutung, daß die Funktionen dieser Verfahren voneinander unterschieden und aufeinander bezogen sind, so daß sich eine (innerhalb im voraus festgelegter Grenzen) erschöpfende, exakte und ökonomische

Aufgabenverteilung ergibt. Veränderungen in einem System sind zwangsläufig revolutionierend, sie wirken sich auf jedes seiner Teile aus und machen eine allgemeine Neuordnung unumgänglich. In der Syntagmatik des Films scheint das System nicht so kohärent zu sein. Die Verfahren werden laufend geändert, ohne daß das System zusammenbricht; die Veränderungen betreffen eben mehr den Stil als die Sprache. Beweis: ein Schriftsteller kann ohne weiteres erzähltechnisch etwas Neues machen und dennoch die Syntax respektieren oder zumindest nicht revolutionieren; für einen Regisseur ist aber die Erzähltechnik identisch mit der Syntax, und er kann schwerlich etwas Neues sagen, ohne *ipso facto* die Syntax zu revolutionieren.

Auch Metz gibt zu, daß „die große Syntagmatik [des Films] ... sich *wesentlich schneller* verändert *als die Sprachen* [les langues], was dadurch bedingt ist, daß *Kunst* und *Sprache* [langage] sich im Film sehr viel stärker durchdringen als im Bereich des Verbalen" (p. 135, Hervorh. im Orig.). Er schreibt sogar, „daß der Film *nie* eine Syntax oder Grammatik im streng terminologischen Sinne der Linguistik besessen hat – manche Theoretiker haben das geglaubt, was auf einem anderen Blatt steht –, sondern daß er *immer* einer Reihe von semiotischen Grundgesetzen gehorcht hat und noch heute gehorcht, die mit den spezifischen Notwendigkeiten der Informationsübermittlung zusammenhängen, semiotischen Gesetzen, die äußerst schwer zu ermitteln sind" (p. 205, Hervorh. im Orig.).

Diese Zugeständnisse scheinen mir zu beinhalten, daß in der Filmkunst nicht nur keine diskreten Minimaleinheiten, sondern nicht einmal Syntagmen oder eine Syntax ausgemacht werden können: sei es, weil Syntagmen offensichtlich etwas morphologisch Bestimmtes miteinander verbinden müßten, dieses aber nicht existiert (oder nicht gefunden worden ist), sei es – und dies ist besonders wichtig –, weil Sprache und Stil im filmischen Diskurs untrennbar miteinander verbunden sind –, ein Diskurs, der auf seinen verschiedenen Ebenen vorsprachlich, sprachlich und nachsprachlich und in seiner Gesamtheit semiotisch und nur semiotisch ist.

Nach dieser Präzisierung richtet das Etikett „Sprache des Films" keinen Schaden mehr an, und die genannten drei Autoren können zu ausgereifteren Analysen gelangen. Garroni hat schon nicht mehr die Definitionsschwierigkeiten von Metz, dessen in den *Essais* zusammengefaßte Arbeiten ihm größtenteils bekannt sind. Außerdem ist er mit Hjelmslev bestens vertraut, was von Anfang an deutlich wird, wenn er begründet, warum er lieber von „Semiose" statt von „Sprache" des Films redet.

In Garronis Arbeit sind wenigstens zwei Punkte besonders hervorzuheben, da von ihnen höchst interessante Entwicklungen ausgehen könnten. Der eine betrifft die Unmöglichkeit, Minimaleinheiten der „Sprache" des Films auszumachen. Garroni geht mit Recht vom „kontinuierlichen", nicht „diskreten" Charakter dieser „Sprache" aus und vermeidet so, daß diese Nicht-Diskretheit, auch nur ungewollt, als etwas Negatives erscheint, wie es denen ging, die kleinste Einheiten gesucht, aber nicht gefunden haben.

Garroni hält dennoch eine modellhafte Erfassung der kommunikativen Elemente bis zu einem gewissen Grade für möglich, auch wenn diese Elemente nicht die Exaktheit von Begriffsbedeutungen erlangt haben, denn sie bilden „eine Liste von Feldern von Varianten [...], insoweit solche Varianten gleichzeitig eine Serie von Variationen bilden" (p. 30). Auf diese Weise wären die Elemente, ob semantisch oder nichtsemantisch, in ihrer Eigenschaft als „Funktionen" des semiotischen Diskurses formalisierbar – eines Diskurses, der in der Heterogenität seiner Konstituenten anerkannt wird, ohne dabei die ihm zugrunde liegende Einheit der Mitteilung außer acht zu lassen.

Damit kommen wir zum zweiten Punkt: der Analyse der Heterogenität, die auch schon für die verbale Sprache konstitutiv ist, *a fortiori* für die „Sprache" des Films, die gerade dadurch, daß für sie die verbale Sprache nur ein Element einer mannigfaltigeren Semiose ist, die eigene konstitutive Verteilung auf mehrere Ebenen unterstreicht und potenziert. Garroni entwickelt einen theoretischen Raster der verschiedenen semiotischen Ebenen des filmischen Diskurses, einen Raster, der noch feiner unterteilt werden könnte, da er gewisse Grundlinien, aber noch keine festen Gruppierungen erkennen läßt. Die Bedeutungsebenen konstituieren eine Ordnung größerer oder kleinerer Segmentierbarkeit gemäß einem hierarchischen Prinzip, das nach Hjelmslev konnotative Werte entstehen läßt; und konnotativ ist (so schließt Garroni mit Recht) die Verwendung anderer Sprachen und Kodes in der „Sprache" des Films in der Tat.

Auf diesen hervorragenden Seiten weist Garroni noch auf ein Problem hin, über das Filmsemiotiker meines Erachtens mehr nachdenken sollten: das Problem der Relevanz. Viele Aporien der Filmästhetik haben hier wohl eine ihrer Hauptursachen. In den anderen Künsten hat der Autor mehr Freiheit, nur jene Elemente zu zeigen, die er zeigen wollte und zeigen zu können meinte. Ein Schriftsteller (oder Maler) kann uns etwas über Augen sagen (oder Augen zeichnen), ohne das Gesicht darstellen zu müssen; er kann womöglich Farbe, Eigenart oder Bedeutung eines Blicks umreißen, ohne die Augen zu beschreiben, ja vielleicht ohne direkt auf den Blick selbst anzuspielen. Der Regisseur ist stärker an die Wirklichkeit der Gegenstände gebunden: Er kann sie nach Belieben ordnen, aus einem bestimmten Blickwinkel aufnehmen, zerlegen, beleuchten und kolorieren, aber er kann nicht ihre konstitutiven Merkmale und Attribute weglassen. Anstatt einfach auszuwählen, kann er oft nur Akzente setzen oder Abschwächungen vornehmen.

Daraus darf gewiß nicht geschlossen werden, daß der Film unmittelbar die Wirklichkeit abbildet (die vom Drehbuchautor und Regisseur erfundene Wirklichkeit hat wohl in jedem Fall den Zweck, eine andere Wirklichkeit zu verhüllen), wohl aber, daß die Wirklichkeit für den Film eine nie annullierbare Grenze darstellt, sei es, daß der Regisseur sie so nimmt, wie sie sich ihm aufdrängt, sei es, daß er sie lieber umgeht oder neu schafft. Der in jeder künstlerischen Schöpfung vorhandene „Widerstand des Mediums" (der Kampf des Dichters mit der Sprache oder der Metrik, der des Malers mit den natürlichen Eigenschaften der Farben und den Flächen usw.) ist im Film sehr viel größer, und das Medium zwingt dem Regisseur seinerseits gewisse Merkmale und Bedingungen auf, die der Regisseur dann häufig nur noch integriert, da er doch nicht an ihnen vorbei kann. Die genannten drei Autoren haben an einigen Stellen Vergleiche zwischen Drehbüchern und den entsprechenden Szenen im Film durchgeführt. Diese wertneutralen Vergleiche (Drehbuch und Szene können unabhängig davon ästhetisch wertvoll oder wertlos sein) vermitteln meines Erachtens eine Vorstellung davon, welche Elemente für die Filmerzählung möglicherweise relevant sind, insbesondere dann, wenn a) der Regisseur selbst das Drehbuch geschrieben hat, b) er bei den jeweiligen Dreharbeiten keine wesentlichen Änderungen vorgenommen hat. Was sichtbar oder hörbar wird, aber nicht im Drehbuch steht, bildet zum Teil eine suggestive oder konnotative Handlung, ja gehört zu einem nicht unerheblichen Teil zu jenen großen Wirklichkeitsfragmenten, die dem Regisseur die relevanten Elemente geliefert haben, von denen er sich im übrigen aber auch nicht hat frei machen können. Diese Wirklichkeitsfragmente können auf den Zuschauer in verschiedener Weise wirken und es ihm ermöglichen, sich eine eigene Interpretation zurechtzulegen, die durchaus auch das Gegenteil der vom Autor intendierten Version sein kann (was in jeder Kunst vorkommt, am meisten aber, um es noch einmal zu sagen, für den Film gilt). Daher die Bedeutung von Arbeiten (Bettetini weist darauf hin), die sich hauptsächlich mit den Rezeptionsbedingungen der filmischen Mitteilung [8] beschäftigen.

Natürlich wird die Relevanz der Elemente einer jeden Szene oder Sequenz mit der Abfolge der Szenen, Sequenzen usw., aus denen der Film besteht, immer deutlicher. Der Leser nimmt dann Kombinationen und Kommutationen nicht von kleineren Elementen eines linearen Ganzen vor, sondern von Funktionen der Erzählung, die sich auch parallel in aufeinanderfolgenden Phasen des Films entwickeln können und gemeinsam oder einzeln in Bewegungen, Gesten oder Worten usw. zum Ausdruck kommen. Damit erhält der Film eine große „diegetische" Bedeutung, die schon von Metz klar erkannt worden ist (mit dem Begriff „Diegese" können die Mißverständnisse, die dem gängigeren Begriff „Erzählung" anhaften, vermieden werden).

Hier ergibt sich vielleicht die Möglichkeit, die Semiotik des Films empirisch-deduktiv weiterzuentwickeln und mit den theoretischen Ansätzen Garronis in

---

[8] Man sollte jedoch stets unterscheiden (vgl. z. B. pp. 64–67) zwischen gegebenenfalls in den Film eingeschobenen Mitteilungen und dem Film selbst in seiner Eigenschaft als Mitteilung (die Filmnachricht ist nicht die Summe der filminternen Mitteilungen). Jedenfalls kann die Art der Rezeption des Films durch eine mehr oder weniger verborgen bleibende persuasive Absicht gesteuert sein; so gesehen spielt der Film die gleiche Rolle wie die Massenmedien. Trotzdem urteilt *Bettetini* etwas vorschnell, wenn er die Bedeutung (jede Bedeutung) mit dem ideologischen Inhalt gleichsetzt (pp. 11, 13, 14 usw.). Die Behauptung, daß jeglicher Wahrnehmungs- oder Kommunikationsakt ideologisch vorgeprägt sei, war schon in aller Munde, bevor man sich die Mühe gemacht hat, das Problem theoretisch anzugehen, wobei man wahrscheinlich zu viel komplizierteren und differenzierteren Ergebnissen gekommen wäre.

Einklang zu bringen. Denn wie auch immer die konstitutiven Elemente der „Sprache" des Films sich miteinander verbinden mögen, fest steht, daß sie eben durch die Art und Weise ihrer Aktualisierung zur Konstituierung eines (in sehr allgemeinem Sinne) „narrativen" Diskurses beitragen. Zerlegt man eine Erzählung oder einen Roman, indem man einen großen semiotischen Block vertikal herausschneidet, so zeigt sich sofort, daß der Schriftsteller das, was der Film mit verschiedenen visuellen und akustischen Mitteln erreicht, mit einem einzigen ihm zur Verfügung stehenden Mittel, dem Wort, leistet. In einem (für dieses Experiment besser geeigneten) traditionellen Erzählabschnitt gibt es jedenfalls einen deskriptiven Teil, in welchem Milieu, Gegenstände und Personen vorgeführt werden (im Film entsprechen ihm Panorama-, Fahr-, Großaufnahmen usw.), ferner einen verbalen Teil (im Film: Dialoge), verschiedene Formen der Suggestion (Metaphern, Vergleiche usw., im Film entsprechende Montagen bzw. Überblendungen) usw. Der Regisseur kann – mit all den oben genannten Vor- und Nachteilen – zeigen, statt zu beschreiben.

In einer Erzählung läßt sich aber auch ein horizontaler Schnitt anlegen, indem man den Pausen, Überschneidungen und Wiederholungen folgt. Dieser horizontale Schnitt fällt in Film, Erzählung oder Roman fast gleich aus: Diese größeren Einheiten (die einzigen, die Metz schließlich anerkennt) sind also nicht als Syntagmen kleinerer Einheiten, sondern als kleinste Einheiten jeder komplexen Einheit, der Erzählung, anzusehen. Anders ausgedrückt: eine Erzählung, ob in der Literatur oder im Film, kann in kleinste Erzähleinheiten (Szenen, Sequenzen usw. beim Film) segmentiert werden. Beim literarischen Werk kann die Segmentierung aufgrund der Linearität des verbalen Diskurses, die graphisch in der Aneinanderreihung der Buchstaben auf den Zeilen der Seiten zum Ausdruck kommt, sogar noch weiter gehen; die ermittelten Einheiten sind jedoch ab einem bestimmten Punkt nur noch sprachliche, keine narrativen Einheiten mehr. Im Film hat man dagegen nur die Möglichkeit, durch vertikale Schnitte voranzukommen, so daß man erkennen kann, wie die „Partitur" von visuellen und akustischen Aufnahmen aufgebaut ist. Bei dem Versuch weiterer horizontaler Segmentierungen könnte nur eine Beziehung zu den inkorporierten Wirklichkeitsfragmenten, aber nicht zu Elementen des Erzählten hergestellt werden [9].

Sowohl Metz als auch Bettetini sind von dieser Art der Analyse nicht weit entfernt. Metz schreibt, daß „es schwer entscheidbar ist, ob die große Syntagmatik des Films den *Film* oder die *Filmerzählung* betrifft. Denn alle hier genannten Einheiten lassen sich zwar im *Film,* aber immer nur *in bezug auf* die Handlung

---

[9] Eisensteins Theorie, die in der Montage das Grundelement der Filmkunst sah, kommt trotz ihrer Einseitigkeit das große Verdienst zu, auf den Primat der narrativen Technik in der filmischen Mitteilung hingewiesen zu haben; so gesehen, darf sie nicht einfach mit ein paar Gegenargumenten abgetan werden, sondern verdient, konstruktiv überdacht zu werden. Eine gewisse Gemeinsamkeit zwischen Eisenstein und den Formalisten mag dann nicht mehr überraschen.

identifizieren. Dieses dauernde Wechselspiel zwischen kinematographischem Prinzip (Signifikant) und diegetischem Prinzip (Signifikat) muß akzeptiert und sogar zum methodischen Grundsatz erhoben werden" (p. 143, Hervorh. im Orig.). Bettetini schreibt seinerseits, daß „die Forschungsarbeit, sobald Bedeutungsprobleme im Spiel sind, sich immer auf die großen narrativen Einheiten richten muß" (p. 89), und deutet die Möglichkeit an, „beide Sprachen, die verbale und die audiovisuelle, im Bereich der narrativen Strukturen mit dem gleichen Forschungsansatz zu behandeln" (p. 91), wobei er zu Recht auf die „analyse du récit" verweist, wie sie seit einigen Jahren von Greimas, Barthes und anderen vertreten wird.

Durch eine Synthese der beiden Vorgehensweisen, der vertikalen im Anschluß an Hjelmslev und der horizontalen in Anlehnung an den Formalismus, kann man meines Erachtens die „Sprache" des Films systematisch erforschen und mit aller Klarheit aufzeigen, wo das Gemeinsame und wo das je Spezifische des filmischen und des literarischen Erzählens liegt. Das würde weiterführen als die bloß äußerlichen Vergleiche, bei denen die „Spezifizität" des filmischen Diskurses über Gebühr betont worden ist. So wird eine „Theorie des Erzählens" entstehen, in der Literatur und Film innerhalb der zulässigen, weitgesteckten Grenzen nebeneinanderstehen.

3. Zwischen Strukturalismus und Semiotik

1.1. Der *Cours de linguistique générale* von Saussure, der für die strukturalistische Linguistik von fundamentaler Bedeutung ist, enthält auch ein sehr klares Programm für die Grundlegung einer neuen Wissenschaft: der Semiotik[1]. Nachdem man seit etwa einem Jahrzehnt versucht hat, die strukturalistische Methode ebenfalls auf die Literaturbetrachtung anzuwenden, scheint nun im wachsenden Interesse für die Semiotik Saussures theoretischer Entwurf konkrete Gestalt anzunehmen.

Die Verhältnisse sind aber in Wirklichkeit viel komplexer. Die Semiotik war schon in den letzten Jahrzehnten des 19. Jahrhunderts von C. S. Peirce[2] im Bereich der Logik und der Philosophie entworfen worden und hatte wiederum in der Philosophie durch C. Morris[3] eine bedeutende Vertiefung erfahren. Diese amerikanische Strömung blieb im großen und ganzen der linguistischen Fachwelt unbekannt, bis Jakobson Peirce neu entdeckte und die unverminderte Bedeutung seiner Unterscheidung zwischen Ikon, Symbol und Zeichen hervorhob[4].

Andererseits war Saussures Tradition von Buyssens und in neuerer Zeit von Prieto[5] im eigentlichen, linguistischen Rahmen aufgenommen worden. Wie für Saussure ist die Sprache für Buyssens und Prieto eines von vielen Zeichensyste-

---

[1] *Saussure* 1916, p. 33. Das dort enthaltene Programm einer „Semiologie" ist berühmt, weniger hat man jedoch auf die folgenden, m. E. grundlegenden Ausführungen geachtet: „la tâche du linguiste est de définir ce qui fait de la langue un système spécial dans l'ensemble des faits sémiologiques [...]; si pour la première fois nous avons pu assigner à la linguistique une place parmi les sciences, c'est parce que nous l'avons rattachée à la sémiologie". Wie ich schon in (1969) p. 58 gesagt habe, geht aus der kritischen Ausgabe des Cours durch *Engler*, 1967–69, hervor, daß Saussure seiner Analyse des Zeichens auch für nichtsprachliche Zeichen Geltung besaß.

[2] *Peirce* 1960.

[3] *Morris* 1938. – Den Vorschlag von *Rossi-Landi* 1972, p. 233 f., Anm. 1, zwischen *Semiotik* als allgemeiner Wissenschaft von den Zeichen und *Semiologie* als Wissenschaft der (post- und translinguistischen) Zeichen zu unterscheiden, hielte auch ich für gut. Leider hat die International Semiotic Association als einzigen Begriff für beide Bedeutungen *Semiotik* gewählt, den die Angelsachsen und Russen vorzogen.

[4] *Jakobson* 1963, pp. 27, 40 f., 79, 91, 178 f. – vgl. auch *Dewey* 1946.

[5] *Buyssens* 1967 – *Prieto* 1966; 1968, pp. 93–144 – *Mounin* 1959, pp. 176–200.

men, wenn auch das komplexeste und tragfähigste; die Linguistik bildet also lediglich ein Teilgebiet der Semiotik, die eine umfassendere und weiter gefaßte Wissenschaft ist. Buyssens und Prieto leiten ihre Unterscheidung der verschiedenen Arten von Zeichen aus der kommunikativen Zielsetzung und der Funktion der Zeichen selbst ab.

Es ist jedoch erstaunlich, daß ein Sprachwissenschaftler wie Hjelmslev, dem literarische und künstlerische Interessen sehr fernliegen, den gegenwärtigen Erfolg der Semiotik (auch im Bereich der Literaturwissenschaft) verursacht hat. Seine bewundernswerten *Prolegomena* haben mit dem Versuch, den Zusammenhang zwischen dem Denken und seiner sprachlichen Realisierung (im Gegensatz zu Saussure und den meisten Strukturalisten) in der Richtung Denken – Sprache zu fassen, die Verfestigung des Denkens in sprachliche und nichtsprachliche Zeichen gezeigt und analysiert. Darüber hinaus machte Hjelmslevs Entdeckung einer Hierarchie der verschiedenen Ausdruckssysteme es möglich, die Ausdehnung und wechselseitige Funktionalisierung dieser Systeme zu vergleichen und mit den Begriffen Konnotation und Denotation zu beschreiben[6].

Diese verschiedenen Strömungen hätten sich vermutlich langsam weiterentwikkelt, wenn sich nicht in jüngster Zeit zwei scheinbar weit voneinander entfernte Disziplinen durchgesetzt hätten: die Informationstheorie und die Kulturanthropologie. Die Informationstheorie hob den Kommunikationsaspekt aller kulturellen Erscheinungen hervor, die mehr im Hinblick auf den Kontakt zwischen Sender und Empfänger als im Hinblick auf die Konstituenten der Mitteilung betrachtet werden, und lenkte die Aufmerksamkeit auf die „Verstehbarkeit" der Mitteilung selbst, d. h. auf die verschiedenen Komponenten, welche die beiden Kommunikationspartner für eine gegenseitige Verständigung benötigen. Und da jede Kommunikation unter Menschen durch sprachliche oder nichtsprachliche Zeichen erfolgt, gab die Informationstheorie der Ausarbeitung einer wissenschaftlichen Semiotik neuen Auftrieb[7]. Im Bereich der Informationstheorie wurde dann auch das Axiom formuliert, daß die Kultur eine Summe von Kommunikationsakten darstellt[8].

---

[6] *Hjelmslev* 1961, § 22, zuerst 1943. Nach Hjelmslev wären die konnotativen Semiotiken jene, bei denen der „expression plane is provided by the content plane and expression plane of a denotative semiotic" (p. 119). In diesem Sinne ist die Semiotik der Literatursprache konnotativ im Hinblick auf die denotative Semiotik der Gemeinsprache. Zwei Schüler von Hjelmslev haben den Begriff der Konnotation auf die literarische Analyse angewandt: *Johansen* 1949, pp. 288–303 – *Sørensen* 1958. Eine beachtliche Wiederaufnahme und Vertiefung dieser Perspektive enthält *Avalle* 1970, dt. in *Kapp* 1973, pp. 214–218. (Ein Auszug davon in *Kapp* 1973, pp. 214–218.)

[7] Das ist auch der Ausgangspunkt der gut dokumentierten und eindringlichen Synthese von *Eco* 1972 (Original 1968).

[8] Zum Beispiel: „Die ganze Kultur ist ein Komplex sich wechselseitig durchdringender Kommunikation, und die Kommunikation als solche kommt durch das Zusammenwirken aller spezifischen Kommunikationssysteme zustande, die ein Teil des totalen Komplexes der Kultur sind" (*Trager* 1958, pp. 1–12, zitiert nach *Fabbri* in: Paragone XIX [1968], Nr. 216,

Die Kulturanthropologie brachte mit einer ganz andern Methode eine ähnliche Wirkung hervor. Diese Disziplin hat vor allem in den Werken von Lévi-Strauss Strukturelemente herausgearbeitet, die der ganzen Menschheit gemeinsam und so miteinander vergleichbar sind; die Verwandtschaftsbeziehungen sind beispielsweise bei verschiedenen Völkern ähnlich wie phonologische Beziehungen gelagert[9]. Die Anthropologie von Lévi-Strauss möchte demnach jene Konstanten herausfinden, die als Grundstrukturen jeder menschlichen Erfahrung und Erkenntnis von Raum und Zeit unabhängig sind. Nur aufgrund dieser Konstanten sei die gegenseitige Verständigung unter den Menschen möglich, sie stellten also die semiotischen Universen dar.

1.2. Nachdem die Früchte, die in der Prager Schule gereift sind[10], ohne Folgen geblieben waren, hat die Anwendung der Semiotik auf die Literatur vor einigen Jahren in Frankreich schlagartig eingesetzt[11]. Der Enthusiasmus, mit dem die *nouvelle critique* linguistische Modelle von Saussure bis Jakobson, manchmal auch dilettantisch, für sich beanspruchte[12], ist ebenso bekannt wie ihre enge Verbindung zu Lévi-Strauss, dem größten Verfechter einer Übertragung strukturalistischer Methoden auf die verschiedenen Disziplinen. Die „nouvelle critique" bezweckte mit der Anwendung strukturalistischer Verfahren alles andere als eine möglichst objektive, geduldige Analyse der Texte vom Sprachlichen her. Vielmehr verwandte sie die linguistische Terminologie zu Forschungen, die an psychoanalytisch-anthropologische Vorstellungen anknüpften und im Grunde genommen sofort „über" den Text hinaus in den Bereich des Psychologischen und Ideologischen vorstießen.

---

p. 134). „Die Semiotik untersucht alle kulturellen Prozesse als Kommunikationsprozesse. Ihre Absicht ist es, zu zeigen, wie den kulturellen Prozessen Systeme zugrunde liegen" (*Eco* 1972, p. 38).

[9] „Comme les phonèmes, les termes de parenté sont des éléments de signification; comme eux, ils n'acquièrent cette signification qu'à la condition de s'intégrer en systèmes; les ‚systèmes de parenté', comme les ‚systèmes phonologiques', sont élaborés par l'esprit à l'étage de la pensée inconsciente; enfin la récurrence, en des régions éloignées du monde et dans les sociétés profondément différentes, de formes de parenté, règles de mariage, attitudes pareillement prescrites entre certains types de parents, etc., donne à croire, que, dans un cas comme dans l'autre, les phénomènes observables résultent du jeu des lois générales, mais cachées" (*Lévi-Strauss* 1958, p. 40 f.).

[10] Vgl. z. B. die in den *Travaux du Cercle Linguistique de Prague I,* 1929, veröffentlichten Thèses; *Mukařovský* 1964, pp. 17–30.

[11] Einen Überblick über die verschiedenen Anwendungen von Linguistik und Semiotik auf die Literaturwissenschaft in Frankreich gibt *Peytard* 1969, pp. 8–16.

[12] Ich spiele hier vor allem auf die Franzosen an. Die Schweizer (Poulet, Rousset, Starobinski) sind hier viel zurückhaltender. Zu den „Mißgriffen" bei der Anwendung linguistischer Methoden und Termini der „Nouvelle Critique" vgl. *G. Mounin* 1968, Einleitung.

Es handelte sich dabei nicht um eine Flucht, sondern lediglich um eine besondere Sicht der Literatur. Bei den „neuen Kritikern" wird die Überzeugung immer deutlicher ausgesprochen, daß die literarischen Werke kaum mehr als Vorwand und Rohstoff für die Neuschöpfung des Kritikers sind, der gewissermaßen an die Stelle des Verfassers tritt. Ja, man geht noch einen Schritt weiter: Verfasser und Kritiker erscheinen dann als eine Art Wortführer eines Diskurses, der sich unabhängig von ihnen ereignet, als wären sie nur sein Sprachrohr.

Die Literatur wird ihres besonderen Status beraubt und zu einer der vielen Stimmen dieses immerwährenden, anonymen und geheimnisvollen Diskurses. So konnte Barthes zur Analyse der zeitgenössischen „Mythen" oder der Mode übergehen und beispielsweise im System der Oppositionen zwischen den verschiedenen Kleidungsstücken oder ihren verschiedenen Typen[13] ähnliche Strukturen finden, wie er sie unter den einzelnen Gestalten in Racines Tragödien aufgezeigt hatte – eine analoge, zudem brillante Behandlung völlig heterogener Themen[14].

Immerhin sind diese Systeme von Oppositionen in ihrer Gesamtheit statisch und können in ihrem jeweils statischen Charakter erfaßt werden. Ist ihr Vorhandensein und ihr *Zeichen*wert einmal bestimmt, womit die Verstehbarkeit anfängt, dann kann man höchstens die möglichen *Zeichen*kombinationen aufzählen, aber keinesfalls die komplexeren Verflechtungen analysieren, auf denen die Erzählstruktur von Epos, Roman oder Drama aufbaut.

An diesem Punkt geschah glücklicherweise die Wiederentdeckung der russischen Formalisten, die sich mit der Schematisierung der „Bauformen" von Erzähltexten beschäftigt hatten[15]. Die Methode der russischen Formalisten war rein deduktiv und empirisch: alles Erzählte besteht aus einem Geflecht von Komponenten; sie herausarbeiten heißt die Erzählstruktur erhellen. Empirismus beherrscht auch die Analyse der Märchen durch Propp. Er kann eine sehr begrenzte Anzahl von „Funktionen" bestimmen, die man in allen Erzählungen der Gattung antrifft, und Konstanten bei der Anordnung dieser Funktionen feststellen, so daß in teils festgelegter, teils fakultativer Abfolge dieselben Funktionen anzutreffen sind. Doch unterstreicht er ausdrücklich, daß seine Verallgemeinerungen im Zusammenhang mit den untersuchten Texten gesehen werden müssen und im Hinblick auf sie, nicht aber auf eine abstrakte Kombinatorik definiert sind.

Die Polemik von Lévi-Strauss gegen Propp ist in diesem Zusammenhang

---

[13] Dahin gehende Ansätze finden sich schon bei *Trubetzkoy.* Die Anwendung von *P. Bogatyrëv* auf den Strukturalismus der Mode sind im Westen nicht bekannt.

[14] Zur theoretischen Grundlage vgl. *Barthes* 1964, pp. 91–135.

[15] Wichtig ist die Veröffentlichung von *Todorov* 1965 mit einer Einleitung von R. Jakobson. Julia Kristeva fördert sehr die Verbreitung des russischen Neoformalismus in den Zeitschriften *„Nouvelle Critique", „Critique", „Information sur les sciences sociales", „Tel Quel"*. In Italien wurde der Formalismus bekannt durch die Übersetzung von *Erlich* 1973 und die Übersetzung der Werke von Šklovskij, Ejchenbaum usw., die bei De Donato (für den dt. Sprachraum vgl. *Striedter* [Hrsg.] 1969) erschienen sind.

aufschlußreich. Lévi-Strauss spürt gerade das Bedürfnis nach einer höchsten Abstraktion und nach dem Herausarbeiten von kleinsten Elementen, die in symmetrische Oppositionen gegliedert werden können. Die „Funktionen" dürfen kein historisches, auf eine Gattung und eine Periode beschränktes Produkt sein, sondern müssen uns zu Konstanten der menschlichen Natur führen. Während Propp sich die Aufgabe stellt, eine Syntax des Erzählens zu entwickeln, möchte Lévi-Strauss über den Faktor Zeit hinaus, der in Propps empirischen Analysen die Abfolge der Funktionen bestimmt, eine Semantik der Funktionen begründen[16].

Gerade dieser Forderung von Lévi-Strauss (der selbst solche Analysen beispielsweise in seinen letzten Werken vorgelegt hat[17]) wollten die formalistischen Untersuchungen der französischen Literaturwissenschaftler entsprechen. Die Analysen in der grundlegenden Nr. 8 von *Communications*[18] sind vom Trugbild jener Möglichkeit restloser Abstraktion geprägt, der gegenüber Propp eine kluge Zurückhaltung geübt hatte. Den Grenzfall bilden die Arbeiten Bremonds, dessen Interesse nicht darauf gerichtet ist, Werke oder Gruppen von Werken zu untersuchen, sondern zu abstrakten Modellen vorzustoßen, die jede Möglichkeit einer schon vorhandenen künftigen Erzählung ausschöpfen.

Man müßte diese Modelle demnach nicht im Hinblick auf bestimmte kulturelle Traditionen, sondern als Entfaltung unserer angeborenen Fähigkeit zum Erzählen verstehen. Auch diese Modelle hätten also einen semiotischen Wert, insofern jede Erzählung, die wir lesen, eine der unendlich vielen möglichen Varianten des Repertoires darstellt, das wir schon immer in uns haben[19].

---

[16] Die Polemik ist in der italienischen Ausgabe von *Propp* 1966 (dt. 1975, pp. 215–239) enthalten. Wie später noch deutlich wird, sehe ich in den Verallgemeinerungen von Propp mehr Nutzen für eine Analyse der narrativen Texte als in den Abstraktionen von Lévi-Strauss. Ich könnte mich dabei auf Lévi-Strauss selbst berufen, der die Ansicht vertritt, die Analyse der Mythen sei der der Märchen *vorzuziehen*; da „das Märchen mehr Spielraum läßt, werden die Permutationen in ihm verhältnismäßig frei und erhalten in zunehmendem Maße etwas Willkürliches" (181). Vorausgesetzt, daß man vom Mythos abstraktere, geometrische Formeln ableiten kann und dies für die Märchen schwieriger ist, so verleihen selbstverständlich die unvergleichlich größere Freiheit und Willkür in den erfundenen Werken – wie auch Propp, op. cit., p. 227 betont – etwaigen Abstraktionen auf der Basis der Märchen schon eine Grenzstellung im Vergleich zu narrativen Modellbildungen. Auf der Ebene einer Interpretation ist außerdem die Analyse einer narrativen Intrige jenseits des Faktors Zeit ein Widerspruch. Vgl. hier Anm. 44.

[17] Vgl. z. B. die Analyse der Mythen bei *Lévi-Strauss* 1968.

[18] Auch auf italienisch mit dem Titel: L'analisi del racconto, Mailand 1969. Sie bildet die interessanteste Sammlung dieser neoformalistischen Experimente. Vgl. auch die Arbeiten von *Greimas* 1966 und *Todorov* 1966a, pp. 3–14, 1967, 1968, pp. 108–166. Eine kritische Analyse dieser Ansätze gibt *Rossi* 1966 in Paragone XVII, Nr. 202, pp. 100–114.

[19] Zur Verbreitung des Neoformalismus in Rußland vgl. *Strada* 1964, pp. 185–198; *Ivanov* 1964, pp. 57 ff. (wo auch Schriften von B. A. Uspenskij, A. Zolkovskij, Ju. Sčeglov über die Semiotik der Kunst erschienen sind); *Lotman* 1966/67. In der russischen Semiotik ist ein starker Einfluß von Kybernetik und Mathematik (insbesondere durch die Vermittlung von A.

2.1. Gerade wegen der Schnelligkeit, ja manchmal Überstürztheit, mit der sehr verschiedenartige theoretische Ansätze aufgenommen und miteinander verbunden wurden, schien mir das Paradebeispiel der *nouvelle critique* geeignet, um den plötzlichen Aufschwung der Semiotik zu veranschaulichen und zu erklären. Natürlich hat die Literaturwissenschaft immer unbewußt Semiotik betrieben; denn man kann berechtigterweise jede semantische Deutung, jede Ermittlung stilistischer oder thematischer Konstanten und noch mehr jede sogenannte symbolische oder „archetypische" Erklärung mit der Semiotik in Beziehung bringen [20].

Doch haben „Gewaltkuren" ihren Nachteil. Ich glaube, es wäre zunächst angebracht, einige methodologische Fragen und ihre Implikationen näher zu bedenken:

a) Die Beziehungen zwischen Semiotik und Linguistik. Die Linguisten halten weiterhin an Saussures Ansicht fest, daß die Linguistik ein Zweig der Semiotik ist und nicht umgekehrt. Das leuchtet dann ein, wenn man bedenkt, daß die (gesprochene) Sprache fast ausschließlich eine Art von Zeichen, nämlich die Wörter, verwendet und selten, auch dann nur in erstarrter Form, zu Symbol und Ikon greift. Denn im Gegensatz zu vielen andern Zeichensystemen ist das sprachliche System äußerst reich und in sich geschlossen. Schließlich muß man vor allem beachten, daß die Sprache sich in nationale Sprachen und Dialekte aufgliedert, die jeweils für einen sehr kleinen Teil der Menschheit gelten, während die andern Zeichensysteme von mehr oder oft von allen Menschen begriffen werden können.

Warum gibt dann die *nouvelle critique* einer Konzeption den Vorzug, die die Semiotik der Linguistik unterordnet? Vermutlich deswegen, weil die Linguistik fertige Verfahren und Kategorien besitzt, die der Semiotik bis heute noch fehlen; doch erlaubt nur der hohe Grad an Kohärenz und Geschlossenheit der Sprache, diese Verfahren und Kategorien auf sie anzuwenden, während nicht gesagt sein muß, daß sie auf jegliches Zeichensystem oder gar auf die Gesamtheit aller Zeichensysteme extrapoliert werden können. In diesem Zusammenhang ist das Scheitern des naiven Versuchs symptomatisch, andere künstlerische „Sprachen" mit einer *double articulation* zu finden, die ein besonderes Charakteristikum der Sprache ist [21].

Aber auch noch eine andere Rechtfertigung dürfte interessant sein, nämlich, daß alles, was die Menschen erfahren können, durch die Sprache artikulierbar ist, so daß sie das höchste Abstraktionsvermögen besitzen muß [22]. Diese Behauptung läßt sich leicht widerlegen, sie ist aber als Auswirkung einer Überbewertung der

---

N. Kolmogorov) vorhanden. Eine reiche Auswahl russischer Neoformalisten und Semiotiker enthält: *Faccani/Eco* (Hrsg.) 1969.

[20] Eine ausgezeichnete Synthese findet sich bei *Pagnini* 1967, pp. 61–109.

[21] Vgl. hier p. 41 und *Prieto* 1968, p. 137: „pour l'instant, on ne connaît aucun exemple sûr d'un code non linguistique et présentant les deux articulations".

[22] Vgl. z. B. *Barthes* 1964.

Sprache durch Philologen oder (seltener) Philosophen interessant, die normalerweise mit oder über Worte arbeiten. Der Primat der Sprache über die andern menschlichen Tätigkeiten dürfte wieder einmal einen illusorischen Versuch der Geisteswissenschaften darstellen, ihren Vorrang zu sichern, der ihnen heute mehr denn je entgleitet. Wir werden gleich noch andere Beispiele für den Antagonismus der „beiden Wissenschaftsbegriffe" sehen.

b) Zeichen und Symptome. Die Unterscheidung von Zeichen und Symptomen ist für die Semiotik von grundlegender Bedeutung. Das Zeichen wird mit der klaren Absicht, etwas zu bedeuten, gesendet und vom Empfänger gerade aufgrund einer solchen Absicht dekodiert. Die Beziehung zwischen Sender und Empfänger basiert also auf der gemeinsamen Annahme einer Konvention oder, wie Saussure sagt, eines „Gesellschaftsvertrags", nämlich auf der von Sender und Empfänger gesprochenen Sprache, der Straßenverkehrsordnung usw. Beim Symptom fehlt dagegen dieser Wille zur Mitteilung. Der Beobachter leitet lediglich aufgrund seiner vorausgehenden Erfahrungen und Begriffe das Vorhandensein oder mögliche Vorhandensein eines Phänomens aus einem Aspekt oder einer Auswirkung eben dieses Phänomens ab. Vom Dampf, der aus dem Kühler eines Autos kommt, kann ich auf das Kochen des Wassers schließen, es ist also ein Symptom. Wenn hingegen das Thermometer des Wassers die Sicherheitsmarke überschreitet, dann habe ich es mit einem Zeichen zu tun, das vom Konstrukteur des Wagens vorgesehen und mir bekannt ist[23].

Zeichen und Symptom unterscheiden sich also nicht durch den Grad an Gewißheit, der beim Symptom manchmal höher sein kann als beim Zeichen, sondern durch die vorher festgelegte Konvention über das Zeichen, der gegenüber das Symptom nur einen intuitiven oder statistischen Charakter besitzt. Die Konventionalität garantiert beim Zeichen die Möglichkeit einer Wiederholung des Gleichen, da das Zeichen zu einem Kode gehört, der eine endliche Zahl gleichartiger Zeichen enthält. Umgekehrt unterscheidet sich jedes Symptom von andern und gehört zu einem Repertoire, das unendlich erweitert werden kann.

Auch in diesem Punkt hat die außerlinguistische Semiotik eine zunächst erstaunlich erscheinende Entwicklung genommen; denn sie hat die Unterscheidung zwischen Zeichen und Symptom einfach aufgehoben. Diese Nivellierung hängt mit der schon erwähnten Subsumierung der Semiotik unter die Linguistik zusammen. Wenn man nämlich die Linguistik als die allumfassende Disziplin darstellt, dann gehören die Symptome natürlich zur Kategorie der Zeichen. Wir haben dann auf der einen Seite ein Etwas (das Sein?), das durch Natur und Dinge spricht, und auf der andern den Semiologen, der die Sprache dieses Etwas, d. h. alles Kodifizierte oder Kodifizierbare, kennt und mit linguistischen Mitteln interpretiert[24].

Diese Haltung ist, obwohl es so aussehen könnte, weder rationalistisch (was

---

[23] Vgl. *Jakobson* 1963, p. 91; *Reznikov* 1967, Kap. III u. IV.
[24] Vgl. die ausgezeichneten Ausführungen von *Eco* 1972, pp. 395 ff.

bestimmten Gesetzen folgt, ist vernünftig) noch optimistisch (die Einsicht beherrscht die Dinge). Es kommt nämlich zu gar keinem Dialog zwischen dem Etwas (dem Sein?) und dem Menschen mit der Möglichkeit zu Antwort und Kontrolle, vielmehr scheint der Mensch sich verzweifelt um die Enthüllung der Geheimnisse der Dinge zu bemühen, ohne je mit Sicherheit zu wissen, ob seine Interpretationen richtig waren. Es werden also nicht die Symptome in Zeichen, sondern eher die Zeichen in Symptome umgewandelt, wobei beide zum Indiz eines Rätselhaften werden.

Nur einen scheinbaren Antipoden zu dieser „ontologischen Semiotik" (die Berührungspunkte und Verschiebungen wechseln so schnell wie die Mode) bildet die „neorevolutionäre Semiotik", d. h. die Semiotik, die als entmystifizierende Wissenschaft verstanden wird. Hier macht man den gängigen Zeichensystemen den Prozeß und stellt die Literatur als autonome Tätigkeit in Frage, da beide ein Produkt bürgerlicher Ideologie seien[25]. Dies sind apriorische Behauptungen, die die Dialektik von Tradition und Innovation übergehen[26], die Wissenschaft aber auf dem Mythos von der Palingenese des Menschen gründen wollen. Auf die berechtigte Feststellung, daß jegliche wissenschaftliche Tätigkeit gesellschaftliche Implikationen hat, sollte man nicht mit ihrer Entfremdung im Dienste einer beliebigen politischen Idee, sondern mit einer kritischen Analyse eben dieser gesellschaftlichen Implikationen antworten.

c) Sender und Empfänger. Die Unterscheidung zwischen Zeichen und Symptom aufzuheben bedeutet, die Funktion eines der beiden Pole jeder Mitteilung zu unterdrücken, nämlich die des Senders[27]. Nun basiert die Möglichkeit zu einer semiotischen Untersuchung gerade auf der intersubjektiven Bindung, die durch Normen und Konventionen festgelegt ist. Wenn nämlich das Zeichen die Verbindung von Signifikat und Signifikant darstellt, dann ist die gegenseitige Verständigung nur aufgrund der Unveränderlichkeit dieser Verbindung möglich; denn immer wenn ich ein Signifikat ausdrücken möchte, verwende ich den entsprechenden Signifikanten, und sobald ich einen Signifikanten sehe, weiß ich, auf welches Signifikat er sich bezieht.

Sicher variiert die Deckung von Signifikant und Signifikat je nach Zeichensystem. Schon im Bereich der Linguistik stellt man fest, daß die Semantik laufend auf Fälle von Polysemie, Homonymie und Zweideutigkeit stößt. Doch bestehen beim Gebrauch der Zeichen zur Kommunikation verschiedene Möglichkeiten, das richtige Verständnis der Mitteilung zu überprüfen, vor allem der Zeichenkontext, die Situation und die Klärung durch Rückfragen beim Sender.

---

[25] Typisch dafür ist neuerdings der Standpunkt der Mitarbeiter von „*Tel Quel*", dessen (für mich erschreckende) Synthese der Band *Théorie d'ensemble*, 1968, enthält.

[26] Diese für die Sprache und die andern semiotischen Systeme wesentliche Dialektik (deren Sprengung die Kommunikation völlig und endgültig unmöglich machen würde) zeigte meisterhaft *Terracini* 1963.

[27] Aus einsichtigen Motiven fehlt dieser schon bei Morris, man sehe nur die Definitionen am Anfang von *Morris* 1938.

Die Abwertung oder Ausschaltung des Senders ist im Bereich der Literaturwissenschaft eine enttäuschte Reaktion auf das Fehlen der beiden letzteren Überprüfungsmöglichkeiten[28]. Ein literarisches oder überhaupt ein künstlerisches Werk ist eben eine Mitteilung, die keine Antwort verlangt; denn es gibt keine oder muß wenigstens nicht notwendigerweise eine für Verfasser und Leser gemeinsame Situation geben (sie können an verschiedenen Orten und zeitlich weit voneinander entfernt sein), und es besteht auch keine Möglichkeit, dem Verfasser zu antworten und an seiner Reaktion die richtige Aufnahme seiner Mitteilung zu überprüfen. Jedes Kunstwerk ist, wenigstens potentiell, ein geistiges Testament, denn es hat das letzte Wort. Auf die „Anmaßung" des Autors antwortet der Literaturwissenschaftler ebenfalls mit einer „Anmaßung", wenn er seine eigene Interpretation als das Letzte ausgibt.

So stoßen wir auf den äußerst schwierigen Zwiespalt im Interpreten zwischen Treue und Freiheit, dem Versuch, sich mit einem Autor zu identifizieren, um den Sinn seines Werkes zu erfassen, und dem unbekümmerten Umgehen mit diesem Werk. Entscheidet sich der Interpret für die erste Möglichkeit, so weiß er, daß trotz all seiner hermeneutischen Bemühungen, sich die letzten Feinheiten der Sprache des Dichters und seiner Welt anzueignen, seine Rekonstruktion immer ungenau und unvollständig bleiben wird. Entscheidet er sich aber für die zweite, so bemerkt er schnell die Grenze, an der die Deutung in Fälschung und der Scharfsinn in Phantasie umschlägt. Zwischen den beiden Extremen steht beredt und zugleich stumm der Text.

Während die großzügigste Version der Semiotik die Freiheit des Interpreten starker betont, bin ich der Ansicht, daß die Begegnung und Verbindung von Strukturalismus und Literaturbetrachtung zur Klärung einer so umstrittenen und schwer faßbaren Materie beitragen können. Diese Verbindung kann neue hermeneutische Energien durch die Kontrolle der Signifikate freisetzen, die der Zeichenkontext darstellt, der im literarischen Diskurs besonders überlegt, ausgewogen und meist sehr umfassend ist.

2.2. Die tieferen Ursachen für die eingangs erwähnten Entscheidungen dürften somit klar sein. Die Unterscheidung zwischen Zeichen und Symptom, Sender und Empfänger hält den Raum für eine ganze Reihe möglicher Definitionen offen, auf die man je nach Gegenstand und Art der Untersuchung zurückgreifen kann. Zu dieser Skala gehören die mehr oder weniger bewußte und gewollte Art der Semiose und ihre mehr oder weniger streng kodifizierte Aktualisierung sowie die mehr oder weniger engen intersubjektiven Beziehungen bis hin zur Tätigkeit eines einzelnen Subjekts im Selbstgespräch. Will eine Wissenschaft Fortschritte erzielen, dann nur durch die Abgrenzung ihrer Objekte und die Entwicklung differenzierter Verfahren, nicht aber durch eine Verdunkelung, die alle Katzen grau werden läßt

---

[28] Vgl. *Zumthor* 1968, p. 361. *Greimas* 1967, p. 120, spricht in diesem Zusammenhang von „Geschlossenheit des Diskurses".

und die Probleme abschließend deutet, bevor sie überhaupt vollständig ausformuliert sind.

Gerade im literarischen Werk kann man das Vorhandensein dieser Skala nachweisen; denn es enthält in dem Maße eine intersubjektive Mitteilung, wie der Leser Inhalt und Signifikat zu fassen vermag, während es in dem Maße solipsistisch ist, wie der Autor sich nicht voll verständlich machen will oder kann und der Interpret es zum Vorwand eigener Variationen macht. Es ist eine Summe von sprachlichen, stilistischen und graphischen Zeichen, die Konventionen (Normen oder Gewohnheiten) entsprechen und dem Autor mit seinem unmittelbaren Publikum gemeinsam waren oder deren Annahme er doch zumindest erhoffen konnte. Aber es ist auch ein Symptom für persönliche (vielleicht sogar pathologische) Umstände, historische Strömungen usw. Innerhalb dieser Grenzen, die noch unschärfer sind als in andern semiotischen Bereichen, muß der Interpret seinen ganzen Scharfsinn dazu verwenden, den Unsicherheitsfaktor möglichst gering zu halten.

Der Text ist das Grundelement, das einer literaturwissenschaftlichen Untersuchung allein zur Fundierung verhilft. Er ist eine Abfolge von Wörtern, Zwischenräumen und Satzzeichen, die mit dem ersten Buchstaben des Werkes beginnt und mit dem letzten Punkt oder dem Wort ENDE schließt. (Etwas anders liegen die Verhältnisse bei der mündlichen Überlieferung; doch kann man hier der Einfachheit halber von ihr absehen, da diese Form der Vermittlung von Literatur augenblicklich zurückgeht.) Der Text gehört in erster Linie zu einer bestimmten Sprache oder einem Dialekt und kann rein sprachlich gelesen werden, als wenn es sich um eine Abfolge von syntaktischen Perioden handelte. Würde man ihn nur so lesen, dann würde er nur zu einem semiotischen System gehören, nämlich zu jenem der Sprache.

Es stand aber immer außer Zweifel, daß diese rein sprachliche Lektüre die semantischen Möglichkeiten eines literarischen Werkes nicht voll ausschöpft. Man braucht hier nur an die Beobachtungen der Strukturalisten über den institutionellen Charakter der Sprache der Kunst zu erinnern. Von den Formalisten bis zu Jakobson ist immer wieder unterstrichen worden, daß „das Organisationsprinzip der Kunst, aufgrund dessen sie sich von anderen semiotischen Strukturen unterscheidet, darin besteht, daß sie die Aufmerksamkeit nicht auf die Bedeutung, sondern auf das Zeichen selbst lenkt"[29]. Offensichtlich soll dadurch die Gefahr gebannt werden, daß anstelle des Textes lediglich seine Ideologie untersucht wird. Doch halte ich es auch für selbstverständlich, daß, wenn das Zeichen Zeichen für etwas ist, solch eine besondere „Aufmerksamkeit auf das Zeichen" soviel bedeutet wie eine Hervorhebung der Bauelemente, und zwar gerade im Hinblick auf die Signifikate und ihre größtmögliche Wirkung. Aufgrund dieser Feststellung versteht man, warum die von der alten Rhetorik oder Metrik hervorgehobenen Elemente oder auch das Klangbild an der umfassenden Konstitution des Text-

---

[29] *Le tesi del '29*, 1966, p. 78.

sinnes so erheblich beteiligt sind, der ohne sie ärmer oder zumindest etwas anderes wäre. Denselben Standpunkt vertritt Hjelmslev mit einer knapperen Formulierung, wenn er von konnotativen Systemen spricht, die bei der Verwendung von Systemen entstehen, die auf einer niedereren Ebene denotativ sind. In diesem Fall erhalten die denotativen sprachlichen, rhetorischen und metrischen Systeme innerhalb des Systems der literarischen Sprache eine konnotative Funktion; ihre Elemente sind Konnotatoren.

Die semiotische Natur der Systeme, die so miteinander verbunden werden (dieser Punkt soll später noch vertieft werden), steht außer Zweifel. Jedes System als solches nimmt im Hinblick auf die Semiotik eine recht unterschiedliche Position ein. Die Sprache ist das ausgeprägteste System, denn sie besteht aus Zeichen mit ihrem Signifikat und ihrem Signifikanten. Das Eigentümliche der andern Systeme liegt darin, daß sie sich (in der Art einer Symbiose oder des Parasitismus) gerade mittels der sprachlichen Zeichen artikulieren, die ihrerseits schon einen eigenen semantischen Gehalt besitzen. Eben deswegen sind die konnotativen Systeme außergewöhnlich formal, denn sie werden durch eine besondere Verwendung oder eine besondere Auswahl der sprachlichen Zeichen verwirklicht, die keine neuen Zeichen, wohl aber Symbole und Ikone schaffen, die ihr sprachliches Signifikat präzisieren, mit einer neuen Bedeutung aufladen oder sogar in Frage stellen, es jedoch nie aufheben. Ohne bei Gemeinplätzen wie der symbolischen Natur der Metapher, des Vergleichs usw. zu verweilen, dürfte es von Nutzen sein, wenn man das Ikonische an vielen „rhetorischen Figuren"[30] unterstreicht.

Die Antithese, Hysteron proteron, Geminatio und Gradatio spielen in der Konkretheit der Worte auf die analogen Beziehungen zwischen den Begriffen an. Durch die Gegenüberstellung von Wörtern oder Aussagen und die Hervorhebung des einen oder andern Wortes mittels Umstellung der gewohnten Satzordnung, durch Wiederholung und Abstufung imitieren diese „Figuren" in sichtbarer Weise, gleichsam in einer theatralischen Darstellung, die geistigen Vorgänge, die jedem Gedanken bestimmten Rang und Bedeutung gegeben haben. Ikonisch und symbolisch sind auch recht häufig die meisten lautlichen Stilmittel vom Homöoteleuton bis zur Alliteration. An diese ihre Eigenart erinnert schon die herkömmliche Benennung als Lautmalerei, wenn auch in einer Vorstellung von materieller Nachahmung.

Die eben erwähnten Verfahren sind also dadurch gekennzeichnet, daß sie keinen eigenen „Wortkörper" haben. Der Schriftsteller bildet diesen vielmehr gerade aus dem Körper der Wörter. Ihre diskontinuierliche Natur verleiht ihrem Vorhandensein eine Funktion, die der Leser im angedeuteten Sinne symbolisch oder ikonisch interpretiert. Bei der Metrik sind die Verhältnisse etwas schwieriger. Betrachten wir die Metrik entstehungsgeschichtlich, so hat sie meist eine musikali-

---

[30] Diese Formel verwenden *Wimsatt* 1954 (das Ikon ist ein sprachliches Zeichen, das die Eigenart der denotierten Objekte gewissermaßen darstellt oder nachahmt) und *Valesio* 1967.

sche Funktion (nämlich, einen Text für die musikalische Begleitung einzurichten) oder eine mnemotechnische Funktion (die Regelmäßigkeit des Rhythmus erleichtert das Erlernen des Textes). Betrachten wir aber ihre Anwendung durch die Dichter, so entspricht natürlich ihren verschiedenen „Genres" (Acht-, Zehnsilber usw., Lais, Strophe, Canzone, Sonett usw.) kein institutionalisiertes Signifikat. Man kann lediglich sagen, daß einige Typen von Rhythmus, der tänzerische oder feierliche, der schmerzerfüllte oder ruhige, eine vage ikonische Funktion haben können.

Im Vergleich zu andern konnotativen Verfahren ist die Metrik ganz anders, denn sie besitzt nicht nur keinen „Körper", sondern tritt auch nicht diskontinuierlich und somit punktuell faßbar auf. Sie verdichtet sich, mit andern Worten, nicht zu einem „Körper" (einem Signifikanten) innerhalb des verbalen Diskurses, sondern bildet wie eine Art chemischer Lösung ein Ganzes innerhalb des ganzen Diskurses[31].

Die Dialektik zwischen verbalem Diskurs und metrischer Strukturierung läßt sich folgendermaßen zusammenfassen: Die metrische Struktur liefert ein Schema zur Realisierung des verbalen Diskurses und konditioniert ihn deshalb schon bei seinem Entstehen. Andererseits bezieht der Dichter aus dieser Konditionierung Anregungen für die wirksamere Gestaltung des verbalen Diskurses. Der Dichter benützt (außer beim Reim, der ein diskontinuierliches Verfahren ist und den phonetischen „Wortkörper" ausnützt[32]) die Metrik gewissermaßen als Repertoire von Normen zur Hervorhebung durch Abweichen von den gewohnen Normen.

Die Metrik hat es mit Syntax und möglichen Intonationsnormen zu tun. Wer sie verwendet, kann in unzähligen Varianten den Versuch unternehmen, Syntax und Intonation durch metrische Rhythmen aufzuwerten oder umgekehrt durch den Wechsel von Kontrast und Übereinstimmung zwischen beiden eine unerschöpfliche Fülle von Ausdrucksmöglichkeiten zu schaffen[33].

Hier muß man daran erinnern, daß die Bedeutung der sprachlichen Zeichen, auch wenn sie vor ihrer Aktualisierung in der *parole* durch die Verbindung des Signifikats mit dem Signifikanten geprägt ist, im Akt der *parole* vom Kontext, d. h. von der Beziehung zu den benachbarten Zeichen, eingegrenzt und festgelegt wird. Wie sich gezeigt hat, ist die Metrik ein von Syntax und Intonation unterschiedenes Bezugselement, modifiziert folglich auch die von diesen beiden geschaffenen Verknüpfungen. Im Grunde genommen bildet also die Metrik ein neues Konstitutionselement der Semantik der *parole:* sie bedingt nicht nur zunächst die Auswahl der Zeichen, sie verstärkt auch die Bedeutung der Zeichen selbst oder verändert sie.

---

[31] *Guiraud* 1968, p. 469, sagt, daß „la poésie est une hypostase de la forme signifiante qu'elle doit soustraire à la sélectivité et à la transivité".

[32] Vgl. *Tynjanov* 1924; *Ransom* 1941; *Wimsatt* 1954; *Fónagy* 1960, pp. 169–203, pp. 72–116; *Jakobson* 1963, pp. 233–236.

[33] Vgl. z. B. *Le tesi del '29,* 1966, pp. 74 f.; *Mukařovský* 1932, in: *Garvin* 1964, pp. 113–132; *Ransom* 1938; *Jakobson* 1966, p. 232; *Chatman* 1965, Kap. VII.

2.3. Die semiotische Wirkung der Konnotatoren ist also entweder symbolisch, ikonisch oder semantisch, manchmal aber auch mehreres zur gleichen Zeit. Oft haben sie auch einen weiteren Punkt gemeinsam: die literarischen Gattungen, die je nach Epoche die verschiedenen rhetorischen, stilistischen und metrischen Traditionen vereinheitlicht, miteinander verbunden oder durch die Festsetzung des lexikalischen und morphologischen (manchmal auch phonetischen) Umkreises, auf den sich der Dichter stützen muß, die Wahl des Sprachmaterials kodifiziert haben.

In dieser Hinsicht kann man die Konnotatoren als Symptome für die Zugehörigkeit eines Dichters zu einer literarischen Strömung oder für eine Wahl der Gattung ansehen. Dabei zählt dann nicht mehr die Bedeutung des einzelnen Konnotators, sondern die allgemeine Motivation seiner Verwendung. Es gibt nämlich keine literarischen Inhalte außerhalb der literarischen Tradition, denn die Konnotatoren stammen aus dieser (und sind ein Symptom für sie); sie sollen jene (mit ihrer genauen semiotischen Funktion) institutionalisieren.

Man muß jedoch sogleich hinzufügen, daß die literarischen (und metrischen) Genres und Gattungen gleichzeitig Form und Inhalt determinieren und für den Schriftsteller, der sie anwendet, sowohl im Hinblick auf die stilistische als auch im Hinblick auf die thematische Erfindung eine Vorauswahl bilden. Die Verbindung von formalen und inhaltlichen Elementen einer bestimmten „Gattung" ist nicht mehr nur Symbiose und Parasitismus, wie von den Konnotatoren im Hinblick auf den verbalen Diskurs gesagt wurde, sondern eine solche wechselseitiger Spiegelbildlichkeit. Die besondere Verwendung eines Themas oder eines Aufbaus *spiegelt sich* in der Verwendung der Konnotatoren, oder anders ausgedrückt, die besondere Verwendung der Konnotatoren *spiegelt sich wider* in der Modifizierung der Norm für Thema oder Aufbau.

Wo ein direkter Bezug zwischen Konnotator und Denotatum fehlt und der Konnotator als Symptom fungiert, können offensichtlich keine Normen gelten, sondern lediglich Tendenzen oder Gewohnheiten Geltung haben, die sogar fest verankert sein können (wie z. B. die *écritures* von Barthes[34]). Aus diesem Grund sind die Konnotatoren für die Gattung eher aufgrund ihres gehäuften Vorhandenseins als einzeln genommen relevant; denn Indizien erlangen vor allem durch ihre Anzahl Wahrscheinlichkeit oder Sicherheit, und Gewohnheiten zeichnen sich dadurch aus, daß sie oft auftreten.

In dieser Art von Beziehungen scheint also eine weniger zwingende semiotische Stringenz zu bestehen, so daß man die Bezeichnung „Kode" vielleicht besser für das Band zwischen den einzelnen Elementen als für diese einzelnen Elemente verwendet[35]. Ein solches Urteil kann durch die wichtige Rolle eben dieser

---

[34] *Barthes* 1964.

[35] Die besten Gedanken zu dieser Problematik sind jene über den „bukolischen Kode" bei *Corti* 1969 (dt. in *Kapp* 1973, pp. 147 ff.) und besonders, wo sie sagt: „Von ‚bukolischem Kode' wird hier nur dann gesprochen, wenn das Produkt der gegenseitigen Einwirkung von

einzelnen Elemente gestützt werden. Wir haben es nämlich mit einem System zu tun, in dem thematische und formale Aspekte miteinander verquickt sind, dessen Bestand außerdem wahrscheinlich mehr von äußeren ideologischen Modellen wie Geschmack und Poetik als von systemimmanenten Regeln abhängt. Wenn sich diese geringere Stringenz ausgerechnet dort zeigt, wo wir uns vom sprachlichen, linguistischen Material weiter entfernt haben, dann ist das nur eine Bestätigung für die große, vielleicht sogar unermeßliche Komplexität des literarischen Werkes.

2.4. Wir sind von Bereichen ausgegangen, in denen feste Normen herrschen, und auf Gebiete gestoßen, in denen die Gewohnheit regiert. Nun ist ja bekannt, daß in der Literatur diese beiden Begriffe ein Mehr oder Weniger, nicht jedoch zwei grundverschiedene Dinge besagen. Und zwar deshalb, weil in Fragen des Stils der persönliche Spielraum notwendigerweise viel größer ist als in Fragen der gesprochenen, kommunikativen Sprache. Die Originalität ist doch eines der bevorzugten (bisweilen überbetonten) Kennzeichen des Kunstwerks.

Aus dem bisher Gesagten wird deutlich, daß es neben einer Semiotik des Syntagmas auch eine Semiotik des Paradigmas geben muß; ersterer Begriff soll dabei die Verfahren im Hinblick auf den Kontext, letzterer dagegen im Hinblick auf die Reihe gleichwertiger Verfahren deuten, die jeweils hätten verwendet werden können. Da also die Neuheit des Werkes aus der Auswahl der Verfahren resultiert, handelt es sich um eine Semiotik der Innovation.

Die Innovation hat einen andern Charakter, je nachdem, ob sie sich auf Zeichen oder Symptome, Normen oder Gewohnheiten bezieht. Schon unter dem Gesichtspunkt der Information könnte man behaupten, daß das Charakteristikum der Zeichen, Symbole und Ikone als reine Bedeutungsträger dazu führt, daß eine Veränderung auch für sich allein betrachtet, wenn nicht mit Sicherheit, so doch zumindest mit guter Wahrscheinlichkeit gedeutet werden kann, während die Symptome nur zu mehreren eine eventuelle Innovation sichtbar machen, da sie die Dinge nur andeuten.

Dieser Unterschied entspringt vor allem einem Prinzip des geringsten Aufwands, denn es ist unwahrscheinlich und unangebracht, wenn nicht überhaupt unmöglich, daß der Konnotator zweierlei konnotiert. Der Autor muß an der Stelle, deren konnotative Form wir analysieren, nacheinander eine zweifache Wahl getroffen haben: zuerst jene der verschiedenen Verfahrensweisen, die im Zusammenhang mit Gattung und Genre des Werkes anwendbar sind, oder, um mit Zumthor zu sprechen[36], jene der Register, dann jene der wirklich angewandten Verfahren. Bei der ersten Wahl wird er schon vom besonderen Ansinnen und

---

symbolischem und stilistischem Kode gemeint ist" (bei *Kapp* 1973, p. 151). Die gegenseitige Einwirkung war schon von der klassischen Rhetorik wenigstens geahnt worden, die die Stillagen aufgrund einer Wechselwirkung von Formalem und Inhaltlichem definierte.

[36] Vgl. *Zumthor* 1963, pp. 141–145. Die „écriture" von Barthes hebt mehr das Ideologische, das „registre" von Zumthor das Literarische hervor.

Geschmack bestimmt, mit denen er sich in die Tradition der Gattung einfügt (und die Symptome dieser vorausgehenden Bestimmung werden aus dem Gesamten oder doch aus einer großen Anzahl seiner Entscheidungen resultieren). Bei der zweiten Wahl wird er dagegen auf die Notwendigkeit des Ausdrucks innerhalb des Kontextes achten (und jede seiner Innovationen wird ein Zeichen für seine stilistische Haltung sein). Während seine erste Wahl mit der von verwandten Dichtern verglichen werden muß, soll seine zweite mit seinem eigenen Ideolekt in Beziehung gesetzt werden [37].

3.1. Ein Satz ist eine Summe von Zeichen, die so zusammengeordnet sind, daß sie einen Sinn ergeben. Bisher haben wir die Zeichen des literarischen Werkes analysiert, die seine einzelnen Sätze konstituieren. Doch kann die Analyse auch unterhalb jener Linie ansetzen und die globalen, dem gesamten Diskurs zugrunde liegenden Bedeutungen verfolgen.

So kommen wir zu dem, was Hjelmslev die Inhaltsseite im Gegensatz zur Ausdrucksseite der Sprache nennt. Natürlich ist diese Unterscheidung rein theoretischer Natur, da die beiden Aspekte nicht voneinander getrennt werden können. Doch ist sie ein recht nützliches Arbeitsinstrument. Die Gliederungen des Diskurses hängen selbstverständlich von einer bestimmten Wahl des Sprechenden oder Schreibenden ab, der in einem einzigen Satz zum Ausdruck bringen könnte, was er lieber in zwei, drei Sätzen ausgedrückt hat, oder auch umgekehrt. Unbestreitbar ist der Satz der größte autonome Organismus für syntaktische Verbindungen, doch ist er nicht ebenso autonom im Hinblick auf den Inhalt. Vielmehr hat jede beliebige gesprochene oder geschriebene Periode gewöhnlich nur im Zusammenhang mit dem in den nächsten oder entfernteren Perioden Gesagten einen Sinn. Daher kann man sagen, daß die Inhaltsseite umfassendere Gliederungen zuläßt als die (syntaktische) Ausdrucksseite.

Wenn so Hjelmslev von Substanz und Form des Inhalts (in Parallele zu Substanz und Form des Ausdrucks) spricht, dann regt er an, auch im Inhalt nach möglichen Gliederungen zu suchen, die eindeutig zu seiner Form gehören. Die in der Wirklichkeit unauflösliche Einheit von Form und Inhalt könnte theoretisch mittels einer Bestimmung des Inhalts mit transformationellen oder mathematischen Methoden (z. B. mit Hilfe der Mengenlehre) zerlegt werden. Noch approximativer, aber hier hinreichend werden wir im Inhalt jenen Teil des verbalen Diskurses anzeigen, der paraphrasiert werden *kann* (natürlich nicht die Paraphrase als solche).

---

[37] Zu diesen beiden aufeinanderfolgenden Formen von Wahl kann man in etwa die beiden entgegengesetzten Arten der Wertung des Stilistischen in Analogie setzen: für Spitzer ist nur signifikativ, was man in Serien einordnen kann (d. h., so ergänze ich, wegen des symptomatischen, durch die Zahl bestätigten Wertes), für die von der Informationstheorie inspirierten Linguisten ist etwas um so signifikativer, je weniger sein Auftreten im Ideolekt des Autors wahrscheinlich war und je seltener es also ist (d. h., so ergänze ich wieder, weil das Punktuelle seines Vorkommens fast nicht faßbar ist).

Die Paraphrasen entsprechen der Gedächtnissynthese eines Werks. Betrachten wir im besonderen die Gedächtnissynthese oder die möglichen Paraphrasen eines literarischen Werks, das wir gerade lesen, dann stellen wir fest, daß je nachdem, an welchem Punkt wir unsere Lektüre unterbrochen haben, die Synthese oder Paraphrase mehr oder weniger autonom und in sich geschlossen ist. Wir verifizieren so experimentell jene Gliederung des Inhalts, die gewöhnlich mit Begriffen wie Episode, Szene oder (in der Sprache des Films) Sequenz bezeichnet wird.

Die „offiziellen" Unterteilungen der literarischen Texte (Gesang, Kapitel usw.) entsprechen in der Regel nicht der Gliederung des Inhalts. Es handelt sich vielmehr um eine Phasenverschiebung, die jener zwischen Metrik und Syntax analog ist und in diesem Fall die „offiziellen" Unterteilungen innerlich miteinander verbinden, ja man könnte sagen, verzahnen soll. Ein typisches Beispiel dafür sind die Gesänge der *Göttlichen Komödie*, deren äußere Grenzen nie mit den Kreisen oder „Himmeln" noch mit den Episoden übereinstimmen.

Die „Inhaltseinheiten" bilden ihrerseits einen Teil von größeren „Einheiten" ähnlich wie Szene und Akt im Drama. Besonders bei Prosawerken ist ein „Zerlegen" des Werkes in diesem Sinne nicht schwierig. Die Abfolge der „Einheiten" ist bekanntlich nie chronologisch, in den einfachsten Fällen aus dem Zwang heraus, mehrere gleichzeitige Handlungen zu verfolgen, in den komplexeren deswegen, weil der Dichter eine eigene Ordnung aufgebaut hat, in der Vergangenheit, Gegenwart (und Zukunft) sich nach einer im voraus geplanten Wirkung abwechseln.

Der Film, der mehr als die restlichen diegetischen [38] Künste mit der antichronologischen und antigeographischen Anordnung der „Einheiten" spielt, hat uns für diese Verfahren besonders empfänglich gemacht. Die russischen Formalisten [39], die sie uns besonders eindringlich gezeigt haben, hatten nicht zufälligerweise fast durchweg direkte Erfahrungen mit dem Film. Die Forschungen der russischen Formalisten haben deutlich gemacht, daß auch bei der Handhabung der „Inhaltseinheiten" deutliche Traditionsketten mit Schöpfer, Nachahmer und Epigone bestehen.

Ich halte es für unklug, wenn man, außer metaphorisch, von einer Syntax der Inhalte spricht, so wie ich auch das Sprechen von Normen hier für unangemessen halte. Normen setzen eine allgemeine Zustimmung mit dem ständigen Gegengewicht der Abweichung voraus, während die Anwendung dieser Verfahren rein fakultativ ist und ihre Veränderung nur vom Geschmack her beurteilt wird. Die Grenzen der Abweichungen sind eher epistemologischer Art, denn die Strukturen der Wahrnehmung und Kommunikation von Inhalten sind vermutlich angeboren.

Wie für die „Schreibweisen" und die thematischen Kodes, so stellt sich der Schriftsteller für die „Inhaltseinheiten" in ein dialektisches Verhältnis zu seinen literarischen Vorgängern, die er nachahmt, verformt oder ablehnt. Die Distanz

---

[38] Von gr. *diegesis* „Erzählung" (vgl. *Metz* 1968).
[39] Z. B. Šklovskij 1966; Tomaševskij (in *Todorov* 1966a, pp. 263–307).

eines Dichters zur Tradition, zu der er gehört, ist so gering, daß die Unterschiede vernünftig herausgearbeitet werden können. Die Distanz des erzählerischen Aufbaus eines Werkes zu den erzählerischen Konstanten ist hingegen so groß, daß nicht die Brille eines Literaturwissenschaftlers, sondern ein Teleskop zu ihrer Wahrnehmung notwendig ist. Die Aufgabe der semiotischen Interpretation ist in dieser Hinsicht also das Feststellen und Vergleichen von „Inhaltseinheiten", nicht die Bestimmung ihrer Matrizen [40].

3.2. Das empirische Feststellen von „Inhaltseinheiten" ist verhältnismäßig einfach. Es hat den Vorteil, parallel zum sprachlichen Text und ohne Leerstelle den ganzen semischen Diskurs zu erschöpfen. Doch enthält sein narrativer Inhalt auch Personen und Ereignisse, die – außer in einem Teil der zeitgenössischen Literatur – seine Grundlage bilden.

Vor allem in Frankreich hat man im Anschluß an das Modell von Propp eine Formalisierung inhaltlicher Kerne versucht, um abstrakte, narrative „Modelle" zu konstituieren. Einige folgen wie Bremond dem Vorbild von Propp und analysieren die Erzählungen im Hinblick auf konstituierende „Funktionen", andere zogen es wie Greimas vor, sich auf die Personen als *Aktanten* der Handlung zu konzentrieren; wieder andere haben wie Todorov im Bereich der Handlung homologe Verhältnisse wie im Satz, nämlich Subjekt, Prädikat und Objekt, zu bestimmen versucht [41].

Die Vorliebe dieser Untersuchungen [42] für Abenteuer- oder Kriminalromane

---

[40] Unterschiedliche und untereinander divergierende Anwendungen von Hjelmslevs Viererschema finden sich bei *Sørensen* 1955, pp. 18–21 (Ausdruckssubstanz: die Sprache; Ausdrucksform: der Stil; Inhaltsform: Thema, Komposition, Gattung; Inhaltssubstanz: Gedanken, Empfindungen, Visionen); in *Greimas* 1967, p. 123; *Zumthor* 1969, pp. 1481–1502 (Ausdruckssubstanz: die Personifizierungen als Subjekte; Ausdrucksform: die Metaphern als Handlungen; Inhaltsform: Ausstrahlung der Metaphern; Inhaltssubstanz: thematisches Universum). Das recht einleuchtende Modell von Hjelmslev ist offensichtlich für die komplexeren, literarischen Modelle unangemessen. Verwandte Formulierungen wie bei Hjelmslev kann man auch bei andern Richtungen finden, z. B. bei *Alonso* ²1952, in der Ausweitung der Begriffe Signifikat und Signifikant auf das Literarische und bei der Verwendung der Begriffe „äußere" und „innere Form" zur Beschreibung des Signifikanten vom Signifikat her und umgekehrt (mit der wünschenswerten Konvergenz).

[41] Eines der komplexesten und wirksamsten Modelle zur Schematisierung eines Werkes (des Dramas, man kann sie leicht auch ausweiten) ist das von *Jansen* 1968, pp. 71–93; mit dem Beispiel der Anwendung: 1968, pp. 16–29 und 116–135. Jansen unterscheidet im Text die Situationen, die durch Abfolge und „Katena" miteinander verbunden sind (und die *Intrigen* bilden), und die systematischen Beziehungen (die die *Handlung* bilden). Im ersteren Fall bestehen Beziehungen der Anteposition, im letzteren der Präsupposition. Die Gestalten bilden Systeme von Oppositionen, auf denen der *Konflikt* aufbaut. [Zur Kritik an Jansen vgl. *Pagnini* in *Kapp* 1973, p. 91.]

[42] Doch hatte schon Šklovskij in einem Kapitel seiner Theorie der Prosa, das in der [deutschen] Übersetzung weggelassen wurde, Kriminalromane von A. Conan Doyle analy-

und für Trivialliteratur statt für literarische Texte wird damit gerechtfertigt, daß in diesen Texten die Verfahrensweisen konventioneller und standardisierter sind. Doch würde dies bedeuten, daß auch in der höher stilisierten Literatur die Intrige eine entscheidende Rolle spielt; dies ist aber durchaus nicht sicher. Man könnte sogar den Verdacht hegen, daß im Fieber der Formalisierung und Verwissenschaftlichung ein günstiges Gelände für die Literaturwissenschaft gefunden worden ist, die anfangs von der totalen Verfügbarkeit – somit Unverständlichkeit – des literarischen Textes gesprochen hatte. Zwischen James Bond und Julien Sorel bestünde kurzum kein wesentlicher Unterschied [43].

Barthes schlägt jedoch selbst in seiner Einleitung zu den Beiträgen der Nr. 8 von *Communications* eine ganze Reihe von Definitionen und Unterscheidungen vor: zwischen Funktion und Indiz, kardinaler und katalytischer Funktion, um so die narrative Bedeutung der weniger formalisierbaren Teile der Erzählung, nämlich der Indizien gegenüber den Funktionen und der Katalyse gegenüber den kardinalen Funktionen, zu retten. Überdies unterstreicht Barthes witzigerweise, daß die Logik der Erzählung oft nicht kausal, sondern nach dem Motto *post hoc ergo propter hoc* gesehen wird.

Auf diesem Hintergrund wird deutlich, daß die Untersuchung der Funktionen oder Aktanten uns in eine Sphäre führt, die nicht mehr jene der künstlerischen Logik, sondern jene der Wirklichkeit ist. Die Beziehung zwischen dieser Sphäre und jener der narrativen Erfindung ähnelt jener zwischen der Referenz und dem Referenten in der Linguistik, wo bekanntlich der Referent nicht die Grammatikalität einer Aussage beurteilen darf [44].

Trotz dieser Bedenken halte ich derartige Analysen zur Untersuchung diegetischer Verfahren für nützlich. Doch ist es ebenso wahr, daß diese Funktionen Teil einer Sphäre der Logik oder der Natur sind, während die „Inhaltseinheiten" mit Recht zur semiotischen Struktur des Werkes gehören. Immerhin liefern diese

---

siert. Eco 1968, p. 273 [fehlt in der dt. Übers. der Einführung in die Semiotik], gibt zu, daß diese Art der Untersuchung „nichts mit Literaturwissenschaft zu tun hat, auch wenn sie anregend sein kann". Eco ist selbst der Verfasser einer ausgezeichneten Untersuchung 1965 [dt. 1966, pp. 185–200] und einer Einleitung zu E. Sue, I misteri di Parigi, Mailand, 1967.

[43] Ganz anders geht *Corti* 1969, pp. 32–39, vor. Dort sind die „narrativen Konstanten" Mikro-Episoden oder Sequenz-Typen, die ein Schriftsteller (in diesem Fall Fenoglio) mehrmals in seinem Werk anwendet: die „Konstanten" sind also sehr kleine, vorkommende Situationen und die „Varianten" die jeweiligen Veränderungen beim Erzählen. Die Identifizierung der „Konstanten" erfolgt also durch Vergleich und beansprucht nicht, das Ganze der Erzählung auszuschöpfen. Auch die sehr schöne Analyse von *Avalle* 1966, pp. 35–68, identifiziert im Gefolge des besten Empirismus von Propp Gestalten und Funktionen *aus* den Episoden, nicht *im Hinblick auf* die Episoden, und durch eine vergleichende, nicht durch eine abstrahierende Analyse wird die Funktion bei Dante und im Alexanderroman festgelegt.

[44] Andere Bedenken, die von der Unmöglichkeit ausgehen, den Faktor Zeit auszuklammern, äußert *Rossi* 1967, pp. 3–34 und 19 ff.

Funktionen ein äußeres Geflecht, das zu einer unterscheidenden Beurteilung und Wertung der Erzählstrukturen dienen kann [45].

Wie schon die Formalisten betont hatten, stimmt die Einteilung der Szenen, Episoden und Abfolgen nicht nur nicht mit den „offiziellen" Unterteilungen (vgl. 3.1), sondern ebensowenig mit der Dimension und Aktualisierung der erzählten Handlungen überein. Um die *Spannung* zu erhöhen oder auch aus komplexeren Motiven läßt der Dichter oft die Grenzen der „Inhaltseinheiten" mitten in eine Handlung fallen; das führt zu makroskopischen Erscheinungen von *dystaxie* (ein Ausdruck von Bally, den Barthes wiederaufgenommen hat). Die Verflechtung der Aktanten und Funktionen kann diese *dystaxie* verdeutlichen.

4.1. Dieser unvollständige, aber, wie ich hoffe, Akzente setzende Überblick über die Möglichkeiten einer semiotischen Interpretation literarischer Werke hatte immer den Text, den man studieren will, zum Bezugspunkt. Er ging deshalb von Elementen aus, die man an einzelnen Punkten des Textes identifizieren kann, um dann zu Erscheinungen, die man aus den dem Text inhärenten Beziehungen ableiten kann (2.2), danach zu Situationen überzugehen, die durch die Verbindung von Besonderheiten des Textes mit thematischen Aspekten erkennbar sind (2.3). Schließlich hat er die Möglichkeit angedeutet, zu einer andern, inhaltsbezogenen Semiotik überzugehen (3.1), und dabei den Vergleich möglicher Verwandtschaften zwischen Teilen des Inhalts und Teilen des Handlungsablaufs benutzt (3.2).

Die Reihenfolge der Betrachtungen steht in einem genauen Zusammenhang mit der zuvor dargestellten Anwendung der Semiotik auf die Literaturwissenschaft (2.1). Da ich die Semiotik als Untersuchung der Zeichen und Signifikate verstehe, bietet das vorgeschlagene Vorgehen experimentelle Grundlagen für die Untersuchung der Funktion der Zeichen in den literarischen Werken. Damit kann man zu allgemeineren Ergebnissen kommen, als eine rein linguistische Untersuchung erlauben würde, wie ja auch die Semiotik allgemeiner ist als die Linguistik.

In diesen wenigen Jahren ihres Bestehens hat die semiotische Interpretation unterschiedliche theoretische Hypothesen erarbeitet, auf die man hinweisen sollte. Den höchsten Anspruch erhebt die von der philosophischen Logik herkommende Semiotik, die die Semiotik als eine einigende, allumfassende Disziplin und die Literaturwissenschaft als eines ihrer vielen möglichen Objekte ansieht. Die Semiotik müßte, wenn man sie in dieser Perspektive als Formulierung epistemologischer „Modelle" versteht, praktisch auch der Literaturwissenschaft „Modelle" der Gegenstände liefern, mit denen sie sich beschäftigt, nämlich der literarischen Produkte.

Anderswo erhält die Semiotik dagegen in einer analogen Perspektive, jedoch in

---

[45] Zur historiographischen Nützlichkeit poetischer „Modelle" und vor allem dazu, daß sie allein eine geschichtliche Einordnung der Kunstwerke zulassen, vgl. *Todorov* 1968, pp. 152–156.

einer Formel, die sich mehr nach der herkömmlichen Literaturbetrachtung richtet, die Funktion des Koordinierens der Analysen von Sprache und Stil. Da diese Analysen verschiedene Inhalts- und Ausdrucksebenen des Werkes erfassen, die den Normen (und, wie ich hinzufügen möchte, den Gewohnheiten) der verschiedenen „Kodes" unterworfen sind, müßte die Semiotik eine Zusammenschau der so erreichten Ergebnisse erzielen [46].

Beide Konzeptionen stehen unter der Zwangsvorstellung der Wissenschaftlichkeit und unter der Ablehnung des existentiellen, polyvalenten und vieldeutigen Charakters des Kunstwerks sowie seines ausschließlich persönlichen, freien und befreienden Ursprungs. Vielleicht gehen sie auch von der Hypothese eines baldigen Endes der Kunst aus, das inzwischen in der faktischen Annullierung des Autors vorweggenommen wird, wenn dieser zum einfachen, ausführenden, womöglich seiner Aufgabe nicht gewachsenen Organ von ihn übersteigenden „Modellen" wird. Doch könnte der zweite Vorschlag (einer Semiotik als Untersuchung der verschiedenen Ebenen) noch mit unserer empirischen Perspektive in Einklang gebracht werden, sofern er diese abschließende Funktion der Koordinierung übernehmen würde, ohne dabei die Priorität der Untersuchung der Zeichen und Signifikate außer Kraft zu setzen.

Es ginge im Grunde genommen darum, das legendäre „System der Systeme" der Formalisten herauszufinden; das zu entwickelnde Modell hätte gerade die Funktion, „die verschiedenen Ebenen des Werkes zueinander in Beziehung zu setzen, um Systeme von Formen mit Systemen von Signifikaten zu vereinen" [47]. Das ist schon recht, doch sollte man nicht glauben, daß die verschiedenen Ebenen und Systeme eine Art „prästabilierter Harmonie" bilden müssen oder, noch schlimmer, daß diese Harmonie als Kriterium zur Beurteilung genommen werden kann. Das Kunstwerk kommt oft gerade durch Kontraste und Widersprüche zum Ausdruck, und seine Ebenen können aufeinander bezogen sein und sich gegenseitig widerspiegeln, sie können jedoch auch eine Spannung bilden und eine Krise hervorrufen [48] oder einander hierarchisch so unter- bzw. übergeordnet sein, daß eine Komponente zur „Dominante" wird, nach der sich die andern orientieren, ohne sich ihr deswegen schon anzupassen [49].

Wenn ich so den Vorrang des Textes betone, dann deshalb, weil ich daran festhalte, daß die Semiotik nicht zum Untergang des Strukturalismus führen muß,

---

[46] Vgl. z. B. *Eco* 1970, pp. 369–387.

[47] *Eco* 1968, p. 276 (fehlt in der dt. Übersetzung); *Greimas* 1967, p. 128, spricht von „positionalem Miteinander der poetischen Schemata von Ausdruck und Inhalt..., das höher ist" (als in der Gemeinsprache).

[48] Vgl. z. B. die Beobachtungen von *Corti,* daß die zweite *Arcadia* aus „untereinander etwas unartikulierten Teilen und Subsystemen besteht, von denen ein jedes eine eigene Harmonie konnotativer Beziehungen besitzt" (in *Kapp* 1973, p. 169).

[49] Vgl. z. B. *Tynjanov* 1968 (Original 1929), pp. 23, 44; *Mukařovský* 1964 (1932), p. 20.

sondern vielmehr auch in der Literaturwissenschaft als eine Ergänzung verstanden werden sollte. Die Gefahr liegt auf der Hand, daß man sich mit der Ausrede, man wolle nach Signifikaten und Symbolen suchen, der vorgängigen, schwierigen Strukturanalyse des Textes entziehen will. Wie ich schon sagte (1.2), ist daher die Semiotik von Anfang an von denen so enthusiastisch begrüßt worden, die die beschwerlichen Implikationen der Strukturanalyse abgelehnt hatten. Die Achtung vor dem Text ist eine verantwortungsvolle Entscheidung, die unaufhörlich zu seiner Prüfung verpflichtet, weil ihm von vornherein eine „Werthaftigkeit" zuerkannt wird, die dann die Analyse messen und rechtfertigen, unter Umständen auch ablehnen kann.

Umgekehrt ergänzt die Semiotik die Strukturanalyse, weil sie das eigentlich Semische zum Gegenstand hat, das in der Strukturanalyse einbegriffen, aber immer in Gefahr ist, den grammatisch orientierten (phonetischen und phonologischen, morphologischen und syntaktischen) Aspekten geopfert zu werden. Sie stellt also die Verbindung Ausdruck – Bedeutung wieder her und erachtet es, wenigstens in der hier vorgeschlagenen Konzeption, als notwendig, daß die Interpretation nie eine der beiden Seiten der künslerischen Mitteilung privilegiert und sich so der Rückfrage beraubt, die auch als Kontrolle dient.

4.2. Wenn sich die Semiotik mit der Strukturanalyse vereinbaren läßt, dann erweitert sie zweifellos ihre Möglichkeiten bedeutend. In ihrer engsten Anwendung lief die strukturalistische Kritik nämlich darauf hinaus, jeden Text für sich als etwas Absolutes, praktisch nicht mit andern, irgendwie verwandten Texten, im Grenzfall sogar nicht einmal mit andern Werken des untersuchten Autors selbst in Beziehung Stehendes zu betrachten. Angesichts der Komplexheit ihres Instrumentariums lief die Analyse Gefahr, sich in der Durchsicht der Eigentümlichkeiten eines einzigen, meist kurzen Textes zu erschöpfen. Je ergiebiger jedoch die Ergebnisse waren, desto schwieriger wurde die Bestimmung von Elementen, die mit andern Werken verglichen werden konnten.

Eine semiotische Sicht gibt die Möglichkeit einer Zusammenschau der einzelnen Ebenen mit der Polarisierungslinie Bedeutung – Ausdruck; denn die Relevanz der Ausdrucksfaktoren wird von ihren direkten oder indirekten signifikativen Funktionen angegeben und der Vergleich auf der Basis der Ähnlichkeit der Funktionen vorgenommen. Solche Ähnlichkeiten können je nachdem stärker in Richtung der Signifikate oder in Richtung der Ausdrucksstrukturen gehen; das kann zur Bestimmung der Bauformen des Dichters verhelfen.

Die sich so ergebenden Vergleichsmöglichkeiten sind sowohl synchronisch als auch diachronisch. Man kann so im selben Werk oder auch in verschiedenen Werken desselben Autors verwandte „Inhaltseinheiten" (analoge Funktionen oder Personen mit analogen Funktionen; typische Situationen; Methoden der Darstellung; wiederkehrende Symbole und Allegorien) miteinander vergleichen und aus den verschiedenen Ausführungen des Ausdrucks das Register der dem Schriftsteller zur Verfügung stehenden Mittel und seine Art ableiten, sie je nach den

Erfordernissen der Komposition einzusetzen [50]. Und man kann dann den Vergleich auf zeitgenössische oder vorausgehende Werke ausdehnen, um so am Pendelschlag der vom Schriftsteller angewandten oder abgelehnten Modelle den genauen Ausschlag der Innovation festzustellen.

Es wird auch angebracht sein, die ersten Entwürfe und die verschiedenen Fassungen eines bestimmten Werkes neu zu studieren und die Varianten auf jene parallelen Umformungen des Paares Ausdruck – Inhalt hin zu untersuchen, in denen die Geschichte der poetischen Welt des Autors enthalten ist. So wird man an die Stellen rühren, an denen die beiden poetischen Systeme, in denen diese Welt nacheinander Wirklichkeit wurde, am meisten isomorph und deshalb mit größtem Nutzen vergleichbar sind. Dies ist ein offensichtlicher Fortschritt sowohl im Hinblick auf rein thematische Vergleiche, die vom expressiven (sprachlichen und stilistischen) Feld, das jedes Thema in sich trägt, absehen, als auch im Hinblick auf punktuelle Vergleiche einzelner Textvarianten, die in diesem Fall mit dem Ideolekt des Autors oder der literarischen Sprache der Zeit verglichen und so von ihrer Verbindung mit den komplexen semiotischen Strukturen abgeschnitten würden.

4.3. Das sind nur Hinweise, doch zeigt sich schon, wie die Möglichkeiten literaturwissenschaftlicher Untersuchungen nach der anfänglichen, notwendigen strukturalistischen Askese neue Räume erschließen. Die implizite Schlußfolgerung, die nun gezogen werden muß, ist die, daß die semiotischen Strukturen, die in einem gut fundierten Verfahren durch Sprachuntersuchungen herausgefunden wurden, mit den Strukturen verwandter „Serien" oder, mit Tynjanov gesprochen, von Idealität, Kultur und Gesellschaft in Beziehung stehen.

Dies ist ein grundlegendes, vielleicht sogar das wichtigste Problem des Studiums der Literatur, aber es ist auch ein Problem, dessen Lösungsvorschläge bisher unbefriedigend gewesen sind und vielleicht auch künftighin bleiben werden. Meines Erachtens mußten sie es gerade deshalb bleiben, weil der Zwang zu einer Lösung über eine ganze Reihe dunkler theoretischer Punkte hinweggehen mußte. Außerdem macht die fast theologische Frage nach Freiheit und Determination die Dinge nicht gerade einfacher.

Die Hypothese, daß individuelle und historische Struktur homolog sind, verleiht dem kollektiven Element den Vorrang gegenüber den besonderen Zügen des einzelnen Autors. Man ist gezwungen, ihr den Wert eines Axioms beizumes-

---

[50] Als Beispiele für zwei konvergierende Versuche nenne ich *Avalle* 1970, pp. 13–90, wo Symbole und Bilder eines Gedichtes durch eine vollständige Analyse der Entwicklung jedes Symbols und Bildes in den früheren Gedichten von Montale erhellt werden und, in diesem Band, wo in einer ganzen Gedichtsammlung ein einziges Symbol (mit den dazugehörigen und abhängigen Symbolen) untersucht wird. Der erstere Fall geht vom Text aus, um dann zu den Signifikaten zu gelangen, der letztere von den Signifikaten, um zu ihrer praktischen Ausführung in der Dichtung zu kommen.

sen, und die Forschung zielt dann von vornherein entweder unvermeidlich auf banale Ergebnisse oder, sofern man mit diesen nicht zufrieden ist, auf das Erdenken spitzfindiger Interpretationen und gequälter Parallelen ab.

Die semiotischen Strukturen bringen uns zum Zentrum einerseits der sprachlichen, stilistischen, thematischen und ganz allgemein technischen Traditionen (oder Innovationen) und andererseits der grundlegenden Gliederungen der „phantastischen Universen". Dieses Koordinationszentrum stammt *vom* Autor, obwohl es nicht *der* Autor ist; daher rührt es auch über das rein Literarische hinaus an die Grundlagen des ganzen Lebens seiner Zeit – aber es ist überdies auch von ihnen geprägt, wie jeder einzelne von der Gesellschaft geprägt ist, zu der er gehört.

Diese Bindung wird nie völlig angenommen oder abgelehnt, weil jede Annahme eine Modifizierung beinhaltet und sich durch besondere Neigungen oder Instinkte äußert, während umgekehrt jede gewollte Ablehnung kaum zu einer totalen Negierung gelangt, die einer Flucht aus der Zeit gleichkäme. Darüber hinaus halten Annahme auf dem einen Gebiet und Ablehnung auf einem andern sich oft die Waage, und so könnte man unzählige Fälle zusammenstellen. Die semiotischen Strukturen stellen gerade dieses Wechselspiel von Annahme, Modifizierung, Ablehnung und wechselseitigem Ausgleich dar. So können sie vermutlich den alten Wunschtraum, einen Autor in der Geschichte zu situieren, der Verwirklichung näherbringen.

Diese Situierung darf nicht nur auf die Vergangenheit achten, sondern muß auch die Zukunft betrachten. Sicher hat manchmal ein literarisches Werk mit seinen unmittelbaren Vorschlägen und Anregungen für die *Praxis* einen direkten Einfluß auf die Idealität einer Epoche. Doch sind diese besonderen, oft durch äußere Umstände begünstigten Fälle methodisch weniger wichtig, da es gewissen Werken oder literarischen Strömungen gelungen ist und gelingt, die Sicht selbst zu modifizieren, in der das Zeitgenössische (von andern Schriftstellern und nicht nur von ihnen) erfahren und beurteilt wird; vermutlich gibt es überhaupt kein bedeutendes Werk, das nicht mehr oder weniger solche Wirkungen erzielte. Die Möglichkeit, auf die Geisteshaltung einer Epoche (oder, wenn man so will, auf ihre kollektiven, ideologischen Strukturen) einzuwirken, ist also den semiotischen Strukturen eines Werkes inhärent. Es ist nicht gesagt, daß die Spalte des „Solls" länger ist als jene des „Habens" oder es immer sein muß.

4.4. So taucht also der Autor auf, jene eigentümliche Person, die für die biographische, aber auch für manche – alles andere als wertlose – psychologische Untersuchung das eigentliche Forschungsobjekt ist, dem bis zu einem wünschenswerten Grad an Mitempfinden nahezukommen die Werke dienen und den umgekehrt andere Strömungen völlig ausschalten, weil sie sich mit seinen „Produkten" begnügen und von ihm losgelöst, emanzipiert und autonom sein wollen.

Natürlich steht die semiotische Literaturwissenschaft der zweiten Position näher als der ersten, da ihr nichts am Geschick und an den Gefühlen des Dichters liegt, es sei denn, sie hätten Züge seiner semiotischen Strukturen beeinflußt und gehören infolgedessen zu diesen. Geschick und Empfindungen können also nur als äußere Bezugspunkte benutzt werden, wobei man ihre Heterogenität zum Forschungsobjekt in Rechnung stellen muß.

Immerhin bildet, wie mir scheint, der semiotische Ansatz einen nützlichen Verweis auf die entscheidende Funktion des Autors als Senders der literarischen Mitteilung. Wenn das Werk einen bestimmten semiotischen Gehalt hat, dann deshalb, weil der Autor ihm eine bestimmte Form gab und sich durch ihn ausgedrückt hat. Als erster Pol des kommunikativen Kreislaufes ist der Autor Schöpfer und Garant der Bedeutungsfunktion des Werkes. Das ist aber nicht das einzige. Der Autor ist das Bindeglied zwischen den sprachlichen und stilistischen Gewohnheiten, den *écritures,* den „Kodes" usw., aus denen er sicher ursprünglich geschöpft hat, und unserer Deutung; denn wenn das Werk in einem gewissen Grad verständlich ist, dann dank der gemeinsamen Kodes von Autor und Leser.

Der kommunikative Kreislauf hat in unserem Fall ein besonderes Aussehen (2.1, c). Da ist vor allem die labile, wenn nicht überhaupt fehlende Situation, die Sender und Empfänger fest miteinander verbinden könnte, und die Unmöglichkeit eines Dialogs, der die Modalität der Dekodierung kontrolliert und berichtigt. Man könnte sagen, daß die Abfolge Sender – Mitteilung – Empfänger in zwei, gleichsam autonome Phasen geteilt wird, nämlich zuerst Sender – Mitteilung, dann Mitteilung – Empfänger.

Im Abschnitt Sender – Mitteilung entwickelt sich eine erste Vermehrung der Signifikate in dem Sinne, daß die Mitteilung (das Werk) in ihrem Bedeutungskomplex reicher sein kann, als der Dichter bei seiner Mitteilung beabsichtigt hatte. Der Grundvorgang einer literarischen Schöpfung (früher sprach man von der Inspiration) verwirklicht sich innerhalb eines Komplexes von Bedeutungsakten, in denen sich sekundäre (oder irrtümlicherweise für solche gehaltene) Vorgänge niederschlagen, die nach und nach ein Bedeutungsgeflecht konstituieren, das den Grundvorgang integriert oder auch von seinem Schwerpunkt entfernt. Darüber hinaus führt die einem jeden Wort jeglicher Sprache eigene Polysemie zu einer Erhöhung der Entropie, die im literarischen Text nur teilweise von der selektiven Funktion gebremst wird, die jedes Glied des Diskurses auf die andern ausübt.

Neue Signifikate entstehen auch, sobald die Mitteilung vom Wortgeflecht her interpretiert wird, d. h., sobald das Paar Mitteilung – Empfänger in Aktion tritt[51]. Der Empfänger (Leser) wird von seiner Bildung, seinen Neigungen und seiner Umwelt dazu verleitet, die Daten der Mitteilung zu filtern, die einen zu opfern und die anderen auszuweiten. Auch die materielle (graphische und phonische) Natur der Mitteilung selbst kann relationierbare und deshalb interpretierbare Erscheinungen enthalten, deren Entstehen zufällig ist oder sein kann.

Es handelt sich hier um Erscheinungen, die sowohl in der Informationstheorie als auch in Geschichte und Praxis der Literaturwissenschaft sehr bekannt sind. Die Aussage, daß jede Interpretation freiwillig oder unfreiwillig tendenziös ist, zählt zu

---

[51] Vgl. *Zumthor* 1968.

den Gemeinplätzen. Die Befürchtung, dem Autor Gewalt angetan zu haben, ist eine ebenso frustrierende Erfahrung wie die Angst, es könnten einem die entscheidendsten Charakteristika eines Werkes durch die Überbewertung anderer, vielleicht sogar sekundärer Züge entgangen sein. Wichtig ist in diesem Zusammenhang jedenfalls nicht die Objektivität oder die, wie schon gesagt wurde, nicht erreichbare Endgültigkeit der Ergebnisse, sondern das Bewußtsein dieser Grundsituation (mit den möglichen Korrektiven, die ein solches Bewußtsein liefern kann) und vor allem der totale Einsatz *in Richtung auf* die Mitteilung.

Eine fundierte, erschöpfende Analyse der Mitteilung kann einerseits aus dem Vergleich von Absicht, sofern sie bekannt ist, und Ergebnis Nutzen ziehen, wenn die erstere über die letztere ein Übergewicht erhält; sie kann andererseits impressionistische Deutungen ausschließen und so vom Empfänger selbst herrührende Fehlerquellen reduzieren, wenn auch nicht eliminieren. Der sprachliche „Kode" des Autors kann nur approximativ rekonstruiert werden, doch kann eine vertiefte Analyse die Bandbreite dieser Annäherung verringern.

Zu den deformierenden Faktoren darf man jedoch nicht den Bedeutungszuwachs rechnen, den die Zeit den Strukturen der Mitteilung verleiht. Diese Erscheinung beruht, scholastisch gesprochen, auf dem Übergang einer unendlichen Potenz in den Akt. Vielmehr kann man behaupten, daß die Zeit unaufhörlich die Grenzen der Wirklichkeit und folglich auch der Literatur erweitert. Deshalb kann man auch sagen, daß die Fähigkeit, viele Generationen hindurch ansprechend zu sein und sich im Laufe der Zeit zu enthüllen, ein Kennzeichen der großen Kunst ist. Das bedeutet aber gerade nicht, daß sich die semiotischen Strukturen des Kunstwerks verändern, vielmehr nimmt der Betrachter lediglich neue Beziehungen und Blickwinkel in einer Reihe von Gesichtspunkten wahr, die man als unerschöpflich ansehen kann [52].

Der Interpret steht also nicht vor der Alternative einer gewaltsamen Lektüre, in der das Werk zum Vorwand für seine Interpretation wird und der Empfänger an die Stelle des Senders tritt, und einer philologischen Lektüre, in der das Werk soweit wie möglich das und nur das sagen soll, was der Sender gewollt hat. Der Interpret muß sich vor allem ohne Zögern in die Strukturen des Werkes vertiefen und die Signifikate erfassen, die sie vorschlagen. Sein Bemühen läuft darauf hinaus, jede „Störung" des Verständnisses auszuschalten. Er muß sich dabei bewußt sein, daß das Hören auf die immer lebendige Mitteilung, die die semiotischen Strukturen eines Werkes ausdrücken, beglückendere Entdeckungen verspricht als das subjektive Phantasieren des Lesers.

Wie die semiotischen Grundlagen des Werkes seine Verstehbarkeit bedingen (die dann stark vermindert ist, wenn sie auf teilweise untergegangenen Kodes oder solchen anderer Kulturen aufruhen), so entfaltet sich die Wirkung des Werkes vor allem in den semiotischen Strukturen der Kultur, die es aufnimmt. Sieht man nach

---

[52] *Boas* 1937, p. 36, spricht von „Polyvalenz" des Kunstwerks, die russischen Formalisten rekurrieren auf den Begriff der „Entropie"; vgl. *Lotman* 1966/67 sowie 1972, pp. 118–121.

der Wirkung des Werkes auf das Handeln seiner Benutzer, so heißt das, daß man sein Wesen nicht versteht, ja es ärmer macht. Wenn das Kunstwerk wirklich das ist, was es ist, dann bringt es einen Erkenntniszuwachs, der sich stark auf die Wirklichkeitsschau auswirkt; es ist dann „verwirrend", im wahrsten Sinne des Wortes, und gibt über seinen Leser den semiotischen Strukturen einer Kultur einen Anstoß, der sie entscheidend verändern kann. Darin liegt die revolutionäre Funktion der Kunst, und es handelt sich dabei um eine permanente, siegreiche Revolution.

4. Erzählforschung, narrative Logik und Zeit

Erzähltextanalyse und Semiotik

0.1. Die gedruckten Buchstaben, die in parallelen Zeilen die Seiten eines Buches durchziehen, würden auf einer durchgängigen Linie einige hundert Meter, manchmal auch einige Kilometer Länge ausmachen. Bei einem Erzähltext scheint die Lektüre einfach darin zu bestehen, die Wörter und Sätze, für die die Buchstaben Zeichen sind, entlang dieser Linie zu identifizieren und zu verstehen. In Wirklichkeit sind die auszuführenden Operationen, wie genußvoll die Lektüre auch sein mag, natürlich nicht ganz so einfach, und die Forschung der letzten Jahrzehnte hat auch die Hauptgründe dafür deutlich werden lassen.

In einem Text überlagern sich Signifikanten und Signifikate wie in Schichten. Jedes Wort besteht aus Buchstaben (Signifikanten), die Symbole für Phonemgruppen (Signifikate) sind, die wiederum, zusammengenommen, den Signifikanten eines (begrifflichen) Signifikats bilden; die Wortgruppen zwischen zwei starken Interpunktionszeichen bzw. dem Textanfang und dem ersten starken Interpunktionszeichen bilden ihrerseits den Signifikanten eines synthetischen (satzmäßigen) Signifikats; die Satzgruppen schließlich sind die Signifikanten eines (narrativen) Signifikats, und damit, mit dem Überschreiten der Satzgrenze, betreten wir das noch (fast) unbekannte Gebiet der Narrativität (Gegenstand der Erzähltextforschung oder Narrativik).

Grundsätzlich kann die Erzählung unter mindestens zwei Aspekten gesehen werden: 1. als Diskurs, also die Erzählung selbst als Signifikant; 2. als Geschichte, also als Signifikat der Erzählung. Diese Dichotomie scheint sich auch in dem Oppositionspaar von Sujetfügung *(sjužet)* und Fabel *(fabula)* bei den russischen Formalisten, von *plot* und *story* im angelsächsischen Sprachraum, von *discours* und *histoire* bei Todorov[1], *récit* und *histoire* bei Genette[2] oder *récit racontant* und *récit raconté* bei Bremond[3] widerzuspiegeln. Die terminologische Unsicherheit, die noch durch die Einbürgerung des Ausdrucks „analyse du récit"[3a] für „Analyse der

---

[1] *Todorov* 1966, p. 126.
[2] *Genette* 1972, p. 72.
[3] *Bremond* 1973, p. 321.
[3a] [Die begriffsgeschichtliche Situation des Französischen und Italienischen (analyse du récit = analisi del racconto) deckt sich hier nicht mit der des Deutschen; die Ambiguität wird durch Komposita (Erzähl-Analyse), durch präzisierende Zusätze oder Fremdwortgebrauch (Narrativik) umgangen. Anm. d. Ü.]

Fabel" erhöht wird, hängt damit zusammen, daß die genannte Dichotomie den Forschungsbereich nicht hinreichend abzudecken vermag. So sind Sujet und Fabel in Wirklichkeit (1.1) zwei Arten, sich den Inhalt einer Erzählung vorzustellen, so daß man einen eigenen Terminus braucht, um deren Signifikanten-Seite zu bezeichnen. Ich würde daher, wenigstens für den Anfang, eine Dreigliederung ansetzen: *Diskurs* (der Erzähltext als Signifikant), *Intrige* (der Inhalt des Textes, und zwar genau in der erzählten Abfolge) und *Fabel* (der Inhalt oder, genauer gesagt: dessen Kernelemente, nach logischer und chronologischer Umordnung).

Die folgenden Seiten sollen einen kritischen Überblick über die wichtigsten Ansätze im Bereich der Erzählforschung geben. Sie beruhen auf der Überzeugung, daß diese Forschungen sinnvoll sind, andererseits aber auch auf der Erfahrung gewisser Aporien, ja geradezu unüberwindbarer Grenzen, die in einer solchen theoretischen Annäherung liegen und die man weder vor sich selbst noch vor anderen verbergen sollte. Bisher hat der Enthusiasmus, sei es bei der Entwicklung neuer Analysemethoden, sei es bei der Anwendung oder vielfach auch Vermengung bereits vorhandener Methoden (wir leben heute in einer Zeit des Epigonentums und des Eklektizismus) ein solches Hinterfragen der eigentlichen theoretischen Grundlagen zu kurz kommen lassen; andere haben – was noch schlimmer ist – es vorgezogen, mit kategorischer Ablehnung zu reagieren.

Es besteht ein weitverbreitetes Mißverständnis, von dem ich mich von vornherein frei machen möchte. Diskurs und Fabel (oder auch Intrige) scheinen sich nahtlos in die heute nicht mehr wegzudenkende Vorstellung von den [Abstraktions-]Ebenen einzufügen; danach wäre der Diskurs der oberflächenstrukturellen Ebene und die Fabel (bzw. in zunehmender Abstraktionstiefe zuerst die Intrige und dann die Fabel) der tiefenstrukturellen Ebene zugeordnet. Das sind Vorstellungen aus der Sprach- und Grammatiktheorie Chomskys genauso wie die spiegelbildliche, nicht weniger häufig geäußerte Vorstellung, wonach der Diskurs aus der Intrige und diese wiederum aus der Fabel *generiert* sei. Das wäre kein Problem, solange man nur von [Abstraktions-]Ebenen spricht; selbst wenn es dann leicht zu einer Vermehrung der Ebenen kommt und sich zeigt, daß es besser wäre, sie als theoretische Schnitte zu betrachten, ohne sie an Abstraktionsgrade zu binden[4]. Gefährlich ist es hingegen, mit generativen Begriffen zu operieren, weil damit allzusehr der Gedanke einer Genese impliziert ist.

---

[4] Besonders treffend erscheint mir hier die Aussage von *Lotman* 1970, p. 126: „Die Relationenstruktur ist nicht die Summe der konkreten Details, sondern ein Inventar von Relationen, das für das Kunstwerk primär ist und seine Grundlage, seine Realität bildet. Dieses Inventar wird jedoch nicht als vielgeschossige Hierarchie ohne innere Überschneidungen organisiert, sondern als komplexe Struktur von einander überschneidenden Substrukturen mit multipler Integration ein und desselben Elements in verschiedene Kontexte der Konstruktion. Diese Überschneidungen sind es auch, die die „Konkretheit" des künstlerischen Textes konstituieren, seine materielle Vielfalt, die die verwunderliche Systemlosigkeit der Umwelt mit einer solchen Wirklichkeitstreue darstellt, daß beim aufmerksamen Betrach-

Es ist meines Erachtens nicht richtig, wenn man den Diskurs als Entfaltung (ein durch Ausweitung und Verästelung gewonnenes Produkt) der „Tiefenstruktur", z. B. der Intrige, auffaßt, denn die Intrige geht dem Diskurs nicht in seiner Existenz voraus, es sei denn allenfalls als amorpher, ständigen organisierenden Eingriffen ausgesetzter Entwurf; die Intrige erlangt die ihr eigene Ordnung genau dann, wenn das Werk als sprachliche Konstruktion abgeschlossen ist. Ausdruck und Inhalt sind zwei Seiten ein und derselben Sache – genauso wie Signifikant und Signifikat in der Terminologie von Saussure; es ist sinnvoll, sie voneinander zu unterscheiden, aber zugleich unmöglich, sie zu trennen. Man versuche nur einmal, „Transformationsregeln" zu entwickeln, die den Übergang von einer narrativen Tiefenstruktur zu einem Erzähltext in seiner Oberflächengestalt erklären. Dieses Vorgehen mag vielleicht noch praktikabel sein im Fall einer phänomenologischen Untersuchung der Beziehungen zwischen Intrige und Fabel (es handelte sich dann aber bloß um Schemata bzw. konventionelle Formen der Darstellung); ein solcher Versuch wird jedoch absurd, wenn man bis zur Oberfläche, bis zum Diskurs mit allen seinen lexikalischen und stilistischen Elementen vordringen wollte.

Ebenen und Generierung bleiben somit zwei Metaphern, die als solche, wohlbemerkt: nur als solche, vollkommen akzeptabel sind. Und Metaphern sind es um so mehr, als man in der *Generierung* ein Zeichen von Kreativität, von Freiheit schöpferischen Erfindens sehen will; dabei ist doch das Buch, so endgültig, wie es sich darstellt, in seiner Ganzheit und seinen einzelnen Sätzen, *ne varietur* auf seine diskursmäßige Gestalt festgelegt und bildet ein fertiges, für immer erstarrtes Räderwerk. Es ist nicht so, daß der Sender zu uns spricht: *er hat zu uns gesprochen*. Freiheit bleibt nur uns: die Freiheit, immer mehr zu verstehen und zu interpretieren. Wir Empfänger sind es, die immer wieder die Räume zwischen der Oberfläche und den anderen (theoretisch angenommenen) Ebenen durchlaufen, die die feiner konstruierten Wege zwischen den verschiedenen Strukturen des Textes und im Text erfinden.

0.2. Man kann dennoch sagen, daß eine Untersuchung wie die vorliegende voll und ganz in den Rahmen der Literatursemiotik gehört. Ein Text (hier: ein Erzähltext) ist eine Gesamtheit von Zeichen, deren immer größere Zusammenfügungen (die mittels nicht restlos geklärter, aber doch weder zufälliger noch unendlicher Verfahrensweisen erzielt werden können) ihrerseits als Zeichen fungieren. Die Gesetze der Kohärenz, die für diese Zeichenkomplexe gelten (diesen Ausdruck ziehe ich dem Begriff *Makrozeichen* vor, weil er auf die Zerlegbarkeit und zumindest theoretisch mögliche Substituierbarkeit seiner Komponenten verweist), liegen zum Teil im linguistischen Bereich (wobei die traditionelle Sprachbeschreibung sich bis einschließlich Chomsky auf den Satzrahmen be-

---

ter der Glaube an die Identität zwischen dieser Zufälligkeit, der unwiederholbaren Individualität des künstlerischen Textes, und den Eigenschaften der abgebildeten Realität entsteht." – Zu den folgenden Bezugnahmen auf die Transformationsgrammatik vgl. *Ruwet* 1972, p. 199.

schränkt, während die Textlinguistik, zumindest in ihren Programmen, auch die sehr viel komplexeren Zeichenmengen berücksichtigt. Zum Teil hängen diese Gesetze aber auch mit außersprachlich bedingten Regelhaftigkeiten der Bedeutung zusammen, um deren Definition die Forschung noch bemüht ist.

Stellt man in dem für unsere Zwecke abgesteckten Feld Diskurs, Intrige und Fabel nebeneinander, so kann man sagen, daß für den in seiner Ausdehnung begrenzten Streifen zwischen Diskurs und Intrige stets sprachlich begründete Gesetzmäßigkeiten der Bedeutung gelten, nämlich diejenigen, die die Wahrnehmbarkeit von satzmäßigen und übersatzmäßigen Signifikaten (z. B. einer Sequenz oder Episode) bestimmen. Zwischen Intrige und Fabel herrschen hingegen Gesetzmäßigkeiten der Bedeutung, die sehr viel schwieriger anzugeben sind, da es sich hier nicht um Beziehungen von der Art Signifikant–Signifikat handelt, sondern um solche zwischen Signifikaten, die je verschieden konstruiert sind, mögen sie sich auch auf den gleichen Aussagebereich beziehen. Vorläufig läßt sich sagen, daß unsere narrative „Kompetenz", unsere Fähigkeit, eine Erzählung zu schaffen bzw. zu verstehen, ein Beweis für die Existenz eines Repertoires sowie bestimmter Kombinationsmöglichkeiten kommunizierbarer narrativer Signifikate ist. Die Erzähltextforschung stellt sich die reichlich schwierige Aufgabe, dieses Repertoire in seinen Umrissen zu bestimmen und diese Kombinationsmöglichkeiten zu beschreiben.

Wie gleich ersichtlich werden wird, besteht der Hauptunterschied zwischen Fabel und Intrige darin, daß die Fabel die (wenn auch fiktive) Zeitfolge der Ereignisse respektiert, während die Intrige sie in der vom Autor gegebenen Ordnung beläßt.

Die Zeit als Dimension der irreversiblen Abfolge stellt somit das grundlegende Unterscheidungskriterium zwischen den verschiedenen Arten der Verkettung der Ereignisse dar; sie ist sozusagen eine Art „Urmeter". Andererseits verläuft aber auch die Lektüre in der Dimension der Zeit (wiederum im Sinne von irreversibler Abfolge), wobei von der – für die Theorie nicht relevanten – Möglichkeit der Mehrfachlektüre eines Abschnitts abgesehen wird. So entsteht ein ziemlich komplexes Beziehungsgeflecht zwischen der Zeit der Lektüre (bzw. des Diskurses), der Zeit der Intrige und der Zeit der Fabel [5].

Schließlich ist die Zeit auch die Dimension, in der die Phänomene der Rekurrenz auftreten und vor allem auch wirken – Phänomene, die von grundlegender Bedeutung sind, nicht nur was die expressive, stilistische Wirkung angeht (ich denke hier an die ganz zu Recht beharrlichen Untersuchungen über Parallelismen [6]), sondern auch bezüglich der kommunikativen und im besondern auch der

---

[5] Wie sich noch zeigen wird (2.1), werden die Dinge noch dadurch kompliziert, daß die Zeit der Lektüre zwar progressiv, aber nicht gleichförmig verläuft.

[6] Außerordentlich umfangreiche Literatur; ich erinnere hier nur an *Levin* 1962, *Koch* 1966, *Jakobson* 1963, pp. 235–239, und insbesondere *Jakobson* 1973, pp. 234–279; *Lotman* 1970, pp. 165–254.

narrativen Aspekte (so unterstreicht die Rekurrenz die Identität der Orte, Personen und Ereignisse; sie sorgt für die Einbeziehung der erzählten Fakten in einen atmosphärischen Raum; sie verhüllt das semiotische Gerüst einer Erzählung).

Wenn sich der kritische Leser dann darüber wundert, daß ausgerechnet jetzt Erzähltextforschung intensiver betrieben wird, wo doch der Roman (mag er lebendig oder tot oder zum Sterben verurteilt sein) immer weniger in der Erzählung von Ereignissen und schon gar nicht von Abenteuern besteht, so kann er nach seinem Belieben die vorliegenden Studien als Bilanz eines Ausverkaufs oder umgekehrt als erneuten Beweis für das unzähmbare Bedürfnis des Menschen auffassen, zu fabulieren und zu erzählen.

Intrige, Fabel und Erzählmodell

1.1. An den Anfang (wenn es denn einen geben muß) läßt sich Veselovskij stellen. Erlich[7] schreibt: „Die [...] ‚morphologische' Analyse der Erzählkunst wurde durch eine von Veselovskij in seiner unvollendeten *Poetik der Handlungen* eingeführte Unterscheidung gefördert – die zwischen dem ‚Motiv' als grundlegender Erzähleinheit und der ‚Handlung' als einer Anhäufung einzelner Motive." So zitiert ihn auch Šklovskij: „Unter *Motiv* verstehe ich die einfachste Erzähleinheit, die den verschiedenen Bedürfnissen des primitiven Verstandes oder alltäglichen Beobachtungen in Form eines Bildes entspricht [...]. Unter *Handlung* verstehe ich eine Anhäufung verschiedener Situationen (oder Motive)."[8]

Betrachtet man jedoch genauer, was Veselovskij mit *Motiv* meint, so zeigt sich, daß er damit zwei ganz verschiedene Ordnungsbereiche anspricht: „1. die sogenannten *légendes des origines,* die Vorstellung, daß die Sonne ein Auge ist, daß Sonne und Mond Bruder und Schwester oder Mann und Frau sind; die Mythen vom Aufgang und Untergang der Sonne, von den Mondflecken, von Mond- und Sonnenfinsternissen und so weiter; 2. Lebenssituationen: die Entführung der Braut (ein bäuerlicher Hochzeitsbrauch), der Abschiedsschmaus (im Märchen) und dergleichen mehr"[9].

Die Anregungen von Veselovskij wurden vor allem von Šklovskij und von Tomaševskij weiterentwickelt. Šklovskij stellt in „*Literatura i kinematograf*" (Berlin 1923)[10] und später in „*O teorij prozy*" eine Opposition zwischen Handlung (bzw. Intrige) und Fabel auf: „Der Begriff Handlung wird allzuoft mit der Schilderung der Ereignisse verwechselt, was ich konventionell *Fabel* nennen möchte. Die Fabel ist in Wirklichkeit nur Material zur Gestaltung der Handlung. Die Handlung von *Eugen Onegin* zum Beispiel ist nicht Onegins Liebe zu Tatjana, sondern die künstlerische Bearbeitung der Fabel, die mit Hilfe eingeschobener

---
[7] *Erlich* 1955, p. 267.
[8] *Šklovskij* 1925, p. 29; auch in *Striedter* (Hrsg.) 1969, p. 39.
[9] Ibd., p. 29 bzw. p. 39.
[10] *Erlich* 1955, pp. 270/271.

Abweichungen erreicht wird"[11]. Dieser Begriffsbestimmung ist die Definition der *Fabel* bei Tomaševskij [12] gegenüberzustellen: „Als Fabel wird die Gesamtheit der im Werk erzählten Ereignisse, wie sie miteinander zusammenhängen, bezeichnet". Und die Definition des Begriffs *Handlung* (bzw. Intrige): „die Ereignisse in ihrer tatsächlich im Werk gegebenen Anordnung" oder: „eine rein künstlerische Konstruktion"[13].

Aus der Zusammenfassung der beiden Definitionen ergibt sich, daß die Fabel konstituiert wird durch ein System von zeitlich und kausal geordneten Ereignissen, das der Schriftsteller als Material benutzt und in eine künstlich-künstlerische Ordnung bringt, wodurch die Intrige entsteht. Veselovskij hatte noch Element und Kombination (nämlich Motiv und Handlung) in Opposition zueinander gesehen, ausgehend von einer Klassifizierung der Motive als elementarer Einheiten, für die er allerdings keine eindeutige Definition geliefert hat. Mit Veselovskij müßte man sagen, daß die *Fabel* das System der logischen und zeitlichen Verkettungen von Motiven des Typs 2 [vgl. oben], die *Handlung* ihre literarische Bearbeitung darstellt.

Die Opposition *Fabel* vs *Handlung* ist ein beträchtlicher Fortschritt gegenüber Veselovskij. Ein genialer Durchbruch gelang Šklovskij und Tomaševskij mit ihrer Unterscheidung zweier nebeneinander verlaufender syntagmatischer Linien, von denen eine, die Fabel, als neutrale Gegenfigur fungiert und raffiniert eingesetzt wird, um die vom Schriftsteller angewendeten Kompositionstechniken nur um so schärfer, im Kontrast dazu, herausheben zu können.

Mit diesen Kompositionstechniken (in ihrer Terminologie: den Sujetkonstruktionen) haben sich bekanntlich Šklovskij und Ejchenbaum besonders intensiv und produktiv auseinandergesetzt. Weniger eingehend widmeten sie sich hingegen der Frage nach den Minimaleinheiten der Fabel, also dem, was Veselovskij die *Motive* nannte. Treffende Beobachtungen darüber verdanken wir hingegen Tomaševskij, der die Notwendigkeit erkannt hat, zu irreduziblen Einheiten zu gelangen: „Mittels einer solchen Zerlegung des Werks in thematische Bestandteile kommen wir schließlich zu *nicht* weiter *zerlegbaren* Größen, den Minimaleinheiten des thematischen Materials, z. B.: ‚Es wurde Abend', ‚Raskolnikov tötete die Alte', ‚Der Held starb', ‚Ein Brief kam an' usw. Das Thema einer solchen irreduziblen Einheit wird *Motiv* genannt. Im Grunde enthält jeder Satz ein eigenes Motiv"[14]. Weiter schreibt Tomaševskij: „Die Motive bilden in ihrer Kombination das thematische Gerüst des Werks. So betrachtet besteht die *Fabel* aus der Gesamtheit der Motive in ihrer chronologischen und logisch-kausalen Anordnung, während

---

[11] *Šklovskij* 1925, p. 162 (das Kapitel stammt von 1921 und wurde später in die Essaysammlung von 1925 aufgenommen); auch in Striedter (Hrsg.) 1969, pp. 297/299.
[12] *Tomaševskij* 1925, p. 267 ff.
[13] Ibd., p. 268, p. 269.
[14] Ibd., p. 268 (Kursivdruck des Vf.).

das Sujet die Gesamtheit eben dieser Motive in der tatsächlich im Werk gegebenen Abfolge darstellt"[15].

Tomaševskij stellt ganz richtig fest, daß die Motive Veselovskijs (ich würde präzisierend hinzufügen: vor allem die Motive von Typ 1) etwas ganz anderes sind, nämlich „keine [...] *nicht weiter zerlegbaren* Größen, sondern solche, die lediglich in der Geschichte der Literatur unzerlegt geblieben sind und auf ihrer Wanderschaft durch die Werke der Literatur ihre innere Einheit bewahren"[16]. Man könnte sagen, daß die Bezeichnung *Motiv* für das, was Veselovskij wie auch andere Volkskundeforscher damit meinen, besser geeignet ist als für das, was Tomaševskij daraus gemacht hat. Aber das eigentlich Wesentliche ist der Gedanke als solcher, das Bemühen um *nicht weiter zerlegbare Komponenten*.

Tomaševskij geht sogar noch einen Schritt weiter, indem er unterscheidet zwischen *gebundenen Motiven,* „die nicht weglaßbar sind", und *freien Motiven,* „die ohne Beeinträchtigung für die chronologische und kausale Abfolge der Ereignisse herausgenommen werden können"[17], zwischen *dynamischen Motiven,* „die eine Situation verändern"[18], und *statischen Motiven,* „die keine Veränderung bewirken". Er fügt präzisierend hinzu, daß „für die Fabel nur die gebundenen Motive relevant sind, während für das Sujet gerade die freien Motive die entscheidende Rolle spielen und die Formgebung des Werks bestimmen"[19]. Er sagt weiter, daß „die dynamischen Motive die zentralen oder motorischen Elemente der Fabel sind, während bei der Sujetkonstruktion manchmal die statischen Motive stärker betont werden"[20]. Tomaševskij hat demnach erkannt, daß zwischen den Elementen der *Fabel* nur erzählnotwendige Beziehungen bestehen, während im Falle des *Sujets* (bzw. der Intrige) das Beziehungsgefüge umfangreicher und variationsreicher ist.

1.2. In diesem Zusammenhang ist der Beitrag Propps als entscheidend anzusehen. Bei ihm werden die *Motive* im Sinne von Tomaševskij („nicht weiter zerlegbare Komponenten") zu Ende gedacht und sehr viel strenger definiert: „Unter *Funktion* wird hier eine Aktion einer handelnden Person verstanden, die unter dem Aspekt ihrer Bedeutung für den Gang der Handlung definiert wird"[21]. Dazu läßt sich folgende Präzisierung hinzufügen: „Wenn man mein vorgeschlagenes Schema ein Modell nennen würde, so reproduziert dieses Modell alle konstruktiven (stabilen) Elemente des Märchens unter Weglassung der nicht konstruktiven (veränderlichen) Elemente."[22]

---

[15] Ibd., p. 269.
[16] Ibd., p. 269.
[17] Ibd., p. 270.
[18] Ibd., p. 272.
[19] Ibd., p. 270.
[20] Ibd., p. 272.
[21] *Propp* 1928a, p. 27.
[22] *Propp* 1966, p. 231.

Im System Propps gehören die handelnden Personen zu den variablen Größen: ein und dieselbe Funktion kann von verschiedenen Personen mit verschiedenen Attributen wahrgenommen werden. Es geht also bei Propp nicht um Personen, die bestimmte Funktionen ausüben, sondern um Funktionen *der* handelnden Personen. Was die Funktion selbst angeht, so läßt sie sich nur definieren durch „ihre Stellung im Gang der Erzählung"[23]. „Man muß also von der Bedeutung ausgehen, die die betreffende Funktion im Handlungsablauf besitzt."[24]

Propps Verfahren ist also alles andere als empirisch. Er hat ein fest umrissenes Corpus (die Märchen Nr. 50 bis Nr. 151 aus Afanaśevs Sammlung), ein geschlossenes System, als Arbeitsgrundlage gewählt und hat dessen Elemente unter Berücksichtigung des Systems in seiner Gesamtheit definiert. Das *Signifikat* der Funktionen besteht in ihrem paradigmatischen und syntagmatischen Wert. Was den paradigmatischen Wert angeht, so stellt Propp fest, daß in allen Märchen des Corpus eine Reihe von unverrückbaren Konstanten (z. B. Verbot, Verletzung des Verbots, Probe, Erlangung des Zaubermittels usw.) auftritt. Von dieser allgemeinen Feststellung ausgehend kann von den verschiedenen Weisen, in denen die Funktionen ausgeführt werden, und den Funktionsträgern abstrahiert werden. Zum syntagmatischen Wert sagt Propp, daß angesichts der kausalen und zeitlichen Gerichtetheit der Funktionen scheinbar identische Handlungen immer nur in bezug auf die angrenzenden Funktionen eingeordnet werden können, denn „eine Handlung kann niemals isoliert von ihrer Stellung im Gang der Erzählung definiert werden"[25]. Und: „Identische Handlungen können als Funktionen stets nach ihren *Folgen* bestimmt werden. Folgt auf die Lösung einer Aufgabe die Aushändigung des Zaubermittels, handelt es sich um die Erprobung des Helden durch den Schenker; schließen sich dagegen Erwerbung der Braut und Vermählung an, so liegt die Funktion [...] ‚schwere Aufgabe' vor."[26]

Auf dieser Grundlage war es Propp möglich, nicht nur die Beziehungen zwischen Komposition bzw. Erzählmodell und *Sujet* genauer zu bestimmen, sondern auch deren semiotische Substanz herauszustellen: „[...] man könnte die Gesamtheit von Sujet und Komposition die Struktur des Märchens nennen. Die Komposition existiert nicht wirklich, ebenso wie in der Welt der Dinge keine allgemeinen Begriffe existieren: sie gibt es nur im Bewußtsein des Menschen. Aber gerade dank dieser allgemeinen Begriffe erkennen wir die Welt, entdecken wir ihre Gesetze und lernen sie zu beherrschen."[27]

Propp zieht für seine Analyse deutliche Grenzen, sei es im Verhältnis zu anderen Märchentypen, sei es vor allem gegenüber andersgearteten Erzählwerken, namentlich den literarischen. Er weist darauf hin, daß sein Buch, nur weil es der

---

[23] *Propp* 1928a, p. 26.
[24] Ibd., p. 27.
[25] Ibd., pp. 26/27.
[26] Ibd., p. 67.
[27] *Propp* 1966, p. 229.

russische Verleger so wollte, nicht den adäquateren Titel *Morphologie des Zaubermärchens* trägt[28]. Und er fügt hinzu: „Die Methode ist umfassend, die Schlußfolgerungen aber gelten nur für jenen bestimmten Typ von narrativem Material, auf dessen Grundlage sie gewonnen wurden."[29] Er ist also selbst der erste, der die Möglichkeit von der Hand weist, daß die von ihm gewonnenen 31 elementaren Funktionen und ihre Reihenfolge auch in einem Rahmen, der über das zugrunde gelegte (und gerade wegen seiner Geschlossenheit ausgewählte) Corpus hinausgeht, unverändert gilt. Eine einzige andere Funktion oder ein Unterschied in der Reihenfolge bei Zugrundelegung eines anderen bzw. umfassenderen Corpus würde schon genügen, um das Proppsche Schema außer Kraft zu setzen. Die paradigmatische und syntagmatische Kombinatorik, welche die Funktionen innerhalb eines geschlossenen Systems festlegt, müßte durch eine andere Kombinatorik ersetzt werden, sobald das System geöffnet wird. Dies ist die erste, m. E. positive Lektion Propps.

Die zweite betrifft die Literatur. Auf die Evidenz von Sätzen der folgenden Art brauche ich nicht weiter einzugehen: „Die Anwendung [unserer Methoden] ist möglich und nützlich, wo, wie in der Sprache und der Folklore, das Prinzip der Rekurrenz auf breiter Basis gilt. Wo aber die Kunst Aktionsfeld eines unwiederholbaren Genies ist, führt die Anwendung exakter Methoden nur dann zu positiven Ergebnissen, wenn die Untersuchung der sich wiederholenden Elemente begleitet wird von einer Untersuchung jenes Einzigartigen, vor dem wir bis jetzt wie vor der Manifestation eines unerschließbaren Wunders stehen."[30] Sehr viel wichtiger erscheinen mir Überlegungen Propps zu den Motivierungen („Unter Motivierungen sind sowohl die verschiedenen Beweggründe als auch die Absichten der Gestalten zu verstehen, die sie zu bestimmten Handlungen veranlassen. *Diese Motivierungen verleihen dem Märchen bisweilen ein ganz besonderes Kolorit,* dennoch gehören sie zu den allervariabelsten und unbeständigsten Märchenelementen. Sie sind darüber hinaus weniger deutlich determiniert als die Funktionen oder kopulativen Elemente")[31], ferner zu den Attributen der handelnden Personen („Unter Attributen verstehen wir sämtliche äußeren Eigenschaften der Gestalten, wie z. B. Alter, Geschlecht, Stand, äußere Erscheinung, besondere Kennzeichen usw. *Sie verleihen dem Märchen sein spezifisches Kolorit und einen besonderen Reiz*")[32].

Propp schätzt Motivierungen und Attribute verschieden ein. Die ersteren werden am Rande aufgezeigt und im Vergleich zu den Funktionen als Faktoren betrachtet, die keinen Einfluß auf den Gang der Handlung haben. Für die letzteren hingegen glaubt Propp Tabellen aufstellen zu können (was er auch

---

[28] Ibd., p. 221.
[29] Ibd., p. 222.
[30] Ibd., p. 239.
[31] *Propp* 1928a, p. 75 (Kursivdruck v. C. S.).
[32] *Propp* 1928a, p. 87 (Kursivdruck v. C. S.).

tatsächlich getan hat), d. h. sie in ein System bringen zu können, mag dieses auch, verglichen mit dem der Funktionen, sekundärer Natur sein. Propp geht sogar so weit zu sagen, daß „die Erforschung der Attribute eine wissenschaftliche *Deutung des Märchens* ermöglicht"[33].

Besonders hervorzuheben ist an dieser Stelle, wie scharf Propp unterschieden hat zwischen funktionalen Elementen, die das tragende Gerüst der Erzählung bilden, und solchen, die in anderer Hinsicht zwar von größerer Wichtigkeit sein mögen, aber doch für die Definition der Erzählung nicht relevant sind. Dies gilt für Märchen, aber erst recht für ein literarisches Werk, in dem die Handlungen oftmals nur Veranschaulichung oder bestenfalls Folgewirkung von Motivierungen und Attributen sind, auf die sich die künstlerische Stofforganisation eigentlich konzentriert. Durch die Stringenz, mit der das Erzählmodell hier definiert ist, wird auch – *ex negatione* – deutlich, was dieses Modell nicht ist, was bei *dieser* Art von Analyse unberücksichtigt bleibt, was Aufgabe andersgearteter Untersuchungen sein muß.

Ob die nicht zu den Funktionen zählenden Elemente auf einer anderen Ebene den Charakter von Funktionen erlangen können oder ob sie schönen Zierat bilden, der keiner Systematisierung zugänglich ist, ist genau die Frage, die man zu klären versucht hat und auch heute noch versucht. Propp selbst ist beiden Lösungen zugeneigt, einer Lösung erster Art (wie er sie für die Attribute geliefert hat) und einer Lösung zweiter Art (wie er sie für die Motivierungen vorgelegt hat).

1.3. Wenn man nun versucht, die auf den ersten Blick übereinstimmenden Ergebnisse von Šklovskij und Tomaševskij einerseits und Propp andererseits zusammenzufassen, so zeigt sich, daß die Oppositionspaare, mit denen sie arbeiten, doch nur scheinbar dieselben sind: Die *Fabel,* welche die russischen Literaturwissenschaftler der *Sujetfügung* gegenüberstellen, stimmt nicht mit der funktionalen Erzählstruktur bei Propp überein.

Nimmt man einen Text und segmentiert ihn restlos in „Inhaltseinheiten", so erhält man das, was die russischen Literaturwissenschaftler übereinstimmend *sjužet* (Sujet bzw. Handlung) nennen. Hieran kann sich eine zweite Art von Analyse anschließen, welche diejenigen Inhaltseinheiten, die schon in logischer oder zeitlicher Reihenfolge angeordnet sind, in ihrer ursprünglichen Position beläßt, während sie, wenn logische oder zeitliche Umstellungen und Verschiebungen vorliegen, gemäß der sozusagen natürlichen Reihenfolge umgeordnet werden. Das Ergebnis dieser zweiten Analyse ist eine resümierende Paraphrase des Textes, die auf derselben Abstraktionsebene liegt wie die erste Analyse, jedoch unter Elimination der logisch-zeitlichen Ordnung.

An diesem Punkt kann sich nun ein dritter Schritt anschließen, mit dem Ziel, die Erzählinhalte auf ihre reine Funktionalität zurückzuführen und damit einen sehr viel höheren Abstraktionsgrad zu erreichen.

---

[33] Ibd., p. 90 (Kursivdruck des Vf.).

Damit sind wir bei vier Ebenen:
(I) Diskurs;
(II) Gesamtheit der Inhaltseinheiten entsprechend ihrer Reihenfolge im Diskurs;
(III) Inhaltseinheiten nach Umordnung gemäß ihrer logisch-zeitlicher Aufeinanderfolge;
(IV) Funktionen als Ergebnis einer Umformulierung von III gemäß bestimmten Kernelementen.

Offenbar benutzen Šklovskij und Tomaševskij den Begriff *Sujet* für II, während ihr *Fabel*-Begriff zwischen III und IV schwankt, da sie das Konzept der Funktionen noch nicht genügend im Griff haben. Typisch ist dabei für die Vorgehensweise von Tomaševskij, daß er versucht, zu IV vorzudringen, indem er aus III die für den Handlungsverlauf nicht maßgeblichen Faktoren eliminiert, d. h. er vereinfacht III, jedoch ohne sich über das dadurch entstehende Abstraktionsniveau Klarheit zu verschaffen. Propp hingegen stellt II und IV unmittelbar gegenüber, ohne explizit von der mittleren Stufe (III) Gebrauch zu machen. Das ist insofern verständlich, als in den Volkserzählungen fast nie zeitliche Verschiebungen oder – ganz allgemein – Umstellungen des Inhalts gegenüber der „natürlichen" Ordnung vorkommen. Mit anderen Worten: Propp braucht den Analyseschritt III nicht, weil er in den von ihm untersuchten Texten materialiter mit II übereinstimmt.

Ich möchte die Bestandteile des viergliedrigen Begriffssystems folgendermaßen bezeichnen:
(I) Diskurs
(II) Intrige
(III) Fabel
(IV) Erzählmodell

Der Wechsel, den der Analysierende von II zu III vornimmt, liegt im Bereich des Logisch-Kausalen und der Chronologie; es geht darum, zeitlich Früheres vor zeitlich Späteres zu rücken und Ursachen vor den Wirkungen erscheinen zu lassen. Da nun einmal die „natürliche" Abfolge in literarischen Erzähltexten höchst selten vorkommt, ist diese erste Operation notwendig, um die vom Schriftsteller eingesetzten Verfahren herauszuarbeiten (damit haben sich die russischen Formalisten ganz besonders gründlich beschäftigt, vgl. 3.1). Dies geschieht entweder in der Weise, daß nach der ästhetisch-künstlerischen Motivierung der „Abweichungen" geforscht wird oder daß die erzählerischen Kompositionstechniken, die sie erklären können, beschrieben werden.

Der Wechsel von III zu IV ist anderer Art. Hier geht es um den Übergang vom Besonderen zum Allgemeinen, denn das Erzählmodell ist die allgemeinste Form, in der ein Erzähltext unter Respektierung der Reihenfolge und der Art seiner Verkettungen dargestellt werden kann[34].

---

[34] *Doležel* 1972 schlägt anstelle eines viergliedrigen Begriffssystems, wie ich es hier aufgestellt habe, ein dreigliedriges vor: *Motiv Texture* (= Diskurs), *Motiv Structure*

Intrige und Diskurs

2.1. Die zeitliche Abfolge scheint außer Frage zu stehen, betrachtet man den Erzähltext in seiner Konkretisierung, als Diskurs. Der Text ist zusammengesetzt aus einer Reihe von gedruckten Zeilen, die vom ersten Buchstaben des ersten Wortes bis zum letzten Buchstaben des letzten Wortes aufeinanderfolgen (bei mündlicher Kodierung gilt das gleiche für die Wörter: sie werden in der Dimension der Zeit „abgespult"). Diese Linearität (die in bestimmten zeitgenössischen Texten, z. B. der konkreten Dichtung, aufgehoben ist) trügt jedoch.

Nehmen wir nur den ersten Satz irgendeines Buches. Das Auge erfaßt Buchstabenfolgen, gleichzeitig bildet der Leser die Summe einzelner Wörter oder, richtiger, von Wortgruppen; am Ende des Satzes hat er ein Sinnganzes aufaddiert. Es findet also zum Ende des Satzes hin eine gleichförmige Bewegung statt, die mit der mehr oder weniger schnellen Erfassung des gesamten Satzsinns abschließt. Dann setzt das Auge neu ein und so weiter. Stellen wir uns die Frage, was am Ende der Lektüre des zweiten (dritten oder n-ten) Satzes vom ersten Satz im Gedächtnis des Lesers bleibt.

No one knows how meaning is represented within memory, but there is no evidence to show that any form of syntactic structure is direcly involved.

So sagt Johnson-Laird, auf Experimente gestützt, die jeder leicht für sich selbst durchführen könnte. Und weiter:

(= Handlung) und *Fabula* (= Erzählmodell), letztere zusammengesetzt aus *Motifemes*. Dazu möchte ich ergänzen, daß für Doležel „Motiv" mehr oder weniger identisch ist mit „Inhaltseinheit" und „Motivem" mit „Funktion" (der Begriff des *Motifeme* stammt von *Dundes* 1964, vgl. auch hier 6.1). Mit der Gleichsetzung von III und IV läßt Doležel den Schritt der logischen und chronologischen Umordnung der Handlungen in ihrer *etischen* Gestalt außer acht, der dem Übergang vom Besonderen zum Allgemeinen, von den *etischen* zu den *emischen* Einheiten (vgl. hier 3.1) vorausgehen muß. So weist Doležel in dem Schema auf S. 61 nur auf die Beziehungen der Spezifizierung zwischen *Fabula* und *Motiv Structure* und die der Verbalisierung zwischen *Motiv Structure* und *Motiv Texture* hin. Gleichfalls dreigliedrig, aber anders angelegt ist das Beschreibungssystem von *Genot* 1970b: Handlung *(intreccio)*, Fabel *(fabula)* und Thema *(argomento)*. Die Nichterwähnung des Diskurses (*Motiv Texture* bei Doležel) ist eine Lücke in der Nomenklatur, sie ist aber nicht weiter relevant; was hingegen im System von Genot wie auch bei Doležel und bei fast allen anderen, die sich dazu geäußert haben, fehlt, ist die Unterscheidung zwischen Fabel und Erzählmodell. Das Neue an dem Begriffsparadigma von Genot ist das Thema *(argomento)* oder der Pseudo-Referent. „Das Thema", so schreibt Genot, „ist die sekundäre, stoffliche, scheinbar konkrete Manifestation, die auf ein kulturell, psychologisch, sittlich o. ä. geartetes System verweist und die den Erzähltext in die feste Ordnung außerliterarischer, aber schon z. T. diskursiver Konventionen hineinstellt" (p. 20). Ich habe nicht den Eindruck, daß der Begriff des „Themas" auf derselben Linie liegt wie die beiden anderen Termini, nämlich auf einer Linie zunehmender Abstraktion. Ich vermute, daß er in seiner Uneinheitlichkeit eher in der Nähe der Intrige anzusiedeln wäre, wozu das „Thema" einen Teil des Materials liefern dürfte.

It is natural to wonder whether the sentence is the largest unit normally involved in the recall of language. It is possible that form the meanings of sentences in a connected discourse, the listener implicitly sets up a much abbreviated and not especially linguistic model of the narrative, and that recall is very much an active reconstruction based on what remains of this model [35].

Der Leser eines Buches *liest* also *Mal für Mal einen einzigen Satz;* alle schon gelesenen Sätze fließen in eine Gedächtnissynthese [36] (aus Inhalten, stilistischen Faktoren, effektiven Werten) ein, während die noch zu lesenden Sätze einen Spielraum von sprachlichen und erzählerischen Möglichkeiten bilden.

Dazu möchte ich folgendes Schema vorschlagen:

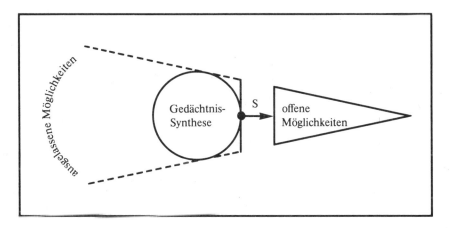

Dabei steht S für den Satz, der gerade als solcher gelesen wird. Die vorangegangenen Sätze bilden die Gedächtnissynthese, aus der die vom Schriftsteller nicht entwickelten Möglichkeiten ausgeschlossen sind, während (für den Leser) noch verschiedene Möglichkeiten offen sind, für die erst bei der Lektüre des allerletzten Satzes die Weichen geschlossen werden, wenn S die Spitze des Dreiecks erreicht und die Erzählung vollkommen in eine Gedächtnissynthese übergegangen ist.

Das hier vorgeschlagene Schema hat den Vorzug, daß es den Gleichlauf der sprachlichen (d. h. auf die Ausdrucksform [forme de l'expression] gerichteten) Lektüre und der Assimilierung des Inhalts verdeutlicht. An jedem Punkt der Lektüre erstreckt sich die sprachlich-formale Erfahrung auf den Satz, der gerade gelesen wird, während das Vorangegangene bereits als inhaltliche und stilistische

---

[35] *Johnson-Laird* 1970, pp. 269–270.
[36] Zum Begriff der gedächtnismäßigen Synthese vgl. *Segre* 1969, p. 79. Vgl. auch *van Dijk* 1972, pp. 133; 140 („texts have to be conceived of as having a surface structure of sentences and a global deep structure which can be considered to be a semantic abstract underlying the text").

Erfahrung assimiliert worden ist. Mit anderen Worten: es ist unmöglich, auf der Zeitachse eine ausschließlich sprachliche Lektüre des Textes vorzunehmen.

Sprachliche und stilistische Analyse lassen sich demnach nur unter Abstraktion von der Linearität der Lektüre durchführen: die Elemente der Analyse fügen sich zu Klassen oder Listen zusammen, die zumindest teilweise das Paradigma des Werks erschließen; sie nehmen dabei gleichzeitig das Syntagma, verstanden als lineare Abfolge der Sätze, aus denen das Werk besteht, auseinander [37]. Demnach müßte die (in der Zeit verlaufende) Lektüre unterschieden werden von der (achronischen) sprachlich-stilistischen Analyse.

In Wirklichkeit löst jedoch der zeitliche Verlauf des Lesens eine Art Dialektik zwischen den beiden Operationen aus. Wie oben ausgeführt, fließen die bereits gelesenen Sätze in eine Gedächtnissynthese ein. Der aufmerksame Leser registriert nun aber nicht nur Inhalte, er nimmt auch Wörter, Stilmerkmale, Konstruktionen usw. auf und speichert sie in den entsprechenden Schubladen seines formalen Gedächtnisses. So ist die Lektüre jedes neuen Satzes ein Akt des Wiedererkennens: Wiedererkennen des bereits bei der vorangegangenen Lektüre erspürten sprachlich-stilistischen Systems; Wiedererkennen insbesondere von Wörtern, Stilmerkmalen oder Konstruktionen, die gleich, ähnlich oder gegensätzlich, jedenfalls mit den bereits vorgekommenen vergleichbar sind (Rekurrenzen); Wiedererkennen und Präzisierung konnotativer Ebenen. Dank der genetischen Einheit von Inhalt und Form ist es möglich, die Lektüre trotz ihrer „Zweigleisigkeit" als ein geschlossenes Ganzes fortzusetzen. Bei einem Text, der so komplex ist wie das sprachliche Kunstwerk, sind die formalen Elemente von fundamentaler Bedeutung, gerade auch für die Bestimmung seines Inhalts.

Wenn die Lektüre in der hier kurz skizzierten Weise erfolgt, so ergibt sich daraus zwangsläufig, daß die sprachliche Lektüre eine *gerichtete* Lektüre ist. Ein Musterfall ist dabei die Wiederholung gleicher Verse oder Sätze. Wenn ein und derselbe Satz an zwei aufeinanderfolgenden Stellen eines Gedichts oder Prosatextes auftritt, so bleibt er nur als seiner sprachlichen Form nach unverändert. In Wirklichkeit ändert er seinen Wert, und zwar nicht nur, was relativ trivial wäre, in dem Maße, wie er in verschiedene Teile des Textes mit unterschiedlichen Implika-

---

[37] „Obwohl sich die Nachricht beim Empfang als eine artikulierte Abfolge von Bedeutungen – d. h. mit ihrem diachronen Status – präsentiert, kann der Empfang nur vonstatten gehen, indem er die Abfolge in Simultaneität und die Pseudodiachronie in Synchronie transformiert. Die synchrone Wahrnehmung kann, wenn man Brøndal glauben soll, nur ein Maximum von sechs Termen zugleich erfassen. Wenn man somit als erste Bedingung das auf allen Ebenen der Manifestation anwendbare Prinzip des simultanen Ergreifens der Bedeutung ansetzt, erscheint uns nicht nur die Nachricht als eine achronische Einheit der Manifestation, sondern jede Organisation der Manifestation, d. h. die ganze immanente Syntax im weiten Sinne des Wortes, muß als eine Gruppierung [agencement] des Inhalts im Hinblick auf seinen Empfang begriffen werden", *Greimas* 1966, p. 115. Zu den Schlußfolgerungen im Bereich der Erzähltextanalyse vgl. *Jansen* 1968; *Genot* 1970a, pp. 22–25.

tionen eingebunden ist. Die wertmäßige Veränderung, um die es mir hier im besonderen geht, hat zwei Gründe, die mit dem zeitlichen Verlauf des Lesens zusammenhängen. So gilt für einen Satz, der an zwei oder mehr aufeinanderfolgenden Stellen vorkommt, a) daß ihm eine mehr oder weniger umfangreiche Gedächtnissynthese vorausgeht, b) daß er in ein mehr oder weniger fortgeschrittenes Stadium der Manifestation des sprachlich-stilistischen Systems fällt.

Das läßt sich künstlerisch auf vielfache Weise nutzen: Der Satz kann in seinen verschiedenen Positionen seinen Wert ändern, er kann in einer *Klimax* oder *Antiklimax* zu stehen kommen, er kann, nachdem seine Bedeutung mehrmals unklar geblieben ist, eine endgültige semantische Lösung bringen. Wir haben es also mit einem Phänomen zu tun, das eine spiegelbildliche Ähnlichkeit zum Parallelismus aufweist; im letzteren Fall geht es um rhythmische und syntaktische Invarianten, die sich unter sprachlichen Variablen herausschälen lassen, hier hingegen geht es um sprachliche Invarianten, die fortschreitend semische Variable freisetzen [38].

Die sprachlich-stilistischen Elemente bilden demnach, ähnlich wie die inhaltlichen, ein Geflecht. Außer den Pfaden der Begebenheiten und Personen folgt der Leser auch denen, die durch Stilmerkmale und Konnotationen beschrieben werden. Man muß also zu einer „narrativen" Betrachtung der sprachlichen Gegebenheiten fähig sein und nicht nur (was dem Normalverhalten entspricht) zu einer globalen Betrachtung. Auch in bezug auf die sprachlichen Gegebenheiten gibt es Spannungsmomente und Wendepunkte, Anspielungen und oftmals weit auseinanderliegende Klarstellungen.

2.2. Zu der hier angeschnittenen Frage der Beziehungen zwischen Sätzen, die den Text konstituieren, würde man von der Textlinguistik [39] einen wesentlichen Beitrag erwarten können. Diese Vermutung bestätigt sich auch; man braucht dazu nur einen Blick auf einige Problemkreise zu werfen, mit denen sich die Textlinguistik beschäftigt:

– Koreferenz (oder Substitution), bei der ein und dieselbe Entität mit verschiedenen Wörtern in aufeinanderfolgenden Sätzen ausgedrückt wird (ein typisches Beispiel ist die Pronominalisierung);
– Inklusion und logische Implikation, bei der verschieden umfangreiche, aber ähnliche Begriffe in aufeinanderfolgenden Sätzen zueinander in Beziehung treten; etwas Ähnliches liegt vor bei
– semantischer Kontiguität, d. h. partieller Übereinstimmung von Bedeutungsele-

---

[38] Vgl. dazu Nr. 12, pp. 311 ff. mit Beispielen.
[39] Zu diesem neuen Zweig der Linguistik, der in *Z. S. Harris* seinen Gründer hat, aber vor allem in Deutschland und in Holland eine Weiterentwicklung erfahren hat, vgl. *Dressler* 1971, aus dem ich mit einigen Modifizierungen den hier angeführten Fragenkatalog entnehme. Als Vertreter der neuesten Forschungsrichtung wäre vielleicht *Petöfi* 1971 und 1973 zu nennen.

menten; die semantische Verkettung, die dadurch zwischen mehreren oder allen Sätzen eines Textes entsteht, wird (mit Greimas) als *Isotopie* bezeichnet;
- Thema und Rhema[40] (engl. *topic* und *comment*), wobei Thema die semantische Ausgangsbasis der Mitteilung und Rhema jede daran anschließende Ergänzung und Entfaltung meint;
- Tempora und Verbalaspekte (vgl. hier 3.2);
- Erwartungshorizont des Lesers, der an bestimmte Konventionen bezüglich Anfang, sprachlicher Entwicklung und Schluß eines Textes geknüpft ist.

Aber die Aussagen der Textlinguistik betreffen in erster Linie die Präzisierung der „Kompetenz" (im Sinne von Chomsky), die vor allem die des Produzenten, dann aber auch die des Lesers ist, gerade weil er mit derselben Kompetenz ausgestattet und so in der Lage ist, den ihm vorgelegten Text zu verstehen. Es ist die Kompetenz, nicht einzelne Sätze zu bilden und zu verstehen (Gegenstand der generativen Grammatik), sondern kohärente Folgen von Sätzen. Aus diesem Programm ergeben sich für uns zwei Konsequenzen: 1. Die Textlinguistik ist für Untersuchungen über die Alltagssprache besser geeignet als für solche über die Literatursprache; denn die dichterische Sprache verletzt oft viele oder gar alle sonst für die Generierung von Texten geltenden Gesetze. 2. Die Textlinguistik folgt notwendigerweise der Bildungsabfolge der Sätze, angefangen beim ersten über den zweiten bis zum letzten Satz. Dabei möchte ich auf den Begriff der „semantischen Erweiterung und Verengung"[41] sowie den der Disambiguierung[42] hinweisen; beide Begriffe besagen (übrigens zu Recht), daß der Text in seinem Vollzug als Rede auch ein Prozeß der Vereindeutigung und semantischen Präzisierung ist.

Beim literarischen Text begegnen wir gleichfalls diesem Prozeß, ihm kommt jedoch ein anderer Wert zu. Wie der Erzähler uns nicht sofort über die Personen aufklärt, darüber, wer sie sind und was sie tun, sondern uns dies erst allmählich entdecken läßt, während er uns immer tiefer in die Erzählung hineinverstrickt, so weist uns auch der Schriftsteller in Prosatexten wie in Gedichten semantische und semiotische Wege, die wir dann langsam durchlaufen, vielleicht sogar durchforschen. Man kann in diesem Fall also nicht von anfänglicher Ambiguität oder Unbestimmtheit sprechen, sondern von einer gelenkten Vertiefung in eine Sinnwelt. Was am Anfang mehrdeutig und unbestimmt war, ist genauso konstitutiv wie die am Ende erreichte Präzision und Eindeutigkeit, denn wichtig ist hier nicht das Resultat, sondern der Weg, der dahin führt. So könnte man abschließend sagen, daß die literaturwissenschaftliche Textbetrachtung an die Stelle der unidirektionalen Ausrichtung der Textlinguistik eine bidirektionale Betrachtungsweise setzen muß, die es möglich macht, in jeder Phase auch auf Vorangegangenes

---

[40] Das Begriffspaar wurde von *V. Mathesius* eingeführt; vgl. dazu *Vachek* 1966, pp. 18, 77, 89.
[41] *Dressler* 1971, p. 63.
[42] *Van Dijk* 1972, p. 4.

zurückzublenden und immer wieder innezuhalten, um sich von deren expressiver Notwendigkeit zu überzeugen. Es gibt dabei kein Fortschreiten von größerer zu kleinerer Ambiguität; die literarische Wirklichkeit ereignet sich vielmehr gerade in dem Raum zwischen beiden Grenzen.

Intrige und Fabel

3.1. In diesem Kapitel soll es nicht um den Stil gehen. Die vorangegangenen Abschnitte (2.1 und 2.2) dürften deutlich gemacht haben, daß man es bei der Betrachtung des Textes in seiner Oberflächengestalt, als Diskurs, obgleich er der privilegierte Ort der zeitlichen Sukzessivität und der Linearität zu sein scheint, mit einer intermittierenden und alternierenden Bewegung (Lektüre von Wörtern bzw. Syntagmen; Summierung von Sätzen; Integration der Sätze in die vorangegangene Gedächtnissynthese) zu tun hat; diese Bewegung ergibt sich aus dem Zusammenwirken dreier Faktoren: 1. Unfähigkeit des Gedächtnisses, mehr als einen Satz auf einmal aufzunehmen; 2. Übersetzung der Formen der Ausdrucksebene in Inhalte, mit anderen Worten: Eigenständigkeit der erzählerischen und sonstigen Inhalte, die in ihrer analytischen (sprachlichen) Erscheinung zu einer Synthese zusammengefaßt werden, wobei diese Eigenständigkeit nur für den Augenblick der Lektüre des einzelnen Satzes erhalten bleibt; 3. Zergliederung der syntagmatischen Elemente des schon gelesenen Textes in Bündel von paradigmatischen Elementen.

Die *Intrige* folgt den erzählten Geschehnissen und beschreibt sie in genau der Reihenfolge, in der sie im Text auftreten; das bedeutet zugleich, daß sie in einem Akt der Synthese (im vorliegenden Fall: in einer resümierenden Paraphrase) erfaßt wird, denn allein schon bei der Beschreibung irgendeiner Episode ist es notwendig, über deren sprachliche Erscheinung hinauszugehen und das Erzählte in vereinfachter Form neu zu formulieren.

Hier stehen sich nun zwei Arten von resümierenden Paraphrasen gegenüber: eine Paraphrase, die *per definitionem* eine chronologische Anordnung aufweist (die *Fabel*, unterteilt in Minimaleinheiten), und eine Paraphrase, die bewußt alle vom Autor für seine Zwecke vorgenommenen zeitlichen und räumlichen Umstellungen respektiert *(Intrige)*. Somit erweist sich die Fabel als eine fundamentale theoretische Konstruktion, als Kontrastfolie zur Beschreibung der Intrige, denn die Fabel bildet Bezugsgröße und Maßstab aller vorgenommenen Umstellungen.

Es ist nur natürlich, daß sich die russischen Formalisten bei der Weiterentwicklung der Anregungen Veselovskijs das Forschungsfeld klar aufgeteilt haben: *Intrige* bzw. *Sujet* war Sache der Philologen, Literarhistoriker und Literaturtheoretiker, *Fabel* und Erzählmodelle Sache der Volkskundeforscher und Ethnologen. Es ist allerdings hervorzuheben, daß eine geringfügige Verschiebung in den Veröffentlichungsdaten der Arbeiten und nicht so sehr die Unterschiede im Geburtsjahr (Ejchenbaum 1886, Tomaševskij 1890, Šklovskij 1893, Propp 1895) dazu geführt haben, daß die Literaturwissenschaftler der *Morphologie des Märchens*, deren Veröffentlichung an das Ende der fruchtbarsten Periode des Formalismus fällt, gar nicht Rechnung tragen konnten. Das ist auch der Grund dafür, daß diese Forscher zwar den Begriff der Fabel als Arbeitshypothese formuliert haben, aber nicht von der Fabel zur nächstfolgenden, fundamentalen Beschreibungsstufe des Modells vordringen, ja nicht einmal den Begriff der Fabel als Vergleichsmaßstab für die Handlung ganz ausschöpfen konnten. Sie haben sich statt dessen auf die komparatistische Beschreibung von Sujets/Handlungen konzentriert. Wenn man heute Bilanz zieht, so zeigt sich, daß die spektakulären literatur- und kunsttheoretischen Erkenntnisse Šklovskijs und anderer ein beträchtliches Maß an Unausgegorenheiten enthalten.

Auf der einen Seite nennt Šklovskij eindeutig die Gründe für die Nicht-Linearität der Sujetfügung/Handlung („Die Kunst neigt nicht zur Zusammenfassung, sondern zur Zerlegung[43], denn sie ist selbstverständlich kein Marschieren zur Musik, sie ist ein Tanzen und Schreiten, das *empfunden* wird, genauer gesagt, eine Bewegung, nur dazu geschaffen, daß wir sie empfinden")[44]. Auf der anderen Seite gewinnt Šklovskij die Erkenntnis der Nicht-Linearität fast immer aus dem Vergleich mit anderen ähnlichen Texten oder mit allgemein verbreiteten Typen von Sujetkonstruktionen („Zur Entstehung einer Novelle ist also nicht nur eine Handlung, sondern auch eine Gegenhandlung erforderlich, eine Nicht-Übereinstimmung"[45]; „Sterne arbeitete vor dem Hintergrund des Abenteuerromans, der bekanntlich sehr starre Formen besitzt und in der Regel mit einer Hochzeit oder einer Heirat endet. Die Formen von Sternes Romanen sind eine Verschiebung und Verletzung traditioneller Formen")[46].

Sicher ist, daß Šklovskij sich gleichzeitig heterogene Ziele gesteckt hat: eine Art Geschichte der Handlungen schreiben mit der zentralen These, daß ein allmählicher Übergang von der Novelle zum Roman stattgefunden hat; eine Typologie der Handlungen aufstellen; eine antipsychologische und antisoziologische Kunsttheorie vertreten.

Im [dritten Beitrag] seiner *Theorie der Prosa* [„Der Aufbau der Erzählung und des Romans"] behandelt Šklovskij nacheinander, ohne zu systematisieren, verschiedene Arten von Kompositionstechniken – Ring-, Stufenkomposition[47], Rahmenkonstruktion, Reihung – ebenso wie die darin eingebauten stilistischen Verfahren – Parallelismus, Oxymoron. Er berücksichtigt bei seinen Überlegungen nicht nur die auf der Ebene des Materials hergestellten Beziehungen, sondern auch

---

[43] Paradoxerweise betrachtet *Šklovskij* hier den Text selbst als eine Aufsplitterung der Fabel, dabei ist diese doch ein bloßes Konstrukt des Beschreibenden, mag sie auch [für den Text] konstitutiv sein.

[44] *Šklovskij* 1925, p. 38; auch in *Striedter* (Hrsg.) 1969, p. 55.

[45] Ibd., p. 63.

[46] *Šklovskij* 1925, p. 144; auch in *Striedter* (Hrsg.) 1969, p. 267.

[47] Die Novelle beispielsweise sei im allgemeinen „eine Kombination von Ringkomposition und Stufenkomposition, die außerdem durch die Entfaltung verschiedener Motive kompliziert wird", *Šklovskij* 1925, p. 69.

die von diesen Fügungen ausgehenden Wirkungen auf den Leser: Verfremdung und vor allem Verzögerung (Retardation). Šklovskij neigt sogar dazu, die letztere Art von Argument als Erklärungsschema zu verabsolutieren, so als hätten ganze Teile von Werken nur den Zweck, den Leser bezüglich des Verlaufs der Erzählung in Spannung zu halten. Dieses Manko gleicht Šklovskij andererseits dadurch aus, daß er für das Vorhandensein scheinbar abschweifender Passagen eine sehr viel differenziertere Erklärung gibt:

> Abschweifungen spielen drei verschiedene Rollen. Ihre erste Rolle besteht darin, daß sie dem Autor gestatten, neues Material in den Roman einzuschieben [...]. Eine weit größere Bedeutung besitzt die zweite Rolle der Abschweifungen: Sie hemmen die Handlung [...]. Die dritte Rolle der Abschweifungen besteht darin, daß sie Kontraste schaffen [48].

Klarer wird die Dialektik zwischen Fabel und Sujet/Handlung von Tomaševskij gesehen. Der literarische Text wird zwei aufeinanderfolgenden Operationen unterworfen: Zuerst wird der Text in thematisch geschlossene Teile zergliedert, dann werden diese Teile „in ihren logisch-kausalen und zeitlichen Beziehungen" umgeordnet und neu zusammengefügt. Während durch den ersten Schritt das Sujet herausgearbeitet wird, erhält man beim zweiten Schritt die Fabel [49].

Die Aussagen von Tomaševskij sind meines Erachtens – bei allen Mängeln – von entscheidender Bedeutung. Vor allem ist bei ihm eine Annäherung an das Erzählmodell Propps zu beobachten, wenn er sagt, daß, um die Fabel zu erhalten, von den *freien* und *statischen* Motiven abstrahiert werden muß (vgl. 1.1). Tomaševskij will mit anderen Worten in der Fabel nur die funktionalen Motive erhalten wissen, obgleich er die anderen für durchaus entscheidend in bezug auf die Sujetfügung hält:

> Schon beim Berichten der Fabel eines Werks zeigt sich, daß bestimmte Motive weggelassen werden können, ohne daß dadurch die erzähleigene Abfolge zerstört wird, während dies bei anderen [Motiven] nicht geschehen kann, ohne daß dadurch die kausale Verkettung der Ereignisse angetastet wird [50].

Darüber hinaus spielen bei Tomaševskij die terminologische Unterscheidung von *Thema* und *Motiv* sowie der doppelsinnige Gebrauch dieser Termini eine Rolle. (Das *Motiv* ist für ihn nicht nur eine minimale Handlungseinheit, wie z. B. „Der Abend brach herein", „Der Held starb" usw., sondern auch eine Beschreibung der Natur, örtlicher Gegebenheiten, Bedingungen der Lebensumwelt, Personen; er denkt auch an die Möglichkeit rekurrenter Motive im Sinne von *Leitmotiven* in der Musik.) Er deutet dadurch auf den unterschiedlichen Grad der Synthetizität hin, den die Beschreibung eines Sujets annehmen kann, und von daher ergibt sich für

---

[48] Šklovskij 1925, p. 168.
[49] Tomaševskij 1925, p. 268.
[50] Ibd., p. 269.

ihn auch die Notwendigkeit, in Abhängigkeit vom Synthesegrad die jeweilige Rolle der Motive aufzuzeigen.

Man gelangt also vom *Thema* als „resümierender Formel, in welche das gesamte im Werk vorkommende sprachliche Material eingeht"[51], zum Thema jedes einzelnen Teils des Werks, welcher seinerseits auf der Grundlage seiner spezifischen thematischen Geschlossenheit[52] abgegrenzt wurde, dann zur Fabel und schließlich zum Sujet mit all den statischen und dynamischen, gebundenen und freien Motiven, aus denen es sich zusammensetzt. Tomaševskij macht also deutlich, daß Sujet und Fabel zwar streng voneinander unterschieden sind, was die chronologische Abfolgeordnung angeht, jedoch als Begriffe angesehen werden können, die auf einer einzigen, vom Besonderen zum Allgemeinen führenden Achse mit zahlreichen Zwischenstufen angesiedelt sind.

Es gibt einen Satz von Tomaševskij, der ganz besonders von all denen im Auge behalten werden müßte, die auf dem Schachbrett der Narrativität mitspielen:

> Die dynamischen Motive sind die zentralen oder motorischen Elemente der *Fabel;* in der Sujetorganisation hingegen werden manchmal die statischen Motive stärker betont[53].

Das bedeutet also, daß es zwei Ebenen der Funktionalität gibt: die der Handlungen und die der Situationen, oder, anders ausgedrückt, daß im Erzähltext das Gewicht der erzählten Ereignisse nicht dem ihrer Manifestation in konkreten Einzelakten entspricht. Wenn man daher eine Synthese der Handlungen herstellen will, muß das, wovon in einer weitergehenden Synthese abstrahiert wird, in einer anderen, komplementären Synthese aufgefangen werden, damit das Geflecht der Handlung nicht unvollständig beschrieben ist.

3.2. Erster Schritt bei einer Analyse des Diskurses ist die Segmentierung. Sie kann sich wenigstens zwei Hauptziele setzen: 1. Bereitstellung der Sequenzen, die nach entsprechender chronologischer Umordnung des Inhalts die Fabel konstituieren werden; 2. Ermittlung der Überschneidungszonen zwischen den verschiedenen Arten von Funktionen des Diskurses und der Sprache. Wir haben es also mit einer linearen Segmentierung und einer Segmentierung nach sprachlich-funktionalen Klassen zu tun.

Was die lineare Segmentierung angeht, so kann man sagen, daß die Grenzen durch zeitliche Abschnitte markiert werden. Mit anderen Worten: sie bilden geschlossene Blöcke, in dem Maße, wie die Abfolge des Diskurses mit der der Erzählung übereinstimmt. Ein Segment endet normalerweise, weil sich entweder eine Abschweifung anschließt (die zu einem anderen Zeitpunkt, sei es auf der Zeitlinie der Haupterzählung oder nicht, hinführt) oder weil ein retrospektives

---

[51] Ibd., p. 268.
[52] Ibd., p. 268.
[53] Ibd., p. 272.

oder prospektives Segment folgt. Natürlich besteht die Unterbrechung nur so lange, wie es an einer anderen Stelle des Textes ein Segment gibt, das die in dem gerade abgegrenzten Segment enthaltene Erzählung fortsetzt. Die geschaffenen Verfugungen werden gleichsam noch verstärkt, dadurch, daß die Schriftsteller außer den eben genannten chronologischen Umstellungen Verschiebungen zwischen der äußeren Aufteilung des Werks (Kapitel, Buch, Gesang) und den inhaltlichen Segmenten vornehmen [54].

Der Aufschlußwert der linearen Segmentierung besteht in ihrer Unmöglichkeit. Bei der linearen Segmentierung stößt man nämlich auf die „Verweissegmente", d. h. solche, die die Verständlichkeit des Textes jenseits der Ab- und Umwege gewährleisten, die die Zeit im Text beschreibt. Es genügt aber sicherlich nicht, die „Verweissegmente" auszuklammern, um die Umordnung zur Fabel vornehmen zu können, denn meistens sind die retrospektiven und prospektiven Segmente zugleich spezifische Modi der Darstellung: Rede, innerer Monolog, Traum, Vorahnung usw. (bezüglich der Personen), Einschub, Vorankündigung (bezüglich des narrativen Diskurses). Deshalb kann die Fabel auch nur in Form eines Resümees ausgedrückt werden, bei welchem die Darstellungsweisen, in die die Ereignisse gekleidet waren, verändert sind. Wie bereits oben erwähnt, ist die Fabel demnach in erster Linie ein Meßinstrument für die Abweichungen von der Abfolgeordnung des Erzählten.

Auch wenn man sich auf den rein erzählerischen Gesichtspunkt beschränkt, zeigt sich, daß dem Leser zwei Wege der Bedeutung dargeboten werden: Auf dem Weg, den der narrative Diskurs mit seinen Umstellungen und Überkreuzungen beschreibt, entdeckt der Leser Schritt für Schritt die zeitliche Abfolge, nimmt die Umordnung einer Begebenheit vor, nachdem er sie gemäß des vom Schriftsteller gewählten *ordo artificialis* aufgenommen hat. Das ist die allgemeinste und wichtigste Form der Verfremdung. Sie bewirkt, daß zu dem in der Erzählung sedimentierten Abenteuer das Abenteuer des Lesens hinzukommt. Die Reihenfolge und die Art und Weise, in der die Fakten dem Leser zur Kenntnis gebracht werden, führen zu einer eigenen Art von Steigerung und Strukturierung des [Bedeutungs-]Werts [55].

Im Anschluß an das Schema in 2.1 erweist sich die Lektüre als noch komplexer: Während nämlich die „sprachliche" Lektüre treu dem Auf und Ab der Handlung folgt, neigt die sich allmählich aufaddierende Gedächtnissynthese ständig dazu, sich zur Fabel umzuordnen, d. h. jede weitere Präzisierung hinsichtlich der logisch-zeitlichen Abfolge zu verarbeiten und zu berücksichtigen. Jedes Mehr an Information, das sich im Laufe der Lektüre ergibt, bringt eine Überraschung und eine Klärung zugleich. Mehr noch als eine theoretische Hypothese ist die Fabel

---

[54] Vgl. *Segre* 1969, pp. 79–80, hier p. 62.
[55] Es ist von einem „schwebenden Sinn" *(sens différé* bzw. *signification suspendue)* gesprochen worden. Vgl. dazu *Tadié* 1971, p. 124; *Genette* 1972, p. 97.

also ein nicht wegzudenkendes Moment beim Verstehen eines Erzähltextes [56].

Was die sprachlich-funktionale Segmentierung angeht, so lassen sich weniger leicht Gesetzmäßigkeiten angeben, obwohl sie sich unmittelbar an den Diskurs anlehnt und dessen Gliederung beachtet. Sie ist jedenfalls *möglich*. Der von mir verwendete Terminus läßt schon erkennen, wie eine solche Segmentierung aussehen und sinnvoll durchgeführt werden kann. Es sind 1. in sich geschlossene Diskurssegmente zu ermitteln, wobei auch mögliche Veränderungen hinsichtlich der Mitteilung des Inhalts zu berücksichtigen wären; 2. „Handlungs"-Segmente von deskriptiven, meditativen, historischen usw. Segmenten zu unterscheiden; 3. die sprachlichen Eigentümlichkeiten dieser Segmente herauszuarbeiten.

Diese Segmentierung bildet alles in allem die Vorstufe zu einer Klassifizierung der ermittelten Segmente. Diese Klassifizierung wird, zumindest aus meiner Sicht, durch eine Auflistung der *Modi der Mitteilung des Inhalts* erreicht. Im narrativen Diskurs wird ja nicht nur die zeitliche Linearität durchbrochen, dasselbe geschieht auch mit seiner eigenen Kontinuität als Folge von perspektivischen Verschiebungen in der Sender(Erzähler)-Empfänger(Leser)-Richtung. Ich denke hier an die Verschiedenheit und Veränderlichkeit der Beziehungen zwischen Erzähler und Leser auf der einen Seite, zwischen Erzähler und Personen auf der anderen Seite.

Der Erzähler kann sich mit einer Person oder abwechselnd mit mehreren Personen identifizieren, für die jedesmal die 1. Person verwendet wird; er kann die Dinge auch mit den Augen einer Person (seines *alter ego*) sehen und die 3. Person verwenden oder jedesmal den Blickwinkel der gerade agierenden Personen einnehmen; er kann so tun, als folge er den Ereignissen, d. h., als wisse er an keinem Punkt der Erzählung, wie es weitergeht, oder er kann sie nacheinander so mitteilen, daß er sie schon kennt, also mit Vorausnahmen und Reprisen; er kann sich direkt an den Leser wenden, dabei die Erzählung kommentieren und mit ihm in einen „Dialog" treten oder aber bei seinem Erzählen „unbeteiligt" bleiben; er kann sogar ein drei- oder mehrfaches Versteckspiel treiben, wenn er sich als bloßer Herausgeber eines von einem anderen Autor geschriebenen Textes oder einer Sammlung von Briefen ausgibt.

Die sprachlich-funktionale Segmentierung ermöglicht es, das System dieser kommunikativen Perspektiven [57] durch Herausschälen der Anreden an den Leser bzw. der didaktischen Exkurse zu erfassen; die Kommentare, Vorausnahmen und Reprisen; die metanarrativen Abschnitte und das halbernste Duell zwischen echtem und scheinbarem Autor; die Wahl des Präsens oder der Vergangenheitstempora; der 1., 2. oder 3. Person usw. [58].

---

[56] Vgl. *Ch. Todorov* 1971, p. 127; Todorov vernachlässigt jedoch die andere, weiterführende Funktion der Fabel, nämlich ihre Funktion als theoretische Hypothese, die vom Analysierenden zum Zweck der Beschreibung aufgestellt wird.

[57] Zur Erzählperspektive vgl. die zusammenfassende Darstellung bei *van Rossum-Guyon* 1970 und in der ganzen Nr. 4, Jahrgang I der Zeitschrift „*Poétique*"; ferner die von *Todorov* in *Poétique* III, 9 von 1972 vorgestellten russischen Texte; *Genette* 1972, *Uspensky* 1973.

[58] Einen groben, aber gut gegliederten Überblick geben *Bourneuf/Ouellet* 1972.

Diese Segmentierung vermittelt insgesamt gesehen ein allgemeines Bild vom Erzähltext als „Rede" im wahrsten Sinne des Wortes, nämlich der Rede von jemand an jemand. Und da diese normalerweise diegetische „Rede" [gr. *diegesis* „Erzählung"] fast immer neben Monologen, freier indirekter Rede usw. auch dialogische, mimetische Bestandteile (also wiederum Reden) umfaßt, ist die Segmentierung ein Mittel, um das Wechselspiel zwischen den verschiedenen Modi der Mitteilung und die Gründe dafür zu erhellen. Paradox formuliert, kann man sagen, daß die Erzählung bei den schwierigeren Schriftstellern häufig Meta-Erzählung, der Text Meta-Text ist und die Komplexität einer Intrige nicht in der Verwicklung der Ereignisse, sondern in ihrer künstlerischen Erscheinung besteht.

4.1. Die oben beschriebenen beiden Arten der Segmentierung könnte man folgendermaßen voneinander abgrenzen: Die eine (lineare Segmentierung) stützt sich auf die Beziehungen zwischen Referent (erzählter Geschichte) und Symbol (Erzählung selbst) – in den Grenzen jenes vom Schriftsteller in Gang gesetzten und vom Leser akzeptierten Spiels, bei dem die Referenz als Bezug zu einem Referenten betrachtet wird, der in einer erfundenen Erzählung nicht real existiert. Die andere (sprachlich-funktionale Segmentierung) richtet sich aus an den Beziehungen zwischeen Sender und Empfänger sowie an den möglichen zwischengeschalteten Instanzen.

Diese genetische Teilung zwischen den beiden Arten der Segmentierung stimmt jedoch nur fürs erste: Die Sender-Empfänger-Beziehung hat, wenn es um die Übertragung eines literarischen Werks geht, fast ausschließlich kommunikativen und unidirektionalen Charakter (der Empfänger wird nicht seinerseits Sender und umgekehrt; es besteht kein Feedback). Gegenstand der Kommunikation ist eben die Erzählung als Signifikant und als Signifikat. Die Eigentümlichkeiten des narrativen Diskurses hängen demnach voll und ganz von dem Verhältnis ab, in dem Sender und Empfänger zueinander stehen.

Die Segmentierung ermöglicht also eine systematische Vertiefung des Problems der Sender-Empfänger-Beziehungen – ein Problem, das den hier gesteckten Rahmen übersteigt und über das schon viel und fruchtbar gearbeitet worden ist. Es mag genügen, hier auf Genette 1972 zu verweisen, der an einem konkreten Fall, der *Recherche* von Proust, eine Reihe von Studien durchgeführt hat, die eine Systematisierung der Ansätze der klassischen Poetik und des Russischen Formalismus unter Berücksichtigung verschiedener Anregungen der amerikanischen und deutschen Forschung in diesem Bereich leisten.

Ich erinnere hier nur an das Problem der verschiedenen Zeiten, d. h. der Diskrepanz zwischen erzählter Zeit und Erzählzeit (praktisch also der Länge des Textes), oder an das Problem der Häufigkeit der erzählten Geschehnisse (sie können einen punktuellen, durativen oder iterativen Aspekt haben); ferner an die umgekehrten Proportionen zwischen diegetischer (senderzentrierter) und mimetischer Erzählung (bei der die Personen und ihr Reden dominieren)[59], die Tempora und Modi der Erzählung[60] usw.

Legt man den Akzent auf die Sender-Empfänger-Beziehungen, d. h. auf den Aussagevorgang, so kommt man in einen ganz anderen Themenbereich als den hier behandelten der [Erzähl-]Aussage (in welchem der Kommunikationsakt nur in seiner Eigenschaft als Voraussetzung für die Verständlichkeit des Werks eine Rolle spielt, die selbst wiederum vom Autor durch Signifikate, die der Leser mehr oder weniger vollständig wiedererkennt, gewährleistet wird)[61]. Betrachtet man hingegen die Formen, die durch diese Beziehungen hervorgebracht werden, so trifft man den Kern des Erzähltextes und erhält darüber hinaus Schlüssel zu seinem Verständnis.

Wie ich bereits an anderer Stelle[62] dargelegt habe, ist die Sender-Empfänger-Achse bei einem literarischen Werk in zwei Phasen geteilt: Sender → Nachricht und, nach einer Unterbrechung, Nachricht → Empfänger. Subjektive Wertungen und Stellungnahmen des Autors verwandeln sich damit zu einer formalen Gegebenheit, werden zu einem Bestandteil der Nachricht; nicht der Sender wendet sich an uns, sondern die Nachricht selbst enthält als Teil ihrer „Technik" die dem Sender zugeordneten Anreden und Überlegungen, genauso wie sie von den Personen Gesagtes und Gedachtes enthält. Aufgrund dieser Zweiphasigkeit der Kommunikation erweisen sich die Probleme der Tempora, Modi, Aspekte usw. als ausgesprochen formale Fragestellungen.

Die angedeuteten Analysen bilden ein vollständiges Programm zur Segmentierung des Textes. Es läßt sich auf diesem Wege eine Klassifikation erstellen, in der Erzähltexte nach den in ihnen angewandten Verfahren und vor allem den zwischen diesen bestehenden Kombinationen geordnet erscheinen, z. B. Texte in der 1. Person mit einer bestimmten Art von Meta-Erzählung und dem dominanten Gebrauch bestimmter Modi, Tempora usw.

4.2. Was den Übergang von der Segmentierung zur Isolierung der *Fabel* angeht, so ist das Notwendige bereits gesagt worden (3.1 und 3.2): Er bedeutet Bemühen um zeitliche Linearität. Hier ist jedoch hinzuzufügen, daß die zeitliche Linearität durch die Wiederzusammensetzung der Segmente erreicht wird, in die eine

---

[59] *Genette* 1972, p. 18, stellt in diesem Zusammenhang eine Formel auf (Information + Informationsgeber = C, wobei C für Konstante steht), die er jedoch für Proust, mit dem er sich beschäftigt, sofort verwirft, weil sie nur im Ausnahmefall zutreffe bzw. paradox sei. Meines Erachtens gilt diese Formel so gut wie nie. Man könnte allenfalls, was jedoch trivial wäre, die Formel aufstellen: Information + Selektion = C.

[60] Sehr umfangreiche Literatur. Darunter: *Hamburger* 1957; *Stanzel* 1959; *Bronzwaer* 1970; *Weinrich* 1971; weitere bibliographische Hinweise in *van Dijk* 1972, p. 290, Anm. 2.

[61] Zu den Phasenverschiebungen zwischen den Signifikaten von Anfang und Ende vgl. *Segre* 1969, pp. 89–92, hier pp. 69–72.

[62] Ibd., p. 90, hier p. 70. Eine ähnliche Aussage macht *O. Burgelin,* zit. bei *Genot* 1970a, p. 32.

geschlossene Handlung (eine Inhaltseinheit) gegebenenfalls untergliedert worden ist. Es geht also um die Wiederherstellung von Sinneinheiten: jede Einheit muß einen in sich geschlossenen Sinn haben und ein Glied in einer Kette von Ereigniseinheiten bilden[63]. Die Integration kann innerhalb einer mehr oder weniger großen Bandbreite erfolgen (je nachdem, wie grob das Resümee ist, welches ja die Art der ermittelten Zusammenhänge deutlich macht). Wir stoßen hier auf das Problem der Abstraktionsgrade, das weiter unten erörtert werden soll. Andererseits können die Segmente auch, während ihre Position im Text konstant bleibt, auf verschiedenen theoretischen Ebenen zusammengefügt werden, so daß die Segmentierung andere Arten von Strukturzusammenhängen – von denen der Motivierung bis zu den thematischen – offenlegt.

Die logisch-kausale Ordnung deckt sich nicht mit der zeitlichen, auch wenn die erstere die letztere einschließt. Die Rekonstruktion einer Abfolge von Ereignissen (der Fabel) ist nicht gleichzusetzen mit der Rekonstruktion ihrer Motivierungen, die häufig nicht greifbar, vage oder verdeckt sind. Das führt dazu, daß die Fabel zwar ein Resümee sein kann – und in der Praxis auch immer ist –, daß aber die Gesamtheit ihrer Motivierungen so komplex ist, daß nur der Text als Ganzes sie anzugeben vermag. Der Text selbst bleibt von unseren Interpretationsversuchen unberührt; unser größter Erfolg kann allenfalls darin bestehen, daß wir ihn selbst zum Sprechen bringen.

Die Segmentierung unterscheidet also, ohne der einen Seite mehr Gewicht beizumessen als der anderen, zwischen den Teilen des Textes, die Handlungen und unmittelbare Ursachen enthalten, und solchen, die Motivierungen im weiteren Sinne, detailliertere Charakterisierungen von Personen bis hin zu Beschreibungen der Lebensumwelt und Kräften des Unbewußten umfassen[64]. Die Implikationen dieses vorerst groben Versuchs einer Morphologie werden deutlich werden, wenn von den Bemühungen um eine funktionale Beschreibung der Erzählung die Rede sein wird.

Charakteristisch für das literarische Werk ist nun die Tatsache, daß es sich nicht auf explizite Motivierungen beschränkt. Der Erzähler sagt fast nie, daß eine Person eine Handlung aus diesem oder jenem Grund vollzieht, er liefert vielmehr eine Reihe von Anspielungen, die die Suche nach diesem Grund, sein Erkennen und das Begreifen seiner Vielschichtigkeit ermöglichen. Es ist eine Indirektheit der Aussage, die das Korrelat der Unentwirrbarkeit und oftmals auch Nichtgreifbarkeit der Kräfte bildet, die auf den Menschen einwirken.

Der segmentierte Text läßt bei genauer Betrachtung die Folge von Segmenten

---

[63] Vgl. *Genot* 1970a, p. 22.

[64] Ich erinnere hier an *Aristoteles*, der bereits in der Tragödie neben der Inszenierung und musikalischen Komposition („Melodik") zwischen „Mythos, Charakteren, Sprache und Erkenntnisfähigkeit" unterschied und bemerkenswerte Erläuterungen dazu gegeben hat (Poetik, Kap. VI, zit. nach Aristoteles: Poetik. Eingeleitet, übersetzt und erläutert von M. *Fuhrmann*. München 1976).

erkennen, die einem bestimmten System von Motivierungen zugeordnet sind. Diese Segmente gehorchen dem von der modernen Linguistik erkannten Grundsatz der Rekurrenz (demzufolge semantische und lexematische Ähnlichkeiten die Verbindung, ja die Kontinuität zwischen selbst weit auseinanderliegenden Segmenten dokumentieren). Sie sind also, selbst über Distanzen, miteinander verbunden, und zwar durch genau die Verfahren, die die Rhetorik an kontinuierlichen Segmenten untersucht (Anapher, Korrelation, Kontraposition usw.).

Die Rekurrenz erfüllt allerdings zwei Funktionen: eine denotative und eine konnotative. Sie hat denotativen Charakter, soweit sie Verkettungen hervortreten läßt und eine zunehmende Verdeutlichung der Motivierungen mit sich bringt; konnotativen Charakter hat sie hingegen insofern, als die Konstanz außer einem Mehr an Information einen Zuwachs an expressiver Wirkung zur Folge hat. So gesehen sind zwei Segmente einer Folge untereinander verbunden und zugleich voneinander getrennt: verbunden in denotativer, getrennt in konnotativer Hinsicht. Das eigentlich Charakteristische dieser Ketten ist, daß sie „vertont" sind, gleichsam in einer Partitur stehen; sie verleihen dem narrativen Diskurs eine rhythmische Gestalt:

> [...] Bei seinem ersten Versuch über die Theorie der Prosa setzt Šklovskij eine enge Wechselbeziehung zwischen Mitteln der Komposition und des Stils voraus. Er behauptete, daß „Techniken der Handlungsführung (sjužetosloženie) den Mitteln der Wortorchestrierung ähnlich und letztlich mit ihnen identisch" seien. Im gleichen Sinne stellt er eine Analogie her zwischen scheinbar so entlegenen Phänomenen wie architektonischer „Tautologie" – der Wiederkehr des gleichen Ereignisses in einem epischen Gesang oder im Märchen – und Wiederholungen von Worten [65].

Hiermit bestätigt sich, was im Hinblick auf den narrativen Diskurs besonders wichtig ist, in vergrößertem Maßstab die oben dargestellte *Gerichtetheit* der Lektüre (2.1). Jedes Segment schichtet sich auf das ihm ähnliche und schafft so ein *durchgängiges Bild,* wie Šklovskij es nennt:

> „Die Sujetkonstruktion wird mittels Verbindungen zwischen den verschiedenen Teilen, durch Wiederholung der gleichen Abschnitte, die zu einem Bildkontinuum werden, geschaffen [...]. Das Lesen eines Abschnitts geschieht als kontinuierliche Wahrnehmung dieses Abschnitts auf dem Hintergrund eines anderen. Wo ein Hinweis zu einer Verklammerung gegeben wird, versuchen wir, ihn zu deuten, dadurch verändert sich die Wahrnehmung des Abschnitts." [66]

Wir können also sagen, daß der Schriftsteller eher dazu neigt, Indizien für

---

[65] *Erlich* 1955, p. 83.
[66] *Šklovskij:* „Pil'njak" (1925) in: *Rassegna Sovietica,* XVI, 3 (1965), pp. 74–82, Zitat p. 75 und p. 78.

Motivierungen anzugeben statt die Motivierungen selbst. Mehr noch, er lockt uns gern in die Sphäre (oder den Strahlungsbereich) dieser Motivierungen mittels Verfahren, die denen der „geheimen Verführung"[67] nicht unähnlich sind. Das induktive Vorgehen des Lesers wird suggestiv gelenkt.

Wie uns schon die traditionelle Stilistik gelehrt hat, ist Rekurrenz nicht bloß ein inhaltliches Phänomen, und was ich bisher zu den thematischen Werten gesagt habe, gilt für Wortwiederholungen ebenso wie für rekurrente Sätze im Text. Wichtig wäre es nun, den Schnittpunkt inhaltlicher und stilistischer Rekurrenzen auszumachen. Das ist ohne weiteres möglich, da ein Thema häufig in Verbindung mit ein und derselben lexikalischen oder semantischen Konfiguration oder sogar bestimmten Formulierungen erscheint[67a].

In diesem Zusammenhang wäre der metaphorische, aus der Musik übernommene Begriff des *Registers* von Nutzen, mit dem man ein ganzes Instrumentarium zur Variation der Klangfülle und -farbe bezeichnet. Ein ganzer Text wird „gespielt", indem wechselnde Register mit ganz bestimmter Tönung, aber auch Verteilung des erzählten Materials gezogen werden. Bedauerlicherweise hat der Begriff noch keine einheitliche Bedeutung erlangt. So wird unter *Register* teils eine „Gesamtheit von Motivierungen und von lexikalischen und rhetorischen Verfahren" mit einem „spezifischen Ausdruckswert"[68] verstanden, teils wird er definiert als

> „eine Gesamtheit von kommunikativen Normen, die unterstellt werden müssen, um die Übertragung einer speziellen Art von Nachrichten erklären zu können. Man könnte dafür den Begriff des Code verwenden [...]. Das Register, verstanden als Repertoire von affinen Wahlmöglichkeiten, von Oppositionen und Ähnlichkeiten, die darauf ausgerichtet sind, sich in der Kontiguität eines Textes miteinander zu verbinden, erfüllt im Rahmen der Textkonstitution die Funktion von Kombinationsregeln."[69]

Nach einer dritten Definition ist das Register „ein System von prästabilierten Beziehungen zwischen Elementen verschiedener Formalisierungsebenen sowie zwischen diesen Ebenen"[69a], während wieder andere die Register als unterschiedliche sprachliche Mittel ansehen, auf die der Schriftsteller zurückgreift, je nach-

---

[67] Vgl. dazu meine Bemerkungen zu Šklovskijs Empfindsamer Reise in: *Segre* 1969, p. 234.

[67a] Ein Beispiel für dieses Zusammenspiel [der Rekurrenzen] habe ich versucht, in *Le strutture e il tempo*, Kap. 3, zu geben, wo Segmente mit einem Monolog, mit Anreden [an den Leser] oder einem Dialog, mit direkter Erzählung oder erlebter Rede, mit einer meditativen oder metanarrativen Passage jeweils bestimmten Abschnitten der Erzählung mit der ihnen eigenen „Tonart" entsprechen und zugleich nach bestimmten Symmetrien einander abwechseln.

[68] *Zumthor* 1963, p. 141.

[69] *Zumthor* 1972, p. 239.

[69a] Ibd., p. 232.

dem, ob er die Referenz (deskriptive Rede), die „Literalität der Aussage" (abstrakte Rede, figürliche Rede, berichtete Rede) oder den „Aussagevorgang des Sprechakts" (persönliche Rede, bewertende Rede)[70] in den Vordergrund stellen will.

Die letztgenannte Definition stellt Sprechweisen in den Vordergrund, die nicht unbedingt als „Register" bezeichnet werden müssen. Brauchbarer und weitergehend ist dagegen wohl die Bestimmung des Begriffs bei Zumthor (insbesondere: „System von prästabilierten Beziehungen zwischen Elementen verschiedener Formalisierungsebenen sowie zwischen diesen Ebenen", p. 232), auch wenn Zumthor angesichts seines historischen Interesses die Traditionsgebundenheit der Register (*„prästabilierte* Beziehungen") stark betont, während es uns mehr um den subsumierenden und strukturierenden Charakter des Begriffs geht, dessen konstitutive Elemente dann für jeden einzelnen Text bestimmt werden könnten.

Ich möchte jedenfalls an der Anregung festhalten, daß ein ganzer Text, zumal ein stilistisch verdichteter und variationsreicher Text, wie eine Partitur von Registern zu lesen ist, wobei diese Register die Erzählung bald begleiten, bald in den Hintergrund drängen können, so daß an die Stelle einer Verwicklung von Ereignissen eine stilistische Verwicklung tritt[71].

Funktionen und Fabel

5.1. Aus Gründen der politischen, geistes- und kulturgeschichtlichen Entwicklung Europas in den Jahren 1930–1960 blieb der Ansatz Propps aus der Diskussion ausgeschlossen, um dann in den 60er Jahren ein außerordentlich lebhaftes Interesse zu wecken, zunächst in der Volkskunde und Ethnographie, später auch im Bereich der Literaturwissenschaft[72]. Ich möchte als erstes auf dieses neue Interesse innerhalb der Literaturwissenschaft eingehen und weiter unten kurz den Beitrag der Kulturanthropologie besprechen.

Der entscheidende Anstoß zur Propp-Rezeption ging von Bremond aus. Am Anfang eines seiner ersten Beiträge macht er deutlich, wie (und innerhalb welcher Grenzen) die Forschungen Propps auf das Gebiet der Literatur übertragen werden können:

„Propp untersucht am russischen Märchen [...] eine autonome Bedeutungsschicht, deren Struktur man vom Gesamt der Nachricht ablösen kann: die *Erzählung* [récit]. Folglich ist jede Art von Erzählnachricht, welches auch immer ihr Ausdrucksverfahren ist, demselben Ansatz auf derselben Ebene zugänglich. Sie muß nur – und das genügt – eine Geschichte erzählen. Deren Struktur ist unabhängig von den Techniken, die sie tragen."[73]

---

[70] *Todorov* 1968, pp. 114–123.
[71] Vgl. als Beispiel Kap. 3, pp. 109–115 in *Segre* 1969.
[72] Vgl. *Meletinskij / Nekljudov / Novik / Segal* 1973.
[73] *Bremond* 1964 = *Bremond* 1973, pp. 11/12 bzw. dt. 1972, pp. 177/178.

Damit wird der semiotische Wert des Erzählmodells und dessen Unabhängigkeit von den Ausdrucksmitteln und -verfahren ausdrücklich betont. Bremond ist sich auch bewußt, daß das geschlossene System Propps nicht aufrechterhalten werden kann, wenn man sich einem anderen Typ von Texten zuwendet. Das wichtigste Postulat Bremonds besteht in der Annahme dichotomischer Wahlmöglichkeiten: jede Handlung kann eine Folge haben oder nicht, wenn ja, kann sie einen günstigen oder ungünstigen Ausgang haben. Eine Analyse des *récit* muß stets binären Charakter haben („Notwendigkeit, niemals eine Funktion zu setzen, ohne zugleich die Möglichkeit einer gegensätzlichen Option mitzusetzen") [74].

Die von Propp angenommene feste Abfolge von Funktionen wird also (zumindest theoretisch) durch das Prinzip einer Serie dichotomer Entscheidungsmöglichkeiten, die durch einzelne Funktionen eröffnet werden, mit einem Fragezeichen versehen. Noch stärker in Zweifel gezogen wird sie durch eine andere Feststellung Bremonds, wenn er annimmt, daß zwischen einigen Funktionen ein Implikationsverhältnis und infolgedessen eine feste Ordnung besteht, während andere lediglich nach dem Gesetz der Wahrscheinlichkeit eine bevorzugte Stellung einnehmen und somit die Möglichkeit frei verfügbarer Funktionen erkennen läßt.

Ich möchte hier nicht auf – wenn auch wichtige – Einzelheiten eingehen, wie z. B. den Vorschlag Bremonds, die Funktionen nicht auf einer unilinearen Kette anzuordnen, sondern in einem *récit* homogene und miteinander korrelierte Klassen von Funktionen zu bestimmen, die jeweils auf verschiedenen, parallel angeordneten Linien unterzubringen sind und infolgedessen zusammenhängende, aber nicht aufeinanderfolgende Sequenzen der Erzählung darstellen. (Die Erzählung ist also in kleinere Einheiten, die Funktionen, und größere Einheiten, die Sequenzen, zerlegbar.)

Hervorheben möchte ich dagegen das Postulat der Dichotomie, das, wie Bremond selbst sagt[75], sich mit archetypischen Verhaltensweisen und kulturellen Stereotypen in Verbindung bringen läßt. Mit ihnen koppelt der Hörer (bzw. Leser) den *récit*, während er die Erzählsignifikate erfaßt und gegebenenfalls vom Erzähler (Schriftsteller) vorgenommene Abweichungen registriert. Unter Funktionen versteht Bremond nämlich „Sinneinheiten" [*„unités de sens"*][76]. Sie können Modelle von mehr oder weniger großer Komplexität bilden:

„Es ist zweifellos möglich, ausgehend von der Kombination einer beschränkten Anzahl leicht auffindbarer Elemente (die in Triaden gruppierten Funktionen)

---

[74] Ibd. p. 25 bzw. dt., p. 193.
[75] Ibd., p. 35, auch p. 30, dt. Übersetzung p. 203, auch pp. 198/199.
[76] Ibd., p. 47 bzw. p. 216. Analog, aber stringenter ist die Definition *Lotman* 1970, p. 350: „Was stellt nun das Ereignis als Einheit der Sujetfügung dar? *Ein Ereignis in einem Text ist die Versetzung einer Figur über die Grenze des semantischen Feldes hinaus"* (Kursivdruck i. Orig.). Aufschlußreich ferner die sich daran anschließende Reihe von Aussagen zum Problem des Sujets: „Die Versetzung des Helden *innerhalb* des ihm zugewiesenen Raumes ist kein

Modelle von Situationen und Verhalten (von beliebig wachsender Komplexität) zu konstruieren, die jene Ereignisse und Personen (*dramatis personae, Aktanten, Rollen,* wie auch immer man sie nennen will) simulieren, die die semiologische Analyse der Erzählung braucht."[77]

Bei seinen späteren Modellierungsversuchen betont Bremond, daß es ihm um die Beschreibung der „logischen Strukturgesetze" gehe, „denen jede Folge von Ereignissen, die zu einer Erzählung geordnet ist, gehorchen muß, wenn sie nicht unverständlich sein will"[78]. Es handelt sich also um einen deduktiven Modellversuch, in welchem die Schemata Propps ein Inventar von Exemplifizierungen darstellen. Hier die Definition des *récit:*

„Jede Erzählung besteht in einem Text, der eine Folge von Ereignissen, die für den Menschen von Bedeutung sind, zur geschlossenen Einheit einer Handlung zusammenfügt."[79]

Bremond hält selbstredend an den bereits erwähnten Punkten fest, insbesondere daran, daß keine Funktion notwendigerweise eine andere nach sich zieht, sondern jedesmal eine binäre Möglichkeit eröffnet wird, welche die Wahl zwischen der Aktualisierung und der Nicht-Aktualisierung der Möglichkeit (Virtualität) zuläßt.

Wichtig für unseren Zusammenhang ist die Sprache, die zur Beschreibung der Funktionen benutzt wird. Wie wir gesehen haben, hatte Propp seine Klassifizierung unter Berücksichtigung des gesamten Systems vorgenommen. An einer Stelle seiner *Morphologie* findet sich der Versuch einer Verallgemeinerung:

Morphologisch gesehen kann als Zaubermärchen jede Erzählung bezeichnet werden, die sich aus einer Schädigung (A) oder einem Fehlelement (α) über entsprechende Zwischenfunktionen zur Hochzeit (H) oder zu anderen konfliktlösenden Funktionen entwickelt [...]. Eine solche Funktionskette haben wir als Sequenz bezeichnet. Jede neue Schädigung und jedes neue Fehlelement führen zu einer neuen Sequenz[80].

Ereignis. Daraus erhellt die Abhängigkeit des Begriffs Ereignis von der im Text geltenden Struktur des Raumes, von seinem klassifikatorischen Teil. Das Sujet kann deshalb immer zu einer Grundepisode kontrahiert werden – dem Überqueren der grundlegenden topologischen Grenze in seiner räumlichen Struktur" (p. 357). – „Als notwendige Elemente jedes Sujets treten auf: 1. ein semantisches Feld, das in zwei komplementäre Untermengen aufgeteilt ist; 2. eine Grenze zwischen diesen Untermengen, die unter normalen Bedingungen impermeabel ist, im vorliegenden [gegebenen] Fall jedoch (der sujethaltige Text spricht immer von einem *gegebenen Fall)* sich für den die Handlung tragenden Helden als permeabel erweist; 3. der die Handlung tragende Held" (p. 360).

[77] *Bremond* 1964 = *Bremond* 1973, p. 46, dt. p. 215.
[78] *Bremond* 1966, p. 60.
[79] Ibd., p. 62.
[80] *Propp* 1928a, p. 91. *Tomaševskij* 1925, p. 273 ff., sah hingegen (allerdings bei literarischen Texten) den Verlauf der Fabel als Übergang von einer Konfliktsituation zur konfliktlö-

Bremond geht einen entgegengesetzten Weg: Da der Ausgangspunkt einer Handlung nur ein menschliches Vorhaben sein kann, das die Ereignisse entweder begünstigt oder behindert, läßt sich jede Erzählung auf zwei Typen zurückführen:

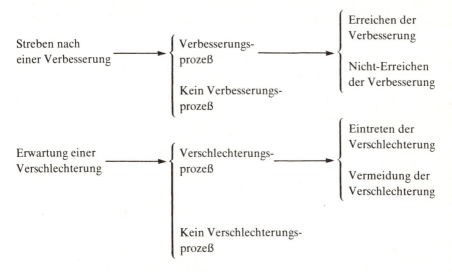

Diese beiden sehr allgemeinen Schemata werden weiter ausgefüllt durch die wichtigsten, dazwischenliegenden Ereignisse (die teilweise ähnlich benannt sind wie bei Propp): *Streben nach Beseitigung eines Hindernisses, Bewältigung einer Aufgabe, einer Schwierigkeit, Verhandlung, Angriffshandlung* usw. In dieser Typologie determinieren die Personen (*Verbündeter* und *Begünstigter, Angreifer/Gegner* und *Angegriffener, Verführer* und *Verführter*) die Sequenzen, d. h. die Folgen von Funktionen, in die sie involviert sind. Bremond weist darauf hin, daß zu jeder Sequenz ein Korrelat mit umgekehrtem Vorzeichen gehört, weil der Sieg der einen Person die Niederlage der anderen, der Erfolg der einen den Mißerfolg der anderen usw. bedeutet. Hier wäre einzuwenden oder zumindest klarzustellen, daß diese Doppelspurigkeit in der Fabel fast nie ausgenützt wird, weil darin jedes Ereignis zur handelnden Person (bzw. zu den Personen) in Beziehung gesetzt und aus seiner (ihrer) Perspektive beurteilt wird.

Es ist hier zu fragen, welchen Typ von Handlungen Bremond als Funktionen gewertet hat und wie er vom Allgemeinen zum Besonderen gelangt. Was den ersten Punkt angeht, so sagt Bremond, daß „den elementaren Erzähltypen [...] die elementarsten Formen des menschlichen Handelns entsprechen. Aufgabe, Vertrag, Fehlverhalten, Täuschung usw. sind universale Kategorien."[81] Der Übergang vom

---
senden Versöhnung bzw. von der Störung eines Gleichgewichtszustandes zur Wiederherstellung eines bzw. des Gleichgewichts.

[81] *Bremond* 1966, p. 76.

Allgemeinen zum Besonderen erfolgt durch Verdichtung der Sequenzen innerhalb des großen triadischen Schemas, d. h., daß die Hindernisse, die sich der *Verbesserung* entgegenstellen, die *Hilfen,* die dem Helden zuteil werden, die *Mittel zur Besiegung des Gegners* usw. „in einer Hierarchie von ineinandergeschachtelten Sequenzen immer gleicher Art" erfaßt werden, „die exhaustiv das Feld des Erzählmöglichen bestimmen"[82]. Und: „Indem wir, von den elementarsten Formen der Erzählung, Sequenzen und Rollen, ausgehend, immer komplexere und differenziertere Verkettungen von Situationen modellhaft beschreiben, schaffen wir das Fundament für eine Klassifizierung der Typen von Erzählungen [...]."[83]

Der Vorzug des Bremondschen Modells scheint mir also zu sein, daß der Übergang vom Allgemeinen zum Besonderen immer auf derselben Abstraktionsstufe vorgenommen wird[84]: Verbesserung, Hindernis, Mittel zu dessen Überwindung usw. sind lauter Begriffe von gleich großer Generizität, an die sich eine breite Skala von Subspezifizierungen anschließen kann. Allerdings ist diese Stufe [der Abstraktion] willkürlich angesetzt, so daß sich die Frage nach ihrer Richtigkeit stellt.

Es steht außer Zweifel, daß sich jede Art von Erzählung in einem Lexikon von Funktionen wie dem von Bremond unterbringen läßt. Allerdings gibt es einen Punkt, von dem an eine Beschreibung zur Verfälschung wird: Kann ich bei einem falschen Ratgeber genauso von *Verführung* sprechen wie bei einem leidenschaftlichen Freier? Oder das Handeln eines Betrügers und das eines Ehebrechers in ein und derselben Rubrik *Täuschung* unterbringen? Und wenn ich damit anfange, die Funktionen auch lexikalisch voneinander zu unterscheiden, begebe ich mich dann nicht auf eine abschüssige, immer weiter [vom Gegenstand] abführende Bahn?

Betrachten wir dazu das klassische Beispiel von Propp. Gegeben seien folgende fünf Ausgangssituationen:

1. Der Zar schickt Ivan nach der Zarentochter aus. Ivan macht sich auf den Weg.
2. Der Zar schickt Ivan nach einem wunderbaren Gegenstand aus. Ivan macht sich auf den Weg.
3. Die Schwester schickt den Bruder nach dem Heilmittel aus. Der Bruder macht sich auf den Weg.
4. Die Stiefmutter schickt die Stieftochter nach dem Feuer aus. Die Stieftochter macht sich auf den Weg.
5. Der Schmied schickt den Knecht nach der Kuh aus. Der Knecht macht sich auf den Weg[85].

---

[82] Ibd., p. 76.

[83] Ibd., p. 76.

[84] Ausgenommen ist das Anfangsglied des Schemas, wo zwischen *Virtualität* und *Streben nach einer Verbesserung* bzw. *Erwartung einer Verschlechterung* eine Zunahme an Spezifizität besteht.

[85] *Propp* 1928b, p. 158.

Für Propp sind die fünf Segmente in funktionaler Hinsicht identisch; sie bestehen im *Aussenden* und *Auf-die-Suche-Gehen*. Im System der Zaubermärchen sind diese Situationen des Ingangsetzens und Aufbrechens typisch, und ihre Standardisierung steht außer Frage. Gerade weil das System starr ist, kann man sagen: Nimmt z. B. die Eventualität Nr. 4 nicht den Verlauf, den sie nehmen *muß*, sondern bleibt eine bloß anekdotische Episode, kann sie auf keinen Fall als Funktion gelten, sondern ist als Teil einer anderen zu betrachten oder ganz zu vernachlässigen. Man kann sich andererseits Systeme vorstellen, in denen der Unterschied zwischen einem belebten (Situation 1, 5) oder unbelebten (2, 3, 4), einem schönen (1, 2) oder nützlichen (3, 4, 5) usw. Gegenstand der Suche konstitutiv ist.

Der Grad der Allgemeinheit bei der Abgrenzung der Funktionen wird also durch das System bestimmt, dessen Grenzen – je nach Zielsetzung des Analysierenden – mehr oder weniger eng gezogen sein können: Entweder der zu untersuchende Text selbst, d. h. seine Fabel, oder alle ähnlichen Werke eines Schriftstellers oder alle ähnlichen Werke einer bestimmten oder mehrerer Epochen können zum System erhoben werden. Daraus ergibt sich der Grundsatz, daß die Funktionen auf einer ganzen Skala von Generizitätsgraden bestimmt werden können: Der Übergang vom Allgemeinen zum Besonderen erfolgt nicht ausschließlich nach einem binär angelegten, immer engmaschigeren Netzmuster mit lauter internen Verästelungen (wie bei Bremond), sondern es kann auch ein Übergang vom Allgemeinen zum Besonderen sein, bei dem die Extremwerte maximaler Generizität und maximaler Spezifizität festgelegt sind. Eine Grenze darf in keinem Fall überschritten werden: die der semantischen Identität des untersuchten Textes. Intrige und Fabel enthalten zwar eine Fülle von Details und Spezifizierungen, von denen das Erzählmodell abstrahieren muß, jedoch wäre aus meiner Sicht ein Erzählmodell wertlos, von dem aus der Text nicht wiederzuerkennen wäre. Zwischen Individualität und Allgemeinheit besteht eine Antinomie, die für die Erzählmodelle von größter Bedeutung ist. Die Modelle müssen eine einheitliche Beschreibung von Texten unterschiedlicher Art und Epochenzugehörigkeit – kurz: die Bestimmung von Invarianten – ermöglichen. Sobald sich jedoch solche Invarianten als Leerformeln erweisen, sobald der Text nicht mehr darin wiederzuerkennen ist, verliert das Modell seine Aussagefähigkeit. Zwischen Text und Modell muß also bei aller Abstraktion eine eineindeutige Beziehung gewahrt bleiben.

Andererseits ist festzustellen, daß die von Bremond postulierten triadischen Systeme aus Elementen zusammengesetzt sind, die zwar logisch, aber nicht, erzählerisch gesehen, homogener Natur sind. Für die Erzählung gilt, daß Ausgangselement (Virtualität) und Endelement (erreichtes Ziel) auch von minimaler Konsistenz sein können. Das erstere kann sogar, statt eigens ausgedrückt zu sein, praktisch in das mittlere Element (Aktualisierung der Möglichkeit) inkorporiert sein. Die Matrix Bremonds müßte daher m. E. in folgender Weise umgeschrieben werden: (Virtualität) → Aktualisierung → (Erreichen des Ziels), wobei der *récit* in seiner abstraktesten Form mit dem mittleren Element identisch ist, auch wenn die beiden anderen Elemente die notwendige Bedingung für dessen Existenz sind[86]. Eine Tendenz zur Dreigliederung scheint jedoch sozusagen in der Natur der Sache zu liegen; sie wurde bereits von Aristoteles klar erkannt:

„Ein Ganzes ist, was Anfang, Mitte und Ende hat. Ein Anfang ist, was selbst nicht mit Notwendigkeit auf etwas anderes folgt, nach dem jedoch natürlicherweise etwas anderes eintritt oder entsteht. Ein Ende ist umgekehrt, was selbst natürlicherweise auf etwas anderes folgt, und zwar notwendigerweise oder in der Regel [nach der Wahrscheinlichkeit], während nach ihm nichts anderes mehr eintritt. Eine Mitte ist, was sowohl selbst auf etwas anderes folgt als auch etwas anderes nach sich zieht."[87]

Hier kommt deutlich die auslösende Funktion des ersten Elements und die abschließende des letzten Elements zum Ausdruck. Das legt es nahe, die *virtualité* bei Bremond durch inhaltlich gefüllte, ausdrücklich diegetische Funktionen zu ersetzen, wie zum Beispiel (auf einer sehr viel niedrigeren Abstraktionsstufe) „Liebeserwachen", „Heiratsversprechen" o. ä. So wäre eine Trias von der folgenden Art denkbar: Heiratsversprechen → verzögernd wirkende Widerwärtigkeiten (= Auftreten von Hindernissen → Mittel zur Überwindung der Hindernisse → Überwindung der Hindernisse) → Heirat.

Sie läßt sich auf Hunderte von Texten anwenden, angefangen bei den Alexanderromanen über die *Promessi Sposi* bis hin zu den Groschenromanen. Außerdem könnten nach der Art des „Vertrags", den das Heiratsversprechen darstellt, nach der Art der Hindernisse usw. zusätzliche, immer genauere Klassifizierungen vorgenommen werden, die in dem allgemeinen Ausgangsschema jedesmal neue *differentiae specificae* ans Licht bringen würden.

Noch vielfältiger wären die Verlaufsmöglichkeiten bei einer Erzählung, die von der Funktion *Liebeserwachen* ausginge. Eine erste Unterscheidung ergibt sich (zumindest in monogamen Gesellschaften) aus dem vorherigen Bestehen bzw. Nicht-Bestehen einer Ehe, eine zweite aus dem Vorhandensein bzw. Nicht-Vorhandensein des Wunsches nach Erfüllung der Liebe usw. Entsprechend leitet sich daraus das Vorliegen bzw. Nicht-Vorliegen der Funktion *Ehebruch* ab, die entweder den Schlußpunkt setzt (weil das Ziel als erreicht gilt) oder als Zwischenstation weiterer Entwicklungen angesehen wird. In diesem Rahmen kann die Schädigung des rechtmäßigen Ehegatten durch Täuschungsmanöver nur im Hinblick auf ihr Ziel *(Überwindung eines Hindernisses)* oder im Vergleich mit allen anderen Überlistungsversuchen, unabhängig von ihrem Ziel, gewertet und als *Betrug* definiert oder, falls die Erzählung um besondere Erscheinungsformen der List kreist, noch weiter subspezifiziert werden (z. B. *Streich,* vgl. hier Nr. 9, wo der Betrug mit dem Wunsch nach Demütigung des Gegenspielers gekoppelt ist).

Des weiteren können die Funktionen mit anderen verkettet oder zu umfassen-

---

[86] Dies scheint mir auch die Ansicht von *Lotman* zu sein, vgl. oben Anm. 76.
[87] Poetik, Kap. VII, zit. nach op. cit. *Fuhrmann* 1976, p. 55.

deren Gruppen zusammengeschlossen sein: mit dem *Heiratsversprechen* kann die ausdrückliche (oder nichtausdrückliche) *Verpflichtung zur Wahrung der Keuschheit* verbunden sein (oder nicht), wodurch eine Folge von Entwicklungen ausgelöst wird, die parallel zum Ausgangsschema verlaufen und immer komplexeren Kompositionsmustern folgen. Selbstverständlich bilden diese verzweigten (zu Standards gewordenen) Muster die Basis dafür, daß mit den etwaigen Abweichungen Überraschungseffekte, komische Wirkungen usw. erzielt werden (vgl. hier Nr. 10).

Meines Erachtens muß also das System zur Beschreibung des *récit* nicht nur die Möglichkeit zur Verdichtung, d. h. Vermehrung von Spezifizierungen, offenhalten, sondern es muß auch mehr oder weniger feine Messungen auf der Skala, die vom Allgemeinen zum Besonderen reicht, zulassen, so daß bei der Beschreibung die Distanz zum Untersuchungsobjekt unterschiedlich gewählt und der Gegenstand, je nach Bedarf, mehr oder weniger umfassenden Klassen von Gegenständen zugeschlagen werden kann, die jeweils auf ein und derselben Stufe [der Allgemeinheit] beschrieben werden.

5.2. Propp definiert die Personen in Abhängigkeit von den Funktionen und nicht umgekehrt. Er unterscheidet sieben Haupttypen von handelnden Personen (Gegenspieler, Schenker, Helfer, Zarentochter und Zar, Sender, Held, falscher Held)[88] und bestimmt sie auf der Grundlage ihrer Funktionen, indem er die ihnen zugeordneten Handlungskreise abgrenzt, aber gleichzeitig auf die Möglichkeit hinweist, daß eine einzige Person auch in mehreren Handlungskreisen agieren bzw. ein einziger Handlungskreis sich auch auf mehrere Personen verteilen kann.

Diese höchst originelle theoretische Lösung, die bedeutet, daß der handelnden Person jegliche der Handlung *vorgängige* Eigenschaft (äußere Erscheinung, Charakter) genommen wird und daß sie in eine *im Verlauf* der Handlung determinierte Rolle verwandelt wird, beruht auf einer ganz bestimmten Konzeption vom Zaubermärchen, die wir hier nicht weiter zu diskutieren haben (und die Propp im übrigen implizit läßt). Nach dieser Auffassung sind die Handlungsträger den Handlungen untergeordnet, weil die Handlungen selbst bloße formale Varianten eines im voraus unveränderbar festgelegten Geschehnisses darstellen. Dadurch, daß eine Funktion nur einen Handlungsausgang haben kann, wird die Figur, der die Funktion zukommt, irrelevant.

Propp sagte: „Sämtliche *Prädikate* ergeben die Komposition der Märchen, sämtliche *Subjekte, Objekte* und weitere Satzteile bestimmen den Stoff."[89] Es liegt auf der Hand, daß mit der Ausweitung des Proppschen Ansatzes auf die Literatur versucht worden ist, außer den Prädikaten, also den Handlungen, auch die Subjekte, d. h. die Personen, und die Modalitäten, also die Objekte, in die Beschreibung einzubeziehen.

---

[88] *Propp* 1928a, Kap. VI.
[89] Ibd., p. 113

Wahrscheinlich war genau dieser Satz von Propp die Anregung für Todorovs Versuch einer Erzählanalyse (1969). Sein Ausgangspunkt (und Todorov beabsichtigt damit sehr viel mehr als eine bloße Beschreibung der Novellen des *Dekameron*) besteht in der Überzeugung, daß es möglich ist, den Inhalt einer Erzählung mit Hilfe der Grundkategorien der Grammatik zusammenzufassen: Die Personen sind dabei die Subjekte und Objekte der Handlung, also Agens oder Patiens; ihre Handlungen sind Verben, ihre Eigenschaften Adjektive oder Substantive usw.; auch andere grammatikalische Kategorien, z. B. Negation, Komparation, Modalität usw., spielen eine Rolle, wenngleich sie im Unterschied zu den Grundkategorien eher metaphorisch verwendet werden.

Es braucht hier nicht referiert zu werden, wie geschickt Todorov die Novellen auf Formeln reduziert. Ich möchte hier lediglich darauf hinweisen, wie er das Verhältnis zwischen Person und Funktion erklärt, wie er unterscheidet (mag dies in vielen Punkten auch umstritten sein) zwischen einer syntaktischen und einer semantischen Ebene, wobei auf der syntaktischen Ebene der *Sinn* der Funktionen (im Anschluß an Propp) relational definiert wird, während die semantische Ebene, unabhängig von der Erzählung, das zugehörige Signifikat angibt; schließlich wie er besondere Symbole einführt, um zeitliche von kausalen Relationen zu unterscheiden.

Todorov hält jedenfalls am Primat der Funktion gegenüber der Person fest: der Agens[89a] wird durch das ihm zugeordnete Prädikat determiniert: „Der Agens ist eine Person und doch auch keine Person"[90]; „er ist gleichsam eine Leerstelle, in die verschiedene Prädikate (Verben bzw. Attribute) eintreten können"[91]. Wenn man von der Prämisse ausgeht, daß sich die Erzählung auf eine bloße Abfolge von Funktionen reduzieren läßt, ist ein solcher Standpunkt durchaus gerechtfertigt. In bezug auf Todorov im besonderen ist hervorzuheben, daß er die Charakterzüge der Personen (Attribute) dadurch wieder hereinholt, daß er sie in die Sequenzen einbringt; und sie sind ja nichts anderes als die qualifizierenden Elemente, die in der Erzählung thematisiert werden bzw. auf dem Spiel stehen.

Der Hauptvorzug an Todorovs Ansatz besteht darin, daß er eine formalisierte und lineare Darstellung der die Erzählung konstituierenden Sequenzen liefert: Dabei werden nicht nur die Funktionen, sondern auch die Personen, ihre wichtigsten Attribute und ihre willensmäßige Beteiligung bestimmt. Der Hauptnachteil – um mich nur auf diesen einen Punkt der Kritik zu beschränken und nicht ins Detail zu gehen, was schon an anderer Stelle ausführlich geschehen ist[92] – besteht

---

[89a] [Maskulines Genus zur Bezeichnung der Funktion (*der* Agens/Patiens), nicht zu verwechseln mit dem syntaktischen Begriff (*das* Agens/Patiens), Anm. d. Ü.]

[90] *Todorov* 1969, p. 28.

[91] Ibd. Umfassender und weniger einseitig wird das Problem im Anhang über „Les hommes-récits", pp. 85–97, gesehen.

[92] Vgl. *P. W. M. De Meijer*, in: *Het Franse Boek* XLI, 1 (1971), pp. 5–11; *Bremond* 1973, pp. 103–128.

in der Klassifizierung der Verben in drei Kategorien, die den Bereichen „verändern" *(modifier)*, „sündigen" *(pécher)* und „strafen" *(punir)*[93] angehören; sie weisen nicht den gleichen Abstraktionsgrad auf, bilden kein kohärentes semantisches System und sind nicht einmal geeignet, die im *Dekameron* tatsächlich beschriebenen Handlungen zu subsumieren.

Dieser Mangel ist allerdings gleichzeitig höchst aufschlußreich. Lassen wir einmal das *verändern* außer Betracht, das natürlich einen sehr umfangreichen Anwendungsbereich hat. Nehmen wir das *pécher*. Todorov subsumiert darunter: *acte sexuel, voler, tuer, manger, se saoûler, manquer de respect, blasphémer, trahir une promesse, avoir le cœur dur, faire partie d'un peuple ennemi, être riche* (natürlich unter bestimmten Umständen). Die genannten Verben gehören der Beschreibungsebene der Fabel an. Das Verb, auf das sie alle zurückgeführt werden – wie angemessen, mag dahingestellt bleiben –, kann sie nur im Rahmen einer bestimmten Lebensauffassung subsumieren, nämlich jener, die Todorov Boccaccio unterstellt. Mit dem Versuch, die Verben in bloß drei Gruppen zusammenzufassen, hat Todorov implizit zum Ausdruck gebracht, daß jede Kategorie zwangsläufig an eine bestimmte Ideologie gebunden ist: die der Epoche, zu der der Text gehört, oder der Epoche, in der die Analyse durchgeführt wird. Die Adäquatheit der Schemata Todorovs ist also nur so lange gewährleistet, wie auch die zugrunde gelegten Kategorialisierungen adäquat sind, d. h. unter der Voraussetzung, daß der Analysierende eine adäquate historisch-ideologische Interpretation vorgenommen hat. Der hohe Abstraktionsgrad ermöglicht in diesem Fall keine sehr große Applikabilität. Das Modell ist ein historisches Modell (vgl. 5.4).

5.3. Bremond hat neuerdings das Problem des *récit* wieder aufgegriffen und ihm unter der Überschrift *Les rôles narratifs principaux*[94] den größten Teil seines letzten Bandes gewidmet. Zunächst scheint er mit dem triadischen Schema: *éventualité → passage à l'acte → achèvement* sowie dem Prinzip der binären Wahlmöglichkeiten an seine Arbeit von 1966 anzuknüpfen. Man stellt jedoch sehr rasch eine Akzentverschiebung fest, die auch äußerlich dadurch bestätigt wird, daß der Beitrag von 1966 nicht in den Band von 1973 aufgenommen ist, obwohl dieser frühere Aufsätze von 1964 an vereinigt.

In der Tat wird hier der Ansatz Propps, den Bremond 1966 in diesem Punkt noch voll und ganz übernommen hatte, auf den Kopf gestellt: die Person erhält den Primat gegenüber der Funktion:

---

[93] *Todorov* 1969, pp. 34–41; zuvor (1967) hatte Todorov die Verben [und damit die Beziehungen zwischen den Personen] von Laclos' *Liaisons dangereuses* auf die drei Basisprädikate „begehren" (*désir*), „mitwirken" (*participation*) und „kommunizieren" (*communication*) reduziert, auf die bestimmte Ableitungsregeln – Oppositions- und Passivbildungsregel – angewendet werden (pp. 58–61). Das Ergebnis ist eine Typologie, die letztlich den Verhaltenskanon [*ethique*] der *Liaisons* erhellen soll.

[94] *Bremond* 1973, pp. 129–333.

„Die Funktion einer Handlung läßt sich nur aus der Sicht der Interessen oder Impulse einer Person definieren, die im Verhältnis eines Patiens oder Agens zu ihr steht. Mehrere Funktionen bilden nur eine Kette, wenn man unterstellt, daß sie die Geschichte ein und derselben Person betreffen (so folgt *Sieg* nur auf *Kampf*, wenn man davon ausgeht, daß ein und dieselbe Person zuerst als *Kämpfer* und dann als Sieger fungiert). Wir definieren daher die Funktion nicht nur durch eine Handlung (wir nennen sie *Prozeß*), sondern durch die Inbeziehungsetzung einer Person = Subjekt zu einem Prozeß = Prädikat; oder anders und terminologisch klarer ausgedrückt: die Struktur der Erzählung [récit] beruht nicht auf einer Sequenz von Handlungen, sondern auf einer Komposition von Rollen."[95]

Die neue Perspektive bringt also neue Definitionen mit sich. Die Funktion wird nicht mehr bestimmt durch ihren Einfluß auf den Gesamtverlauf des *récit*, sondern durch das Verhältnis zwischen einem Agens und einem Prädikat; der *récit* besteht nicht mehr aus einer Abfolge von Handlungen, sondern aus einer Verkettung von Rollen.

Beim Vergleich von Bremond 1966 mit Bremond 1973 zeigt sich, daß in den Schemata des früheren Ansatzes Prozesse der Verbesserung (bzw. Verschlechterung), Hindernisse, Hilfeangebote bzw. verlangte Dienste vorgesehen waren, die in Übereinstimmung mit der Perspektive der Erzählung unter der Rolle des Begünstigten bzw. Opfers dieser Prozesse erfaßt wurden. Im zweiten Ansatz wird nun die Person selbst von dem Prozeß affiziert bzw. führt ihn selbst aus, bewirkt die Veränderung bzw. ist deren Objekt usw. Darüber hinaus wird auch von reflexiven Funktionen Gebrauch gemacht, bei denen Agens und Patiens zusammenfallen.

Die ganze Arbeit Bremonds konzentriert sich also auf die Definition möglicher Rollen. Seine zwei Hauptkategorien sind Patiens und Agens. Der Patiens kann dabei das Ziel von Einflußnahmen sein, die für ihn Quelle oder Vorenthaltung von Informationen, Erfüllung oder Nicht-Erfüllung, Hoffnungen oder Ängste bedeuten können; ferner Ziel von Handlungen, die sein Schicksal (im Sinne einer Verbesserung oder Verschlechterung) verändern oder (durch die Gewährung bzw. Vorenthaltung von Schutz) zur Beibehaltung seines Status führen. Entsprechend kann der Agens als derjenige fungieren, von dem ein Einfluß zum Guten oder Schlechten ausgeht, der Schutz gewährt oder vorenthält. Hinzu kommen zahlreiche Differenzierungen und Subspezifizierungen: so kann der Agens mit oder ohne Willensbeteiligung handeln usw.

Daraus wird sogleich ersichtlich, daß die Rollen terminologisch zwar teilweise mit der Konzeption Propps übereinzustimmen scheinen, jedoch in Wirklichkeit erheblich davon abweichen, insofern als sie einen sehr viel größeren (ja, zumindest der Intention nach, universalen) Anwendungsbereich haben. So gehört beispielsweise zum „Gegenspieler" bei Propp eine Reihe von fest abgegrenzten, hinsicht-

---

[95] Ibd., pp. 132–133.

lich des Handlungsausgangs vorherbestimmten Funktionen, während etwa der *dégradateur* und der [ihn unterstützende] *frustrateur [de protection]* bei Bremond in jedem beliebigen Typ von Erzählung eine Rolle spielen können und ebensogut Erfolg wie Mißerfolg herbeiführen können! Zarentochter und Zar, wie sie bei Propp vorkommen, fallen einfach weg, nicht nur weil sie in der Erzählliteratur relativ selten eine Rolle spielen, sondern weil die betreffende Eigenschaft nur eine unter unendlich vielen möglichen Eigenschaften ist: der Träger dieser Eigenschaft kann als Agens oder Patiens, als *protecteur*, der Schutz gewährt, als *frustrateur*, der Schutz vorenthält, usw. fungieren.

Im Gegensatz zu seinen früheren Beiträgen legt Bremond 1973 also einen sehr viel stärkeren Akzent auf die Rollen als auf den *récit;* am Ende zeigt sich jedoch, daß es sich dabei nur um einen Aspekt seiner Bemühungen handelt: im Schlußkapitel seiner Arbeit geht es ihm um den Übergang „du précodage des rôles au codage du récit"[96]. In seinen Schlußbemerkungen gewinnt der Prozeß [*processus*] sogar die Oberhand gegenüber den Rollen, was in einer Reihe von Matrizen zum Ausdruck kommt. Die sechs Spalten dieser Matrizen sind überschrieben mit: *syntaxe, processus, phase, volition, agent, patient*. Von rechts nach links gelesen ergeben sich aus den Spalten folgende Angaben: Agens und Patiens des Prozesses, Gewolltheit oder Nicht-Gewolltheit des Prozesses, Phase des Prozesses (virtuell, aktual, abgeschlossen), Prozeß (ca. fünfzig verschiedene mögliche Typen von Prozessen), Art der Beziehung zwischen einer Phase und der nächsten (Ursache–Wirkung, Mittel–Ergebnis, Hindernis–Erreichen des Ziels).

Bremonds Beschreibungsapparat von 1973 ist wesentlich konsistenter und differenzierter als sein Modell von 1966. Dabei ist hervorzuheben, daß Bremond dieses Mal, wenn auch nur in großen Zügen, auf konkrete Beispiele, Märchen, Novellen, Ausschnitte aus Theaterstücken, *exempla ficta* usw. Bezug nimmt – mit anderen Worten: er überprüft seine Hypothesen an einem Inventar. Die abschließenden Matrizen tragen offensichtlich auch der doppelten Perspektive jeder Erzählung, wie sie bereits in Bremond 1966 zum Ausdruck kam, Rechnung. Die Definition der Prozesse und deren Willensabhängigkeit stehen immer in Bezug zum Agens oder Patiens; durch diese Koppelung bleibt jedoch die Möglichkeit außer acht, daß auch zwei voneinander unabhängige Handlungen in Kollision geraten und für den betreffenden Agens bzw. Patiens Folgen haben können, die nicht von diesen geplant waren. Die Logik der Funktion, schon bei Propp durchgehend als menschliche Handlung gedacht, dominiert auch weiterhin, ob die Personen in ihr aufgehen (Propp) oder als deren treibende Kräfte verstanden werden (Bremond).

Sie ist auch dort bestimmend, wo es um die Bewertung der Motive und Attribute geht. Man bedenke, wie Bremond[97] zwischen rein beschreibenden, statischen Attributen und dynamischen unterscheidet, „par lesquels il [die han-

---

[96] Ibd., pp. 309 ff. (von der Präkodierung der Rollen zur Kodierung der Erzählung).
[97] Ibd., pp. 137–138.

delnde Person] subit ou provoque une évolution" („aufgrund deren die Person von einer Entwicklung betroffen ist bzw. eine solche auslöst"), daß er aber nur die letzteren berücksichtigt; oder wie der Übergang von einem Zustand A zu einem Zustand B immer als ein Prozeß der Veränderung gesehen wird und nicht als Wirkung eines von dem Zustand selbst (z. B. Armut, Enttäuschung usw.) ausgehenden Impulses. Da die Person in den Mittelpunkt der Erzählung gerückt wird, wird sie auch weiterhin durch die Handlungen determiniert, die sie ausführt oder erleidet, durch die Prozesse, die sie auslöst oder von denen sie mitgerissen wird.

Die Verhältnisse müssen meines Erachtens (und dies gilt ganz besonders für literarisch reflektiertere Texte) genau umgekehrt werden: eine Handlung ist relevant genau in dem Maße, wie sie das Wesen und den Willen einer Person widerspiegelt. Die Person, die meistens auch mit einem Vor- und Zunamen ausgestattet ist und deren Daten bei einer wenn auch fiktiven Meldebehörde erfaßt sind, bildet ein Bündel von Einstellungen und Charakterzügen (im Englischen heißt die Figur ja ausdrücklich: *character*). Sie liefert daher, mag es sich – je nach zugrunde gelegter Poetik bzw. literarischer Gattung – um einen atypischen Einzelnen oder einen konventionellen Typ oder einen Typus handeln, ipso facto die Erklärung für ihre Motive und beinhaltet die Möglichkeit eigener Entwicklungen. Die Person leistet letztlich die Vereinigung der Funktionen, die Bedeutung haben, insofern als sie von ihr ausgeübt werden und von ihr ausgehend sich weiter verzweigen. „Die Einführung von Personen, gleichsam als lebendige Träger für die verschiedenen Motive, ist ein übliches Verfahren, um Motive zusammenzufügen und miteinander zu verketten."[98]

5.4. Die Ansätze von Todorov und Bremond stellen die bisher am weitesten entwickelten Versuche im Bereich der Erzähltextanalyse dar. Anstatt sie im Detail zu diskutieren, wäre es sinnvoller, sie an konkreten Beispielen zu erproben oder eine Synthese der beiden Ansätze zu versuchen[99]. Mein Interesse gilt jedoch hier im besonderen den methodologischen Grundlagen. Die genannten Ansätze benutzen eine Metasprache und wenden sie auf einen sprachlichen Text (literarisches Kunstwerk, Märchen usw.) an. Diese Metasprache kann zu Formalisierungen hinführen, was jedoch nur mittels des elementaren Verfahrens der Paraphrase, meistens in resümierender Form, möglich ist.

Das wäre einen geschichtlichen Überblick wert. Ich beschränke mich jedoch an dieser Stelle auf Hinweise zu den Anfängen und der jüngsten Entwicklung. Bereits Platon nahm eine Reduktion und Simplifizierung [eines Abschnitts] aus Homers Ilias vor, indem er den mimetischen und den diegetischen Text einander gegenüberstellte und die Worte des Chryses und die Antwort Agamemnons als [einfache] Erzählung [ohne Nachahmung] umformulierte[100]:

---

[98] *Tomaševskij* 1925, p. 293.
[99] Besonders aufschlußreich dazu der Versuch von *Rossi* 1973.
[100] Ilias I, 17–42, zitiert nach: Homerus: Ilias. Wolfgang Schadewaldts neue Übertragung.

„‚Atreus-Söhne und ihr anderen gutgeschienten Achaier!
Euch mögen die Götter geben, die die olympischen Häuser haben,
Daß ihr des Priamos Stadt zerstört und gut nach Hause gelangt.
Mir aber gebt die Tochter frei, die eigene, und nehmt die Lösung
Und scheut den Sohn des Zeus, den Ferntreffer Apollon.'
  Da stimmten ehrfürchtig zu alle anderen Achaier,
Daß man den Priester scheuen und die prangende Lösung nehmen sollte.
Doch dem Atreus-Sohn Agamemnon behagte das nicht im Mute,
Sondern er schickte ihn übel fort und legte ihm das harte Wort auf:
  ‚Daß ich dich, Alter! nicht hier bei den hohlen Schiffen treffe:
Nicht daß du jetzt verweilst noch auch später wiederkehrst!
Kaum werden dir sonst Stab und Binde des Gottes helfen!
Die aber gebe ich nicht frei: erst soll über sie noch das Alter kommen
In unserem Haus in Argos, fern dem väterlichen Lande,
Am Webstuhl einhergehend und mein Lager teilend.
Doch geh! reize mich nicht! damit du heil nach Haus kommst!'
  So sprach er. Da fürchtete sich der Greis und gehorchte dem Wort
Und schritt hin, schweigend, das Ufer entlang des vieltosenden Meeres.
Und betete dann viel, als er abseits war, der Alte,
Zu Apollon, dem Herrn, den geboren hatte die schönhaarige Leto:
‚Höre mich, Silberbogner! der du schützend um Chryse wandelst
Und um Killa, die hochheilige, und über Tenedos mit Kraft gebietest,
Smintheus! wenn ich dir je den lieblichen Tempel überdacht habe,
Oder wenn ich dir jemals verbrannte fette Schenkel
Von Stieren oder Ziegen, so erfülle mir dies Begehren:
Büßen sollen die Danaer meine Tränen mit deinen Geschossen!'"

Nachdem der Priester gekommen war, wünschte er jenen, die Götter möchten es ihnen verleihen, Troja zu erobern und selbst heil davonzukommen, seine Tochter aber sollten sie ihm gegen Empfang von Lösegeld und aus Scheu vor dem Gott freigeben. Als er so gesprochen hatte, waren die anderen von heiliger Scheu ergriffen und pflichteten ihm bei, Agamemnon aber befahl ihm in wildem Zorn, sich alsbald davonzumachen und sich nicht wieder blicken zu lassen, sonst würden ihm sein Stab und die Binden des Gottes nichts helfen. Bevor er aber seine Tochter freigebe, würde sie in Argos an seiner Seite alt werden. So herrschte er ihn an, fortzugehen und ihn nicht zu reizen, auf daß er heil nach Hause käme. Der Alte aber wurde, als er dies hörte, von Furcht erfaßt und ging schweigend davon; als er aber aus dem Bereich des Lagers heraus war, flehte er inständig zu Apollon, indem er ihn bei seinen Beinamen anrief und ihn an seine Schuldnerpflicht gemahnte, nämlich an alles, was er ihm

---

Frankfurt/Basel 1975; ferner: Platon: Politeia, Buch III 393e–394a, zitiert nach: Platon: Der Staat. Übers. und erläutert v. Otto Apelt. Hamburg 1961.

jemals durch Erbauung von Tempeln oder Darbringen von Opfern Wohlgefälliges getan habe; zum Dank hierfür, so flehte er, sollten die Achaier durch seine Geschosse büßen für seine Tränen.

Natürlich wären weitere Reduktionen möglich, und zwar nicht nur in der Form: „Chryses fordert die Freigabe der Tochter; Agamemnon lehnt ab und entläßt Chryses" (wie Genette es vorschlägt)[101], sondern auch: „Forderung nach Freigabe, Ablehnung" (davon ausgehend, daß der Entlassung von Chryses nicht der Wert einer Funktion zukommt).

Demselben Problem sieht sich Hendricks gegenüber, der im Bewußtsein der qualitativen Differenz zwischen sprachlichen und narrativen Signifikaten[102] eine Reihe von Zwischenstadien vorsieht, die eine sukzessive, von Subjektivität möglichst weitgehend freigehaltene Umsetzung der einen in die anderen [Signifikate] ermöglichen sollen[103]. Was Hendricks „normalization" eines Textes nennt, ist der Vereinfachung bei Platon sehr ähnlich (man vergleiche dazu den „normalisierten" Textabschnitt von Faulkner auf Seite 173); in jedem Fall münden aber mehrere solche aufeinanderfolgende Reduktionsschritte in der „summarization", bei der es sich unweigerlich um eine resümierende Paraphrase handelt[104]. Hendricks kommt zu dem richtigen Schluß, daß „a summarization is a more powerful operation than normalization, but it is also more subjective in that it is not closely tied to grammatical form"[105].

Worauf Hendricks hingegen nicht hinweist (und dies würde die Waage noch mehr zugunsten der Subjektivität ausschlagen lassen), ist, daß das Resümee eines Werks, wie es der Analysierende erstellt, nicht nur ein Fingerzeig dafür ist, was er als besonders signifikant (oder relevant) erachtet hat, sondern es dient bereits als Vorstufe zur Interpretation, die sich natürlich nach der im Resümee getroffenen Auswahl und den darin gesetzten Schwerpunkten richtet. Auch wenn also das Resümee nicht als Äquivalent des Werks anzusehen ist (was ja auch von keiner Seite postuliert wird), kann man sagen: es ist ein analytischer Akt ersten Ranges, während sein notwendigerweise subjektiver Charakter gleichzeitig ein Zeichen dafür ist, daß es unmöglich ist, eine unanfechtbare Definition der narrativen Signifikate zu formulieren.

Selbst wenn wir die Fälle von ungenauer Zusammenfassung ausschließen, bei denen Erzählfakten genannt werden, die im Text nicht vorkommen oder die von den darin enthaltenen abweichen, steht fest, daß die Auswahl der Ereignisse und vor allem deren Verknüpfung eine Interpretation dessen bilden, was der Text viel diffuser und komplexer ausdrückt, gerade weil die Verkettung in der Intention des

---

[101] Bei *Genette* 1972, pp. 190–191, findet sich nur der zweite Satz, da er nicht den ganzen Abschnitt zitiert.
[102] *Hendricks* 1967.
[103] *Hendricks* 1973.
[104] Ibd., p. 175.
[105] Ibd., p. 178.

Erzählers nicht so einfach sein soll, wie sie in der Paraphrase erscheint. Demnach sind von ein und demselben Text unendlich viele „redliche" (d. h. bewußt treue) Paraphrasen möglich [106]. Und es gibt keinen Maßstab für Objektivität, weil Paraphrasen *per definitionem* nicht objektiv sind.

Daß die Funktionen mit Hilfe eines resümierenden Verfahrens formuliert werden, ist bekannt. Schon Propp sieht es so, wenn er das Resümee als Vorstufe zur Ermittlung der Funktion bezeichnet: „Der gesamte Inhalt eines Märchens läßt sich in kurzen Sätzen etwa folgendermaßen darstellen: Die Eltern fahren in den Wald, sie verbieten den Kindern, auf die Straße zu gehen, der Drache raubt das Mädchen usw." [107] Meletinskij schreibt in seinem Kommentar dazu: „Es handelt sich hier um die Komprimierung des Inhalts zu wenigen kurzen Sätzen" [108]. Es ist auch darauf hinzuweisen, daß sich die ganze *Morphologie des Märchens* nicht auf Märchen, sondern auf Inhaltsangaben stützt, die von Propp selbst im Rahmen seiner theoretischen Abhandlung erstellt werden.

Weitergehend ist die Aussage von Todorov, der für die Resümees eine ganze Skala von Abstraktionsgraden unterstellt:

„Die syntaktische Basiseinheit bezeichnen wir als *Proposition*. Sie entspricht einer ‚nicht weiter zerlegbaren' Handlung, z. B. ‚Hans stiehlt Geld', ‚Der König tötet seinen Enkel' usw. Diese Nicht-Zerlegbarkeit der Handlung besteht jedoch nur in bezug auf eine bestimmte Abstraktionsebene; auf einer weniger abstrakten Ebene würde eine solche Proposition durch eine Folge von Propositionen dargestellt werden. Mit anderen Worten: zu ein und derselben Geschichte gibt es mehr oder weniger zusammengedrängte Resümees. So könnte in dem einen die Proposition stehen: ‚Der König macht der Marquise den Hof', wo in einem anderen stünde: ‚Der König beschließt, sich auf den Weg zu machen', ‚Der König ist unterwegs', ‚Der König kommt bei der Marquise an' usw." [109]

So bekennt Todorov schließlich klar und deutlich: „nous traitons des résumés des nouvelles plus que des nouvelles elles-mêmes" [110], und löst damit eine heftige Kontroverse aus, für die es nur eine vernünftige Grundlage gibt, solange die Resümees „unredlich" sind oder nicht vom Analysierenden selbst stammen [111]. Grundsätzlich ist das resümierende Verfahren ein unumgänglicher Arbeitsschritt.

Weiter ist zu bedenken, daß die ineinandergeschachtelte Serie von mehr oder weniger weitgehenden Abstraktionsschritten der Resümierung vor allem bei den Motivierungen ansetzt:

---

[106] Ein Hinweis darauf in *Todorov* 1967, p. 57.
[107] *Propp* 1928a, p. 113.
[108] *Meletinskij* 1969, S. 246.
[109] *Todorov* 1969, p. 19.
[110] Ibd., p. 16 (Gegenstand unserer Beschreibung sind Resümees der Novellen und nicht die Novellen selbst).
[111] Vgl. *De Meijer*, art. cit. in Anm. 92.

„Ein Historiker kann die Herrschaft eines Königs zusammenfassen mit dem Satz: ‚Er bemühte sich um die Konsolidierung seines Thrones'; er kann eine erste Präzisierung geben und hinzufügen: ‚Er bemühte sich um die Konsolidierung seines Thrones, indem er die Macht der Lehnsherren brach'; weiter könnte er präzisieren: ‚Er bemühte sich um die Konsolidierung seines Thrones, indem er sich auf das Bürgertum stützte, um die Macht der Lehnsherren zu brechen.' In einer solchen Verschachtelung von Mitteln kann die Konsolidierung des Throns durch die Erzählung zum Mittel erhoben sein, das es dem Monarchen erlaubt, seine Pflicht zu erfüllen, d. h. eine sittliche Regung als dem letzten Zweck seines Handelns, zu befriedigen; die Entmachtung der Lehnsherren ist das Mittel zur Konsolidierung des Throns, d. h. das Mittel des Mittels; der Rückgriff auf das Bürgertum ist seinerseits das Mittel zur Entmachtung der Lehnsherren, d. h. ein Mittel dritten Grades."[112]

Ein Beispiel mag jedoch genügen, um die ganze Bedeutung der Paraphrase aufzuzeigen. Das Märchen Nr. 113 aus Afanaśevs Sammlung resümiert und kommentiert Propp, um seine Methode zur Ermittlung der Funktionen zu demonstrieren[113]. Bremond[114] liefert mit seiner eigenen Analyse einen Gegenvorschlag, bei dem Aspekte der Erzählung zur Geltung gebracht werden, die Propp vernachlässigt hat; er stellt auch die Logik der Erzählung anders dar. Der Dissens zwischen den beiden Forschern erklärt sich dabei aus der Diskrepanz der Paraphrasen.

Man kann sich also mit noch so großem Nachdruck um eine Formalisierung des *récit* bemühen – der Weg dazu führt allemal über die *per definitionem* der Subjektivität unterworfene Operation der Paraphrase[115]. Man entgeht nicht dem Schema:

récit → Paraphrase → Formalisierung.

Und darin liegt der Unterschied zu Formalisierungen im naturwissenschaftlichen Bereich. Eine chemische oder mathematische Formel *kann* in natürlicher Sprache erläutert werden, was meistens auf Kosten ihrer Klarheit und Allgemeingültigkeit geht: Gleichung oder chemischer Vorgang → Formel → Paraphrase. Die Formalisierung des *récit beruht auf* einem in natürlicher Sprache abgefaßten Resümee und ist lediglich dazu da, dieses in einer Synthese und mittels Symbolen darzustellen. Im Grunde genommen liegt gar keine echte Formalisierung vor.

Mehr noch: Die Funktionen werden im allgemeinen nicht mit Hilfe von Paraphrasen angegeben, sondern durch abstrakte Termini, die ich „Etiketts" nennen möchte. In diesem neuen Schritt liegt wieder ein subjektiver Einfluß des Analysierenden. So wird bei Propp folgende Funktion als *Mithilfe* definiert: „Das Opfer fällt auf das Betrugsmanöver herein und hilft damit unfreiwillig dem

---

[112] *Bremond* 1973, pp. 196–197.
[113] *Propp* 1928a, pp. 95–98.
[114] *Bremond* 1964 = *Bremond* 1973, pp. 22–25.
[115] *Hendricks* 1967.

Gegenspieler"; und folgende als *Mangelsituation:* „Einem Familienmitglied fehlt irgend etwas, es möchte irgend etwas haben." Ganz abgesehen davon, daß es Funktionen gibt, die nicht mehr die Ereignisse selbst beschreiben, sondern durch ihre Position innerhalb der Erzählung festgelegt sind, so z. B. *Vermittlung/ verbindendes Moment:* „Ein Unglück oder der Wunsch etwas zu besitzen, werden verkündet, dem Helden wird eine Bitte bzw. ein Befehl übermittelt, man schickt ihn aus oder läßt ihn gehen."[116]

Dabei ist gegen das Vorgehen Propps nichts einzuwenden. Sowohl seine Paraphrasen als auch seine „Etiketts" gehen von einem Corpus im Sinne eines geschlossenen Systems aus. Durch den Vergleich aller Erzählsegmente, die einander ähnlich sind 1. aufgrund ihres Inhalts, 2. aufgrund ihrer Bedeutung im Handlungsverlauf (wobei die erste Art von Ähnlichkeit nur gilt, wenn auch die zweite gegeben ist), ist Propp zu einer „normalisierten" Formulierung gelangt, die sozusagen den Durchschnitt aller aus den Einzelerzählungen gewonnenen Paraphrasen ähnlicher Segmente bildet.

Was in bezug auf Propp festgestellt wurde, gilt für jeden Versuch der Ermittlung und *Benennung* von Funktionen. Natürlich lassen sich die Handlungen eines Textes in Abhängigkeit vom Handlungsverlauf analysieren, doch auf welches Corpus können wir uns beziehen, um sie zu etikettieren? Eines ist jedenfalls aus meiner Sicht grundsätzlich festzuhalten: Ein allgemeines Modell der Narrativität ist unmöglich, weil die Ereignisse selbst – durch die Zeiten und Räume hindurch – je verschieden aus der Wirklichkeit ausgeschnitten werden und unterschiedliche Bedeutungen annehmen. In den Funktionen der Erzählung spiegelt sich dieser langsame, aber unentwegt fortschreitende Wandlungsprozeß wider. Ich kann einen epischen Text aus dem Mittelalter nicht analysieren, ohne auf den Kanon der Feudalepoche und dessen Verletzungen zurückzugreifen, ohne also z. B. – sowohl, was den Gehalt, als auch, was den Umfang der Begriffe angeht – dem Zwist zwischen Familien, Beleidigung, Verrat und heroischer Tat[117] einen ganz anderen Wert beizumessen, als dies für Termini wie „moralische Schädigung", „Vertragsbruch", „Kampf" o. ä. der Fall wäre. Vor allem besteht auch ein Unterschied hinsichtlich der logischen Verknüpfung zwischen den Handlungen, denn jede Epoche hat ihre eigene Auffassung von Verdienst und Schuld, Erfüllung und Leid, Belohnung und Strafe, und sie betrachtet auch deren Verbindungen untereinander im Leben eines Menschen anders. Die Logik einer Erzählung (d. h. jene, aufgrund deren die Handlungen als Funktionen und Etiketts definiert werden können) ist die Logik einer bestimmten Kultur, Spiegelbild einer bestehenden Gesellschaft oder ihrer früheren Entwicklungsstadien.

Es erscheint mir daher müßig, das Modell Propps, etwa in weiter vereinfachter Form, verallgemeinern zu wollen. Denn auch wenn es gelänge (was nicht immer

---

[116] *Propp* 1928a, pp. 35, 39 und 40.

[117] Vgl. *Dorfman* 1969. *Dorfman* verwendet den Begriff *narreme* für größere, unter einem Titel zusammenfaßbare Textsegmente.

der Fall ist), jede beliebige Erzählung jeder beliebigen Epoche in das Modell zu zwängen, so geschähe dies auf Kosten einer vollkommenen Verfälschung nicht nur der „Etiketts", sondern der Verbindungen zwischen den Funktionen. Man hat gesagt, Propp habe in gewissem Sinne ein allgemeines Bescheibungsschema für alle russischen Zaubermärchen geliefert. Nun, ein solches Schema erfaßt eben *nicht* alle erdenklichen Erzählungen, und wenn dies für die Abfolge der Funktionen gilt, dann erst recht für die Funktionen selbst, die ja gerade durch diese Abfolge definiert sind.

Dasselbe trifft für jedes andere geschlossene Modell zu. Die offenen Modelle (Bremond, Todorov) sind zwar insofern brauchbarer, als sie ohne weiteres die im Text zum Ausdruck kommenden sittlichen Wertvorstellungen abbilden können, es bleibt jedoch auch bei diesen Modellen das Dilemma der lexikalischen Bezeichnung: Bei den unendlich vielen Handlungen, die ein Subjekt ausführen kann und für die das Lexikon einer bestimmten Sprache lauter Verben verzeichnet – welche Begriffe sollen da gewählt werden, um alle potentiell möglichen Handlungen hinreichend adäquat und allgemein zusammenzufassen, mit welchen Verben sollen sie bezeichnet werden? Damit stehen wir erneut vor dem Problem der Abstraktion. Die Schwierigkeiten ergeben sich in unserem Fall aus der Notwendigkeit, die verschiedenen in den Texten erzählten Handlungen mit Begriffen zu etikettieren, die angesichts der Beziehungen zwischen ihnen (die gerade den Terminus *Funktion* rechtfertigen) weder ein Zuviel noch ein Zuwenig an Abstraktheit aufweisen, und zugleich Begriffe zu verwenden, die auf eine möglichst große Zahl von Texten anwendbar sind (vgl. 5.1).

Es muß also eine Operation vorausgehen: die Bestimmung der (intertextuellen) Logik der Handlungen in einem gegebenen Corpus (sie ist Teil historischer Bedingtheiten, die anhand des Kontextes nachprüfbar sind). Erst dann können im Hinblick auf einen bestimmten Einzeltext drei Arten von Operationen vorgenommen werden: 1. Wahl des Grades der Vereinfachung der Fabel zu Kernhandlungen; 2. Wahl der Abstraktionsebene für die Definition der Kernhandlungen; 3. im Rahmen der insgesamt zur Verfügung stehenden Begriffe zur Benennung solcher Handlungen: Wahl der als „Etiketts" am besten geeigneten Ausdrücke unter Berücksichtigung der kontextuellen und intertextuellen Logik.

Diachronie und Achronie in der *Fabel*

6.1. Wie bereits erwähnt (1.1), ist das Spezifikum der *Fabel* definitionsgemäß die chronologische und kausale Anordnung der Ereignisse. Jede Paraphrase, die sich dieser Ordnung nähert, kann durch eine Paraphrase ersetzt werden, die getreu der Chronologie folgt (ein besonderes, unter theoretischem Gesichtspunkt jedoch nicht interessierendes Problem ergibt sich aus dem etwaigen Vorhandensein gleichzeitiger Ereignisfolgen). Hinsichtlich dieses Prinzips hält Propp an seinem Standpunkt fest und definiert die Funktion selbst in Abhängigkeit vom Handlungsverlauf (vgl. 1.2), d. h. kausal und positionsmäßig. „Die Struktur des Märchens, so wie Propp sie herausarbeitet, stellt sich dar als eine *chronologische* Aufeinanderfolge qualitativ verschiedener Funktionen, die jeweils eine unabhängige ‚Gattung' bilden."[118]

Eine deutliche Abweichung gegenüber Propps Auffassung ist bei Lévi-Strauss bereits seit seinem Beitrag von 1955[119] zu beobachten; Propps Gedanken finden sich dort nur andeutungsweise wieder, wahrscheinlich vermittelt durch die Lehre Jakobsons[120]. Lévi-Strauss spricht von einer „doppelten, zugleich *historischen* und *ahistorischen* Struktur" des Mythos, die zur Folge hat, daß der Mythos „sowohl in das Gebiet des *gesprochenen Wortes* [*parole*][121] gehört (und als solcher analysiert werden kann) wie in das der *Sprache* [*langue*][121] (in der er formuliert wird) und dabei auf einer dritten Ebene denselben Charakter eines absoluten Objekts hat"[122]. Als Parole-Phänomen wird der Mythos syntaktisch in räumlich-zeitlicher Folge realisiert, als Langue-Erscheinung ist er analysierbar in konstitutive Einheiten (Mytheme)[123], die permutiert und zu achronischen signifikanten Gruppen zusammengefaßt werden können.

Die Mytheme eines Mythos müssen (ähnlich wie bei einer Orchesterpartitur) in eine strenge Ordnung gebracht werden, nicht nur damit in der Horizontalen die Reihenfolge eingehalten wird, sondern damit auch in der Vertikalen Spalten entstehen, in denen semantische Beziehungen zusammengefaßt und entsprechend etikettiert werden. Die horizontale Lektüre der Mytheme entspricht der (chronologischen) Lektüre der Erzählung, die vertikale hingegen ist auf den *Inhalt* ausgerichtet (achronische Lektüre). Diese Vorstellung ist natürlich nach der Veröffentlichung der *Morphologie des Märchens* in den Vereinigten Staaten (1948) und besonders in der Diskussion um Propp noch oft unterstrichen worden: „Wenn man sich unserer Auffassung anschließt, dann resorbiert sich die chronologische Reihenfolge in eine atemporale, matrixähnliche Struktur, deren Form in der Tat konstant ist; und die Funktionsverschiebungen sind nur noch einer ihrer Substitutionsmodi (in vertikalen Spalten oder Spaltenteilen)."[124]

Diese Reflexion über die Bedeutung der Mytheme hat die Erzählforschung in der Propp-Nachfolge befruchtet. Sie hat es erlaubt, das geschlossene System Propps zu überwinden, das durch den Typ von Märchen geprägt war, auf den sich alle Zaubermärchen reduzieren lassen, und statt dessen die Entwicklung von Systemen ins Auge zu fassen, die jeweils durch ihre eigene semantische Kohärenz bestimmt sind. Sie hat aufgezeigt, daß Märchen mit mehreren Handlungsverläufen eventuell nur in wechselnden Anekdoten ein und dasselbe Schema reproduzieren, so daß zwischen scheinbar grundverschiedenen Funktionen Äquivalenz besteht.

---

[118] *Lévi-Strauss* 1960, p. 204 (Kursivdruck von C. S.).
[119] *Lévi-Strauss* 1955.
[120] *Lévi-Strauss* 1960, pp. 183–184.
[121] im Sinne von *Saussure*.
[122] *Lévi-Strauss* 1955, p. 230.
[123] M. E. definierbar als „Inhaltseinheiten" auf der Ebene der Fabel.
[124] *Lévi-Strauss* 1960, p. 206.

Man darf andererseits nicht sagen, Lévi-Strauss wolle jede Erzählung in die Zwangsjacke seiner Formalismen stecken, wenn er feststellt: „Das Märchen hat mehr Spielraum, die Permutationen sind hier relativ frei und erhalten allmählich eine gewisse Willkür."[125] Daraus läßt sich leicht ableiten, daß bezüglich der Fabel einer Novelle oder eines Romans Freiheit und Willkür noch größer sind.

Was bei Lévi-Strauss etwas unklar bleibt, sind die Verfahren zur Ermittlung und Definition der atemporalen Matrizen. Einmal spricht er von „Permutationen", dann von „Transformationen" oder auch von „Beziehungsbündeln" (so als bemühe er sich, etwas noch nicht ganz Greifbares zu erfassen, daher auch die Verwendung von Metaphern und Analogien).

In der Tat hat Lévi-Strauss ein zentrales Problem der Semiotik der Erzählmodelle berührt. Auf der einen Seite sind die Funktionen die minimalen, irreduziblen Einheiten des Modells. Andererseits bleiben zwischen einigen Funktionen Ähnlichkeiten bestehen, so daß durch das Auftreten dieser Funktionen an aufeinanderfolgenden Punkten auch in einem Modell eine Form partieller Rekurrenz entsteht. Die Funktionen sind offensichtlich irreduzibel, jedoch weiter zerlegbar – so wenn man daran denkt, daß sie Einheiten oberhalb der Komplexität der Semanteme darstellen, daß sie sich also ohne weiteres in kleinere semische Einheiten zerlegen lassen. Die terminologische Vielfalt bei Lévi-Strauss öffnet also den Weg für zwei Entwicklungsmöglichkeiten im Bereich der funktionalen Analyse: eine logische, ausschließlich auf die Ebene des Modells ausgerichtete Tendenz („So könnte man die *Verletzung des Verbots* als die Umkehrung des *Verbots* und dieses als eine negative Transformation des *Gebots* behandeln. Die *Entfernung des Helden* und seine *Rückkehr* könnten als ein und dieselbe Funktion der *Trennung* erscheinen, negativ oder positiv ausgedrückt")[126]; eine semantische Richtung: danach würden zwei Funktionen in einer Ähnlichkeitsbeziehung stehen, wenn sie ein oder zwei Seme gemeinsam haben. Natürlich ist die letztere Analysemethode vor allem auf einer niedrigeren Abstraktionsstufe und ganz sicher in bezug auf die Fabel anwendbar.

Genau auf der Ebene der Fabel analysiert Lévi-Strauss auch den Ödipusmythos[127], wenn er ihn gemäß dem oben Gesagten wie eine „Orchesterpartitur" liest. Es ist notwendig, einen Augenblick auf die in der „vertikalen Richtung" vorgenommenen Lektüren einzugehen. Lévi-Strauss verteilt den Mythos auf vier senkrechte Spalten [p. 235]; in der dritten Spalte steht:

Kadmos tötet den Drachen
Ödipus bringt die Sphinx um

und in der vierten Spalte:

Labdakos (Vater von Laios) = ‚hinkend'(?)
Laios (Vater von Ödipus) = ‚linkisch'(?)

---

[125] Ibd., p. 196.
[126] Ibd., p. 205.
[127] *Lévi-Strauss* 1955, pp. 234 ff.

Ödipus = ‚geschwollener Fuß'(?)
Die Bedeutung der beiden Spalten besteht nach seiner Aussage in der *Verneinung der Autochthonie des Menschen* bzw. dem *Fortbestand der menschlichen Autochthonie*[127a]. Ohne hier auf die mythologischen Vergleiche einzugehen, bei denen sich herausstellt, daß die Söhne der Erde häufig so dargestellt werden, als könnten sie nicht richtig gehen, halte ich fest: 1. Die vierte Spalte hat im Gegensatz zur dritten keinen Erzählgehalt, sie gehört daher nicht zur horizontalen Lektüre der Mytheme; 2. die vierte Spalte läßt klar erkennen, daß sie aus Gründen der Symmetrie zur dritten gebildet worden ist; ihren Titel hat diese wiederum aus kulturanthropologischen, der funktionalen Betrachtung fremden Erwägungen heraus erhalten.

Die dritte und für unsere Zwecke wichtigste Feststellung ist folgende: die den Spalten zugeordneten Titel sind kein Produkt der Abstraktion, sie sind nicht homogen mit den darunterstehenden Mythemen (die dritte Spalte ließe sich z. B. nur zusammenfassen mit „Tötung der chthonischen Ungeheuer"). Diese Titel befinden sich also nicht auf derselben Paraphrasenachse wie die Mytheme; sie sind *Interpretationen* davon. Durch solche Titel werden die Mytheme unweigerlich auf nicht deckungsgleiche Kategorien übertragen.

Es geht hier nicht darum, die Brauchbarkeit der Methode Lévi-Strauss' zu diskutieren (es gibt davon neuere, beträchtlich verfeinerte Anwendungen, auch wenn gerade diesen ersten eine paradigmatische Funktion zukommt). Außerdem ist zu betonen, daß bei Mythen *der* verborgene Sinn ein Urmerkmal darstellt und grundverschieden ist von den Bedeutungen anderer literarischer oder nichtliterarischer Erzählungen. Die Betonung der „vertikalen" Koordinaten bei Lévi-Strauss entspricht daher ganz bestimmten Erfordernissen des Gegenstandes, seine Erklärungsmethoden sind nur an der Stimmigkeit der Ergebnisse zu beurteilen. Für uns, die wir uns nicht mit dem Mythos beschäftigen, sind die Implikationen von Interesse, welche die „Durchbrechung der Linearität" hat. Bedingt ist dieser Bruch nicht nur durch eine unterschiedliche Bewertung der Mytheme – in der Horizontalen gelten sie als Erzählkondensate, in der Vertikalen als semische Komplexe –, sondern auch durch das Überstülpen eines Interpretationsschemas, das *a posteriori*, unter Rückgriff auf ein außerhalb des Textes konstruiertes mythologisches System formuliert wird. Genau darauf weist Propp hin (mit einem empfindlichen Unterton, der uns hier nicht zu beschäftigen hat): „Der Unterschied zwischen meiner Art des Denkens und derjenigen meines Kritikers besteht darin, daß ich die Verallgemeinerungen aus dem Material herleite, während Professor Lévi-Strauss [nochmals] von meinen Verallgemeinerungen abstrahiert."[128]

Die Befürchtungen Propps hinsichtlich der Verletzung der chronologischen Ordnung kann man hingegen nicht teilen: „Das gewaltsame Herauslösen der Funktionen aus ihrer zeitlichen Folge zerstört das künstlerische Gewebe eines

---

[127a] [Dt. Übers., pp. 236–237 geändert, da „persistance" (in Opposition zu „négation") irrtümlich mit „Beständigkeit" wiedergegeben, Anm. d. Ü.]

[128] *Propp* 1966, p. 231.

Werks, das wie ein feines und kunstvolles Spinnennetz keine Berührung verträgt."[129] Wie noch gezeigt werden soll, trägt die paradigmatische Rekonstruktion dazu bei, daß in einer späteren Phase jene Logik der Erzählung sichtbar wird, die gerade durch die Identifizierung der Funktionen offengelegt werden soll. Im übrigen habe ich zu Anfang (2.1) aufgezeigt, daß beim Lesen und Hören nur scheinbar eine Linearität besteht. Die sich schrittweise summierenden Inhalte organisieren sich in einem achronischen Raster; das Modell von Lévi-Strauss (oder etwaige andere Schemata) kann (können) als Verfeinerung dazu angesehen werden. Dieser Raster gewährleistet die Speicherbarkeit und sichert zugleich die Rationalität des Erzählten.

Alle neueren ethnographischen Untersuchungen formalistischer Art stellen lauter Weiterentwicklungen und Vertiefungen der Ansätze von Propp und Lévi-Strauss dar[130]. Ich will darüber kurz berichten[131], weil dort die Probleme der logischen Beziehungen zwischen den Funktionen, der Antinomie von Syntagma und Paradigma sowie der globalen Erzählstruktur am meisten diskutiert worden sind. Unter diesen Überlegungen besonders wertvoll erscheint uns die Bestimmung der Funktion als einer propositionalen Paraphrase (5.3). Hier die wichtigsten Punkte:

a) Logische Beziehungen zwischen den Funktionen. Jede Funktion, mag man sie mittels „Etiketts" oder wortreicher Definitionen darstellen, ist Ausdruck einer Handlung. Zwischen den Handlungen, die sich fortlaufend aneinanderreihen, entstehen automatisch im Rahmen der Logik der Erzählung Beziehungen der Aufeinanderfolge oder der Verkettung.

Schon Propp hatte festgestellt, daß viele Funktionen regelmäßig zu Paaren gekoppelt auftreten: „Verbot – Verletzung des Verbots; Nachforschung[en] – Verrat von Informationen; Betrugsmanöver des bösen Gegenspielers – entsprechende Reaktion des Helden; Kampf – Sieg; Kennzeichnung – Identifizierung"[132]. Zwischen ihnen besteht offensichtlich eine Beziehung der Implikation (die allerdings in umgekehrter Richtung zu lesen ist, da immer das zweite Glied des Paares das erste impliziert)[133]. Dieselbe Linie, wenn auch unter Veränderung des Inventars der Funktionen (sie werden durch den wenig glücklichen Begriff *motifemes* ersetzt), verfolgt auch Dundes[134], der die binäre Anordnung der Funktionen zu einer Systematik ausbaut und dabei die Abstraktionsgrade explizit macht (die *motifemes* realisieren sich in einer Skala von *allomotifs*). Das zentrale

---

[129] Ibd., p. 232.

[130] Ausgezeichnete Darstellung bei *Meletinskij* 1969.

[131] Ausführlichere Angaben dazu bei *Meletinskij* 1969; *Meletinskij/Nekljudov/Novik/Segal* 1973; *Miceli* 1973, *Pop* 1973.

[132] *Propp* 1928a, p. 108 [dabei „Schädling" geändert in „bösen Gegenspieler" wie dort, p. 99, Anm. d. Ü.].

[133] *Bremond* 1973, p. 122.

[134] Mit einem interessanten Vorläufer in *Armstrong* 1959.

Funktionspaar, in dem fast alle Märchen untergebracht werden können, ist das Paar „Fehlelement [lack] – Beseitigung des Fehlelements [lack liquidated]" (ein von Bremond weiterentwickelter Gedanke). Strukturimmanent läßt sich jede Erzählung (oder zumindest jede der von Dundes untersuchten Indianer-Erzählungen) in folgender Weise schematisieren: als Abfolge von Oppositionspaaren, als Folge von Motivemen mit ihren Gegenstücken in umkehrter Reihenfolge oder als komplexere Handlungsgefüge, die jedoch gleichfalls auf den ursprünglichen Dichotomien aufbauen. Diese Möglichkeit wird, besser als von anderen, von Pop[135] weiterentwickelt; man betrachte beispielsweise den symmetrischen Aufbau von Anfang und Ende des rumänischen Märchens „Das Mädchen als Soldat", das Pop analysiert hat:

I. Mangel
  II. Betrug
    III. Probe
      IV. Gewalt
      Die Beseitigung der Gewalt
    Die Beseitigung der Probe
  Die Beseitigung des Betrugs
Die Beseitigung des Mangels

Die Diskussion über die Thesen Dundes', wie sie bei Bremond zu finden ist[136], soll hier nicht referiert werden, schon deswegen nicht, weil der Hauptunterschied zwischen dem Konzept der Funktionen bei den beiden Forschern darin besteht, daß der eine (Dundes) eine binäre Darstellung mit Extrempolen, der andere (Bremond) eine Triade bevorzugt, die das Moment der Vermittlung betont. Es handelt sich dabei um verschieden gewählte Darstellungskonventionen, aber nicht um in der Substanz gegensätzliche Positionen. Wie bereits erwähnt (4.3), könnte man als Angelpunkt ebensogut das mittlere Moment ansehen, welches den Übergang zwischen den beiden Extremen schafft, zwischen gedachten Polen, die nicht unbedingt im konkreten Modell entwickelt sein müssen.

    Eine ganz ähnliche Ausgangsposition wie Dundes nimmt Meletinskij[137] ein, der sagt: „Das Zaubermärchen repräsentiert sich auf einer sehr abstrakten Sujetebene als eine bestimmte hierarchische Struktur binärer Blöcke, deren letzter Block bzw. paarweises Glied unbedingt ein positives Zeichen haben muß."

    An anderer Stelle tritt Meletinskij jedoch für eine paradigmatische Strukturierung der Verhaltenselemente ein: „[Die] Verhaltensregeln, d. h. die Struktur der Märchenhandlung, bilden ein komplettes semantisches System, in dem die Funktionen zusätzliche logische Relationen aufdecken, die unabhängig sind von den syntagmatischen Beziehungen."[138] So wird der syntagmatische Verlauf des

---

[135] *Pop* 1967 und 1973, p. 434.
[136] *Bremond* 1973, pp. 59–80.
[137] *Meletinskij* 1969, p. 272.
[138] Ibd., p. 273.

Märchens durch die unterschiedliche Kombination positiver und negativer Verhaltenselemente bestimmt. Es lassen sich schließlich gewisse Grundtypen von Oppositionen erkennen (z. B. familieninterner *vs* externer, altruistischer *vs* eigennütziger, mythischer *vs* nichtmythischer Charakter der Probe, der sich der Held unterziehen muß); aus der Kombination dieser Paare, sei es mit der positiven, sei es mit der negativen Variante der Elemente, werden allgemeine Märchenkategorien entwickelt, die eine genaue Klassifikation ermöglichen. Wichtig erscheint mir dieser Versuch des sowjetischen Semiotikers nicht nur im Hinblick auf die Verfeinerung der Möglichkeiten syntagmatischer und paradigmatischer Märchenanalyse, sondern auch wegen der Einbeziehung des *Wert*begriffs, natürlich im Rahmen der Vorstellungen, auf die die Märchen sich stützen. Besondere Erwähnung verdient jedoch, daß er in seinen Formalisierungen jene verhaltensmäßigen [sozialen] und institutionellen Größen berücksichtigt hat, durch die das Märchen an Zeit und Geschichte gebunden wird.

b) Globalstruktur der Erzählung. Präzisiert wird in diesem Zusammenhang die Unterteilung des Syntagmas in *Phasen,* die mehrere Funktionen umfassen: „Die zentrale Bewegung des Märchens wird (wie Propp gezeigt hat) als Bewegung von einer Mangelsituation (Schädigung) zur Beseitigung der Mangelsituation und zusätzlichen Erfolgen gedeutet; zweitens [nicht in einem zweiten Schritt, sondern vielmehr im Rahmen der Bewegung (C. S.)] realisiert sich diese Bewegung durch Proben, die der Held des Märchens bestehen muß."[139] Auch diese Bewegungen [bzw. Phasen] können qua Abstraktion formuliert oder rein formal, mittels „Leer"-Stellen ausgedrückt werden. Für den ersten Fall sei an das Modell Bremonds u. a. erinnert, für den zweiten zitiere ich hier das Schema von Labov und Waletzky[140]:

(I)   Orientation (Orientierung)
(II) Complication (Komplikation)
(III) Evaluation (Evaluation)
(IV) Resolution (Auflösung)
(V)   Coda (Coda)

das im übrigen mit dem von Greimas und sogar mit gewissen begrifflichen Unterscheidungen der klassischen Rhetorik vergleichbar ist[141].

c) Das Paradigma. Interessant ist, wie Segal[142] das Schema Lévi-Strauss' aufgreift: horizontale Anordnung syntagmatischer Elemente, und zwar so, daß in der Vertikalen die äquivalenten Einheiten untereinanderstehen. Die von Segal isolierten Einheiten auf der Ebene der Fabel sind „Prädikate (erzählimmanente Relationen, denen ein bestimmter Wert zugeordnet ist)"[143]. Er analysiert drei

---

[139] *Meletinskij/Nekljudov/Novik/Segal* 1972, p. 422.
[140] *Labov/Waletzky* 1967.
[141] *Van Dijk* 1972, pp. 136–137 und 293–294 – mit logischer „Übersetzung", die die handelnde Person einschließt.
[142] *Segal* 1966.
[143] Ibd., p. 335.

Versionen ein und derselben Indianer-Erzählung und gewinnt die Bedeutung der drei Versionen durch Analyse der „Prädikaten"-Abfolge, durch Zerlegung der „Prädikate" in kleinere semische Komponenten und schließlich dadurch, daß er prüft, welche dieser Komponenten in den drei Versionen vertreten sind und welche nicht. Diese Zerlegung der „Prädikate" in semische Komponenten ist sicherlich eine der fruchtbarsten Anregungen für eine konkrete Analyse der Fabel.

6.2. Greimas hat die Aussagen Propps und Lévi-Strauss' noch gründlicher aufgearbeitet und überdacht, indem er eine kühne Synthese von beiden versucht. Auf einen Teil seiner theoretischen Überlegungen soll hier kurz eingegangen werden, und zwar auf die Funktionen. Greimas greift auf Propps Inventar der Funktionen zurück, reduziert dieses jedoch zahlenmäßig (von 31 auf 20); besonders wichtig ist dabei, daß dies durch eine Anordnung in Oppositionspaaren geschieht, die in eine geometrische Darstellung der empirischen Forschungsergebnisse Propps einmündet[144]. Greimas faßt schließlich die Funktionen in drei Hauptklassen von Erzählsyntagmen zusammen – *syntagmes performanciels* (i. e. Prüfungen), *syntagmes contractuels* (Vertrag und Bruch des Vertrags), *syntagmes disjonctionnels/conjonctionnels* (Aufbruch und Rückkehr)[145] – und vereinigt einen großen Teil der durch die Handlungen ausgelösten Veränderungen in einem großen viergliedrigen Block: an seinem Anfang und Ende stehen Bruch des Vertrags und Wiederherstellung des Vertrags (bzw. Etablierung eines neuen Vertrags), die beiden Mittelstücke sind Entfremdung (aliénation) und Reintegration (réintégration) des Helden durch die Tat (performance) bzw. „Prüfung". Nach einer neueren Version betrachtet Greimas deren Aufeinanderfolge als „Etablierung einer *konjunktiven* vertraglichen Relation zwischen einem Adressanten (destinateur) und einem Adressaten-Subjekt (destinataire-sujet), auf die eine räumliche *Disjunktion* zwischen den beiden Aktanten folgt. Das Ende der Erzählung wäre demgegenüber durch eine räumliche Konjunktion und einen letzten Wertetransfer gekennzeichnet, wobei ein neuer Vertrag durch eine neue Verteilung der Werte, sowohl der ‚objektiven' wie der modalen, etabliert wird."[146]

Sehr viel entschiedener als bei Propp sind die Phasen der Erzählung an die Beziehungen zwischen den Personen gebunden: so wird der Vertrag als Nexus zwischen Adressant *(destinateur)* und Adressat *(destinataire)* (Kommunikationsbeziehung) definiert, während der Kampf für die zwischen Helfer *(adjuvant)* und Opponent *(opposant)* konstituierte Beziehung steht. Die Personen Propps, die auf sechs reduziert werden, bilden nunmehr ein festes Beziehungsgefüge:

Adressant → Objekt → Adressat
↑
Helfer → Subjekt ← Opponent

---

[144] *Greimas* 1966, Kap. 11.1, pp. 192–203 (dt., pp. 178–188).
[145] *Greimas* 1970, p. 191.
[146] Ibd., p. 182.

Aus der größeren Abstraktheit in der Bezeichnung der Personen wird sofort ersichtlich, daß Greimas wohl von der Beschreibung Propps ausgeht, aber zu Modellen von allgemeiner Gültigkeit gelangen will. Die Abstraktheit läßt auch erkennen, daß Greimas sehr viel stärker als Propp die konkrete Gestalt der Personen den Funktionen, die sie ausführen, unterordnet. Genau deshalb übernimmt er von Tesnière den Terminus *Aktant (actant)*. Durch ihn wird die Person an den „Akt" gebunden, und gleichzeitig wird ihr jede akzidentelle Qualität genommen: Der *Aktant (actant)* verhält sich zum *Akteur (acteur)* wie das Phonem zum Laut, und wie sich mehrere *Akteure* als ein einziger *Aktant* erweisen können, so kann auch ein einziger Akteur die Rolle verschiedener *Aktanten* spielen. Die Aktanten sind nicht nur den Funktionen, sondern auch den Werten untergeordnet:

> „Die Aktanten werden nicht mehr als operierende Entitäten aufgefaßt, sondern als Orte, an denen sich Objekte = Werte ansiedeln können, sei es, daß sie ihnen zugeführt, sei es, daß sie ihnen entzogen werden." [147]

Die interessanteste Eigentümlichkeit des aktantiellen Systems Greimas' ist die Berücksichtigung der Modalität: *wissen/können (savoir)* auf der Beziehungsachse Adressant–Adressat, *können (pouvoir)* auf der Achse Helfer–Opponent, *wollen (vouloir)* auf der Achse Subjekt–Objekt. Aus dem *Wollen* wird im Zuge der Handlungsentwicklung ein Tun *(faire)*.

Die theoretische Reflexion von Greimas zeichnet sich, ganz abgesehen von ihrer Komplexität und modellinternen Verwicklungen, dadurch aus, daß sie in dauernder Bewegung begriffen ist und nicht zum Stillstand kommt, sei es in noch so vorläufigen Systematisierungen. Für unsere Zwecke, meine ich, können wir uns auf die beiden Artikel von 1966 und 1969[148] stützen. In seinem ersten Beitrag unterscheidet Greimas (im Anschluß an Lévi-Strauss) drei strukturelle Komponenten des Mythos: *armature* [Gerüst], *code* [Code] und *message* [Nachricht]. Unter *armature* versteht er „le statut structural du mythe en tant que narration"[149]. Es handelt sich demnach um eine Einheit des Diskurses mit einer zeitlichen Dimension: die beschriebenen Verhaltensweisen sind untereinander durch Vorher-Nachher-Beziehungen verknüpft. *Message* wird definiert als „la signification particulière du mythe-occurence"[149a] und kann sowohl in der horizontalen Ebene des Diskurses als auch strukturell gelesen werden (wobei unterstellt wird, daß die erstere eine Manifestation der letzteren ist); wir haben es also mit einer Phase des Übergangs von der Achronie zur Temporalität zu tun. Auf der Diskurs-Ebene haben die Akteure und Ereignisse sozusagen den Wert von Inkarnationen semischer Einheiten, die syntaktisch in Aussagen organisiert sind. Auf der strukturellen Ebene hingegen sind diese semischen Einheiten nicht mehr nach den

---

[147] Ibd., p. 176.
[148] Ibd., pp. 185–230 und pp. 157–183.
[149] Ibd., p. 187 (die strukturelle Ordnung des Mythos als Erzählung).
[149a] Ibd., p. 188 (die spezifische Bedeutung des Mythos-Vorkommens).

Bewegungen der sie verkörpernden Entitäten (Akteure und Handlungen), sondern nach den zugehörigen begrifflichen Beziehungen geordnet, die zu Beginn gegeben sind.

Schließlich wird der *Code* wie folgt definiert:

> „Der *Code* ist eine formale Struktur, die 1. aus einer kleinen Zahl von semischen Kategorien besteht und 2. deren Kombination durch Bildung von Sememen es gestattet, alle Inhalte, die zu dem gewählten Ausschnitt aus der mythologischen Sinnwelt gehören, zu erfassen."[150] Die Reihenfolge, in der die Komponenten des Mythos genannt werden, impliziert nicht die Priorität der einen gegenüber der anderen, sondern eine Dialektik zwischen Nachrichten, Gerüst und Code, so daß unser Verstehen der Nachrichten und unsere Kenntnis des Code fortlaufend zunehmen[151].

In seinem neueren Beitrag spricht Greimas jedoch klar und deutlich von einer Priorität des Code gegenüber der Nachricht und der Nachricht gegenüber dem Gerüst. Jede Erzählung sei gekennzeichnet durch eine Ebene der Manifestation (die den spezifischen Bedingungen des sprachlichen Materials, in welchem sie sich ausdrückt, unterworfen ist) und eine immanente Ebene, auf welcher die Narrativität im voraus, vor ihrer Manifestation, organisiert ist. Kurz gesagt: „Die Bedeutung ist unabhängig von den Modi ihrer Manifestation."[152]

Man muß also „die Instanzen *ab quo* der Erzeugung der Bedeutung etablieren, damit man, auf der Basis möglichst wenig gegliederter Inhaltsagglomerate, stufenweise absteigend, immer weiter verfeinerte signifikative Gliederungen erhalten kann, um gleichzeitig zwei Ziele, die der Inhalt durch seine Manifestation anstrebt, zu erreichen: als *gegliederter Inhalt*, d. h. als Bedeutung, und als *Diskurs über den Inhalt*, d. h. als große Paraphrase, erscheinen, die alle vorgängigen Gliederungen des Inhalts auf ihre Weise entfaltet. Anders gesagt: Die Erzeugung der Bedeutung geschieht nicht zuallererst über die Erzeugung der Aussagen und ihre Kombination im Diskurs; sie wird in ihrem Verlauf durch die narrativen Strukturen abgelöst, und genau sie erzeugen den bedeutungshaltigen, in Aussagen gegliederten Diskurs."[153]

Methodologischer Ausgangspunkt ist also das, was Greimas als die „elementare Struktur der Bedeutung" betrachtet, in der die logischen Zuordnungsverhältnisse einer binären semischen Kategorie entfaltet sind: zwei konträre Begriffe (z. B. *weiß* vs *schwarz*) und zwei subkonträre Begriffe *(nicht schwarz* vs *nicht weiß)* stehen sich gegenüber; sie bilden gleichzeitig, über Kreuz betrachtet, eine kontradiktorische Opposition *(weiß* vs *nicht weiß* und *schwarz* vs *nicht schwarz)* und stehen, senkrecht

---
[150] Ibd., p. 196.
[151] Ibd., p. 197.
[152] Ibd., p. 158.
[153] Ibd., p. 159 (Kursivdruck des Vf.).

übereinander, in einem Präsuppositionsverhältnis *(nicht schwarz – weiß)*. Jede dieser Strukturen kann zu einem *konstitutiven semiotischen Modell* erhoben werden und ein umfassendes Feld der Bedeutung subsumieren, indem es sich durch weitere Untergliederungen zusätzliche binäre Kategorien unterordnet[154].

Dieses semiotische Modell von offensichtlich statischem Charakter bildet eine Art Morphologie, die aber auch als dynamische Beschreibung (Syntax) aufgefaßt werden kann, wenn man die Bedeutung betrachtet „comme une saisie ou comme la production du sens par le sujet"[155]; in diesem Fall werden die konstitutiven *Relationen* des Modells in *Operationen* übersetzt. Diese syntaktischen Operationen sind selbstredend, da sie ja über konträren oder kontradiktorischen Begriffen ausgeführt werden, *gerichtet:* von einem positiven zu einem negativen Pol oder, umgekehrt, von einem konträren zu einem subkonträren Begriff usw.

Sobald die begrifflichen Elemente Prozeßcharakter erhalten, werden sie anthropomorphisiert, und selbst die abstrakten oder nichtbelebten Subjekte werden in ihrem „Operieren", handelnden Personen gleich, betrachtet. Die *opération* wird zu einem *faire,* und da sie sich auf mindestens zwei, in kontradiktorischer Opposition stehende *faire* bezieht, läßt sie in der *performance* einen Antagonismus, ein Verhältnis der Konfrontation [„une contradiction de nature polémique"] entstehen (dabei sind zwei Subjekten die [gerichteten Operationen der] *négation* und der *domination* zugeordnet). Der *performance* ist somit „l'unité la plus caractéristique de la syntaxe narrative"[156]. Den Ausgangspunkt bilden also Funktionen und Aktanten als konstitutive Elemente der Erzählgrammatik. Hinzu kommen Erzählaussagen, syntaktische Grundformen und schließlich Erzähleinheiten (mit der *performance* als Musterfall), die syntagmatische Folgen von Erzählaussagen sind[157].

All dies wird als „Grammatik" formuliert. Die Tiefengrammatik hat begrifflichen Charakter, sie ist die Grammatik der konstitutiven semiotischen Modelle (Ebene des Code nach dem früheren Modell). Daran schließt sich eine mittlere semiotische Ebene an, auf der diese Grammatik eine anthropomorphe, aber noch keine stoffliche Darstellung (Nachricht) erfährt, und schließlich der *récit* (Gerüst), der sich in stofflicher Gestalt (mit menschlichen oder personifizierten Akteuren, die Aufgaben erfüllen, Prüfungen ausgesetzt sind, Ziele erreichen) manifestiert. Da Greimas' Interesse ausschließlich den beiden ersten Ebenen gilt, bezeichnet er schon die zweite als „narrative Oberflächengrammatik" *(grammaire narrative superficielle)*[158], so daß der stofflich ausgefüllten Erzählgrammatik keine Möglichkeit gegeben ist, ihre Leistungsfähigkeit unter Beweis zu stellen. Sie wäre, wollte man in dem nunmehr inadäquaten Bild Chomskys bleiben, als Grammatik der

---

[154] Ibd., pp. 160–161.
[155] Ibd., p. 164 (als Verstehen bzw. Erzeugung von Inhalt durch das Subjekt).
[156] Ibd., p. 173 (die Einheit par excellence der Erzählsyntax).
[157] Ibd., p. 174.
[158] Ibd., p. 166.

obersten Oberflächenstruktur oder der höchsten Aktualisierungsstufe zu definieren.

6.3. Die erzähltheoretischen Ansätze von Todorov und Bremond gehen auf die Weiterentwicklung bei Greimas und nicht nur auf Propp zurück. Wenn ich dennoch von Greimas zuletzt gesprochen habe (die Chronologie wird insofern nicht gestört, als sich seine Theorie noch im Werden befindet), so wollte ich auf diese Weise methodologische Grundprinzipien, die mir unabdingbar erscheinen und deren sich Greimas besonders bewußt war, unterstreichen.

Gegen den von Greimas unternommenen durchgreifenden Versuch einer Neuformulierung der Thesen Propps und Lévi-Strauss' sind als solchen einige Bedenken anzumelden. Hjelmslev selbst, auf den sich Greimas bei der Abgrenzung seiner methodischen Ausgangsposition in allererster Linie bezieht, lehnte (in diesem Punkt Saussure folgend) eine wie auch immer geartete Hierarchie oder Rangfolge zwischen Form und Substanz ab, und zwar sowohl für das sprachliche Zeichen [159] als auch für die Grammatik als ganze:

> [...] both the construction of grammar on speculative ontological systems and the construction of a given grammar on the grammar of another language are necessarily foredoomed to miscarry [...].
> The old dream of a universal phonetic system and a universal content system (system of concepts) cannot therefore be realized, or in any case will remain without any possible contact with linguistic reality. It is not superflous, in the face of certain offshoots of mediaeval philosophy that have appeared even in recent times, to point out the fact that generally valid phonetic typs or an eternal scheme of ideas cannot be erected empirically with any validity for language [160].

Auch die unmittelbare Erfahrung mit Texten literarischer oder anderer Art verbietet eine Gleichsetzung der Aktanten mit Schlüsselbegriffen oder Leitgedanken. Die Schlüsselbegriffe (die man als existentielle Vektoren bezeichnen könnte) sind Impulse, Motivationen, Ziele, mit denen die Personen sich auseinandersetzen, die aber ein kompliziertes Netz bilden, und nicht Triebkräfte, die eindeutig jedem der Aktanten zugeordnet sind.

Oftmals stehen diese Leitgedanken eher mit der Handlung in Zusammenhang als mit den Personen; sie bilden, mit anderen Worten, Pole, zwischen denen die Personen sich bewegen und unter deren Einfluß sie ihre eigenen Vorstellungen ändern oder nicht [161].

Wie instruktiv dieses Zurückfragen des Forschers nach den begrifflichen Quellen des Textes auch sein mag – es ist nicht möglich, daraus das Axiom

---

[159] *Hjelmslev* 1943, p. 50 (dt., p. 54).
[160] Ibd., p. 76 und pp. 76–77 (dt., pp. 76–77).
[161] Vgl. als Beispiel hier Nr. 6.

abzuleiten, daß der Schriftsteller (oder Märchenerzähler oder Rhapsode) den umgekehrten Weg beschritten hat: von den begrifflichen Ursprüngen zu ihrer Anthropomorphisierung und schließlich ihrer stofflichen Darstellung in Personen und Handlungen. Die Gewichtung der verschiedenen Elemente – Charakterzüge, Ereignisse, ideologische Aspekte – variiert je nach Erzählung derart, daß es nicht angeht, hypothetisch eine Ebene anzunehmen, auf welcher ausschließlich die letzteren als treibende Kräfte fungieren. Nun stützt sich aber das Konzept Greimas' gerade auf die Überzeugung von diesem Axiom; sonst würde sich sein *konstitutives semiotisches Modell* als – weniger ambitiöser – Versuch einer Systematisierung der Leitgedanken präsentieren.

Auch zum Konzept einer narrativen Oberflächengrammatik (nicht gleichzusetzen mit einer solchen à la Chomsky) bedürfte es weiterer Präzisierungen. Die Beispiele zur Anthropomorphisierung – wie „le crayon écrit"[162] – gehören offensichtlich zur Ebene der Personen, nicht zu der der Aktanten, so daß man sich fragen muß, ob *zwei* Oberflächenebenen nicht zu viel sind.

Schließlich erweist sich das logische Strukturschema für die Anwendung auf eine Erzählung oftmals als ein redundantes Beschreibungsinstrument. Eine Erzählung mag „Gut" und „Böse" einander gegenüberstellen oder – wie Bremond[163] es lieber ausdrücken will – das Gute dem Nicht-Guten. Es mag auch sein, daß die volle Entfaltung des logischen Schemas bei besonders raffinierten Autoren tatsächlich anzutreffen ist, jedoch richtet sich m. E. die Erzählung (mit ihren begrifflichen Korrelaten) im allgemeinen an konträren (bzw. kontradiktorischen) Begriffsreihen aus.

Trotz dieser Vorbehalte stellt meines Erachtens der Beitrag Greimas' eine entscheidende Etappe in der Erzähltextforschung dar, weil er auf die Notwendigkeit aufmerksam macht, wieder all das in die Analyse einzubeziehen, was Propp – in dem ausschließlichen Bemühen um die Funktionen (vgl. 1.2) – mehr oder weniger rigoros daraus verbannt hatte (Personen, Motive, Modalitäten).

Auf diese Notwendigkeit ist von mehreren Seiten hingewiesen worden, beispielsweise von Barthes[164], der eine feinere Analyse der narrativen Einheiten entwirft, als dies Propp und der Erzähltextforschung in der Propp-Nachfolge gelungen ist. Barthes löst das Problem der mehr oder weniger großen funktionalen Relevanz der Einheiten durch eine Hierarchie von Termini: von den Funktionen gelangt man zu den *Indizien (indices),* die „nicht auf einen komplementären und logisch-kausal folgenden Akt, sondern auf einen mehr oder weniger unscharfen, aber für den Inhalt der Geschichte *(histoire)* notwendigen Begriff verweisen"[165] und schließlich zu den *Informanten,* die „zur Identifizierung und zur Situierung in

---

[162] *Greimas* 1970, p. 167.
[163] *Bremond* 1973, p. 93, mit zahlreichen wichtigen Bemerkungen.
[164] *Barthes* 1966b, pp. 6 ff.
[165] Ibd., p. 8.

Zeit und Raum dienen"[166]; ferner von den *Kardinalfunktionen* oder *Kernen (fonctions cardinales ou noyaux)*, die eine Alternative eröffnen (bzw. Wahlmöglichkeit ausschließen), zu den *Katalysen (catalyses)*, die „sich verdichtend um den einen oder anderen Kern lagern, ohne etwas an dessen weichenstellender Funktion zu ändern"[167].

Barthes bleibt jedoch, was den Abstraktionsgrad angeht, weit unterhalb der Erzählmodelle. An der Oberfläche des Diskurses, wenngleich im Gewand einer paraphrasierenden Synthese und nicht in seiner tatsächlichen sprachlichen Gestalt. Es liegt auf der Hand, daß auf dieser Ebene mehr oder weniger funktionshaltige oder sogar von vornherein nichtfunktionale Elemente auftreten.

Meines Erachtens muß es, wie ich bereits betont habe, möglich sein, genauso wie man auf einer bestimmten Abstraktionsstufe gezwungen ist, von gewissen Begriffen, Qualitäten oder sogar Ereignissen abzusehen, all das, was ausgeklammert worden ist, auf einer weniger abstrakten Ebene neu zu ordnen. Es muß möglich sein, zu einer funktionalen Systematisierung der Beziehungen zwischen Schlüsselbegriffen, Vorstellungen und Motiven zu gelangen, von denen die Beschreibung der Handlung zwangsläufig abstrahieren muß; ferner der Beziehungen zwischen Personen, deren Transformationen eine Novelle oder ein Roman erzählt (die verschiedenen Konfigurationen dieser Beziehungen stehen dann am Ende von Gruppen von Handlungen, von denen ausgehend die Beziehungen eine Veränderung erfahren haben), manchmal auch nur die Auswirkungen solcher Transformationen (dann bildet das Schema die Motivierung der erzählten Handlungen ab); schließlich muß eine solche Systematisierung möglich sein für die Arabesken einer Erzählung, nachdem diese zuvor der skeletthaften Form des Erzählmodells zum Opfer gefallen sind. Das ist keine bloße Gedankenspielerei: Eine Erzähltextanalyse stellt sich als ein ernsthaftes Bemühen um Rationalität, mithin die Erforschung von Ursachen dar. Es liegt auf der Hand, daß die Logik der Funktionen nicht alle kausalen Einflußgrößen ausloten kann, sonst wären ja die extrafunktionalen Elemente überflüssige Füllsel.

Dieses Vorgehen in Reduktions- und Rückgewinnungsschritten, bei dem einmal abstrahiert wird im Hinblick auf eine funktionale Systematisierung und dann wiederum das, wovon abstrahiert worden ist, funktional systematisiert wird, ermöglicht es, zur Erforschung der Invarianten der Erzählung (Modelle von maximaler Abstraktheit im Vergleich zur Materialität jedes Kunstwerks) vorzustoßen, aber gleichzeitig nichts von dem zu opfern, was für jedes einzelne Werk (zumindest auf der Ebene der Inhalte) charakteristisch und spezifisch ist. So wird zwei scheinbar widersprüchlichen Erfordernissen Genüge getan: dem der Allgemeinheit des Modells und dem der adäquaten Beschreibung des literarischen Gegenstandes.

---

[166] Ibd., p. 10.

[167] Ibd., p. 9. Dies sind ähnliche Unterscheidungen wie die von *Tomaševskij* 1925, pp. 269-270, zwischen *freien* u. *gebundenen*, *dynamischen* u. *statischen* Motiven, vgl. hier 1.1.

Falls sich das konsistente, auf eine gemeinsame Basis zurückführende Modell Greimas' als nicht applikabel erweist, kann man versuchen, die Beziehungen (Gegnerschaft, Bündnis, Austauschbarkeit usw.) zwischen den Personen darzustellen, indem man diese zunächst in ihrer Individualität betrachtet, was bereits eine Synthese charakterisierender Merkmale (Alter, Familienstand, Herkunft, Wesensart) bedeutet, und kann dann das Gleichbleiben bzw. die Veränderungen dieser Beziehungen parallel zu den Phasen der Erzählung beobachten [168]. So lassen sich zwischen den Leitgedanken Polygonzüge herausarbeiten, um den ideologischen Raum, in welchem sich die Handlung bewegt, zu bestimmen. Es ist dann ein leichtes, einen solchen Streckenzug der Leitgedanken mit den Personen zusammenzubringen [169], womit eine Vereinigung der aus dem Kreis der Funktionen herausgenommenen Elemente eingeleitet wird.

Diese personenbezogenen und/oder begrifflichen Polygonzüge können einmal als schematische Darstellung für gleichbleibende Situationen im Verlauf der Erzählung dienen (sie stecken dann den Raum ab, innerhalb dessen sich die Funktionen befinden), zum anderen können sie aber auch in einer Synthese Bewegungsabläufe abbilden, deren erzählerische Entfaltung in den Funktionen gegeben ist [170]. Mit anderen Worten – und damit kehren wir zum Problem der Zeit zurück –: Diese Schemata können einen achronischen Status haben (wie das logische Relationenmodell von Greimas), sie können aber auch als Abbildungen aufeinanderfolgender Phasen, als Ergebnis der Aufeinanderfolge von Handlungen aufgefaßt werden.

Damit erweist sich der Gegensatz zwischen der ausdrücklichen Zeitabhängigkeit der Fabel und der Achronie bzw. dem Quasi-Stillstand der personenbezogenen und/oder begrifflich orientierten Polygonzüge geradezu als eine Notwendigkeit: In einer nicht allzu komplexen Handlung (z. B. in einer Novelle) können die Konstellationen der Personen bzw. Gedanken der Schlüssel für die Handlung der Personen sein, die selbst nicht auf diese Beziehungen zurückwirkt; oder sie können ein *Vorher* oder *Nachher* haben, das selbst gerade Ergebnis der Handlung ist. Die statischen Modelle müssen also von denen scharf getrennt werden, die mehrere

---

[168] Vgl. *Segre* 1969, Kap. 2.

[169] Vgl. *Segre* 1969, Kap. 3. Ein treffender Versuch ähnlicher Art findet sich bei *Alexandrescu* 1971.

[170] Vgl. *Segre* 1969, Kap. 3, pp. 100–101. Die Beziehungen zwischen dem Polygon der Personen und der Fabel sind schon von *Tomaševskij* 1925 im Ansatz erkannt worden: „Die wechselseitigen Beziehungen zwischen den Personen zu einem gegebenen Zeitpunkt bilden eine *Situation,* z. B.: Der Held liebt die Heldin, diese liebt aber seinen Rivalen; die Beziehungen sind: Liebe des Helden zur Heldin und Liebe der Heldin zum Rivalen. Eine typische Situation ist bei zueinander *im Widerspruch stehenden* Beziehungen gegeben; die verschiedenen Personen wollen dann die Situation in je verschiedener Weise ändern [...]. Wir können daher den Verlauf der *Fabel* als Übergang von einer Situation zu einer anderen definieren, während jede Situation durch einen Interessenkonflikt, den *Kampf* zwischen Personen gekennzeichnet ist" (pp. 271–273).

Phasen beschreiben; die ersteren stehen in einer eindeutigen Relation zur Handlung, die letzteren in einer eineindeutigen. Die Trennung dieser Beschreibungsschemata von der Funktionenkette entlarvt die um einen Punkt zentrierte Interpretation als Illusion, andererseits macht sie angesichts der unendlich vielen Möglichkeiten der Kombination von Schemata und Funktionenkette die ganze Weite des Raums der Phantasie deutlich, der dem Erzählen offensteht, eines Raums von Handlungen und Motivierungen.

7. Die Erzähltextforschung oder Narrativik ist einer der jüngsten Forschungszweige der Literaturwissenschaft. Auch wenn man ihren Ursprung im Russischen Formalismus sehen will, darf man doch jene etwa drei Jahrzehnte lange Periode nach 1928–1930, in welcher die Erzählforschung zum Dämmerschlaf verurteilt war, nicht außer acht lassen. Zur Eigenständigkeit gelangte dieser neue Forschungszweig übrigens erst im letzten Jahrzehnt. Er beschäftigt nunmehr so viele Experimentatoren, daß man in einem Überblick wie dem vorliegenden gezwungen ist, eine Auswahl zu treffen, die jedoch durch meine Argumentation, wie ich hoffe, hinreichend gerechtfertigt ist.

Was die Ebenen der Intrige und der Fabel allein angeht, so liegen umfangreiche und unbestreitbar wertvolle Forschungsergebnisse vor. Dabei ist nicht zu vergessen, daß viele *analyses du récit* trotz Formalisierungen über die Ebene der Fabel nicht hinausgehen. Der Abstand zwischen Fabel und Erzählmodell läßt sich auch in der Tat schwer messen; er dürfte je nach Forschungsanliegen bald größer, bald kleiner sein.

Dieser Wechsel des Maßstabes wird besonders dort deutlich, wo Erzähltextanalyse im Rahmen bzw. zum Zwecke komparatistischer Studien durchgeführt wird. Durch den Vergleich zweier ähnlicher Texte lassen sich nämlich oft aussagekräftigere und stärker nuancierte gemeinsame Inhaltssegmente herausarbeiten, als dies bei einer funktionalen Analyse der Fall wäre, was sich wiederum höchst positiv auf den Vergleich selbst auswirkt.

Als Beispiel sei hier die Analyse des „Gesangs von Odysseus" (Hölle XXVI) bei *Avalle*[171] genannt. Er stellt folgende vier Funktionen fest:
(I) Der Held *beschließt aufzubrechen* und sich auf die gefährliche Suche zu machen (Sich-Entfernen).
(II) Der Held *teilt* diesen Beschluß den Gefährten in einer Rede *mit*, in der er die Motive aufzählt, die ihn zu dem großen Vorhaben veranlassen (Mitteilung).
(III) Der Held und die Gefährten *überschreiten* die Grenze des „fremden Landes", das sich aufgrund der anschließend berichteten Einzelheiten als das Land erweist, „aus dem niemand lebend zurückkehrt" (Übertretung).
(IV) Der Held und seine Gefährten *kommen um* als Folge ihres verwegenen Unternehmens (Strafe).

---

[171] *Avalle* 1966. Vgl. dazu ferner die differenzierten Studien von *Genot* 1971 und 1972, wobei die letztere die Möglichkeiten der Verwendung von Erzählanalysen für komparatistische Zwecke glänzend bestätigt (vgl. hier Nr. 9, Anm. 3, 6, 8, 9, 19, 21 und pp. 263/264).

In Wirklichkeit liefern die Umschreibungen („Der Held beschließt aufzubrechen" usw.) die Fabel, während die Begriffe in Klammern („Sich-Entfernen" usw.) das Erzählmodell bilden.

Nun beruhen die hochinteressanten Verbindungen dieser Episode zu ähnlichen Texten des Mittelalters – von den Artusromanen bis zum Alexanderlied *(Alexandreis)* des Walther von Châtillon – ausnahmslos auf Ähnlichkeiten bzw. der Identität der Fabel, während umgekehrt die Elemente der Intrige (Motivierungen, Funktionen der Personen usw.) jeweils als spezifisch und eigentümlich erscheinen. Auf der Ebene des Erzählmodells wären die verschiedenartigsten Texte zugänglich gewesen, hätten aber nicht mehr miteinander verglichen werden können. Beim Vergleich werden die Invarianten also durch Subtraktion ermittelt; was übrigbleibt, sind (vorausgesetzt, der Vergleich war richtig eingestellt) gemeinsame Elemente von beachtlicher Konsistenz.

Natürlich ginge es nicht an, durch wiederholte Vergleiche, d. h. auf induktivem Wege, zum Erzählmodell vorzustoßen. Andererseits darf wiederum das Modell nicht von Gegenständen absehen, zu deren Interpretation es dienen soll. Es muß aus der Erfahrung mit den Texten entstehen, und es gilt, das optimale semische Abstraktionsverhältnis zwischen Funktionen und tatsächlichen oder möglichen Erzählsegmenten zu finden. Der Text ist also unbedingt die Grundlage zur Ermittlung der Funktionen, wie sich an den bereits durchgeführten Versuchen zeigt (wo nicht von Texten ausgegangen wird, liefert Propp die Grundlage, der sich ja seinerseits auf Texte gestützt hatte).

Ohne wiederholen zu wollen, was schon hier und da am Ende der verschiedenen Abschnitte dargelegt wurde, weise ich hier auf die wichtigsten Gründe hin, warum es m. E. unmöglich ist, ein allgemeines Erzählmodell, d. h. einen geschlossenen Katalog von Funktionen und zugehörigen Verknüpfungsregeln, zu entwickeln: die unumgängliche und automatisch subjektiv beeinflußte Vermittlung des Resümees beim Übergang von einer Fabel zur funktionalen Struktur; das Fehlen eines globalen Erzählsystems, das es erlauben würde, die minimalen Einheiten mittels Kommutation zu ermitteln – statt dessen muß der Analysierende jedesmal den Text selbst oder ein Corpus von Texten, die gewisse Ähnlichkeiten in der Chronologie, im Inhalt, in der Thematik o. ä. aufweisen, zum System erheben –; die Unmöglichkeit, ein einheitliches Abstraktionsniveau für das Lexikon dieses Inventars und die äußerst breite Skala von konkreten Handlungen festzulegen, die in jedem Posten dieses Inventars enthalten sein sollten.

Diese Gründe resultieren ihrerseits aus einer Grundtatsache: ein literarisches Werk kann gewissermaßen nur so lange als ein Objekt betrachtet werden, wie man es in seiner sprachlichen Konkretisierung analysiert. Sobald man sich den Signifikaten zuwendet, kehrt es in den Kommunikationskreislauf zurück. Es existiert dann nur in dem Maße, wie es gelesen wird, und setzt Inhalte frei, die das Ergebnis des Kontakts zwischen Leser und Text, also einer Interpretation, sind.

Die Interpretation führt unzweifelhaft in die Zone der Subjektivität (bei allen Sicherheitsvorkehrungen, die philologische und hermeneutische Gewissenhaftigkeit dagegen treffen mag). Auf der anderen Seite eröffnet sie, eben durch die Dialektik Leser–Text, Möglichkeiten der Analyse, die bei einer Betrachtung des Textes als eines starren Objekts, als eines Absolutums, das aus den oben genannten Gründen zugleich unerreichbar ist, ausgeschlossen wären. Es hängt von der Scharfsichtigkeit des Interpreten ab, ob das funktional orientierte Resümee, wenn nicht unanfechtbar, so doch wenigstens redlich ist. Ebenso liegt die Skala der Abstraktionsgrade in den Händen des Interpreten, und er wird sich um eine möglichst fruchtbare Anwendung bemühen, indem er das Corpus in Abhängigkeit von den Zielen seiner Untersuchung festlegt.

Nun spielt aber nicht nur das Verhältnis Leser–Text eine Rolle, auch die Beziehung Text–Kontext. Ich habe bereits darauf hingewiesen, daß die Logik der Funktionen, wenn auch nur indirekt (d. h. qua literarische Konventionen und deren Beharrlichkeit), der Logik des tatsächlichen sozialen Handelns zu bestimmten Zeiten und an bestimmten Orten entspricht.

Wenn man eine Handlung – besser: eine Klasse von Handlungen – als Funktion etikettiert, muß man unbedingt im Auge behalten, daß 1. der Inhalt der Klasse und deren Etikett in einem festen Verhältnis zu einem bestimmten Weltbild (dem des Textes bzw. des Corpus, dem des Kontextes oder des Analysierenden) stehen; daß es 2. zwar zweckmäßig ist, geschlossene Kataloge von Funktionen, Systeme mit genau festgelegten inneren Beziehungsverhältnissen, aufstellen zu wollen, daß diese jedoch, sobald die Synchronie verlassen wird, weder in ihren systemimmanenten Beziehungen noch Komponenten unverändert bleiben können; daß 3. auch die Implikations-, Kontrast- und Kausalbeziehungen zwischen den Funktionen nur im Rahmen der texteigenen (bzw. kontextbedingten) Normen, niemals aber innerhalb ein für allemal gegebener, unveränderlicher Normen gelten (bzw. nicht gelten); daß 4. infolgedessen auch die für die Kombination der Funktionen formulierten Verknüpfungsregeln räumlichen und zeitlichen Veränderungen unterworfen sind.

Aus meiner Sicht muß die Entwicklung von Erzählmodellen in den Rahmen der Bemühungen um die Modellierung kultureller Systeme[172] eingebettet sein. Die „Logik der Erzählung" hat Teil an der „Logik" sozialer und ideologischer Codes. Die Art und Weise der Benennung der Funktionen gehört zu derselben Metasprache, mit der auch die Leitbilder einer bestimmten Kultur beschrieben werden.

So betrachtet würde der Verlust eines – m. E. utopischen – allgemeinen Erzählmodells durch die Herstellung eines fundamentalen Typs von Kontakt zwischen literarischem Werk und Gesellschaft vielfach aufgewogen. Diese beiden Systeme, die man sich mit einem Bild der Astronomie konzentrisch vorstellen könnte, bilden vielmehr Kraftlinien mit weitgehenden gemeinsamen Abschnitten und mit denselben Konvergenzpunkten.

So können die bisher entwickelten (und noch möglichen besseren) Modelle, die

---

[172] Vgl. *Ivanov/Toporov/Zaliznjak* 1962; weitere Bemerkungen zu diesen Forschungsbemühungen bei *Segal* 1973.

sich als Beschreibungsinstrumente von unsicherem Nutzen zu erweisen drohten, „gerettet" werden und sogar wertvolle Dienste leisten, indem sie nicht als Modelle der Erzählung, sondern als solche der Lektüre von Erzähltexten benutzt werden. Die Realität von Diskurs, Intrige, Fabel und funktionaler Struktur besteht in der Realität von Momenten des Verstehens eines Textes, die durch Beschreibungskonventionen voneinander getrennt sind. Es ist die Realität semiotischer, d. h. mit dem Menschen und seiner Erfahrung zusammenhängender, der Geschichte unterworfener Operationen. Die Logik wie die Mathematik oder irgendein anderes künstliches System kann zwar sagen, was nicht möglich ist, nicht aber, was tatsächlich vorkommt. Semiotische Modelle sind historische Modelle.

5. Erzählstrukturen und Geschichte

Wegen seiner ursprünglichen Orientierung an der Synchronie steht der Strukturalismus auch heute noch in dem falschen Ruf der Antihistorizität. Dabei ist schon seit dem berühmten Aufsatz von Jakobson, *Principes de phonologie historique* (1931), bekannt, daß die strukturale Beschreibung nicht bloß Ausgangspunkt für eine diachronische Analyse sein kann, sondern daß sie, wenn auch keine teleologische Erklärung, so doch einen Rahmen von Ausgangsbedingungen für diachronische Untersuchungen liefert. Vom Aufsatz Jakobsons über Martinets Abhandlung *Economie des changements phonétiques* sowie die Anwendungen von Haudricourt und Juilland auf die romanischen Sprachen bis hin zu dem weiterführenden Ansatz von Malmberg hat sich die diachronische Phonologie derart intensiv entwickelt, daß sie zur Grundlage für historische Grammatiken geworden ist.

Der eigentliche Gegensatz besteht also nicht zwischen strukturalistischer Synchronie und Geschichte, sondern zwischen strukturalistischer Diachronie und Historismus. Die strukturalistische Diachronie beschränkt sich auf die endogenen Kräfte, die systemimmanenten Faktoren; der Historismus hingegen orientiert sich, vielfach unbewußt, an einer heute nur noch von wenigen vertretenen Philosophie. Anders verhält es sich mit dem Historismus marxistischer Prägung. Sein Ansatz ist, wie sich zeigen ließe, letzten Endes strukturalistischen Ursprungs. Man denke nur an Begriffe wie Basis und Überbau, den Umschlag von der Quantität in die Qualität usw.

Was die Literaturwissenschaft angeht, so ist allerdings festzustellen, daß der diachronische Strukturalismus nicht ohne weiteres verwertbare Modelle liefert. Ein phonologisches System ist ein geschlossenes Paradigma aus homogenen Elementen, deren wechselseitige Beziehungen erschöpfend beschrieben und schematisch dargestellt werden können. So läßt sich beispielsweise die Aufeinanderfolge von zwei oder mehr phonologischen Systemen ohne Schwierigkeiten in der Geschichte einer bestimmten Sprache darstellen. Das Phänomen Literatur ist für solche Schematisierungen viel zu komplex, auch wenn man ihnen ein Modell zur Beschreibung der Interrelation und Veränderung der Beziehungen zwischen literarischen Gattungen zur Seite stellen könnte, wie es Tynjanov für die russische Literatur entwickelt hat und das ich weiter unten wieder aufgreifen werde.

In den folgenden Überlegungen gehe ich von einer Frage aus, die vor Jahren im Mittelpunkt der Diskussion über den Strukturalismus stand: Liegen die

Strukturen eigentlich im Objekt (dem literarischen Werk) oder im Subjekt (dem Interpreten, der das Werk analysiert)? Betrachten wir irgendeine der berühmten Untersuchungen Jakobsons, so kommen wir zu dem Schluß, daß, solange es um graphische oder phonologische Elemente, um Reime oder Akzente geht, an der Objektivität der Bestandsaufnahme kein Zweifel ist. Die absolute oder relative zahlenmäßige Erfassung von Phonemen oder Phonemgruppen sowie die Bestimmung ihrer Position im Text sind unabhängig von der Subjektivität des Analysierenden. Die Subjektivität kommt erst ins Spiel, wenn Kategorien wie „abstrakt" und „konkret", „Metapher" und „Symbol" herangezogen werden, mehr noch, wenn diese Elemente zu Klassen zusammengefaßt werden, deren – inhaltsorientierte – Abgrenzung nicht auf dem vorgegebenen Material des Textes, sondern auf einer eigenen begrifflichen Gliederung des Analysierenden (z. B. „innerlich" und „äußerlich", „empirisch" und „mythologisch" usw.) basiert.

Zu einer Trennung in subjektive und objektive Elemente kommt es bei einer strukturalen Beschreibung also erst durch den semantischen Gesichtspunkt. Man könnte es auch so formulieren: Eine streng strukturale Beschreibung ermittelt nur Beziehungen, die realiter existieren. Sobald aber semantische und semiotische Überlegungen eine Rolle spielen, ist der Analysierende involviert. Seine Beobachtungen werden dadurch nicht vollkommen subjektiv, denn jeder Interpretationsakt ist Teil einer Hermeneutik, welche die Philologie so adäquat und korrekt wie möglich zu gestalten versucht. Was ich meine, ist, daß der Interpretationsakt das Grundschema der Kommunikation, die Sender-Empfänger-Beziehung, berührt. Durch ihn wird der Text von einem Gegenstand der Analyse zur Mitteilung des Senders an den Empfänger. Bei der semiotischen Analyse treten „Kompetenz" des Empfängers (Lesers) und „Kompetenz" des Senders (Schriftstellers) miteinander in Kontakt, mag die letztere auch nur aus der Nachricht des Senders als ganzer abgeleitet werden können.

Die literarische Nachricht ist mehr als eine sprachliche Mitteilung, sie ist Träger von Empfindungen, Gedanken und Urteilen. Die „Kompetenz" zum Verständnis dieser Nachricht umfaßt zahlreiche Kodes: nicht nur den sprachlichen, sondern zugleich den Kode der gesellschaftlichen und kulturellen Normen sowie den ideologischen Kode. Deshalb ist die Achse, die Sender und Empfänger miteinander verbindet, historischer Natur. Ist der Leser Zeitgenosse des Schriftstellers, so hebt seine Interpretation im Text die hervorstechenden Merkmale seiner eigenen Epochenzugehörigkeit hervor, ohne die der Text keinen Sinn hätte. Gehört der Leser hingegen einer anderen Epoche an, wird er sich sofort dessen bewußt, daß er eine andere „Kompetenz" besitzt als der Schriftsteller. Er muß wie der Interpret, vielleicht sogar mit Unterstützung des Interpreten, eine Reihe von Harmonisierungs- und Kontrollschritten durchführen, bei denen ein historisierendes Modell im Hintergrund steht. So können, ausgehend vom Interpretationsakt, die Entwicklungslinien einer Geschichte der Strukturen erforscht werden.

Allein indem man einen Text als Nachricht betrachtet, ist es möglich, seine Funktion ganz zu erfassen. Die Folge von Wörtern und Interpunktionszeichen, aus denen der Text materialiter besteht, könnte, wenn auch mit allergeringster Wahrscheinlichkeit, ein Ergebnis des Zufalls sein. Das ist jedoch nicht der Fall, weil es einen Sender gegeben hat; weil der Sender seinerseits mit dem Leser eine Kommunikationsbeziehung eingegangen ist; und schließlich, weil der Sender bewußt oder unbewußt eine gemeinsame semiotische Möglichkeit, eine Langue aus Zeichenwerten mit ihren einzelnen und übergreifenden Signifikanten aktualisiert hat.

Diese Langue wird vom zeitgenössischen Leser in vollem Umfang geteilt, während sie von einem Leser, der sich in zeitlicher und räumlicher Distanz zum Sender befindet, mehr oder weniger vollständig rekonstruiert und interpretiert werden kann. Die Langue ist ein System von Ausdrucksverfahren, das mit den Schlüsselbegriffen der Gesellschaft, die sie verwendet, eng verbunden ist, ja größtenteils mit ihnen übereinstimmt. Die Vielfalt dieser Ausdrucksverfahren ist groß. An dem einen Ende der Skala stehen Ausdrucksverfahren, die noch an Sprache gebunden sind (z. B. die Rhetorik mit ihren ikonischen und symbolischen Mitteln), am anderen Ende reicht die Skala bis zu den Bedeutungen von nichtsprachlichen Handlungen bzw. den Werten, mit denen diese besetzt sind. Daß jeder Satz und jede Konstruktion eine Bedeutung hat, liegt auf der Hand. Weniger selbstverständlich, aber doch unübersehbar ist die Tatsache, daß auch das Repertoire der mitteilbaren Inhalte in Beziehung zu Ort und Zeit steht, mit denen der Sinn von Handlungen Veränderungen unterworfen sein kann.

Diese Hinweise mögen genügen, um einen Streit zu entdramatisieren, der lange Zeit die Literaturgeschichte beherrscht hat. Man fragte sich, ob Literatur in ihren Beziehungen zu externen Faktoren – Geschichte, Gesellschaft, Kultur, Geschmack usw. – oder nach internen Kriterien – den Veränderungen innerhalb der Literatur als eigenständiger Erscheinung – zu untersuchen sei. Die zweite, streng immanente Vorgehensweise endet meines Erachtens in der Sackgasse frühstrukturalistischer Analysen: der Ausklammerung der Bedeutung. Bei der ersten Vorgehensweise wird hingegen auf eine philosophisch überholte Auffassung zurückgegriffen, wonach Wirklichkeit und Interpretation der Wirklichkeit einander entgegengesetzt sind.

Wenn es stimmt, daß unsere Wirklichkeitserfahrung immer durch bestimmte begriffliche Filter (Schemata) verläuft, so bedeutet die Gegenüberstellung von Literatur und Wirklichkeit zugleich eine Gegenüberstellung des Filters der historischen, soziologischen usw. Analyse mit dem Filter der literarischen Darstellung. Die Unterschiede zwischen den historisch-soziologischen usw. Schemata, bei denen sich das Erkenntnisinteresse auf den Referenten, die Wirklichkeit, richtet, und dem literarischen Filter, bei dem es um die Darstellung erlebter Wirklichkeit (der alltäglichen und der atypischen Wirklichkeit des Dichters) mit Hilfe einer mehr oder weniger wahrscheinlichen Erfindung geht, sollen hier nicht im einzelnen spezifiziert werden. Um zu verdeutlichen, was eigentlich eine literarische Nachricht ausmacht, sei vielmehr mit allem Nachdruck gesagt, daß die bloße Abbildung der Wirklichkeit nicht das Ziel des Schriftstellers ist. Seine Darstellung kann kritisch sein, dann schenkt er bestimmten Aspekten der Wirklichkeit sein besonderes Augenmerk und akzentuiert sie entsprechend seinem persönlichen Wirklichkeitsmodell. Oder seine Darstellung ist polemischer Natur, dann greift er zur Karikatur, um die Wirklichkeit zu verzerren oder künftige Entwicklungen anzudeuten. Er stellt die Wirklichkeit in idiosynkratischen Verkürzungen dar, oder er schöpft aus eigenen dunklen Tiefen, oder aber er blickt voraus, in eine ersehnte oder mit Grauen erwartete Zukunft.

Es gibt also einen ganzen Bereich von Inhalten, die nicht zur alltäglichen Erfahrungswelt gehören, sondern zu einer anderen Wirklichkeit, die der eigentliche Gegenstand der Literatur ist. Literatur ist das Mittel *par excellence,* um diese Wirklichkeit lebendig werden zu lassen. Die semiotische Unterscheidung zwischen Sprache der Wissenschaft und Sprache der Literatur geht einzig und allein auf diesen Unterschied in der Zielsetzung zurück.

Der Schriftsteller greift also bei der Betrachtung der Wirklichkeit auf bestimmte Schemata zurück, um sie lebendig werden zu lassen. Diese Schemata bestimmen, warum er unter einer unendlich großen Zahl von möglichen Gesten und Verhaltensweisen gerade die einen auswählt und im Hinblick auf eine bestimmte Handlung für relevant hält. Sie sind auch verantwortlich für die Beweggründe, die er für das Handeln unterstellt, für die Vorstellungen, die darin wirksam werden. Sie entscheiden über den sozioökonomischen Hintergrund, vor dem die Handlung abläuft. Sie sind schließlich maßgeblich für den anthropologischen Status der handelnden Personen.

Diese Schemata, von denen hier nur einige aufgeführt worden sind, bilden bedeutungstragende Stereotypen. Sie liefern zusammengenommen das semiotische Instrumentarium, auf das der Schriftsteller zurückgreift, wenn er seinen Erfindungen Form geben will. Es handelt sich dabei um einen ganzen Komplex von Ausdrucksmöglichkeiten, in denen sich alle Elemente einer Kultur widerspiegeln. Dieselben Elemente werden, wenn sie zu Erkenntnis-(oder Anwendungs-)Zwecken untersucht werden, anderen Stereotypen unterworfen, nämlich den Methoden und Arbeitshypothesen der verschiedenen menschlichen Disziplinen.

Von einem dynamischen Gesichtspunkt aus betrachtet, empfängt der Schriftsteller von der Wirklichkeit zwei verschiedene Arten von Impulsen: Impulse, die unmittelbar auf ihn Einfluß nehmen, und solche, die den kulturellen Kontext und ihn erst über diesen erreichen. Im ersten Fall versucht er, die semiotischen Schemata den neuen Gegebenheiten der Wirklichkeit anzupassen oder aber auf die Veränderungen abzustimmen, die er in sie hineintragen will; im zweiten Fall stellt er im Augenblick des Schreibens fest, daß sich die Schemata bereits unter dem Einfluß äußerer Faktoren verändert haben.

Für beide Arten von Einflüssen kann die Sprache als Modell herangezogen werden. Wie die Sprache im engeren Sinne, so unterliegen auch die semioliterarischen Schemata der Dialektik von Innovation und Beharrung, von Tätigkeit und Werk. Die kommunikative Funktion der Schemata wird gerade durch ihre Verfestigung und ihre Beharrungstendenz sichergestellt; gleichzeitig sind sie aber auch dem dauernden Einfluß innovativer Prozesse unterworfen, die ihrerseits zu Verfestigungen führen, als solche zu Bestandteilen des etablierten Systems werden und dieses verändern. Aufgrund ihrer Beharrungstendenz bilden sie Reflexe vergangener Wirklichkeiten. Der Schriftsteller benutzt diese vorgegebenen Schemata und verändert sie dabei unweigerlich, um neuen Wirklichkeiten Ausdruck zu verleihen.

Wenn die bestehenden Schemata ins Wanken geraten und zerbrechen, so ist dies die Folge davon, daß neue nachdrängen, die einer veränderten soziokulturellen Wirklichkeit entsprechen. Diese Veränderungen stoßen im semioliterarischen System auf hartnäckigen Widerstand, weil dieses an seine eigene kommunikative Leistungsfähigkeit glaubt. Erst wenn sie als berechtigt anerkannt worden sind, verändern und bereichern sie das System, das nach dieser Veränderung wieder zu einem ausgesprochen statischen Gebilde wird und Abwehrreaktionen gegen neue Innovationen entwickelt.

Die Wirklichkeit beeinflußt aber auch unmittelbar das kulturelle System, d. h. die Menge aller semiotischen Schemata; die Literatur ist ein besonders raffiniertes, aber sicherlich nicht das vorrangige Mittel zur Sichtbarmachung der soziokulturellen Wirklichkeit. Auch die Sprache gehört dazu. Verschiebungen und Strukturveränderungen eines phonologischen Systems können zwar weitgehend unter Abstraktion von externen Faktoren untersucht werden, dennoch steht außer Frage, daß ein phonologisches System von außersprachlichen Faktoren, z. B. Veränderung der sozialen Geltung einer Klasse oder Gruppe gegenüber einer anderen, Kolonisation usw., stark beeinflußt werden kann. So ist die Geschichte einer jeden Sprache die Beschreibung der Dialektik zwischen endogenen und exogenen Kräften. Die Geschichte der Literatur wäre dann die Geschichte der Anwendung des semioliterarischen Systems durch den Schriftsteller sowie der Veränderungen dieses Systems als Folge soziokultureller Wandlungen und der Reaktionen der Schriftsteller auf diese Wandlungen.

Mit Hilfe der Semiotik ist es also möglich, das Problem der Beziehungen zwischen Wirklichkeit und Literatur – und damit auch das Problem der soziologischen Interpretation des Phänomens Literatur (die natürlich etwas anderes ist als die Soziologie des literarischen Schaffens) – angemessen zu formulieren, und zwar unter Berücksichtigung der Einstellung des Schriftstellers zu seinem Stoff und im Rahmen eines Systems kultureller Modellierung, welches das Gebiet der Literatur wegen seiner Reichweite wesentlich übertrifft.

Ich möchte nun versuchen, in das literarische System selbst einzudringen, und die Subsysteme, in die es sich gliedert, sowie die Beziehungen, die zwischen diesen bestehen, genauer betrachten. Als Beispiel greife ich die narrativen Texte heraus (die, wenigstens unter bestimmten Gesichtspunkten, auch die epischen und dramatischen Texte einschließen). Ein narrativer Text kann, wie ich an anderer Stelle [1] gezeigt habe, mindestens auf vier Beschreibungsebenen untersucht werden:

---

[1] Vgl. hier p. 83.

1. Diskurs, 2. Intrige, 3. Fabel, 4. Erzählmodell. Beim Diskurs spielen sprachliche und stilistische, gegebenenfalls auch metrische Elemente eine Rolle; bei der Intrige geht es um Elemente der Darstellungstechnik, der Art und Weise, wie die Erzählung aufgebaut und komponiert ist; die Fabel setzt sich aus anthropologischen Stoffelementen zusammen, d. h. sie schöpft aus alten und neuen Mythologien, Themen, Motiven usw.; das Erzählmodell schließlich umfaßt die Funktionen. Das sind invariable Elemente, bei denen nur Zahl und Zusammensetzung und bis zu einem gewissen Grade auch die Verkettung variieren kann, jedoch in engen logischen und chronologischen Grenzen. Das Erzählmodell müßte zu einer Handlungstheorie in Beziehung gesetzt werden. M. E. (dies sei vorerst in Klammern gesagt) gilt diese Unveränderlichkeit [der Funktionen] nur im Rahmen der Ethik und Logik eines bestimmten Kulturkreises, der sicher keinen Ewigkeitswert hat.

Die genannten vier Beschreibungsebenen lassen sich zum kulturellen Kontext, d. h. zur Kultur [im weitesten Sinne] einer bestimmten Epoche und eines bestimmten Raums in Beziehung setzen:

Text   *kultureller Kontext*
1. Diskurs   1. Sprache (einschl. Rhetorik, Stilistik, Metrik)
2. Intrige   2. Darstellungs- und Kompositionstechniken
3. Fabel   3. Anthropologisches Material
4. Erzählmodell   4. Schlüsselbegriffe und Logik der Handlung

Zunächst ergeben sich daraus folgende Möglichkeiten der Charakterisierung von Texten:

a) Horizontale Inbeziehungsetzung der textuellen und kontextuellen Beschreibungsebenen. Zum Beispiel könnte ein Text als Diskurs hinsichtlich seiner innovatorischen und konventionellen Aspekte mit den zum gleichen Zeitpunkt geltenden sprachlichen Normen (Literatursprache, Sprache einer bestimmten Gattung, Gemeinsprache usw.) verglichen werden; die Intrige ließe sich vergleichen mit der Art und Weise, wie die zeitlichen Perspektiven, die sozialen Beziehungen oder die Stellung des Menschen in der Welt gesehen werden usw.

b) Inbeziehungsetzung von zwei oder mehr Texten zur Kontextebene (gleichfalls in horizontaler Richtung). Wenn man solche Vergleiche in entsprechend großem Umfang durchführt, so läßt sich daraus eine Beschreibung der Texte nach ihren relevanten Merkmalen sowie eine umfassende Beschreibung des zugehörigen Systems nach funktionalen Gesichtspunkten ableiten.

Diese synchronischen Untersuchungen können ohne weiteres auch diachronisch angelegt werden. Das heißt:

1. Betrachtung jedes Textes bzw. Kontextes im Rahmen der Dialektik von Beharrung und Innovation, von Aktualisierung und Potentialität. Gerade aufgrund linguistischer Untersuchungen wissen wir, daß jeder synchrone Zustand Reste früherer, im Aussterben begriffener Stadien und zugleich Ansätze neuer, entwicklungsträchtiger Stadien umfaßt. Zwischen diesen entsteht eine Konkurrenzsitua-

tion, in der teils systemimmanente Kräfte, teils – und dies ist für uns noch interessanter – außersprachliche, d. h. soziokulturelle Kräfte wirksam werden. Eine Literaturwissenschaft oder eine Geschichtsschreibung ideologischen Typs, welche die Anzeichen eines Umbruchs innerhalb des Systems oder gegen das (semioliterarische und damit indirekt auch das soziale) System gerichteter revolutionärer Bewegungen aufzuspüren versucht, könnte aus diesem Zusammenhang einiges Beweismaterial schöpfen.

2. Betrachtung von Texten verschiedener Epochen unter Bezugnahme auf chronologisch entsprechend unterschiedliche kulturelle Kontexte. In diesem Fall wird von vornherein ein diachronischer Schnitt angelegt, der es dann ermöglicht, weitere, damit verbundene diachrone Verschiebungen zu erfassen.

Aber wesentlich aufschlußreicher noch unter dem Gesichtspunkt der Diachronie ist eine Analyse der Produktion und Rezeption von Literatur im Rahmen des oben skizzierten Vierstufenmodells. Der Sender, der selbst Teil des kulturellen Kontextes ist, durchläuft bei seiner schöpferischen Produktion schrittweise Stufe 4 bis 1; dabei findet er die literarischen Signifikate und Signifikanten jeweils auf dem entsprechenden Niveau der [in der Modellskizze angegebenen] Textspalte. Der Empfänger, d. h. der Leser, geht bei seiner Analyse in entgegengesetzter Richtung vor (von Stufe 1 zu Stufe 4 aufsteigend) und tritt dabei in Kontakt mit dem jeweils entsprechenden Niveau der Kontextseite.

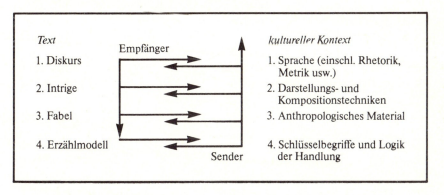

Daraus ergibt sich eine für die Geschichtsschreibung interessante Beobachtung. Die vier Stufen, in die hier die Konkretisierung des Kontextes aufgeteilt wurde, weisen einen abnehmenden Grad an Veränderbarkeit und Dichte auf. Ein und dasselbe begrifflich-logische System wird in Form vieler Themen, Mythen und Stereotypen konkretisiert, die ihrerseits in ganz verschiedenartigen Erzählweisen ihren Ausdruck finden können. Dasselbe gilt schließlich für die Sprache, die gegenüber kulturellen Strömungen und Modeerscheinungen derart empfänglich und derart wandelbar ist, daß so viele Idiolekte entstehen, wie es Sprecher gibt.

Daraus folgt, daß es auf der Textseite eine große Zahl von Vorkommen gibt, die sich im Laufe der Zeit auf ein und dasselbe Erzählmodell zurückführen lassen, und daß umgekehrt gleiche oder aus den gleichen Elementen bestehende Fabeln sich je nach Epoche in unterschiedlichen Intrigen konkretisieren. Das Wechselspiel von Beharrung und Wandel wird noch vielfältiger, wenn Funktionen und Beziehungen zwischen Personen, wie es mir angemessener erscheint, in der Modellskizze getrennt aufgeführt werden. Wir können dann unterscheiden zwischen gleichen Funktionen, die durch verschiedene Beziehungen zwischen den Personen bedingt sind, und verschiedenen Funktionen, die auf gleichen Beziehungen zwischen den Personen beruhen.

Wie lassen sich nun diese Daten ordnen und verwerten? Dies könnte vor allem mit Hilfe einer differenzierten, historischen Typologie für jede der im Modell angegebenen Beschreibungsebenen geschehen. Die Geschichte der Erzählung wäre dann darstellbar als Geschichte der „Typen", die mit von Stufe 1 zu 4 langsamer werdender Geschwindigkeit außer Gebrauch kommen oder zu der Menge aller in einem bestimmten Stadium bestehenden „Typen" neu hinzukommen und einen von einer Stufe zur nächsten (1–2, 2–3, 3–4) immer weniger direkten, aber doch in jedem Fall spürbaren Einfluß ausüben. Die Menge aller Typen bildet ein in bestimmter Weise gegliedertes System, dessen Veränderungen beschrieben und vielleicht sogar erklärt werden können.

So lassen sich auf der Grundlage der vier Beschreibungsebenen für Text und kulturellen Kontext mit ihrer je verschiedenen Veränderbarkeit Periodisierungen und Typisierungen für einen längeren oder kürzeren Zeitraum vornehmen, in deren Rahmen die oben beschriebenen dialektischen Beziehungen zwischen Sender, Schemata und Wirklichkeit wieder eine geschichtliche Einbettung erfahren. Das abstrakte Modell hat dann einen Bezugsrahmen gefunden, in den es sich einfügen und in dem es sich entwickeln kann.

Aber das Modell muß nun noch weiter ausgebaut und differenziert werden. Während die Kontextspalte für eine bestimmte historische Periode Gültigkeit behält, können ihr auf der Textseite wechselnde Rubriken mit unterschiedlichen Texttypen (oder literarischen Gattungen) gegenüberstehen, die die Kontextspalte in verschiedener Weise konkretisieren. Die Sprache umfaßt zum Beispiel verschiedene Subkodes: den der Lyrik, den der Komödie, der Tragödie usw. Ebenso wechseln die Darstellungs- und Kompositionstechniken, je nachdem, ob es sich um einen narrativen oder dramatischen Text usw. handelt. Die spezifischen Subkodes der verschiedenen literarischen Gattungen haben gemeinsame Elemente und solche, die jeden für sich auszeichnen. Jeder literarische Text verwendet den entsprechenden Kode, überschreitet dabei aber stets seine Grenzen und verändert so die Kodebedingungen, ihren Geltungsbereich und ihre Beziehungen untereinander.

Die Gattungen einer bestimmten Periode bilden für den Schriftsteller ein Spektrum von Möglichkeiten, unter denen er eine Wahl treffen kann und muß. Erst wenn seine Entscheidung gefallen ist, setzt er die oben beschriebenen literarischen Darstellungsverfahren an. Dies wird besonders deutlich bei einem Schriftsteller, der zwei oder mehr literarische Gattungen heranzieht. Dabei lassen sich gattungsbedingte Zwänge feststellen, aber auch ein gewisses Maß an Freiheit, das der Schriftsteller diesen entgegensetzen kann.

Ebenso bildet die Menge aller Gattungen ein System mit einer für jede Gattung spezifischen Schichtung. Dieses System, das synchronisch beschrieben werden kann, ist seinerseits das Ergebnis genau beschreibbarer diachroner Veränderungen. Die Zahl der Gattungen und ihre wechselseitigen Beziehungen variieren je nach Epoche. Einem noch rascheren Wechsel unterliegen die Subspezies jeder Gattung. Man denke nur an die ständigen Veränderungen innerhalb der Untergattungen der Lyrik, daran, wie sie dem Bereich der feierlichen Rede, des Erzählens und der Evokation bald ähnlich und bald unähnlich sind.

Für die Periodisierung und Typisierung im literarischen Bereich sind demnach vor allem drei Ansatzpunkte festzuhalten: 1. die Veränderungen des kulturellen Kontextes in seinen verschiedenen Schichten; 2. die Veränderungen der literarischen Gattungen innerhalb des Systems; 3. die von jedem Text bzw. jeder Gruppe ähnlich gearteter Texte ausgehenden Neuerungen. Wir berühren damit das Oppositionspaar kollektiv *vs* individuell, zwei Extrempole, an denen sich die eingangs dargestellten Antinomien von Innovation und Beharrung, von Tätigkeit und Werk konkret verwirklichen.

Nun sind Gattungen, wie sie zu einem bestimmten historischen Zeitpunkt bestehen, [soziale] Einrichtungen, geronnene Formen, die daher auch eine starke Beharrungstendenz haben. Gerade deshalb liefern sie eine sichere Basis für eine Historisierung. Der Historiker will allerdings zu Erklärungen vorstoßen, d. h., er will die für die Veränderungen ausschlaggebenden Faktoren erfassen. So gesehen, ist es angemessener, sich dem anderen Pol zuzuwenden, dem der Innovation, der Tätigkeit. Mit dem zu Beginn aufgestellten Vierstufenschema war gezeigt worden, wie innerhalb der (vier) Koordinaten einer Erzählung die Produktion eines neuen Textes vor sich geht (dasselbe könnte auch für andere Texttypen gezeigt werden). Hier ist allerdings zu präzisieren, daß der Schriftsteller beim Durchlaufen der Kontextebenen und beim Rückgriff auf das zur Wahl stehende semiotische Material nicht nur Innovationen innerhalb einer Gattung auslösen kann, sondern daß ihm – unter größtem Aufgebot seiner schöpferischen Fähigkeiten – auch die Innovation einer Gattung als solcher glücken kann. Er kann sie mit einer anderen Gattung verschmelzen oder kann umgekehrt Subspezies einer bestimmten Gattung zu eigenständigen Gattungen erheben. Dann geschieht etwas Ähnliches wie das, was in der Phonetik Phonologisierung bzw. Entphonologisierung genannt wird.

Mein oben skizziertes Modell muß also eine dritte Dimension erhalten: die der Pluralität der Gattungen. Nur mit einem solchen differenzierten und flexiblen Modell ist es möglich, die Veränderungen der literarischen Kategorien im Verhältnis zur Geschichte und zur Kultur zu beschreiben.

6. Die implizierenden Strukturen

Unser Strukturbegriff stützt sich im allgemeinen auf das Axiom der Unabhängigkeit und Eigenständigkeit. Dabei vergegenwärtigt man sich nicht den Zyklus System–Struktur–System–Struktur usw., in welchem sich die Elemente des Systems aus der Auflösung der Strukturen ergeben und nach anderen Gesetzen neu ordnen[1]. Das System ist das Ergebnis einer, mehrerer oder aller Prozesse der Auflösung der Strukturen. Es ist schon in den Strukturen enthalten, geht ihnen voraus und folgt ihnen. Das Verhältnis zwischen System und Struktur entspricht dem zwischen Langue und Parole, zwischen Kompetenz und Performanz.

Man könnte zwischen System und Struktur eine Art von Übergang sehen (die Struktur wäre dann eine Form der Aktualisierung des Systems). In diesem Sinne aktualisiert beispielsweise jede Äußerung die Möglichkeiten des sprachlichen Systems, wobei sie dessen Wirkungsbereich und damit seine künftigen Möglichkeiten vergrößert. Worum es mir hier jedoch geht, ist eine genau umgekehrte Betrachtungsweise: Die Strukturen werden vor dem Hintergrund ihrer früheren Latenz, und die strukturellen Signifikate mit den Signifikaten der aufgelösten Strukturen vereinigt gesehen. Die Strukturen bauen das System nicht nur auf, sie implizieren es auch und verweisen auf das vorhergehende und das folgende. So läßt sich ein simultanes Fortschreiten erkennen: das der Strukturen auf der einen Seite, das der Erscheinungen des Systems auf der anderen Seite. Und während die Strukturen bis zu einem gewissen Grade im Einflußbereich des Subjekts liegen, sind die Systeme in ihrer Tendenz kollektiver Natur und gehören potentiell und teilweise zum Unbewußten.

Mit dem Begriff der „Implikationsfähigkeit" befreien wir den Strukturbegriff von der irreführenden Vorstellung der Eigenständigkeit, die nur eine hilfreiche Hypothese für den Analysierenden darstellt. Man muß davon ausgehen, daß hinter der Struktur die Erscheinungen der anderen, aufgelösten Strukturen stehen, so daß das System uns in seiner Latenz hermeneutisch oftmals wertvolle Orientierungen geben kann. Ein erstes Beispiel dazu möchte ich aus Überlegungen zur Thematik ableiten. Das Kontinuum der Ereignisse bildet, zumal in einem narrativen Text, das Gerüst des literarischen Diskurses. Alles übrige ist Lebensstoff, der sprachlich

---

[1] Vgl. dazu hier ausführlicher meinen Aufsatz über „Stilsynthese", Nr. 1.

und literarisch gestaltet worden ist, wobei wir unter Lebensstoff die Summe aller Erfahrungen, einschließlich der psychischen, verstehen.

Auch ohne bis zu den psychischen Wurzeln unserer Wahrnehmungen zurückzugehen, kann als sicher unterstellt werden, daß die Versprachlichung der Erfahrung einen semiotischen Prozeß darstellt. Er läßt sich in zwei Phasen gliedern: Bezugsetzung des Erlebten auf Schemata des Darstellbaren und Versprachlichung dieser Schemata. Die Regeln für die Versprachlichung solcher Schemata des Darstellbaren sind noch nicht beschrieben; wir wissen jedoch einiges über diese Schemata, die das Repertoire möglicher Handlungen und Situationen betreffen: sie stimmen größtenteils mit dem überein, was die Literaturwissenschaft Themen oder Motive nennt.

Das Problem der Thematik konfrontiert uns also mit dem sich wandelnden Erfahrungsmaterial, das die Menschen im Laufe der Geschichte nach bestimmten Schemata geordnet haben. Auch die Schriftsteller haben dazu einen Beitrag geleistet, jedoch nur im Sinne einer Sanktionierung und Formalisierung. Themen und Motive sind natürlich kein Privileg der Literatur ... Der oben erwähnte semiotische Prozeß ist von C. G. Jung[2] dem Unbewußten, genauer gesagt: dem kollektiven Unbewußten, zugeordnet worden. Dieses bildet die Sphäre „unbewußter Mythologie", in welche „die psychischen Residuen unzähliger Erlebnisse desselben Typus" einmünden. Die urtümlichen Bilder, die Jung „Archetypen" nennt, kommen immer dann ins Spiel, „wenn wir eine typische Situation erreichen": „Wir sind in solchen Momenten nicht mehr Einzelwesen, sondern Gattung, die Stimme der ganzen Menschheit erhebt sich in uns." Genau auf diese Urbilder läßt sich der schöpferische Prozeß zurückführen, der „in einer unbewußten Belebung des Archetypus und in einer Entwicklung und Ausgestaltung desselben bis zum vollendeten Werk besteht".

Wie man diese Auffassung auch interpretieren mag, der Beschreibung, die C. G. Jung vom Wirken der Archetypen im Unbewußten liefert, gebührt jedenfalls größte Aufmerksamkeit: „Es gibt keine angeborenen Vorstellungen, wohl aber angeborene Möglichkeiten von Vorstellungen, welche auch der kühnsten Phantasie bestimmte Grenzen setzen, sozusagen Kategorien der Phantasietätigkeit, gewissermaßen Ideen a priori, deren Existenz ohne die Erfahrung aber nicht ausgemacht werden kann. Sie erscheinen nur im gestalteten Stoffe als regulative Prinzipien seiner Gestaltung, d. h. nur durch Rückschluß aus dem vollendeten Kunstwerk vermögen wir die primitive Vorlage des urtümlichen Bildes zu rekonstruieren. Das urtümliche Bild oder Archetypus ist eine Figur, sei sie Dämon, Mensch oder Vorgang, die sich im Laufe der Geschichte da wiederholt, wo sich schöpferische Phantasie frei betätigt."

Northrop Frye greift diese Archetypen-Theorie wieder auf und wendet sie auf das literarische Schaffen an. Wenn wir die Dichtung als soziale Aktivität, als „focus

---

[2] Seelenprobleme der Gegenwart. Vorträge und Aufsätze. Psychologische Abhandlungen, Bd. III. – Zürich: Rascher 1930 (zit. nach der Auflage 7./8. Tausend 1946, pp. 67 ff.).

of a community", als Kommunikationsphänomen betrachten, erscheint uns das Symbol – so schreibt Frye – als „the communicable unit, to which I give the name archetype: that is, a typical of recurring image"³. Und er fügt hinzu: „I mean by an archetype a symbol which connects one poem with another and thereby helps to unify and integrate our literary experience" (ibid.). *Frye* führt zur Illustration Beispiele aus der Natur (Meer, Wald), Metaphern (aus der Bibel, z. B. Hirte und Herde), aber auch komplexere Themen an: „To give a random example, one very common convention of the nineteenth-century novel is the use of two heroines, one dark and one light. The dark one is as a rule passionate, haughty, plain, foreign or Jewish, and in some way associates with the undesirable or with some kind of forbidden fruit like incest. When the two are involved with the same hero, the plot usually has to get rid of the dark one or make her into a sister if the story is to end happily" (p. 101).

Ohne im einzelnen auf die weiteren Ausführungen über die Bedeutungsträchtigkeit der Archetypen, ihre unterschiedliche innovative Wirkung in den literarischen Gattungen und ihr allmähliches Aussterben einzugehen, möchte ich zu bedenken geben, daß Frye die Archetypen allzu direkt an den fundamentalen Konflikt zwischen Wunsch und Wirklichkeit anschließt, so daß die Archetypen-Forschung gleichzusetzen wäre mit der Erforschung der Kultur, verstanden nicht nur als „an imitation of nature, but the process of making a total human form out of nature [...] impelled by the force that we have just called desire" (p. 105). Auf dieser metahistorischen Ebene geht es der Archetypen-Forschung um die Ermittlung zweier Rhythmen: des zyklischen und des dialektischen. Der zyklische Rhythmus ist das Ritual als sich wiederholender Akt, der an die natürlichen Zyklen der Planeten, der Jahreszeiten und des menschlichen Lebens gebunden ist. Der dialektische betrifft das Wechselspiel zwischen Wunsch und Abneigung, das im Traum seinen reinsten Ausdruck findet.

Die Vereinigung von Traum und Ritual nennt Frye Mythos. Und er präzisiert: „Myth, therefore not only gives meaning to ritual and narrative to dream: it is the identification of ritual and dream, in which the former is seen to be the latter in movement" (p. 107). Natürlich verwendet Frye den Begriff Mythos eher metaphorisch, wie es sein Konzept einer autonomen Literaturwissenschaft verlangt. So entwirft er mit den Begriffen Wunsch und Traum, Ritual und Mythos, Natur und Kultur ein großartiges, aber kaum tragfähiges Modell.

Fest steht, daß die Literatur zwar ein besonders reiches und vielseitiges Repertoire von Themen umfaßt, daß aber dennoch die Reflexion über die Schemata des Darstellbaren die Grenzen der Literatur überschreiten muß: sie muß sich auf die symbolischen Ausdrücke der gesamten Vorstellungswelt erstrecken. Was die Ethnologen und Religionswissenschaftler an Forschungsergebnissen im Bereich der Symbole, wie sie sich im Zeitraum von Jahrtausenden herausgebildet und verändert haben, was die Volkskunde an Situations- und Handlungseinheiten,

---

³ *Frye* 1957, p. 99.

die in den entferntesten und unterschiedlichsten Erzählungen wiederkehren, gefunden haben, muß mit den symbolischen Gestaltungen des Unbewußten und ihren Wandlungen, soweit sie überhaupt erfaßt werden können, in Verbindung gebracht werden. Alle diese Ergebnisse müßten ihrerseits in eine Psychologie der Erfahrungsschemata einmünden.

Andererseits sollte man eine allzu rigorose Trennung zwischen den Schemata des Darstellbaren, mit denen sich die Völkerpsychologie beschäftigt, und solchen, die in der Volks-, Trivial- und Kunstliteratur vorkommen, vermeiden. Unsere Art und Weise, die Wirklichkeit zu schematisieren, wird auch durch literarische Klischees bestimmt, die in alle soziokulturellen Schichten hineinreichen. Man kann lediglich davon ausgehen, daß Themen und Motive literarischer Texte ein ziemlich genau umrissenes Ganzes bilden, wobei sich die verschiedenen Bereiche der Literatur wechselseitig beeinflussen. Und während der Pol mit dem höchsten Grad der Stereotypisierung durch die Topoi gebildet wird, stehen am anderen Ende der Skala literarisch noch nicht sanktionierte Schemata, die sich allerdings schon als *patterns* der kollektiven Erfahrung herausbilden.

Auf diese Weise kommt die Dialektik zwischen Thema und Motiv zum Tragen. Denn die Themen können dank ihrer stärkeren Strukturierung und Konsistenz schon – wie Zumthor[4] es nennt – als „Grundtypen" [*types-cadre*] fungieren, während die Motive sich durch ihre Wiederholung innerhalb eines Textes in ihrer Individualität herauskristallisieren können. Das Ergebnis ist eine Selbstauslese unter den symbolischen Werten, die in jedem beliebigen Textelement enthalten sein können. Diese Auslese über die Rekurrenz verbindet sich mit dem Selektionsprozeß, der zwischen dem Zusammenfließen mehrerer Motive zu Bedeutungsfeldern, die sich auf ein Thema zurückführen lassen, stattfindet. So trägt die Dialektik von Themen und Motiven zur Konstituierung der Bedeutung eines Werks bei.

Ein wesentlicher Beitrag zur Unterscheidung zwischen Inhalt, Thema und auslösender Intuition ist von Panofsky geleistet worden, der sich auf kulturgeschichtliche Argumente stützt[5]. In bezug auf das darstellende Kunstwerk unterscheidet er folgende Ebenen: „primary or natural subject matter, secondary or conventional subject matter, intrinsic meaning or content". Das primäre Thema erhält man durch die Beobachtung der bloßen Formen, die Darstellungen natürlicher Gegenstände mit ihren Ausdrucksmerkmalen: „The world of pure *forms* thus recognized as carriers of *primary* or *natural meanings* may be called the world of artistic *motifs*."

Das konventionelle oder sekundäre Thema erhält man, wenn man die künstlerischen Motive mit Themen und Begriffen in Verbindung bringt. Zum Beispiel wird eine männliche Figur mit einem Messer von einem Ikonographen als der hl. Bartholomäus erkannt, und das Bild läßt sich dann unter Berücksichtigung des kulturellen Hintergrunds deuten. Die Motive werden „Bilder", die Kombinationen

---

[4] *Zumthor* 1971, pp. 354–365; ebenso die Zitate weiter unten.
[5] *Panofsky* 1939, pp. 5 ff.

von Bildern „Geschichten" oder „Allegorien" genannt. Die innere Bedeutung oder der Inhalt entspricht den (vom Künstler übernommenen) Einstellungen historisch bestimmter Gruppen. Sie lassen sich – mit Cassirer – als symbolische Werte interpretieren.

Der Bereich der Motive ist für Panofsky also sehr viel umfassender als der der Themen: Themen sind solche Motive, denen die Geschichte im Rahmen der kulturellen Normen eine sekundäre Bedeutung verliehen hat. Diese sekundären Bedeutungen verändern sich bei jedem neuen Gebrauch entsprechend den Auffassungen, die ein Künstler vertritt (bzw. entwickelt), so daß das primäre, kulturell bereits festgelegte Thema im Rahmen des künstlerischen Schaffens und des jeweiligen Kontextes, in dem es eingebettet ist, einen neuen Wert annimmt.

Die Aussagen Panofskys können unmittelbar auf die Literatur übertragen werden, vorausgesetzt, man beachtet die Übereinstimmung zwischen „secondary subject matter" und Thema [eines Textes] zwischen „intrinsic meaning" und *diànoia* oder Bedeutung. Aus Panofskys Überlegungen geht deutlich hervor, daß die Ermittlung des Themas eines Textes ein historischer Akt *par excellence* ist, insofern er durch den kulturellen Hintergrund des Analysierenden wie auch durch die eigene Wirkungsgeschichte des Themas bestimmt wird. Es gibt beispielsweise Themen, die eng mit den Namen von Gestalten verbunden sind (Ödipus, Tristan und Isolde, Don Quijote, Don Juan), so daß es ein leichtes ist, auch etwaige Abwandlungen mit anderen Namen darauf zurückzuführen, und solche Themen, bei denen die Namen sich ändern, aber die Geschichte immer die gleiche bleibt (z. B. die Josefsgeschichte, die auch unabhängig von der Bibel in der ganzen Volksliteratur vorkommt). So kann die begrifflich schwache Unterscheidung Troussons[6] zwischen *thèmes héroiques* und *thèmes de situation,* von denen die einen an den Charakter einer Gestalt, die anderen an historische Situationen gebunden sind, allein durch historische Argumente wenigstens ein Minimum an Brauchbarkeit erlangen.

Wenn man die Herausbildung und Inventarisierung von Themen auf die Geschichte zurückführt, so bedeutet das: man sieht in den Themen eine Synthese der möglichen Ereignisse (einige Themen, z. B. das Ödipus-Thema, sind deshalb zu regelrechten Paradigmen geworden) oder eine Form von Selbstbewußtsein der Menschheit. Trousson schreibt: „Unsere Mythen und die Themen unserer Legenden sind Ausdruck unserer Polyvalenz, sie sind Exponenten der Menschheit, die idealen Formen der tragischen Existenz, des menschlichen Daseins." Da auf der anderen Seite Themen dazu neigen, im Laufe der Geschichte neue Bedeutungen anzunehmen, kommt der Themenforschung auch ein wichtiger Platz in der Geistesgeschichte zu.

Terminologisch gesehen wäre Panofskys Unterscheidung zwischen *Thema* und *innerer Bedeutung oder Inhalt* verlockend, weil auf diese Weise die begriffliche

---

[6] *Trousson* 1965, p. 6.

Unsicherheit bei dem Ausdruck „Thema"[7] beseitigt werden könnte. Bedauerlicherweise ist jedoch, und zwar nicht ganz zu Unrecht, wie ich noch ausführen werde, darauf verzichtet worden, die Vagheit des Begriffs zu beseitigen, so daß ich im folgenden weiterhin von „Themen" sprechen werde.

Panofskys Unterscheidung zwischen primären und sekundären Themen ist für jede weitere Untersuchung auf diesem Gebiet von grundlegender Bedeutung. Das Thema – als kulturell festgelegtes Motiv – muß in den Rahmen aller konventionalisierten stofflichen Daten, die im Kunstwerk zusammenfließen, eingeordnet werden: Daten, die sich auf einen *type* oder ein *pattern* zurückführen lassen und in gewissem Sinne als Klischees verstanden werden können. Zumthor betrachtete sie als „formale Kennzeichen im Gefüge der Werke", mit Hilfe derer sich die dahinterstehende Tradition ausmachen ließe, und klassifiziert diese nach ihrer Zugehörigkeit zur Ausdrucksform, zur Inhaltsform oder zu beiden (im Sinne der bekannten Hjelmslevschen Unterscheidung). In den „epischen ‚Formeln'" beispielsweise steht ein minimaler stofflicher Inhalt bestimmten lexikalischen Wahlen und einem rhythmisch-syntaktischen Muster gegenüber: sie lassen sich daher der Ausdrucksform zuordnen. Umgekehrt ist es bei den Topoi, den überlieferten Klischees, die nach Zumthor „stoffbetonte, schwach lexikalisierte Typen ohne besondere syntaktische Form" darstellen. Dazwischen liegen jene Verfahren (z. B. die Gleichung Gesang = Liebe im höfischen Epos), bei denen Inhaltsform (die stofflichen Elemente) und Ausdrucksform (im allgemeinen stark normierte lexikalische Wahlen) gleichermaßen beteiligt sind.

Die Studie Zumthors ist, auch wenn es einer größeren empirischen Fundierung bedürfte, bemerkenswert, da die thematischen Elemente dort in den Zusammenhang aller stereotypisierenden Prozesse der Assimilation eingeordnet werden; dabei zeigt sich, wie jenes „alte Material, das [in neuen Werken] wieder verwendet wird [...] und vor grauen Zeiten zusammengebastelt wurde", in den Texten seine Lebendigkeit bewahrt. Zumthor betont zu Recht die Wiederholung des immer Gleichen, die zwar nicht in einzelnen Texten, aber in der Menge aller Texte einer Kultur zu beobachten sei. Deshalb erscheint uns die übliche Unterscheidung, z. B. zwischen einem Leitmotiv und der Rekurrenz eines Themas in mehreren Texten ein und derselben Kultur oder in Texten verschiedener Kulturen, hinfällig, wenn wir Texte nicht isoliert, sondern im größeren Zusammenhang der Kultur betrachten. Die Tradition hinterläßt in der Rekurrenz der Klischees von Text zu Text ihre Spuren. Und Tradition zeigt sich, wie stets, in einer Dialektik zwischen Beharrung und Erneuerung: Das Klischee kann automatisch übernommen werden, es kann zum Anstoß für neue begriffliche Entwicklungen werden oder selbst eine Erneuerung erfahren. Entscheidend ist hier die Menge der funktionalen Beziehungen zwischen den Elementen eines Klischees – Beziehungen, die den Zusammenhalt der Elemente trotz Wechsel von Text zu Text sichern. Als Typ gilt nach Zumthor

---

[7] Eine echte Zweideutigkeit liegt nur bei ital. *tema* vor, dem im Dt. sowohl „Thema" als auch „Motiv" entspricht, Anm. d. Übers.

„jedes strukturierte und zugleich polyvalente formale Element, d. h. eines, das in funktionalen Beziehungen zu seinen Teilen steht und ad infinitum in wechselnden Kontexten wiederverwendet werden kann".

Bei Überlegungen, wie ich sie hier nur skizziert habe, besteht leicht die Versuchung, Anleihen bei der Psychoanalyse zu machen: Charles Mauron[8] hat dieser Versuchung in seinem tiefenpsychologischen Ansatz nachgegeben, hält sich dabei aber an streng formale Beobachtungen und zeigt eine gewisse Neigung zur Betrachtung von Themen und Variationen im Sinne der Musikwissenschaft. Er stellt sich in seiner „psychocritique" die Aufgabe, im Werk eines Schriftstellers die zwanghaften Assoziationen bzw. Gruppierungen von Bildern, die wahrscheinlich aus dem Unbewußten stammen, zu ermitteln und anhand seines Werks zu untersuchen, wie sich „die Netze [Assoziationen], Gruppierungen oder, allgemeiner ausgedrückt, Strukturen wiederholen und verändern, denn aus diesen Strukturen ergeben sich rasch bestimmte Figuren und dramatische Situationen". Durch die Kombination von zwei Arten der Analyse – die „der thematischen Variationen einerseits und der Träume und ihrer Wandlungen andererseits" – lassen sich nach Mauron „die verschiedenen Gradabstufungen zwischen der Assoziation von Gedanken und der bildhaften Phantasie" beobachten. Auf diesem Wege gelangt man schließlich zum „persönlichen Mythos" eines jeden Dichters. Jean-Paul Weber[9] verbindet sogar das Unbewußte mit dem einzelnen Thema, das er definiert als „Begebenheit oder Situation aus der Kindheit (im weitesten Sinn des Wortes), die sich – im allgemeinen unbewußt – in einem oder mehreren Werken, symbolhaft oder direkt, niederschlagen können". Man muß daher im dichterischen Werk nicht nur die Variationen eines Themas (bzw. die lexikalischen Rekurrenzen, die auf Zwangsvorstellungen schließen lassen) ermitteln, sondern darüber hinaus das wahrscheinlich entscheidende Trauma der Kindheit des Autors ergründen. Auf diese Weise ist es nach Weber möglich, die für einen Schriftsteller typischen Motive, Bilder und Vorstellungen auf eine einzige Erinnerung zurückzuführen, die ein traumatisches Schlüsselerlebnis hinterlassen hat.

Als zweites Beispiel für das Verhältnis zwischen System und Struktur möchte ich wenigstens in großen Zügen auf eine Gedichtsammlung eingehen. Ich habe ein Werk ausgewählt, mit dem ich mich schon vor Jahren beschäftigt habe, nämlich die *Soledades* von Machado[10]. Ich stütze mich hier auf eine anregende These von Bousoño aus seiner *Teoria de la expresión poética*[11] sowie die von mir seinerzeit gezogenen Schlußfolgerungen: „Das Konzept des modifizierenden Elements kann vielleicht noch mehr Bedeutung erlangen, wenn man bedenkt, daß innerhalb ein und desselben Buches einige Gedichte inhaltlich an andere anknüpfen und neben

---

[8] *Mauron* 1963, p. 32.
[9] *Weber* 1960, p. 13.
[10] Zit. nach *Machado* 1961, hrsg. v. *Macri*. Meinen Artikel über „System und Strukturen in den *Soledades* von Machado" vgl. hier pp. 161 ff.
[11] Op. cit., p. 107; meine Schlußfolgerungen vgl. hier p. 174.

ihnen Kontur gewinnen." Ich schrieb damals: „Man könnte davon ausgehen, daß die Signifikate, die innerhalb des Gedichts implizit bleiben, in ähnlichen Gedichten bereits explizit gemacht worden sind; es dürfte sich dabei weniger um einen hochgradigen Parasitismus als vielmehr um eine Art Strahlung der Signifikate von einer Struktur zur anderen handeln, in der das semiotische System des betreffenden Motivs sich konkretisiert hat"; und ich fügte hinzu, man dürfe sich nicht auf eine Facette der Wirklichkeit beschränken, da man doch um ihre Vielgestaltigkeit wisse.

Auf diesem Wege gelangte ich seinerzeit zu recht ansehnlichen Ergebnissen. So konnte ich damals in Machados Lyrik eine Tendenz zur „Paarbildung" feststellen, d. h. zur Schaffung von je zwei Gedichten, deren Bedeutungen sich wechselseitig erhellen. Es konnte ferner eine Erklärung dafür gefunden werden, warum Machado, als es um die Vereinigung von zuvor in Zeitschriften veröffentlichten Gedichten in einer Sammlung ging, solche herausnahm, bzw. korrigierte, die in bezug auf ein bestimmtes Thema besonders aussagekräftig, weil explizit waren. Es wurden im einzelnen Gedichte erörtert, in denen das von mir behandelte Brunnenthema nur noch am Rande erschien, als könnten die symbolischen Werte, die in den ersten Gedichten explizit gemacht worden waren, nun als implizit angesehen werden, weil gleichsam unausgesprochen ein Verhältnis des Bekanntseins zur vorangegangenen, komplexeren und stärker strukturierten Fassung bestand.

Man könnte dies alles auch unter dem traditionellen Etikett der Vervollkommnung und Verfeinerung fassen, stieße jedoch dort auf Schwierigkeiten, wo die Formulierungen so wenig explizit oder so knapp sind, daß eine Interpretation nur vor dem Hintergrund anderer Gedichte möglich ist, die ein ganzes System von symbolischen Prozessen zu rekonstruieren erlauben, mit anderen Worten: einen Diskurs, der sich nicht im Diskurs dieses einen Gedichts erschöpft, sondern die ganze Gedichtsammlung, ja Machados Werk als Ganzes einschließt. Diese wechselseitige Erhellung der Gedichte hängt sehr eng mit dem Begriff der Konnotation zusammen: Es geht hier allerdings um Konnotationen im Sinne einer gegenseitigen Befruchtung, die auf impliziten Verweisen beruhen, nicht um sprachlich markierte Konnotatoren. Die Konnotation wird vom Leser hergestellt und schlägt sich nicht im expliziten Diskurs des Dichters nieder.

Betrachten wir dazu zwei Beispiele, Gedicht XXXII (nach der Gesamtausgabe von Macrì) und CXXV: das erste gehört in die Phase der Entstehung des Themas (um 1907), das zweite liegt jenseits der Beschäftigung damit (1913). Hier zunächst XXXII:

> Las ascuas de un crepúsculo morado
> detrás del negro cipresal humean ...
> En la glorieta en sombra está la fuente
> con su alado y desnudo Amor de piedra,
> que sueña mudo. En la marmórea taza
> reposa el agua muerta [12].

---

[12] Zur Übersetzung vgl. p. 174.

In diesem Gedicht wird eine Situation geschildert, die scheinbar keine Symbole enthält. Da aber die Symbole schon in anderen Gedichten vorgekommen sind (also ein Verhältnis des Bekanntseins entstanden ist), läßt sich nicht von ihnen absehen. Orte und Gegenstände sind uns schon begegnet: der kleine Platz, der Brunnen, auch das müde Licht der Dämmerung. Wir kennen sie, weil alle diese Einzelheiten in einem später herausgenommenen Gedicht – X – stehen; ich könnte fast wörtliche Entsprechungen anführen, die den engen Zusammenhang zwischen beiden belegen. Der Unterschied besteht nur darin, daß in dem – übrigens sehr viel längeren – Gedicht X sowie in Gedichten, die in der Gesamtausgabe XXXII ebenfalls vorausgehen, der grundlegende semantische (und psychologische) Gegensatz zum Ausdruck gebracht wird: die Opposition Vergangenheit *vs* Gegenwart, die dort zusammenfällt mit der Opposition Freude *vs* Schmerz. Deshalb ist Gedicht XXXII, in welchem die Opposition neutralisiert ist (ein Indiz dafür ist der stumm träumende Amor), nur vor dem Hintergrund von X ganz zu verstehen, also dank der Erscheinungen des Systems. Und gleichfalls nur vor diesem Hintergrund kann man sich der Übertragung des Traums auf den Amor aus Stein bewußt werden (im allgemeinen träumt das Wasser, und das Wasser ist durch eine ganze Reihe von Metonymien unmittelbarer mit dem Dichter selbst verbunden); die Erinnerungen, die durch das Murmeln des Wassers geweckt werden, sind in dieser Serie Erinnerungen der Liebe.

Umgekehrt ist in Gedicht CXXV, das entstanden ist, als Machado diese Thematik hinter sich gelassen hatte und nur seine Kindheit wachrufen wollte, die Kindheitserinnerung nicht mehr von der ursprünglichen harmonischen Stimmung umgeben. Diese Zerstörung der Harmonie, vielleicht auch die Verdrängung erkennt man aber nur im Vergleich mit anderen Gedichten. Hier einige Verse aus CXXV, wo die evozierten Gegenstände genau lokalisiert werden:

> Tengo recuerdos de mi infancia, tengo
> imágenes de luz de palmeras,
> y en una gloria de oro,
> de lueñes campanarios con cigüeñas,
> de ciudades con calles sin mujeres
> bajo un cielo de añil, plazas desiertas
> donde crecen naranjos encendidos
> con sus frutas redondas y bermejas;
> y en un huerto sombrío, el limonero
> de ramas polvorientas
> y pálidos limones amarillos,
> que el agua clara de la fuente espeja,
> un aroma de nardos y claveles
> y un fuerte olor de albahaca y hierbabuena [...][13]

---

[13] Zur Übersetzung vgl. hier p. 164.

Die Zerstörung der Harmonie erinnert, wie ich schon sagte, an Verdrängung. In diesem Gedicht scheint es, als stünde man immer an der Schwelle einer Hoffnung, die sich dann aber nicht erfüllt: Die „pálidos limones amarillos, que el agua clara de la fuente espeja" entsprechen im allgemeinen dem Einswerden von Vergangenheit und Gegenwart, von Traum und Wirklichkeit; den „fuerte olor de albahaca y hierbabuena" scheint er in den Kindheitsszenen einzuatmen, die jedoch nur Erinnerung sind; hier trifft aber diese Aufhebung der Grenzen nicht zu. CXXV ist das Gedicht der Schwelle, der Erinnerung, aus der alle Emotionen vertrieben sind. Machado sagt dies auch selbst: „falta el hilo que el recuerdo anuda al corazón"; es fehlt die Verbindung zwischen Erinnerung und Herz.

Entscheidender noch in diesen Gedichten ist – jenseits der Symbolik von Vergangenheit und Gegenwart, Freude und Schmerz – die Strategie der Erinnerung. Wohlbegründet und ausgefeilt ist sie in zwei oder drei Gedichten, dann wird sie aber im allgemeinen dem System überlassen und bleibt in den anderen Gedichten latent. Die explizitesten werden sogar in der Sammlung gestrichen. Beispielsweise ist in dem herausgenommenen Gedicht I[14] eine Entwicklung vom Punktuellen zum Symbolhaften und Konstanten zu beobachten:

> Y doquiera que me halle, en mi memoria,
> – sin que mis pasos a la fuente guíe –
> el símbolo enigmático aparece . . .,

wie auch von der Kontinuität zum Singulären:

> cautivo en ti mil tardes soñadoras
> el símbolo adoré de agua y de piedra
> . . . .
> Y en ti soñar y meditar querría [. . .]

In Gedicht III, das ebenfalls gestrichen wurde, ist die Opposition Gegenwart *vs* Vergangenheit ins Räumliche übertragen:

> Escucha bien en tu pensil de Oriente
> mi alegre canturía,
> que en los tristes jardines de Occidente
> recordarás mi risa clara y fría,

wo das Lachen des Brunnens in den traurigen Gärten des Okzidents zu hören ist, wie es zuvor durch die Gärten des Orients hallte: beides Hinweise Machados auf den Ort seiner Kindheit bzw. des reiferen Alters. Am Ende werden die beiden Oppositionen in einem psychischen Raum, im Traum, zusammengeschlossen:

> [. . .] Tu destino
> será siempre vagar ¡oh peregrino
> del laberinto que tu sueño encierra!

---

[14] Zur Übersetzung vgl. Anm. 6, p. 164 und pp. 166 ff.

In dem gleichfalls fallengelassenen Gedicht X wird die Übertragung in die räumliche Dimension fortgeführt (Garten der Kindheit im Gegensatz zum Garten der Gegenwart). Weiter ausgebaut wird die Funktion des Träumens und des Vergessens: Tauben träumen, das Wasser schläft, die Blumen stehen in einem Winkel des Vergessens, aber im Dichter werden „mil sueños" wach. Auch die Hoffnung wird einem Zwang zur Wiederholung geopfert: „otros dolores buscan otras flores, | otro amor otro parque en otra tierra". Diese zwanghafte Rekurrenz von *otro* weist auf die dauernde Wiederholung, den ständigen Wandel in der Wiederholung des immer Gleichen hin.

Verstreut finden sich Hinweise darauf, daß die Erinnerung am Werk ist. Einmal wird die Erinnerung bewußt eingesetzt, wenn von *buscar* die Rede ist: „buscando una ilusión cándida y vieja". Dann wieder drängt sie sich von selbst auf, wenn „il demonio de los sueños" die großartigen „galerías del alma" öffnet. Die Erinnerung wird verdrängt oder ausgelöscht, wenn sie als *confusa*, später als *borrada* beschrieben wird (in VIII heißt es nämlich ausdrücklich: „borrada la historia, contaba la pena"). Schließlich erscheint die Erinnerung als Trost, der zerbrochen und verloren ist, wenn der Wind singt: „Me llevaré los llantos de las fuentes", LXVIII.

Die am meisten ausgefeilten und nuancierten Gedichte sind VI und VII, auf die ich hier jedoch nicht noch einmal einzugehen brauche. Es sind die Gedichte, in denen die zeitlichen Grenzen verwischt sind, Gegenwart und Vergangenheit stehen im Wechsel nebeneinander. Es wird die Metapher des Spiegels verwendet, dessen Bewegung jedoch gleichzeitig das Dahinfließen der Jahre anzeigt: Die Gegenstände spiegeln sich im Wasser wider, und gleichzeitig erfahren sie die Spuren der Zeit an sich. Das Nebeneinander von Erfahrung in der Gegenwart und Häufung [von Bildern] in der Erinnerung wird durch die dauernde Wiederholung der gegensätzlichen Begriffe *lejanopresente*, die Herstellung zeitlicher Distanz durch die Tempusformen einerseits und die Verwendung der gleichsetzenden Partikel *mismo* andererseits, zum Ausdruck gebracht: „Fue esta misma tarde. [...] Tue esta misma lenta tarde." Die Wiederkehr der Jahreszeiten und der Tageszeiten unterstreicht noch die Täuschung. Daneben gibt es auch eine bewußt herbeigeführte Simultaneität, eine Einheit des Subjekts, das mit einer Geste die Grenzen der Zeit überschreitet, das trennt oder vereint. Auf der einen Seite stehen die hypnotisch einschmeichelnden Fragen des Brunnens – „te recuerda"[15] –, auf der anderen Seite die rationale Feststellung „mas sé que tu copla presente es lejana"; oder: „Yó sé que tus bellos espejos cantores | copiaron antiguos delirios de amores." Schließlich erfolgt (in den meines Erachtens entscheidenden Versen) ein Sprung des Subjekts zurück in die Vergangenheit: „Que tú me viste hundir mis manos puras | en el agua serena, | para alcanzar los frutos encantandos | que hoy en el fondo de la fuente sueñan...."; dabei sind die reinen Hände die der verlorengegangenen kindlichen Unwissenheit, aber es sind immer noch dieselben Hände.

---

[15] Zur Übersetzung vgl. p. 178.

Auf der Grundlage dieser Beobachtungen habe ich versucht, alles, was in der untersuchten Serie von Gedichten halb ausgesprochen oder nur angedeutet wird, zu systematisieren. Die Gedichte fügen sich auf diese Weise zu einer Kette zusammen und erhellen sich wechselseitig. Es wird ein Diskurs etabliert, an dem die einzelnen Gedichte teilhaben. Dieser Diskurs vermittelt uns für jedes Gedicht – ausgenommen für die Teile, die darin manifestiert werden – ein latentes System. Und Schritt für Schritt ergibt sich daraus das Gesamtbild.

Im Vorangehenden wurden zwei Beispiele für „implizierende Strukturen" geliefert. Wie sich gezeigt hat, geht es in beiden Fällen um dasselbe Problem: die Thematik. Im ersten Fall erschien die Thematik unter einem kollektiven Aspekt, zuletzt subjektiviert. Die Thematik ist ein Angebot an Bedeutung, sich wandelndes Material, das bereitsteht. Im System eines Dichters ist sie bereits strukturiert, nur wirkt sie so, als seien ihre Strukturen zertrümmert. Denn sie weist keine globale Strukturierung auf, sondern nur verschiedene Teilstrukturierungen, die der Leser nur dann zu einem Ganzen vereinen kann, wenn er sie als solche auflöst.

Daraus ergeben sich vielleicht auch einige Schlüsse für das Problem der Konstitution von Kultur. Es handelt sich um einen disparaten Trümmerhaufen, auf den jedoch schon verschiedene Neuordnungen warten: solche ideologischer, literarischer und textueller Natur. Es ist ein Trümmerhaufen, der uns vorgegeben ist, aus dem wir aber auch bewußt Auswahlen treffen; ein kollektiver Gedächtnisspeicher, an dem auch die Prozesse des individuellen Gedächtnisses, wie sie zum Beispiel Machado beschreibt, teilhaben. Durch die genannten Neuordnungen wird das disparate Material in konkurrierende und verschiebbare rationale Raster gebracht. Und wahrscheinlich zieht ein Element das andere nach sich – aufgrund instabiler, aber lebendiger Assoziationen.

So entstehen zwei gleichermaßen überzeugende Vorstellungen: auf der einen Seite die Vorstellung von einem konstant bleibenden Material, das zu bildhaften Erscheinungen aufgelöst wird, die in unserem Diskurs wirksam werden; auf der anderen Seite eine Reihe von vorläufigen Strukturierungen, die auf ihre endgültige Konventionalisierung in den Strukturen des Diskurses warten. Mit diesen beiden Vorstellungen wird ein Prinzip der Unbestimmtheit des bewußten Diskurses begründet und ein Freiraum für das Unbewußte gelassen: es usurpiert den bewußten Diskurs nicht, sondern entfaltet im verborgenen seine vielschichtige Wirkung.

Teil II

7. System und Strukturen in den *Soledades* von Antonio Machado

0.1. In den vom Strukturalismus beeinflußten Auseinandersetzungen mit Sammlungen von Texten, welche entweder als eigenständig oder als Teile eines Ganzen (einer Gedicht- oder Novellensammlung usw.) betrachtet werden können, wird das als Untersuchungsgegenstand gewählte und daher *a priori* als Struktur oder System behandelte Gebiet im allgemeinen nach zwei Parametern abgesteckt. Auf der einen Seite stehen (strukturalistische) Literaturwissenschaftler, die jeden einzelnen Text in seiner autonomen Individualität und folglich als vollständige, autonome Struktur untersuchen. Auf der anderen Seite stehen jene, die anhand des zweiten Parameters die ganze Sammlung, zu der der Text gehört, als ein System betrachten[1]. Man kann *grosso modo* sagen, daß die einen ihr Augenmerk besonders auf die (im weiteren Sinne) syntagmatischen Beziehungen richten (wobei die Grenzen durch das erste und das letzte Wort des Textes gegeben sind), die anderen hingegen auf die paradigmatischen Beziehungen: Die einen haben die Strukturen, die anderen das System im Auge. Das schließt nicht aus, daß die einen – selbst eingehende[2] – Vergleiche zwischen verschiedenen Abschnitten oder Texten ein und desselben Autors vornehmen, die sie dann nicht als Strukturen, sondern vielmehr als Material betrachten, ebensowenig schließt es aus, daß die anderen, wenn auch nur punktuell, einzelne (syntagmatische) Sequenzen des gegebenen Systems berücksichtigen.

Es besteht also eine gewisse Heterogenität zwischen den unter systembezogenem Gesichtspunkt gesammelten Elementen und solchen, die sich aus der Betrachtung der Strukturen ergeben – eine Heterogenität, die auch nicht dadurch überwunden werden kann, daß die Sammlung etwa als harmonisch geordnete und ausgewogene Summe eigenständiger[3] Strukturen betrachtet wird, weil zwischen

---

[1] Ich denke hier vor allem an die Untersuchungen von *G. Contini: Come lavorava l'Ariosto.* In: *Esercizi de lettura.* Florenz 1947², pp. 309–321; *Saggio d'un commento alle correzioni del Petrarca volgare.* Florenz 1943; *Implicazioni leopardiane.* In: Letteratura IX, 33 (1947), pp. 102–109.

[2] Das bemerkenswerteste Beispiel dafür liefert D. S. Avalle mit: „*Gli orecchini*" di *Montale,* wo er unter anderem sehr treffend den Begriff „Konnotation" verwendet.

[3] Zu den Beziehungen zwischen den Gedichten eines Zyklus vgl. den Ansatz von *G. Genot: Strutture narrative della poesia lirica.* In: Paragone XVIII, 212 (1967), pp. 35–52; nach

der Makrostruktur und den Mikrostrukturen nicht notwendigerweise eine Homologiebeziehung besteht. Als Arbeitshypothese möchte ich die Integration der Mikrostrukturen in das System vorschlagen a) unter Berücksichtigung der genetischen Entwicklung des Systems, b) unter Berücksichtigung der Beziehungen der Integration und wechselseitigen Erhellung der poetischen Strukturen innerhalb des genetisch betrachteten Systems.

Zweifellos sind die Werkteile, die aneinandergereiht vor uns liegen, das Ergebnis einer sich über einen gewissen Zeitraum erstreckenden Produktion. Jede Phase der Entwicklung, wie sie sich in den einzelnen Teilen oder Strukturen niederschlägt, führt zu einer Vervollkommnung der Bereicherung des Systems, ohne daß schon die folgenden Phasen darin impliziert wären. An die Stelle der systembezogenen und der strukturbezogenen Betrachtungsweise könnte man also ein Diagramm mit aufsteigender Linie setzen. Das Gesamtsystem wäre dann das Ergebnis einer in jedem Augenblick von der Menge der einzelnen Phasen gebildeten Entwicklung, wobei diese Phasen durch die einzelnen Texte bzw. Strukturen repräsentiert sind, von denen wiederum jeder bzw. jede implizit mit den vorangegangenen verbunden ist.

Das skizzierte Schema ist sinnvoll, wenn ein Autor seine Arbeiten aus einer ziemlich langen Schaffensperiode ohne Veränderung in einer Sammlung vereint. Bekanntlich kommen jedoch Schriftsteller gerne auf ihre Texte zurück und neigen dazu, ihre Sammlungen der Weiterentwicklung ihres literarischen Selbstverständnisses anzupassen. Hier besteht aber nur scheinbar eine Schwierigkeit. Wenn die Literatur zum großen Teil ihren Stoff aus der Erinnerung schöpft, so mag der Schriftsteller seine dichterische Vergangenheit zwar einer Zensur unterwerfen (indem er Texte oder Textteile herausnimmt), aber er wird sie nicht gänzlich ungeschehen machen können um einer Gegenwart willen, die wenig später ihrerseits Vergangenheit ist. In Wirklichkeit – und die Beispiele dazu sind Legion – konzentriert sich die Überarbeitung weit mehr auf formale als auf inhaltliche Aspekte, wie die Sammlungen von datierten oder datierbaren Texten beweisen und wie sich auch unschwer zeigen läßt, wo die exakte Datierung Schwierigkeiten bereitet.

Der im vorliegenden Aufsatz unternommene Versuch stützt sich auf diesen Phasenunterschied, wo es dafür gute Gründe gibt. Es geht darum, eine Analyse – soweit wie möglich unter Berücksichtigung der Chronologie – auf der Ebene der

---

Genot entsteht unter den Gedichten eine Verkettung ähnlich wie bei einer Erzählung, jedoch nach ganz spezifischen Merkmalen. Wie mir bekannt wurde, hat auch *J.-C. Coquet* dem Laboratoire d'anthropologie sociale in Paris einen Beitrag mit fast gleichem Titel (*Les structures narratives en poésie*) vorgelegt. Eine ähnliche Untersuchung, speziell über französische Gedichtsammlungen des 16. Jahrhunderts, stammt von *J. Rousset: Les recueils de sonnets sont-ils composés?* In: *The French Renaissance and Its Heritage*. Essays presented to A. Boase. London 1968. Seine Untersuchung stützt sich logischerweise auf die paradigmatische Funktion von Petrarcas *Canzoniere*.

Inhaltsform und der Ausdrucksform, wie Hjelmslev sie nennt, durchzuführen. Als System der Inhaltsseite habe ich die in mehreren Teilen der Sammlung sich wiederholenden kleinsten symbolischen oder thematischen Elemente betrachtet. Das Ausdruckssystem wird selbstverständlich durch die sprachlichen und stilistischen Mittel gebildet. Zunächst haben wir also eine parallele Entwicklung von inhaltlicher und sprachlicher Schöpfung vor uns. Dann, in einer zweiten Phase, eine partielle Vereinheitlichung der sprachlichen und stilistischen Mittel, die jedoch die Strukturen der Inhalte nicht berührt, sondern nur die Funktionalität dieser Mittel erhöht.

In dieser Untersuchung können zwei verschiedene diachrone Linien zusammengebracht werden. Die eine entspricht der Entwicklung einer Konstellation von Symbolen, die im semiotischen System des Dichters eng miteinander verbunden sind. Die andere verläuft parallel zu den Überarbeitungen, die in einem gewissen zeitlichen Abstand an den früher verfaßten Gedichten vorgenommen werden. Da die Überarbeitungen jeweils bei Neuauflagen der Gedichtsammlung erfolgen, erscheinen sie als Schichtungen auf übereinanderliegenden synchronen Linien, die den verschiedenen aufeinanderfolgenden Ebenen des semiotischen und stilematischen Systems entsprechen. Mit anderen Worten: auf diese Weise können die Konstanten in der Entwicklung des Systems erfaßt werden, gleich, ob diese Entwicklung in Form der Vervollkommnung eines bereits verfaßten Textes oder in Form der sukzessiven Produktion von Texten mit ähnlichem Inhalt vor sich geht[4].

Bevor wir zur eigentlichen Analyse kommen, sei etwas an sich Selbstverständliches noch einmal klargestellt: Die Unterscheidung zwischen Inhalten und Ausdruck ist in erster Linie praktischer Natur. Zwischen dem symbolischen Material und den ihnen zugeordneten Bedeutungen, zwischen suggestiven Elementen und den eigentlichen Interpretationen, zwischen alldem und der formalen Umsetzung besteht eine komplexe semiotische Beziehung, die hier herausgearbeitet werden soll. Der Nutzen des Oppositionspaares Inhalt *vs* Ausdruck besteht also darin, daß es zwei polare und theoretische Grenzen eines sehr komplexen Zusammenspiels von Funktionen angibt.

0.2. Das erste Gedicht der *Campos de Castilla* von Machado[5] – *Retrato [Porträt]* – beginnt folgendermaßen:

---

[4] Ich habe eine kohärente Gruppe von Symbolen, die mit einem Thema verbunden sind, als Bezugspunkt gewählt. Es wäre ebenso legitim gewesen, von der Inhaltssubstanz, von Gefühlen oder inneren Regungen auszugehen und deren Umsetzung in Symbole und verschiedene Themen zu verfolgen. Das gewählte Verfahren (das sich zu dem anderen genauso verhält wie die Semantik zur Onomasiologie) ist nicht nur konkreter, sondern mit seiner Hilfe kann auch die Parallelität zwischen den Symbolen und ihrer sprachlichen Ausgestaltung verfolgt werden.

[5] Zit. nach *Poesie* von Antonio Machado, hrsg. v. *O. Macrí*. Mailand ²1961, die sich an die Ausgabe von 1936 der *Poesías completas* halten. Die (römische) Numerierung der Gedichte

Mi infancia son recuerdos de un patio de Sevilla,
y un huerto claro donde madura el limonero (1–2);

Meine Kindheit sind Bilder eines Patios in Sevilla
und eines lichten Gartens voll reifender Zitronen[6];

und in einem Gedicht von 1913 (CXXV, 11–24), ebenfalls aus den *Campos de Castilla,* heißt es:

Tengo recuerdos de mi infancia, tengo imágenes de luz y de palmeras, ... bajo un cielo de añil, plazas desiertas donde crecen naranjos encendidos con sus frutas redondas y bermejas; y en un huerto sombrío, el limonero de ramas polvorientas y pálidos limones amarillos, que el agua clara de la fuente espeja, un aroma de nardos y claveles y un fuerte olor de albahaca y hierbabuena.	Ich habe Erinnerungen aus meiner Kindheit ich habe Bilder von Licht und Palmen .... unter einem indigoblauen Himmel menschenleere Plätze, wo Orangenbäume wachsen, leuchtend vom Rot ihrer runden Früchte und in einem schattigen Garten der Zitronenbaum mit staubigen Zweigen und blaßgelben Zitronen, die sich im klaren Wasser des Brunnens spiegeln ein Duft von Narden und Nelken und ein starker Geruch von Basilikum und Minze.

Diese Verse sind[7] ein Extrakt aus Gedichten des ersten Zyklus von Machado, den *Soledades:* „desierta plaza" kommt vor in XCIV, 9; „naranjos encendidos" in III, 1; „rama polvorienta" (im Singular) in VII, 2; „buen perfume de la hierbabuena y de la buena albahaca" in VII, 25–26 usw. Im Mittelpunkt der Erinnerung: ein festumrissener Ort, ein „huerto" mit einer „fuente" und einem „limonero".

Gerade der Brunnen kommt in den ersten Gedichten Machados an die zwanzig

---

entspricht der der *Poesias completas,* während die römischen Ziffern in Kursivdruck auf Gedichte verweisen, die in der 1. Auflage der *Soledades* (1903) erschienen, aber in der 2. Auflage (1907) und allen späteren Sammlungen nicht mehr aufgenommen sind (vgl. *Macrí,* Hrsg., pp. 926 ff.). Die Verse der Gedichte numeriere ich nach der Erstauflage, die ich, wenn nicht anders angegeben (vgl. für I Anm. 10, p. 166), den umfangreichen Apparaten Macrís entnehme. Macrí stellte freundlicherweise die Korrekturfahnen seiner im Druck befindlichen 3. Auflage der *Poesie* zur Verfügung. Daraus gehen zahlreiche Präzisierungen hinsichtlich der Chronologie der Gedichte hervor. Noch nützlicher war für mich, daß Macrí das maschinenschriftliche Manuskript des vorliegenden Kapitels gelesen hat. Seine Beobachtungen und Einwände habe ich einzuarbeiten versucht. Seiner Unterstützung gilt an dieser Stelle mein besonderer Dank.

[6] Deutsch von Fritz Vogelgsang. In: Antonio Machado: *Gedichte.* Frankfurt: Insel 1964, p. 29.

[7] Wie *Macrí* bemerkt, vgl. op. cit., p. 157. [Anm. d. Ü.: Ich danke Angelika Schulz für ihre Unterstützung bei der Übertragung der spanischen Zitate in diesem Aufsatz.]

Mal[8] vor; meistens handelt es sich um diese eine „fuente" in diesem einen „huerto", manchmal jedoch wechseln auch Ort und Brunnen, und ein Biograph könnte die Texte unter einem topographischen Gesichtspunkt ordnen, der hier natürlich nicht interessiert. Für mich ist wichtig, wie sich die Beschreibung und Inszenierung des Brunnens[9] in Verbindung mit den Bedeutungen entwickelt, die ihm vom Dichter zugeschrieben werden.

Von Entwicklung kann man insofern sprechen, als diese Gedichte teilweise bereits zwischen 1901 und 1903 in Zeitschriften erschienen sind, teils für die auf 1903 datierte, aber bereits 1902 veröffentlichte Erstausgabe der *Soledades* (= *Soledades* I) verfaßt wurden (die früheren Gedichte erscheinen dort mit beträchtlichen Änderungen), teils zwischen 1903 und 1907 wiederum in Zeitschriften veröffentlicht und schließlich mit vielen anderen Inedita in die zweite Auflage der *Soledades* (= *Soledades* II) von 1907 aufgenommen wurden. In dieser wurden alle früheren Gedichte erneut formal überarbeitet und einige andere ganz aus ihr herausgenommen. Die Reihenfolge, in der die Gedichte abgedruckt wurden, ist nicht mehr als ein Anhaltspunkt für die Reihenfolge, in der sie entstanden sind. Auf der Grundlage von Ähnlichkeiten zwischen den einzelnen Gedichten, aber auch aufgrund ihrer Position innerhalb der Sammlung besteht jedoch die Möglichkeit, diese Reihenfolge zu überprüfen und zu bestätigen.

0.3. Von den Gedichten ausgehend, in denen das Thema am breitesten entfaltet ist (I, III, X, XII, VI, VII, VIII), lassen sich folgende konstitutive Elemente herausstellen:
– Gegenstände: Brunnen, Wasser, Baum (Zitronenbaum oder Zypresse);
– Bestimmungen: Tages- und Jahreszeit, Ort (Garten, Park oder Platz);
– direkte Erläuterungen;
– indirekte Erläuterungen.
Das Zusammenspiel dieser Elemente entfaltet sich seinerseits auf der Basis zweier Grundoppositionen:
– Gegenwart *vs* Vergangenheit;

---

[8] Ich hielt es für angemessener, eine möglichst breite Auswahl zu liefern, also auch Gedichte aufzugreifen, die eher am Rande des Themas liegen. Auf der anderen Seite gab es natürlich auch da und dort flüchtige Hinweise auf unser Symbolfeld, die der Analyse nicht wert waren.

[9] Zum Thema des Brunnens liegt eine umfangreiche Bibliographie vor. Ich erinnere hier nur an: *D. Alonso: Poetas españoles contemporaneos.* Madrid 1952, pp. 140–159; *J. M. Pemán: El tema del limonero y la fuente en A. Machado.* In: Boletín de la Real Academia Española XXXII (1952), pp. 171–191; *R. de Zubiría: La poesía de A. Machado.* Madrid ³1966, pp. 36–43 (mit weiteren Literaturangaben in Anm. 5, p. 36). Auch fremde Vorbilder hatten Einfluß auf das Thema, in erster Linie Verlaine mit seinem Gedicht „Après trois ans" aus den *Poèmes saturniens;* vgl. dazu *G. Ribbans: La influencia de Verlaine en A. Machado.* In: Cuardernos Hispanoamericanos 91–92 (1957), pp. 180–201; ferner *Macrí,* op. cit., p. 1117; schließlich Jiménez mit seinen *Arias tristes* von 1903.

– Schmerz *vs* Freude,

die wiederum durch geringfügige, aber symptomatische Variationen miteinander verknüpft sind.

Die Variationen in der Bedeutung der Gegenstände kommen zustande a) durch die Reihenfolge, in der sie genannt werden, und ihre Bestimmungen, b) durch direkte Erläuterungen, c) durch indirekte Erläuterungen und konnotative Werte, d) durch die etwaige Verbindung des Themas mit anderen, ähnlich gearteten Themen.

Eines ist hier vorweg zu bemerken: In mehreren nach 1902 verfaßten Gedichten (aber auch schon in XLVI) wird das Thema bereits mit anderen Themen kombiniert oder in nunmehr unterschiedlichen Kontexten mit Nebenfunktionen verwendet (XVIII, XXIV, LXVIII, LXIX). Dies wird dann zu einem allgemeinen Phänomen in den Gedichten von 1907 (LI, LV, XC, XCVI) – als ob die in den ersten Gedichten explizit ausgedrückten symbolischen Werte jetzt als implizit betrachtet werden könnten, weil unausgesprochen ein Bezug (ein Verhältnis des Schon-Bekanntseins) zur Phase der ersten, komplexeren und feiner ausgearbeiteten Fassung besteht.

1.1. Die bibliographischen Daten legen es nahe, Gedicht I, das bereits 1901 in *Electra* veröffentlicht wurde, an den Anfang der Analyse zu stellen. Auch die eigenen Merkmale des Gedichts weisen es als dasjenige aus, das am weitesten von der durch den Dichter im Laufe der Zeit entwickelten Typologie entfernt ist. Es könnte folgendermaßen aufgeschlüsselt werden:

A (1–13) Beschreibung des Brunnens mit der Statue und des Wassers (Imperfekt).
B (14–19) Der Dichter hat viele Abende am Brunnen verbracht (Perfekt).
C (20–36) Betrachtungen über die rätselhafte Bedeutung des Brunnens und seine Lebendigkeit in der Erinnerung (Präsens).
D (37–50) Liebe des Dichters zum Brunnen; Beschreibung des Hintergrunds, vor dem er steht (Präsens).
E (51–64) Der Dichter kehrt oft in den Park zum Brunnen zurück und möchte sich mit der Statue identifizieren (Präsens und Perfekt).

Nach der hier zugrunde gelegten Erstausgabe [10] ist das Gedicht auf einer Reihe von Parallelismen aufgebaut: Zweimal wird der Brunnen beschrieben (A, D). Zweimal wird auf die häufige Rückkehr des Dichters zum Brunnen hingewiesen (B, E). Schließlich führen die Betrachtungen in C zu einer Art Fazit in den letzten Versen von E (61–64). Wie man an dieser Aufschlüsselung erkennt, besteht in dem Gedicht die Tendenz zu einer Trennung von gefühlsmäßigen und symbolischen Elementen (A und D; B und E; C und die Verse 61–64).

---

[10] Ausnahmsweise zit. nach *D. Alonso,* op. cit., pp. 119–121, da *Macrís* Apparat hier weniger Klarheit bringt.

Am deutlichsten ist das Symbol des Brunnens in den Versen 24-27 ausgedrückt:

Pero una doble eternidad presiento,	Aber eine zweifache Ewigkeit ahne ich voraus,
que en mármol calla y en cristal murmura	die im Marmor schweigt und im Kristall murmelt
alegre salmo y lúgubre lamento	heiterer Psalm und düstere Klage
de una infinita y bárbara tortura,	einer unendlichen und unmenschlichen Qual,

wo die gleiche antithetische Gegenüberstellung wie in den Versen 25-26, nur kreuzweise vertauscht („en mármol calla" – „en cristal murmura"; „alegre salmo" – „lúgubre lamento"), die Funktionalität der paradoxen Spannung zwischen Brunnen und Wasser unterstreicht. Auch in den Beschreibungen der Statue finden sich mehrmals Anspielungen auf den Schmerz: „Marmor des Schmerzes" 3; „des Marmors faltige Stirn" 12; „des schweigenden Marmors... krampfhafter Ausdruck des Schmerzes" 21-23; „Schmerz" 40, während das Murmeln des Wassers stets mit Lachen und Ausdrücken der Freude in Verbindung gebracht wird: „kaltes Gelächter" 5; „ein frivoles, erotisches Geflüster" 7; „im Fallen lachte es" 9; „seine Tropfen von Ironie" 11; „matter, lächelnder Spiegel" 41, bis die Gegenüberstellung schließlich in einer klaren Opposition und einem klanglichen Kontrast gipfelt (Vers 31-32):

y alegre el agua pasa y salta y ríe,	und heiter fließt das Wasser und springt und lacht,
y el ceño del titán se entenebrece[11].	und die Miene des Titanen verfinstert sich[11].

Wasser und Brunnen deuten demnach auf zwei antithetische Symbole hin, oder besser gesagt: sie vereinigen [zwei Elemente] zu einem komplexen Symbol, der Antithese von Schmerz und Freude[12]. Dieses Symbol ist voller Rätsel, wie eine Reihe von Ausdrücken erkennen läßt: „Geheimnis" 18; „Noch verstehe ich nicht" 20; „ich ahne" 24. Das Verhältnis des Dichters zu diesen beiden gleichzeitig vorhandenen symbolischen Richtungen ist sozusagen asymmetrisch, rational neutralisiert:

[...] la fuente,	[...] der Brunnen,
cuyo dolor anubla mis dolores,	dessen Schmerz meine Schmerzen verdeckt,
cuyo lánguido espejo sonriente	dessen matter, lächelnder Spiegel
me desarma de brumas y rencores (39-42).	mich von Nebeln und Groll befreit.

Das heißt, sowohl das Element des Schmerzes (Brunnen) als auch das der Freude

---

[11] In der neuen Fassung von *Soledades* I wird dann der Kontrast in den Versen 49-52 ein Pendant haben: „das Überquellen deines Marmorbeckens, | das helle, verrückte, lachende Sprudeln | im lastenden Schweigen deines Platzes | und die schreckliche, finstere Miene des leidenden Titanen".

[12] Mit dieser Formulierung wird vermieden, daß Statue und Wasser als Symbole des Schmerzes und der Freude erscheinen. Schmerz und Freude sind vielmehr in diesem Symbol enthalten, ohne daß es damit erschöpft ist. Diese Ambiguität ist sogar gewollt und erklärt die Abweichungen in der Interpretation von *Alonso, Macrí* usw.

(Wasser) haben eine besänftigende Wirkung. Diese könnte von einer geheimen Harmonie zwischen Wasser und Statue herrühren, die jedoch im Widerspruch zur Grundsymbolik des Gedichts zu stehen scheint (die Verse, die ich hier zitiere, sind denn auch in *Soledades* I nicht mehr enthalten):

[. . .] el agua y el mármol, en estrecho abrazo de placer y de armonía (58–59).	[. . .] Wasser und Marmor, eng umarmt in Freude und Harmonie.

Eine weitere Erklärung könnte auch der rätselhafte (dann ebenfalls gestrichene) Hinweis darauf sein, daß das Wasser (mit seinem Inhalt der Freude) vielleicht stärker ist und sich durchsetzt gegenüber der (schmerzerfüllten) Statue, wobei das Wort *armonía* nochmals auftritt:

Y el disperso penacho de armonías vuelve a reir sobre la piedra muda; y cruzan centellantes juglerías de luz la espalda del titán desnuda (33–36).	Und der zerstreute Federbusch von Harmonien lacht von neuem über dem stummen Stein, und funkelnd spielt das Licht auf dem nackten Rücken des Titanen.

Diese Asymmetrie und dieser Widerspruch haben ihren Grund vielleicht in der Stimmung, mit der der Dichter den Brunnen umgibt. Er sucht ihn an „träumerischen Abenden" 15 oder in den „unfruchtbarsten und traurigsten Stunden" 51, in Stunden des Träumens, in denen er von der starken Lebendigkeit der „Erinnerung" 28, ja von Liebe (37, 60) erfüllt ist. Daher will am Ende die (ersehnte) Identifizierung des Dichters nicht mit *der* Statue, sondern mit *einer* Statue seinen Wunsch nach einer Versteinerung des Zustands des Träumens andeuten:

[. . .] donde soñar y reposar querría libre ya del rencor y la tristeza, hasta sentir sobre la piedra fría que se cubre de musgo mi cabeza (61–64).	[. . .] wo ich träumen und ruhen wollte frei schon von Groll und Traurigkeit, bis ich auf dem kalten Stein fühle, daß mein Haupt sich mit Moos bedeckt.

Aus der bisherigen Analyse geht deutlich hervor, daß die deskriptiven, gefühlsmäßigen und symbolischen Elemente nicht so sehr voneinander getrennt als vielmehr nicht ganz nahtlos zusammengefügt und verschachtelt sind. Das beweisen zum Beispiel die Verse 43–50, in denen der Brunnen in einer hellen Traumlandschaft gesehen und mit dem Zitronenbaum in Verbindung gebracht wird, der in den nachfolgenden Gedichten eine große Rolle spielen wird – Verse, die eine Art Landschaft in der Landschaft aufbauen – im Gegensatz zur Überlagerung von Gegenwart und Vergangenheit im Gedicht und zur inneren Beteiligung des Dichters an dem Spannungsverhältnis zwischen Wasser und Brunnen.

Die Statue des Titanen wird in den anderen Gedichten nicht mehr vorkommen und somit auch nicht der Kontrast zwischen Brunnen und Wasser.

1.2. Das Gedicht *Cenit* (III) aus *Soledades* I läßt sich aufgrund zahlreicher formaler Ähnlichkeiten mit I in Verbindung bringen: „lachte" I im Reim (dort 9); „Geheimnis" 10 (dort 18); „Psalmengesang" 4 (dort 26); „mein helles, klares Lachen"

8 (dort „kaltes Gelächter" 5, ebenfalls im Reim)[13]. Die syntaktische Struktur ist einfach und hat keine Parallele in der hier behandelten Serie von Gedichten. Ein Vorspann aus zwei Versen („Mir sagte das klare Wasser" usw.) eröffnet eine kleine Rede des Wassers an den Dichter mit dem zweimaligen Ausruf „Höre". Das Gedicht beruht auf elementaren Gegensätzen: Lachen und Traurigkeit, Orient und Okzident, Wasser und Dichter. (Der Dichter tritt hier an die Stelle des Titanen von I, was dort nur als Wunsch noch vage ausgedrückt war.)

Die Gegensätze stehen ganz einfach nebeneinander und überlagern sich: „das Wasser" erinnert an die Kindheit des Dichters („in deinem orientalischen Lustgarten" 5), es wird als Element der Freude gesehen: „das klare Wasser, das lachte" 1; „meine fröhliche Melodie" 6; „mein helles, kaltes Lachen" 8. Daher wird das Wasser nicht mehr, wie in I, dem Brunnen entgegengesetzt, er wird in Vers 2 lediglich genannt, ohne besondere Betonung („der Marmor des Brunnens"). Andererseits kann das Wasser in Opposition zum Dichter treten. Der Kindheit wird eine Gegenwart in einem anderen Land gegenübergestellt („abendländische Gärten", 7), sie wird als leidvoll angesehen (die „Gärten" sind „traurig"). Die Gegensätze beziehen sich also alle auf die Opposition Gegenwart *vs* Vergangenheit, die als nicht rational faßbar, als rätselhaft dargestellt wird („das Rätsel der Gegenwart", 3; „sein kristallenes Rätsel deinem schattenhaften Geheimnis", 10–11, wo dem Dichter wie dem Wasser geradezu unkörperliche Attribute zugeschrieben werden, so daß die Erklärung am Schluß, syntaktisch klar in ihrer Parataxe, nur noch – über den Parallelismus zwischen dem Fließen des Wassers und dem Wandern des Menschen – die Brücke schlägt zwischen dem Umherirren des Dichters in den Enttäuschungen des Lebens und einem unaufhörlichen, von ihm losgelösten Lachen: als geschähe dies aufgrund eines geheimnisvollen Orakelspruchs wie von selbst.

[...] Tu destino	[...] Dein Schicksal
será siempre vagar ¡oh peregrino	wird immer das Umherirren sein, o Wanderer
del laberinto que tu sueño encierra!	im Labyrinth, das dein Traum umschließt!
Mi destino es reír: sobre la tierra	Mein Schicksal ist Lachen: über der Erde
yo soy la eterna risa del camino (11–15).	bin ich das ewige Lachen des Weges.

Durch den Aufbau in direkter Rede wird eine Verschmelzung von Symbol und Erklärung des Symbols erreicht. Die deskriptiven oder gefühlsmäßigen Bestimmungen bleiben fast vollkommen implizit. Chronologische Bestimmungen werden weggelassen, da die Gültigkeit des Symbols allein schon durch den Phasenunterschied zwischen (einer) Gegenwart und der Vergangenheit begründet ist. Dabei ist gleichgültig, ob das Wasser zum Dichter in der Erinnerung oder in der Wirklichkeit gesprochen hat.

1.3. Die Gedichte X und XII, die auch in *Soledades* I nicht weit auseinanderliegen

---

[13] Auch in *Soledades* I stehen die beiden Gedichte in ein und derselben Gruppe.

(XII war bereits 1901 in *Electra* erschienen), müssen in kurzem Zeitabstand geschrieben worden sein. Zahlreiche Ausdrücke kommen in beiden Gedichten gleich oder ähnlich vor: das „lachende Schluchzen" des Wassers (5, 8); „heitere Wasserspeier" X, 6 und „sprudelt heiter aus dem Wasserspeier" XII, 9–10; zwei fast gleichlautende Verse: „zwischen grünen Sträuchern floß" X, 8 und „zwischen grünen Sträuchern unbekannt" XII, 11; ein und dasselbe Reimpaar: „salterio | misterio" [Psalter | Geheimnis] X, 17–19 und XII, 17–19 (an der gleichen Stelle!). Außerdem sind Parallelen zu I zu beobachten: „einsame Pfade" I, 53 und „stille | Pfade" X, 21–22; „Psalm" I, 26 und X, 41.

Auch das Thema der Vergangenheit, das schon im Titel (*Nevermore* aus dem *Raben* von Poe) dominant ist, taucht in XII auf; man denke an den eindringlichen Ausruf „Geist des Gestern" 24. Der Aufbau ist, wie in III, durch den Kontrast zwischen der durch das Wasser geweckten Erinnerung und einer traurigen Gegenwart gekennzeichnet. Allerdings erscheint dieser Kontrast nicht in expliziter Form, es werden nicht gegensätzliche Begriffe nebeneinandergestellt, sondern der positive Charakter des ersten Begriffs wird (qua Negation, durch das Verb *miente*) als Schein entlarvt [14]:

[...] miente	[...] es lügt
el agua de tu gárgola riente (33–34)	das Wasser aus deinem lachenden Wasserspeier

Was hier das Fehlen etwaiger Konnotationen der Traurigkeit in der Beschreibung des Brunnens und somit *per analogiam* die oben zu X gemachten Bemerkungen bestätigt:

[...] escucho un sollozar riente:	[...] ich höre ein lachendes Schluchzen:
trémula voz del agua que borbota	zitternde Stimme des Wassers, das heiter
alegre de la gárgola en la fuente,	aus dem Wasserspeier in den Brunnen sprudelt,
entre verdes evónimos ignota (8–11).	unbekannt zwischen grünen Sträuchern.

Mit anderen Worten: *sollozar* und *trémula* haben nur eine deskriptive oder nachahmende Funktion, während die dominierende Konnotation die von *riente* und *alegre* ist.

Das ganze Gedicht aber weist eine Oxymoron-Struktur auf, die schon in den Anfangsversen der beiden Teile, aus denen es besteht, zum Ausdruck kommt:

¡Amarga primavera!	Bitterer Frühling!
¡Amarga luz a mi rincón obscuro! (1–2);	Bitteres Licht für meinen finsteren Winkel!
¡Fiesta de Abril que al corazón esconde	April-Fest, das bittere Nahrung vor dem Herzen
amargo pasto, la campana tañe! (29–30).	verbirgt, die Glocke läutet!

Ein weiteres Beispiel für ein Oxymoron, bei dem die negative Wirklichkeit einen Spiegel oder ein Echo abgibt:

---

[14] Ein weiteres Verfahren, das später bewußter eingesetzt wird, ist das der Kontrastierung mittels Adjektivattribution: „Tarde *vieja* en el alma *y virgen*" 33 [*Alter : jungfräulich*].

En el silencio turbio *de mi espejo*	Im trüben Schweigen meines Spiegels
miro, en la risa de mi ajuar ya viejo,	sehe ich, im Lachen meines schon alten Hausrats,
la grotesca ilusión (5–7);	die groteske Illusion;
¡Fiesta de Abril! ... Y *el eco* le responde	April-Fest!... Und das Echo antwortet
un nunca más, que dolorido plañe (31–32).	mit einem Niemalsmehr, voller Wehklagen.

In diese Zauberwelt von Brechungen dringt die Wirklichkeit immer nur in indirekter Form ein, was besonders für Ort und Zeit gilt, obwohl sie klar und deutlich bestimmt sind. So hat der Dichter „den klaren Abend unter reinem Himmel" 4 nicht vor Augen, sondern erwartet ihn „hinter dem Vorhang meines Alkovens" 3; der Garten, obgleich der gewohnte, oft erwähnte Ort, ist „fern" 7, da sich der Dichter ja in seinem Zimmer aufhält; die Schwalben ziehen „hinter der dünnen Gaze" 13 vorbei. Bei so viel Entfernungen [15] helfen die lautlichen Werte die Räume überwinden: „ich höre" 8, „Stimme" 9, „Aufzischen" 12, „Musik" 20, „Zischen" 21 ... Und Machado wollte unter genauer Berechnung der musikalischen (und auch suggestiven) Wirkung die Glocken mit ihrem Geläut in diesen Chor einstimmen lassen. Ihr Klang ist der reinste und durchdringendste, aber auch ihre Freude wird schonungslos dem [oben beschriebenen] Prinzip der Negation [mittels *miente*] untergeordnet:

> Lejos *miente* otra fiesta el campanario (16);
> *miente* ... la fiesta de tus bronces de alegría (35).
>
> In der Ferne heuchelt der Glockenturm ein anderes Fest;
> er heuchelt ... das Fest deiner Bronzefiguren der Freude.

Und zwischen Spiegeln, indirekten Visionen und Illusionen („la grotesca ilusión" 7, 38) kann die Vergangenheit die flüchtige Gestalt eines Geistes annehmen (Erinnerung an eine weibliche Gestalt [16], die zugleich – wie häufig bei Machado – der Tod ist: der Tod als vertrauter Freund):

aura de ayer que túnicas agita (23);	Lufthauch des Gestern, der mit Gewändern spielt;
¡Espíritu de ayer! sombra velada ... (24);	Geist des Gestern! verschleierter Schatten ...;
¡fugitiva sandalia arrebatada,	flüchtige, eilige Sandale
tenue, bajo la túnica de rosa! (27–28);	zart, unter der Rosentunika!
[...] Lejana y fría	[...] Ferner und kalter
sombra talar, en el Abril de Ocaso	schleppender Schatten, im April des Sonnenuntergangs
tu doble vuelo siento	fühle ich deinen zweifachen flüchtigen
fugitivo, y el paso	Flug und den Schritt
de tu sandalia equívoca en el viento (38–42).	deiner zweideutigen Sandale im Wind.

Der Titel von X *La tarde en el jardín* [Der Abend im Garten] scheint bereits,

---

[15] *Lejos* und *lejano* [fern] kommen häufig vor: 7, 16, 38. Zu den Werten von *lejano* bei Machado vgl. R. L. Predmore: El tiempo en la poesía de A. Machado. In: PMLA LXIII (1948), pp 696–711.

[16] N. B. das weibliche Genus von „Tod" im Spanischen [Anm. d. Ü.].

verglichen mit den vorangegangenen Gedichten, auf eine andere Hierarchie zwischen den Gegenständen (hier nur der Brunnen und das Wasser) und den Zeit- und Ortsbestimmungen hinzuweisen. Der Anfang des Gedichts „Era una tarde de un jardín umbrío" [Es war ein Abend in einem schattigen Garten], der schon ein Motiv enthält, das bei Machado noch oft wiederkehren wird[17], auch in der Serie der Brunnengedichte (VI: „Es war ein klarer Abend, traurig und schläfrig"; XLVI: „Der Abend sank herab | traurig und stauberfüllt"[17a]), bleibt tonangebend für den ganzen Text, in dem Ort und Zeit genauestens bestimmt werden. Was den Ort angeht, so führt das Gedicht langsam durch die Schatten des „jardín umbrío"; man vergleiche folgende Abschnitte: „Es war ein Winkel des Vergessens..." 9 ff.; „Edler Garten..." 17 ff.; „Deinen Frieden im Schatten besingen..." 37 ff.; bis zum *Exitus* am Schluß: „Ich verließ den Garten..." 45. Der zurückgelegte Weg wird auch in zeitlicher Hinsicht genau bestimmt. Zuerst heißt es: „Man sieht die Sonne verborgen hinter der schwarzen Gartenmauer leuchten" 13–14; am Schluß: „in der Ferne säumte die Sonne den Hügel mit Gold" 47; und alsbald: „die Sichel des Mondes zieht weiß und schlaftrunken | über dem hellen einsamen Stern | ins Blau die langsame | schwerelose Hälfte ihres Gebetes" 49–52.

Über diesem langsamen, nachdenklichen Wandern durch den Park liegt eine Stimmung wie in einem Traum („ein todesähnlicher Schlaf" 3; „die Luft träumt" 15; „das Wasser schläft" 28; „Der Schlaf deiner Quellen" 37–38; „Schlaf und Dufthauch" 45; „der schlaftrunkene... Mond" 49)[18]; am Anfang herrscht eine Atmosphäre der Melancholie, ja der Lethargie:

[...] blancas palomas arrullaban	[...] weiße Tauben gurrten
un sueño inerte, en el ramaje frío.	einen todesähnlichen Schlaf herbei im kalten Geäst.
Las fuentes melancólicas cantaban (2–4),	Die schwermütigen Brunnen sangen.

Auch das Murmeln des Wasser stimmt darin ein, mit einem Lachen, das als Schmerz widerhallt:

El agua un tenue sollozar riente	Das Wasser legte ein leises, lachendes Schluchzen
en las alegres gárgolas ponía	in die heiteren Wasserspeier
y por estrecho surco, a un son doliente,	und floß mit einem schmerzlichen Laut
entre verdes evónimos corría (5–8).	durch eine schmale Furche zwischen grünen Sträuchern.

Es scheint demnach, als würde sich zur Freude, die bisher dem Wasser zugeordnet war, nun allmählich das Gegenstück des Schmerzes herausbilden. Wie wir noch sehen werden, wird dies in den späteren Gedichten ganz deutlich. Der Schmerz ist hier aber kein Attribut des Wassers. Brunnen und Wasser haben in diesem Gedicht

---

[17] Vgl. dazu ausführlicher G. *Caravaggi: I paesaggi „emotivi" di A. Machado.* Bologna 1969, pp. 52–60.

[17a] Deutsch von Fritz Vogelgsang, op. cit. p. 23.

[18] Vgl. zum Wortfeld von *soñar* die Skizze von C. *Bousoño: Teoría de la expresión poética.* Madrid 1952, p. 139.

keine symbolische Funktion, sie sind nur Teil der Ortsbestimmungen. Es ist vielmehr so, daß sich im Brunnen und im Wasser ein Gemütszustand widerspiegelt. Beide gelten dabei als Gegenstand, nicht als kausale Erklärung einer Vision. Die Funktion des Brunnens ist also der des Feldes vergleichbar. In Vers 16 heißt es: „seine stumme, heitere, blühende Einsamkeit", dagegen wird in den Versen 29 ff. das Lachen, das sich aus seiner Deutung ergibt, in eine ganz andere Atmosphäre getaucht:

Secretos viejos del fantasma hermano	Alte Geheimnisse der brüderlichen Erscheinung,
que a la risa del campo, el alto muro	die die hohe Mauer dem Lachen des Feldes
dictó y la amarga simetría al llano	eingab, und die bittere Symmetrie der Ebene,
donde hoy se yergue el cipresal oscuro,	wo heute der düstere Zypressenhain,
el sauce llora y el laurel cimbrea, [. . .]	die Trauerweide weint und der Lorbeerbaum zittert.

Gerade dort, wo der Gesang des Dichters mit dem des Wassers zusammentrifft und wo ein gemeinsamer Klang zum Schwingen gebracht werden könnte, wird ganz im Gegenteil ein klarer Unterschied aufgebaut. Der Gesang des Dichters ist voller Schmerz, wenn er den fröhlichen Gesang des Brunnens zum Thema hat:

Cantar tu paz en sombra, parque,	Deinen Frieden im Schatten besingen, Park,
el sueño	den Schlaf
de tus fuentes de mármol, el murmullo	deiner Marmorbrunnen, das liebliche Murmeln
de tus cantoras gárgolas risueño,	deiner singenden Wasserspeier,
de tus blancas palomas el arrullo,	das Gurren deiner weißen Tauben,
fuera el salmo cantar de los dolores	draußen den Psalm der Schmerzen singen,
que mi orgulloso corazón no encierra:	die mein stolzes Herz nicht einschließt:
otros dolores buscan otras flores,	andere Schmerzen suchen andere Blumen,
otro amor, otro parque en otra tierra.	andere Liebe, anderer Park in einem
(37–44).	anderen Land.

Die Nähe zur Konnotation der Freude, die dem Wasser zugeordnet ist, bleibt also gewahrt, auch wenn sie nicht in ihrem Kontrast zum Schmerz des Dichters zum Ausdruck gebracht wird. Er darf diesen Schmerz nicht auslöschen oder eine hellere Vergangenheit darstellen; die Freude ist einfach da, und zugleich wirft der Schmerz der Gegenwart Schatten auf das fröhliche Murmeln. Mit anderen Worten: nicht Brunnen und Wasser tragen zur Konstituierung der Bedeutung des Gedichts bei, sondern umgekehrt bestimmt der Sinn des Gedichts die Betrachtungs- und Beschreibungsweise von Brunnen und Wasser. Wenn man bedenkt, daß der Ort dieser Erfahrung *ein* Garten und nicht *der* Garten ist, wird alles klar: Der Garten ist nur ein Mittler zwischen den hier thematisierten Gemütszuständen und ihrem geistigen Bezugspunkt („andere Schmerzen suchen andere Blumen | andere Liebe, anderer Park in einem anderen Land" 43–44). Beweis: die evokative Funktion der Vergangenheit, die in dieser Serie von Gedichten dem Wasser zukommt, wird nicht direkt ausgedrückt, sondern auf den Garten als ganzen übertragen: „auf deinen stillen Pfaden werden tausend Träume *eines Gestern* wach" (21–23).

1.4. Unter den in *Soledades* I erschienenen Gedichten weist XXXII in den bloß sechs Versen, aus denen es besteht, so viele Ähnlichkeiten mit X auf, daß es kaum viel später entstanden sein kann: „schwarzer Zypressenhain" 2, vgl. „finsterer Zypressenhain" X, 32; „Gartenlaube im Schatten" 3, vgl. „dein Frieden im Schatten" X, 37; „im Marmorbecken | ruht das tote Wasser" 5, vgl. „das Wasser schläft in den Marmorbecken" X, 28. Man könnte fast annehmen, XXXII sei ein Extrakt, die Quintessenz von X. Hier sind Gegenstände und Bestimmungen in der nunmehr zur Regel gewordenen Reihenfolge (Zeit, Ort, Brunnen, Wasser) vertreten. Sie genügen sich selbst, insofern ihre Bedeutung immanent, durch die Kollokation von Adjektiven – *morado, negro, mudo, muerta* – erklärt wird. Besonders wichtig ist dabei, daß hier das Wasser, das der Dichter bisher in seinem wechselnden Klang zu erfassen und zu begreifen versucht hat, nun auch zur Ruhe gekommen ist, als schliefe (träume) der „nackte Amor aus Stein".

Anhand von Beobachtungen dieser Art liefert Bousoño[19] eine dramatische Interpretation des Gedichts, die zunächst überzeugt. Ich frage mich allerdings, ob man in diesem Fall nicht noch eine andere treffende Bemerkung von ihm heranziehen sollte: „Das Konzept des *modifizierenden* Elements kann vielleicht noch mehr Bedeutung erlangen, wenn man bedenkt, daß innerhalb ein und desselben Buches einige Gedichte inhaltlich an andere anknüpfen und neben ihnen Kontur gewinnen."[20] Mit anderen Worten: man könnte davon ausgehen, a) daß die Signifikate, die innerhalb des Gedichts implizit bleiben, in ähnlichen Gedichten bereits explizit gemacht worden sind; es dürfte sich dabei weniger um einen hochgradigen Parasitismus handeln als vielmehr um eine Art Strahlung der Signifikate von einer Struktur zur anderen, in der das semiotische System des betreffenden Motivs sich konkretisiert hat; b) daß infolgedessen die Konnotationen der Traurigkeit, die zweifellos in dem Gedicht enthalten sind, als einer der klanglichen Grenzwerte des Systems zu betrachten sind, ohne darum von ihm abgetrennt werden zu dürfen, weil sonst die Gefahr der Vereinseitigung besteht. Man würde sich dann nur auf eine Facette der Wirklichkeit beschränken, obwohl man doch um ihre Vielgestaltigkeit weiß[21].

1.5. Der Zeitpunkt der Entstehung von Gedicht VII ist ungewiß. In *Soledades* I war es noch nicht enthalten, erst in einer Nummer von *Helios* von 1903. Nach Macrí[22] geht es auf das Jahr 1898, d. h. den Anfang der dichterischen Tätigkeit Machados, zurück. Ich neige dazu, das Gedicht aufgrund seiner Ähnlichkeiten in Ausdruck

---

[19] Op. cit., pp. 107 ff.

[20] Ibd., p. 48, Anm. 5.

[21] Beweis: die Unbeweglichkeit des Wassers in XXXII ist uns schon in X, 28 begegnet („das Wasser schläft in den Marmorbecken"), jedoch unter einem bestimmten Gesichtspunkt, der mit einem zweiten [dem der Melancholie] eng verbunden ist: „die schwermütigen Brunnen sangen", 4. In XXXII ist davon nur der erste erhalten geblieben.

[22] Op. cit., pp. 1117–1118.

und Inhalt in der Nähe von XII und VI anzusiedeln, also 1902-03 als Entstehungsperiode anzunehmen: „klarer Abend" 6, vgl. XII, 4; VI, 1; „das Schweifen irgendeines leichten Gewands" 14/p. 9²³, vgl. „Lufthauch des Gestern, der mit Gewändern spielt" XII, 23; „mädchenhafte und tote Wohlgerüche" 20/p. 9, vgl. „alter, jungfräulicher Abend in der Seele" XII, 33 (zu anderen Vergleichen mit VI vgl. 1.6).

Auch hier liefert der Titel (später in *Soledades* II gestrichen) den Schlüssel zur Lektüre: *El poeta visita el patio de la casa en que nació*. In Gedanken wandert der Dichter an dem – nunmehr zum Symbol gewordenen – Ort seiner Kindheit umher. Zuallererst drängen sich ihm da mit ungewöhnlicher Macht die Gegenstände auf, die unmittelbar Teil einer hellen, schon deutlich von der Stimmung des Gedichts durchfluteten Landschaft sind: der „Zitronenbaum" steht „darbend" (p. 7) da, der „Zweig" ist „blaßgrau" und „staubig", die sich im Wasser spiegelnden Früchte „träumen". Erst in zweiter Linie stellen sich dann, aufgrund einer intellektuellen Synthese, Zeit- und Ortsbestimmungen ein. Wie fast immer ist der Dichter „allein, in dem stillen Patio" 9/p. 7, wie fast immer ist es „ein klarer Abend, beinah im Frühling" 6-7/ibd. – lauter Angaben, die mit X übereinstimmen.

Die eigentliche Originalität des Gedichts besteht in der Folge von Wiederholungen („Ein klarer Abend ist es" 6/p. 7; „Ja, ich entsinne mich an dich, heiterer Abend" 21/p. 9; „Ja, ich kenne dich, heller, klarer Abend" 31/ibd.), die – abgesehen von der Klangfülle an der Oberfläche – vor allem die Funktion haben, eine Verknüpfung in der Zeit und in der Erinnerung zu leisten: „Ein klarer Abend ist es" enthält ein Präsens, das sich auf den Besuch des Patios durch den Dichter in der Gegenwart bezieht; die folgenden Verse sind Suche nach der verlorenen Zeit („und suche eine Illusion ohne Arg von einst, | einen Schatten... ein Erinnerungsbild... das Schweifen irgendeines [leichten Gewandes]" p. 9); umgekehrt wird mit dem „Ja, ich entsinne mich an dich, heiterer Abend" 21/p. 9 die Vergangenheit wieder zum Leben erweckt, Gebärden und Wohlgerüche bleiben aber Vergangenheit. Gegenwart und Vergangenheit sind faktisch durch einen Abgrund getrennt, aber zugleich vermag das Herz eine Brücke zu schlagen – dank der zermürbenden Suche der Erinnerung. Beides ist in den überleitenden und erklärenden Versen 15-20 miteinander verknüpft:

En el ambiente de la tarde flota ese aroma de ausencia, que dice al alma luminosa: nunca, y al corazón: espera.	Durch den Dunst des Abends schwebt der Ruch der Abwesenheit, der zur erleuchteten Seele sagt: niemals! und zu dem Herzen: hoffe!
Ese aroma que evoca los fantasmas de las fragancias vírgenes y muertas.	Jener Duft, der die Traumbilder erweckt von mädchenhaften und toten Wohlgerüchen (p. 9).

(wo das *nunca* dem *nunca más* von *Nevermore* ähnelt).

---

[23] Die Seitenzahl bezieht sich auf die Übersetzung von Fritz Vogelsang, op. cit. [Anm. d. Ü.].

Hier sind also zwei Zeitabschnitte nebeneinandergestellt. Das erklärt auch, warum ausdrücklich zuerst die Gegenstände genannt werden. Sie gewährleisten die Einheit des Ortes über eine so große Zeitspanne hinweg. Die beiden Zeitabschnitte berühren einander jedoch schließlich, und an diesem Punkt nun gewinnt das Wasser des Brunnens eine ausdrücklich symbolische Funktion. Die Spiegelung der Zitronen im Wasser gleicht der Spiegelung der Gegenwart in der Vergangenheit. Diese Gleichung wird vom Dichter selbst deutlich unterstrichen, wenn er die Verse 4–5 in den Versen 27–30 wieder aufgreift:

[...] allá en el fondo sueñan los frutos de oro (4–5);	[...] und dort auf dem Grund träumen jene Früchte aus Gold (p. 7);
[...] tú me viste hundir mis manos puras en el agua serena, para alcanzar los frutos encantados[24] que hoy en el fondo de la fuente sueñan (27–30):	[...] und du sahst, wie ich meine reinen Hände ins klare Wasser tauchte, nach den verzauberten Früchten zu greifen, die heute auf dem Grund des Brunnens träumen (p. 9).

Das Kind hatte versucht, die sich im Wasser spiegelnden Früchte zu fassen, wie jetzt der erwachsene Dichter versucht, darin die Vergangenheit zu erhaschen (die transparente Fläche trennt zwei Altersstufen). Nun, da sie erkannt ist, kann der Dichter triumphierend ausrufen:

Sí, te conozco, tarde alegre y clara, casi de primavera (31–32).	Ja, ich kenne dich, heller, klarer Abend, beinahe schon im Frühling.

Jetzt ist es also nicht mehr das fröhliche Murmeln des Brunnens, sondern der traumversunkene Spiegel des Wassers, genauer: der Traum des Dichters, der sich auf das Wasser überträgt, so daß es, wenn das Gedächtnis noch nicht aktiviert worden ist, von der Erinnerung heißen kann: sie ist „eingeschlafen auf dem steinernen Rand des Brunnens" 12–13/p. 9.

Es herrscht also Stille (der Patio ist „still" 9). Die lautlichen Werte von XII sind hier durch olfaktorische ersetzt: „der Ruch der Abwesenheit" 16/p. 9; „mädchenhafte und tote Wohlgerüche" 20; „der gute Dufthauch der Minze und der Basilie..., | die meine Mutter in ihren Töpfen hielt" 24–26/ibd. Hinzu kommt auch eine sanftere Stimmung. Aus der „grotesken Illusion" von XII wird nun eine „Illusion ohne Arg von einst" 10/p. 9; der „Lufthauch ... der mit Gewändern spielt" in XII wird hier ersetzt durch „das Schweifen irgendeines leichten Gewandes in der Luft" 13–14/ibd.

Verändert ist die Position der Gegenstände, verändert sind die symbolischen Werte und deskriptiven Merkmale des Wassers, heiter-friedliches Erinnern kennzeichnet die Stimmung, doch hell und klar ist das Wasser des Brunnens geblieben, wohlwollend vermittelt es zwischen Heute und Gestern.

---

[24] In der ersten Veröffentlichung. In *Helios: encantados los frutos:* angesichts des Satzbaus und des Rhythmus vielleicht ein Druckfehler.

1.6. Gedicht VI ist vielleicht das komplexeste dieser Serie. Die schon bewährten Verfahren sind darin miteinander verschmolzen und noch stärker integriert. Daß Machado auf das Gedicht am Anfang der *Soledades* I besonders viel Sorgfalt verwendet, ist begreiflich. Das Fundament bildet wieder die schon aus VII bekannte eigentümliche Figur: eine Folge von Wiederholungen von Zeitbestimmungen, die, wie in X, mit dem ersten Vers beginnen und sich über den ganzen Text verteilen:

Fue una clara tarde, triste y soñolienta del lento verano (1–2);	Es war ein klarer Abend, traurig und schläfrig des trägen Sommers;
Fue una tarde lenta del lento verano (15);	Es war ein träger Abend des trägen Sommers;
Fue esta misma tarde ... (19);	es war an jenem selben Abend ...;
Fue esta misma lenta tarde de verano (26);	Es war an jenem selben trägen Sommerabend;
Fue una clara tarde del lento verano (41).	Es war ein klarer Abend des trägen Sommers.

Zu dieser rhythmischen und chronologischen Strukturierung kommen noch zwei weitere Eigentümlichkeiten hinzu: einheitliches Tempus des Verbs (*fue*), was die Gleichsetzung des Abends in der Gegenwart und des in der Erinnerung geweckten Abends unterstreicht (zweimal stehen zur Verstärkung noch die Pronomina *esta misma*[25] dabei); ferner: (mit Ausnahme des Anfangs) Einschub des rekurrenten Satzes in die Worte des Brunnens an den Dichter. So gesehen, gleicht der Dialog dem Echo.

Die Funktion der sich im Wasser spiegelnden Zitronen ist hier die gleiche wie in VII:

[...] Del árbol oscuro el fruto colgaba, dorado y maduro (23–24)	[...] vom düsteren Baum hing die goldene, reife Frucht herab

bis zu dem – in seiner Aussagekraft einzigartigen – Augenblick, da der Dichter als Kind mit dem Wasserspiegel in Berührung kommt:

tus labios besaron mi linfa serena (43).	deine Lippen küßten mein klares Wasser.

Schon in X[26] waren die Ortsveränderungen des Dichters im Garten wenigstens andeutungsweise unterschieden worden. In den ersten Versen hält er sich im Garten auf, während es am Schluß heißt: „Ich verließ den Garten" 45. Hier wird nun das Betreten wie auch das Verlassen des Gartens in vier symmetrischen Versen (5–8, 51–54) beschrieben. Es entsteht dabei von Anfang an, schon mit dem Umdrehen des Schlüssels im verrosteten Torschloß der Eindruck[27] eines vertrauten, melancholischen Besuchs bei den Toten:

---

[25] Vgl. auch *lo mismo que ahora* 25.

[26] Weitere formale Ähnlichkeiten zu vorangegangenen Gedichten: „er [der Vers] führte mich zum Brunnen" 11, vgl. „ich lenkte meine Schritte zum Brunnen" I, 28; „die goldene ... Frucht" 24, vgl. „die Früchte aus Gold" VII, 5; auf das [wiederkehrende] *reír* [Lachen] braucht hier nicht weiter eingegangen zu werden.

[27] Zunächst angedeutet durch die Attribute des Abends: „traurig" und „schläfrig", und durch die Beschreibung: „Der Efeu, schwarz und staubig, ließ die Parkmauer hervorsehen"

Rechinó en la vieja cancela mi llave;	Mein Schlüssel quietschte in dem alten Tor;
con agrio ruido abrióse la puerta	mit durchdringendem Geräusch öffnete sich das
de hierro mohoso y, al cerrarse, grave	rostige Eisengitter, und beim Schließen
sonó en el silencio de la tarde muerta (5–8).	störte es mit lautem Knarren
	die Stille des toten Abends.

Das Murmeln des Brunnens ist es, das den Dichter hypnotisch anzieht. Gleich nach der Beschreibung des Abends heißt es: „in der Ferne hörte man einen lachenden Brunnen" 4; nach dem Öffnen des Tors ist es „der geräuschvolle, sprudelnde Vers des singenden Wassers", der den Dichter „zum Brunnen führte" (9–11).

Grundlegend und spezifisch für dieses Gedicht ist aber der Dialog des Dichters mit dem Brunnen (dabei wird der Brunnen, der als Zeuge der Vergangenheit fungiert, zu so etwas wie einem zweiten Ich des Dichters; sie sprechen sich mit *hermana, hermano* [Bruder] 13, 17, 21, 25, 28, 42 an)[28]. Der Brunnen lädt zum Besinnen ein. Dabei gibt der Dichter sich Erinnerungen der Freude und Liebe hin, während der Brunnen ihm eine Vergangenheit voller Leid und Traurigkeit vor Augen hält. Daraus erklärt sich der dauernde Wechsel von Fragen und negativen Antworten: „Erinnert dich ...?" 13; „Ich entsinne mich nicht" 17; „Erinnerst du dich ...?" 21, 25; „Ich weiß nicht" 27; „Ich weiß" 29, 33; „aber erzähle mir ..." 35; „Ich weiß nicht" 37 [29]. Die Überlagerung einander widersprechender Stimmungen auf zwei verschiedenen zeitlichen Ebenen führt zu einer Gliederung des Gedichts in eine Reihe von Oxymora, die an XII erinnern. Sie bestimmen allerdings noch nicht die ganze Struktur des Gedichts. Besonders augenfällig sind die Oxymora der Zeit:

¿Te recuerda, hermano,	Erinnert dich, Bruder,
un sueño *lejano* mi copla *presente*? (13–14);	ein ferner Traum an den Vers, den ich jetzt sing?
mas sé que tu copla *presente* es *lejana* (18)[30].	aber ich weiß, daß der Vers, den du jetzt singst, fern ist.

Die Stimmungsgegensätze sind größtenteils in dem fröhlich-traurigen, heiter-monotonen Gesang des Brunnens zur Synthese gebracht. Eine Ambivalenz[31], von der der Dichter zunächst nur den einen Pol, den der Freude, erkennt: „... der Brunnen, der heiter *(alegre)* seine Monotonie über den weißen Marmor ergoß"

2–3, was an den „blaßgrauen, staubigen Zweig" aus VII, 2 erinnert, während der Efeu schon in I, 19 vorkam: „der unsichtbare, klammernde Efeu".

[28] Nur in III spricht der Brunnen; das ganze Gedicht besteht praktisch aus den Worten des Brunnens. Es liegt aber kein Dialog vor (vgl. 1.2). Bekannt ist jedoch, daß Machado häufig vom Dialog mit seiner zeitlichen Ausdehnung, seiner Einteilung in Tage sowie anderen abstrakten Elementen Gebrauch macht; vgl. dazu u. a. *Zubiría*, op. cit., pp. 23 ff.

[29] Dieses Verfahren wird später in XXXVII wieder aufgegriffen.

[30] Man beachte den (mehr noch als in XII) wiederholten Gebrauch von *lejano*: 14, 18, 28, 31, 40.

[31] Zu einer Art Vorahnung dieser Ambivalenz vgl. 1.3.

11–12; „dein lachender *(riente)* Vers" 27; „dein heller Kristall der Freude *(alegría)*" 29; bis er dann, enttäuscht von dem Brunnen:

Mis claros, *alegres* espejos cantores te dicen *riendo* lejanos *dolores* (39–40).	Meine klaren, heiteren, singenden Spiegel sprechen zu dir lachend von fernen Schmerzen

diese Ambivalenz in ihrer Ganzheit erfaßt:

Adiós para siempre, tu monotonía *alegre*, es más *triste* que la pena mía (49–50).	Adiós für immer, deine heitere Monotonie ist trauriger als mein Leid.

In VI tritt also ein schwebendes, märchenhaft anmutendes Gleichgewicht an die Stelle des Kontrasts in den vorangegangenen Gedichten, in denen zudem das Wasser als Symbol einer frohen Vergangenheit der traurigen Gestimmtheit des Dichters gegenüberstand. Nur in I war schon, im Zusammenhang mit dem Brunnen, eine Simultaneität zweier gegensätzlicher Stimmungen zu beobachten. Sie entstand jedoch dort durch die konkrete Antithese zwischen der Statue (die später nicht mehr erscheint) und dem Murmeln des Wassers – ohne genaue Entsprechung in der Gestimmtheit des Dichters, dem der Kontrast als Rätsel erschien. Machado scheint es nun gelungen zu sein, die feinsten Klangnuancen des Wassers zu erfassen, nachdem er einer inneren Ambivalenz auf den Grund gekommen ist, die nur naiver Illusionismus noch auf zwei getrennte Phasen des Lebens aufspalten konnte.

1.7. Unter den Gedichten aus *Soledades* I sind weitere zwei, die mit der hier besprochenen Serie in Verbindung gebracht, aber nicht dazugerechnet werden können, weil das Motiv des Brunnens darin mit anderen verschmolzen ist (VIII) oder unerwartet durch ein anderes, aber ähnliches Motiv ersetzt ist (XLVI). Das Gedicht XLVI, das als Versuch einer thematischen Umstrukturierung oder Erneuerung gewertet werden könnte, ließe sich vielleicht einer – zumindest theoretisch betrachtet – späteren Phase in der Entwicklung des Systems von Symbolen und Stilmerkmalen durch den Dichter zuordnen. (Die suggestiven Möglichkeiten der bekannten Strukturen mögen ihm zu jener Zeit als voll ausgeschöpft erschienen sein.) Obgleich es an äußeren Hinweisen für eine Datierung fehlt, dürfte XLVI, das zur letzten Einheit des Zyklus, *Humorismos*, gehört, verglichen mit den Brunnengedichten, zeitlich eher später als früher liegen.

Komplizierter sind die Dinge bei VIII. Das Gedicht ist laut Autor (vgl. *Prose* von A. Machado, übers. und kommentiert von O. Macrì und E. Terni Aragone. Rom 1968, pp. 5–6) 1898 geschrieben worden. Es wäre demnach ein sehr frühes Gedicht von Machado. Andererseits ist es nur in *Soledades* I veröffentlicht worden, und zwar in räumlicher Nähe zu VI. Wurde hier bei der Vorbereitung des Gedichtbandes die übliche (mangels einer früheren Veröffentlichung in einer Zeitschrift nicht nachprüfbare) strukturelle Anpassung vorgenommen, oder ist VIII eine – außerordentlich fruchtbare – Vorlage, aus der unmittelbar, wie gewisse Ähnlichkeiten zeigen, III und VI hervorgegangen sind und in der auch schon das

Motiv des Brunnens keimhaft angelegt war? Diese Hypothese hat nicht nur faktisch die größte Plausibilität für sich, sie ist auch sehr reizvoll. In VIII hätte demnach das Motiv noch keine Eigenständigkeit, es wartete aber förmlich darauf, vom Dichter herauskristallisiert zu werden. Deshalb erscheinen die dem Wasser des Brunnens zugeordneten Symbole als Reflex von Symbolen, die in größerer Unmittelbarkeit im Gesang der Kinder eingefangen sind. Deshalb tritt der Brunnen erst in Erscheinung, nachdem sein Murmeln schon beschrieben war. Es ist also eine zweifache und langsame Annäherung an den Brunnen als Symbol und konkreten Gegenstand. Man möchte fast sagen: der Brunnen, der *nicht* der Brunnen im Patio von Siviglia ist, hat den Dichter dazu veranlaßt, daraufhin *seinen* Brunnen zu interpretieren.

Wir dürfen also VIII als Vorlage für III und VI ansehen. In III erscheint das Bild von den Kindern (es sind Internatsschüler), die mit ihren jungen Stimmen Leben in die alten Straßen der Stadt, einer tot anmutenden Stadt, bringen. Machado wird das bekannte Muster von Vergangenheit und Gegenwart auf der Skala der Adjektive *nuevas, viejas, muertas* aufbauen; das jugendliche Alter der Schüler weckt die Erinnerung an seine Jugend. In VIII singen die Kinder, alt sind ihre Lieder, jung ihre Stimmen. Es besteht eine Analogie in der Symbolik des Kindergesangs und des murmelnden Brunnens (es wird schon in früheren Gedichten mit einem Begriff aus der Metrik, *copla,* umrissen). Am Ende des Gedichts ist eine Integration und Weiterentwicklung der Symbole erreicht:

Cantaban los niños	Die Kinder sangen
canciones ingenuas,	sorglose Lieder
de un algo que pasa	von einem Etwas das vorbeigeht
y que nunca llega:	und das niemals kommt:
la historia confusa	die Geschichte verworren,
y clara la pena.	unüberhörbar das Leid.
Vertía la fuente	Der Brunnen ergoß
su eterna conseja;	sein ewiges Märchen;
borrada la historia	löschte die Geschichte
contaba la pena (33–42).	und erzählte von Leid.

In den vorangegangenen Versen wird zwischen dem Gesang der Kinder und dem des Wassers ein Gegensatz aufgebaut. Der Gesang des Wassers wird originellerweise sogar im Rahmen des Gesangs der Kinder durch einen Vergleich beschrieben und interpretiert („... ergießen ihre Wasser | die Brunnen aus Stein" 9–10; „... wie das klare Wasser sein Märchen mit fortträgt" 23–24). Als konkrete Realität zeichnet sich der Brunnen wie auch der Ort des Geschehens erst im letzten Teil des Gedichts (27–32) ab.

Eine Übernahme aus Gedicht VIII ist in VI vor allem die Oxymoron-Figur, die in den Versen 9–18 besonders auffällig ist:

[...] cual vierten sus aguas	[...] ergießen ihre Wasser die
las fuentes de piedra:	Brunnen aus Stein:
con monotonías[32]	mit der Monotonie
de *risas* eternas	ewigen Lachens,
que *no* son *alegres*.	das nicht fröhlich ist,
con *lágrimas* viejas,	mit uralten Tränen,
que *no* son *amargas*	die nicht bitter sind
y dicen *tristezas*,	und traurige Geschichten erzählen,
tristezas de amores	traurige Geschichten von Liebe
de antiguas leyendas.	aus alten Sagen.

Übereinstimmungen bestehen aber auch in den sekundären Symbolen und Bildern: „alte Sagen" 16, vgl. „Sagen von alten Freuden", VI, 37; „verworrene Geschichte" 21, 37, vgl. „alte Geschichten" VI, 38; die „alten Lieben" 25 werden in VI, 34 zu „höchsten Augenblicken alter Lieben"; der „Kristall der Sage" 32 deutet schon auf den „Kristall der Freude" in VI, 29 hin. Besondere Beachtung verdient (bekanntlich) auch die genaue Bestimmung der Zeit: „an den trägen Abenden | des trägen Sommers" 3–4, vgl. „Es war ein träger Abend im trägen Sommer" VI, 15[33].

Der Unterschied in der Struktur führt selbstverständlich auch zu anderen konnotativen Verhältnissen. Während in VI mit der Ferne (*lejano, lejana*) und der Gleichzeitigkeit (*este mismo*) gespielt wird, so daß *viejo* [alt] in erster Linie dazu dient, eine bestimmte Atmosphäre anzugeben („vieja cancela" 5, 51; „tarde... vieja" 32; „historias viejas" 38), sind hier Gegenwart und Vergangenheit noch streng voneinander unterschieden, und *viejo*, das im Gegensatz zum Jungsein der Kinder steht („*viejas* cadencias ... | que los *niños* cantan" 2–5), schafft eine zeitliche Distanz: „lágrimas viejas" 14–15; „viejos amores" 25; eine Ausnahme bildet der Ausdruck „plaza vieja" 28, dem schon wie in VI evokative Funktion zukommt und der an den „parque viejo" in I, 53 erinnert[34]. Die Subjektivität, obgleich schon spürbar, bleibt noch im Hintergrund, genauer gesagt: sie geht in der Mehrstimmigkeit auf.

Aufgrund zahlreicher Elemente läßt sich auch Gedicht XLVI auf der Linie VIII–VI ansiedeln. Die Zeitbestimmung am Anfang des Gedichts, die als Refrain in 11–12 wiederaufgenommen wird („La tarde caía| triste y polvorienta" 1–2) und die an den Anfang von VI erinnert („Fue una clara tarde, triste y soñolienta" 1),

---

[32] Vgl. *monotonías* im Reim in VI, 12 (in der zweiten Fassung in 20).

[33] In einer sehr späten Korrektur wird auch der Reim zwischen „la fuente serena" und „contaba la pena" 38–40 an den Reim zwischen „mi linfa serena" und „dijeron tu pena" in VI, 43–44 erinnern.

[34] Die Oxymoron-Konstruktion im weiteren Sinne findet sich natürlich auch in anderen Gedichten außerhalb dieser Serie. Besonders große Ähnlichkeit hat XLI, woraus wenigstens zwei Stellen zitiert seien: „Que el mismo albo lino que te vista, sea tu traje de *duelo*, tu traje de *fiesta*. | Ama tu *alegría* | y ama tu tristeza..." 7–12; „yo odio la *alegría* | por odio a la *pena*" 19–20.

zumal *soñolienta* von VI im Reim steht zu *polvorienta* 3, nur daß *polvorienta* hier in einer gewagten Synekdoche unmittelbar als Attribut zu *tarde* gestellt wird – ein stilistischer Einfall Machados, dem wir noch einmal in einem Gedicht von *Soledades* II begegnen: „Era una tarde de julio, luminosa y polvorienta" XIII, 12 (vgl. auch „aire polvoriento" XCII, 8). Der Gesang des Wassers wird wie in VI, 10, 14, 18 usw. als *copla* bezeichnet. Ferner sind, wiederum in Verbindung mit dem Wasser, *amargura* und *dulce armonía* in 15 und 17 nebeneinandergestellt, wie in VI, 20 („clara armonía") und 31 („amargura"). Schließlich erscheint wie überall in dieser Serie das Wortfeld von *sueño,* allerdings bezogen auf das Wasser („cristal que sueña" 10; agua que sueña" 18) wie in X: „el sueño | de tus fuentes" 37–38 (in XXXII, 5 ist es der Amor aus Stein, der „stumm träumt" über einem Wasser, das „ruht")[35]. Zu *cristal* in bezug auf das Wasser vgl. die obigen Bemerkungen zu VIII.

Die Ähnlichkeiten zwischen XLVI und den anderen Gedichten liegen aber mehr noch auf der Signifikanten- als auf der Signifikatsebene. Das Gedicht weicht in seiner Bedeutung stark ab, nicht nur, weil der Gegenstand eine ganz andere Gestalt hat. Es handelt sich um einen Schöpfbrunnen, so daß das singende Wasser nicht mehr, wie bisher beim Steinbrunnen, aus den Abflußrohren, sondern aus den kleinen Schöpfeimern fließt, wenn sie langsam ihre Richtung ändern. Das semiotische System Machados hat sich in diesem Gedicht hinsichtlich der Ausdrucksform kaum verändert, während Inhaltssubstanz und -form ganz andere geworden sind.

Die Konzeption hat sich von Grund auf geändert. Es besteht kein Beziehungsverhältnis zwischen Wasser und Dichter, sondern eine (unausgedrückte) Gleichsetzung des Dichters mit der Mauleselin, die den Schöpfbrunnen in Gang hält. Der Gesang des Wassers evoziert keine individuelle Erfahrung entlang der Zeitachse Gegenwart–Vergangenheit, sondern hat einen universalen Wert (der an der Gleichsetzung von Dichter und Maultier abzulesen ist). Durch die unerbittliche Drehbewegung der Schöpfeimer evoziert er die lange Mühsal des Lebens und den armseligen Trost des Träumens. Bei der unermüdlichen Kreisbewegung der Mauleselin mit verbundenen Augen entsteht fast der Eindruck von Hypnose.

Entsprechend dieser Konzeption ergibt sich eine neue Anordnung der Inhalte. Der melancholische Refrain („la tarde caía | triste y polvorienta") gliedert das Gedicht in zwei Teile: Die deskriptiven Elemente aus dem ersten Teil erscheinen im zweiten Teil in voller Härte. Heißt es zunächst vom Maultier: Es „träumte ... | im Schattenkreis des träumenden Kristalls" 9–10, so wird später deutlich, daß ihm jemand (ein „edler, | göttlicher Dichter" 13–14: Gott selbst?) die Augen verbunden hat, als sollte es auf diese Weise die göttliche Harmonie ungestörter belauschen und leichter in den Traum flüchten können. Die „Schöpfeimer | am trägen Schöpfbrunnen" 5–6 kehren später als „ewiges Rad" 16 wieder, welches das

---

[35] Vgl. weitere Vorkommen in XIX, 4; XCVI, 14 (beide in *Soledades* I) und in *Campos de Castilla* CXII, 5; CXIII, 130 usw.

rastlose Rad des Lebens ist[36]. So deutet das antithetische Nebeneinander von *amargura* und *dulce armonía* nicht mehr auf eine nur in der Erinnerung schöne Vergangenheit und eine traurige Gegenwart zwischen Schwermut und Resignation hin, sondern vielmehr auf einen Gegensatz zwischen dem stets leidvollen Leben und der Katharsis durch die barmherzige Phantasie. Der Dichter-Gott und Erfinder des Schöpfbrunnens

unió a la *amargura*	vereinte mit der Bitterkeit
de la eterna rueda	des ewigen Rades
la *dulce* armonía	die süße Harmonie
del agua que sueña (15-18).	des träumenden Wassers.

Der wiederholte Ausruf „armes altes Maultier!" 8, 20 ist daher ein Aufschrei des Mit-Leids für alle Lebenden[37].

2.1. Die Erweiterung und Umstrukturierung des semiotischen Systems kann statt bei neuen Arbeiten auch *ex post* erfolgen. Wenn der Dichter auf einen früheren Text zurückkommt, ist in der Zwischenzeit seine Sensibilität gewachsen, sieht er die Inhalte, die er ausdrücken wollte, klarer und verfügt er über ein breiteres stilistisch-technisches Repertoire.

Bei der hier behandelten Gedichtserie läßt sich dieses Phänomen zunächst anhand von I genauer verfolgen. Nach seiner Veröffentlichung in *Electra* 1901 wurde das Gedicht, stark verändert, in *Soledades* I neu abgedruckt. Zu jener Zeit hatte sich der Geschmack Machados gefestigt, und man kann sagen, daß seine Korrekturen an früheren Gedichten auf einem sicheren und eindeutigen Urteil beruhen. In der Folgezeit verfuhr er noch rigoroser: Gedicht I wurde in keine der späteren Ausgaben der *Soledades* oder der *Poesías completas* mehr aufgenommen.

Einige Änderungen von I zielen auf eine Vervollkommnung der poetischen Struktur, eine Verfeinerung seiner Symbole teilweise mit Hilfe bereits im Gedicht vorkommender Ausdrücke. Dazu zwei Beispiele:

| ... del mármol del Dolor | ... del Mármol del Dolor |
| de un bárbaro cincel estatua ruda (3-4) | – soñada en piedra contorsión ceñuda – (3-4), |

---

[36] Nach *Zubiría*, op. cit., p. 157, ist der Schöpfbrunnen ein Symbol des Denkens. In LX, 4 ist die Rede von „noria del pensa – miento", jedoch in einer ganz anderen Symbolik. Außerdem ist mit *pensamiento* existentielles Bewußtsein, nicht rationales Denken gemeint. Meines Erachtens ist der Schöpfbrunnen ein Symbol für das zwangsläufige Dahineilen des Lebens. In LX ist dieses Dahineilen mit dem Bewußtsein verknüpft, während es hier das Privileg des Dichter-Gottes ist und das Maultier nur über das tröstliche Korrektiv des Träumens daran teilhat.

[37] Das Symbol des Schöpfbrunnens kehrt in Verbindung mit dem Fluß in XIII (*Soledades* II) wieder. Es würde an dieser Stelle zu weit führen, wollte ich, was durchaus möglich wäre, im einzelnen verfolgen, welche Veränderungen die Symbole des Wassers beim Wechsel vom Brunnen- zum Flußmotiv erfahren.

al humano lenguaje he traducido el convulsivo gesto doloroso (22–23)	el cejijunto gesto contorcido y el éxtasis convulso y doloroso (20–21).
... des Marmors des Schmerzes grobe Steine eines unmenschlichen Meißels	... des Marmors des Schmerzes finstere Verrenkung geträumt in Stein
in die menschliche Sprache habe ich den krampfhaften Ausdruck des Schmerzes übertragen	der finstere und verzerrte Gesichtsausdruck und die verkrampfte und schmerzliche Verzückung.

Dabei wird das Bild des Titanen dramatischer gestaltet und alles in allem ins Ekstatische gesteigert (*soñada, éstasís*). Auf diese Weise nimmt die oben (1.1) dargestellte Spannung zwischen Statue und Wasser zu, wobei die Wiederaufnahme von *contorsión ceñuda* durch *gesto contorcido* ihrerseits zur Steigerung beiträgt. Das Material[38] ist zum Teil schon im Text angelegt, denn *soñada* weist auf *soñadoras* 15 (16) und *soñar* 61 (53) hin, *ceñudo* auf *ceño* 32 (30) sowie auf einen neuen Vers, der offenbar an die zitierten Verse anschließt:

y el ceño torvo del titán doliente (52).	und die schreckliche, finstere Miene des leidenden Titanen.

Hinzufügen könnte man noch *adoré,* das in 17 durch *admirando* ersetzt wird und auf *adoro* 43 (37) und *adoré* im neuen Vers 48 vorausweist; ferner *mágico,* das bei *arabescos,* die das Attribut *fúlgidos* 46 (40) erhalten, gestrichen wird und treffender in Verbindung mit dem *sonido* 20 (18) des Wassers erscheinen, bei dem vorher kein Attribut stand.

In anderen Fällen werden Anleihen bei Gedichten aus *Soledades* I gemacht. Der Dichter greift dann bei den Korrekturen auf Altes zurück, wie folgendes Beispiel zeigt:

Caía lentamente, y cayendo reía en la planicie muda de la fuente, al golpear sus gotas de ironía (8–11)	Es fiel langsam, und dabei lachte es in der stummen Ebene des Brunnens beim Aufschlagen seiner Tropfen von Ironie
Caía al claro rebosar riente de la taza, y cayendo, diluia en la planicie muda de la fuente la risa de sus ondas de ironía (8–11); el rebosar de tu marmórea taza, el claro y loco borbollar riente (49–50).	Es fiel in die klare, lachende Überfülle des Beckens, und im Fall mischte es in die stumme Ebene des Brunnens das Lachen seiner Wogen von Ironie; das Überquellen deines Marmorbeckens, das klare und verrückte, lachende Sprudeln.

Hier erinnern *rebosar riente* und *borbollar riente* an das *sollozar riente* in X, 5 (wo es im Reim steht mit *doliente* wie im zweiten Zitat) und in XII, 8 (wo es im Reim steht mit *fuente* wie im ersten Zitat. Man beachte auch das zweimalige neu

---

[38] Bei zwei Zahlen hinter den Versen bezieht sich die erste auf den Wortlaut in *Electra,* die zweite in Klammer auf *Soledades* I.

eingesetzte *rebosar*.) Die *marmórea taza* (in 9 nur *taza*) stimmt überein mit dem Marmorbecken in XXXII, 5 und X, 28 (im Plural); *borbollar* kommt auch in VI, 10 und *risa* in III, 8, 15 vor. Die gesamte Überarbeitung ist äußerst raffiniert und läßt sich auf die Formel bringen: vom Schema *Caía... cayendo reía* zum Schema *Caía... riente; diluia...*

Dasselbe gilt auch für:

alegre salmo y lúgubre lamento (26)	alegre copla equívoca y lamento (24)
el símbolo gigante se aparece (30)	el símbolo enigmático aparece... (28),
heiterer Psalm und düstere Klage	heiterer zweideutiger Vers und Klage;
das gigantische Zeichen taucht auf	das rätselhafte Zeichen erscheint.

Dabei verweist *copla* auf VI, 10, 14, 18 usw. und XLVI, 4 (vgl. 1.7), und *enigmático* auf *enigma* in III, 3, 10: Das Attribut verstärkt zusammen mit *equívoca* die unlösbare Spannung, auf der das Gedicht aufbaut.

Die beste Korrektur aber ist Machado mit der Beseitigung der Redundanz in den Teilen B und E (vgl. 1.1) gelungen. Dadurch entfiel der bisherige Mißklang beim Wechsel vom Allgemeinen („An die Brüstung aus Jaspis gelehnt, | habe ich tausend träumerische Abende verbracht" usw. 14–15) zum Anekdotenhaften („In den unfruchtbarsten und traurigsten Stunden | und in den leuchtendsten verlasse ich die stumpfsinnige Stadt" usw. 51–53). Machado war klargeworden, daß das Gedicht außerhalb der Zeit stehen muß, symbolisch und rätselhaft zugleich. Daher hat er den ersten der beiden Abschnitte geschickt verändert:

En el pretil de jaspe, reclinado,	Misterio de la fuente, en ti las horas
mil tardes soñadoras he pasado,	sus redes tejen de invisible hiedra[39],
de una inerte congoja sorprendido	cautivo en ti, mil tardes soñadoras
el símbolo admirando de agua y piedra,	el símbolo adoré de agua y de piedra
y a su misterio unido	(14–17).
por invisible abrazadora hiedra (14–19).	
An die Brüstung aus Jaspis gelehnt,	Geheimnis des Brunnens, in dir
habe ich tausend träumerische Abende verbracht,	weben die Stunden ihre Netze
von einem dumpfen Schmerz überrascht,	aus unsichtbarem Efeu,
bewunderte ich das Zeichen aus Wasser und Stein	gefangen in dir bewunderte ich
und das Geheimnis ihrer Einheit	tausend träumerische Abende lang
in der Umarmung des unsichtbaren Efeus.	das Zeichen aus Wasser und Stein.

Anstelle des zweiten Verses ließ er – nach der ihm eigenen Methode – noch einmal die gleichen Verse (14–17) erscheinen. Anschließend folgt eine Synopse des

---

[39] Das Bild vom Efeunetz der Zeit, das sich um den Dichter rankt – in der Erstfassung nur vage angedeutet –, taucht später in CXLIX (*Campos de Castilla*) wieder auf: „Mit einem feinen Netz spinnt die Zeit das Herz des Menschen ein" 9–10. In VI, 2–3 erscheint der Efeu neben dem Brunnen in nichtmetaphorischer Verwendung: „Der Efeu, schwarz und staubig, ließ die Parkmauer hervorsehen..."

Brunnens[40] – eine einschneidende Veränderung, die erst durch die Entdeckung der Symbolik des Brunnens möglich geworden ist. In I hatte sie sich mit aller Vehemenz Bahn gebrochen, aber noch ohne daß der Autor sie im Griff hatte.

Natürlich blieb die Interpretation des Brunnens auch nach ihrer Vertiefung heterogen im Vergleich zu der später entstandenen Gedichtserie. Das mag auch ein Grund für die spätere Verwerfung des Gedichts sein, wenn auch nicht der einzige. (Die teils barocke, teils jugendstilhafte Beschreibung des Titanen und seines verzerrten Mienenspiels widersprechen dem Stil der *Soledades*[41].)

3.1. Die Gedichte LXVIII und LXIX, die beide 1903 in *Helios* erschienen sind und in *Soledades* I aufgenommen wurden, sind wenig später entstanden als die Gedichtsammlung und gehören offenbar eng zusammen. (Solche paarweisen Gruppierungen ergeben sich statistisch aus der Neigung Machados, dieselben Motive und Teilmotive mehrmals zu behandeln.) Ihr Inhalt ist fast identisch: Garten und Brunnen der Kindheit werden in dem Augenblick wachgerufen, da der Dichter sich nicht mehr so lebendig an sie erinnert und sie selbst als Bilder nicht mehr so lebendig sind, ja bald verblassen werden (*mustio, marchito*). Flüchtig, wie sie sind, können sie aus dem Gedächtnis getilgt (*llevar*) und schließlich ganz stumm werden. So verkündet der Wind, der an das Herz des Dichters klopft, mit aller Entschiedenheit:

Me llevaré los llantos de las fuentes,	Ich werde mir die Klagen der Brunnen mitnehmen,
las hojas amarillas y los mustios pétalos	das gelbe Laub und die welken Blütenblätter,
(7–8),	

Und nicht anders verfahren die Feen (oder Parzen?):

Lleváronse tus hadas	Deine Feen nahmen
el lino de tus sueños.	das Linnen deiner Träume mit sich fort.
Está la fuente muda,	Der Brunnen ist nun stumm,
y está marchito el huerto (3–6).	und welk ist nun der Garten.

3.2. In den Gedichten, die in *Soledades* II veröffentlicht wurden und [ihrer Entstehung nach] fast alle näher beim *terminus ad quem* (1907) als beim *terminus post quem* (1903) liegen, treten Brunnen, Wasser, manchmal auch der Baum (Zitronenbaum oder Zypresse) fast immer als kleine, meisterhafte Farbaufnahmen oder Klischees in Erscheinung. Diese Aufnahmen halten – wegen ihrer kleinen Maße – nur das Notwendigste fest: Garten oder Park, Zeitpunkt, Brunnen und/ oder Wasser. Sie skizzieren in raschen Zügen (der Bezugspunkt ist ja bekannt) den im Gedächtnis vertrauten oder einen ähnlichen Ort und stellen sich dabei auf die Grundstimmung des Gedichts ein, aber meist ohne explizit oder auch implizit

---

[40] Als Pendant zu den Versen 31–32, vgl. oben Anm. 11, p. 167.

[41] Diese Argumente sind schon von *Alonso,* op. cit., pp. 140–142, und von *Zubiría,* op. cit., p. 38, vorgebracht worden.

symbolische Werte auszudrücken. Sie ordnen sich vielmehr den im übrigen Gedicht eventuell wirksamen Werten unter.

Als wenn die Zeit für den Brunnen die gleiche Ausdehnung und Bedeutung gehabt hätte wie für den Dichter, werden die Zeichen der Auflösung, die schon in LXVIII und LXIX sichtbar wurden, immer zahlreicher: trockenes Laub, verdorrte Früchte, vermoderter, schlierig gewordener Stein: „armselige, faule Frucht" XVIII, 46; „welker Park... welkes Laub" LV, 13[42]; „das gelbe Laub und die welken Blütenblätter" LXVIII, 7–8; „welkes Grün" XC, 3; „welke Blätter" XC, 4; „moosiger Brunnen" XIX, 3; „der von Moos bedeckte... Stein" XC, 6–7; „moosiger Stein" XCVI, 16[43].

Position und Funktion dieser Bilder können daher sehr verschieden sein. In XIX beschwört der Dichter am Anfang die „grünen Gärtchen", „hellen Plätzchen" und vor allem den „moosigen Brunnen, | in dem das Wasser träumt, | wo das stumme Wasser in den Stein schlüpft" 1–6[44]; bis das milde Lüftchen vom Septemberwind und vom Herbststurm, in dem die Blätter fallen, abgelöst wird. Verschont von diesem nagenden Verfall (der nicht einmal vor dem Dichter haltmacht) bleibt nur das junge Fräulein, das allein vom Zauber des Abends erfüllt ist. Gedicht XXIV entwirft ein kleines Bild mit klaren Farben und scharfen Umrissen: Sonne, Mond, Myrtenbeete (auch hier: mit „welkem, staubigem Samt" 6 überzogen). Am Ende wird der Garten in seiner Ganzheit beschworen und hört man die helle, einheitstiftende Stimme des Wassers als Zeichen der Dauer:

| ¡El jardín y la tarde tranquila! | Der Garten und der stille Abend! |
| Suena el agua en la fuente de mármol (7–8). | Das Wasser rauscht im Marmorbrunnen. |

Wiederum eine Landschaft zeichnet Gedicht XC: Herbst und Wind, der die gelben Blätter von den Bäumen bläst. Auch der moosbedeckte Brunnen schweigt in dieser schwermütigen Stimmung des Wartens auf den Winter:

El agua de la fuente,	Das Wasser des Brunnens
sobre la piedra tosca	gleitet still
y de verdín cubierta	über den unbehauenen
resbala silenciosa (5–8)[45].	moosbedeckten Stein.

In LI (*Jardín*) wird ein Garten – es ist sicherlich nicht *der* Garten – voller Mitleid[46] und mit leiser Bitterkeit betrachtet. Während die Beete wie „das Werk eines

---

[42] Schon in LXIX, 6: „welk ist der Garten".
[43] Auch in XCI, 2.
[44] Zum Wasser, das „träumt", vgl. XLVI, 18 (hier 1.7).
[45] Vgl. oben mit 1–6 aus XIX.
[46] Deutsch von Fritz Vogelgsang, op. cit., p. 25. – Macrí wies mich darauf hin, daß das Gedicht auf dem Hintergrund von LIII – mit dem traurigen „Orangenbaum im Blumentopf" und dem leidenden „letzten Zitronenbaum" in seinem „armseligen Holzfaß" – gelesen werden muß; ihre Traurigkeit und ihr Leid erinnern an das genaue Gegenteil: die Urwüchsigkeit der Wälder Andalusiens, die saftige Frische des Orangenbaums im „geliebten Patio".

Friseurs" 6 anmuten und aus der Palme eine „Zwergpalme" 7 wird, birgt das Wasser (und der purpurflammende Sonnenuntergang) auch in diesem Gedicht die Rätsel der Natur und der Zeit, worauf hier nicht noch einmal eingegangen zu werden braucht:

[...] El agua	Das Wasser des steinernen
de la fuente de piedra	Quells lacht endlos über die
no cesa de reír sobre la concha blanca	weiße Muschel.
(9–11);	(p. 25)

Das Wasser hat hier Bedeutungen, die es bisher mit anderen Gegenständen teilte; nur an dieser Stelle kehrt es zu einem ausdrücklichen *reír* zurück – wie in den ersten Gedichten.

3.3. In XVIII, LV, XCIV und XCVI ist die Funktion des Brunnens hervorzuheben. In LV und XCVI kommt es – wie schon in Gedichten aus *Soledades* I (vgl. 1.7) – zu einer Verquickung mit anderen Motiven. In XCVI ähnelt das komplementäre Motiv dem von VIII. Auch hier kommen spielende Kinder vor (dort sangen sie zudem noch). Auch hier wird ihr Jungsein den Zeichen der Zeit und der Traurigkeit gegenübergestellt: Winter und Schnee, den kahlen Ästen, dem alten Mann, der die spärlichen Sonnenstrahlen genießt. Das Wasser ist ein stummer Zeuge, versunken in einen vagen Traum:

El agua de la fuente	Das Wasser des Brunnens
resbala, corre y sueña	gleitet, eilt und träumt,
lamiendo, casi muda,	und fast stumm berührt es ganz leicht
la verdinosa piedra (13–16)[47].	den moosbedeckten Stein.

Gedicht LV (*Hastío*) behandelt das Thema der Zeit nicht mehr in der introvertierten Form der Erinnerung wie in den ersten Gedichten der Serie, sondern im Sinne der Bibel (oder nach Macrí[48] im Stil von Bécquer) als das ewige Gleichbleiben der Dinge. Für einen solchen Ansatz besonders aussagekräftig ist das dauernde Ticken der Uhr – ein weiteres, von Machado gern verwendetes Symbol[49]. Es verbindet sich in LV mit dem Tropfen des Wassers aus dem Brunnen, das *per analogiam* einen besessen-hämmernden Klang annimmt (ähnlich manisch wirkte die unaufhörliche Kreisbewegung des Schöpfbrunnens):

Dice la monotonía	Das ewige Einerlei
del agua clara al caer:	des klaren Wassers sagt im Fall:
un día es como otro día;	ein Tag ist wie der andere,
hoy es lo mismo que ayer (9–12).	heute ist es wie gestern.

Hier scheint *monotonía* nunmehr im vollen Wortsinn gebraucht zu sein, denn es

---

[47] Die vier Verse sind fast eine Variante der oben (3.2) zitierten Verse aus XC.

[48] Op. cit., p. 1130.

[49] Vgl. *Zubiría*, op. cit., pp. 43–45, wo zu den von mir angeführten Versen weitere Parallelen gezogen werden.

steht in Verbindung mit Ausdrücken wie „Widerwille", „haßerfüllt" und „in Tränen (ist es zerflossen)".

Am Ende des ausdrucksvollen, aber inkohärenten Gedichts XVIII glaubt man dem Garten aus den ersten Gedichten zu begegnen. Aber es ist nicht mehr der Ort des Zwiegesprächs mit der Vergangenheit, er ist selbst Vergangenheit, die tief unten in den „Gängen | der Seele" (37–38) aufscheint – eine neue poetische Erfindung Machados. Auf dem Grund dieser „Gänge" scheint der Dämon der Träume das schon aus X und VI bekannte Tor zu öffnen; einen Augenblick lang leuchtet noch der Zitronenbaum in trügerischer Schönheit, die jedoch schon vom Wurm zerfressen ist. Der Brunnen ist verschwunden:

> Y el demonio de los sueños abrió el jardín encantado
> del ayer. ¡Cuan bello era!
> ¡Qué hermosamente el pasado
> fingía la primavera,
> cuando del árbol de otoño estaba el fruto colgado[50]
> mísero fruto podrido,
> que en el hueco acibarado
> guarda el gusano escondido! (41–48).

> Und der Dämon der Träume öffnete den verzauberten Garten
> des Gestern. Wie schön war er!
> Wie schön täuschte die Vergangenheit
> Frühling vor,
> als schon vom Herbstbaum die Frucht herabhing,
> elende, faule Frucht,
> die in ihrer bitteren Höhlung
> den Wurm versteckt hält!

3.4. Das Brunnenmotiv scheint somit nur in XCIV das ganze Gedicht zu beherrschen. Dort tauchen auch zahlreiche Schlüsselwörter der Gedichtserie wieder auf: „Platz" 1, 6, 9; „Garten" 2; „Zypresse" 4; „Abend" 5; andere Wörter bzw. Wortgruppen beziehen sich, genaugenommen, auf vorangegangene Gedichte: der „unbehauene Stein" (vgl. XC, 6), das Wasser, das „hervorquillt" (vgl. I, 31), der „Efeu" (vgl. I, 19; VI, 2), das „Marmorbecken" (vgl. X, 28; XXXII, 5). Ganz neu ist dagegen die hier zugrunde gelegte Konzeption. Es geht nicht mehr um das Problem der Vergangenheit, sondern ein Lebensgefühl der Ausweglosigkeit. Das Wasser, das „unaufhörlich hervorquillt" und als einziges unter so vielen Erscheinungen des Todes einen Klang verbreitet, wiederholt immer wieder einen Fluch: den Fluch des Lebens selbst. Man kann daher sagen, daß mit dieser Grundaussage, war sie auch schon in XXXII (vgl. Erläuterungen in 1.4) im Ansatz angelegt, aber noch aufgrund einer anderen Logik verborgen geblieben, der Gipfel der Negativität erreicht wird.

---

[50] Vgl. „del árbol oscuro | el fruto colgaba" VI, 24; aber dort war die Frucht „dorado y maduro".

Bei der Lektüre des Gedichts muß die Wanderung der Seele in Vers 10 („wo die Seele ihren Zug einer gepeinigten Seele spazierenführte") mit den Vorahnungen von Tod und Trauer in allen Winkeln des Platzes zusammengesehen werden: den „erlöschenden Echos" 7 an den Glastüren, den Schädeln, die sich an den Balkonen zu zeigen scheinen. Vor allem aber muß das Gedicht im Vergleich mit LIV gelesen werden, wo dem Dichter auf demselben „schattigen Platz" 1 mit denselben „kraftlosen Echos" 6 an den Glastüren und denselben kaum sichtbaren Schädeln [9] der Widerhall, den sein Schritt erzeugt, als der des Todes erscheint, und er spricht ihn an und ist offenbar enttäuscht, daß er ihn zurückweist – wiederum ein Gedichtpaar, das zusammengehört und von dem das eine zur Interpretation des anderen beiträgt[51].

4.1. Auch für die Gedichte aus *Soledades* II gilt, wie wir gesehen haben, daß sich das Ausdruckssystem von 1903 bis 1907, vor allem in sprachlicher Hinsicht, homogen ausgeweitet hat. Die Gedichte sind wie in *Soledades* I durch ein dichtes Netz von Verweisen untereinander verbunden. Man sollte annehmen, daß die Gedichte der Erstausgabe (analog zu der in 2.1 dargestellten Überarbeitung von I zwischen seiner Veröffentlichung in *Electra* und in *Soledades* I) zum Teil an das Ausdruckssystem der *Soledades* II angepaßt worden sind. Wie jedoch die Durchsicht der Varianten erkennen läßt, ist nur VI, in gewissem Maße auch VIII spürbar korrigiert worden, während alle anderen Gedichte praktisch ohne Veränderung geblieben sind.

Die Korrekturen beschränken sich auf wenige Stellen, dafür sind sie aber um so gewichtiger. Zwei davon gehören sogar zu der Art von Veränderungen, wie sie systematisch an allen Gedichten aus *Soledades* I vorgenommen worden sind.

Der Gesang des Brunnens und der Kinder wurden häufig als *coplas,* als „Strophen"[52], bezeichnet. In *Soledades* II wird *copla* an mehreren Stellen gegen *canto* [Gesang] oder *voz* [Stimme] ausgetauscht: „La fuente cantaba: ¿Te recuerda, hermano, | un sueño lejano mi *copla* (ersetzt durch: *canto*) presente?" VI, 13–14; „Yo escucho *las coplas* (ers. durch: *los cantos*) ... que los niños cantan" VIII, 1–3; und in XXXVIII, 7–8 heißt es ohne Bezug auf unser Motiv: „soñado amarguras | en las *coplas* (ers. durch: *voces*) de todos los misterios". In den beiden ersten Beispielen, die hier allein von Interesse sind, bildet *canto* eine etymologische Figur oder ist zumindest etymologisch verknüpft mit dem Verb *cantar* („cantaba ... mi canto"; „los cantos ... que ... cantan"), ähnlich wie schon in der ersten Fassung von VIII, 31–32: „*Cantaban* los niños   *canciones* ingenuas"[53]. In VIII bleibt kein *copla* mehr stehen, während es in VI noch in den Versen 18 und 27 erhalten bleibt.

---

[51] Vgl. *Bousoño*, op. cit., pp. 133–135, und *Zubiría*, op. cit., pp. 57–58.

[52] Vgl. 1.7. In I, 26 war *alegre salmo* der ursprünglichen Fassung gegen *alegre copla* ausgetauscht worden.

[53] In XLVI, 3–4 ist hingegen *copla* neben *cantar* stehengeblieben: „El agua cantaba | su copla pleveya".

(Dort spricht der Dichter, während in dem oben zitierten Vers 14 der Brunnen spricht; insofern liegt also eine Art *variatio* vor.)

Außerdem wird das Adjektiv *lento*[54] [träge] von Machado regelrecht verbannt. In der hier behandelten Serie ist *lento* zweimal in fast gleichem Kontext gestrichen: „Fue una clara tarde, triste y soñolienta | del lento verano (ers. durch: *tarde de verano*)" I, 1-2; „En las tardes lentas | del lento verano" (in *Soledades* II ganz weggelassen)[55]. Auch hier sind jedoch die Streichungen nicht systematisch durchgeführt; nur in VI bleiben die oben zitierten Verse 15, 26 und 41 erhalten. Alles in allem wollte Machado anscheinend die übertriebene Betonung des zähen Andauerns der Stunden und Jahreszeiten zurücknehmen, um *lento* für solche Stellen vorzubehalten, wo es seine volle Ausdruckskraft entfalten kann. So erklärt sich auch die Streichung der Verse 4-5 in VIII, in denen die beiden *lento* sich nicht mit der Gesamtbedeutung des Gedichts vertrugen, während in VI in gewissem Sinne eine *variatio* vorliegt, insofern die drei Ausdrücke *tarde, verano* und *lento* nie in derselben Position vorkommen.

Die letzten Korrekturen von Bedeutung finden sich in VIII, 25 und XLVI, 9-10. In VIII, 25 wird „A la paz en sombra", das sich in X, 37 fast identisch wiederholt („tu paz en sombra"), durch „jugando a la sombra" ersetzt; dadurch verdichten sich die Verweise innerhalb des Gedichts – in Vers 4 heißt es von den Kindern: „en coro juegan" –, aber auch zu entfernt gelegenen Gedichten – in XCVI, 12 steht: „los niños juegan". In XLVI, 9-10 wird „compás de sombra | del cristal que sueña" zu „compás de sombra | que en el agua sueña". Diese Stelle ist offenbar zusammen zu sehen mit den Versen 17-18 – „la dulce armonía | del agua que sueña" –, und zwar in zweierlei Hinsicht: Während die ersten beiden Verse zu einer Strophe gehören, in der schon vom Träumen der Mauleselin die Rede war, scheint in den Versen 17-18 das Träumen auf das Wasser übergegangen zu sein (dies wird unterstrichen durch die Substitution *agua – agua* gegenüber *cristal – agua* vor der Korrektur). Zweitens kündigt *sueña* schon das [zu *agua*] lautlich äquivalente *armonía* an. Hier ist nicht nur das Ergebnis der Substitution, sondern auch das Substituens von Bedeutung: *sueña* beginnt nämlich in den Gedichten von *Soledades* II in Verbindung mit *agua* aufzutreten: „Sueña el agua" XXIV, 8; „no más que el agua sueña" XCIV, 12.

Am meisten Sorgfalt hat Machado aber auf Gedicht VI verwendet. Ich kann mich hier darauf beschränken, die Ergebnisse meiner umfassenderen, als Anhang beigefügten Analyse zu skizzieren. Dabei ist besonders hervorzuheben, daß das Gedicht in seiner ersten Fassung, wie bereits (1.6) dargestellt, durch eine Reihe von mehr oder weniger explizit gemachten Oxymora (als Ausdruck der Zwiespältigkeit der wehmütigen Erinnerung) gegliedert ist, während die letzte Fassung

---

[54] Vgl. dazu die umfassende Auswertung von *Macrí*, op. cit., pp. 97-98; bemerkenswert auch die Analyse des sehr kurzen Gedichts XXIII, in dem das Adjektiv zweimal gestrichen ist.

[55] Vgl. auch XXVII, 1: „Quizás la tarde lenta todavía" (erst in den *Poesías completas* von 1917 ers. durch: „La tarde todavía").

durch eine gedämpftere Tonlage und stärkere Differenzierung gekennzeichnet ist. Die leise Melancholie in den ersten Versen weicht einer trügerischen Heiterkeit, als der Dichter die Vergangenheit wachruft. Doch die Freude wird alsbald durch den ernüchternden Gesang des Brunnens zerstört, der von unauslöschlichem Leid kündet und das Gedicht in endloser Traurigkeit ausklingen läßt. Dies alles wird durch eine stärkere Akzentuierung der Stimmungsunterschiede, bald der Freude und bald der Traurigkeit oder der Melancholie, erreicht. Die Oxymoron-Struktur wird praktisch durch ein kontrapunktisches Gliederungsprinzip abgelöst.

4.2. Die Tatsache, daß an den Brunnengedichten in *Soledades* II nur so wenig Veränderungen vorgenommen wurden, ist aber nicht ein Zeichen von Nachsicht seitens des Dichters, ganz im Gegenteil. Sein veränderter Geschmack ließ nur so wenig Spielraum zu, daß viele Gedichte gar nicht mehr in die Sammlung aufgenommen wurden: I, III, X, XII. Es sind genau die Gedichte, in denen die Symbolik des Brunnenmotivs entwickelt und ausgestaltet wurde, so daß man annehmen könnte, Machado habe eine Phase mühevoller Anstrengung auslöschen und nur Vollkommenes ans Licht kommen lassen wollen.

Die Selbstzensur Machados hat aber auch inhaltliche Gründe: Der Dichter lehnt nunmehr das Lachen des Brunnens ab. In den herausgenommenen Gedichten hatte das lachende Murmeln im Gegensatz zum Leiden der Statue oder zur schmerzerfüllten Träumerei des Dichters gestanden. Dieses Lachen ist nur in VI und VIII erhalten geblieben, und zwar nur, um als trügerischer Schein entlarvt zu werden, während das Wasser in den anderen Gedichten, je nach Stimmungslage des Dichters, herabfällt, fließt oder steht, wie es der Brunnen zuläßt. Die Selbstzensur diente alles in allem zur Erhaltung der Synchronie des Systems: Zu stark drohte es von einem diachronen Schub aus der Tiefe angegriffen zu werden.

Das Motiv des Brunnens taucht noch einmal am Ende der *Campos de Castilla* (CLII) auf. Das großartige, Juan Ramón Jiménez gewidmete Gedicht ist eine eindeutige Huldigung an seine *Arias tristes* von 1903. Wollte man darauf eingehen, so müßte man sich nicht nur mit der Poetik der *Campos de Castilla,* sondern auch mit den vielschichtigen Wechselbeziehungen zwischen zwei großen spanischen Lyrikern auseinandersetzen, mit anderen Worten: sich in andere Strukturen und andere semiotische Systeme vertiefen.

Bleiben wir lieber an diesem Punkt stehen. Wir werden der Eigenart Machados wohl am besten gerecht, wenn wir ein Bild unverhüllter Schönheit, ein in der Ferne wartendes Murmeln des Brunnens, den Abschluß bilden lassen.

Anhang

Die Varianten des *Soledades*-Gedichts VI

Die Varianteninterpretation hat schon immer viele Gegner gehabt. Wenn ein Werk erst einmal seinen endgültigen Status erreicht hat, als solches abgeschlossen und eigenständig ist, interessieren die vorangegangenen Versuche des Schriftstellers kaum noch – Überlegungen, die bei der naiveren Gegenpartei Unterstützung finden, welche die chronologische Abgeschlossenheit mit der qualitativen gleichsetzt und in der Analyse der Varianten nichts anderes als einen Lobpreis [auf den Dichter] sieht, der alles Unschöne zugunsten des Schönen, alles Verschwommene zugunsten des Klaren usw. entfernt hat. Die verschiedenen Entwicklungsphasen eines Werks sind aber Strukturen oder Systeme[56]: Die Ersetzung einer Form eines Worts oder einer Episode führt nur in seltenen Fällen zu einem punktuellen Gewinn an Schönheit. Häufiger entsteht eine neue Struktur oder ein System, zu dessen Vervollkommnung jede neue Variante ihren Beitrag leistet. Unter theoretischem Gesichtspunkt eröffnet der Vergleich zwischen zwei oder mehr aufeinanderfolgenden Strukturen bzw. Systemen die Möglichkeit, die Elemente des Kontextes – statt in der systematischen Opposition zu ihren möglichen sprachlichen und stilistischen „Synonymen" – in der Opposition zu den tatsächlichen Elementen zu erfassen, denen gegenüber sie im Rahmen des sprachlichen und stilistischen Repertoires des Schriftstellers zum Zuge gekommen sind.

Die Varianten von Gedicht VI aus den *Soledades* sind schon mehrfach[57] untersucht worden, jedoch auf der Grundlage eines anderen Ansatzes, als dies hier geschieht. Das Gedicht gehört zu der besonders reichhaltigen Brunnenserie. Das gleichförmige Fließen des Wassers (sein Murmeln) fördert gerade durch seinen immergleichen Rhythmus das Zurückspulen der Zeit in der Erinnerung. Sein monotones Murmeln wird in diesen Gedichten durch eine bewußte Eintönigkeit der Bilder veranschaulicht: Einzelne Wörter, Reime und Dialogpartien kehren in geradezu manischer Gleichförmigkeit wieder, doch jedesmal nach Kontext und Bedeutung anders nuanciert – wie die Stimmung des Dichters, die, alle Register der Wehmut durchspielend, zwischen Melancholie, Sehnsucht und Schmerz schwankt.

Das Gedicht läßt sich wie folgt gliedern: I. Einführung von Garten und Brunnen (1–12); II. Gesang des Brunnens: Kontinuität der Vergangenheit (13–26); III. Worte des Dichters an den Brunnen: Vergangenheit als Illusion (27–36); IV. Antwort des Brunnens: Vergangenheit als Schmerz (37–44); V. Verlassen des Gartens (45–52)[58]. Ich zitiere dazu eine erste Reihe von parallelen Stellen (links

---

[56] Bei abgeschlossenen bzw. veröffentlichten Fassungen ziehe ich den ersten Begriff vor, dagegen verwende ich bei virtueller Betrachtung der Zusammenhänge (bedingt durch die Vorläufigkeit der Fassungen oder aus theoretischen Gründen) lieber den zweiten Begriff.

[57] Vgl. D. *Alonso: Poetas españoles contemporáneos*. Madrid: Gredos 1952, pp. 105–159; O. *Macrí: Studi introduttivi* zu *Poesie* von A. Machado. Mailand: Lerici 1961², p. 96. Ich zitiere aus diesem wertvollen Band, stütze mich auf den dortigen Apparat von Varianten und weise hier ein für allemal auf seinen theoretischen Rahmen und die dortigen Anmerkungen hin.

[58] In den ersten Fassungen war das Gedicht vom Autor in drei Teile – hier: I, II + III, IV + V – gegliedert worden.

notiere ich den Abschnitt des Gedichts, zu dem die Verse gehören, in Klammern hinter der letzten Version stehen die Varianten der ersten Fassung):

    (I) Fue una clara tarde, triste y soñolienta
        tarde de verano (Del lento verano) (1–2)

        Es war ein klarer, trauriger und schläfriger Abend
        im Spätsommer (des trägen Sommers)

(II) Fue una tarde lenta del lento verano (15)   Es war ein träger Abend des trägen Sommers
    Fue esta misma lenta tarde de verano (26)   Es war an jenem selben trägen Sommerabend

(III) ... en la tarde de verano vieja (32)   ... an dem alten Sommerabend

(IV) Fue una clara tarde del lento verano (39)   Es war an einem klaren Abend des trägen Sommers

Wie daraus ersichtlich ist, deutete Vers 2 auf Vers 15 hin und wiederholte sich am Ende von Vers 39 (nach einer von Machado gern verwendeten Ringstruktur, wie sie auch im Aufbau des Gedichts angelegt ist). Die Korrektur läßt sich sicherlich aus dem unmittelbaren Kontext erklären: Vermeidung des internen Halbreims *soñolienta* : *lento;* Ersetzung der allzu konventionellen dreigliedrigen Adjektivattribution (*clara... triste y soñolienta*) durch das Enjambement zwischen Vers 1 und 2, dabei wirkungsvolle Wiederaufnahme von *tarde* und Differenzierung nach objektiven (*clara*) und subjektiven Adjektiven (*triste y soñolienta*). Wichtiger noch ist meines Erachtens, daß *lento*[59] schon auf ein psychologisches Zeitmaß hindeutet. Es wurde daher auf die Abschnitte II und IV beschränkt. So wechselt das Gedicht von einem deskriptiven *clara tarde* zur *variatio tarde lenta* und *lenta tarde* entsprechend der Monotonie des Gesangs des Brunnens. Dann folgt das *tarde... vieja* mit einem bei Machado auf die erlebte Vergangenheit bezogenen Adjektiv[60]. Schließlich unter Hervorhebung des Kontrasts zwischen heiterem Schein und trauriger Wirklichkeit: *clara tarde* eines *lento verano*. Parallel dazu eine Reihe von Oppositionen zwischen Vergangenheit und Gegenwart: „un sueño lejano: mi canto presente" 14, „tu copla presente : es lejana" 18, „ahora : entonces" 44.

Die Korrektur von Vers 2 darf demnach nicht allein unter Berücksichtigung des Kontextes, sondern muß auch auf dem Hintergrund anderer, inhaltlich ähnlicher Stellen des Gedichts gesehen werden. Dies ergibt sich noch deutlicher aus den

---

[59] Die von *Macrì,* op. cit., p. 98, zu Recht festgestellte Neigung Machados, das Adjektiv *lento* zu streichen, erklärt sich demnach aus dem Wunsch nach einer stärkeren Selektion auf der Inhaltsebene. So war beispielsweise Vers 15 dieses Gedichts zunächst in VIII fast identisch wiederaufgenommen („en las tardes lentas del lento verano"), dann aber bei der Überarbeitung (vgl. Apparat *Macrìs*) fallengelassen worden. Die geringere Häufigkeit des Adjektivs in VI und anderen Gedichten hatte an den Stellen, an denen es verblieben war, eine Spezialisierung seiner Funktion zur Folge.

[60] Vgl. III. 10; VII, 10; VIII, 12, 26; XV, 6; XXXIV, 6 usw.

verschiedenen Varianten im Zusammenhang mit dem Murmeln (Gesang) des Brunnens. Betrachten wir zunächst die entsprechenden Verse aus den beiden ersten Abschnitten:

> (I) La fuente sonaba (Lejana una fuente riente sonaba) (4)
> [la sonora copla ...]
> me guió a la fuente. La fuente vertía (a la fuente que alegre vertía)
> sobre el blanco mármol su monotonía (11–12)
>
> (II) la fuente cantaba (13)
> ... «mi cristal vertía
> como hoy sobre el mármol su monotonía (su clara armonía) (19–20)
>
> (I) Der Brunnen rauschte (In der Ferne erklang ein singender Brunnen)
> [der geräuschvolle ... Vers]
> führte mich zum Brunnen. Der Brunnen ergoß (zum Brunnen, der heiter ... ergoß)
> seine Gleichförmigkeit über den weißen Marmor
>
> (II) Der Brunnen sang
> ...«mein Kristall ergoß wie heute seine Gleichförmigkeit über den Marmor (seine klare Harmonie).

Dabei fällt sofort die Opposition zwischen zwei Systemen auf: einerseits dem System der ersten Fassung mit ihrem heiteren Klang (*riente* – sich reimendes Attribut zu *fuente* –, *alegre, clara armonía*) und der vollkommenen syntaktischen Integration der Gruppe *fuente* + Verb (zuerst geht *lejana* voraus, und *fuente* erscheint mit dem unbestimmten Artikel *una*, dann steht *fuente* am Ende einer Periode und ist durch Relativpronomen mit dem Verb verbunden) und andererseits dem System der letzten Fassung mit ihrem neutralen Klang und ihrer syntaktisch und rhythmisch erzeugten Akzentuierung (vgl. in Vers 12 die Zäsur mit anschließender Wiederholung: ... *a la fuente. La fuente* ...)[61].

Der Wechsel von dem einen zum anderen System gehört in den Rahmen einer umfassenderen Überarbeitung, von der das ganze Gedicht betroffen ist. Hier eine Variante aus dem letzten Abschnitt:

> (V) tu monotonía,
> fuente, es más amarga que la pena mía (alegre, es más triste que la pena mía) (47–48)
>
> deine Monotonie,
> Brunnen, ist bitterer als mein Leid (heiterer [Brunnen] ist trauriger als mein Leid)

Die ursprüngliche Version mit dem Oxymoron *alegre : triste,* hinter dem ein zweiter, weniger starker Kontrast – *alegre : monotonía* – steht, hängt zusammen mit

---

[61] Eine weitere klangliche und expressive Hervorhebung (vgl. D. *Alonso*) wurde durch „golpeó el silencio" anstelle von „sonó el silencio" in Vers 8 erreicht. Erhalten blieb hingegen am Ende des Gedichts (52), wo sich die Strophe wiederholt, das „sonó el silencio" mit seinem sanfteren Klang.

der oben zitierten Fassung der Verse 11–12 und letzten Endes mit den beiden Versen, die in der ersten Fassung auf Vers 38 folgten, aber später gestrichen wurden:

Mis claros, alegres espejos cantores	Meine klaren, heiteren singenden Spiegel
te dicen riendo lejanos dolores,	erzählen dir lachend von fernen Schmerzen.

Sie enthalten gleichfalls ein implizites Oxymoron zwischen *claros, alegres* ... und *dolores*.

In der ersten Fassung baute also das ganze Gedicht auf solchen mehr oder weniger explizit gemachten Oxymora auf, um – wie eingangs erwähnt – die Ambivalenz der Wehmut zum Ausdruck zu bringen. Diesem Verfahren begegnen wir auch in einem anderen, ähnlich gearteten Gedicht: VII („cual vierten sus aguas Las fuentes de piedra: Con *monotonías* De *risas* eternas, Que no son *alegres*, Con *lagrimas* viejas, Que no son *amargas* Y dicen *tristezas* ..." 7–14) Hier wird es jedoch aufgegeben und durch eine mannigfaltigere Struktur ersetzt. In der letzten Fassung folgen nacheinander: die unveränderte Melancholie der ersten Verse (I–II), die trügerische Heiterkeit im Zurücksehnen der Vergangenheit (III), die Entdeckung des Schmerzes im ernüchternden Gesang des Brunnens (IV), die Erkenntnis einer endlosen Traurigkeit in den abschließenden Sätzen (V).

Nun wird deutlich, warum es zu den oben aufgezeigten Veränderungen gekommen ist. An die Stelle der allgemeinen Ambivalenz sind eine größere Neutralität in I (Varianten zu 4 und 11) und eine stärkere Betonung des Schmerzes in V (Variante zu 48) getreten. Erhalten geblieben sind die Ausdrücke der Freude in III:

copla riente, 27; claro cristal de alegría, 29; mi alegre leyenda, 31

und die Opposition zwischen Freude und Schmerz mit einer bewußt stärkeren Betonung des Schmerzes in IV:

Yo no sé leyendas de antigua *alegria*,	Ich weiß keine Sagen von alter Freude,
sino historias viejas de *melancolía* (37–38).	sondern alte Geschichten von Melancholie.

Konsequenterweise konnten nach einer solchen Umstrukturierung die beiden inzwischen gestrichenen Verse hinter 38, in denen die Ambivalenz noch anklang, nicht stehenbleiben.

Die Akzentuierung der Stimmungsunterschiede könnte ohne weiteres auch in stilistischer Hinsicht untermauert werden. Ich möchte hier nur auf einige Punkte hinweisen: in II auf die Mäeutik der Erinnerung, die in Form vieler Fragen zum Ausdruck kommt („¿Te recuerda, hermano?" 13, „¿Recuerdas, heramno?" 21 und 25), ferner die dauernde Wiederkehr des Pronomens *mismo,* das eine Gleichsetzung von Vergangenheit und Gegenwart bewirkt („Fue esta misma lenta tarde" 26); in III die voluntaristische Haltung des Dichters, die durch die Symmetrie des *yo sé* 29, 31, 33 angezeigt wird; in IV die einhämmernde Wiederholung von *pena* 40, 42, 43 und des Bildes vom Durst („labios que ardían" 43, „la sed" 44); in V die – wenn auch nur vorübergehende – Entschlossenheit zur Trennung („Adiós para siempre" 45, 47). Das mag genügen. Während die vom Dichter vorgenommenen Veränderungen im horizontalen Vergleich mit früheren Fassungen ohne Bedeutung sind, erweisen sie sich als außerordentlich aufschlußreich, sobald man sie auf vertikaler Ebene in Beziehung zu anderen [Korrekturen] bringt und den verworfenen gegenüberstellt. Das Gedicht ist durch wenige, aber einschneidende Veränderungen zu einem anderen geworden [62].

---

[62] Nur zwei Varianten bleiben hier außer Betracht. Die eine in Vers 14: „mi canto presente" (mi copla presente). An den parallelen Stellen in 18 und 27 ist *copla presente* bzw. *copla riente* stehengeblieben. Die Korrektur führt zu einer Vervollkommnung der *variatio*, einer Abgrenzung der Worte des Brunnens, der von *canto* spricht, von denen des Dichters, der *copla* verwendet, und schließlich zu einer weiteren Rekurrenz: „La fuente *cantaba:* ¿Te recuerda, hermano, | un sueño lejano mi *canto* presente?" Bei der zweiten Variante in den Versen 23–25 handelt es sich um eine regelrechte Klangveränderung. Dabei wird die allzu redundante Melodik von Versen – wie: „los claros cantares | que escuchas ahora, | Del árbol oscuro el fruto colgaba, dorato y maduro" – beseitigt.

8. Die gekrümmte Zeit bei García Márquez

I.

1. Das Rad der Zeit / *Die hundert Jahre Einsamkeit*[1] umfassen die hundert Jahre Geschichte der Stadt Macondo und der Familie Buendía. Diese hundert Jahre entsprechen einem fiktiven Zeitmaß; sie reichen zurück in eine mythische Vorgeschichte: Macondo wurde erbaut „am Ufer eines Flusses mit kristallklarem Wasser, das dahineilte durch ein Bett aus geschliffenen Steinen, weiß und riesig *wie prähistorische Eier*. Die Welt war noch so jung, daß viele Dinge des Namens entbehrten, und um sie zu benennen, mußte man mit dem Finger auf sie deuten" (p. 9/9). Sie führen in eine mit Legenden durchwobene Geschichte:

„Als im sechzehnten Jahrhundert der Seeräuber Francis Drake Riohacha überfiel, erschrak Ursulas Urgroßmutter" (p. 24/29). Es ist eine Welt, die sich schließlich in einem apokalyptischen Sturm auflöst: „Macondo war bereits ein von der Welt des *biblischen Taifuns* aufgewirbelter wüster Strudel aus Schutt und Asche" (p. 350/476); „von einem Vorläufer des *prophetischen Windes* niedergerissen, der Jahre später Macondo dem Erdboden gleichmachen sollte" (p. 280/379).

Charakteristisch für die Zeit des Romans ist die Überlagerung von geschichtlich-chronologischer Zeitmessung, die den regelmäßigen Takt der Ereignisse angibt, und überzeitlichen Impulsen, unter deren Einwirkung bald die Zukunft

---

[1] Die ersten beiden Teile dieses Kapitels sind *Cien años de soledad*, der letzte Teil den früheren Werken von García Márquez gewidmet. Hier die Titel der zitierten Werke; hinter dem Erscheinungsjahr ist die von mir benutzte Ausgabe angegeben:

1. *Cien años de soledad* (1967). Buenos Aires ⁸1968. (Dt. von *Curt Meyer-Clason: Hundert Jahre Einsamkeit*. Köln/Berlin ²1970.) [Bei nur einer Seitenangabe ist das Original gemeint, bei zweien bezieht sich die letzte Zahl auf die dt. Übers.]

2. *La hojarasca* (1955). Buenos Aires 1969. (Dt. von *Curt Meyer-Clason: Laubsturm*. Köln/Berlin 1975.)

3. *El colonel no tiene quien le escriba* (1961). Buenos Aires ²1968. (Dt. von *Ana Maria Broch: Kein Brief für den Oberst*. Zürich/Köln 1971.)

4. *Los funerales de la Mamá Grande* (1962). Buenos Aires ³1968. (Dt. in op. cit.: *Die Beerdigung der alten Dame*.)

5. *La mala hora* (1962). Buenos Aires ²1968. (= MH). [Ich danke *Angelika Schulz* für ihre Unterstützung bei der Überprüfung der spanischen Zitate. Anm. d. Ü.]

Lora Terracini verdanke ich einige scharfsinnige Bemerkungen zum Entwurf meines Aufsatzes, die ich hier eingearbeitet habe.

vorweggenommen, bald die Vergangenheit ausgedehnt und das Rad der Zeit nach Belieben auf die entscheidenden Augenblicke des Jahrhunderts von Macondo eingestellt wird. Die chronologische Zeitmessung läßt uns die Entwicklung der Siedlung von „einem Dorf von zwanzig Häusern aus Lehm und Bambus" (p. 9/9) zu dem „ordentlichsten und arbeitsamsten Dorf von all denen, die seine dreihundert Einwohner bisher gekannt hatten" (p. 16/18), verfolgen: Wir erleben die Ankunft einer Gruppe von Einwanderern, die eine Differenzierung des Wirtschaftslebens einführen und Handelsbeziehungen mit dem Ausland anknüpfen (p. 39/50); die Einsetzung des harmlosen Landrichters (p. 54/71), der später bedauerlicherweise durch sechs Polizisten abgelöst wird (p. 81/108); die Bemühungen des Priesters und Hexenmeisters Nicanor, die gleichgültigen Bewohner [von Macondo] zum Christentum zu bekehren, indem er im ganzen Dorf mit einer Tasse Schokolade als Reizmittel den Beweis der Levitation erbringt (p. 77/102). Berichtet wird ferner vom Aufstieg Macondos zur Stadt nach dem Bürgerkrieg unter Führung des legendären Aureliano Buendía (p. 130/175) und von Wohlstand und Zunahme der Bevölkerung als Folge des Friedens (p. 168/227). Erzählt wird vom Bau einer Eisenbahnlinie (p. 193/258): wie nordamerikanische Bananenhändler mit dem Zug angereist kommen und Macondo der „Kolonialisierung" anheimfällt (p. 196/263). Beschrieben wird der Generalstreik (pp. 252–256/ 344–347) und die anschließende Repression (pp. 259–260/350–351): Am Ende der Erzählung sehen wir die „Diaspora" der Arbeiter, die zuvor die Faszination des wirtschaftlichen Aufstiegs erlebt hatten, und den rasch um sich greifenden Zerfall Macondos (p. 280/379).

Es fällt sofort auf, daß die überzeitlichen Impulse das Übergewicht haben gegenüber dem gemächlichen Dahinfließen der Jahre. Der Roman beginnt auch mit einem Vorgriff auf die Zukunft: „Viele Jahre später sollte der Oberst Aureliano Buendía sich vor dem Erschießungskommando an jenen fernen Nachmittag erinnern" (p. 9/9). Und diese Voraunahme wird zu einem rekurrenten Prinzip, so daß der „Held" Aureliano, dessen Erscheinen vor dem Erschießungskommando erst sehr viel später (p. 115/154) berichtet wird, übergroße Dimensionen gewinnt, verglichen mit der erzählten Begebenheit. Hier einige Beispiele für dieses Prinzip: „Viele Jahre später ... durchquerte Oberst Aureliano Buendía wieder das Gebiet" (p. 18/22); „Der Oberst Aureliano Buendía durchlebte viele Jahre später, eine Sekunde bevor der Offizier der regulären Streitkräfte dem Erschießungskommando den Befehl zum Feuern gab, wieder den milden Märznachmittag, an dem ..." (p. 21/26); „Jahre später, während des zweiten Bürgerkriegs, versuchte Oberst Aureliano Buendía, genau denselben Marsch zu wiederholen" (p. 28/34); „Viele Jahre später, als Macondo eine Siedlung weißblechgedeckter Holzhäuser war, standen noch in den ältesten Gassen die verkommenen, staubigen Mandelbäume" (p. 40/52); „Aureliano, ganz in Schwarz und in denselben mit Metallhaken versehenen Lackstiefeln, die er wenige Jahre später vor dem Erschießungskommando tragen sollte" (p. 75/99); „Er selbst sollte vor dem Erschießungskommando nicht sonderlich gut die Verkettung jener Reihe von ... Zufällen begreifen" (p. 87/116–117); „Jahre später sollte Arcadio sich vor dem Erschießungskommando der schaudernden Stimme erinnern, mit der Melchíades ihm einige Seiten... vorlas" (p. 60/89–90); „Sie war der letzte Mensch, an den Arcadio wenige Jahre später vor dem Erschießungskommando denken sollte" (p. 82/109); „Wenige Monate später sollte Arcadio vor dem Erschießungskommando wieder die irrenden Schritte im Klassenzimmer durchleben" (p. 101/136); „Jahre später sollte sich Aureliano Segundo auf seinem Sterbebett jenes regnerischen Juninachmittags erinnern,..." (p. 159/214); „Noch Jahre später hieß es, die königliche Wache..." (p. 175/236); „Wenige Monate später sollte Aureliano Segundo sich in seiner Todesstunde erinnern..." (p. 299/404).

Diese mehr oder weniger starken Drehungen des Zeitrades haben in erster Linie die Funktion, am Anfang eines Lebenszyklus auf dessen Ende hinzuweisen, so daß die Gegenwart immer auch aus der Perspektive der Vergangenheit gesehen und ihr damit Zukunftscharakter verliehen wird. Das ist eindeutig eine Perspektive der Erinnerung, und deshalb führt uns auch ein großer Teil der Vorwegnahmen in Todesszenen (die Erschießung von Arcadio, Aureliano Segundo auf dem Sterbebett): insbesondere in Augenblicke, in denen Erinnerungen zusammenfließen, im Bewußtsein des Sterbenden gerinnen und für kurze Zeit entscheidende Episoden seines Lebens vor seinem geistigen Auge wieder aufleben lassen.

Vorherrschend unter diesen Todesszenen ist die Hinrichtung des „Herrn Oberst" Aureliano[2], zu der es jedoch im letzten Augenblick wie durch ein Wunder doch nicht kommt, so daß dem Obersten noch ein langer Lebensabend gegönnt ist. Es ist nicht allein das häufig von Márquez verwendete Mittel der Ironie, das ihn zur Vorausnahme eines schließlich doch nicht eintretenden Todes veranlaßt. Die Erklärung liegt darin, daß Oberst Aureliano nichts als ein Überlebender ist, einer, der der Hinrichtung entgangen ist, aber auch einen mißglückten Selbstmordversuch überstanden hat; das Todesurteil leitet außerdem das Ende seiner Unternehmungen und seiner Legende ein. Das Ausbleiben der Hinrichtung Aurelianos setzt dann seinerseits den Anfang für das tatsächliche Sterben anderer, z. B. Arcadios, und wird zum Sinnbild für die in diesem Roman dargestellte Form der Erinnerung in ihrer besonderen Lebendigkeit und Fülle: die Erinnerung der Sterbenden.

So wird die Bahn in die Zukunft (Vorausnahme von Ereignissen) ebenso rasch durchlaufen wie der Weg in die Vergangenheit (Erinnerung), und ebenso kann die Gegenwart nicht nur als solche, sondern darüber hinaus schon als Gewesenes, als Erinnerung, gesehen werden. Der Autor, der weiß, was geschehen soll, und die Personen, die sich in der Vergangenheit rückwärtsbewegen, treffen sich.

Zumeist hat hier die Gegenwart das größte Gewicht, zuweilen gewinnt aber auch die Erinnerung die Oberhand gegenüber einer totgeschwiegenen und verdrängten Gegenwart. Das Massaker an den Gewerkschaftsfunktionären, bei dem nur José Arcadio Segundo und ein Kind ohne Namen sich retten können; der Zug, der die Toten zum Meer abtransportiert und jede Spur von dem Gemetzel

---

[2] [Im folgenden kurz: Oberst Aureliano, Anm. d. Ü.]

verwischt – sie sind für José Arcadio Segundo ein Alptraum und für die Dorfbewohner (warum, wird noch deutlich werden) ein makabres, aber zugleich unwirkliches Phantasiegebilde. Die Tatsachen gewinnen in der Erinnerung ihre Tragik zurück, auch wenn es sonst niemand wahrhaben will: „Noch viele Jahre später sollte das Kind erzählen, ohne daß jemand es ihm glauben würde, es habe den Leutnant gesehen" (p. 258/350); „Viele Jahre später sollte das Kind immer wieder erzählen, obgleich die Nachbarn es für eine altbackene Grille hielten, . . ." (p. 259/351). Für José Arcadio Segundo ist die Zeit von jenem Tag an stehengeblieben, die Erinnerung wird zum quälenden Angsttraum (pp. 285/295 usw.). Und sie bleibt nicht nur für ihn stehen: auch für Amaranta, die zum Zeichen der Selbstzüchtigung die schwarze Binde, [die sie um die verbrannte Hand gelegt hatte,] *bis zu ihrem Tode* tragen wird (p. 100/134), für Gerineldo Márquez, der *bis zum Tode* auf seine Liebe wartet (p. 174/234)[3], für Mauricio Babilonia, der hinterrücks angeschossen wurde und *für den Rest seines Lebens* ans Bett gefesselt ist (p. 248/336), und für Meme, die, getrennt von Mauricio, *nie mehr im Leben* sprechen wird (p. 250/338).

Der Kontrast zwischen der Kalenderzeit und den plötzlichen erzählerischen Vorausnahmen und Reprisen auf der Ebene der Erinnerung wiederholt sich in dem Kontrast, der durch das unterschiedliche Maß entsteht, mit dem die räumlichen Entfernungen gemessen werden, je nachdem, ob sich jemand von Macondo wegbewegt oder auf Macondo zubewegt. So hatten die Gründer von Macondo den Ort der künftigen Siedlung nach vierzehnmonatiger Reise durch die Wälder erreicht. Der von José Arcadio zu den Regierungsbehörden entsandte Bote „überquerte die Sierra, irrte durch endlose Sümpfe, arbeitete sich reißende Flüsse hinauf und wurde fast ein Opfer der Raubtiere, der Verzweiflung und der Pest, bevor er auf einen Saumpfad stieß" (p. 11/11–12). José Arcadio zog aus und versuchte fast einen Monat lang, in die Sierra vorzudringen, er bemühte sich vergeblich, mit seinen Gefährten einen Durchbruch zur Welt der Zivilisation zu schaffen, wo die „großen Erfindungen" herkommen, von denen die Zigeuner hin und wieder welche nach Macondo bringen (pp. 16–18/19–21). Umgekehrt brauchten die Neuankömmlinge, die Ursula begleitet hatten, nur zwei Tage [um nach Macondo zu gelangen] (p. 38/49), und in der Folge wird Macondo zu einem bequemen und häufig benutzten Orientierungspunkt.

2. Einsamkeit (*soledad*) und Rebellion / Wir haben also zwei Arten von Zeit vor uns: eine erlebte Zeit, die im Überspringen der Jahre Augenblicke größten Bewußtseins zusammenfügt, und eine Kalenderzeit, die exakten Messungen unterliegt. Desgleichen zwei Arten von Entfernungen: die geradezu legendär zu nennende Distanz, die Macondo von der übrigen Welt trennt, und jene weniger große, durch die Macondo mit der Welt verbunden ist. Diesen beiden Kontrasten

---

[3] [Hier ist offenbar falsch zitiert worden, da sich das „bis zu meinem Tod" nicht auf die Liebe des Oberst Márquez bezieht, sondern auf die Pension des Oberst Buendía, Anm. d. Ü.]

liegt ein psychischer Zustand zugrunde, den García Márquez *soledad* nennt. In bezug auf José Arcadio Buendía wird das Syndrom von Márquez ausdrücklich aufgezeigt, wenn er die Dehnbarkeit der räumlichen Dimensionen als Folge der Phantasterei beschreibt: „Als er mit seinen Instrumenten [nautische Geräte, die ihm der Zigeuner Melquíades überlassen hatte] leidlich umzugehen verstand, kannte er sich so weit im Weltall aus, daß er imstande war, unbekannte Meere zu durchschiffen, unbewohnte Gebiete zu besuchen und Beziehungen zu herrlichen Wesen anzuknüpfen, ohne dafür sein Arbeitszimmer verlassen zu müssen. In dieser Zeit gewöhnte er sich daran, Selbstgespräche zu führen und, niemandes achtend, durchs Haus zu streifen" (p. 11/12). Eine merkwürdige Einsamkeit in jener patriarchalischen Familie, in der eine Generation auf die andere folgt, die Zahl der ehelichen, der unehelichen und der adoptierten Kinder ständig wächst, so daß dauernd Erweiterungen an dem Familienbesitz notwendig werden; [merkwürdige Einsamkeit] in dieser Stadt, die die Bewohner der Umgebung wie Mücken das Licht anzuziehen scheint.

Die *soledad* ist ein seelischer Zustand, eine Art Introversion, die sich vom Stammvater der Familie an die Nachfahren weitervererbt. Eine Introversion, die ihre Opfer bald zu rastlosem, disparatem Tun anstachelt, bald zu paranoischer Versessenheit auf zweckfreie Beschäftigungen. Das entscheidende Merkmal ist dabei die Abneigung gegen alles Praktische, Konstruktive und Prosaische. Sie befällt José Arcadio Buendía in immer länger anhaltenden Phasen, die wiederum mit Perioden umsichtiger patriarchalischer Herrschaft wechseln: Unter dem Einfluß der Zaubereien und Tricks der Zigeuner treibt sie José Arcadio Buendía zu alchimistischen Experimenten und Expeditionen, zu astronomischen Forschungen und photographischen Versuchen (darunter dem Versuch, heimlich Gott zu photographieren). Der Höhepunkt wird erreicht mit dem Zustand wachen Irreseins, der José Arcadio zu einem Dahinvegetieren verurteilt, während er seine Orakelsprüche auf Latein herunterbetet, von dem keiner weiß, wie er es gelernt hat.

Die Wirklichkeit erscheint ihm in diesem Zustand als Reflex von lauter Spiegeln. Sein Zimmer vervielfältigt sich bis ins Unendliche, und er gelangt von dem einen ins andere, begleitet von einem freundlichen unsichtbaren Geist. Und eines der Zimmer seiner Phantasie nimmt ihn auf, es ist sein Totenzimmer. Mit dem Tod verliert die Wirklichkeit all ihre Gewalt (p. 124/167).

Die im Laufe der Familiengeschichte wechselnden Charaktere und Ereignisse bilden ein ganzes Sortiment von Arten von *soledad*. Bei den einen ist dieser Zustand angeboren, bei den anderen erworben. [Die *soledad* erscheint] in einem Kreislauf, in einem Auf und Ab von wechselnden Phasen, das durch die Wiederholung der Namen der vielköpfigen Nachkommenschaft angezeigt wird. Es sind prophetische Namen, denn – so bemerkt die Urmutter Úrsula – „während alle Aurelianos verschlossen, aber gescheit waren, stellten die José Arcadios Impulsivität und Unternehmungslust zur Schau, hatten dafür aber eine Neigung zum Tragischen" (p. 159/214) – eine Regel, die durch die Ausnahme bestätigt wird, denn durch die komische Vertauschung der beiden Zwillinge Aureliano Segundo und José Arcadio Segundo wird der erste mit dem Schicksal und Charakter der José Arcadio, der zweite mit dem der Aureliani gezeichnet.

Der Prototyp dieser *soledad* ist sicherlich Aureliano, der einen großen Teil des Romans, ja in der Erinnerung sogar den ganzen Roman beherrscht. „Die Jünglingszeit hatte ihm die Weichheit der Stimme geraubt und ihn überdies wieder *schweigsam* und endgültig *einsam* gemacht" (p. 41/52; wenig später zeigt sich sein Vater besorgt über seine *Vereinsamung*). Liebe ist für ihn zunächst eine indirekte Erfahrung – das Abenteuer des Bruders mit Pilar Ternera (Aureliano und José Arcadio erleben es gemeinsam, indem José Arcadio davon erzählt: „und sie flüchteten sich gemeinsam in die *Einsamkeit*" p. 33/41) –, später ist Liebe für ihn eine Konfrontation mit dem Unmöglichen: Leidenschaft zu Remedios, die noch ein kleines Mädchen ist, Sich-Verzehren im Warten auf den Augenblick, da er sie heiraten darf. Eine einzige Qual, blinde Raserei: „Verzweifelt zwang er sich zur Konzentration und rief sie mehrere Male, doch Remedios antwortete nicht. Er suchte sie in der Nähstube ihrer Schwestern, hinter jedem Vorhang des Hauses, in der Kanzlei ihres Vaters, *fand sie* aber *nur in dem Bild, das seine eigene schreckliche Einsamkeit sättigte*" (p. 63/82). [Die Erfüllung bleibt] mehr Vorstellung als Wirklichkeit: Remedios schenkt Aureliano für wenige Monate die sanfte Wärme des Ehelebens, sie stirbt bei der Niederkunft. Es ist die letzte Erfahrung einer menschlichen Beziehung. Die Trauer flößt ihm „ein dumpfes Gefühl der Wut" ein, „die allmählich zu einer *einsamen*, leidvollen *Empfindung des Scheiterns* zerfloß" (p. 88/117). Die um so verbissenere Wiederaufnahme seiner Arbeit in der Goldschmiedewerkstatt (Aureliano stellt kleine Fische aus Gold her) prägt seinen Lippen „die strenge Linie der einsamen Meditation und der unerbittlichen Entschlußkraft" (p. 82/108) auf.

Seine Karriere als Rebell und Condottiere – sie macht aus ihm „el coronel Aureliano Buendía", der die Geschichte Macondos und der Buendía beherrscht, bis das Vergessen alles auslöscht –, sie ist eine Entladung jener Wut, eine Form der Verwirklichung jener unerbittlichen Entschlossenheit. Seine Empörung über die Gewaltakte und Umtriebe der Konservativen ist nur von kurzer Dauer. Er kämpft um seines eigenen Stolzes willen, wie er Gerineldo selbst bekennt (p. 121/163): aus reiner, schuldhafter Hybris, aus Liebesunfähigkeit, wie sich bei seiner Rückkehr zeigt, als er seiner Mutter, seiner Familie und ihren Leiden gegenüber gleichgültig bleibt (p. 152/205), und wie es seine Mutter selbst zu begreifen beginnt (p. 214/289).

Die Hartnäckigkeit, mit der er die Rebellion nach jeder Niederlage wieder anzuheizen versteht, die Tatsache, daß er immer wieder nach jedem Attentat und jeder Ankündigung seines bevorstehenden Todes als geradezu unverletzlich wiedererscheint, hat ihren Ursprung einzig und allein in seiner vergeblichen Identitätssuche: „Nur er wußte damals, daß sein leichtfertiges Herz für immer zur Ungewißheit verurteilt war" (p. 145/194). Am Ziel jedes Unternehmens steht mehr Einsamkeit, seine Macht dehnt sich nur immer weiter aus: „In der *Einsamkeit* seiner gewaltigen Macht verirrt" (p. 146/197); „Er fühlt sich zerstreut, nachgemacht und *einsamer denn je*" (ibd.). Daraus entsteht der Versuch, in der Erbarmungslosigkeit „noch weiter zu gehen" und seine wenigen Freunde töten zu lassen, nur weil sie versuchen, ihm das Bewußtsein (sein Gewissen und seinen Blick für die Realität) zurückzugeben.

Auch die Lebensbahn Aurelianos nimmt einen kreisförmigen Verlauf. Während er versucht, „*die harte Schale seiner Einsamkeit*" (p. 149/200) aufzubrechen, muß er schließlich feststellen, daß die einzig glücklichen Augenblicke die waren, die er bei seiner bescheiden-emsigen Arbeit in seiner Werkstatt erlebt hat. Dann zieht er sich praktisch für immer dorthin zurück und stellt für den Rest seines Lebens nur noch kleine Fische aus Gold her: Er war nun „ans Ende aller Hoffnungen gelangt, jenseits von Ruhm und Ruhmessucht" (p. 154/208); er machte sich sogar daran, „jede Spur seines Erdenlebens zu tilgen" (p. 152/205). Auch die aus Gold gearbeiteten Fischchen zerstört er, nachdem er sie hergestellt hat; die Nutzlosigkeit wird zum Ideal seiner Arbeit.

In einer seiner typischen Vorausnahmen skizziert García Márquez die Lebensgeschichte Aurelianos, bevor er sie ausführlich erzählt. Bei diesem Resümee, das in seiner Nüchternheit etwas Herb-Komisches hat, entsteht der Eindruck von Versagen, was vor allem durch die systematische Ausrottung aller Söhne des Obersten zum Ausdruck gebracht wird:

> „Der Herr Oberst Aureliano Buendía zettelte zweiunddreißig bewaffnete Aufstände an und verlor sie allesamt. Er hatte von siebzehn verschiedenen Frauen siebzehn Söhne, die einer nach dem anderen in einer einzigen Nacht ausgerottet wurden, bevor der älteste das fünfunddreißigste Lebensjahr erreichte. Er entkam vierzehn Attentaten, dreiundsiebzig Hinterhalten und einem Erschießungskommando. Er überlebte eine Ladung Strychnin in seinem Kaffee, die genügt hätte, ein Pferd zu töten. Er lehnte den Verdienstorden ab, den der Präsident der Republik ihm verleihen wollte" (p. 94/126).

3. Das „Feld" der „soledad" / Die Lebensgeschichte der Buendía, von ihrem Stammvater bis zum letzten ihrer Nachfahren, Aureliano Babilonia, folgt einer bis ins Detail beschriebenen abschüssigen Bahn, die von der *soledad* bestimmt wird. In ihrer ausdrücklichsten Form erscheint die *soledad* in der Linie Oberst Aureliano – José Arcadio Segundo – Aureliano Babilonia, d. h. in der der Aureliani, berücksichtigt man dabei den wahrscheinlichen Namenstausch zwischen José Arcadio Segundo und Aureliano Segundo.

In José Arcadio Segundo entzündet sich aufs neue ein Funke jener Leidenschaft, wie sie sein Namensvetter, der Stammvater der Familie, und Oberst Aureliano besessen hatten. Von dem ersten Buendía [springt ein Funke über,] als er beschließt, Macondo mit dem Meer zu verbinden, jenem Meer, auf das sein Namensvetter auf einer höllischen Expedition gestoßen war, nachdem er die Orientierung verloren und seine Suche nach der unweit von Macondo gelegenen Straße vergeblich geblieben war. Das Unternehmen des zweiten José Arcadio ist zur Nutzlosigkeit verurteilt – der [von ihm angelegte] Kanal wird nur ein einziges Mal befahren – und fällt noch dadurch der Lächerlichkeit zum Opfer, daß die Fracht des einzigen Schiffs, das jemals in Macondo landet, aus einer Gruppe „prachtvoller Matrosen" besteht, die wohl frischen Wind in das Leben der Stadt bringt, aber nur auf erotischem Gebiet: die „prachtvollen Matrosen" sind nämlich lauter Dirnen. Zum anderen erscheinen die Züge von Oberst Aureliano bei José Arcadio Segundo wieder, als er sich zur gewerkschaftlichen Agitation hinreißen läßt und den einzigen Generalstreik der Bananenarbeiter auslöst. Im übrigen kreist das anonyme Dasein des José Arcadio Segundo, der Spezialist für Kampfhähne ist und Dirnen importiert, hauptsächlich um zwei Zentren, die sich als ein und dieselbe Sache erweisen: die unauslöschliche Erinnerung an eine Erschießung, der er als Kind beiwohnen wollte, und der Alptraum von jenem Zug voller Leichen, in dem er nach dem blutigen Ausgang des Streiks, selbst verwundet, aufwachte. Als er von der Polizei gesucht wird, flüchtet er sich in das Laboratorium, in dem auch Oberst Aureliano einen Großteil seines Lebens zugebracht hatte, und versucht, sich den Augen der Welt zu entziehen (das Laboratorium, ein Ort der Magie, macht ihn für die Polizei, die ihm auf den Fersen ist, tatsächlich unsichtbar). Das Empfinden der Einsamkeit läßt sich somit bei José Arcadio Segundo mit einem einzigen Wort erklären: Angst (p. 265/358); und seine Erinnerung bleibt wie in monomaner Lähmung bei der Szene mit den in den Waggons übereinanderliegenden Leichen stehen („er weilte", wie die blinde Úrsula feststellt, „in einer viel *dichteren* Nebelwelt als der ihren, in einer ebenso *undurchdringlichen* und *einsamen* wie der seines Urgroßvaters", p. 285/385).

Im Laboratorium lebt und stirbt der dritte Buendía dieser Linie, Aureliano Babilonia, ein gelehrsamer Schüler des José Arcadio Segundo der letzten Generation. Die Wirklichkeit, der seine Vorfahren nicht ins Auge sehen konnten oder die sie mit ihren eigenen Träumen vermischt hatten, blieb ihm so gut wie unbekannt. Er kennt die Welt aus einer Enzyklopädie und erfährt die Ereignisse um Macondo durch die Lektüre der verschlüsselten Manuskripte von Melquíades oder sogar im Gespräch mit seinem Geist. Abgesehen von der Zeit seines blinden Liebeshungers geht er immer nur aus dem Haus, um nach Büchern für die Entzifferung der verheißungsvollen Hieroglyphen Ausschau zu halten. Obgleich er sich schon als Kind als „ein echter Aureliano Buendía" entpuppt, „mit seinen hohen Wangenbögen, seinem staunenden Blick und seinem einsamen Aussehen" (p. 269/364), liefert er doch eine neue Variante der *soledad,* sie hat eher etwas Verträumtes und Magisches: „doch im Gegensatz zu dem forschenden und bisweilen hellsichtigen Blick, den der Oberst in seinem Alter gehabt hatte, war der seine flatternd und ein wenig zerstreut (p. 289/390). Die innere *soledad* fällt mit der äußeren Einsamkeit zusammen; es wird nicht einmal mehr die Konfrontation mit der Wirklichkeit gesucht, sie wird von vornherein abgelehnt: „Aureliano schien die Zurückgezogenheit und Einsamkeit vorzuziehen und verriet keinerlei Neugier nach der Welt, die vor der Haustür begann" (p. 295/398).

Wie für den Oberst ist die Leidenschaft für Aureliano [Babilonia] ein undurchdringlicher Wahn: Solange er nicht erhört wird, stürzt sie ihn in tiefe Pein. Er kann nicht anders als die Umarmungen der Amaranta Úrsula und ihres Mannes belauschen, er wartet sehnsüchtig auf ihr Gelächter und lustvolles Girren (p. 325/441). *Ansiedad* [Begierde] ist das Wort, das immer wieder zur Beschreibung der Not Aurelianos verwendet wird, während sie sich zuweilen sogar in physischen Bildern konkretisiert: „seine ungestillte Leidenschaft für Amaranta Úrsula..., die ihm um so peinsamer in den Eingeweiden rumorte" (p. 326/442); „und zog einen endlosen zermürbten Bandwurm hervor, jenes schreckliche Schmarotzertier, das er im Martyrium ausgebrütet hatte" (p. 332/450). Als Amaranta Úrsula und Aureliano dann ihre Leidenschaft in einem endlosen erotischen Delirium ausleben können, erweist sich die Liebe als ein Mittel zur Flucht vor der Wirklichkeit („Sie verloren jeglichen Sinn für die Wirklichkeit, den Zeitbegriff", p. 341/463) und zu weiterer Introversion: „Aureliano wurde immer verschlossener und einsilbiger, weil seine Leidenschaft ihn stumm machte und ausdörrte" (ibd.); ein Gefängnis des Glücks („eingeschlossen von Einsamkeit und Liebe und von der Einsamkeit der Liebe", p. 340/462), eine Welt der Abgeschiedenheit („und so schwebten beide weiterhin in einem leeren Weltall, in dem die einzige tägliche und ewige Wirklichkeit die Liebe war", p. 342/465).

Als Amaranta Úrsula ein Kind erwartet und die Leidenschaft sanfter wird, scheint es, als sei die *soledad* überwunden, als hätten die beiden Liebenden zu einer Bindung, einer seelischen Beziehung gefunden: „die Not... schuf zwischen ihnen ein Band der Einigkeit" (p. 343/466); „je weiter ihre Schwangerschaft fortschritt, desto mehr wurden beide zu einem einzigen Wesen und verschmolzen mit der Einsamkeit eines Hauses..." (p. 345/468). Die Tragödie steht jedoch unmittelbar bevor: Amaranta Úrsula stirbt bei der Niederkunft, ihr Kind wird von Ameisen zerfressen, und Aureliano, der sich wieder in seine Pergamente vertieft, entschlüsselt alle Rätsel, bevor er mit der Stadt Macondo ins Nichts stürzt.

Bei den Frauengestalten treibt die *soledad* ein komplexeres Spiel. Die Liebe bricht hier nicht plötzlich ein, sie ist vielmehr ein konstitutiver Bestandteil davon, geradezu selbst ein unernstes Spiel. Ein typisches Beispiel dafür ist die Rivalität zwischen Amaranta und Rebecca, die beide den grazilen, femininen Pietro Crespi umschwärmen. Zuerst wird nämlich der Streit zugunsten von Rebecca entschieden, woraufhin Amaranta sich in die Einsamkeit zurückzieht und ihre liebevolle Zuneigung auf ihre Neffen überträgt (der kleine Aureliano José „sollte ihre *Einsamkeit* teilen", p. 82/109). Dann, als Rebecca, von José Arcadio betört, „wie durch ein Erdbeben erschüttert" wird, steht Amarantas Verlobung mit Crespi, die sich lange hinziehen wird, nichts im Wege (durch äußere Dinge gibt sie ihren Herzenswunsch zu verstehen); der Verlobung folgt jedoch nie die Heirat, bis Crespi Selbstmord begeht. Und während Rebecca nach dem rätselhaften Tod von José Arcadio – war es Gattenmord oder Selbstmord? – ihr Haus wie ein Grab verschließt, ihre Umwelt abweist und nicht einmal das Vergehen der Zeit wahrhaben will, um sich den Träumen der Erinnerung hingeben zu können („Sie hatte den Frieden in diesem Haus gefunden, in dem die Erinnerungen kraft unerbittlichen Wachrufens Wirklichkeit wurden und wie Menschenwesen durch die verschlossenen Zimmer wandelten", p. 139/187), lebt Amaranta weiter in der Außenwelt, erfährt eine neue Liebe (die zu Gerineldo Márquez), weckt die ersten Nöte bei ihren Neffen, doch in Wirklichkeit bleibt sie nur ihrer unbesiegbaren Einsamkeit treu („Man hätte meinen mögen, sie sticke tags und entsticke nachts, und *nicht etwa in der Hoffnung, auf diese Weise die Einsamkeit niederzuzwingen, sondern um sie im Gegenteil aufrechtzuerhalten*", p. 222/300). Die beiden Frauen verbindet gegenseitiger Haß[4]. Nur dieser füllt ihre der Liebe entwundenen Gedanken, ihre Jahre der Einsamkeit („Amaranta dachte an Rebecca, denn die Einsamkeit hatte ihre Erinnerungen ausgesondert", p. 190/256). Und ihr Leben wird zu einem endlosen Wettstreit, bei dem jede versucht, als zweite das Lebensende zu erreichen, um über den Tod der anderen triumphieren zu können.

Die Linie José Arcadio – Arcadio – Aureliano Segundo steht offenbar im Gegensatz zu den „Einzelgängern". Hier sind die Männer von Riesenwuchs und überschäumender Lebensfreude, als wollten sie in sich selbst, in ihrem eigenen Körper, das größtmögliche Maß an Lebenswirklichkeit aufnehmen, als wollten sie mit ihren eigenen Sinnen mehr von dieser Wirklichkeit erfassen. Besonders bemerkenswert ist in diesem Zusammenhang die Beschreibung José Arcadios, als er von seiner Reise mit den Zigeunern zurückkehrt: durch Vergleiche mit Tieren („sein Bisonhals"; „sein Gürtel war doppelt so dick wie der Sattelgurt eines Pferdes", p. 83/110), durch Verwendung von übertrieben hohen Zahlen („als er erwachte und nachdem er sechzehn rohe Eier verspeist hatte", p. 83/111; „er war fünfundsechzigmal um den Erdball gefahren", p. 84/112) oder durch die Verwendung von Neologismen („Proto-Mann", p. 85/113) wird ein Bild von furchterregenden Ausmaßen und vor allem eine Energie ähnlich der der Naturgewalten evoziert (sein Gang wirkte wie „ein Erdbeben", p. 83/110; sein Atem wird „vulkanisch" genannt, p. 85/113).

Es scheint jedoch, als wehre sich die Wirklichkeit gegen solches Gigantentum, als hätten die Buendía nur die Wahl zwischen Leugnung der Wirklichkeit und Ausgeschlossensein von der Wirklichkeit. José Arcadio und Arcadio sterben in

---

[4] Der Haß Amarantas wird ebenso häufig ausgesprochen wie die Liebe Aurelianos zu Remedios; in der Introversion haben die beiden gegensätzlichen Gefühle ein und dieselbe Struktur. Vgl. folgende zwei Textstellen: „Amaranta *dachte an* sie bei Tagesanbruch ..., sie *dachte an* sie, wenn sie sich die welken Brüste seifte ... Immer, zu jeder Stunde, ob schlafend oder wach ..., *dachte* Amaranta an Rebecca ..." (p. 190/256). Und: „Verzweifelt zwang er sich zur Konzentration und *rief sie* mehrere Male ... Er *suchte* sie in der Nähstube ihrer Schwestern, hinter jedem Vorhang des Hauses ..., weil alles, sogar Musik, ihn an Remedios *erinnerte*" (p. 63/82). Im übrigen wird die Spiegelbildlichkeit von Haß und Liebe von Márquez selbst unterstrichen, wenn er sagt, daß die Sorgfalt und Hingabe beim Planen und Vorbereiten von Rebeccas Totenfeier bei Amaranta „aus so viel Haß" entsprang, „daß sie bei dem Gedanken, daß sie aus Liebe nicht anders gehandelt hätte, zutiefst erschrak" (p. 237/321).

jungen Jahren und auf tragische Weise. Selbst ihre Umarmungen schwanken zwischen den Extremen: Flucht in tödliche Einsamkeit (dem „betäubenden Drang zu fliehen und gleichzeitig für immer dazubleiben in jener verzweifelten Stille und jener entsetzlichen Einsamkeit", p. 31/39) und Brutalität („Bei der ersten Berührung schienen die Knochen des jungen Mädchens unregelmäßig zu rasseln wie ein Dominokästchen", p. 36/46; „Sie mußte sich übernatürlich anstrengen, um nicht zu sterben, als eine verblüffend beherrschte Zyklonenkraft sie an der Taille hochhob, sie mit drei Griffen ihrer Unterwäsche entledigte und sie zermalmte wie ein Vögelchen", p. 85/114). Diese übergroße körperliche Kraft ähnelt jener kämpferischen Strategie des Obersten Aureliano, in ihr entlädt sich Unsicherheit.

In der Tat sind in den beiden männlichen Linien der Buendía eindeutig Anhaltspunkte für ihre Komplementarität zu finden, wenn man davon ausgeht, daß hier in verschiedenen Gestalten erscheint, was in José Arcadio Buendía, dem Stammvater, vereint war: Introversion, Hingabe an gigantische und nutzlose Projekte, auffallende Statur und körperliche Stärke. Als seine Leidenschaft in einer beängstigenden, zerstörerischen „Heldentat" zum Ausbruch gekommen war, brauchte man zwanzig Männer, um ihn zu bändigen und in das behelfsmäßig eingerichtete Gefängnis zu bringen. Einen entscheidenden Hinweis auf diese Komplementarität liefert uns Márquez außerdem durch die Zwillinge José Arcadio Segundo und Aureliano Segundo. Sie gleichen einander schon als Kinder so sehr, daß sie dauernd verwechselt werden und der eine schließlich den Namen des anderen trägt: beide kennzeichnet der „Familienzug der Einsamkeit" (p. 160). Als dann Aureliano Segundo die Befriedigung seiner Sinne in Petra Cotes findet, wird er „seiner Eigenbrötelei" (p. 164/220) entrissen und mit der „Wirklichkeit der Welt" konfrontiert. Allmählich gewinnt er einen „lebensvollen, aufgeschlossenen, mitteilsamen Charakter", entdeckt die „Lebensfreude und die Lust zu Ausschweifung und Verschwendung" (p. 177/238). Er nimmt komisch wirkende riesenhafte Ausmaße an und entwickelt eine Freßgier, die ihren Höhepunkt in einem Turnier der Vielfraße erreicht (p. 219/298), während José Arcadio Segundo, wie bereits erläutert, seine „aurelianische" Natur entfaltet. Schließlich sterben die Zwillingsbrüder gemeinsam, wie sie gemeinsam zur Welt gekommen sind; sie werden wieder gleich, womit bestätigt wird, daß hinter der Verschiedenheit der Wechselfälle ein und derselbe Lebensplan stand (p. 300/406).

Ein weiteres Indiz für die Komplementarität ist das zeitweilige Überwechseln der Personen von der einen auf die andere Linie in Krisensituationen. Ein einziges Beispiel: Aureliano Babilonia. Als er in den Armen von Nigromanta Trost für seine Leidenschaft zu Amaranta Úrsula sucht, ist seine Manneskraft so groß und stark wie die José Arcadios (die Frau „hatte alsbald einen Mann vor sich, dessen unheimliches Vermögen von ihren Eingeweiden eine erdbebenhafte Anpassung forderte", p. 326/442). In ähnlicher Weise führt uns sein närrisches Treiben im Freudenhaus (p. 328/445) eine Rabelaissche Welt vor Augen, wie sie das Leben der José Arcadio beherrscht. Gewiß, über allem mag ein Hauch Illusion liegen, der den Sinn aller Dinge verändert: „ein Institut ..., das nur in der Phantasie bestand, weil hier sogar die greifbaren Gegenstände unwirklich waren: die Möbel..., die Lithographien nie erschienener Zeitschriften. Selbst die schüchternen kleinen Huren, die aus der Nachbarschaft herbeieilten..., waren reine Erfindung..., auch dieses Nahrungsmittel war unecht" (p. 328/445).

4. Die „soledad" und die „wirklichkeitsbewußten Frauen" / Die verschiedenen Arten von *soledad* bei den Buendía bilden also ein ziemlich klar erkennbares Dreiecks-„System", bestehend aus den „Aureliani", den „José Arcadio" und den Frauen, darunter vor allem Amaranta und Rebecca. Die „José Arcadio" stürzen sich rücksichtslos in die Wirklichkeit, werden jedoch über kurz oder lang von ihr zurückgestoßen. Die „Aureliani" sind romantische Naturen, sie planen eine unmögliche Zukunft und ziehen sich schließlich in die Vergangenheit zurück. Amaranta und Rebecca haben nicht einmal die Kraft, irgendeine Zukunft zu entwerfen (José Arcadio verführt Rebecca und veranlaßt sie dann zur Heirat). Sie treten in Kontakt mit der Wirklichkeit (Rebecca) oder streifen sie (Amaranta), um sich ihr alsbald zu entziehen und sich endgültig der Vergangenheit zuzuwenden.

Die entscheidende Funktion von Úrsula und Pilar Ternera, der eigentlichen Urmutter und der illegitimen Matriarchin der Buendía, besteht darin, daß durch sie die internen und die externen Beziehungen dieses „Systems", also auch dessen Fortbestand, ermöglicht werden (die natürliche Folge der *soledad* wäre sonst die Isolierung). Die Position Úrsulas liegt klar auf der Hand: Sie stellt mit ihrem Realismus das Gegengewicht zu José Arcadio Buendías Illusionismus dar[5]; deshalb ist sie auch verantwortlich für den Fortbestand der Familie, ihre materielle Existenz usw. Je größer die Phantasterei des Stammvaters wird, desto mehr nimmt Mutter Úrsula die Zügel der Familie in die Hand und wacht über ihre allmähliche Vermehrung. Úrsula fungiert aber auch in zeitlicher Hinsicht als Angelpunkt. Auf der einen Seite bewahrt sie durch die Jahre hindurch die Erinnerungen der Familie und gibt sie an die Nachkommen weiter, auf der anderen Seite konzentriert sich in ihr der Fluch der Endophilie[6] und der darüber lastende Minotauros-Mythos, um das sich (halb Angst, halb Faszination auslösend) das Schicksal der Sippe dreht.

Die Funktion der Pilar Ternera ist komplexer. Als Weissagerin und Dirne hat sie zwei komplementäre Aufgaben: das Schicksal zu deuten und sich zu seinem Instrument zu machen. Für mehrere Generationen von männlichen Buendía-

---

[5] Die Opposition kommt eindeutig zum Ausdruck. Interessant ist jedoch, daß die Phantasterei von José Arcadio Buendía und die unentwegte Aktivität Úrsulas manchmal zu ähnlichen Ergebnissen führen: Als José Arcadio einen Augenblick lang zu träumen aufhört, *wird* er der Existenz seiner Söhne *gewahr* („[er] hatte den Eindruck, daß sie erst seit diesem Augenblick [...] auf der Welt waren", p. 20/24), ebenso bemerkt Úrsula, als sie einen Augenblick zur Ruhe kommt, zwei schöne, fremde junge Mädchen namens Amaranta und Rebecca, ihre Töchter (letztere eine Adoptivtochter) (p. 53/69).

[6] Analoge Bildung zu „Endogamie" (Heirat innerhalb eines Stammes, Verwandtenehe). [Vgl. auch Anm. 7, p. 211, Anm. d. Ü.]

Nachkommen ist Pilar Ternera nichts als Weib. Sie weiht sie in das Geschlechtsleben ein und bereitet sie zugleich, weitherzig und um das Schicksal [der Sippe] wissend, auf die Liebe zu anderen Frauen vor. Aus ihrer Vereinigung mit den jungen Buendía gehen Kinder hervor, die Mitglieder der Familie werden, ihren Stammbaum in Unordnung bringen und (aus Unwissenheit über ihre Herkunft) für inzesthafte Vereinigungen, vielleicht mit Pilar selbst, prädestiniert sind. Andererseits ist Pilar Weissagerin, die in der Not deutliche, wenn auch rätselhaft verschlüsselte Nachrichten in den Karten zu lesen vermag und die deshalb ebenso über die Vergangenheit wie über die Zukunft der Familie herrscht. So bleibt sie nach dem Tod Úrsulas, auch wenn mit der Zeit ihre Beziehungen zu den Buendía nachlassen, die einzige Hüterin ihrer Geheimnisse. (Diese Doppelrolle der Pilar Ternera ändert sich selbstverständlich mit Rücksicht auf ihr Alter, als sie dem letzten Buendía, Aureliano Babilonia, begegnet. Dieser erlebt in der Tat Pilar noch einmal als Zauberin, die sprüht vor Erinnerungen; jedoch weiht ihn Nigromanta (p. 326/442) in die Geheimnisse der Sexualität ein und bereitet ihn auf seine Liebe zu Amaranta Úrsula vor.) Im Gegensatz zur empirischen Wirklichkeit, die durch Úrsula verkörpert wird, ist Pilar Ternera die Vertreterin einer Welt der Irrationalität und der Unkontrollierbarkeit mit der Sexualität als wichtigstem Instrument, und wie eine Priesterin primitiver tellurischer Riten wird Pilar Ternera, die am Ende ein Bordell unterhält, ohne Sarg mitten im Tanzsaal in einem großen Loch begraben, in das die mulattischen Dirnen ihre Ohrringe, Broschen und Ringe werfen (p. 336/456).

Unter den Frauen ist schließlich Petra Cotes zu erwähnen. Anfangs gibt sie sexualkundliche Lektionen wie Pilar Ternera, entwickelt sich jedoch bald zur offiziellen Konkubine und wird sogar zur Frau, die geliebt wird – eine der wenigen normalen und dauerhaften Liebesbeziehungen in diesem Roman. Es gelingt Petra Cotes auf diese Weise, Aureliano Segundo aus den Fängen der Einsamkeit, die den Buendía beschieden ist, zu reißen. Die Versuche und Ansätze menschlicher Kommunikation bei den Buendía, die sich durch die Syntagmatik, in der die *soledad* steht, darstellen lassen: Aureliano José wurde von Amaranta auserwählt, weil er „ihre Einsamkeit teilen" sollte (p. 82/109); Arcadio und Mutter Pilar waren „Mitverschworene der Einsamkeit" (p. 135/182); Aureliano und Fernanda „teilten nicht die Einsamkeit, vielmehr lebte ein jeder seine eigene Einsamkeit" (p. 305/413); „die Annäherung zwischen den beiden Einsiedlerkrebsen gleichen Geblüts" (José Arcadio und Aureliano Babilonia) „erlaubte ihnen, die unergründliche Einsamkeit zu überwinden, die sie trennte und zugleich verband" (p. 316/428) – diese Versuche gelingen und erfahren einen ungetrübt-glücklichen Ausgang in dem Paar Petra Cotes–Aureliano Segundo: dem „Paradies der geteilten Einsamkeit" (p. 288/389). Auf jeden Fall ist Petra Cotes wiederum eine Ausnahme in diesem Roman – zu Mitmenschlichkeit, ja zu Liebe gegenüber ihrer Rivalin Fernanda fähig. Am Ende versorgt Petra Cotes, die selbst nicht viel hat, die noch ärmere, aber stets in Hochmut verharrende Fernanda mit Lebensmitteln, ohne daß diese es je erfährt (p. 302/409).

5. „Soledad" und Endophilie / Das breite Spektrum der *soledad* spiegelt sich, wie wir gesehen haben, in den Einstellungen der Personen wider. Man könnte nun die verschiedenen Schattierungen – ähnlich wie am Ende des letzten Abschnitts die Ausnahmen in diesem Bereich – dadurch zusammenfassen, daß man die semantischen Nuancen aufzeigt, die das Wort *soledad* und seine Derivate durch die Anreihung und die Abhängigkeit von anderen Wörtern erhalten (Einsamkeit... Vereinsamung; Zurückgezogenheit und Einsamkeit; Einsamkeit... Erstaunen... Angst; Einsamkeit und Liebe; oder: die Schale seiner Einsamkeit; oder auch: einsame, leidvolle Empfindung des Scheiterns... Ungewißheit; schweigsam... einsam; zerstreut, nachgemacht... einsam; Herbst[kind]... einsam; traurig und einsam; schließlich: einsame Meditation... unerbittliche Entschlußkraft; undurchdringliche und einsame Welt). Das semantische Feld von *soledad* variiert alles in allem mit den Handlungsweisen seiner Träger.

Diese Handlungsweisen, die mit dem Lauf der Jahre und dem Wandel der Situationen einander ablösen, beruhen auf einer verborgenen Triebkraft, werden gesteuert durch einen gleichbleibenden Impuls von schicksalhaft-tragischer Natur: der Endophilie, die bis zum Inzest reicht. José Arcadio Buendía und Úrsula, die Stammeltern, sind Verwandte zweiten Grades[7]. Über ihrer Hochzeit steht die Drohung, daß sie ein Kind mit einem Schweineschwanz haben werden, wie es nach der Familienlegende in der Verwandtenehe ihrer Ahnen einmal geschehen ist. Das Kind mit Schweineschwanz, das den Stammeltern erspart bleibt (als jedoch Oberst Aureliano sich zu einem blutdürstigen und erbarmungslosen Menschen entwickelt, fragt sich Úrsula, ob sich die körperliche Verunstaltung nicht in eine charakterliche verwandelt hat, p. 148/200), wird mit hundert Jahren Verspätung geboren und steht am Ende des erotischen Deliriums der blutsverwandten Liebenden Amaranta Úrsula und Aureliano Babilonia. Mit ihm kündigt sich das Erlöschen der Familie an, als hätten die hundert Jahre allein zum Ziel gehabt, dieses Ungeheuer hervorzubringen: „Erst jetzt entdeckte er, daß Amaranta Úrsula nicht seine Schwester war, sondern seine Tante, und daß Francis Drake Riohacha nur überfallen hatte, damit sie sich in den verwickeltsten Labyrinthen des Bluts suchen konnten, bis das mythologische Tier gezeugt war, das der Sippe ein Ende setzen würde" (p. 350/476).

Die Endophilie wird bei den Buendía mehrmals in die Tat umgesetzt, öfter noch herbeigesehnt. Die ersten erotischen Berührungen, mit denen José Arcadio sich Rebecca nähert, beginnen mit den sanften, zärtlichen Worten: „Ach Schwesterchen, ach Schwesterchen" (p. 85/114): als trüge die irrige Überzeugung, miteinander verschwistert zu sein, dazu bei, das Herz erst recht höherschlagen zu lassen. Als sie später heiraten wollen, klärt der Geistliche sie darüber auf, daß Rebecca, die auf wundersame Weise als Kind nach Macondo gekommen sei, von den

---

[7] Die Beziehungen, die wir bei Heirat als endogamisch und bei Nicht-Heirat als endophil bezeichnen, reichen in diesem Roman vom eigentlichen Inzest bis zu verschiedenen Arten von Bindungen zwischen Verwandten (Cousin und Cousine, Tante und Neffe usw.).

Buendía adoptiert worden und zusammen mit den leiblichen Kindern aufgewachsen sei. Vor demselben Hintergrund geschwisterlichen Inzests entsteht auch die unwiderstehliche Faszination, die Amaranta Úrsula auf Aureliano Babilonia ausübt. Erst nach dem Tod der Frau erfährt Aureliano, daß sie seine Tante war – daß also auch hier Endophilie vorlag, wenn auch von anderer Art. Und Arcadio kommt an die Schwelle des archetypischen Inzests, der Verbindung mit der Mutter, nur gelingt es Pilar Ternera im letzten Augenblick, durch Personentausch die Gefahr zu bannen (pp. 101–102/136–137). Die Person aber, in der sich die Endophilie als dauernde Versuchung verkörpert, ist Amaranta. Sie scheint sie zu wollen und wieder abzuwehren in ihrer Jungfräulichkeit, die sie trotz zwei langer, von ihr selbst aufgelöster Verlobungen unnatürlich lange hinauszögert. Amaranta flößt das Gift der Endophilie ihren Neffen und Großneffen ein: Aureliano José macht sie von Kindheit an mit lasterhaften Spielen bekannt, bringt ihn in Nöte, für die er erst später einen Namen haben wird, weist ihn schließlich zurück mit der legendären Drohung, daß sonst ein Kind mit einem Schweineschwanz zur Welt käme (p. 132/178). Genauso ergeht es dem letzten José Arcadio, dessen zweifelhafte Manneskraft für immer auf die Erinnerung an die als Kind erfahrenen Liebkosungen seiner Großtante fixiert bleiben wird.

Der tragische Ausgang des Schicksals der Buendía verteilt sich auf zwei Szenen. Einmal geht es um die blutschänderische Endophilie (zwischen Amaranta Úrsula und Aureliano Babilonia), dann um die Endophilie als todbringendes Brandmal. In José Arcadio konzentriert sich die ganze tragische Entwicklung der *soledad* bis zum *miedo* (Angst): „er war noch immer ein furchtbar trauriges und einsames Herbstkind" (p. 309/418); „unergründliche Einsamkeit" (p. 316/428). Aber auch das Gefühl der Angst, ja „die Gewohnheit der Angst" (p. 317/429), wird von Kindheitserinnerungen genährt: „unter dem wachsamen, eisigen Blick der lauernden Heiligen vor Beklommenheit schwitzend, saß er bis zum Schlafengehen regungslos auf seinem Hocker" (p. 312/422–423); „er erschrak nur allzu bereitwillig vor allem, was ihm im Leben begegnete" (p. 312/423). Es ist eine *soledad,* in der die Erinnerung an Amaranta lebt, an eine Amaranta, die allein von Angst befreien kann: „die Liebkosungen Amarantas im Bad sowie die prickelnde Seidenquaste, mit der sie ihn zwischen den Beinen puderte, befreiten ihn von allem Schrecken" (p. 312/423).

So kehrt [José Arcadio], diese unglückselige, ausgezehrte und zugleich auserwählte Gestalt, in die Einsamkeit von Macondo zurück, um sich der Erinnerung an Amaranta hinzugeben; er versucht, in einem dem Untergang geweihten, zweifelhaften Paradies, in dem es von lauter Kindern wimmelt, die er von der Straße aufgelesen hatte, die Erfahrungen, die nur Amaranta ihm hatte verschaffen können, nachzuerleben. Und er stirbt schließlich in der mit so viel Erinnerungen umwobenen *alberca* [Wanne], immer noch an seine Amaranta denkend.

Andererseits scheint die übergroße Manneskraft von Aureliano Babilonia, die durch die Dirne Nigromanta geweckt worden ist, ihren letzten Grund allein in der Vereinigung mit Amaranta Úrsula zu haben. So tritt Aureliano ein einziges Mal spektakulär aus der Nachdenklichkeit und Stille seines ganzen Lebens heraus, um das minotaurische Schicksal der Familie zu erfüllen. Nachdem José Arcadio aus dem Haus ein parfümgeschwängertes, dekadentes Paradies gemacht hat und verzückt [von seinen Erinnerungen] in den Wasserfluten den Tod gefunden hat, erfüllt sich das Schicksal durch die Blutschande in einer Umgebung des allgemeinen Zerfalls. Bloß noch die Liebe zwischen den beiden letzten Buendía besteht unangefochten, eine Liebe, die in zweifacher Hinsicht unheilvoll ist: Amaranta Úrsula, eine moderne und aufgeschlossene Frau, kehrt von Belgien nach Macondo zurück, getrieben von einer „Fata Morgana der Sehnsucht" (p. 320/434), hinter der sich im tiefsten Innern der uralte Hang zur Endophilie verbirgt.

Die Durchgängigkeit dieses mythischen Themas wird nicht mehr durch ein semantisches Feld [*soledad*], sondern durch die Wiederholung eines Motivs hergestellt: des Motivs vom Schweineschwanz – für die Braut Úrsula eine tiefwurzelnde Angst, die dazu führt, daß sie sich lange Zeit ihrem Mann José Arcadio Buendía verweigert (p. 26/32) und dadurch ungewollt eine Tragödie heraufbeschwört, eine Angst, die später ihre Schwangerschaft mit dunklen Vorahnungen belastet („Sie hingegen erzitterte bei der Gewißheit, das tiefe Gejammer sei ein erstes Anzeichen des Schweineschwanzes", p. 214/289) – für Amaranta eine verhängnisvolle Drohung (p. 132/178), für den Sohn von Amaranta Úrsula schließlich Wirklichkeit (p. 347/471), die ein tragisches Ende nimmt.

Endogamie und Endophilie der Buendía, die bisher unter positivem Aspekt betrachtet wurden, erfahren im Negativen eine Bestätigung und Präzisierung. Wer mit einem Buendía eine Ehe oder Verlobung eingeht, ist physisch und psychisch zum Tode verurteilt. Remedios stirbt wenige Monate nach der Hochzeit – Pietro Crespi legt Hand an sich, nachdem er sich jahrelang in Liebe verzehrt hat, zuerst um Rebecca, die ihm jedoch den Rücken kehrt, als sie von der durch Blutsbande vertieften Liebe zu José Arcadio überwältigt wird, später um Amaranta, die ihn nach so langem Werben unbegreiflicherweise zurückweist. Mauricio Babilonia, der Liebhaber Memes, wird, weil er für einen Hühnerdieb gehalten wird, angeschossen und ist für sein ganzes Leben gelähmt. Santa Sofía de la Piedad kommt mit dem Leben davon, wird jedoch im Gedächtnis der Menschen für tot erklärt und alsbald von denen, die keine Erinnerung mehr haben, für eine Magd gehalten.

Fernanda bleibt als einzige unangefochten. Sie bleibt ungebrochen, denn die durch ihre Erziehung ausgelösten Bewußtseinsveränderungen haben sie in eine Wirklichkeitsferne gerückt, die der der Buendía vergleichbar ist. Der Introversion und Phantasterei, dem fruchtlosen Tatendrang der Buendía entspricht die Manieriertheit Fernandas, ihre eingebildete Blaublütigkeit, ihre lächerliche Prüderie. Fernanda bleibt unberührt in ihrer majestätischen Haltung, obwohl sie immer wieder von den Familienmitgliedern angegriffen und von der Natur Lügen gestraft wird. Sie kennt keinen Humor und stilisiert sich mehr und mehr zu einer komisch wirkenden, erhabenen, ja heroischen Figur.

Amaranta, der Symbolfigur der Endophilie, steht die wegen ihrer Ablehnung der Exogamie auf eigene Weise symbolträchtige Figur von Remedios, der

Schönen[8], gegenüber. Sie ist gleichsam ein Panther in Menschengestalt, der die anderen Tiere durch seinen Geruch anlockt, um sie dann zu töten. Remedios die Schöne „verströmte einen verwirrenden Atem, einen quälenden Hauch", dem sich kein Mann zu entziehen vermag. Dieser Atem hat jedoch eine tödliche Kraft, er rafft viele Menschen dahin und hinterläßt selbst in den Toten seine Spur: „der Geruch der schönen Remedios quälte die Männer über den Tod hinaus, ja noch den Staub ihrer Gebeine" (p. 202/272).

Kennzeichnend für Remedios die Schöne ist ihre vollkommene Gleichgültigkeit gegenüber der Liebe, vielleicht sogar ihre Unfähigkeit zu lieben. Ohne sich ihrer Weiblichkeit und ihrer Reize bewußt zu sein, lebt sie wie ein Wesen im Paradies, begnügt sich mit einem Minimum an Kleidung, um einer Pflicht nachzukommen, die sie nicht zu begreifen vermag. Und genau dieses fehlende Bewußtsein ist schuld am Tod ihrer Liebhaber. Es kommt zum Ausdruck in Gleichgültigkeit oder Verachtung (deren Folge Verzweiflung und Selbstzerstörung sind) oder aber dadurch, daß die in der Schönheit Remedios' liegende Kraft ihr tödliches Gift verspritzt, indem sie, in Gleichgültigkeit verharrend, ihre Nacktheit verlockend darbietet. Der Fluch, der über Remedios lastet, stellt eine weitere Variante der *soledad* dar, eine absolute Variante, ohne die zeitliche Dimension der Erinnerung oder der Zukunftsvision („Nun schweifte Remedios die Schöne durch die Wüste der Einsamkeit, doch ohne Kreuz auf dem Rücken, reifend in ihren alptraumlosen Träumen, in ihren endlosen Bädern, bei ihren ungeordneten Mahlzeiten, in ihrem tiefen, langen, erinnerungslosen Stillschweigen", p. 204/275).

6. Die „soledad" der Sippe / Die Endophilie der Buendía ist gleichfalls eine Form der Flucht vor der Wirklichkeit, und zwar vor der menschlichen Wirklichkeit. Die Buendía sind die Gründer von Macondo, sie greifen oftmals entscheidend in das Wohl und Weh der Siedlung ein, und doch bleiben sie außerhalb der Dorfgemeinschaft: Das Haus, in dem sich die Generationen ablösen, das mit dem Wachsen der Familie aus- und umgebaut wird, wirkt wie eine Festung. Zu dem einzigen großen Fest, das sie veranstalten, werden nach einem symptomatischen Auswahlprinzip (p. 59/78) nur die Nachkommen der Mitbegründer von Macondo eingeladen. Bei anderer Gelegenheit werden die Tore des Hauses weit geöffnet, jedoch mehr aus überspannter Gönnerhaftigkeit als aus Gastfreundschaft und Großzügigkeit. Die Zimmer füllen sich wie in einem Hotel, z. B. kommen die ersten „Bananenjäger" (vielleicht wären sie in einem Hotel nicht aufgenommen worden), ferner die Spielgefährten der kleinen Meme. Es wird zuviel des Guten getan oder gar nichts, jedenfalls besteht keine normale, feste Beziehung zu dem Dorf.

Was die Dorfbewohner selbst angeht, so weisen sie kaum andere Eigenschaften auf als die Buendía. Macondo gleicht einer Summe von konzentrischen Kreisen, in

---

[8] Der tödlichen Macht der schönen Remedios entspricht bei Amaranta „die Vertrautheit mit den Riten des Todes" ... „sie begriff den Katholizismus nicht in seiner Verbindung zum Leben, sondern zum Tod" (p. 236/319).

denen eine starke zentripetale, aber nicht eine ebenso starke zentrifugale Kraft wirkt. Die Krümmung gilt nicht nur für die Zeit in Macondo, sondern auch für die Mentalität der Dorfgemeinschaft. Ereignisse von außen haben wohl eine nachhaltige Wirkung oder fordern sogar Blutvergießen, aber die Bewohner bleiben passiv. Sie sind nicht in der Lage, auf Geschehnisse einzugehen, die nicht mit ihrer vertrauten Sphäre übereinstimmen. Als Aureliano Segundo nach der sintflutähnlichen Katastrophe durch die Straßen von Macondo geht – die Stadt ist zerstört, die Einwanderer sind geflüchtet, Elend hat den Wohlstand abgelöst –, stellt er fest: Die arabischen Bazarbesitzer „saßen noch an denselben Stellen und in der gleichen Haltung wie ihre Väter und Großväter, wortkarg, unbekümmert, unempfindlich gegen die Zeit und gegen das Verhängnis, ebenso lebendig oder tot, wie sie nach der Pest der Schlaflosigkeit und den zweiunddreißig Kriegen des Oberst Aureliano Buendía gewesen waren" (p. 281/380). Auf die Frage, wie sie die fünf Jahre anhaltende Katastrophe überleben konnten, antworten sie „mit einem schlauen Lächeln und einem träumerischen Blick" (p. 281/380), sie hätten sich schwimmend gerettet! Immer noch einmal und unüberhörbar kehren auf diesen Seiten Ausdrücke wieder wie „Gleichgültigkeit, Nachlässigkeit, Schlaflust" (pp. 292–293/395–396).

Um sich von dieser Haltung der Passivität zu überzeugen, braucht man ihr nur die Taten und Untaten der Regierungsvertreter, vor allem soweit sie mit der Kriegführung zu tun haben, gegenüberzustellen. Zahlreich und folgenschwer sind ihre Maßnahmen: Verfolgungen, Erschießungen, gewalttätige Übergriffe (pp. 88 bis 93/116–122). Karnevalsumzüge werden durch Gewehrsalven auseinandergetrieben (p. 175/236); ein Kind wird, weil es einem Polizeifeldwebel versehentlich sein Glas [Limonade] umgeschüttet hat, brutal getötet, ebenso sein Großvater (p. 206/278); die Söhne des Oberst Aureliano werden nacheinander umgebracht (p. 207/278–279; p. 317/429); Streikende werden überlistet, sich auf einem Platz zu versammeln, und werden ohne Ausnahme niedergeschossen (p. 259/351); Gewerkschaftsfunktionäre werden über Nacht verhaftet und ausgerottet (p. 263/357). Diese Ereignisse werden von Márquez lakonisch berichtet, sie erscheinen gleichsam im Understatement, gleichsam verdrängt.

In der Tat will er uns eben diese Verdrängung bei den Bewohnern von Macondo selbst schildern. Das Bündnis politischer und wirtschaftlicher Kräfte, das für Macondo zu einer gefährlichen Umklammerung wird (Macondo wird dadurch zerstört werden), wird als eine unverständliche Katastrophe, ja als Folge von Ereignissen, die auf die Stadt hereinstürzen, erduldet, ohne handelnd einzugreifen, vielleicht weil niemand sie zu verknüpfen und zu deuten vermag. Wohlergehen wie Not werden gleichermaßen fatalistisch hingenommen; die plötzlichen rebellischen Ausbrüche, sei es kriegerischer Art seitens des Oberst Aureliano, sei es in Form von gewerkschaftlichem Kampf, durch Massenstreik, wirken wie instinkthafte, verzweifelte Ausbrüche des Zorns (jenes Zorns des Oberst Aureliano).

Die Tatsachen werden von zwei Seiten verwischt. Von den Ausbeutern werden sie aus Zynismus ausgelöscht, von den Ausgebeuteten aus einer Art schlaffer

Wirklichkeitsverneinung heraus. Als Beispiel für die Tatsachenverdunkelung der Ausbeuter seien die „;an Zauberspruch [Magie] gemahnenden Machenschaften" (p. 255/346) der Rechtsanwälte, jener „Taschenspieler des Rechts" (p. 256/347), zitiert, welche die Forderungen der Arbeiter für unbillig erklären, ja behaupten, es gäbe gar keine Arbeiter [bei der Bananengesellschaft] (ibd.). Ein weiteres Beispiel sind die Verwandlungstricks von Mister Brown, dem Chef der Bananengesellschaft, der bald sein Aussehen verändert, bald einen anderen Namen annimmt und eine andere Sprache spricht, um sich dem Urteil zu entziehen. Ja, er läßt sich schließlich sogar offiziell für tot erklären (ibd.), und vor allem wird jede Spur von dem Massaker beseitigt, und Macondo wird von der Regierung volle Zufriedenheit bescheinigt (p. 263/357). Der Betrug der Behörden und die Passivität der Bewohner, beides steckt in jener grausam wahren und zugleich in allen Teilen hemmungslos verlogenen Erklärung: „In Macondo ist nichts passiert und wird auch nichts passieren. Es ist ein glückliches Dorf" (p. 263/357).

In den Betrug mischt sich aber auch Selbstbetrug. Das Gemetzel auf dem Platz von Macondo und die Schreckensszene vom Zug mit den zweihundert Waggons voller Leichen leben nur in der Erinnerung eines Kindes und José Arcadio Segundos weiter. Das Zusammentreffen von Verdrängung seitens der Bewohner von Macondo, die in scharfen Dementis zum Ausdruck kommt („Es hat keine Toten gegeben", p. 261/354), und von unauslöschlichen Erinnerungen bei José Arcadio Segundo verleihen dem Ereignis den Charakter einer Halluzination, wie José Arcadio es erlebt hat, als er von plötzlichem Entsetzen gepackt wurde; es fehlen ihm die Daten, die notwendig wären, um das Ereignis im Buch der Geschichte unter die tatsächlichen Geschehnisse einzureihen. José Arcadio stößt eines Tages, und je mehr Zeit vergeht, desto häufiger, auf allgemeine Ungläubigkeit. So verschließt er sich in seinen grauenvollen Erinnerungen und bleibt ein einsamer, unnützer Zeuge der Schandtaten.

García Márquez stellt die beiden [Wirklichkeits-]Auffassungen nebeneinander. Er vermischt sie untereinander, je länger sich das Rad der Zeit dreht. Die Wirklichkeit, die er ausdrücken will, ist eine innere Wirklichkeit, nicht ein historisches Faktum. Ebenso (im Sinne eines herb-makabren Understatements) verfährt er bei der Beschreibung des Feuergefechts, welches in das Karnevalsfeuerwerk hineinbricht: Dadurch, daß Márquez die Toten mit ihren Kostümen identifiziert, verwandelt er die Szene in ein Finale von Ballettänzern („auf dem Platz tot oder verwundet lagen neun Clowns, vier Kolumbinen, siebzehn Kartenkönige, ein Teufel, drei Musikanten, zwei Pairs von Frankreich und drei japanische Kaiserinnen", p. 175/237).

Mit diesen Anspielungen auf die Wirklichkeit mittels Verzerrung, Betrug und Selbstbetrug liefert Márquez letzten Endes eine exakte anthropologische und soziologische Analyse. Denn seine Erzählung, die sich auf uralte Ängste (die *soledad*) und schicksalhafte Bestimmungen (die Endophilie) stützt, reiht sich an einer Kette von Bildern einer genau situierten und festumrissenen Lebensform des Menschen auf. Die Buendía stellen, indem sie ihren Träumen nachjagen und das mythische Labyrinth der Endophilie durchwandern, ein Drama dar, das, weit über sie selbst, über das erfundene, aber doch so wirklichkeitsnahe Macondo hinausweist. Es spielt sich ab unter den Bewohnern eines Landes, Kolumbien, das von der Zivilisation und von industrieller Ausbeutung erfaßt worden ist, sich aber noch nicht von diesem Joch zu befreien vermag.

II.

1. Symbole und Metaphern zwischen Abstraktheit und Konkretheit / Bei der Gegenüberstellung der verschiedenen Varianten der *soledad* und der verschiedenen Formen der Wirklichkeitsfremdheit habe ich zu Beschreibungszwecken einen empirisch-praktischen Wirklichkeitsbegriff zugrunde gelegt, der geeignet war, die Grundpositionen der Menschen, die im Roman vorkommen, gegeneinander abzugrenzen. Jetzt soll eine neue Perspektive, nämlich die der Personen, eingenommen und geprüft werden, welchen Wirklichkeitsbegriff sie haben. Das läßt sich relativ leicht durchführen, denn der Roman baut genau auf dieser Perspektive auf: Márquez sieht die Ereignisse aus dem Blickwinkel der Personen, wie am Ende des vorangegangenen Abschnitts deutlich geworden ist.

Kennzeichnend für diese Perspektive (und maßgeblich für den märchenähnlichen Charakter dieses Romans) ist die Tatsache, daß sich Geistiges unmittelbar in Konkretem niederschlägt: die dauernde Materialisierung von Metaphern, die Übersetzung von Charaktermerkmalen und Gefühlen in symbolische Handlungen und Gegenstände. In den einfachsten Fällen haben wir es mit einer bekannten, scherzhaften Variante des Verfahrens des „epischen Attributs" zu tun (die gewöhnliche Form wäre hingegen das Appellativum: „Remedios, die Schöne"). Ein solches „episches Attribut" ist z. B. das „mit dem Familienwappen verzierte goldene Nachtgeschirr", in dem Fernanda schon als Kind „ihre Notdurft verrichtet" hatte (p. 179/241). Dieses „Nachtgeschirr", das Fernanda auf ihren Reisen und durch die Zeit ihres Verfalls hindurch begleitet, ist ein visuelles, ironisches Symbol ihres eingebildeten Adels. Wenn Fernanda auch in den schwierigsten Augenblicken ihr „Nachtgeschirr" verteidigt, so betont sie damit jedesmal aufs neue, ungeachtet jedes Hindernisses, ihre feste Überzeugung von der Überlegenheit ihrer Kaste (p. 183/244). Ein weiteres Attribut dieser Art ist auch die schwarze Binde, die Amaranta um ihre Hand trägt. Darunter verbirgt sie die Verbrennungen, die sie sich zur Strafe zugefügt hat, weil sie Pietro Crespi zum Selbstmord gezwungen hat – sie wird jedoch zum Symbol ihrer in Verzweiflung und Stumpfheit ertragenen Jungfräulichkeit (p. 222/300).

In anderen Fällen wiederum hat das Symbol eine größere Reichweite, und es wird zum Kristallisationspunkt eines ganzen Lebensschicksals. So z. B. die Goldfischchen, die Oberst Aureliano herstellt, einschmilzt und erneut herstellt, ferner das Totenhemd, an dem Amaranta unermüdlich webt, das sie alsbald aufmacht und von neuem webt, „nicht in der Hoffnung, auf diese Weise diese Einsamkeit niederzuzwingen, sondern um sie im Gegenteil aufrechtzuerhalten"

(p. 222/300) – lauter Arbeiten, bei denen der Fleiß nur dazu dient, eine von der Zeit und allen äußeren Geschehnissen losgelöste Seele zu beschäftigen, einen Teufelskreis herzustellen („dem Laster des Aufbauens um des Abbauens willen verfallen", p. 267/362), der ein aussagekräftiges Symbol der tiefen Bitterkeit ist (p. 238/320).

Besonders häufig finden auch Charaktereigenschaften und Gemütszustände einen Niederschlag im Konkreten. Den Personen des Romans haftet beispielsweise ein eigener Geruch oder Duft an, der ihnen vorausgeht und über ihren Tod hinaus gegenwärtig bleibt: „der beizende Geruch" von Melquíades (p. 13/15), „der Rauchgeruch" unter den Armen von Pilar Ternera (pp. 29, 72, 101/36, 95, 136), der José Arcadio in seinem Liebeshunger und später Arcadio auf den Spuren dieser Frau leitet; „der Hauch von Lavendel", der den stets korrekten Pietro Crespi ankündigt (p. 70/92) und der für immer als eine Spur von ihm in der Erinnerung Amarantas bleiben wird (pp. 99, 238/133, 321); schließlich der „Pulvergeruch" (pp. 118–119/159), der nicht nur unvergänglich dem Leichnam des ermordeten (oder durch Selbstmord umgekommenen) José Arcadio anhaftet, sondern auch über dem Friedhof liegt, auf dem er begraben ist („der Friedhof stank noch nach Jahren nach Pulver", p. 119/160; er kann nur durch eine [später angebrachte] Betonplatte erstickt werden); noch viele Jahre danach verfolgt er seine Frau Rebecca (p. 139/187). Ebenso erhalten ihre Gemütsbewegungen eine materielle Gestalt: Amarantas Empfindsamkeit hatte um Pietro Crespi „ein unsichtbares Spinnennetz gewebt, das er buchstäblich mit seinen bleichen ringlosen Fingern auseinanderziehen mußte" (p. 97/130–131). Ihre Melancholie konkretisiert sich sogar in akustischer Form: „Amarantas Melancholie verursachte im Abenddämmer ein deutlich vernehmbares Kochtopfgeklapper" (p. 174/235).

Besonders ungewöhnlich und poetisch zugleich ist das Symbol der gelben Schmetterlinge, die Mauricio Babilonia wie einen Heiligenschein umgeben (später erfährt man, daß „Nachtfalter Unglück bringen", p. 248/336). Sie dringen überall hin, auch dorthin, wo er [Mauricio] selbst nicht sein kann und möchte. Sie durchschwirren das Haus der Buendía, als Fernanda ihn hinauswirft (p. 243/332). Mit ihrem Flügelschlag erzeugen sie einen verwirrenden Lufthauch (p. 245/333), kündigen der betörten Meme das Kommen Mauricios an (pp. 245–246/333–334), umkreisen sie auch im Bad noch, wo sie sich heimlich mit Mauricio trifft, bis zu jenem letzten Mal, da er [als vermeintlicher Hühnerdieb] niedergestreckt wird (p. 248/336). Voller Mitleid ziehen sie mit Meme, als sie vom Schmerz verstummt für immer Macondo verläßt (p. 250/338), und lassen ihr den Tod Mauricios zur Gewißheit werden (p. 251/340).

Schließlich sei auf die Versinnbildlichung des Schicksals in Zeichen hingewiesen (mag es sich dabei auch um die Nachahmung ethnographischer und biblischer Vorbilder handeln). Als die siebzehn Söhne, die lebendigen Spuren der nächtlichen Streifzüge des Oberst Aureliano (die Mütter trieben ihre Töchter in das Bett des Helden während seines legendären Guerillakrieges), im väterlichen Haus zusammenkommen, zeichnet ihnen der Pfarrer, Antonio Isabel, ein Aschenkreuz auf die Stirn, das sie für immer, wie sie später erkennen, als ein unauslöschliches Zeichen der Erwählung und des Todes begleitet. Auf diese Aschenkreuze zielen dann auch die gar nicht so mysteriösen gedungenen Mörder, die von der Regierung den Auftrag haben, die Nachkommen Aurelianos auszurotten (pp. 207, 317/ 279, 429).

2. Die belebte Natur / Es besteht also eine dauernde Zwiesprache zwischen Natur und Seelen. Die Natur vermag physisch vernehmbare Nachrichten auszusenden, und die Seelen vermögen der Natur Leben einzuhauchen. Die erste Art von Beziehung [die Natur als Nachrichtenspender] liegt wiederum bei der verdinglichten Metapher vor. Ein Beispiel dafür ist der Wind von den Gräbern, der Möbel und Wände mit dem Salpeter der Toten bleicht (p. 102/138), oder der lautlose gelbe Blumenregen, der beim Tod von José Arcadio Buendía die ganze Nacht auf Macondo fällt und Straßen und Dächer mit einem einzigen dichten Teppich überzieht. In der Tat: „Die Dinge haben ihr Eigenleben", sagt Melquíades, „es kommt nur darauf an, ihre Seelen zu erwecken" (p. 9/9). Auch das Blut des getöteten (oder selbst in den Tod gegangenen) José Arcadio scheint eine Seele zu haben. Es strömt die Treppe hinunter, folgt genau dem Weg ins väterliche Haus, fließt durch Zimmer und Flure bis in die Küche, um dort Úrsula das tragische Geschick erahnen zu lassen. Úrsula folgt daraufhin gehorsam dem roten Rinnsal, bis sie vor der Leiche steht. Die beiden Wegstrecken sind durch eine Folge von Verben der Bewegung in einer Zeit der Vergangenheit mit perfektivem Aspekt markiert, was eine Staccato-Wirkung entstehen läßt: Das Blut „drang unter der Türe hervor, durchquerte das Wohnzimmer, rann auf die Straße hinaus, ... floß kleine Treppen hinab ..., erklomm ..., fuhr ... entlang, bog ... um eine ... Ecke" usw. Úrsula „verfolgte die Blutspur ..., ging ... durch die Kornkammer, eilte ..., durchschritt Eßzimmer ..., trat auf die Straße hinaus" usw. (p. 118/158–159).

Eine anspielungsreiche und tief in die Phantasiewelt hineinführende Metapher ist schließlich auch die spanische Galeone, auf die José Arcadio Buendía nach langem Fußmarsch auf seiner vergeblichen Suche nach der Straße der zivilisierten Welt stößt. Allein schon aufgrund ihres Standorts weist die Galeone über die Grenzen der Erfahrung und der Vernunft hinaus. Da steht sie unversehrt und geradezu unwirklich zwischen Palmen und Farnkraut, von einer märchenhaften Stimmung umgeben. Das Meer liegt achtzehn Kilometer weit weg, doch der Träumer José Arcadio fragt sich nicht, wie das Schiff mit gänzlich unversehrtem Mastwerk bis aufs Festland gekommen ist. Nach diesem Fund entschließt sich José Arcadio zur Rückkehr. So markiert das Schiff das Ende seiner Expedition, die gescheitert ist, weil sie im Raum der Phantasie, nicht der Wirklichkeit entstanden war. Insofern ist es selbst ausgesprochen symbolträchtig:

Das ganze Gefüge schien eine eigene Welt zu behaupten, *einen Raum aus Einsamkeit und Vergessen, unversehrt von den Lastern der Zeit* und den Gewohnheiten der Vögel (p. 18/21).

Daneben gibt es Beispiele dafür, daß die Natur, die mehr weiß als die Menschen, unzweideutige Nachrichten in Form von Prophezeiungen an sie richtet, und die Buendía können sie auch entschlüsseln, weil sie durch die *soledad* an jener anderen, größeren und lebendigeren, magischen Wirklichkeit teilhaben können. Der kleine Aureliano sieht einmal einen Topf auf dem Tisch stehen und sagt, er werde gleich herunterfallen; und siehe da, der Topf „bewegte sich auch schon, wie getrieben von innerer Schwungkraft, unwiderstehlich auf den Tischrand zu und zerschellte am Boden" (pp. 20–21/25). Andere kleine Wundererlebnisse mit Küchengeräten kündigen José Arcadio Buendía die Rückkehr Úrsulas an (p. 37/48). Die Milch auf dem Herd, die sich in lauter Würmer verwandelt, gibt Úrsula die Gewißheit von der Erschießung des Oberst Aureliano (die dann aber doch vereitelt wird) (p. 156/210). Es sind lauter Nachrichten, die in Verbindung mit dem häuslichen Leben stehen, sie werden von der Familie ohne besonderes Erstaunen aufgenommen, ist sie doch dafür sensibilisiert und schließlich daran gewöhnt.

Natürlich können sich die Vorahnungen auch auf das Gemütsleben beschränken. Am häufigsten erlebt der Oberst sie (pp. 41, 62 usw.). Daß der Höhepunkt der *soledad* mit dem Zustand größter Sensibilität für geheimnisvolle Kräfte zusammenfällt, wird durch folgende Aussage bestätigt: Die Vorahnungen „kamen plötzlich in einem Sturmwind übernatürlicher Hellsicht wie eine unbedingte, augenblickliche, wiewohl ungreifbare Überzeugung" (pp. 112–113/151). Aureliano wiederum kündigt den Tod José Arcadio Buendías an (p. 123/166). Auf ebenso geheimnisvolle Weise hat der Indianer Manaure von dem bevorstehenden Tod erfahren und kehrt nach Jahrzehnten der Abwesenheit nach Macondo zurück, weil er „weiß", daß José Arcadio Buendía sterben wird. Amaranta erscheint, während sie noch bei voller Gesundheit ist, der Tod und sagt ihr den Tag ihres nahen Endes voraus, so daß sie sich in Ruhe darauf vorbereiten kann (p. 238/321). Úrsula weiß, daß sie am Ende der sintflutartigen Regenfälle sterben muß, und Santa Sofía de la Piedad beobachtet einige phantastische Zeichen in der häuslichen Umwelt sowie im kosmischen Bereich, als ihre Todesstunde geschlagen hat (p. 291/393).

Die Natur kann schließlich menschliche Kräfte, die offenbar verbraucht waren, zu neuem Leben wecken und wiedererstarken lassen. So bleibt die intensive, von glühender Leidenschaft geprägte sexuelle Beziehung, die Aureliano Segundo zu Petra Cotes unterhält, vor und nach seiner Ehe mit Fernanda unfruchtbar. Sie findet jedoch ein Echo in der geradezu überwältigenden Fruchtbarkeit ihrer Tiere. Die Vermehrung des Viehs der beiden Liebenden (die damit auch lukrative Lotteriegeschäfte machen) schlägt sich gleichsam in einem Diagramm nieder, welches ihre Leidenschaft aufzeichnet. Als ihre sinnlichen Kräfte erlahmen, sind sie ärmer als zuvor.

Die Erfahrungen der Menschen werden also von der Natur begleitet und häufig in vergrößertem Maßstab widergespiegelt. Die konzentrischen Kreise, auf die sich Buendía und die Bewohner von Macondo verteilen, vermehren sich somit um einen weiteren, noch größeren Kreis, an dem die in ihrem Wesen tragische Natur teilhat. Die hundertjährige Lebensbahn der Buendía von ihren ehrwürdigen Anfängen bis zu ihrem Untergang in der Endophilie und dem Erleiden des Minotauros-Schicksals wird in der Tat von Naturerscheinungen und Naturkatastrophen begleitet, bis schließlich die Vernichtung der Familie mit einem apokalyptischen Wirbelsturm einsetzt, der Macondo für immer hinwegfegt.

Die verschiedenen Erscheinungsformen dieses natürlichen Milieus brauchen hier nicht im einzelnen betrachtet zu werden. Es sei lediglich auf das verträumte Sumpfgebiet um das im Entstehen begriffene Macondo hingewiesen (in welchem Tausende von Kanarienvögeln und Rotkehlchen mit ihrem Gesang die Wanderer anlocken) oder auf die Expedition von José Arcadio Buendía und seinen Gefährten durch den Urwald, wo sie wie Schlafwandler vorrücken: „der einzige Lichtschimmer ein schwacher Widerschein von Leuchtkäfern". Dieser stille Begleiter [die Natur] wird jedoch am Ende der Geschichte zu einer kosmischen Kraft, als Mister Brown beschließt, den Konflikt mit den Arbeitern zu beenden, sobald das Gewitter (das noch nicht einmal angefangen hat) sich gelegt hat. Und alsbald bricht, wie auf Befehl, über Macondo eine Sintflut herein, die fünf Jahre dauert und die endgültige Zerstörung der Stadt mit sich bringt, nachdem ihr Unglück mit der rücksichtslosen „Kolonialisierung" begonnen und sich mit den Gewerkschaftskämpfen verschlimmert hatte.

Wie die gesellschaftliche Entwicklung eine unheilvolle Parallele in der Sintflut hat (Natur und Ausbeutung durch die Amerikaner erscheinen als Aspekte ein und derselben zerstörerischen Kraft), so zelebrieren Amaranta Úrsula und Aureliano Babilonia das Ritual der Endophilie zu einem Zeitpunkt, da die Stadt nach der Sintflut im Zerfall begriffen ist, von der Hitze zu ersticken droht und von Eidechsen, Mäusen und Ameisen heimgesucht wird, die darauf lauern, endgültig ihre Trümmer in Besitz zu nehmen. Die Liebenden, ganz dem Feuer ihrer Leidenschaft hingegeben, bleiben nicht nur ungerührt angesichts der Gefahr, die ihrem Haus droht, sondern sie verursachen selbst im blinden Ausleben ihrer Leidenschaft weiteren Schaden. Stumme Kolonnen von Ameisen umringen sie bei ihrem Liebesakt, und genau diese Ameisen werden wenig später die Mißgeburt, die aus ihrer Liebe hervorgeht, zerfressen.

Ein verheerender Sturm fegt schließlich über alles hinweg und löscht selbst die Erinnerung an Macondo aus.

3. Übertreibung und Komik / Die Wirklichkeit insgesamt scheint in unserem Roman eine größere Extensität zu besitzen[9]. Das entsprechend weite Feld zwischen der empirischen Wirklichkeit und einer verborgenen Wirklichkeit mit ihren vielfachen, unvorhergesehenen Offenbarungen ist der Ort *par excellence* für die Hyperbel. In gewissem Sinne sind schon die oben untersuchten vergegenständ-

---

[9] Zu dieser Erkenntnis kommen die Bewohner von Macondo bei einem banalen, für ihren Entwicklungsstand jedoch spektakulären Anlaß, als nämlich zum ersten Mal in ihrem Dorf ein Film zu sehen ist. Verwirrt stellen sie fest, daß „niemand mehr genau wissen konnte, wo die Grenzen der Wirklichkeit lagen" (p. 195/262).

lichten Metaphern hyperbolischer Natur. Besonders charakteristisch aber sind jene Hyperbeln, bei denen die empirische Wirklichkeit in die Sphären der Magie vordringt. Man denke beispielsweise daran, wie die Auswirkungen des Unglücks beschrieben werden, das Melquíades in dem von Staunen ergriffenen Macondo verbreitet. Ein an sich natürliches, [quantitativ] bezeugtes Phänomen wird durch die bloße Vergrößerung seiner Ausmaße in ein Wunder verwandelt:

> „alle erschraken, als sie sahen, wie Kessel, Becken, Zangen und eiserne Tragöfen von ihren Plätzen fielen, wie die Hölzer unter dem verzweifelten Versuch der Nägel und Schrauben, sich ihnen zu entwinden, ächzten, wie sogar lang vermißte Gegenstände gerade da auftauchten, wo man sie am heftigsten gesucht hatte, und in lärmender Flucht hinter Melquíades' Zaubereisen herschleiften" (p. 9/9).

Ferner ist die hyperbolische Darstellung der Auswirkungen der fünf Jahre lang tobenden Sintflut zu nennen. Darin wird das Bild einer märchenhaft anmutenden, „auf den Kopf gestellten Welt" entworfen:

> „Schlimm war nur, daß der Regen alles auf den Kopf stellte und daß im Getriebe der dürrsten Maschinen Blumen blühten, sofern man sie nicht alle drei Tage ölte, daß die Fäden der Brokatstoffe rosteten und daß auf der nassen Wäsche Safrantang wuchs. Die Luft war so feucht, daß die Fische, durch die Türen herein- und durch die Fenster herausspazierend, die Luft der Zimmer hätten durchschwimmen können" (p. 268/362).

Diese Hyperbeln lassen uns aufs deutlichste die Position erkennen, die Márquez gegenüber der von ihm erfundenen Welt einnimmt. Es ist eine Position der Distanz, aus der heraus der Schriftsteller von oben, ja von einer außerzeitlichen Warte aus das Geschick der Personen lenkt. Hand in Hand damit geht jedoch bei Márquez eine mimetische Einstellung, d. h., er nimmt die Perspektive seiner Personen ein (auch hier gibt er die Distanz in der Mimesis nicht auf). Zum Zwecke dieser Mimesis greift er unübersehbar auf überlieferte Formen des Bänkelsangs und der Volkserzählung zurück.

Daraus erklärt sich die Ambivalenz der oben erwähnten Hyperbeln. Als Bänkelsänger leistet García Márquez sich Hyperbeln, von denen er als Schriftsteller weiß, daß wir über sie lachen werden. Als Bänkelsänger lacht Márquez aber nicht selber, er teilt allenfalls das Staunen derer, die die wundersamen Ereignisse aus eigener Anschauung erleben. Dennoch ist natürlich das Nebeneinander von Wirklichkeit und Illusion eine ideale Voraussetzung für das Komische. Das gilt um so mehr, als bei Márquez die Illusion selbst Teil der alltäglichen Erfahrung ist und der Erzähler dafür sorgt, daß das Wechselspiel zwischen beiden, verstärkt durch Überraschungseffekte und betonte Ungezwungenheit, spontan zur Wirkung kommt.

Ein Beispiel für das Komische ist die Pedanterie, mit der Amaranta die siebzehn Söhne des Oberst Aureliano nacheinander aus einem Büchlein ausstreicht, als sie den Gewehrschüssen ihrer Mörder, die sie mitten in das Aschenkreuz auf ihrer Stirn trafen, zum Opfer fallen (p. 207/279). Dieselbe komische Wirkung hat jenes Notizbuch, in welches Amaranta auf dem Sterbebett Namen und Todestag derer einträgt, denen sie im Jenseits Briefe zukommen lassen will, die die Verwandten an ihre Verstorbenen geschrieben haben, nachdem sie sie lange genug gedrängt hat, von ihr als ungewöhnlichem Briefboten Gebrauch zu machen (p. 239/324).

Komplizierter aufgebaut ist die Szene mit dem ungewöhnlichen Weihnachtsgeschenk, das Fernanda von ihrem Vater geschickt bekommt: ein prächtiger, sorgfältig zugenagelter und versiegelter großer Kasten mit der Adresse in gotischen Buchstaben. Während Fernanda den beigefügten Brief überfliegt, machen sich die Kinder voller Ungeduld und unter großer Anstrengung an das Öffnen der Kiste, bis sie darin das unerwartete Geschenk finden: den toten Großvater, der auf dem Sterbebett angeordnet hatte, man möge ihn der Tochter schicken.

Wie dieses Beispiel zeigt, hat das Komische häufig makabre Züge, es wirkt jedoch gleichzeitig lösend. Im Grunde gehört das physische Sterben zu den alltäglichsten Dingen, während Angst und Sorge der Romanfiguren in ihrer *soledad* den Sphären des Verborgenen gelten. Ein Beweis dafür: als Amaranta, die aus der Hoffnung weitergelebt hat, den Tod Rebeccas auskosten zu können, die Gewißheit erhält, daß sie den Wettstreit verlieren wird, bereitet sie sich mit vorbildlicher Gelassenheit auf ihr Ende vor.

Das ist vielleicht das typischste Beispiel für die Komik García Márquez'. Der ganze Totenkult beginnt nämlich, als Amaranta noch am Leben und bei bester Gesundheit ist: Der Schreiner, der Amaranta die Maße für den Sarg nimmt, gebärdet sich wie ein Schneider, der ein Kleid nähen will. Der emsige Pfarrer, der die letzte Beichte abnehmen will, muß warten, bis Amaranta, die bald sterben soll, aus dem Bad kommt, wo sie sich mit aller Sorgfalt die Hühneraugen beschnitten hat. Dann legt sich Amaranta in das Grab, genauso gekleidet und gekämmt, wie der Tod es ihr befohlen hat, und sieht zum erstenmal nach vierzig Jahren [in einem Spiegel] ihr vom Alter verwüstetes Gesicht (pp. 239-241/324-326).

In diesen und ähnlichen Episoden tritt das Komische besonders deutlich an die Oberfläche. In subtilerer Form durchwirkt es jedoch den ganzen Roman. Die Helden der *soledad* befinden sich in der Tat in ständigem Kontakt mit der physikalischen, der alltäglichen Wirklichkeit bzw. mit Personen ganz gewöhnlicher Art, und sie können jederzeit unversehens zum Opfer der Komik werden. Die Dimension des Komischen deckt sich im besonderen mit der Gestalt des José Arcadio Buendía, in dessen naivem Enthusiasmus Logik sich mit der Irrationalität und Wirklichkeit mit Traum mischt. José Arcadio stürzt sich vorbehaltlos in jedes neue Experiment und verfolgt wissenschaftliche Ziele. (Als wissenschaftlich motiviert und nicht so sehr als nutzenorientiert ist auch seine Goldschmiedearbeit anzusehen.) Er tut dies mit den Mitteln und der Mentalität eines Forschers aus dem Mittelalter. Nicht von ungefähr ist der Zigeuner Melquíades, der letzte Alchimist, sein Berater.

José Arcadio Buendía, eine exzentrische und zugleich faszinierende Figur, nimmt viele Male komische Züge an, ohne jedoch ein Opfer der Komik zu werden. Dies geschieht, als er die Straße zu den „großen Erfindungen", d. h. Städte und Zivilisation, sucht, sich aber verirrt und auf das still daliegende Meer stößt; ferner, als er mit Hilfe astronomischer Instrumente „entdeckt", daß die Erde rund ist (für Macondo ist dies eine Offenbarung, auch wenn Galilei schon zwei Jahrhunderte tot ist); dann, als er die schönen, in seinem *atanor* [Rohr] aufbewahrten Goldmünzen aus der Mitgift Úrsulas opfert; schließlich, als er seine Hand auf den von den Zigeunern vorgeführten künstlichen Eisblock legt und feierlich ausruft: „Das ist die größte Erfindung der Welt" (p. 23/28). Wie man jedoch an diesen Beispielen erkennt, ist unsere Reaktion [zu lachen] Ausdruck für eine unerwünschte Loslösung von der Welt der Phantasie.

Eine komische Wirkung geht auch vom Oberst Aureliano aus, als er beispielsweise nach der Unterzeichnung seiner eigenen Niederlage einen Selbstmordversuch begeht. Sein Leibarzt, den er gefragt hatte, „wo genau das Herz säße", hatte ihm mit Jod einen Kreis auf die Brust gezeichnet, und zwar an die einzige Stelle, an der eine Pistolenkugel nicht tödlich wirken kann. So bleibt die Kugel, die Aureliano sich durch die Brust jagt, praktisch wirkungslos, und eine heroische Szene wird zur bloßen Posse (p. 156/210). Das Komische ist hier voll Bitterkeit. Der Konflikt mit der Wirklichkeit endet in Enttäuschung und Verstummen: „Man stirbt nicht, wenn man muß, sondern wenn man kann" (p. 209/282). Das Komische dient hier dazu, die Diskrepanz zwischen Ambition und tatsächlichem Vermögen auszuloten. Es ist eine Form der Kritik dieser Welt von Helden, die zum Untergang bestimmt sind.

4. Die Geister / In dieser erweiterten, von geheimnisvollen Kräften durchwirkten und verborgenen Gesetzmäßigkeiten gehorchenden Wirklichkeit leben auch Geister, als wäre das etwas ganz Selbstverständliches. Die Lebenden begegnen ihnen, ohne sich darüber zu wundern, haben regelmäßigen Umgang mit ihnen und führen mit ihnen intensive Gespräche. Natürlich ist diese Kommunikation mit den Geistern[10] nur dem hellsichtigen Geschlecht der Einsamen vorbehalten. Dem alten, wunderlich gewordenen José Arcadio Buendía begegnet die Seele des Prudencio Aguilar wieder, den er im Duell getötet hatte (pp. 73, 124/96, 167). Die Begegnungen, die Aureliano Segundo (p. 161/217) und später Aureliano Babilonia (pp. 251 ff.) mit dem Geist von Melquíades haben, sind etwas Alltägliches und Normales. Die über hundertjährige Úrsula, die durch ihr Alter und ihre Blindheit vom Rang der gewöhnlichen, dem tätigen Leben zugewandten Menschen in den der Träumer erhoben wird, begegnet in ihrem Schlafzimmer ihren früher gestorbenen Vorfahren und Kindern (p. 289/390–391).

---

[10] Anders und der Volkserzählung näher ist das Wirken des Schattens von Prudencio Aguilar, der José Arcadio Buendía, seinen Mörder, und Úrsula dazu verleitet, Riohacha im Stich zu lassen.

Die Geister und die Buendía verbindet ein und dieselbe Erfahrung der *soledad*. Bei den Buendía ist sie ein Erbmerkmal, bei den Geistern ist sie identisch mit der Trostlosigkeit des Todes. Melquíades, der mit übernatürlichen Kräften begabt ist, kehrt ein erstes Mal aus dem Reich der Toten zurück. Von ihm heißt es: „Er war in der Tat im Tod gewesen, war jedoch zurückgekehrt, weil *er die Einsamkeit nicht ertragen konnte*" (p. 49/64). Nach einem zweiten Tod richtet sein Geist seine Wohnung in der Werkstatt der Buendía ein. Große Verzweiflung prägt auch das Weiterleben des Geistes von Prudencio Aguilar: „Ihn quälte die ungeheure Trostlosigkeit . . ., die tiefe Sehnsucht, die jener nach den Lebenden empfand, die Begierde . . ." (p. 27/33). Später heißt es: „Das Verlangen nach den Lebenden war so tief, das Bedürfnis nach Gesellschaft so dringend, so entmutigend die Nähe jenes zweiten Todes, der innerhalb des ersten existierte" (p. 73/96), daß er sich mit seinem Mörder, José Arcadio Buendía, anfreundet, „um einen Zeitvertreib für die öden Todessonntage zu haben" (p. 124/167).

Das Bündnis zwischen dem Opfer und seinem Mörder ist der höchste Ausdruck für jene verzweifelte Flucht vor der Einsamkeit. Je unrettbarer die Vereinsamung der Buendía wird, desto eher finden sie Trost im Umgang mit den Geistern, und die Geister wiederum wissen, daß sie bei den Buendía einen Ausweg aus der Einsamkeit des Todes finden können. Wie sich für die Buendía um die empirische Wirklichkeit immer mehr Kreise einer geheimnisvollen, endlosen Wirklichkeit legen, so findet auch der geringe Grad an Kommunikation mit den Lebenden einen Ausgleich durch einen eventuell (z. B. bei Aureliano Segundo und Aureliano Babilonia) lang anhaltenden Dialog mit den Toten.

Die Geister in diesem Roman sind allerdings wie die Lebenden Verschleiß und Zerstörung ausgesetzt. Durch den neuen Status verlängert sich ihre Existenz nur für eine bestimmte Zeitspanne. Während die Geister ihrer endgültigen Auflösung entgegengehen, macht der Alterungsprozeß nicht halt. Als Prudencio dem alten José Arcadio Buendía wiedererscheint, ist er „verwundert, daß auch Tote alterten" (p. 73/96). Als ihm der Geist das letzte Mal begegnet, ist er „von der tiefen Hinfälligkeit des Todes fast ganz zerstäubt" (p. 124/166–167). Nach dieser Begegnung stirbt José Arcadio (p. 125/168). Das Nahen des Todes von José Arcadio ruft also die Hinfälligkeit des Geistes hervor, ja, der Tod von José Arcadio fällt wohl mit dem des Geistes zusammen (dieser erscheint jedenfalls nicht mehr).

Die Geister sterben, wenn die Erinnerung der Lebenden erlischt. An Melquíades wird dieses „Gesetz" deutlich demonstriert. Zum ersten Male erscheint Melquíades Aureliano Segundo mit den Gesichtszügen eines Vierzigjährigen, also so, wie ihn Aureliano und José Arcadio als Kinder gekannt hatten. Es ist eine Erinnerung, die von einer Generation zur nächsten vererbt wird (p. 161/215–216). Viele Jahre später begegnet er Aureliano Babilonia, nunmehr als „düsterer Greis" (p. 301/407). Wiederum handelt es sich um die „Verkörperung eines Andenkens, das schon lange vor seiner Geburt in seiner Erinnerung [sc. Aurelianos] geruht hatte" (p. 301/407–408). Melquíades wird immer durchsichtiger, schließlich unsichtbar. Er versichert, er ziehe nun seelenruhig „auf die Weiden des endgültigen

Todes", weil er wisse, daß Aureliano bald in der Lage sei, die Pergamente, in denen er die vergangene und die künftige Geschichte Macondos aufgeschrieben habe, zu entziffern, und weil er wisse, daß mit dieser Entzifferung Macondo, seine Bewohner und jegliche Erinnerung im Nichts versinken werden.

Die Geister sind demnach, wie Melquíades gesagt hat, die Verkörperung der Erinnerung. Das ist erneut ein Beweis für den nun schon mehrfach angedeuteten engen Zusammenhang zwischen *soledad* und Erinnerung. Wohlbemerkt ist die Erinnerung der Romangestalten kein „trübes Ergötzen", keine vage Melancholie. Sie beschränkt sich auf kurze Momente der Wirklichkeit, die von diesen introvertierten Träumern auf wunderbare Weise erfaßt werden, Momente, die fast immer eine Schlüsselfunktion für ihr Leben haben. Eine Erläuterung dazu findet sich im Zusammenhang mit Amaranta:

> „die Einsamkeit hatte *ihre Erinnerungen ausgesondert,* und zwar die betäubenden Haufen sehnsüchtigen Kehrichts, den das Leben in ihrem Herzen angehäuft hatte, verbrannt, dafür aber die anderen, die bitteren geläutert, vergrößert und verewigt" (p. 190/256–257).

So kreisen die Gedanken von Amaranta unentwegt um die doch schon alte Rivalität mit Rebecca, kommt José Arcadio Segundo nicht los von der Erinnerung an die Erschießung, die er als Kind erlebt hat, und an den Zug voller Leichen. So hat Meme ständig den „Ölgeruch" in der Nase und spürt die Flügel der Falter um Mauricio Babilonia, wird José Arcadio immer noch von einem Beben erfaßt bei dem Gedanken an die Liebkosungen, die er in frühen Jahren von Amaranta empfing. Die Erinnerung hat einen Höhepunkt und ein Ende. Den Höhepunkt erreicht sie im Augenblick des Sterbens, wenn zum letzten Mal die Bilder der gespeicherten Wirklichkeit im Geiste vorbeiziehen. Man denke an die Erinnerungsprozesse, die in Oberst Aureliano und Arcadio vor dem Erschießungskommando ablaufen. Ihr Ende erreicht die Erinnerung, wenn der Tod ruft und es kein Ausweichen mehr gibt. Für Oberst Aureliano kündigt sich der Tod mit dem Erlöschen der Erinnerungen an (p. 229/310).

5. Magie, Erinnerung und Zeit / An diesem Punkt unserer Überlegungen müßte nun die Zusammengehörigkeit der drei Momente Magie, Erinnerung und Zeit deutlich werden, nachdem sie schon öfter indirekt zum Ausdruck kam oder auch teilweise skizziert worden ist.

Die Magie ist in dem Zigeuner Melquíades verkörpert. Von der ersten Seite des Romans an ist sein Schicksal mit der Geschichte Macondos verwoben. Unter seinem Einfluß wird José Arcadio Buendía auf den Weg der Phantasterei gelockt, die Erinnerung an seine Persönlichkeit und an seine Experimente bleibt unauslöschlich im Gedächtnis der Kinder und als ein Vermächtnis im Bewußtsein der Nachfahren. Als Melquíades aus dem Reich der Toten zurückkehrt, richtet er sich im Haus der Buendía ein und beschriftet Pergamente in Sanskrit mit, wie sich bei ihrer Enträtselung ein Jahrhundert später herausstellt, der prophetisch vorhergesehenen Geschichte der nunmehr vergangenen hundert Jahre. Auch nach seinem [zweiten] Tod wohnt Melquíades als Geist in dem Laboratorium, in welchem er seine Orakelsprüche aufgeschrieben hatte. So bleibt dieser Ort auf wunderbare Weise von den Spuren der Zeit verschont. Hierhin führt er später Aureliano Segundo und Aureliano Babilonia, um die Enträtselung [der Pergamente] vorzunehmen, die nicht weniger wundersam ist als die Weissagung selbst. Das Laboratorium, mit dem Melquíades so eng verbunden ist, wird so zu einem privilegierten Ort für alle Offenbarungen. Es fällt erst dann plötzlich der Vergänglichkeit und dem allgemeinen Verschleiß zum Opfer, als Melquíades zum letzten Mal stirbt und als für Macondo die letzte Stunde geschlagen hat. Dank seiner übernatürlichen Kräfte hat Melquíades über Jahrhunderte hinweg gelebt, und er blickt auch noch über seinen eigenen Tod hinaus, indem er die Geschichte der hundert Jahre von Macondo schreibt. Er steht also über der menschlichen Zeit und vermag das Rad der Geschichte vorwärts und rückwärts zu drehen, wie dies auch Márquez unentwegt tut. Diese Haltung kommt in dem Epigraph der Pergamente Melquíades' in anschaulicher Form zum Ausdruck: Zwei Präsensausdrücke mit durativem Aspekt folgen in ein und demselben Satz aufeinander, der genau die Zeitspanne eines Jahrhunderts erfaßt. (Der erste der Sippe wird an einen Ölbaum gebunden – *está amarrado* –, und den letzten fressen die Ameisen – *estan comiendo* –, p. 349/ 474.) In der Tat hatte Melquíades auf den Pergamenten „ein Jahrhundert alltäglicher Episoden vereinigt, so daß sie alle *gleichzeitig existierten*" (p. 350/475).

Während Melquíades im Geiste das Labyrinth der Zeit zu durchwandern vermag, pulsiert darin ohne Unterlaß das Blut der Buendía. In den hundert Schicksalsjahren wiederholen und ähneln sich die Charaktere und Einstellungen, manchmal sogar die Handlungen der einzelnen Vertreter dieser Sippe. Úrsula und Pilar Ternera, die „wirklichkeitsbewußten Frauen", sagen dies ausdrücklich: „Es ist, als mache die Zeit kehrt, als seien wir zum Anfang zurückgekehrt" (p. 169/ 228); „... daß die Zeit nicht vorüberging ..., sondern daß sie im Kreise lief" (p. 285/384); „... daß die Geschichte einer Familie ein Räderwerk nicht wiedergutzumachender Wiederholungen war, ein kreisendes Rad, das ohne den unablässigen, unrettbaren Verschleiß der Achse sich bis in alle Ewigkeit drehen würde" (p. 334/453). Im hohen Alter hat Pilar Ternera, als Aureliano Babilonia in sein „zoologisches Bordell" (p. 333/451) geht, sogar den Eindruck, „die Zeit kehrte zu ihren ursprünglichen Quellen zurück" (p. 333/452), so sehr gleicht er dem Obersten, so sehr ist er wie jener „für immer und seit Anbeginn der Welt von den Blattern der Einsamkeit gezeichnet" (ibd.). Selbst die Zigeuner, die am Ende der Geschichte nach Macondo zurückkehren, wiederholen mit demselben Erfolg die alten Kunststücke und Tricks, mit denen sie schon die ersten Bewohner der Stadt begeistert hatten (p. 293/395–396).

Es bedarf nur eines Augenblicks der Phantasie oder des Zurücksehnens der Vergangenheit, und das Rad der Zeit dreht sich um seine Achse oder bleibt nach Belieben stehen. Die Urenkel von Úrsula arrangieren für sie Phantasiebegegnungen mit ihren Vorfahren und lassen zum Spaß ihre Erinnerungen an frühere Zeiten sprechen (p. 278/376). Pilar Ternera zieht sich auf die Vergangenheit zurück, so daß sie die Zukunft (die sie in der Jugend aus den Karten las) als offenes Geheimnis, als Gewißheit betrachten kann. José Arcadio Buendía kommt zu der Überzeugung, daß „die Zeitmaschine auseinandergebrochen ist" (p. 73/97), und läßt seine Zeitrechnung an einem ganz bestimmten Montag stillstehen, nachdem er vergeblich versucht hat, in seiner Umwelt „irgendeine Veränderung zu entdecken, die den Ablauf der Zeit offenbarte" (p. 74/97). Sein Wahnsinn erweist sich erneut als Hellsichtigkeit. Am Ende der Geschichte stellen José Arcadio Segundo und der kleine Aureliano Babilonia fest, „daß José Arcadio Buendía nicht so verrückt war, wie die Familie behauptete, sondern daß er als einziger in seiner Hellsicht die Wahrheit ahnte, daß auch die Zeit Zusammenstöße und Unglücksfälle erlitt, daß sie platzen und daher einen ewigen Splitter in einem Zimmer hinterlassen konnte" (p. 296/400). Die geringe Zeitspanne, über die sich die Geschichte erstreckt – es sind hundert Jahre –, wird durch die tatsächliche bzw. vermeintliche Wiederholbarkeit der Ereignisse ausgeglichen.

Auf jeden Fall nutzt sich die Achse, um die sich das Rad der Zeit dreht, ab und mit ihr auch das Gedächtnis. Das wird schon daraus ersichtlich, daß man sich in der Sippe der Buendía manchmal nicht auf seine Erinnerung verläßt, sondern Erinnerungen aufschreibt (Oberst Aureliano macht seine leidenschaftliche Liebe und seine Kriegserlebnisse zum Gegenstand dichterischer Kompositionen) oder systematisch rekonstruiert, damit sie weniger schnell in Vergessenheit geraten. Ein Beispiel dafür findet sich beim Herannahen des Endes [von Macondo] in den melancholischen Sitzungen von Aureliano Babilonia und Pilar Ternera, als diese die lange Geschichte in die Erinnerungen zurückrufen will. Schlimmer noch leidet das Gedächtnis der Dorfbewohner. Je tiefer Macondo in die vom Schicksal auferlegte Passivität versinkt, desto mehr verdunkelt sich für seine Bewohner das Bild von der Lebensgeschichte der Buendía (p. 324/440). Die überragende Gestalt des Obersten wird zu einem Namen ohne gesicherten Inhalt (p. 344/467–468), ja sogar die Geschichte von Macondo wird fehlgedeutet und verfälscht. (Während der freiwillige Gefangene Aureliano Babilonia mit seinem Scharfsinn gegen die Meinung aller die wahre Geschichte bezeugt, p. 295/399.)

Die Wahrheit hat also ihren einzigen Rückhalt in der Erinnerung, deren Dauerhaftigkeit durch die schriftliche Fixierung erhöht werden kann. (Oberst Aureliano ahnte das, als er sich zum Dichten entschloß.) Ein prophetisches Vorzeichen für den Zusammenhang zwischen Wahrheit, Erinnerung und schriftlicher Aufzeichnung findet sich zu Beginn der Geschichte von Macondo: in der von Zuversicht und Tatendrang geprägten Atmosphäre ihrer Anfänge, die nicht ohne Komik ist. Bei den Buendía wie im ganzen Dorf bricht die Schlaflosigkeit wie eine Seuche aus. Die Hauptfolge davon ist, daß die Bewohner in einen Zustand permanenter Wachheit verfallen und daher eine derartige Aktivität entfalten, daß sie alsbald keine Beschäftigung mehr haben und Spiele und allerlei Zeitvertreib erfinden müssen, um die Stunden zu füllen. Eine andere, tückische und umwälzende Folge davon ist das Schwinden der Erinnerung.

Aureliano erkennt die ersten Anzeichen dafür, und José Arcadio Buendía beschließt, überall (auf Tisch, Stuhl, Uhr usw.) ein Schild mit seinem Namen anzubringen. Da mit den Namen leicht auch die Begriffe schwinden, wird der Kampf gegen das Vergessen verfeinert und werden „Gebrauchsanweisungen" aufgestellt („Das ist die Kuh, die man jeden Morgen melken muß, damit sie Milch gibt, und die Milch muß man aufkochen, um sie mit Kaffee zu mischen und damit Milchkaffee zu machen", p. 47/61–62), ja sogar Glaubensbekenntnisse, wie z. B. das große Schild mitten auf dem Platz mit der feierlichen Aufschrift „Gott existiert" (ibd.). José Arcadio in seiner unerschöpflichen Phantasie erfindet sogar ein drehbares Wörterbuch, anhand dessen man Tag für Tag die wichtigsten Begriffe wiederholen kann [11].

Selbst dieser Kampf hätte jedoch mit dem Vergessen der Schrift sein Ende gefunden, wäre nicht Melquíades zurückgekehrt und hätte seine Freunde geheilt. Die Schrift verleiht auf jeden Fall der Erinnerung mehr Dauerhaftigkeit, ohne daß sie allerdings für immer bleibt:

> „So lebten sie in einer schlüpfrigen Wirklichkeit dahin, die sie vorübergehend mit dem Wort festhielten, die ihnen jedoch unrettbar entglitt, sobald sie den Wert des geschriebenen Buchstabens vergaßen" (p. 47/62).

Dabei ist eine Zwischenphase hervorzuheben. Die Phantasie dringt in die eigene Vergangenheit ein, je mehr diese aus dem Gedächtnis schwindet. So werden die Menschen bewußt zu Opfern der Illusion, indem sie sich eine fiktive Wirklichkeit schaffen, die frei erfunden ist, aber zugleich Trost spendet. Die Weissagerin Pilar Ternera befragt die Karten nicht mehr, um etwas über die Zukunft der Menschen zu erfahren, sondern um die ebenso rätselhaft im Dunkeln liegende Vergangenheit zu entschlüsseln. In dieser Haltung erscheint sie im hohen Alter am Ende der Geschichte. Die Ereignisse haben sich wiederholt, sie werden sich aber nicht mehr wiederholen.

Die spezifische Verknüpfung zwischen Vergangenheit und Zukunft, Zeit und Erinnerung, Erinnerung und schriftlicher Fixierung macht die Arbeitshypothese für die gesamte Erzählung aus. Deutlicher konnte sie gleich zu Beginn des Romans nicht angekündigt werden. Auf den letzten Seiten erscheint sie dann in völlig entschlüsselter Form wieder.

6. Die Spiegelung des Schriftstellers im Roman / Aureliano Babilonia, der nach dem Tod von Amaranta Úrsula, die im Kindbett gestorben war, und ihres mißgestalteten Sohnes, der von Ameisen zerfressen wurde, als einziger von den

---

[11] Es ist eine „Erinnerungsmaschine". Dasselbe Motiv findet sich auch an anderen Stellen des Romans wieder. Bemerkenswert ist dabei, daß die zuweilen automatische Verknüpfung zwischen Gegenständen und Erinnerung als „máquina de recordar" (p. 308) bezeichnet wird, wenn z. B. die alt gewordene und vereinsamte Fernanda versucht, durch ein Königinkostüm Illusionen ihrer Jugendzeit heraufzubeschwören.

Buendía übrigblieb, findet ganz am Ende des Romans den Schlüssel, um endlich die Pergamente Melquíades' zu entziffern. Mit aller seiner Kraft konzentriert er sich auf die Lektüre, welche die Lösung und das Ende bringt: Der Zigeuner hatte die ganze Geschichte Macondos bis zum totalen Untergang der Stadt genau vorhergesehen und auf diese Pergamente geschrieben. Der Untergang Macondos fällt dann auch mit dem Ende der Lektüre zusammen.

Man erkennt so die unübersehbare Parallelität – zwischen der gelebten Geschichte der Buendía und der vorhergesagten Geschichte, zwischen der linear von den Personen durchlaufenen Zeit und der Überzeitlichkeit der Vision, zwischen dem Schicksal der Buendía und dem der Stadt Macondo, die zur gleichen Zeit untergeht, zwischen der Zerstörung und dem Erlöschen der Erinnerung. (Der Sturm, der Macondo niederreißt, ist noch „voll von *Stimmen der Vergangenheit,* vom Geflüster uralter Geranien, vom Geseufze der noch vor den hartnäckigen Sehnsüchten erlebten Enttäuschungen" – p. 350/475–476 –, er hinterläßt aber eine Stadt „vom Winde vernichtet und *aus dem Gedächtnis der Menschen... getilgt*", p. 351/476–477.) Es ist eine Konvergenz von Wahrheit und Magie (Macondo wird „die Stadt der Spiegel oder der Spiegelungen", p. 351/476, genannt), des Inhalts der Pergamente und des Inhalts des Romans.

Melquíades, dessen Pergamente dieselbe Geschichte enthalten wie die im Roman erzählte, ist demnach eine Verkörperung des Schriftstellers selbst, seiner Fähigkeit, die Zeit in ihrer Linearität zu transzendieren und ihr Dauer zu verleihen (durch die Erinnerung). Aber Melquíades besitzt darüber hinaus den untrüglichen Blick des Sehers, den auch der Schriftsteller hat, wenn er sich zum Richter über die Welt und die von ihm erfundenen Menschen macht. Es ist ja Melquíades/ Márquez, der über die Unwiederholbarkeit und Unwiederbringlichkeit der erzählten Geschehnisse entscheidet, was eine Bestätigung dafür ist, daß hinter dem mitwissenden Erzähler (wie wir vermutet hatten) der richtende Erzähler stand:

> „... daß alles in ihnen [den Pergamenten] Geschriebene seit immer und für immer unwiederholbar war, weil die zu hundert Jahren Einsamkeit verurteilten Sippen keine zweite Chance auf Erden bekamen" (p. 351/477).

Mit anderen Worten: der Roman ist teils die prophetische Erzählung von Melquíades, teils der scharfsinnige Bericht des modernen Schriftstellers. Die Spaltung zwischen dem Zigeuner (Melquíades) und Márquez liefert eine wirkungsvolle Metapher für Mimesis und Distanz. Auf seiner um viele Windungen führenden Wanderung verbindet und überwindet der Autor zugleich die naturalistische Sage und die phantastische Erzählung à la Borges.

III.

1. Funktionsweise des Romans / Wenn die hier vorgelegte Analyse einigermaßen werkgetreu ist, so dürfte klar sein, wie dieser Roman „funktioniert". Wir haben es mit Personen zu tun, in denen ein seelischer Zustand, den Márquez unter dem

Begriff *soledad* subsumiert, durchgehend, aber in immer neuen Variationen dargestellt wird. Die Verwicklung der Ereignisse wird bestimmt durch die Konfrontation dieser Personen mit der Wirklichkeit, von der sie sich tendenziell abwenden, und der Begegnung mit anderen Personen, die hingegen mitten in dieser Wirklichkeit stehen. Macondo ist so sehr ein Spiegelbild der Lebensgeschichte der Buendía, daß es deren Höhen und Tiefen bis zu ihrem Untergang nachzeichnet. Der *soledad* entspricht dabei die Verurteilung zur Passivität, an der alle wirtschaftlichen und politischen Anstöße von außen nichts ändern können.

Die Geschicke der Personen stehen unter dem Einfluß einer Art Fatum: dem Hang zur Endophilie, der die Zeugung eines mißgestalteten Kindes zur Folge haben soll und am Ende tatsächlich hat. So wirken im Spannungsfeld der *soledad* zwei zeitliche Kräfte in entgegengesetzter Richtung: eine psychologische, welche die Personen in eine Welt der Erinnerung einschließen will, und eine biologisch-mythische, welche sie dazu treibt, ihr Minotauros-Schicksal zu erfüllen.

Durch die Gegenwart geheimnisvoller Kräfte und die Vormacht der Phantasie werden die Grenzen der Wirklichkeit nach außen verschoben. Zwischen der empirischen und der verborgenen Wirklichkeit entwickelt sich ein wechselseitiger Austausch, der im Idealfall durch ein Zusammenspiel von Symbolen und Hyperbeln, Metaphern und Verdinglichungen zum Ausdruck kommt. Gegenstände sind dann Zeichen, und Zeichen erhalten die Schwere von Körpern – eine Folge von Zustandsveränderungen und Reibungseffekten innerhalb einer Skala, die von der Magie ins Komische umschlägt.

Der Schriftsteller findet seinerseits eine Verkörperung in dem Zigeuner und Propheten Melquíades. In der Kontrapunktik von Seher- und Erzähler-Perspektive spiegelt sich verstärkt die schon auf der Ebene der Personen beobachtete Ausdehnung der Zeit in zwei Richtungen wider. Am Ende kehrt die Geschichte genau an den Anfang zurück, indem sich ihr tragischer Stoff in ein wunderbares Märchen auflöst, eben weil Wirklichkeit und Materialität verdrängt oder transzendiert werden.

Das hier skizzierte Schema könnte ohne weiteres stark formalisiert oder auch graphisch in einem „Modell" dargestellt werden. Die Personen könnten z. B. in ein System eingeordnet werden, in welchem Oppositionen (José Arcadio Buendía : Úrsula oder die „Aureliani" : die „José Arcadio"), kombinatorische Varianten (die verschiedenen Ausprägungen jedes „Typs" im Laufe der Familiengeschichte), Neutralisierungen (z. B. zwischen José Arcadio Segundo und Areliano Segundo) usw. festgehalten werden. Ein solches „Modell" könnte jedoch, ganz abgesehen von etwaigen verfälschenden Überzeichnungen, der Ausdehnung der Zeit in zwei Richtungen nicht Rechnung tragen, die doch unter erzählerischem Gesichtspunkt eine wichtigere Rolle spielt als die Klassifizierung [der Personen] nach Typen oder die Genealogie der Heiraten und Liebesakte. Ebensowenig könnte es die Berührungen zwischen empirischer Wirklichkeit und unsichtbaren Kräften erfassen, welche den besonderen semiotischen Reichtum des Romans ausmachen.

Nachdem ich die Bedeutung der Zeit im Roman aufgezeigt habe, möchte ich lieber noch auf die Achse einer anderen Zeit eingehen: die des Schriftstellers selbst. Selbstverständlich werden die früher geschriebenen Werke nur im Hinblick auf den hier besprochenen Roman, also (meistens) unter Abstraktion von dem jeweils werkeigenen „System" gesichtet. Es sollen lediglich Motive und Verfahren herausgearbeitet werden, die es erlauben, den Roman bald anhand von Unterschieden, bald anhand von Gemeinsamkeiten zu charakterisieren.

2. Die anderen Werke von Márquez als Schlüssel zu „Hundert Jahre Einsamkeit" / Die anderen Werke von Márquez spielen in Macondo oder nahegelegenen Orten, in denen sich Ähnliches ereignet. Zwischen diesen Werken und unserem Roman [= HJE] bestehen zahlreiche Berührungspunkte, d. h., es kommen dort Personen oder Geschehnisse vor, die auch in HJE erscheinen, oder es wird umgekehrt in HJE auf Geschichten angespielt, die dort schon erzählt worden sind. So wird in unserem Roman (p. 69) schon die „volksfestähnliche Beerdigung der alten Dame" aus der späteren gleichnamigen Erzählung (*Die Beerdigung der alten Dame* = BAD) angekündigt, ferner wird (pp. 119 und 291) erwähnt, daß der Ewige Jude vorbeigezogen sei, der im Mittelpunkt der Novelle *Un día después del sabado* (BAD) steht und dem auch einige Zeilen in *La mala hora* (= MH) (p. 49) gewidmet sind, schließlich sei an den überspannten Arzt in HJE (p. 270) erinnert, der sich von Gras ernährt. Er spielt in *La hojarasca* (*Laubsturm* = L), jedoch als Toter, eine dominierende Rolle. Außerdem stellen in den früheren Werken die Unternehmungen von Oberst Aureliano Buendía häufig einen *terminus post quem* dar. Er beherrscht wohl die Geschichte, ohne schon in sie einzutreten. Andere Personen hingegen sind bereits entwickelt, insbesondere Rebecca, stark in ihrer Einsamkeit und unerschrocken trotz des auf sie lauernden Gattenmords (L, pp. 19, 61–64; BAD, pp. 87–91). Da sie sich aber noch nicht in der Schicksalsbahn der Buendía bewegt, ist sie verschont von jener unheimlichen *soledad*, die sie in HJE umfängt. Sogar der apokalyptisch anmutende Untergang Macondos ist bereits in L vorgesehen („falls bis dahin nicht der Endwind geweht hat, der Macondo hinwegfegen wird, seine von Eidechsen wimmelnden Schlafzimmer und seine schweigsamen, von ihren Erinnerungen verstörten Bewohner", p. 129/185).

Im Rahmen der Diachronie bleibend, lohnt es sich, im folgenden aus den anderen Werken Themen, Motive und Tendenzen zusammenzutragen, die in HJE schärfere Konturen gewinnen. Beispielsweise ist häufig von der Ahnung eines Schicksals die Rede, welches das menschliche Tun lenkt. Der Oberst in L sagt es (p. 99), ebenso wird es wiederholt von den Akteuren in MH empfunden. Auch die Endogamie erscheint am Horizont: Die Vorfahren Isabels waren Vettern (L, p. 39), und die alte Dame aus BAD herrscht über ein Netz von Verbindungen, „innerhalb dessen die Onkel sich mit den Töchtern der Nichten verheirateten, die Vettern mit den Tanten, die Brüder mit den Schwägerinnen, bis sich schließlich ein verwickeltes Knäuel von Verwandtschaftsbeziehungen gebildet hatte, das die Fortpflanzung in einen Teufelskreis verwandelte" (p. 129/118). Die Personen haben bereits einen unverwechselbaren Geruch an sich (ibd., p. 110). Der

Jasmingeruch ist noch nach Jahren zu riechen, er ist so treu wie die Geister (L, p. 66). Anders als in unserem Roman sind jedoch alle diese Motive noch nicht in ein konsistentes System gebracht.

In noch größerer Nähe zu HJE steht das Motiv der Wirklichkeitsverneinung und -fremdheit. Es begegnet uns, angefangen bei der Witwe von Montiel, „die nie in direktem Kontakt mit der Wirklichkeit gestanden hatte" (BAD, p. 78/156), bis zu Pater Antonio Isabel, „der für gewöhnlich durch eine Welt kosmischer Nebel wandelte" (ibd., p. 90/166); der den Hang hatte, „sich auf metaphysischen Bergpfaden zu verirren" (ibd., p. 93/168); der schließlich – und darin enthüllt sich die Ironie Márquez' gegenüber einer Haltung, die ihm doch selbst sehr vertraut sein muß – „so heikel [tiefsinnig] geworden war", „daß er seit mindestens drei Jahren in den Augenblicken der Meditation an nichts mehr dachte" (ibd.). Außerdem ist da noch der merkwürdige Martín, der „noch abstrakter und unwirklicher" war (L, p. 73/104), der stets mit einem „Schleier der Unwirklichkeit" (ibd., p. 72/102) umhüllt war. Er heiratet Isabel und schenkt ihr einen Sohn, ohne daß sie ihn je als Mensch aus Fleisch und Blut gesehen hat. Er verschwindet auf wundersame Weise und hinterläßt nur den leisen Verdacht, alle an der Nase herumgeführt zu haben. Trotz der nur wenigen Zeilen ist auch der Postbote nicht zu vergessen, der Liebesgedichte an eine Kollegin telegraphiert, die er noch nie gesehen hat (MH, p. 100).

Adelaida in L (p. 58) ist gleichsam ein Modell für Fernanda. Man denke an ihre nach außen gekehrte Prunksucht, die ihr erlaubt, sich gegenüber ihrer Umwelt hervorzutun, sie aber zugleich in die Isolierung drängt, und ihre unzeitgemäße Prüderie, die sie blind macht gegenüber dem Leben in der Welt. Zwei weitere Gestalten könnten sogar enge Verwandte der Buendía sein: zum einen der geheimnisumwitterte Arzt aus L, der aufhört zu praktizieren, um nicht seine Papiere zeigen zu müssen, aus denen sein Name ersichtlich wäre (es ist ein Veteran, vielleicht von hohem Rang, aus den Feldzügen Aurelianos). Er zieht sich auch äußerlich völlig zurück in eine beängstigende Einsamkeit, die noch durch einen Mordverdacht (die Geliebte Meme ist auf unerklärliche Weise verschwunden) und durch den Haß der Stadtbewohner verschlimmert wird, den er auf sich lud, als er bei dem Blutbad nach dem Bürgerkrieg die Verwundeten im Stich ließ. In dieser Einsamkeit wartet er auf den Tod und erhängt sich schließlich, weil er nicht mehr warten kann.

Die zweite Gestalt ist der unvergeßliche Oberst aus *El coronel no tiene quien le escriba* (Kein Brief für den Oberst = KBO), auch er ein alter Kriegskamerad von Aureliano. Er lebt mit seiner Frau in mit Stolz ertragener Armut, und er wartet seit fünfzehn Jahren auf die ihm zustehende Pension. Jeden Freitag, wenn die Schaluppe mit der Post ankommt, ist er dort und geht mit immer neuer Erwartung die Briefe durch, doch immer sind sie für andere, nie für ihn. Es ist geradezu ein Warten auf die Endzeit, denn im Grunde weiß er, daß die Pension nie eintreffen wird. Das Warten wandelt sich jedoch und richtet sich auf etwas Näherliegendes und Konkretes, wie es das Verfahren der Verdinglichung von Bildern will, das in

HJE konsequent eingesetzt wird. Aus dem Warten wird die Hoffnung auf die Erfolge des Kampfhahns, für dessen Ernährung der Oberst und seine Frau sich buchstäblich das Essen vom Mund absparen.

Der Hahn ist ein Symbol mit doppelter Bedeutung. In ihm finden die Hoffnungen des Obersten ihren sichtbaren Ausdruck, er erinnert aber zugleich an ein früheres tragisches Ereignis: Der Sohn des Obersten, der das Tier liebevoll aufgezogen hatte, wurde von der Polizei getötet. So verbindet sich mit dem Hahn ein Gefühl der Solidarität mit dem unterdrückten Volk, und der Sieg des Hahns könnte die einzig mögliche Rache der Ohnmächtigen und des zum Hungern verurteilten Obersten sein: eine Rache, die natürlich nicht zustande kommen wird.

In KBO, aber auch in den anderen Werken, sind politische Anspielungen offenkundiger als in unserem Roman. Es ist die Zeit der wiedererstarkten Reaktion auf seiten der Regierung, die sich die Müdigkeit und Erschöpfung nach den letzten Erschießungen, Racheakten und Gewalttaten zunutze macht. So treten in diesen Werken allerhand korrupte und das Gesetz „großzügig" auslegende *alcaldes* auf. (Sowohl in L, p. 37, als auch in MH, p. 86, werden ihre undurchsichtigen Reden bei der Frage „Cuanto?" plötzlich klar.) Hinzu kommen Grundbesitzer, die sich an den Gütern der Hingerichteten, die sie vielleicht selbst verraten hatten, bereichern (Don Sabas in KBO und MH, José Montiel in BAD und MH). Die alten Verschwörer sind zum Verteilen von Flugblättern degradiert und können sich allenfalls, wie der Zahnarzt in BAD (pp. 23–26) und MH (pp. 68–70) schadlos halten (eine Szene, die in ihrem Kern wiederaufgenommen wird und deren Abwandlung eine Untersuchung wert wäre). Der Zahnarzt läßt den Alkalden einen Teil seiner Sünden abbüßen, indem er ihm einen eitrigen Zahn ohne Betäubung ausreißt: „Sie zahlen mir das durch einen vielfachen Tod, Herr Bürgermeister" (BAD, p. 25). Alles wird mit einem falschen Glanz von innerem Frieden überzogen: „Dies ist ein glückliches Dorf" (p. 89), sagt der Alkalde in MH – ein Satz, dem wir auch in unserem Roman begegnet sind.

Stets bleibt Márquez in gleicher kühler Distanz. Der Verdrängung, wie wir sie in HJE beobachtet haben, entspricht hier jedoch eine Fülle von Anspielungen und furchterregenden Verkettungen. Daran läßt sich das Vorhandensein einer rigorosen moralischen Betrachtungsweise, eines sicheren Urteils prüfen und eine Bestätigung dafür finden, daß die größere Vagheit und Suggestivität in HJE eine unter künstlerischem Gesichtspunkt vollkommen vertretbare Folge der märchenhaft-phantastischen Grundstimmung des Romans ist. Die anderen Werke sind also ein Schlüssel für das, was in HJE nur angedeutet worden ist. Sie bestätigen das berühmt-berüchtigte Massaker an den Gewerkschaftsführern als „wahre Begebenheit" (BAD, p. 100), vertiefen die sozialpsychologische Deutung der Apathie, die das Ende des Booms der Bananengesellschaft bei den Bewohnern in Macondo hinterläßt (L, p. 122; KBO, p. 84), und sprechen schließlich so deutliche negative Werturteile aus, daß sie hier nicht mehr erklärt zu werden brauchen.

3. Auf dem Weg zur „Wirklichkeit als phantastischer Vision" / Im Mittelpunkt von

L und KBO steht eine einzige Gestalt, mag auch im letzteren Fall durch die
Fäden, die bei dem Obersten zusammenlaufen, schon eine Art topographische
Beschreibung des Dorfes gegeben sein. In BAD hingegen liegt eine Mehrstimmigkeit vor, die in MH und in HJE fortgesetzt wird. Diese Polyphonie wird allerdings
in BAD durch Reihung erreicht, denn es handelt sich um Novellen, die zum Teil
auch schon miteinander in Zusammenhang stehen. Die Struktur von MH weist
demgegenüber eine Komplexität und Stringenz ähnlich der unseres Romans auf.

Die nächtlichen Anschläge an den Häusern geben dem, was zunächst nur
gemunkelt wird, aber meist auf Tatsachen beruht, einen „offiziellen" Charakter,
sie lösen Skandale, Verleumdungen, Panik und Hysterie aus, sie sind eine Art
öffentliches Bekenntnis des Dorfes, ein Bekenntnis seines schlechten Gewissens,
und stürzen die Betroffenen in tiefe Angst. Diese Anschläge sind ein Zeichen für
die Lebendigkeit der Erinnerungen, die man tot glauben wollte, sie gehören
bereits auf jene Spirale Vergangenheit – Gegenwart, wie sie uns aus HJE bekannt
ist. (In gewissem Sinne wird dort auch auf diese Episode angespielt, als nämlich
alle zur Zeit der Seuche der Schlaflosigkeit nicht nur die Bilder ihrer eigenen
Träume vor sich sehen, sondern auch die der anderen, p. 47.) Schlüsselmotiv des
Romans [MH], in dessen Mittelpunkt ein rühriger, korrupter und zugleich
skrupulöser Alkalde steht, ist jedenfalls die Überschneidung zweier Ebenen: der
Erinnerung, die von Untaten weiß, die sich kaum hinter einer Fassade der
Unbescholtenheit verbergen lassen, und des Widerstands gegenüber der politischen Unterdrückung, deren Kaschierung als „demokratische Legalität" niemandem glaubwürdig erscheint. Außer den Anschlägen tauchen auch illegale Plakate
der Opposition auf, und der Alkalde, der nur ungern Nachforschungen über die
Anschläge eingeleitet hatte, enthüllt schließlich mit dem Todesurteil gegen einen
oppositionellen Plakateankleber den ganzen repressiven Charakter der Regierung
und löst damit einen Guerillakrieg aus.

Márquez verfeinert in HJE die Konstruktionsprinzipien aus MH, vor allem
aber läßt er nun dem Phantastischen freien Lauf. Dabei ist meines Erachtens
besonders wichtig, daß er auf eine Epoche weit vor der Zeit des Oberst Aureliano[12]
zurückgreift, auf eine Zeit der Pioniere und Patriarchen, in der Mythos und Magie
eher Raum finden. In einem solchen Rahmen einer primitiven Gesellschaft
konnten Wunder und Weissagungen Melquíades', der minotaurische Fluch, ja der
Hang zur Endophilie eine Basis finden für die erzählte Geschichte, die nahe
unserer eigenen Zeit endet. Der Schriftsteller hat also einen Abstand geschaffen;
und eine Art von Abstand entsteht auch durch die dauernde Verknüpfung von
Roman und Pergamenten, so daß sich der Roman streckenweise überschneidet mit
den rätselhaften Prophezeiungen des Zigeuners. Durch diesen Abstand wird

---

[12] Durch die Bezugnahme auf Aurelianos Untersuchungen am Anfang behält der Oberst
die Funktion, die ihm auch in den anderen Werken zukommt, nämlich eine Grenze zu
markieren. Allerdings ist es dort eine Grenze *post quem*.

außerdem die Komik unterstrichen, die in den anderen Werken über die Stufe der Ironie oder des versteckten Lächelns nicht hinausgekommen war.

Die wichtige Rolle der Distanzierung und der Explizitierung des Erzählaktes wird bestätigt durch die prototypische Erzählung BAD, die zu den besten von Márquez gehört und unserem Roman mit am nächsten steht. Das Erzählen wird von Anfang an explizit gemacht, scherzhaft-anbiedernd und scheinbar pathetisch („Hier, Ungläubige der ganzen Welt, folgt die wahrhaftige Geschichte von der alten Dame", p. 127/115), bis hin zu den letzten Zeilen der Erzählung („Nun brauchte nur noch jemand einen Hocker vor die Tür zu stellen, damit dieses Ereignis, Lehre und Mahnung für künftige Generationen, erzählt würde...", p. 147/146). Dadurch, daß der Erzähler [zeitlich] auf Distanz geht und sich selbst in den Vordergrund rückt, kann er auch ferne Ereignisse miteinander verbinden, sie ohne weiteres abspalten, d. h. aus den minutiösen, realistischen Beschreibungen, wie sie die anderen Werke kennzeichnen, herausschälen und aus der Bindung an Dialoge, Pausen und Gemütszustände befreien. In der Tat sind die (absolut gelungenen) Dialoge aus den früheren Erzählungen in der Novelle BAD gänzlich verschwunden, und wenn sie in HJE wieder auftauchen, sind sie von so einer tragenden Bedeutung, daß sie oftmals einer apodiktischen Behauptung, einem historischen Ausspruch gleichkommen. Demgegenüber verwendet der Erzähltext in der Novelle BAD wie auch in HJE eine hektische, [den Leser] mitreißende Syntax, die mit dem maßvollen Tempo in anderen Werken nicht zu vergleichen ist.

Durch diese Distanz gegenüber den Ereignissen und Personen, die stets mit größter Genauigkeit erfaßt, aber in die Sphäre des Phantastisch-Visionären hineingerissen werden, wird Márquez in seinem Spätwerk zu einem „Visionär der Wirklichkeit". Ein großartiges Beispiel dafür ist die Novelle KBO, die von einem anfangs eher epischen Erzählstil rasch zum Satirischen und Grotesken übergeht. Márquez baut seine Erzählung auf einer komisch-pathetischen Beschreibung vom Ende der jungfräulichen Matriarchin und großen „Königin" von Macondo auf, wendet sich dann aber einem satirischen Symbolismus zu. Als die Mamá Grande ihre menschlichen Züge verloren hat, wird sie zur burlesken Figur eines krassen reaktionären Spießbürgertums. In ihrem geistigen Testament sind mit überzeugender Kraft alle Gemeinplätze konservativen Denkens aufgezählt – von den Flaggenfarben bis zur Gefahr des Kommunismus, von den Rechten des Mannes bis zu den Schönheitsköniginnen, von der „freien und doch verantwortungsbewußten Presse" bis zur lateinamerikanischen Athene, von der Reinhaltung der Sprache bis zur christlichen Moral. Wie sich herausstellt, beruhte ihre „Mildtätigkeit" auf der raffinierten Ausnutzung von Wahlumtrieben, der geheimen Bewaffnung eigener Partisanen, der öffentlichen Hilfe für deren Opfer und der „großzügigen" Verteilung von Pfründen und Sinekuren.

Groteske Übertreibung und Komik münden schließlich in ein wildes, volksfestähnliches Treiben. Während die Leiche der Mamá Grande unter einem Berg von Telegrammen in der tropischen Hitze von Macondo zu verfallen beginnt und dringend ihre Einbalsamierung vorgenommen werden muß, verbringt das Parlament Monate damit, einen Weg zu finden, damit der Präsident entgegen dem allgemeinen Usus an der Beerdigung teilnehmen kann. Unterdessen beschließt auch der Papst von Castelgandolfo aus, wo er eine berühmte Polizeiaktion (Suche nach dem Kopf einer enthaupteten Frau) verfolgt hatte, an der Leichenfeier teilzunehmen. Das Geläut der Glocken vom Petersdom verbindet sich mit dem, welches von Macondo herüberschallt, als der Papst auf einer Gondel voller Krämer, die sich gute Geschäfte erhoffen, nach Amerika aufbricht. Begleitet vom Heiligen Vater, der sich heftig Luft zufächelt, und dem Präsidenten, der dank eines juristischen Tricks doch noch hatte kommen können, findet Mamá Grande endlich ihre letzte Ruhe, eingehüllt in eine „Ewigkeit aus Formaldehyd" (p. 207/143). Hinter dem Prunk des Begräbnisses verbirgt sich die rauhe Wirklichkeit: lauernde Geier und eine Spur von Unrat, die der Leichenzug hinterlassen hat. Alle werden jedoch wie durch einen Windhauch von dem Seufzer der Erleichterung, der durch die Massen geht, erfaßt: Die Welt kann sich (vielleicht) noch ändern. García Márquez' Ironie und herbe Komik bringen dieses *vielleicht* zum Ausdruck.

9. Funktionen, Oppositionen und Symmetrien im Siebten Tag des *Dekameron*

0. Der Siebte Tag des *Dekameron*[1] ist zweifellos der kompakteste, sowohl, was die Verbindung der Teile untereinander, als auch, was die Einheit für sich genommen angeht: Die darin vereinigten Novellen behandeln – mit Ausnahme von X, einer Geschichte mit freiem Thema, wie es der Spielraum erlaubt, den sich der Autor für jeden Tag vorbehalten hat – ein und dasselbe Thema (die Sechste Novelle weicht von diesem Prinzip nicht ab, sie bildet nur eine komplexere Variante). Es ist ein Thema, das andererseits in genau der hier behandelten Ausprägung im *Dekameron* nicht noch einmal vorkommt. Es handelt sich um ein Motiv, das in der Folklore der ganzen Welt (und, wohlbemerkt, nicht nur dort) weit verbreitet ist: das Liebesdreieck vom Typ „Ehemann–Frau–Liebhaber der Frau" mit einem festen Handlungsschema: Der Frau gelingt es, indem sie ihren Mann durch eine Finte hinters Licht führt, einen Ehebruch zu begehen, diesen zu verheimlichen und meistens weiter auszukosten. Nicht von ungefähr ist der Ort der Erzählung das Frauental.

Dieser Tag scheint also geradezu für eine formalistisch-semiotische Analyse geschaffen worden zu sein. Seine strukturelle Homogenität steht der einer zielgerecht ausgewählten Gruppe von volkstümlichen Erzählungen oder Märchen in nichts nach. Hinzu kommt noch die Homogenität, die sich aus der Urheberschaft eines und nur eines Autors, mithin der einheitlichen Lebensauffassung ergibt, auf die sich die Geschichten beziehen, sowie der Symbole, in der diese zum Ausdruck kommt. Die Tatsache, es mit „signierten" (und mit was für einem Namenszug versehenen) Werken zu tun zu haben, lädt dazu ein, Wege der Schematisierung oder Formalisierung zu erproben, um eine möglichst große Zahl von „Werten", die ein Text in sich birgt, zu erschließen. Mit anderen Worten: es geht nicht mehr darum, von Funktionen oder schematischen Darstellungen, die aus der Analyse von Texten mit geringem stilistischem Koeffizienten (Märchen, Kriminal- oder Abenteuerromane usw.) abgeleitet wurden, auf einen literarischen Text zu extrapolieren, sondern darum, diese Funktionen im Text selbst auszuma-

---

[1] Zit. nach der deutschen Übertragung von *Karl Witte,* Berlin/Weimar ⁷1975. Die Periodenangabe vor der Seitenzahl entspricht der italienischen Ausgabe von *V. Branca.* Florenz ⁵1965. Keine Seitenzahl bei einer im Kontext notwendigen Neuübersetzung.

chen – mit dem, wie wir noch sehen werden, fernen, schier wahnwitzigen Ziel im Auge, manchmal Eigentümlichkeiten seiner Literarizität zu erfassen.

Ein Beispiel. Es ist diskutiert worden, ob die Funktionen einer Erzählung die Personen (Aktanten)[2] in sich aufgehen lassen können; es ist versucht worden, zwischen konstitutiven Faktoren der Handlung und etwaigen begleitenden (ja sekundären?) Triebkräften zu unterscheiden. Wir werden sehen, daß wenigstens hier nicht von den Eigenschaften – ich möchte sogar sagen: vom Familienstand – der Personen abstrahiert werden kann und daß die materielle Bedeutung der sichtbar wirkenden Kräfte gleich viel wiegt wie die verhalteneren und feinverwobenen Motive. In den folgenden Analysen wird alles in allem versucht, die große Zahl der beteiligten Elemente und die Komplexität der zwischen ihnen bestehenden Beziehungen aufzuzeigen: Würde man auch nur eines im Interesse der Vereinfachung der Beschreibung aufgeben, so bedeutete dies ein Opfern der Materialität und der Pluridimensionalität des Textes auf dem Altar der Theorie: ein Opfer, das sich im Rahmen literarischer Forschung nicht auszahlt.

Wie sich in der hier durchgeführten Analyse zeigen wird, bilden die in einer spezifischen Abfolge geordneten Funktionen in der Tat Momente der Handlung, und der allgemeine Rahmen, in dem sie stehen, wird nach und nach durch Schemata und graphische Darstellungen ausgefüllt, die die Beziehungen zwischen den Personen oder Beziehungen zwischen polaren Größen (Oppositionen) oder komplementären Elementen angeben; letztere spezifizieren (benennen) entweder das konkrete Milieu der erzählten Welt oder abstrakte Gegebenheiten (Leitbilder), wie sie im Handeln der Personen und ihrer (vom Autor gewollten) Sicht der Dinge festgestellt werden können. Darüber hinaus wird versucht, auch die Benennungen der Motive, Begriffe und Ausdrücke, die nicht so sehr Leitmotive als vielmehr Vektoren der Erzählung[3] bilden, zu berücksichtigen. Sie liefern auf der sprachlichen Ebene eine Gegenprobe zu den auf der begrifflich-inhaltlichen Ebene ermittelten Schemata. In demselben Rahmen, aber zugleich in gründlicherer Form wird versucht, die stilistischen Korrelate der Erzählstrukturen zu erfassen, um, soweit möglich, zu einer Bestätigung der vom Autor selbst vom ganzen Text gegebenen Beschreibungs- und Interpretationsskizze zu gelangen.

---

[2] Nach der Terminologie von *A. J. Greimas*, op. cit. 1970, pp. 253 ff., sind *Aktanten* Personen in ihrer Eigenschaft als semantische Einheiten des Erzählgerüsts, *Akteure* sind Personen als lexikalisierte Einheiten. Meine Analyse bezieht sich auf die Ebene der *Akteure*, denn die Rolle von ‚Ehemann', ‚Frau' und ‚Liebhaber der Frau' ist identisch mit ihrem rechtlichen (bzw. rechtswidrigen) Status, einer notwendigerweise lexikalisierten Position.

[3] Motivierungen und Vektoren (anders gesagt: Ursachen und Mittel der Überlistung) sind in Novelle II identisch. In dieser soziologisch fein ausgearbeiteten Geschichte treibt die Armut die Frau in die Arme des geliebten Jünglings und ermöglicht auch den Ehebruch („Sie verabredeten beide, daß der Jüngling zur Stelle sein solle, wenn ihr Mann – wie er es alle Tage tat – früh zur Arbeit oder auf Suche nach Arbeit fortgehe", pp. 84–85). Ebenso verführt die Armut den Ehemann zum Verkauf des Fasses, in dem der Liebhaber versteckt ist, welcher

1.1. Ich möchte in der Reihenfolge abnehmender Schematisierung vorgehen. Die ersten Beschreibungselemente entnehme ich Boccaccio selbst, der uns ganz in die Nähe einer *analyse du récit* im modernen Sinne führt. Das Thema des Siebten Tages stellt Boccaccio so dar:

> [An diesem Tag] wird von manchem Schabernack erzählt, den die Frauen – entweder aus Liebe oder um sich aus der Not zu helfen [3a] – ihren Ehemännern zugefügt haben, gleichviel, ob diese dahinterkamen oder nicht.

Dabei werden vor allem drei Elemente herausgestellt: der Streich („Schabernack"), die Spezifizierung „entweder aus Liebe oder um sich aus der Not zu helfen" und als weiteres Merkmal: „gleichviel, ob diese dahinterkamen oder nicht".

1.2. Der Streich (*la beffa*) dient nicht nur zum Selbstschutz, sondern auch zur Demütigung des Ehemanns, der von der Klugheit und Gewitztheit der Frau überrundet wird [4]. Und Boccaccio präzisiert ausdrücklich, ob es sich um plötzliche Eingebungen des Verstandes in der Not der Stunde handelt („von einer plötzlichen Eingebung erleuchtet" III 27/p. 95; „der Frau aber schärfte Amor nun mit einem Ratschlag den Verstand" IV 16/p. 101) oder ob sozusagen eine konstitutionelle Überlegenheit im Spiel ist (hier die Opposition zwischen dem von der Frau ausgesagten „durch ihre List" VIII 50/p. 143 und dem auf den Ehemann gemünzten „in seiner Dummheit" VIII 4). Während aber im ganzen die Klugheit der Frau häufiger durch Taten gezeigt als in Worten ausgedrückt wird, fehlt es nicht an Hinweisen auf den Stumpfsinn und die Tölpelhaftigkeit des Ehemanns („der einfältige Kerl" III 29/p. 95; „der Dummkopf" IV 13; „alberner Entschluß" IV 17/p. 102 usw.). Beides abwägend, weist die Frau selbst in V 52–53 darauf hin: „Du bist nicht weise ... Je törichter und dümmer du dich erweisest, desto geringer wird mein Ruhm ... blind sind die Augen deines Geistes" (pp. 114–115). Hier sind die

---

sich sogleich in einen kritischen Käufer verwandelt (Vektoren: „zur Arbeit oder auf Suche nach Arbeit fortgehen" 9/p. 85; „es sieht ja aus, als ob du heute nicht arbeiten wolltest" 14/p. 86; „ich tue Tag und Nacht nichts weiter als spinnen" 14/p. 86; „Du kommst mir heim, anstatt zu arbeiten" 15/p. 86; „... anstatt zur Arbeit zu gehen" 18/p. 87; „ich bin fortgegangen, um zu arbeiten" 20/p. 87 usw.). Wohlbemerkt: Selbst im Aufbranden der Gefühle ist die Ursache des Ehebruchs zugleich Mittel der Überlistung; so beschwört (14–18/pp. 85–87) die Frau zwar Elend und Mühsal ihres Lebens, um ihre eigene Schuld mit den Gewissensbissen ihres Mannes zu überdecken, es ist aber eine ganz reale Not und Mühsal. Durch dieses Vorgehen unterscheidet sich die Novelle erheblich von ihrer Quelle (Apuleius, *Metamorphosen* IX, 5), in der die Frau „postrema lascivia famigerabilis" ist und ihre Vorwürfe über die Plagen der häuslichen Arbeit nicht der Wahrheit entsprechen.

[3a] [Situationsadäquater als „zu eigener Rettung", dt. p. 71; Anm. d. Ü].

[4] Zum Motiv des „Streichs" vgl. *A. Fontes-Baratto: „Le théme de la ‚beffa' dans le ‚Décaméron'"*. In: *Formes et significations de la ‚beffa' dans la littérature italienne de la Renaissance,* hrsg. v. A. Rochon. Paris 1972, pp. 11–44.

Streiche in der Tat die fast immer von den Erzählern und vom Autor gebilligte
Rache für Haltungen, die dem Menschenbild Boccaccios widersprechen: Eifersucht (IV, V, VIII), Bigotterie (I, III). Es ist symptomatisch, daß dort, wo diese
Rechtfertigung fehlt, die Lüge weniger ausgeklügelt ist (II), oder es tritt umgekehrt
an die Stelle des negativen Motivs (Eifersucht, Bigotterie) ein positives seitens der
Frau: Liebe (VI, VII, IX: Wohlbemerkt wird hier, so in VI, der Ehemann mit einer
gewissen Achtung, ja sogar Sympathie gesehen und erzählt Boccaccio in IX den
Streich nicht ohne moralische Ermahnung). Daraus ergibt sich eine erste Opposition: die zwischen negativen Motiven (Eifersucht und Bigotterie des Ehemanns)
und positiven Motiven (Liebe der Frau zum Liebhaber). Diese Opposition hat
zugleich einen gesellschaftlichen Aspekt: die bigotten und eifersüchtigen Ehemänner sind immer mehr oder weniger reich; einer hat sogar die Ambitionen eines
Parvenü, der durch Heirat in den Adel aufzusteigen hofft (VIII: „durch seine
Ehefrau zum vornehmen Mann werden" 4/p. 133). Die Liebenden, die ihnen
gegenüberstehen, sind Ausdruck eines Ideals, in dem Jugend, Anmut, Schönheit
und Sinnlichkeit zusammenkommen. Der Liebhaber ist immer *jung* (I 6; II 8; III
4; IV 6; V 11; VI 5; VIII 5; IX 6; in VII ergibt sich seine Jugend sozusagen aus
seiner Lebensgeschichte), oft *schön* (I 6; V 11; IX 6) und/oder *anmutig* (II 8; III 4;
IX 6) oder *liebenswürdig* (V 11; VI 5). Manchmal kommen genauere Charakterisierungen hinzu: *humorvoll* (I 28; was daran zu erkennen ist, wie herzhaft lachend er
auf die gescheiterte Verabredung reagiert), fein gekleidet und dichterisch begabt
(III 7), *geschickt in allen seinen Unternehmungen* (IX 6). Manchmal wird der
Jüngling von der Frau belohnt, nachdem er sie lange umworben hatte (VIII 5);
oder aber die Liebe entbrennt in dem Jüngling auf das Gerücht hin, wie wir es von
den Troubadouren kennen (VII 5)[5]. Nicht von ungefähr bietet sich der Jüngling in
Novelle VII (Ludovico), nachdem er nirgends anders als am Hofe des Königs von
Frankreich „die besten Sitten und viele schöne Dinge erlernt hatte", als ehrerbietiger Diener an und gewinnt die Gunst der Frau: durch sein Seufzen, das galante
Zugeständnis, sich beim Schachspiel von der Dame besiegen zu lassen (13), und
die – wiederum den höfischen Regeln des Frauendienstes gehorchende – Zusicherung, daß es schon Erfüllung bedeute, lieben zu dürfen, auch ohne Erwiderung
(20). Nur in der Zweiten Novelle scheint der Liebhaber von höherem Stande zu
sein als der Ehemann, wie es ja sein muß in einer Geschichte, in welcher der
Ehebruch der Frau ein Mittel ist, um sich für die Armut und die dadurch bedingte
Eintönigkeit des Lebens (vgl. oben Anm. 3) schadlos zu halten. Die Opposition
jung *vs* alt wird nur in Novelle IX[6] als kausales Moment ausdrücklich ausgespielt.

---

[5] In dieser Novelle schafft der Kontrast zwischen dem „höfischen" Klima des Anfangs
und der Grausamkeit des Streichs einen Bruch auch stilistischer Art, der von *V. Branca:
Boccaccio medievale.* Florenz ³1970, pp. 127–132, treffend herausgearbeitet wird.

[6] Es handelt sich dabei um eine glückliche Neubearbeitung des Stoffs der *Comedia Lidiae*
von Matthäus von Vendôme (in *E. Du Méril: Poésies inédites du Moyen Age.* Paris 1854,
pp. 350–373), wobei Boccaccio auf eine wenigstens teilweise Rechtfertigung des Verhaltens

1.3. Die Spezifizierung „aus Liebe oder um sich aus der Not zu helfen" bringt eine andere Unterscheidung ins Spiel, die nicht mehr auf der Motivierung der Untreue, sondern der Lüge und List beruht. In einigen Fällen kommt jedenfalls, wie wir noch sehen werden, der Ehebruch nach dem Streich bzw. mit Hilfe des Streichs zustande (V, VII, IX): Der „aus Liebe" ausgeheckte Streich ist also eine unbedingt notwendige Zwischenstation zum Ehebruch. In den anderen Fällen dient der Streich dazu, die vom Ehemann ertappte Frau zu *bewahren,* und zwar *bewahren* im weitesten Sinn des Wortes: ihren Ruf und sogar vor weiterem Liebeshandel. Die Unterscheidung erlaubt eine klare Einteilung der Geschichten in solche mit (wenn auch immer nur annähernd) höfischem Charakter und solche, in denen Liebe ausschließlich im naturalistischen Sinn verstanden wird. Im wesentlichen handelt es sich um die in 2.2 dargestellten Typen A und B.

1.4. Die letzte von Boccaccio eingebrachte Unterscheidung ist die zwischen Streichen, die ausgeführt wurden, so daß „[die Ehemänner] dahinterkamen oder nicht". Hier wäre es angebracht, die vorgeschlagene binäre Opposition durch eine Dreiteilung zu ersetzen. Denn einerseits gibt es Novellen, in denen es durch den Streich gelingt, die Untreue vor dem Ehemann zu verheimlichen (I, II, III, V, VI), in einer anderen wiederum findet der Ehemann sich damit ab, vor dem Ehebruch, den er mit Sicherheit erkannt hat (IV, VIII), die Augen zu verschließen, und schließlich gibt es solche, in denen ein sehr viel raffinierteres Vorgehen an den Tag gelegt wird: die Frau betrügt ihren Mann absichtlich in dessen Gegenwart oder macht Anstalten dazu, und zwar unter Bedingungen, daß er sich davon überzeugen kann, daß der Treuebruch inexistent ist (VII, IX). Während ich später (4.2) die Analyse dieser Geschichten aus der Sicht der Opposition wahr *vs* falsch aufgreifen möchte, soll an dieser Stelle nur aufgezeigt werden, wie sich diese Unterscheidungen zu den übrigen verhalten. Die zweite Gruppe innerhalb der Dreiteilung (IV, VIII) gehört zu den Novellen, in denen das Motiv der Untreue Eifersucht ist: wenn der Ehemann so tut, als wisse er nichts von der Schmach, obwohl sie ihm doch bekannt ist, so bedeutet dies für ihn eine Art Revanche[7]. Die dritte Gruppe (VII, IX) fällt unter die Spezifizierung „aus Liebe" und nicht: „um sich aus der Not zu

---

der Frau abzielt. Eigentümlich ist bei Boccaccio auch das Argument des Klassengegensatzes, welches das als Kupplerin auftretende Kammermädchen Lusca benutzt, um die Zweifel Pyrrhus' zu zerstreuen („Glaubst du etwa, daß Nocostratus, wenn du eine schöne Frau, Mutter, Tochter oder Schwester hättest, die ihm gefiele, sich auf die Treue besänne, die du ihm in Hinsicht auf seine Frau jetzt halten willst [...] Laß uns drum die Herren und die Ihrigen genauso behandeln, wie sie es mit uns und den Unsrigen tun" 24–26/p. 149).

[7] Eine Revanche, die im übrigen auch stilistisch zum Tragen kommt (vgl. *U. Bosco: Il Decameron. Saggio.* Rieti 1929, p. 183), liegt vor, wenn in VIII der betrogene Ehemann, der seine Frau zu verprügeln glaubte (in Wirklichkeit war es das Kammermädchen) und „sie mit den häßlichsten Schimpfwörtern bedachte, die je einem liederlichen Weib gesagt wurden" (19/p. 136), anschließend selbst von den Schwägern „mit den wüstesten Beschimpfungen, die je ein verkommener Kerl einstecken mußte" (49/p. 143), überschüttet wird.

helfen"; denn zu soviel verletzender Kaltblütigkeit ist doch nur fähig, wer gezielt „auf eigenem Feld spielt", zu einem von ihm gewählten Zeitpunkt und an einem von ihm geplanten Ort. Man braucht nur Madonna Beatrice (VII) zu hören, wie sie zu ihrem Liebhaber sagt, es werde ihnen aus dem grausamen Streich „allerlei Nutzen und Spaß entstehen" (39/p. 130).

Der mittlere Typ (IV, VIII) stellt eine Art Nullform gegenüber den beiden anderen dar, in denen entweder die Wahrheit verheimlicht oder ans Licht gebracht und dann als falsch hingestellt wird. Die beiden Extremtypen sind auch durch eindeutige Oppositionen voneinander unterschieden. Wenn die Täuschung ausgeführt wird, „ohne daß der Ehemann dahinterkommt", unterstreicht der Autor auf offensichtlich ironisch-komische Weise die Festigung der Beziehung Ehemann + Ehefrau: die Frau bekräftigt, während sie gleichzeitig ihren Mann betrügt, überschwenglich die enge Bindung zu ihrem Mann, damit dieser weniger Verdacht schöpft oder sein Verdacht zerstreut wird. So ist die in I beschriebene Posse durch Bekräftigungen folgender Art gekennzeichnet: „Ich hätte *allein* niemals den Mut gehabt, es [das Gebet] auszuprobieren; *jetzt aber, wo du hier bist*, möchte ich, daß wir hingehen und das Gespenst beschwören" (24/p. 80); oder: „sie gingen leise *miteinander* zur Haustür" (25/p. 80), bis hin zur improvisierten Formel, mit der das Gespenst beschworen wird: „Verschwinde und lasse mich in Ruh und *meinen guten Gianni* dazu!" (27/p. 80). Und in der Zweiten Novelle spielen Ehemann und Frau Echo mit Sätzen[8] wie: „Ihr könnt alles *mit mir abmachen; ich bin ihr Mann*" (28/p. 88), „*Mein Mann* wird sogleich alles [das Faß] saubermachen" (30/p. 88). In III sagt die Frau zu ihrem überraschend zurückgekehrten Mann: „Wir brauchten dich, um gewisse Gebete zu sprechen" (31); in Novelle V macht die Frau viele Worte, um ihrem Mann zu beweisen, daß er ihr mutmaßlicher Liebhaber sei (52 bis 58); in VI schließlich kommt es zu einem Bündnis zwischen Frau und Ehemann zum Schutz des Liebhabers, der als Opfer eines ungerechten Überfalls hingestellt wird.

In den Novellen „illusionistischer" Art, die auch psychologisch komplexer und raffinierter sind, wird ein anderes, interessantes Verfahren beim Erzählen benutzt, man könnte es die *demonstratio ad oculos* des Trios nennen: Ehemann, Frau und Liebhaber treten gleichzeitig in Erscheinung, so daß die Ausführung des Ehebruchs ins total Absurde gesteigert wird. In VII ergreift die Frau mit der einen Anichinos Hand, sobald er ins Schlafgemach getreten war, mit der anderen hält sie die ihres Mannes fest (29). In IX begibt sich die Frau an den Ort, an dem der Streich ausgeführt werden soll, „auf der einen Seite" den Ehemann, „auf der anderen" den Mann, der alsbald ihr Geliebter werden soll (58). Und am Ende „kehrte der beklagenswerte Ehemann mit ihr und ihrem Geliebten zusammen in den Palast zurück" (80/p. 158)[9].

---

[8] Sie fehlen in der ursprünglichen Quelle, den *Metamorphosen* des Apuleius.

[9] Nur das erste Detail stimmt mit Matthäus von Vendôme überein: symptomatisch die Wiederholung bei Boccaccio.

2.1. So weit die vom Autor selbst vorgenommene Schematisierung und die ersten Ableitungen, Ergänzungen und Korrekturen, die dazu vorgeschlagen werden können. Geht man zu einer auf die Phasen der Erzählung konzentrierten Beschreibung über, stößt man unweigerlich auf jene dreigliedrige Symmetrie, die wahrscheinlich eine Art Universale des Erzähltextes darstellt, was schon von vielen gesagt worden ist, angefangen bei Aristoteles:

> Ein Ganzes ist, was Anfang, Mitte und Ende hat. Ein Anfang ist, was selbst nicht mit Notwendigkeit auf etwas anderes folgt, nach dem jedoch natürlicherweise etwas anderes eintritt oder entsteht. Ein Ende ist umgekehrt, was selbst natürlicherweise auf etwas anderes folgt, und zwar notwendigerweise oder in der Regel [nach der Wahrscheinlichkeit], während nach ihm nichts anderes mehr eintritt. Eine Mitte ist, was sowohl selbst auf etwas anderes folgt als auch etwas anderes nach sich zieht [10] –

bis hin zu Bremond mit seiner elementaren Sequenz von Erzählmöglichkeiten:
   1. Virtualität; 2. Aktualisierung; 3. Erreichen des Ziels [11] oder:
   1. Streben nach einer Verbesserung; 2. Verbesserungsprozeß; 3. Erreichen der Verbesserung [12] mit der Variante:
   1. Auftreten eines Hindernisses; 2. Versuch der Beseitigung; 3. Beseitigung des Hindernisses [13].

2.2. Unter Verwendung und Ergänzung der Schemata Bremonds lassen sich die hier untersuchten Novellen in zwei Grundtypen einteilen. Ein erster Typ (A), der unter erzählerischem Gesichtspunkt am raffiniertesten ist, aber rein linearen Charakter hat, kann mit der Formel beschrieben werden:

$$L(\text{iebeserwachen}) - S(\text{treich}) - E(\text{hebruch}) - \text{vollzogener } \overset{+}{E}(\text{hebruch}).$$

Sie stimmt mit Bremonds Sequenz Virtualität – Aktualisierung – Erreichen des Ziels überein. Zu präzisieren ist nur, daß die Aktualisierung durch einen Liebeshandel geschieht, der so inszeniert wird, daß der Ehemann nur beruhigt sein kann und damit von vornherein das etwaige Hindernis für die Fortsetzung des Liebeshandels beseitigt ist. Dieses Schema, das dreigliedrig ist, da ja Streich und Ehebruch zusammengehören, liegt den Geschichten V, VII und IX zugrunde.

In den anderen Novellen (Typ B) bricht die Sequenz Virtualität – Erreichen des Ziels erst zusammen, als sie mit der Folge Auftreten eines Hindernisses – Beseitigung des Hindernisses kollidiert: der Liebeshandel könnte nämlich ungehindert seinen Lauf nehmen, wäre da nicht die *A(ufdeckung)* bzw. die Gefahr der Aufdeckung seitens des Ehemanns, durch die der *S(treich)* notwendig wird. Daraus ergibt sich das komplexe Schema:

---

[10] *Poetik,* Kap. VII, zitiert nach *Fuhrmann* 1976, op. cit., p. 55.
[11] *Bremond* 1966, op. cit., p. 61.
[12] Ibd., p. 62.
[13] Ibd., p. 63.

1. Virtualität; 2. Aktualisierung (a. Auftreten eines Hindernisses; b. Beseitigung des Hindernisses); 3. Erreichen des Ziels.

Es ist auch darauf hinzuweisen, daß der Ehebruch in diesen Novellen bereits in der ersten Phase vollzogen ist. Sie unterscheidet sich von der letzten im Grad der Sicherheit und der Wiederholbarkeit. Es handelt sich also weniger um eine Ausgangssituation im Sinne der Virtualität als um eine beginnende, beliebig herausgegriffene Aktualisierung. Das Schema lautet also:

$$E - A - S - \overset{+}{E}$$

Es gilt für die Novellen I, II, III, IV, VI und VIII. Das quaternäre Schema ließe sich zu einem ternären reduzieren, würde man Aufdeckung und Streich als zwei Momente der Aktualisierung betrachten. Diese beiden Komponenten sind jedoch in Wirklichkeit klar voneinander getrennt und unterschieden, selbstverständlich auch aus Gründen der *Spannung:* je größer und bedrohlicher die Gefahr, desto größer werden Überraschungseffekt und Spaß bei den raffinierten Tricks der Frau. Umgekehrt kommt es zu einer Reduktion der Sequenz auf drei Glieder dadurch, daß das letzte Moment $\overset{+}{E}$ ganz ausgelassen (II, III, VI) oder auf einen oder wenige rasch hingeworfene Sätze komprimiert wird („Und noch an manchem späteren Abend, wenn er wieder mit seiner Geliebten zusammen war, lachte er mit ihr über diese Geisterbeschwörung" I, 30/p. 81; „Anichino und die Dame konnten nun [...] weit leichter das erlangen, was ihnen Freude und Genuß gewährte, als es sonst der Fall gewesen wäre" VII 46/p. 131). Fest steht, daß dieses letzte Moment, außer daß es den glücklichen Ausgang von Typ B wahrscheinlich erscheinen läßt, nicht das Entscheidende am Ende der Erzählung ist: Sie muß mit lebhaftem und bewegtem Tempo in dem Streich selbst gipfeln.

2.3. Aufschlußreich ist der Vergleich der beiden Grundschemata (l – SE – $\overset{+}{E}$ und E – A – S – E), vor allem liefert bei Typ A das Liebeserwachen sozusagen psychologische Erklärungen für den Ehebruch und ermöglicht es, zwischen Anfangs- und Endmoment eine größere Spanne zu durchlaufen als beim B-Typ: Sie korrespondieren bezeichnenderweise mit dem höfischen Charakter der Geschichten (in VII und IX ist er stärker ausgeprägt, fehlt aber auch in V nicht, was sich an der Assonanz mit einigen Milieubezeichnungen von der Episode mit *Pyramus* und *Thisbe* in den Metamorphosen Ovids bis zu den *Deus amanz* der Marie de France zeigt). In den anderen Novellen wird diese Ausgangsphase durch einen bloßen flüchtigen Hinweis auf die Motive des Ehebruchs ersetzt. So sind L und E zwei Aspekte, der eine gefühlsmäßiger, der andere sinnlicher Natur, die in ihrem Wesen zu einer gemeinsamen Grundsituation mit dem Anfangs- und Endmoment des Ehebruchs gehören. Logischerweise ist das Endmoment E beim B-Typ fakultativ, beim A-Typ hingegen obligatorisch; während dort das Ziel gewissermaßen schon im ersten Augenblick erreicht ist, liegt hier eine regelrechte Virtualität (L) vor, die als Lösung das Erreichen des Ziels (E) verlangt. Dagegen sind Streich und

Ehebruch (SE) im Fall von A zusammengeschmolzen: Der Streich besteht gerade darin, den Ehebruch so offenzulegen, daß er geleugnet werden kann. Hervorzuheben ist, daß die Verschmelzung der beiden Elemente, die dadurch entstehende Unterscheidung zwischen inszeniertem und geleugnetem Ehebruch einerseits und tatsächlichem Ehebruch (E) andererseits, der Doppelbindung der Posse zum Fiktiven und zum Realen hin, wie sie diesen „illusionistischen" Novellen eigen ist, Rechnung trägt.

3.1. Nachdem die Phasen bzw. Momente der Handlung ausgemacht sind, kann nun deren Verlauf im einzelnen nachgezeichnet werden, wenn man die jeweilige Distribution der Elemente einiger konstitutiver Oppositionspaare beachtet. Ich beschränke mich vorerst auf drei Paare: offene Tür *vs* verschlossene Tür; draußen *vs* drinnen; oben *vs* unten. Die Oppositionen beziehen sich auf Gegebenheiten des Milieus, nicht auf Abstraktes: das Haus der Ehegatten und die Haustür, die verschlossen ist, um die Treue der Frau zu sichern oder ihre schändliche Abwesenheit ans Licht zu bringen oder den sich im Innern des Hauses abspielenden Liebeshandel zu verheimlichen usw., oder aber offen ist, damit sich die Frau davonstehlen oder der Liebhaber eindringen kann usw. (die Extrempole der Opposition werden infolgedessen durch die komplementäre Opposition draußen *vs* drinnen, die sich abwechselnd auf Frau, Ehemann oder Liebhaber beziehen kann, näher bestimmt); ferner das Fenster, von dem aus der, der im Hause ist, mit dem, der draußen steht, reden kann, und die Treppe, die die beiden aufeinanderfolgenden Barrieren miteinander verbindet: die Tür nach draußen und die zum Schlafgemach. Es sind in gewissem Sinne Oppositionen szenischer Art: zwischen Haus, Platz und benachbarten Häusern bewegen sich die Personen und spielen sich ihre Dialoge ab.

Die Oppositionen beziehen sich, wie gesagt, auf reale Gegebenheiten der Umwelt. Vertauschbar sind sie aber nur, wenn ihre Elemente tatsächlich bei ihrem gezielten wechselnden Auftreten den Wert von Oppositionsgliedern annehmen. Für die Zwecke der Analyse zu vernachlässigen sind natürlich – nach allem, was gerade für sämtliche Novellen herausgestellt worden ist – die häufigen verstreuten Hinweise auf offene bzw. verschlossene Türen: II 11: Der Ehemann findet „die Haustür fest verschlossen" und ruft, Gott dankend, aus: „Sieh nur einer an, wie sie [seine Frau Peronella] sogleich die Tür von innen verschlossen hat, nachdem ich fortgegangen bin, damit niemand hier hereinkommen und sie belästigen kann" (p. 85); III 24: „Der Gevatter kehrte zurück..., er stand plötzlich vor der Kammertür, klopfte und rief nach seiner Frau" (p. 94); VI 8: „Er pochte an die Tür"; „sie befahl dem Mädchen zu öffnen" (11/p. 119); „sie schlossen die Tür hinter sich zu" (13); „ich stellte mich vor die Tür der Kammer und hielt ihn zurück" (21/p. 121); VII 27: „sie ließ die Tür des Schlafgemachs offen"; „er schloß das Zimmer von innen ab" (28/p. 128); „sie verschloß die Tür des Gemachs von innen" (37/pp. 129–130); VIII 7: „Sie beschloß, Ruberto an die Haustür kommen zu lassen, ihm zu öffnen" (p. 134); „als er an die Haustür kam und diese nicht so sachte öffnete [wie die Dame es zu tun pflegte]" (14/p. 135); „er schloß die Kammer von draußen ab" (p. 137).

Zu präzisieren ist jedoch, daß der „objektive" Charakter dieser Oppositionen eine erotische Metapher nicht ausschließt, ja vielmehr impliziert, wie es Novelle II in evidenter und geradezu derber Form zeigt. Die Paarung der Frau und ihres Liebhabers spielt sich genau in dem Augenblick ab, in dem der Ehemann im Faß sitzt, und es wird unterstrichen, daß die Frau selbst das Faß zuhält („über Peronella gebeugt, die den Hals des Fasses ganz geschlossen hielt, stillte er ... sein jugendliches Begehren" 34/p. 89).

3.2. Wir kommen nun zu den Novellen, in denen sich die Momente der Handlung besser in die genannten Oppositionspaare einfügen. Hier eine Beschreibung der Vierten Novelle mit den Phasen des B-Typs (E – A – S):

Frau draußen : Ehemann drinnen   Frau draußen : Ehemann drinnen
  (unten)   (oben)   (unten)   (oben)
      Tür offen   Tür verschlossen

            Frau drinnen : Ehemann draußen
              (oben)   (unten)
                  Tür verschlossen

Bekanntlich wird in dieser Geschichte der Ehemann von der Frau dazu verführt, sich zu betrinken, damit sie seiner Neutralisierung sicher ist. Dann stellt er sich betrunken, ohne es wirklich zu sein, um seine Frau zu entlarven, weil er begründeten Verdacht gegen sie schöpft. Er geht aus dem Haus, um die Untreue der Frau, der er nun auf die Schliche gekommen ist, zu enthüllen und anzuprangern, aber die Frau verkehrt die Situation ins Gegenteil, so daß sie am Ende unschuldig dasteht, während sie ihren Mann wegen seiner nächtlichen Eskapaden durch die Wirtshäuser beschimpfen kann. Zwischen den ersten Phasen wechseln die lokalen Bedingungen draußen *vs* drinnen einander ab: Zuerst ist die Frau draußen und der Ehemann drinnen (Moment 1 und 2), dann ist der Ehemann draußen und die Frau drinnen. Was die Opposition offen *vs* verschlossen angeht, so ist, als die Frau ihren Mann betrügt, die Tür offen, als Zeichen der Sünde; bei der Aufdeckung des Geschehens bekundet und sanktioniert die verschlossene Tür den Ehebruch, indem sie zwischen der Frau als Sünderin, die draußen ist, und dem Ehemann drinnen eine Barriere aufbaut. Im dritten Moment bekundet die wiederum verschlossene Tür die (erfundene, nicht vorhandene) Sünde des Ehemanns, die von der Frau hinausposaunt wird. Hier wird auch die Opposition unten *vs* oben relevant: Fast immer spricht der, der drinnen ist, von oben, vom Fenster mit dem, der sich draußen, also zu ebener Erde befindet. Der, der oben ist, *erscheint* unschuldig (gleichviel, ob er es ist oder nicht), während der, der unten steht, schuldig *erscheint*.

Ich komme zu Novelle VIII und analysiere sie wieder in den drei Phasen
(E – A – S):

Frau drinnen : Ehemann drinnen   Frau drinnen
  (oben)   (oben)   (oben)
      Liebhaber draußen   Ehemann draußen : Liebhaber draußen
        (unten)   (unten)   (unten)

1. Frau drinnen (oben) Ehemann drinnen (oben)
2. Frau drinnen (oben) Ehemann draußen (unten)

Wie daraus ersichtlich wird, ist die Frau immer im Hausesinnern und oben (in der Schlafkammer oder auf der Treppe), der Liebhaber, der nur virtuell in Erscheinung tritt, ist immer draußen, alsbald auf der Flucht. Der Ehemann wechselt hingegen dauernd von drinnen nach draußen, von oben nach unten, während er in seinem rasenden Zorn Liebhaber und Frau mit eigenen Händen strafen will. Die Dynamik wiederum, die durch diesen blindwütenden Zorn in Gang gesetzt wird, ermöglicht den Streich: Während nämlich der Ehemann draußen ist, um sich an dem Liebhaber handgreiflich zu rächen, plant die Frau drinnen ihre Rettung vor der Rache, von der sie sich bedroht weiß (indem sie das Kammermädchen beschwört, an ihrer Statt sich ins Bett zu legen). Der Streich umfaßt also zwei Phasen: Zuerst ist der Ehemann oben und glaubt, seine Frau zu verprügeln, dann ist er draußen und unten, auf dem Weg zu seinen Verwandten, bei denen er sich über sein ehrloses Weib beklagt. Und genau „oben an der Treppe" (23), also in dominierender Stellung, treffen die herbeigeeilten Brüder und die Mutter samt dem gehörnten Ehemann sie an und erhalten von ihr alle nötigen – vorgetäuschten – Beweise ihrer Unschuld. Wiederum *erscheint* der, der oben ist, als unschuldig, der unten steht als schuldig.

Die drei Momente von Novelle V entsprechen dem A-Typ (L – SE – $\overset{+}{E}$). Darin stellt sich die Situation nacheinander so dar:

        Frau drinnen   Frau drinnen
       Ehemann draußen   Ehemann draußen
Tür verschlossen : Öffnung (Spalt)   Tür verschlossen : Eindringen über das Dach

               Frau drinnen
             Ehemann draußen
                Tür offen

In dieser Novelle beruht das Wechselspiel der Oppositionen auf sehr geringen räumlichen Abständen und Gradabstufungen. Es geht um eine Geschichte mit einem eifersüchtigen Ehemann: Die Klausur der Frau ist daher streng durchgehalten (Vektoren: „Bewachung" 8, 16; „die Frau wagte nicht einmal ans Fenster zu treten" 9/p. 107; „sie durfte sich am Fenster nicht sehen lassen" 11/p. 107; „eingesperrt" 18/p. 109 usw.); die Frau bleibt immer *drinnen*. Die Frau vermag aber *drinnen,* nämlich in der angrenzenden Wohnung, zu finden, was ihr *draußen* zu suchen verwehrt ist: Das „Fenster", aus dem sie sich nicht lehnen darf, erhält hier in der „Maueröffnung" (oder im „Spalt") eine *etische*[14] Variante. Sie versucht auf diesem Wege, die Aufmerksamkeit des jungen Nachbarn auf sich zu lenken (11, 13, 14, 16). Diese *etische* Variante schiebt sich zwischen die Phasen, die den *emischen* Wechsel von (aus Eifersucht) verschlossener Tür zu offener Tür umfassen (die das Ende der Eifersucht und den nunmehr ungehindert möglichen Liebeshandel bekundet). Die verschlossene Tür der ersten Phase steht bereits in sekundärer Opposition zum Eindringen über das Dach, das den Ehebruch ein erstes Mal ermöglicht („Sieh zu, daß du heute nacht irgendwie übers Dach zu mir kommen kannst" 40/p. 113). Schließlich steht in der dritten Phase die Tür selbst offen. Die Opposition drinnen *vs* draußen weist außerdem, je nachdem, ob der Ehemann oder die Frau betroffen ist, verschiedene Nuancen auf: Im ersten und dritten Moment ist die Abwesenheit des Ehemanns unabhängig vom Willen der Frau, auch wenn sie ihr kostbare Gelegenheiten liefert. Im zweiten Moment löst dagegen die Frau die Opposition drinnen *vs* draußen aus, indem sie ihren Mann dazu veranlaßt, draußen Wache zu halten, bis der Priester-Liebhaber auftaucht, der aber dann nicht kommt, während der tatsächliche Geliebte übers Dach ins Haus dringt und drinnen mit der Frau zusammen ist.

3.3. In Novelle VI beruht die Konstellation der Handlungsmomente hauptsächlich auf der Opposition drinnen *vs* draußen, wobei jedoch das Grundmuster durch Kunstgriffe kompliziert wird, die mit der Anwesenheit zweier statt eines Liebhabers zusammenhängt. Der Parallelismus von zwei Liebhabern wird von Boccaccio durch denselben Anfangsbuchstaben und das diminutiv-affektive Suffix ihres Namens (Leon*etto*, Lambert*uccio*) unterstrichen. Hinsichtlich des einen ist die Frau Subjekt („die Dame verliebte sich ... in einen schönen, wohlgesitteten Jüngling ..., der freilich nicht von edler Herkunft war" 5/p. 118), für den anderen Objekt der Liebe, die sie aus Opportunität duldet („auch ein Edelmann ... verliebte sich heftig in die Dame ... er war ein Mann von großem Einfluß" 6). Zusammenfassend lassen sich die gefühlsmäßigen Beziehungen wie folgt darstellen (die Spitze des Dreiecks gibt das Objekt der Liebe an, Leonetto wird mit L_1, Lambertuccio mit L_2 bezeichnet):

---

[14] Die Ausdrücke *etisch* und *emisch*, abgeleitet von *(phon)etisch* und *(phon)emisch*, sind eine Anleihe aus der Linguistik; sie bezeichnen jede Opposition dieses Typs.

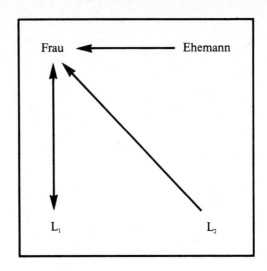

Die Phasen der Geschichte beschreiben die Verschlechterung einer optimalen Situation (Frau und L_1 drinnen, Ehemann und L_2 draußen), insofern zuerst L_2, zumindest physisch, die Stelle von L_1 einnimmt, was durch den unterbrochen gezeichneten Vektor zum Ausdruck gebracht wird (Frau und L_2 drinnen, L_1 versteckt, Ehemann draußen):

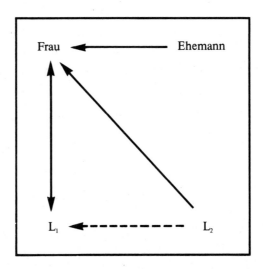

und dann der Ehemann an die Stelle von L_1 tritt, indem er seine Frau dazu zwingt, sich einen raffinierten Trick auszudenken (Frau und Ehemann drinnen, L_1 versteckt, L_2 draußen):

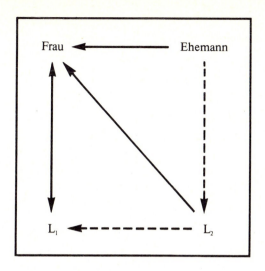

Der Trick besteht im Ausspielen der potentiellen Rivalität zwischen L_2 und L_1, die die Frau von der erotischen auf die sozial-charakterologische Ebene umzumünzen versteht: Die Arroganz, mit der sich der einflußreiche Lambertuccio der Frau aufgedrängt hat (6), und die Furchtsamkeit des bescheidenen Leonetto (11, 25) werden so umgedichtet, daß die Anwesenheit der beiden im Hause plausibel erscheint (16–17) und durch die in dem Ehemann geweckte Milde und Großherzigkeit ein zeitweiliges Bündnis zwischen Frau und Ehemann zum Schutze von L_1 entsteht:

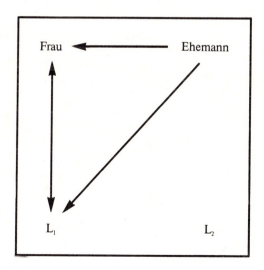

Daß es dann zu einer Neutralisierung der Opposition zwischen Leonetto und Lambertuccio kommt, nämlich:

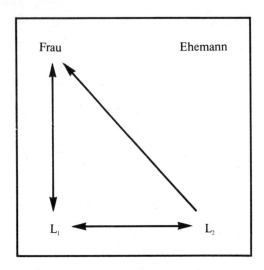

wird nur anekdotenhaft erwähnt und ist nur als Zeichen dafür von Interesse, wie gründlich der Autor die geometrischen Möglichkeiten des Schemas ausgenutzt hat.

4.1. Auf einer letzten Stufe der schematischen Beschreibung lassen sich empirisch die Beziehungen zwischen den Personen und gewissen Grundsituationen bzw. -haltungen, die einer begrifflichen Synthese zugänglich sind, herausstellen: Beziehungen, die sich als symmetrische, durch Oppositionen gekennzeichnete Konfigurationen darstellen, sei es, daß sie sich auf verschiedene Aktanten beziehen, sei es, daß dabei ein und derselbe Aktant bald von der einen, bald von der anderen Komponente des Ehebruch-Dreiecks aus gesehen wird.

In der Ersten Novelle läßt sich das polare Verhältnis von Ehemann und Liebhaber in folgenden zwei Dreiecken zusammenfassen; sie weisen in derselben Position konträre Elemente auf:

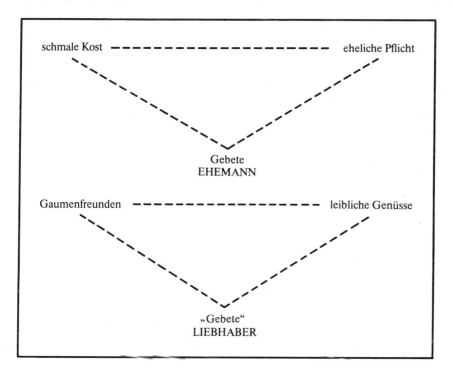

Die Ausfüllung des Dreiecks wird durch Boccaccio selbst nahegelegt, der die Elemente in einem Satz zusammenfaßt: „Er *speiste* voller Behagen und hoch entzückt mit Monna Tessa *zu Abend* und verbrachte die Nacht bei seiner Geliebten, die ihm, während sie *in seinen Armen lag*, mindestens sechs von den *Lobgesängen* ihres Gatten beibrachte" (9/p. 77). Darin finden sich die Gaumenfreuden *(speiste zu Abend)*, die leiblichen Genüsse *(in seinen Armen liegend)* und der metaphorische, obszöne Gebrauch von Ausdrücken des Betens *(Lobgesänge)*. Auf der Grundlage dieses Satzes lassen sich die Vektoren der in den beiden Dreiecken angegebenen Oppositionen vollständig ermitteln. Von zentraler Bedeutung ist dabei die [Opposition] zwischen den Gebeten im eigentlichen Wortsinn und den „Gebeten" in metaphorischer Bedeutung: Anlaß und Impuls zum Ehebruch ist in dieser Geschichte ja die Bigotterie des Ehemanns.

Die Gebete sind im eigentlichen Sinn gemeint, wenn sie den Ehemann betreffen („sie [die Klosterbrüder] brachten ihm allerlei fromme Gebete bei, lehrten ihn das Vaterunser auf italienisch usw." 5/p. 76). Sie werden auch mit dem ehelichen Lager als geradezu heiligem Ort in Verbindung gebracht, der nichts mit Sinnlichkeit und Begehren zu tun hat („Ich habe das ,Te lucis', das ,Intemerata' und noch viele andere wirksame Gebete gesprochen, als wir schlafen gingen. Auch habe ich das Bett von allen Seiten im Namen des Vaters, des Sohnes und des Heiligen Geistes gesegnet" 20/p. 79). Kaum gesehen wurde dagegen, was mit den

"Lobgesängen" der beiden Liebenden gemeint ist. Dabei sind sogar in das „Gebet" der Frau zur Beschwörung des Gespenstes obszöne Anspielungen aufgenommen: „Gespenst, Gespenst, am nächtlichen Ort, mit steifer Rute stehst du dort, mit steifer Rut' geh wieder fort" (27)[14a]. Diese Metapher gibt den Worten der Erzählerin Emilia rückwirkend etwas Scherzhaftes, wenn sie verspricht: „wer... aufmerksam meiner Erzählung folgt, wird daraus ein heiliges und wirksames Gebet lernen können" (3/p. 76). Sie wird von Dioneo im Zehnten Tag (X, 2/p. 513) noch einmal aufgenommen.

Das Oppositionsverhältnis zwischen „schmaler Kost" und „Gaumenfreuden" ergibt sich aus den Versen 12–13, wo die für Frederigo gerichteten „fetten Kapaune", die „größere Anzahl frischer Eier" und die „gute Flasche Wein" in krassem Gegensatz stehen zu dem „bißchen gesalzenen Fleisch", das für den unerwartet zurückgekehrten Ehemann Gianni zubereitet wird. Am interessantesten aber ist die Korrelation zwischen Gaumenfreuden und leiblichen Genüssen, da wir damit zum Kern des hedonistischen Lebensideals bei Boccaccio vorstoßen. Die Korrelation wird durch ein originelles Multiplikationsspiel unterstrichen: Die Geschichte endet mit zwei zur Wahl gestellten Lösungen. In der einen wird Frederigo um das Zusammensein mit seiner Geliebten gebracht; er tröstet sich aber, indem er dank der Kapaune und des Weins, die die Geliebte für ihn bereitgestellt hatte, „in aller Genüßlichkeit" speiste (30). Nach der zweiten Lösung hingegen blieb Frederigo „ohne Nachtquartier und ohne Abendessen" (32).

Bei der Dritten Novelle kann die unterschiedliche Position, in der sich der Liebhaber, Rinaldo, gegenüber der Frau und deren Ehemann befindet, durch zwei Dreiecke aufgezeigt werden:

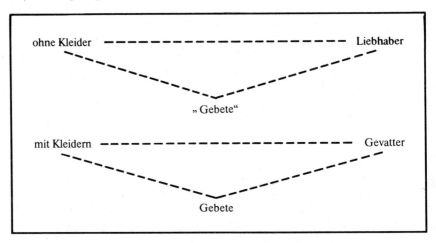

[14a] [Formel übernommen aus der dt. Übers. von *A. Wesselski* (1909). Frankfurt a. M. 1979 (insel taschenbuch 8), pp. 584–585; mit Ausnahme von „steifem Schweif" (ebenso verschleiernd: *K. Witte*, op. cit., p. 80); Anm. d. Ü.].

Rinaldo hat sich dazu entschlossen, Gevatter der Eheleute zu werden, um leichter Gelegenheit zu bekommen, in der Nähe der Frau zu sein, zu der er in Liebe entbrannt ist. Nachdem er allerlei Begierden nachgegangen ist, tritt er schließlich noch in den Orden ein. Das zweite Schema spiegelt die Konstellation Rinaldo – Ehemann wider: Rinaldo erscheint mit Kleidern (in diesem Fall im Ordenskleid), ist Gevatter und spricht Gebete in einem Haus, in dem er nicht ganz ehrenwerten Umgang pflegt. Im ersten Schema wird sein Verhältnis zu der Frau dargestellt: Es wird immer wieder betont, daß er das Mönchsgewand ablegt („Wenn ich", so sagt er, als er sie verführen will, „die Kutte abgelegt habe..., werde ich wie jeder andere Mann und nicht wie ein Mönch vor Euch stehen" 15/p. 93); seine Beziehung zu der Frau ist die eines Geliebten, und die Gebete fungieren wiederum als obszöne Metapher. Hier die im Text selbst enthaltenen Angelpunkte (Vektoren) Gevatter *vs* Liebhaber: „Ihr seid ja mein Gevatter", sagt die Frau in den ersten Augenblicken der Weigerung (16/p. 93). Als sie ihm dann willfährt, gibt sie „unbeschadet der Gevatterschaft" nach, ja sie gibt sich Rinaldo „unter dem Deckmantel der Gevatterschaft" hin (20/p. 94). Schließlich übt die Gevatterschaft ihre Funktion als Deckmantel bei dem Streich aus: „Bruder Rinaldo, unser Gevatter, ist zu uns gekommen" (28). Sie wirkt auch symbolisch als Tarnung (er nimmt sein Patenkind geschwind auf den Arm) (30). Mit Kleidern *vs* ohne Kleider: „Bruder Rinaldo, der seine Kleider, das heißt Kutte und Skapulier, abgelegt hatte, stand im Untergewand der Mönche da" (26/p. 94); „wenn ich wenigstens angezogen wäre, könnte man schon einen Grund finden" (26/pp. 94–95). Dank der Verzögerungstaktik der Frau „hatte er sich in aller Ruhe angekleidet und das Kind auf den Arm genommen" (35/p. 96). Es wird bereits sichtbar, wie Kleider und Gevatterschaft während des Täuschungsmanövers zusammenwirken: Wieder im Mönchsgewand, nimmt Bruder Rinaldo sein Patenkind auf den Arm. Auch die Gebete gehören dazu, die er bei der Heimkehr des Ehemanns hätte sprechen müssen (vgl. 1.4). Hier wird jedoch – ein genialer Einfall – der Wechsel von der eigentlichen zur übertragenen Bedeutung durch eine Aufspaltung der Rollen zwischen Rinaldo und seinem Gefährten[15] zum Ausdruck gebracht. Der Gefährte steigt mit der jungen Magd „auf den Taubenschlag", „um ihr dort das Vaterunser beizubringen" (23/p. 94) (metaphorische Bedeutung), während Rinaldo selber sich mit der Geliebten in der Schlafkammer einschließt. Der Gefährte wird beauftragt, wundertätige Gebete zu sprechen (31/p. 96) (eigentlicher Wortsinn). Daraus entwickelt sich der wegen seiner Doppelsinnigkeit (eigentlicher und metaphorischer Gebrauch) komische Züge tragende Dialog: „Bruder Rinaldo, die vier Gebete, die ich sprechen sollte, sind beendet" (39/p. 97), und Rinaldo: „Mein Bruder, du hast einen kräftigen Atem und hast deine Sache

---

[15] Im übrigen sind alle Worte des Bruders und seines Gefährten, wie *G. Petronio* in seinem Kommentar zum *Dekameron*, Bd. II, Turin 1950, p. 67, feststellt, voller Bigotterie, „um die Religiosität des Frömmlers auszuschlachten und lächerlich zu machen".

gut gemacht. Ich meinerseits hatte, als der Gevatter kam, noch nicht mehr als zwei beendet" (40/p. 97).

Eine andere Art von Zusammenhängen läßt sich in den Geschichten VII und IX herausstellen. Sie weisen zwei entscheidende Ausgangsmomente auf: 1. Die Erzählung beginnt, bevor die Frau ihren Mann betrügt (vgl. 2.3). 2. Der künftige Geliebte ist Diener des Ehemanns, so daß er, wenn er die Liebe der Frau annimmt, seine Pflicht gegenüber dem Herrn verletzt. Die beiden Novellen erzählen also den Wechsel von der Treue zum Treuebruch, sei es seitens der Frau (Ehebruch), sei es seitens des (künftigen) Geliebten:

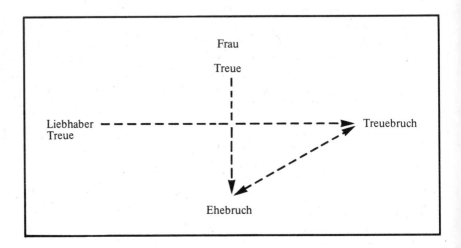

Charakteristisch für beide Novellen ist, daß der Wechsel Treue → Ehe-/Treuebruch vollzogen wird, nachdem er dem Ehemann angedeutet bzw. demonstriert worden ist, in einer Weise, daß er von ihm als nicht existent betrachtet werden und somit als unglaublich erscheinen kann. Der Unterschied zwischen beiden Geschichten besteht andererseits darin, daß in VII nur der künftige Geliebte als Treuebrecher gezeigt wird, um dann um so treuer zu erscheinen, während in IX die Frau mit dem künftigen Geliebten den Treuebruch (nämlich: Ehebruch) bereits vollzieht, den beide dann als inexistent hinzustellen verstehen. Alles in allem ergibt sich für den Ehemann in VII folgende Situation:

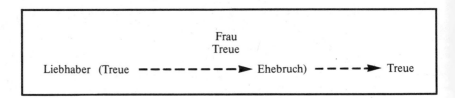

für den Ehemann in IX sieht sie dagegen so aus:

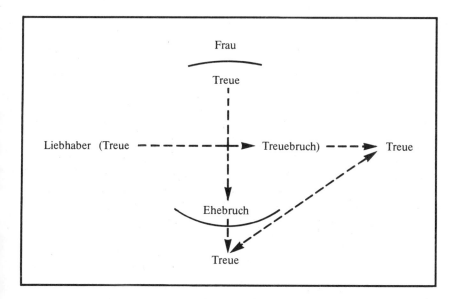

4.2. In den beiden letzten Novellen gelingt es der Frau, die Wirklichkeit vor den Augen ihres Mannes umzukehren: sei es durch geschickte Aneinanderreihung von Verdachtsmomenten, Indizien und positiven Beweisen (VII), sei es unter Zuhilfenahme von selbstverständlich frei erfundenem Spuk (IX). Die Perspektive wird insgesamt durch die bereits oben erwähnte (vgl. 1.4) Opposition wahr *vs* falsch bestimmt[16]. Auch von dieser Perspektive her können die Novellen des Siebten Tages Abstraktionsverfahren, die in Abhängigkeit von den spezifischen, in den Geschichten erzählten Situationen abgestuft sind, unterworfen werden. Ganz allgemein gilt, daß das bekannte Liebesdreieck in der falschen Sehweise des Ehemanns verhüllt ist, während es in der wirklichkeitsgetreuen Sicht der Frau realisiert wird:

---

[16] G. Getto: *Vita di forme e forme di vita nel Decameron*. Turin ²1966, pp. 165 ff., spricht von einer „Vertauschung von Illusion und Wirklichkeit". Er liefert bei der Untersuchung der Novellen IV und VIII nuancierte Beobachtungen und stellt treffend fest (p. 175), daß in dem Siebten Tag die Vertauschung, je nach Novelle, nur die Nachbarn oder den Ehemann, jeweils in verschiedenen Gradabstufungen, betrifft (pp. 165–188, auch dt.: „Das Wechselspiel von Illusion und Wirklichkeit in einigen Novellen Boccaccios", in: *Boccaccios Decameron*, hrsg. v. P. Brockmeier. Darmstadt 1974, pp. 271–294).

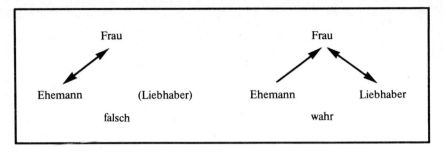

Der Ausdruck „Sehweise" läßt sofort den Unterschied deutlich werden zu den im vorangehenden besprochenen Oppositionen: Es handelte sich um Milieu-Oppositionen (drinnen *vs* draußen; offen *vs* verschlossen usw.) und solche zwischen den tatsächlichen Haltungen der Akteure in ihren wechselseitigen Beziehungen, in gewissem Sinne also zwischen Kraftfeldern (Treue : Ehe-/Treuebruch), während die zuletzt genannte Opposition *dieselben Fakten* verändert darstellt, je nachdem, ob sie von dem einen oder anderen Akteur oder auch von sekundären Figuren gesehen werden. Diese Opposition wirkt also wie ein Umschalter; sie verändert die Beleuchtung und die Einstellung der Lichtquelle, je nachdem, wer die Szene betrachtet.

In den untersuchten Novellen VII und IX wird die geschickte Handhabung des Umschalters (wahr *vs* falsch) zur Perfektion getrieben: Der Ehemann wird in das Feld dieser Opposition gebracht, und zwar so, daß das, was er sieht (wahr), ihm unmöglich (falsch) erscheint und er infolgedessen als falsch ansieht, was in der Wirklichkeit sich zugetragen hat (wahr) [17]. Das bedeutet unter Bezugnahme auf die letzten Schemata, daß der Ehemann bereit ist, den Wechsel (Treue → Ehe-/Treuebruch) dem Pol „falsch" zuzuordnen und folglich auf den Pol „wahr" einen Trend → Treue zu beziehen, der sich nur auf das erste polare Verhältnis stützt. Nachdem aber nun (Treue → Ehe-/Treuebruch) zum Pol „wahr" gehört, ist → Treue auf den Pol „falsch" zu beziehen.

Daß der Ehemann in die Polarität wahr *vs* falsch eintritt, wird von Boccaccio durch den häufigen Gebrauch von perzeptiven und kognitiven Verben unterstrichen: „Damit ich dir dies nicht erst durch allzu viele Beweise zu *zeigen* brauchte, sondern du selber alles *hören und sehen* könntest" (VII 34); „die Treue deines

---

[17] In der Neunten Novelle, die, wie gesagt worden ist, praktisch (schon in der Quelle) die Verschmelzung zweier Erzählungen darstellt, von denen die erste, als Vorspann (die drei Beweise der Frau für ihren künftigen Geliebten, zum Schaden des Ehemanns), dazu dient, den Ehemann auf diese Verwirrung von Falschheit und Wahrheit hin vorzubereiten. Bemerkenswert ist vor allem der dritte Beweis, bei dem sorgfältig die Indizien bereitgestellt werden, die den Ehemann davon überzeugen sollen, daß er einen schlechten Zahn hat. Bemerkenswert auch, wie die Frau, um jeden Verdacht zu vermeiden, behauptet, sie sei krank, und sich auch wie eine Kranke verhält, genau an dem Tag, an dem sie sich unter dem „verzauberten" Birnbaum der Umarmung Pyrrhus' hingibt.

Vertrauten *erproben*" (35); „davon werde ich *mich* wahrlich *mit eigenen Augen überzeugen*" (36); „ja, was du sagst, ist *wahr*" (45); „Ich möchte zu gern einmal *sehen*, ob dieser Birnbaum am Ende verhext ist" (IX 69/p. 156); „Nicostratus, dem die Behauptungen der beiden... *wahr* erschienen" (76/p. 157). Strukturell zeigt sich dies in dem dicht aufeinanderfolgenden Wechsel (IX) der Oppositionsglieder: *sehen* in 61, 64, 65, 66, 67, 68, 69 gegenüber *träumen, faseln, sinnesverwirrt, verrückt sein, falschsehen* in 60, 61, 62, 63, 66, 67, 73. Stilistisch deutlicher sichtbar wird aber diese Vernetzung durch Sätze, in denen wahr und falsch, Bejahung und Verneinung, Erfahrung und Meinung in dauerndem Widerspruch aufeinanderfolgen: „Auch ich *glaubte*, daß er so sei, wie du *meinst*... doch hat er selbst mich heute *von diesem Wahn befreit*" (VII 33/p. 129); „Pyrrhus, ich *glaube wirklich*, du *träumst*" (IX 62/p. 155); „glaubt er am Ende *wirklich*, was er *sagt*" (64/p. 155); „ich *sehe* und *weiß* genau, daß auch Ihr soeben *falsch gesehen* habt" (71/p. 156); „hätte ich Euch nicht sagen hören, daß es Euch so *vorgekommen* ist, als ob auch ich es getan hätte, obwohl ich *mit Bestimmtheit sagen* kann, daß ich niemals daran *gedacht* habe, es je zu tun" (73/p. 157).

Die Fünfte Novelle ist bereits auf die Abfolge ihrer Handlungsmomente und die Oppositionen offen *vs* verschlossen, drinnen *vs* draußen usw. hin untersucht worden (vgl. 3.2). Die zweite Opposition ist dabei grundlegend, weil sich die Geschichte um einen eifersüchtigen Ehemann dreht, der seine Frau hinter Schloß und Riegel hält. Die Frau bringt genau an diesem Punkt zu ihrem eigenen Vorteil die Opposition wahr *vs* falsch ins Spiel. Während es ihr, wie bereits dargestellt, gelingt, *drinnen* zu finden, wovon sie *draußen* nach dem Willen des Ehemanns ferngehalten werden soll, verschafft sie sich *draußen* (in der Kirche) Gelegenheit, sich *drinnen* im Haus mit dem Liebhaber zu treffen, und zwingt den Ehemann dazu, *draußen* zu sein und Wache zu halten. Ihre falsche Beichte bei dem als Priester verkleideten Ehemann hat aber vor allem ein Ziel: den Ehemann in der Polarität wahr *vs* falsch so zu verwirren, daß er von seiner Eifersucht geheilt wird (und der Liebeshandel freien Lauf nehmen kann). Nicht viel anders als in VII und IX, jedoch auf der rein verbalen Ebene bleibend, gesteht die Frau einen Ehebruch, und zwar so, daß sie ihn hernach leugnen kann. Zuerst sagt sie nämlich eine Unwahrheit und ersetzt sie dann, angeblich die Wahrheit, durch eine zweite Unwahrheit. Schematisch:

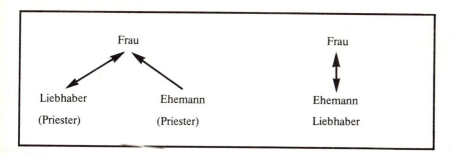

Links steht das bekannte Liebesdreieck (vgl. 1.4); das die Frau zu verwirklichen beginnt. Indem sie es aber ihrem Mann in seiner Priesterverkleidung offenlegt und den Liebhaber als Priester bezeichnet, beginnt sie, die Wahrheit, d. h. die zweite Unwahrheit, dadurch zu „enthüllen", daß sie Ehemann und Geliebten über die gemeinsame Eigenschaft (Priester) gleichsetzt („Ich sagte zu Dir, daß ich einen Priester liebte: Hattest nicht du, den ich unbilligerweise immer noch liebe, dich in einen Priester verwandelt?" 55/p. 115).

Hier stützt sich der Streich auf eine Art Spiegelung (Ehemann, aufgespalten in Ehemann + Geliebter), für die es wiederum ganz bestimmte stilistische Indikatoren gibt. Die Eifersucht des Ehemanns ist dadurch bedingt, daß *„wie er sie liebte* und für außergewöhnlich schön hielt..., *so* müßten sie *gleichermaßen* alle anderen Männer *lieben* und begehrenswert finden und sie lege es wohl auch darauf an, *diesen ebenso wie ihm* zu gefallen" (7). Die Frau sagt empört: „Glaubst du wirklich, mein Treuer, daß meine leiblichen *Augen* so *blind* sind *wie die* deines Geistes?" (53/p. 115). Und am Ende heißt es, daß der Ehemann *„wie* er den Mantel der Eifersucht umgehängt hatte, *da* er keinen Grund dazu hatte, *so* entledigte er sich dessen just in dem Augenblick, *da* er ihn mit gutem Grund hätte tragen können" (59).

Ebenso beruht in den Novellen IV und VIII der Illusionismus auf der Vertauschung wahr–falsch; dort aber in dem Sinn, daß der Ehemann zwar die Wahrheit kennt (nämlich um die Existenz des Ehebruchs weiß), aber gezwungen ist, aufgrund der Situation und vor allem durch das Eingreifen von Gefährten (Verwandte bzw. Nachbarn), die von der Frau in Komplizen und Fürsprecher umdisponiert wurden, das Wahre für falsch zu halten. Der Frau gelingt also das Trugspiel (wahr → falsch) an ihren eigenen potentiellen Fürsprechern, und sie bringt mit ihrer Unterstützung den Ehemann so weit, daß er mitspielt, obwohl er die Wahrheit kennt (auch wenn er in IV sich einen Augenblick lang von den listigen Worten seiner Frau hinreißen läßt und hinausgeht, um sie aus dem Brunnen zu ziehen, in den sie, wie er glaubt, gefallen war, und wenn er in VIII von dem Schwindel, auf den er hereingefallen war, so sprachlos und bestürzt ist, daß er nicht mehr recht weiß, was er glauben soll: „Er blieb wie ein Geistesgestörter zurück; er wußte nun selbst nicht mehr, ob das, was er getan hatte, wirklich geschehen war oder ob er alles nur geträumt hatte" 50/p. 143). Zu beachten ist, daß das Trugspiel der Frau in zwei Richtungen zielt: Sie leugnet ihre tatsächliche Schuld, setzt an deren Stelle eine fingierte Schuld des Ehemanns – eine Verdrehung, die in IV 26 von Ghita vortrefflich zusammengefaßt wird: „Er [der Ehemann] behauptet nämlich von mir gerade das, was ich von ihm selber glaube"[18] (p. 103); in IV wird Tofano vorgehalten, er treibe sich nachts in den Wirtshäusern

---

[18] Vgl. die Bemerkungen von *G. Getto: Vita di forme e forme di vita nel Decameron.* Op. cit., p. 173.

herum (24)[19]. In VIII wird derselbe Vorwurf Arriguccio gemacht, der sich zudem „mit allerlei liederlichen Weibern einlasse" (42/p. 141). Es gibt keine bessere Strafe für Eifersucht, als zu wissen, daß man betrogen wird und nicht zum Gegenangriff übergehen kann (vgl. 1.4). Die Vermittlung der Gefährten dient dazu, diese Strafe komplett zu machen und an Raffinesse zu steigern. Dieses Detail bringt uns wieder unmittelbar mit den Grundidealen Boccaccios in Berührung: Der Eifersüchtige, der nach Zeugen für seine Schmach sucht, betont seine Auffassung von der Ehe als Besitzanspruch (statt eines frei wählbaren Verhältnisses) nur noch drastischer dadurch, daß er das Scheitern dieser Ehe gleichsam notariell festgestellt haben will, er verletzt gleichzeitig die Gebote der Diskretion und der Lebenskunst[20]. Die in IV 12 angedrohte und in VIII 24–25 tatsächlich ausgeführte Mobilisierung der Verwandten der Frau zieht die ganze Sippe in den Ehebruch hinein. Da diese von der Frau in der Perspektive der Unwahrheit unterrichtet wird, stellt sie sich natürlich auf ihre Seite und droht mit Rache. Unüberhörbar sind dabei die sozialen Untertöne, die in VIII mitschwingen, wo der Ehemann, der „durch Heirat zum vornehmen Mann" werden wollte, sich nun von der dem Adel angehörenden Mutter der Frau bittere Vorwürfe über seine niedere Herkunft und die *mésalliance* (45–47) anhören muß. Das Fehlen dieses Hintergrunds in IV erklärt, warum hier die Nachbarn – unter geringerem szenischen Aufwand – die Rolle der Verwandten in IX spielen. Die Verwandten greifen erst an zweiter Stelle ein[21].

Die in diesen Geschichten zum Ausdruck kommende Grundhaltung liegt klar auf der Hand. In IV: die Drohungen des Ehemanns („Ich lasse dich nicht wieder herein, ehe ich dir nicht in Gegenwart aller deiner Verwandten und Nachbarn so gründlich die Wahrheit gesagt habe, wie es dir gebührt" 12/p. 101), dazu die klaren Kommentare Boccaccios („Dieser Dummkopf war fest entschlossen, allen Leuten aus Arezzo ihre Schande kundzutun, von der bis zur Stunde noch niemand etwas ahnte" 13; „der dumme Tofano tischte nun auch [vor den Nachbarn] auf, was sich zugetragen hatte, und drohte ihr mit böser Miene" 25/p. 103); nicht zuletzt die Art und Weise, wie der Ehemann „zur Vernunft gebracht wurde" (er gab der Frau „die Erlaubnis, ihren Vergnügungen nachzugehen, jedoch mit so viel

---

[19] Interessant ist, daß die unmittelbare Quelle dieser Novelle, das *exemplum XIV* der *Disciplina clericalis* (hrsg. v. *A. Hilka* und *W. Söderhjelm*. Heidelberg 1911) nicht diesen Vorwurf enthält, sondern den der Buhlerei („meretrices adire"). Es sei daran erinnert, daß die Frau sowohl in der Novelle als auch im *exemplum* gewöhnlich ihren Mann dadurch neutralisierte, daß sie ihn zum Trinken anstachelte, bis er betrunken war: Boccaccio hat also die Technik der Verdrehung zur Perfektion gesteigert; die Frau verwandelt nämlich zu einer Schuld des Mannes, was für sie nur ein bequemes Mittel war, um ungestört ihre eigene Schandtat auszuführen, den Ehebruch.

[20] Vgl. dazu *G. Petronio: Dekameron*. Op. cit., p. 70.

[21] Auch das ist eine Erfindung von Boccaccio. In der Quelle fehlen die Nachbarn, nur die „parentes" treten auf, um die Frau in Schutz zu nehmen.

Umsicht, daß er nichts wieder davon bemerke" 30). In VIII: auch in der Formulierung fast dieselben Drohungen („Zu deinen Brüdern werde ich gehen und ihnen deine Heldentaten erzählen. Dann mögen sie herkommen und mit dir machen, was sie ihrer Ehre schuldig zu sein glauben. In meinem Haus hast du fortan nichts mehr zu suchen" 21/p. 137) und die ausgeklügelt-bedachtsamen Worte, die die Frau vor ihren Verwandten an den Ehemann richtet („Warum bringst du mich zu deiner eigenen Schande in den Ruf, ein liederliches Frauenzimmer zu sein, was ich gar nicht bin?" 34/p. 139).

Die Opposition wahr *vs* falsch ist dagegen in den anderen vier Novellen einfacher behandelt. In der einen begnügt sich die Frau, bei der Rückkehr ihres Mannes einen Vorwand für die Anwesenheit des Liebhabers zu finden, indem sie ihm eine andere, in der Situation wahrscheinliche Funktion unterstellt: Sie gibt ihn als Käufer des Fasses aus (II); erklärt, er sei als Gevatter gekommen, um sein Patenkind zu heilen (III); er habe auf der Flucht vor einem Verfolger im Haus Zuflucht gesucht (VI; hier ist der Verfolger in Wirklichkeit der zweite Liebhaber). Oder aber sie wendet ihr Trugspiel nicht auf die Person, sondern auf Worte an: so wird in I die dem Liebhaber zugedachte Warnung vor Gefahr in einem Gebet zur Beschwörung des Gespenstes verhüllt [22].

5. Damit kommen wir zum Ende der Untersuchung. Der Ausgangsabsicht folgend, sind wir mehrmals auf dieselben Novellen zurückgekommen, je nachdem, in welches Schema sie sich einfügten. Es dürfte für den Leser ein leichtes sein, unter der Nummer jeder Novelle die zugehörigen graphischen Darstellungen und Interpretationen festzuhalten. Die aufgezeigten Strukturzusammenhänge fangen genau dann an, wieder Dynamik zu gewinnen. Die konstitutiven Funktionen des Erzähltextes, die sich hier auf nur zwei Arten von Konfigurationen (Typ A und Typ B) zurückführen ließen, erhalten ihre Motivationsgrundlage durch die aus drei Hauptpersonen bestehende, nach deren Charakter und sozialer Herkunft determinierte Konstellation. Der Wechsel von der einen zur anderen Funktion (verstanden als Phase der Erzählung) wird durch das Aufeinanderprallen korrelativer, den miteinander rivalisierenden Personen eigentümlicher Systeme gesteuert und gegebenenfalls auch durch das Wechselspiel zwischen realen, milieubezogenen Oppositionen bestimmt. Der Höhepunkt der komischen Parabel fällt mit der stets kunstvollen, abwechslungsreichen Verwendung von Transformationen [im Sinne von Perspektivenwechsel] zusammen. Die Vektoren und stilistischen Korrelate schaffen schließlich eine Verbindung zwischen dem Bereich des Abstrakten und dem der sprachlichen Konkretion, wodurch die Eigentümlichkeit des Verhältnisses zwischen Ausdrucksebene und Ebene der Substanz angezeigt wird.

Das Zusammenbringen der verschiedenen Arten der Analyse kann auch in

---

[22] Diese Verhüllung fällt im Grunde in die semantische Kategorie des *„Verkleidens" (travestissement);* vgl. T. Todorov: *Grammaire du Décaméron.* The Hague/Paris 1969, pp. 35–36.

anderer Hinsicht von Nutzen sein. Denn häufig mögen diese Analysen reibungslos ineinandergreifen, in anderen Fällen bringen sie jedoch eher die Nahtstellen zwischen Themen heterogenen Ursprungs ans Licht; sie brauchen sich also nicht notwendigerweise gegenseitig zu implizieren. Dies wird beispielsweise deutlich in den Novellen V (vgl. 3.2 und 4.2) und IX (vgl. oben Anm. 17). In diesen Fällen ist, das muß betont werden, das meisterhafte Geschick des Autors mehr oder weniger ausschlaggebend: Es gelingt ihm, zu motivieren, was als zufällig und willkürlich erscheinen könnte. So dient in V (wie bereits dargestellt) die lügenhafte Beichte dazu, den Argwohn des Ehemanns zu besänftigen, ihn zu neutralisieren und zugleich das erste Zusammensein mit dem Liebhaber zu ermöglichen. In IX begründet der Anfangsteil [der Geschichte] die Unfähigkeit des Ehemanns, zwischen *wahr* und *falsch* zu unterscheiden [23]. Dieses Zusammenspiel der thematischen Motive wird im vorliegenden Fall durch die Quellen bestätigt. In anderen Fällen aber können Analysen wie die hier skizzierten gerade die Erschließung von Quellen begünstigen, die vom Autor bzw. durch seine Modelle synkretistisch vereinigt worden sind.

Es erscheint mir schließlich nicht unnütz, noch einmal zu betonen, daß diese Abstraktionsverfahren die erzählerische Individualität des Schriftstellers alles andere als verwischen, sondern vielmehr gestatten, sie schärfer zu konturieren und sie gerade auch von den Quellen abzusetzen, denen der Autor, wie es scheint, fast treu gefolgt ist. Es mag genügen, hier auf die obigen Anmerkungen 3, 6, 8, 9, 19 und 21 zurückzuverweisen. Darüber hinaus möchte ich hier auf Novelle VI hinweisen. Die in 3.3 entworfenen Schemata erhalten ihre Bedeutung durch das umgekehrte Verhältnis zwischen sozialer Stellung und der Rangfolge von L_1 und L_2 in der Liebesbeziehung. Die Aufeinanderfolge der Phasen der Erzählung wird von der Frau auf eine raffiniert ausgedachte Wiederholung der den beiden Personen eigenen Haltungen hingelenkt: Furchtsamkeit und Fügsamkeit (auch wenn der Liebhaber Leonetto [= kleiner Löwe] heißt) und Überheblichkeit. Nun ist in den bereits erforschten [24] Quellen der Novelle L_1 der Stallknecht von L_2, dem einzigen wirklichen Liebhaber in Dauerstellung; L_1, der als Bote von L_2 gesandt wird, erhält die Gunst der Frau nur in einem Augenblick der Schwäche. Es fehlt also die Opposition zwischen frei gewählter und aufgezwungener Liebe, ebenso wie im Rahmen des Streichs die konstruktive Einbeziehung der Arroganz von L_2,

---

[23] Außerdem wird gemäß der Logik der Personen (auch bei Matthäus von Vendôme) der Streich als „Zentralmotiv" für das leichte Gelingen des Ehebruchs dargestellt. Durch Lydia, die sich bereit erklärt, Pyrrhus die verlangten Beweise zu besorgen, „ließ sie [= Lusca] ausrichten, daß sie alles, um was er sie gebeten habe, tun wolle, und zwar bald. Darüber hinaus ließ sie ihm bestellen, daß sie in Gegenwart Nicostratus', den er für so klug halte, sich mit ihm, Pyrrhus, vergnügen und dann Nicostratus weismachen wolle, daß nichts geschehen sei" (31/p. 150).

[24] Vgl. L. Di Francia: *Alcune novelle del Decameron illustrate nelle fonti.* In: *Giornale Storico della Letteratura Italiana* XLIV, 1904, pp. 80–94.

der in den Quellen nur eine sekundäre Rolle (*causa instrumentalis*) zukommt. Der Strukturzusammenhang ist ähnlich, die Triebkräfte sind jedoch vollkommen andere: Die gegebene schematische Darstellung unterstreicht die Neufassung des Themas bei Boccaccio.

Diese Rückführung von zunächst aus Bruchstücken zusammengesetzten Analysen auf [Struktur-]Einheiten kann als experimentelle Bestätigung für das von den Formalisten entwickelte „System der Systeme" angesehen werden. In der Tat kommt es auf diese Weise nach einer zu Beschreibungszwecken zunächst vorgenommenen Isolierung wieder zu einer Annäherung und Zusammenfügung von Systemen verschiedener Art, die wiederum ein eigenes [Dia-]System bilden, das literarische Werk. Abzulehnen ist meines Erachtens die Vorstellung von einer wunderbaren prästabilierten Harmonie, einer Harmonie sozusagen ersten Grades, zwischen den Systemen. Mit anderen Worten: die Auffassung von einer absoluten Homogenität, die der Analysierende jubelnd ans Licht bringt, mit einem *cum veritate dicitur* endend. Es kann sein, daß eine solche Harmonie fehlt, und es erschien uns hier und erscheint uns generell nützlich und aufschlußreich, bei diesem Fehlen zu verweilen. In anderen Fällen kann die Harmonie bewußt vermieden worden sein, und der Künstler erzielt dann gerade aus dem Kontrast und der Kollision zwischen den Systemen seine Wirkung. Dies gilt nicht für Boccaccio oder zumindest nicht für die hier untersuchten Novellen, es bleibt jedoch, bis weitere Entwicklungen folgen, jener Denkanstoß, den die hier nur in Ansätzen erprobte Arbeitsmethode geliefert hat.

10. Strukturelle Komik in der Geschichte der Alatiel

1. Wer die Geschichte der Literaturwissenschaft als faszinierende und zugleich entmutigende Wanderung in einem ausweglosen Irrgarten darstellen wollte, könnte unter zahllosen Beispielen die Untersuchungen über die Novelle der Alatiel (Dekameron, Zweiter Tag, VII)[1] heranziehen. Betrachten wir die weibliche Hauptfigur: Für Hauvette ist sie „das jammervolle Bild weiblicher Gebrechlichkeit, die durch ein rechtschaffenes und reines Wesen verkörpert wird, das auf seinen Ruf bedacht ist, sich nach stillem Glück und ehelicher Treue sehnt, sich aber, unter Tränen, ihren Eroberern hingibt, weil sie im Grunde der Liebe zugetan ist". Demgegenüber sieht Bosco in ihr eine burleske Figur: „Alatiel ist – ob sie in Tränen ausbricht oder sich gleich darauf wieder beruhigt, ob sie sich zu moralischen Grundsätzen bekennt oder sich davon abwendet, ob sie sich beim Liebesspiel vergnügt oder ein Lügenmärchen erfindet, um ihren leichtgläubigen Vater zu täuschen und zum Narren zu halten – bestenfalls ein possenhaftes Geschöpf." Für Getto „lebt Alatiel in ihrer unfreiwilligen Kommunikationslosigkeit, in dem dauernden Wechselspiel von Tränenausbrüchen und rein physiologischer Befriedigung wie ein heiteres Spielzeug in den Händen des Schicksals bzw. der Männer, die nacheinander das Schicksal verkörpern". Umgekehrt sagt Baratto: „Diese

---

[1] Ohne bibliographische Vollständigkeit anzustreben, hoffe ich, eine hinreichend breite Auswahl von Interpretationen und Ansichten zur Geschichte der Alatiel zusammengetragen zu haben. Die folgenden Beiträge werden jeweils nur mit dem Namen des Verfassers zitiert: G. Almansi: „Lettura della novella di Alatiel". In: Paragone XXII, 1971, Nr. 252, pp. 26–40, später in: L'estetico dell'osceno. Turin 1974, pp. 143–160; M. Baratto: Realtà e stile nel Decameron. Vicenza 1970, pp. 96–101; U. Bosco: Il „Decameron". Saggio. Rieti 1929, pp. 95 bis 97; F. Flora: Storia della letteratura italiana. I. Mailand [11]1959, p. 325; G. Getto: Vita di forme et forme di vita nel Decameron. Turin [2]1966, pp. 259–250; C. Grabher: Giovanni Boccaccio. Turin 1941, pp. 147–148; H. Hauvette: Boccacce. Paris 1914, pp. 264–265; C. Muscetta: „Giovanni Boccaccio e i novellieri". In: E. Cecchi/N. Sapegno: Storia della letteratura italiana. II. Mailand 1965, pp. 315–550, insbes. pp. 394–397; G. Petronio (Kommentar zu G. Boccaccio): Il Decameron. I. Turin 1950, p. 242; N. Sapegno: Il Trecento. Mailand [3]1966, p. 341. Der Text des Dekameron wird zitiert nach der deutschen Übertragung von Karl Witte, Berlin/Weimar [7]1975. Vor der Seitenzahl Periodenangabe entspr. der ital. Ausgabe von V. Branca, Florenz [2]1960. Keine Seitenzahl bei im Kontext notwendiger Neuübersetzung.

Person, Sinnbild der menschlichen Gebrechlichkeit, ist zugleich dank ihrer angeborenen Sinnlichkeit eine Verkörperung für den Widerstand gegen das Schicksal." Andere gehen sogar noch weiter: „Die Frauenfigur trägt heldenhafte Züge: moralisch ist sie dem feindseligen Schicksal überlegen, innerlich unbesiegt" (Petronio); „Sie ist eine solch stählerne Natur, daß sie mutig genug wäre, um jedes Duell mit dem Schicksal zu bestehen: bereit zum Äußersten, aber auch entschlossen zu höchstem Genuß" (Muscetta). Wiederum einen anderen Gesichtspunkt eröffnet uns Almansi: „Alatiel ist nicht ‚eine schöne Frau'; sie ist eine übermenschliche Figur, eine mythische oder zumindest mit einem Mythos verwandte Gestalt ...; die Unmöglichkeit der Verständigung ... ist ein Zeichen für die Isolierung Alatiels, die durch ihre Übermenschlichkeit bedingt ist."

Ebensowenig Einmütigkeit besteht über das der Novelle zugrunde liegende Schema. Bosco sagt dazu: „Alle diese männlichen Gestalten, die sich automatisch, mit der Zuverlässigkeit eines Uhrwerks in Alatiel verlieben, sobald sie sie zu Gesicht bekommen, und alsbald einen Verrat oder Mord anzetteln, um sie in ihren Besitz zu bringen, sind keine Menschen, sondern Marionetten, Massenprodukte, alle vom gleichen Zuschnitt, alle blaß und anonym, auch wenn die Ereignisse, in welche diese Personen jeweils verwickelt sind, etwas (allerdings zu wenig) voneinander abweichen. Die Aufmerksamkeit kann hier nicht wachgehalten werden durch den von Boccaccio angeschlagenen Ton eines Justizbeamten, der mit unbeteiligt-monotoner Stimme die lange Liste der Straftaten eines Angeklagten herunterliest." Entsprechend rechnet Grabher die Geschichte der Alatiel zu jenen Novellen, „in denen Fortuna im Vordergrund steht", und allgemein: „Hier herrscht mehr Verstandeshelle als schöpferische Phantasie, es handelt sich eher um eine mechanische Kombination von – manchmal allzu gleichförmigen – Wechselfällen als um eine künstlerische Umgestaltung der Wirklichkeit." Ja, „abweichende Motive, wie sie hier [in der besprochenen Novelle] jedoch im Ansatz zu erkennen waren, werden durch die monotone Abfolge und Wiederkehr von schicksalhaften Begebenheiten in den Hintergrund gedrängt". Auch nach Petronio „folgen die vielen Abenteuer, die Alatiel erlebt, größtenteils ohne Höhepunkte, in feiner Regelmäßigkeit und farbloser Monotonie aufeinander". Ganz anders urteilt Getto, wenn er von der hier betrachteten Novelle sagt, es sei „die Geschichte par excellence vom Geiste eines Ariost – wegen ihrer Offenheit und Lebendigkeit, wegen des weiten mediterranen Raums, in welchem sie spielt, wegen jener Heiterkeit und Frische, der vollen Lust am Abenteuer, die sie vorantreibt, einem Abenteuer, das eher der Launenhaftigkeit des Schicksals als wohlüberlegter menschlicher Planung überlassen wird". Desgleichen Baratto: „Was zählt, sind nicht so sehr die Gegebenheiten und die Personen, sondern ihr Zusammenkommen in der Verwicklung einer Lebensgeschichte, ihr geballtes Auftreten im paratraktischen Rhythmus der Erzählung ... Was den Erzähler fasziniert, ist der Rhythmus der Wiederholung, die rasche Aufeinanderfolge der Berichte."

Worin besteht nun aber der Sinn (bzw. die Moral) der Geschichte? Nach Ansicht von Hauvette „bringt sie mit seltener Vehemenz die despotische Herrschaft der Liebe über das Leben des Menschen zum Ausdruck; es ist die Tragödie der Schönheit, die, weil sie von zu vielen begehrt wird, zum Spielball heftigster Leidenschaften wird". (Dieselbe Ansicht vertritt Petronio, für den „die ganze Novelle von einem ernsten, ja tragischen Motiv durchzogen ist", welches Boccaccio bereits in der Vorrede dazu nennt: „wie unselig schön sie war" 7, und auf das er auch später noch einmal ausdrücklich hinweist: „ihre unheilbringende Schönheit" 75.) Almansi hingegen meint im Zusammenhang mit seiner Interpretation der Hauptfigur, daß „die Menschenopfer, welche die von Unglück gesäten Liebesabenteuer der Alatiel begleiten, eigentlich nichts Tragisches oder Mitleiderregendes haben, es sind heilige Opfer, Opfer um des Glaubens willen". Für Muscetta ist diese Novelle „eine Erzählung mit einer herrlich nonkonformistischen Moral". Umgekehrt läßt sich nach Getto „in dieser Geschichte ohne weiteres jene staunende Bewunderung vor der Launenhaftigkeit und Wankelmütigkeit des Schicksals entdecken, vor dem Geschick, mit welchem die Frau sich immer neu darauf einstellt (ein immerwährendes Motiv aus der einzigen und unverwechselbaren Thematik der Lebenskunst, wie sie Boccaccios Schöpfertum eigen ist)". Für Baratto liegt die Bedeutung der Geschichte in „dem unwiderstehlichen Impuls, den die Kräfte der Natur auslösen; sie bringen Weisheit mit sich, sind eine Quelle des ungetrübten Optimismus wider allen Pessimismus, der unter der Bürde des wechselvollen Schicksals entsteht".

Was die Gesamtbeurteilung [der Novelle] angeht, so ist der Bogen weit gespannt: Auf der einen Seite steht vernichtende Kritik: „... hier wird derart überzogen, daß in dieser Geschichte nicht einmal mehr jene Lust am Erzählen um des Erzählens willen spürbar ist, die andere Abenteuer so liebenswert machen. Vorherrschend ist, wie gesagt, ein nüchterner Ton, eine Einförmigkeit und Farblosigkeit, aus der zuweilen ein Stück Lebendigkeit hervorbricht: die schlichte, makabre Szene mit dem Verrückten, der den Leichnam Ciuriacis hinter sich herschleift, oder jene unerhört maliziöse Szene mit Alatiel und dem Kaufmann, die das kleine Bett dazu verführt, ‚einander zu erregen' 89. Es sind kraftvolle Szenen, doch wird gerade durch ihr gleichzeitiges Vorkommen in eben dieser Novelle deren hohles Machwerk, das Fehlen einer lebendigen schöpferischen Mitte um so deutlicher." Auf der anderen Seite steht das Etikett „Meisterwerk", das von Flora und Muscetta ohne Zögern verwendet wird.

Ich möchte diesen knappen Überblick mit den umfassenden Charakterisierungen von Sapegno und Flora abschließen: Sie kommen, wie sich zeigen wird, den durch unsere eigene Analyse angedeuteten am nächsten. „Selbst die Geschichte der Alatiel (Zweiter Tag, VII), die als monoton, farblos und als zwischen Trauerspiel und Farce schillernd beurteilt worden ist, ist in Wirklichkeit voller Leben, zumindest für denjenigen, der sich nicht in spitzfindigen Analysen über den Charakter der Heldin ergeht, sondern sich vorbehaltlos der wechselnden Bewegung der Erzählung, der immer gleichen und doch jedesmal verschiedenen Entfesselung rasender Leidenschaften um das unerschütterliche Schönheitsidol hingibt: Weder darf hier nach einer tragischen Situation gesucht werden (die gegeben wäre, wenn Alatiel, was nicht der Fall ist, als ein geradezu gefährliches Wesen dargestellt wäre, mit einer furchterregenden Gabe ausgestattet, die um sich her die rasende Leidenschaft der Triebe entfesselt, Gewalttätigkeit und Tod sät), noch ist hier bloß nach einem armseligen possenhaften Motiv zu suchen, sondern vielmehr nach jener sublimen Ironie Boccaccios, welche die eigene Form seiner tiefempfundenen, jedoch stets dem Realismus verhafteten Humanität darstellt" (Sapegno). „Mehr als in diesem oder jenem menschlichen Gefühl liegt der Kern der Geschichte der Alatiel im Abenteuer als solchem, in der Abfolge der Schicksalsschläge, ihrer selbstverständlichen Unausweichlichkeit. Boccaccio wollte nämlich aus Alatiel nicht eine Frau machen, die selbst, in ihrem Äußeren und Inneren, das Bewußtsein ihrer Schönheit trägt, welche die Männer dazu anstachelt, sie zu erobern und dafür blutige Taten zu begehen. Ebensowenig hat er den Männern einen inneren Trieb zwischen den Extrempolen von Gut und Böse eingepflanzt; er wollte nichts weiter als die sichtbaren und offenkundigen Kernpunkte eines Abenteuers erzählen, denn was ihn inspirierte, war das Abenteuer selbst, in seiner Eigendynamik" (Flora).

Im folgenden wird versucht, zu einer Interpretation zu gelangen, welche sich die Vorteile zunutze macht, die eine ganzheitliche Lektüre des Erzähltextes zum einen gegenüber dem vielleicht noch so glücklichen Herausgreifen von jeweils für aufschlußreich gehaltenen Einzelheiten aufweist, zum anderen gegenüber einer niemals mit genügend Vorbehalten erfolgenden Übernahme programmatischer Äußerungen, die vom Autor selbst stammen.

2. Das erste in der Novelle verwendete Verfahren läßt sich bereits durch eine Analyse des Vorspanns ermitteln:

> Der Sultan von Babylon schickt eine von seinen Töchtern als Braut zu dem König von Algarvien. Infolge mancherlei Unglücksfälle gerät die Prinzessin im Laufe von vier Jahren an verschiedenen Orten *neun Männern in die Hände*. Schließlich wird sie ihrem Vater *als Jungfrau* zurückgesandt und begibt sich jetzt, wie schon einmal, als Braut zu dem König von Algarvien[1a].

Klammert man die von mir hervorgehobenen Wörter aus, so erhält man das typische Schema eines alexandrinischen Romans[2]:
Heiratsversprechen – verzögernd wirkende Hindernisse – Vollzug der Heirat.
Die Erzählung der verzögernd wirkenden Hindernisse schließt im allgemeinen

---

[1a] Dt., p. 196 („geht durch die Hände") aus inhaltlichen Gründen geändert (vgl. unten 3).

[2] *B. La*[vagnini] beschreibt dieses in der *Enciclopedia Italiana*. Bd. XXX, pp. 78 ff., wie folgt: „Die wechselvolle Geschichte eines Paars von Liebenden, denen es gelingt, trotz ihrer Trennung durch zahllose Hindernisse, die teils von Menschen verursacht, teils der Launenhaftigkeit oder Mißgunst des Schicksals zuzuschreiben sind, auch die härtesten Proben zu bestehen und sich gegenseitig die Treue zu halten, und die am Ende wider alle Hoffnung zusammengeführt werden."

ein, daß gegenüber dem künftigen Ehegatten die moralische und körperliche Treue, gegebenenfalls unter Beweisen der Heldenhaftigkeit, gewahrt wird. Die entscheidende Neuschöpfung Boccaccios[3] gegenüber dem überlieferten Schema besteht darin, daß Alatiel nicht nur ihre Sittsamkeit äußerst halbherzig verteidigt, sondern sich gern den Umarmungen der zahlreichen Männer, die sie erobern, hingibt und dennoch die lang hinausgezögerte Hochzeit als *Jungfrau* begeht.

Aus einem solchen Handlungsverlauf ergibt sich unmittelbar zweierlei: 1. Die Folge von Hindernissen erscheint graphisch nicht als die durchgehende Linie der gewahrten Treue, sondern als Linie, die durch die aufeinanderfolgenden Liebesabenteuer, welche konstant den Schlußpunkt der Hindernisse selbst bilden, unterbrochen ist. 2. Die Rückkehr zum Vater und Verlobten am Ende [der Geschichte] schafft einen Glorienschein um den Ehebund, der konventionsgemäß die Standfestigkeit und Treue des oder der Verlobten besiegelt.

Aufgrund dieser beiden Schlußfolgerungen wird die Novelle eindeutig in den Bereich des Komischen verwiesen. Die Komik resultiert aus dem Gegensatz zwischen tragischen Begebenheiten und Liebesabenteuern als Lösung; aus dem Gegensatz zwischen einer lang andauernden Episode der Ausschweifungen, mag es dafür auch mildernde Umstände geben, und der abschließenden Apotheose mit der Krönung durch den Ehebund; schließlich dem Gegensatz zwischen Nichtwollen und tatsächlicher Lust an sinnlichen Genüssen. Das sind die Koordinaten, innerhalb derer allein meines Erachtens der Versuch einer Interpretation der Novelle gemacht werden kann.

3. Von dieser Umkehrung des Alexanderromans ausgehend, konnte der Verlust der Jungfräulichkeit für Alatiel nicht eine Episode von vielen unter den ihr begegnenden Hindernissen bleiben. Die Umkehrung mußte systematisiert, allen Hindernissen, die Alatiel begegnen, ein erotischer Ausgang gegeben werden: Jede neue Umarmung führt zu einer Steigerung des Komischen im Hinblick auf die abschließende Wiedergeburt der Alatiel als *Jungfrau;* und sie erlaubt im Vergleich zum dramatischen oder geradezu tragischen Beginn jeder neuen Sequenz immer größeren Genuß, je offenkundiger das Prinzip der Wiederholung[4] wird. Charakteristisch für diese Struktur der Wiederholung ist daher die inhaltliche Ähnlichkeit der Sequenzen, aber auch die wirkungsvolle Verwendung der Zahl („sie, die mit

---

[3] Dies wird besonders nachdrücklich von *V. Šklovskij: Lettura del „Decamerone"* (1961). Bologna 1969, pp. 222–224, unterstrichen. Der parodistische Charakter dieser Novelle ist von Šklovskij bereits in seiner *Theorie der Prosa* (1925) (ital. Übersetzung Bari 1966, pp. 58–59) herausgestellt worden, er glaubte jedoch noch, wohl aufgrund falscher oder flüchtiger Informationen, an die Wahrung der Keuschheit von Alatiel.

[4] Šklovskij würde hier gemäß seiner *Theorie der Prosa* (1925) [vgl. oben p. 90, Anm. 47] von einem Strukturprinzip der „Reihung" sprechen (er bezieht sich jedoch nicht auf diese Novelle).

acht Männern wohl an die zehntausendmal geschlafen hatte" 121/p. 227). Die Wiederholung erfolgt nach einem einfachen Schema:

> A nimmt Alatiel in seinen Besitz
> A wird deren Geliebter
> (A stirbt durch das Eingreifen von B);
> B nimmt Alatiel in seinen Besitz
> B wird deren Geliebter
> (B stirbt durch das Eingreifen von C);
> usw. für C, D etc.

Die einzigen Variationen in dem Schema liegen bei der in Klammern geschriebenen Funktionseinheit: So kommt es nicht zur Tötung von A durch B, als Alatiel von dem Genueser Matrosen in die Hände des Fürsten von Morea (45/p. 207) und vom Herzog von Athen in die Hände Konstantins (73/p. 214) übergeht. Andererseits stirbt A ohne das Eingreifen von B bei der Ablösung von Osbeck durch Antiochus (79–80/pp. 216–217) und von Antiochus durch den Kaufmann aus Zypern (83–86/p. 218).

Bei einer solchen Struktur der Wiederholung ist die Zahl irrelevant, sie muß nur hoch sein. Interessant ist in diesem Zusammenhang die Diskrepanz zwischen dem Vorspann, in dem von neun Männern die Rede ist, und der Periode 121, die nur von acht spricht. Sie erklärt sich wohl aus dem Geschehen nach der Tötung von Marato (40–41/p. 206): Der Matrose, der nach dem blutigen Duell mit seinem Bruder, vorher noch sein Mitstreiter [um Alatiel], am Leben geblieben war, ist so schwer verwundet, daß er die eroberte Dame gar nicht für sich in Anspruch nehmen kann (42–44/pp. 206–207). Der Vorspann, der von „in die Hände geraten" spricht und den Matrosen mitzählt, ist also ebenso richtig wie Periode 121, die von „schlafen mit" spricht und ihn infolgedessen nicht einbezieht. Damit zu vergleichen wäre schließlich Periode 7, in der von „an die neunmal eine neue Hochzeit halten" die Rede ist.

Bei einer Erzählung vom Typ des Alexanderromans konzentriert sich das Leserinteresse darauf, wie es wohl der (männlichen oder weiblichen) Hauptfigur gelingen wird, jedes neue Unglück schadlos zu überstehen. Anders die Erwartungshaltung bei dem neukonzipierten Schema Boccaccios: Hier richtet sich das Interesse alsbald (das Wiederholungsprinzip wird sofort erkannt) auf die unausweichliche erotische Lösung bei jeder Sequenz. An die Stelle gespannten Wartens auf den Ausgang tritt eine gelassenere, wenngleich weniger konzentrierte Aufmerksamkeit für die Begebenheiten, die in der Tat reich entfaltet und ausgeschmückt sind. Auf diese Weise hat Boccaccio häufig tragische Erzählungen als ganze ins Komische gewendet; denn häufig nehmen die dramatischen Ereignisse überhand gegenüber der persönlichen Geschichte der Alatiel (die sich alsbald als Fels in der Brandung erweist), so daß dann die komische Wirkung (und der damit verbundene Entspannungseffekt) um so größer wird angesichts ihres erotischen Ausgangs „unter der Bettdecke" 80.

Was den Widerspruch zwischen diesen vielfältigen Liebesabenteuern und dem vorangegangenen Heiratsversprechen angeht, so bleibt er gegenwärtig und wird sogar noch verstärkt, dadurch, daß die Abenteuer häufig in den Bereich von Hochzeit und Heirat gerückt werden oder sogar dazugehören: „er beschloß sogleich bei sich..., sie zu heiraten" 21/p. 201; „er behandelte sie nicht wie eine Geliebte, sondern wie seine rechtmäßige Gattin" 46/p. 207; „er machte sie ... zu seiner Gemahlin, hielt feierlich Hochzeit mit ihr und genoß alsdann mehrere Monate hindurch fröhlich... die Freuden der Liebe" 77/p. 216; „er gab sie als seine Frau aus" 88/p. 219; oder ironischer: Ausdrücke wie „an die neunmal eine neue Hochzeit halten" 7; „sie verschwägerten sich" 89 (nur an dieser Stelle verwendet; vgl. später: „er verschwägerte sie mit dem Herrgott", Achter Tag, II, 38).

4. Boccaccio hat zu dem Wiederholungsprinzip auf der Ebene der Handlung ein Pendant geschaffen: eine Art passive Sinnlichkeit seitens der Frau. Nachdem sie einmal in die Freuden der Liebe eingeweiht ist, nimmt sie nolens volens die verschiedenen „Besitzerwechsel" hin. Dann wird sie allmählich aufgeschlossener gegenüber dem Sinnengenuß, den ihr doch jede neue Situation beschert. Von der naiven Unerfahrenen wird Alatiel zur Unerfahrenheit mimenden Frau, doch immer bleibt sie das Opfer ihres Schicksals (bzw. ihrer Schönheit). Das Vergnügen für den Leser besteht darin, daß mit solch mannigfachen Hindernissen so viel Sinneslust verbunden ist.

Der große Wurf des Novellendichters liegt jedoch darin, daß er aus Alatiel eine fast stumme Figur gemacht hat, weil ihre Entführer eine andere Sprache sprechen („... nachdem sie jahrelang fast das Leben einer Taubstummen hatte führen müssen, die niemand verstand und von keinem verstanden wurde" 80/p. 217). Es mag widersprüchlich erscheinen, daß sie von der Begegnung mit Antigonus an in langen und wohlformulierten Perioden spricht. Das fügt sich jedoch in ein kohärentes Schema ein, das sich so zusammenfassen läßt:

(Kommunikationslosigkeit + Verlust der Individualität): körperliche Beziehungen = (Kommunikationsmöglichkeit + Erhaltung der Individualität): Keuschheit

Das „Stummsein" führt dazu, daß für Alatiel die körperliche Vereinigung, nachdem sie erst einmal ihrer Weiblichkeit auf die Spur gekommen ist, die einzige Form von Sprache ist. Alatiel, die wie ein Spielball einem Mann nach dem anderen weitergereicht wird, kann sich nicht äußern, vor allem auch nicht an das Mitgefühl appellieren. (Zu beachten ist die Hervorhebung des Motivs der Einsamkeit: „da sie unbedingt eines Beistands bedurfte und ganz allein auf sich angewiesen war" 16; „die Prinzessin, die sich nun hilflos und ohne Ratgeber auf dem Schiff sah" 43/p. 207.) Daraus erklärt sich der – man könnte fast sagen – Pavlovsche Reflex, den anderweitig nicht zu findenden Trost in der Umarmung zu suchen („Die Prinzessin *grämte sich* zutiefst über ihr erstes wie über ihr zweites

Unglück; doch Marato *begann sie* mit dem Heiligen Cresci[4a], den Gott uns gab, auf so vorzügliche Weise *zu trösten* ..." 37/p. 205; „die schöne Prinzessin *beweinte* hier noch einige Tage lang *ihr Unglück*. Da sie aber von Konstantin weiterhin auf die Art *getröstet* wurde, wie er es schon vorher getan hatte, begann sie bald Gefallen zu finden an dem, was das Schicksal ihr nun beschert hatte" 75/p. 215).

Außer der Kommunikationsmöglichkeit nimmt das „Stummsein" Alatiel auch ihre Individualität. Ein der Vorsicht entsprungenes Gebot der Anonymität, das von ihr selbst zu Beginn des Abenteuers formuliert wurde, wird so zum Dauerzustand: „Sie befahl ihren Dienerinnen, deren Zahl auf drei zusammengeschmolzen war, daß sie keiner Menschenseele je verraten sollten, wer sie wäre, es sei denn, daß sie dadurch mit Sicherheit auf Hilfe und Befreiung rechnen könnten" 24/p. 202. Pericone denkt, daß sie „eine reiche Edeldame sein müsse" 20/p. 201. Als der Fürst von Morea „sie, in köstliche Gewänder gekleidet, in ihrer ganzen Schönheit sah, war er, obwohl er über ihre Herkunft nichts in Erfahrung bringen konnte, überzeugt, daß sie aus edlem Hause sein müsse" 46/p. 207. Und das Geheimnis ihrer vornehmen Herkunft wird zu einem nicht unwesentlichen Bestandteil ihrer Anziehungskraft (vgl. 22, 46).

Diese beiden Richtpunkte – „Stummsein" und Verlust der Individualität – sind gemeinsam verantwortlich für die Entfremdung Alatiels zu einem Objekt *(cosa)*[5], einer stummen Schönheit wie von einem fremden Stern. Boccaccio weist treffend auf diesen Dingcharakter hin: „Sie kamen überein, die Beute gemeinsam zu erwerben, als ob Liebe sich auf ähnliche Weise teilen ließe wie Ware und verdientes Geld" (39); „beide schauten sie nur an wie ein Wunder*ding*"[5a]; „er konnte nicht fassen, daß sie ein *Ding* von gewöhnlicher Sterblichkeit sein sollte" 50; „weil er ein *Ding* von solcher Schönheit für seine Lust besaß" 51; „daß er noch nie ein so schönes *Ding* gesehen habe" 67; „weil er ein so köstliches *Kleinod* besaß", 67/p. 213 usw. Zur Bekräftigung dieses Zusammenhangs zwischen „Stummsein" und Dingcharakter möchte ich eine treffende Äußerung aus der Novelle des Messer Gentile de' Garisendi anführen: „Herr, ein schönes *Ding* ist sie, Eure Dame, aber sie scheint stumm zu sein", Zehnter Tag, IV, 34[6]. Zu dem Verhältnis zwischen

---

[4a] [Poetischer Name für das männliche Glied (eigentlich: „Werd groß in der Hand"), den der Übersetzer *A. Wesselski* (1909) mit „Wirdinderhandhart" wiederzugeben versucht (Frankfurt 1978 = insel taschenbuch 7, p. 163); bei der Übersetzung geht in jedem Fall die phonetische Ähnlichkeit zu dem religiösen Ausdruck *crescimando* (dt. Firmling) verloren. Anm. d. Ü.]

[5] Vgl. damit die Bemerkungen von *Muscetta*, p. 394.

[5a] Das hier und in den folgenden Beispielen verwendete Wort „cosa" wird in den dt. Übers. von *K. Witte* (pp. 206, 208, 209, 213) und *A. Wesselski* irrtümlich als Stützwort interpretiert und weggelassen oder generisch mit *Wesen, Geschöpf, Frau, Weib,* jedenfalls unter Betonung des personalen Aspekts, wiedergegeben [Anm. d. Übers.]. Vgl. auch Anm. 6.

[6] Das ermittelte Schema ebenso wie der Sprachgebrauch im *Dekameron* schließen eine Interpretation von *cosa* im Sinne des „dolce stil nuovo" (= Geschöpf, Wesen: „... e par che sia una *cosa* venuta / di cielo in terra miracol mostrare ...") aus.

(vorgetäuschtem) Stummsein und Liebesabenteuern fällt einem sofort Masetto di Lamporecchio (Dritter Tag, I) ein, dazu die ganze Fülle ähnlicher Quellen und Erzählungen.

Die Erklärung für die strenge Trennung zwischen stummer Alatiel und sprechender Alatiel liegt nunmehr auf der Hand: Indem sie „das Wort ergreift", kehrt sie zu ihrer eigentlichen Individualität zurück, unter anderem wird dabei das Inkognito, aus dem sie kaum herausgetreten ist, in einen dichten Nebel um ihre doch unfreiwilligen Liebesabenteuer verwandelt. (Ausdrücklich weist Antigonus darauf hin: „Madonna, da Eure Herkunft in allen Euren Unfällen verborgen geblieben ist, werde ich Euch zu Eurem Vater, dem Ihr ohne Frage jetzt noch teurer sein werdet als ehedem, und alsbald auch zum König von Algarvien als seine Gattin zurückbringen" 101/p. 222.) Nicht von ungefähr wird Alatiel, obwohl die beiden letzten Geliebten (Antiochus und der Kaufmann) ihre Sprache kennen, von Boccaccio noch nicht zum Sprechen gebracht (während Antiochus einen langen Monolog hält, 83–85/p. 218).

Die Trennung erklärt auch die unterschiedliche Einstellung des Autors gegenüber der Hauptfigur. Bis zum Beginn der Gefangenschaft bei Pericone (8–25) und von der Begegnung mit Antiochus (90–120)[7] an ist Alatiel eine Edeldame mit dem ganzen Gehabe, das ihr als solcher zukommt: Eigenständigkeit in der Entscheidung, würdevolle Distanziertheit im Auftreten, Klugheit und Gewandtheit im Reden. Für die ausgedehnte Episode ihrer Liebesabenteuer nimmt sich Boccaccio hingegen einen eher niedrigen, mit der raffinierten Technik von Zweideutigkeiten arbeitenden Stil heraus: „Sie hatte nie zuvor gewußt, mit welchem Horn die Männer stoßen" 30/p. 204; „mit dem Heiligen Cresci in man, den Gott uns gab" 37; „von gleicher Lust übermannt, begannen sie, einander zu erregen,... und machten Hochzeit" 89. Was von den Interpreten häufig als psychologischer Widerspruch herausgestellt worden ist, findet also auf strukturell-stilistischer Ebene eine Lösung.

5. Damit ist der Übergang zu den zweiten Gliedern der oben gegebenen „Verhältnisgleichung", d. h. zu der Opposition zwischen körperlichen Beziehungen und Keuschheit, leichter möglich. Kern der Novelle ist eine große *Enklave* innerhalb einer Legende um Verlobung und Heirat; Grundlage dafür ist das eingangs dargestellte Schema:

Heiratsversprechen – verzögernd wirkende
Hindernisse – Vollzug der Heirat.

Dieses Schema kann im Rahmen folgender Möglichkeiten betrachtet werden:

---

[7] Nicht von ungefähr also wird Alatiel nur in zwei Abschnitten am Anfang und am Ende (9 und 95) mit ihrem Namen allein genannt.

Keuschheit { Bewahrung der Keuschheit → Heirat
körperliche Beziehungen

wobei natürlich die körperlichen Beziehungen nicht nur im Widerspruch zu einer Idealfigur stehen, sondern auch *eo ipso* die Möglichkeit eines glücklichen Ausgangs (Heirat) ausschließen müßten. Unter Zusammenfassung der beiden Schemata ergibt sich folgendes:

{ 1. Keuschheit
2. Heiratsversprechen { 3. Bewahrung der Keuschheit
4. verzögernde Widerwärtigkeiten } 6. Heirat
5. körperliche Beziehungen

wobei die Reihenfolge 1+2; 3+4 und 6 konventionsgemäß in der Romanliteratur die normale ist, während die Abfolge 1+2; 4+5 und 6 (6 impliziert 3, schließt dessen Gegenteil 5 aus) offensichtlich, nach eben dieser Konvention, nicht haltbar ist. Alatiel macht sich das Schema 1+2, 3+4 zu eigen; seine zwei Momente sind: ihre noch unverfälschte „kleine Moralpredigt" an ihre Unglückskameradinnen („Sie riet ihnen auf das eindringlichste, ihre Keuschheit zu bewahren, und sagte ihnen, daß sie selbst fest entschlossen sei, sich niemals einem anderen Mann als ihrem zukünftigen Gatten hinzugeben" 24/p. 202) und am Ende, in Form sprachlicher Verhüllung[8], die sublimierte, an ihren Vater gerichtete Erzählung von ihren Erlebnissen, die von Antigonus genau mit Hilfe des Arguments der Keuschheit bestätigt wird („[sie hat vergessen zu sagen,] was die Edelleute und ihre Damen, in deren Begleitung sie ankam, von ihrem ehrbaren Leben bei den frommen Frauen erzählt haben und von ihrer Tugend und von ihren lobenswerten Sitten" 117/p. 226; „Ihr dürft Euch rühmen, unter allen Herrschern, die heute eine Krone tragen, die schönste, sittsamste und vortrefflichste Tochter zu besitzen" 118/p. 226). So kann Alatiel in die dritte Phase, nämlich 6, eintreten.

Die Opposition Bewahrung der Keuschheit *vs* körperliche Beziehungen wird demnach von Alatiel durch ihren Lügenbericht neutralisiert. Er gipfelt in der Anspielung auf den von ihr in den Jahren ihrer Abwesenheit in fremdem Land geübten frommen Dienst zu Ehren des „Heiligen Cresci in Valcava"[8a], dem die Frauen in dieser Gegend sehr ergeben sind" 109. Diese Neutralisierung ist für die Gesamtinterpretation der Novelle entscheidend: Alatiel macht sich in einem stilistisch gehobenen Kontext die burleske Doppeldeutigkeit Boccaccios zu eigen und bestätigt damit die schelmenhafte Optik, aus der er die Wechselfälle ihres Lebens betrachtet hat.

---

[8] Begriff des *travestissement* von *T. Todorov: Grammaire du Décaméron.* The Hague/Paris 1969, p. 36.
[8a] Erster Namensbestandteil wie oben Anm. 4a. Im zweiten Teil Anagramm, gebildet aus *valca(re + vul)va* (wobei *val(i)care* – durchqueren, *vulva* – Vulva/Scham).

Die Novelle erweist sich damit als eine der vielen Geschichten des *Dekameron*, die auf der Täuschung beruhen (umfassendere Kategorie als der Streich, denn sie impliziert die geheime Verfolgung des eigenen Interesses, schließt aber Feindseligkeit gegenüber dem Verlobten aus). In diesen Geschichten entsteht der komische Effekt durch die Bedienung des Umschalters wahr *vs* falsch[9]. Das heißt: ein Teil der Personen (Sultan und König von Algarvien) glaubt, die Geschichte der Alatiel verlaufe nach dem Schema 1+2; 3+4, und hält es daher für selbstverständlich, daß sie mit Phase 6 endet. Umgekehrt weiß der Leser, der der Hauptfigur, Antigonus und dem Autor im Rücken steht, daß das tatsächliche Schema 1+2; 4+5 ist, und er muß lachen, weil es trotzdem mit Phase 6 endet. Mit anderen Worten: der Spaß ergibt sich daraus, daß zwischen 5 und 6 ein inklusives statt ein exklusives Verhältnis geschaffen wird.

Der Lacheffekt wird (wie es für Boccaccio typisch ist) durch die Wortkunst in Szene gesetzt. Die List, zu der Alatiel nicht greifen konnte, um ihre Keuschheit zu verteidigen, bestimmt hingegen ihre Worte, als sie den Beweis erbringt, vier Jahre ein Leben in Frömmigkeit und Reinheit geführt zu haben. Ihre Worte ebenso wie die ihres Komplizen Antigonus schildern und suggerieren eine Wirklichkeit, die erhabener und gefälliger ist als die reale Wirklichkeit, die damit ausgelöscht wird. Dieser illusionistische Gebrauch des Wortes, der zwar allgemein üblich ist, in der Erzählkunst Boccaccios jedoch eine besondere Ausprägung gefunden hat, ist ein funktionaler Bestandteil im System der hier untersuchten Novelle. Vergleichen wir die oben in 4 dargestellte „Verhältnisgleichung" mit der zuletzt gegebenen: Wenn gilt, daß

(Kommunikationslosigkeit + Verlust der Individualität): körperliche Beziehungen = (Kommunikationsmöglichkeit + Erhaltung der Individualität): Keuschheit,

so gehören die Punkte 1, 2 und 6 des obigen Schemas zum zweiten Glied der Proportion. Das Binom 4+5, das hingegen dem ersten Glied der Gleichung zugeordnet ist, wird in das zweite verlagert (es wird daraus 3+4), und zwar mittels Vertauschung der ersten Elemente: Kommunikationslosigkeit~ Kommunikationsfähigkeit, Verlust der Individualität ~ Erhaltung der Individualität. Die Wiedererlangung von Sprache und Familienstand wirkt zurück auf die verzögernden Hindernisse: an die Stelle des Korrelats tritt dessen Gegenteil (körperliche Beziehungen → Erhaltung der Keuschheit).

6. Die „tragische" Interpretation der Novelle findet im Prolog nur eine reichlich schwache Unterstützung. Der Prolog ist (bzw. gibt sich) ernst, ja feierlich, und gerade das müßte Skepsis auslösen: Moralisch, manchmal sogar theologisch engagierte Prologe (man denke hier an die Erste Geschichte des Ersten Tages)

---

[9] Vgl. dazu ausführlicher pp. 257–262.

dienen Boccaccio häufig dazu, in gewissem Sinne gewagte Themen hereinzuschmuggeln und unterdessen auf künstlerischer Ebene das Komische zum Tragen zu bringen, das durch das Abgleiten von einem anfangs gehoben-distanzierten Ton zur Ungebundenheit und Direktheit der nachfolgenden Erzählung hervorgerufen wird.

Aufschlußreicher sind in diesem Zusammenhang die kurzen Schlußbemerkungen:

> Sie aber, die mit acht Männern wohl an die zehntausendmal geschlafen hatte, legte sich nun als Jungfrau an seine Seite und machte ihn glauben, daß sie es wirklich noch sei; dann lebte sie als Königin noch lange in Freuden mit ihm. Und darum sagt man mit Recht: „Geküßter Mund an Wonne nichts büßt ein, dem Monde gleich wird stets erneuert sein" 121–122 [9a],

und zwar wegen der durch das Sprichwort mitgelieferten Moral, wegen des ausdrücklichen Hinweises auf die Irreführung des Königs von Algarvien und die königlichen Freuden dieser doch unfreiwilligen Heldin der Weiblichkeit, vor allem aber wegen der Betonung des erotischen Elements, die noch durch die mathematischen Angaben gesteigert wird. (Die Tatsache, daß die Zahl von 10 000 Umarmungen unmöglich stimmen kann, bestätigt die zu Erzählzwecken eingesetzte, qualifizierende Funktion der Umarmungen als solcher.)

Nicht weniger symptomatisch sind die Reaktionen der Zuhörerinnen:

> Gar mancher Seufzer entfloh den Damen bei den Abenteuern der schönen Alatiel. Wer aber kann sagen, was sie zu diesen Seufzern bewog? Sollten am Ende einige der Damen nicht minder aus Verlangen nach ebenso vielen Hochzeiten als aus Mitleid mit der Prinzessin geseufzt haben? (Zweiter Tag, VIII, 2),

wobei die konträren Substantive *(Verlangen... Mitleid)* und die Mittel der Gegenüberstellung *(nicht minder... als)* die Gewichtungsverhältnisse zwischen erotischem Element (Reaktion des Wohlgefallens seitens der Zuhörerschaft) und emotionalem Element (wobei die Reaktion über Mitleid nicht hinausgehen kann) sehr deutlich widerspiegeln.

Ist der Prolog nun wirklich so feierlich-ernst, wie es scheint? Meiner Ansicht nach ist er nicht frei von Schalkhaftigkeit. Die Bemerkung

> Wollen wir das Rechte tun, sollten wir nehmen und festhalten, was Er uns schenkt, der allein weiß und geben kann, was uns not tut (6),

erinnert nicht nur der Form nach an die Metapher des „Heiligen Cresci in man, den Gott uns gab" (37): Ihn gab uns also „Er..., der allein weiß, was uns not tut". Ebenso erscheint es wenig stichhaltig, daß einer, der gegen die weibliche Schönheit ins Feld ziehen will, davon erzählt, „wieviel Unglück die Schönheit einst über eine

---

[9a] Dt., p. 227, aus inhaltlichen Gründen geändert. [Anm. d. Ü.]

Sarazenin gebracht hat, der es um ihrer Schönheit willen in etwa vier Jahren neunmal beschieden war, eine neue Hochzeit zu halten" (7), wobei das ihr beschiedene „Unglück" einzig und allein durch „die neunmalige neue Hochzeit" illustriert wird.

7. Die Interpretation eines Kunstwerks kann, zumindest bei einem gegebenen Diskussionsstand, als gültig angesehen werden, je erschöpfender mit ihrer Hilfe die werkkonstitutiven Elemente erklärt werden können. Die vorliegende strukturale Beschreibung stützt sich gemäß der ihr eigenen Methode auf eine globale Analyse der narrativen Strukturen und Funktionen. Unter diesen Voraussetzungen ist ein Teil der früheren Interpretationen als überholt anzusehen (zum Beispiel jene, von denen die rhythmische und komische Wirkung des Schemas der Wiederholung nicht erkannt worden ist), aus anderen hingegen kann man noch etwas herausholen, vorausgesetzt, die Grundeinstellung gegenüber dem Text wird geändert.

Wer beispielsweise den Einfluß des Schicksals und der Natur (und damit auch der Weiblichkeit) auf die erzählten Begebenheiten in dieser Novelle hervorhebt, beruft sich zweifellos auf die konstitutiven Elemente des Weltbildes von Boccaccio. Diese Elemente erscheinen also zwangsläufig auch in der Siebten Geschichte des Zweiten Tages: es ist nur so, daß sie, wenn unsere Interpretation stimmt, nicht den eigentlichen Angelpunkt der Erzählung bilden. In anderen Fällen lassen sich die Beobachtungen früherer Forscher halten, vorausgesetzt, sie werden in das hier aufgezeigte Schema integriert. Ich denke beispielsweise an tragische Momente (Getto schreibt, die Tötung des Fürsten von Morea stelle „eine großartige Szene dar, die ohne weiteres in der Literatur des Elisabethanischen Zeitalters oder sogar bei Shakespeare stehen könnte") [10]: Solche Details sind vollkommen richtig, haben jedoch eine genau lokalisierte Funktion. Opfer der Tragödie sind Personen, die auf der Bildfläche erscheinen und alsbald wieder entfernt werden (als Leichen), ohne daß der Leser Zeit und Anlaß hätte, sich mit ihnen zu identifizieren; Statisten gewissermaßen, die man schnell vergessen hat. Die einzige handelnde Person ist Alatiel; und für sie endet jedes Unglück in einer neuen Umarmung, mit einem jeweiligen Partner- oder Gattentausch. Der erotisch-burleske Ausgang, der unausweichlich jede Sequenz krönt, läßt den Gebrauch des Begriffs „Tragödie", gleichgültig an welcher Poetik man sich orientiert, nicht zu. Und Sapegno hat recht, wenn dieser von einer „sublimen Ironie" spricht.

Von noch größerem, unleugbarem Aufschlußwert ist ferner das Motiv „Fahrt auf dem Meer", nicht allein weil es mit Sicherheit zum Schema des Alexanderromans gehört. Almansi schreibt: „Die Gruppe Meer – Wind stellt in der Geschichte der Alatiel und nur in dieser ein symbolisches Rätsel, genauer gesagt, eine derart verschlüsselte Symbolik dar, daß sie unmöglich aufgelöst oder paraphrasiert werden kann, sondern im Dunkel ihrer eigenen suggestiven Vagheit bleibt." Nicht

---

[10] Einen ähnlichen Standpunkt vertritt *V. Russo: „Il senso del tragico nel ‚Decameron'"*. In: *Filologia e letteratura* XI (1965), pp. 29–83, insbes. pp. 55–58.

haltbar erscheint mir dagegen der Parallelismus zwischen „der Aufgewühltheit des Meeres und menschlichen Leidenschaften, der Entfesselung der [Natur-]Gewalten und der Zügellosigkeit der Triebe, von Fall und Orgasmus": Der einzige Sturm in der Novelle geht der Folge von Liebesabenteuern und Opfern, welche die Geschichte wie einen roten Faden durchziehen, voraus. Es gibt also keinen Parallelismus, allenfalls symbolische Antizipation [11] (oder vielmehr einer weniger ambitiösen Hermeneutik folgend: ein fruchtbares erzählerisches Mittel).

Meines Erachtens beruht die besondere Betonung des Motivs von Fahrt und Flucht auf dem Meer auf einem exakten künstlerischen Kalkül: Ausgleich der zeitlichen Raffung der Ereignisse durch Sprengung des Raums. Dieses Verfahren geht Hand in Hand mit all jenen, die dazu dienen, Alatiel in einem prekären, aber doch andauernden Gleichgewicht zwischen Naivität und Berechnung, Unfreiwilligkeit und Nachgiebigkeit zu halten. Jede Veränderung der geographischen, sozialen und landschaftlichen Gegebenheiten wirkt wie ein Bruch, durch den die vorangegangenen Geschehnisse in die Ferne gerückt, ja geradezu ausgelöscht werden. Das bedeutet auch, daß durch die Heimkehr am Ende der Fahrten, Abenteuer und erotische Erlebnisse auf Null gestellt werden, so als ob die vier Jahre nicht verflossen wären.

---

[11] Man könnte in der Tat in der Schiffbruch-Episode eine Art Vorschau von ziemlicher Genauigkeit sehen: Die tatkräftigen und in ihrem verzweifelten Kampf um ihr Leben vor Gewalt nicht zurückschreckenden Männer („obwohl die zuerst ins Boot gesprungenen es ihnen mit dem Messer in der Hand zu verwehren suchten" 12/p. 199) kommen alle um („so warfen sie sich dem Tod in die Arme, in der Hoffnung, ihm zu entgehen" 12/p. 199), während Alatiel sich rettet, indem sie erschöpft auf dem Schiff ausharrt, das „in heilloser Fahrt" (13/p. 199) vom Sturm weitergetrieben wird.

11. Gerade und Spiralen im Aufbau des *Don Quijote*[1]

1. Langsam, aber unaufhaltbar reitet der dürre Ritter Don Quijote durch die Jahrhunderte, gefolgt von seinem wohlgenährten und sprichwortreichen Schildknappen – ein Bild, das Dutzende von Malern, Graphikern und Regisseuren festzuhalten versucht haben. Auch Philosophen, Literaturwissenschaftler und Publizisten jeden Ranges werden bis heute nicht müde, sich mit diesen beiden Figuren auseinanderzusetzen: die eine das Sinnbild eines blinden Idealismus, der durch keinen Spott noch Widerspruch zu erschüttern ist, die andere ein Sinnbild des gesunden Menschenverstandes und des – wenn auch unerwünschten – Realismus.

Es steht außer Frage, daß der Romantext selbst weniger zu den Einzelheiten dieser Stilisierung als vielmehr zu deren Einseitigkeit als solcher im Widerspruch steht; es bedürfte also weniger schematischer und weniger starrer Charakterisierungen, um ihm gerecht zu werden. Weil man an einem Klischee hängt, das sich von seiner Vorlage gelöst hat und sich in seiner Anschaulichkeit frei entfalten konnte, lebt heute die Erfindung eines naiven Cervantes fort, die der echten Cervantes-Gestalt weit unterlegen ist; man meint, das unsterbliche Gespann von Ritter und Schildknappe müsse den unfähigen Händen des Schriftstellers entrissen werden, und gewönne dank seiner engagierten Interpreten das Recht auf ein Eigenleben [der Gestalten] (Unamuno).

Auffassungen dieser Art sind auf seiten der Literaturwissenschaft, zumindest rational, seit langem überwunden. Und doch hat die Stilisierung von Don Quijote und Sancho zu Figuren, mag dies auch um den Preis von Vereinfachungen und Verabsolutierungen geschehen sein, Cervantes zu Recht in die nur kleine Gruppe derer aufrücken lassen, die unsterbliche Charaktertypen geschaffen haben: von Hamlet bis Madame Bovary. (Für viele andere Figuren, von Ödipus über Tristan und Isolde bis Faust, gilt wohlgemerkt, daß die Autoren, die sie berühmt gemacht haben, sie eher übernommen als wirklich neu geschaffen haben.) Und es unter-

---

[1] Vgl. deutsche Ausgaben von *Ludwig Braunfels:* Der sinnreiche Junker Don Quijote von der Mancha. 4 Bde. – Stuttgart 1905; *Hans Rheinfelder* (nach der Übersetzung von *Ludwig Tieck*): Leben und Taten des scharfsinnigen Edlen Don Quijote von La Mancha. 2 Bde. – Bad Salzig/Düsseldorf 1951; hier zit. nach *Felix Poppenberg:* Der scharfsinnige Ritter Don Quijote von der Mancha. 2 Bde. – Leipzig: Insel 1914.

streicht sicherlich auch die Wirkung dieses Werks, wenn im Sprachgebrauch – und in den Wörterbüchern – Don Quijote (Duden: *Don Quichotte*) als Gattungsname vorkommt und Ableitungen wie *Donquichotterie* und *Donquichottiade* gebildet worden sind (im Spanischen sind es sehr viel mehr: *quijote, quijoteria, quijotescamente, quijotesco, quijotismo,* auch: *sanchopancesco*).

Man muß also bei der Lektüre so vorgehen, daß die Gestalt nicht vom Roman losgelöst wird (oder schlimmer noch: in Widerspruch zu ihm gerät), sondern Interpretationen vermittelt, die im Text Cervantes' eine Grundlage haben. Noch besser ist es, wenn Gestalt und Roman, aufgrund ihrer Vielschichtigkeit einer geduldigen, in mehreren Anläufen vorgenommenen Analyse unterzogen werden, wobei ein unerklärter Rest bleibt, der die lebendige Substanz des Kunstwerks ausmacht.

Zwei Feststellungen vorweg, die das Verhältnis Cervantes' zu seinem Werk betreffen. Erstens: extreme Distanz zum eigenen Schaffen, die so deutlich sichtbar wird, daß der *Don Quijote* als Prototyp eines essayhaften Romans erscheint. Zweitens: fortlaufende Abfassung [des Werks], wahrscheinlich mit wenigen Rückgriffen (zum Zwecke der Überarbeitung) auf schon Geschriebenes; Fehlen bzw. spontane Änderung eines Vorentwurfs. Aus diesen beiden Bemerkungen ergibt sich das Bild einer literaturwissenschaftlichen Praxis, die weniger von bestimmten Strukturen und der Thematik des Werks ausgeht als vielmehr deren fortschreitende Gestaltung als eine Art selbstregulierendes System begreift.

Was die Abfassung des Romans angeht, so ist besonders wichtig festzuhalten, daß zwischen den zwei Teilen, aus denen das Werk besteht, ein ganzes Jahrzehnt liegt. Im ersten Teil deutet Cervantes, nachdem er Don Quijote wieder nach Hause geführt und in die Obhut seiner Nichte und seiner Haushälterin gebracht hat, auf eine weitere „Ausfahrt" seines Helden hin. Gleichzeitig erweckt er aber mit den Grabschriften und Lobreden zum Begräbnis von Don Quijote, Sancho und Dulcinea den Eindruck, als wolle er nicht weiter erzählen. Im übrigen scheint er, wenn er eine mögliche Fortsetzung halb andeutet, mit seinem Schluß im Stil Ariosts (Das singt ein andrer wohl in besserm Tone, XXX, 16) nicht auszuschließen, daß ein anderer diese Aufgabe übernehmen wird.

Zehn Jahre später brachte Cervantes jedoch einen zweiten, sogar umfangreicheren Teil des Romans zum Abschluß. Im Jahre 1614 war ihm ein gewisser Avellaneda zuvorgekommen und hatte, die Aufforderung des ersten Teils ernst nehmend, einen zweiten geschrieben – im Wettstreit, aber auch in polemischer Auseinandersetzung mit Cervantes. Aus dem zweiten Teil des echten *Don Quijote* wird so mehr als eine Fortsetzung: nämlich eine Verteidigungsschrift.

Auch in den beiden Teilen des Werks selbst gibt es zahlreiche Anhaltspunkte dafür, daß die Abfassung des Romans Hand in Hand ging mit seiner Strukturierung. Man denke beispielsweise an die unterschiedliche Länge der beiden ersten „Ausfahrten": Kap. 2–5 und 7–52. Außerdem wird Don Quijote beim ersten Ausritt noch nicht von seinem Mitspieler und Schatten Sancho Pansa begleitet. Schließlich erweckt er den Eindruck, noch zwischen zwei kulturellen Stereotypen zu schwanken: den Ritterromanen (diese haben später unbedingt die Oberhand) und den in Versen geschriebenen Volksromanzen, die er als Folie für seine eigenen Abenteuer benutzt und mit deren Gestalten er sich identifiziert. (Wie wir noch sehen werden, ist dies ein Indiz für die schöpferischen Impulse, die von einem unbedeutenden Zwischenspiel, dem *Entremés de los romances,* ausgegangen waren.) Ein Teil der Invarianten des *Don Quijote* tritt also erst mit der zweiten „Ausfahrt" in Erscheinung.

Der zweite Teil des Romans ist in erzählerischer Hinsicht durch eine nicht weniger spürbare Neuorientierung gekennzeichnet: die polemische Auseinandersetzung mit dem Don Quijote von Avellaneda. Es finden sich nicht nur negative Anspielungen darauf, dieses Konkurrenzwerk veranlaßte Cervantes auch, seinen Don Quijote, den „echten", anders zu charakterisieren. Das wirkt sich konkret auf den Handlungsverlauf aus: Don Quijote, der nach einem in I, 52 erwähnten und in II, 4, 57 bestätigten Plan in Saragossa einem Turnier beiwohnen soll, schlägt einen anderen Weg ein, als er erfährt, daß Avellanedas Don Quijote schon in Saragossa gewesen ist (II, 59).

Ausdrücklichere und häufigere Hinweise auf den falschen Don Quijote Avellanedas finden sich (wenn man bedenkt, daß Widmung und Vorwort zuletzt geschrieben wurden) erst ab Kap. 59: Klar und deutlich wird dort auf die Einseitigkeit des Werks hingewiesen, wobei der Schriftsteller wahrscheinlich ganz spontan auf das unerfreuliche Ereignis reagiert hat. Cervantes hatte wohl allen Grund, das schon Geschriebene nicht noch einmal zu überarbeiten, denn der echte zweite Teil des *Don Quijote* sollte rasch erscheinen, um die Verbreitung des Konkurrenzwerks zu blockieren. In den letzten Kapiteln sind schon oft Zeichen von oberflächlichem, vielleicht auch fieberhaftem Schreiben festgestellt worden.

In der gefälligen Form des literarischen Streitgesprächs hat Cervantes uns – nach einem Versuch möglichst klarer Abgrenzung zwischen den Einstellungen der Gesprächspartner und seinem eigenen Standpunkt – seine Vorstellungen [als Schriftsteller] und die theoretischen Argumente zu ihrer Untermauerung dargelegt. Die beiden umfangreichsten Episoden mit Reflexionen dieser Art (Episoden deshalb, weil sie geschickt in die Geschichte des Don Quijote eingebaut sind) sind zum einen die Bestandsaufnahme, die der Pfarrer und der Barbier in der Bibliothek des Helden zum Zwecke einer scherzhaften (aber nicht nur so gemeinten) Bücherverbrennung machen (I, 6), zum anderen das Gespräch, das der Domherr und der Pfarrer führen, als sie den Ritter, der von seiner Verzauberung überzeugt ist, in einen Käfig gesperrt nach Hause fahren (I, 47–48).

Man kann sogar sagen, daß der ganze Roman mit Äußerungen und Stellungnahmen zum Thema Literatur durchzogen ist: Wirte und Ziegenhirten, Bakkalaurei, Fräuleins und junge Mädchen entdecken ihre süßen Leselaster und äußern, jeder auf seine Art, ihre Vorlieben und Eindrücke. Über allen aber steht Don Quijote, der, abgesehen von den Augenblicken, in denen er sich mit den Helden seiner Lieblingsbücher regelrecht identifiziert, als feinsinniger Literaturkenner über Fragen und Techniken der Kunst spricht und zuweilen selbst Verse macht.

Aus dem *Don Quijote* kann man daher (Canavaggio und Riley haben dies auch tatsächlich versucht) eine ganze Fülle von theoretischen Bemerkungen und Stellungnahmen zu Einzelfragen entnehmen.

Damit ist jedoch noch nicht genug gesagt, um das literaturtheoretische Gespür Cervantes' ermessen zu können. Die oben genannten Textstellen lassen auf die Wohlinformiertheit des Schriftstellers über die Poetiken des 16. Jahrhunderts schließen, an deren Grundansatz aristotelischen Ursprungs er festhalten will. Kein Werk ist jedoch, zumindest als Ganzes betrachtet, so weit von den Poetiken, die er gutheißt, entfernt wie das seinige. Es bleibt also zu prüfen, wieweit Cervantes sich dessen bewußt war, daß seine literarische Praxis seiner Theorie vorauseilte, daß er ungewöhnlich modern war.

Anhaltspunkte für die Beantwortung dieser Frage findet man weniger in expliziten Erklärungen als in dem komplexen Vermittlungssystem zwischen Autor und Werk. Derjenige, der die Widmungen zu den beiden Teilen mit seinem Namen versieht und der sich als Autor der beiden Einleitungen zu erkennen gibt (obgleich er schon in das Gewand des „Koautors" zu schlüpfen versucht), scheint zunächst (I, 1, 2) gegensätzliche Traditionen miteinander verbinden zu wollen, wird dann aber (in I, 8) zum „zweiten Autor" einer Erzählung, die der anonyme „erste Autor" seinerseits aus früheren Schriften übernommen zu haben scheint. Ab I, 9 rekurriert der Text angeblich auf das arabische Manuskript des Sidi Hamet-Benengeli, das mit dem Ende des ersten Teils (I, 52) ausgeschöpft zu sein scheint, wo dann auf weitere Abenteuer auf der Grundlage mündlicher Überlieferung hingewiesen wird, bis der erste Teil mit Grabschriften und Lobreden aus einem Pergamentfund der Akademiker von Argamasilla endet. Im zweiten Teil erscheint schließlich Sidi Hamet ohne weitere Erklärung als einzige Quelle der Erzählung wieder.

Der Rückgriff auf eine fingierte Quelle, die bald als (Schein-)Beweis für die Wahrheit herangezogen, bald im Scherz als für unglaubwürdige Aussagen verantwortlich erklärt wird, hat in den Ritterromanen (man denke an den Turpino in Ariosts *Orlando Furioso*) – und nicht nur dort – schon eine lange Tradition. Cervantes sah jedoch in diesem Verfahren nicht nur eine Möglichkeit, zwischen Autor und Werk eine Pufferzone zu schaffen, sondern auch diesen Spielraum je nach seinen Bedürfnissen zu variieren.

Lange vor der Erfindung der Pergamentblätter des Sidi Hamet, als Don Quijote noch allein war und keine Geschichte hatte, sagt er zu sich selbst: „O du, wer du auch seiest, weiser Zauberer, dem die Ehre vorbehalten ist, der Chronist meiner wunderbaren Geschichte zu werden, ich bitte dich, vergiß meinen guten Rosinante, den ewig treuen Gefährten auf all meinen Wegen und Pfaden, nicht" (I, 2). So wird Sidi Hamet von dem Helden erwähnt, bevor er als „erster Autor" in Aktion getreten ist. Wir müssen demnach unterscheiden zwischen einem Schriftsteller (Cervantes), der einen Helden (Don Quijote) erfindet, der seinerseits den Autor (Sidi Hamet) erfindet, welcher als Quelle für das Werk des Schriftstellers (Cervantes) dienen wird. Und mehrmals (I, 11, 21) entsteht der Eindruck, als würden oder könnten die Handlungen des Don Quijote durch den Autor Sidi Hamet beeinflußt werden.

Diese Struktur à la Borges ermöglicht es Cervantes, im Scherz die Verantwortung für das Erzählte einem Ungläubigen (und daher Unglaubwürdigen – wievielmal werden wir unausgesprochen im Namen Allahs aufgefordert, ihm nicht zu glauben!) und einem Zauberer (und damit Hüter von Geheimnissen, die für einen gewöhnlichen Sterblichen für immer verborgen bleiben) zu übertragen. Sidi Hamet hat also den ganzen Spielraum zwischen Glaubwürdigkeit und Unglaubwürdigkeit für sich, während der „zweite Autor", Cervantes, sich bald als Berichterstatter ohne Verantwortung, bald als Forscher geben kann, der die Aussagen seiner Quelle in Frage stellt oder einschränkt. Diese Spaltung des Schriftstellers deutet schon auf die Krisis (im wahrsten Sinne des Wortes: Wende) zwischen Renaissance und Barock hin: In der ersten Person ist Cervantes Vertreter der Poetik der Renaissance; als Sidi Hamet getarnt, schafft er dagegen Gestalten und Handlungen im Stil des Barock mit seiner Vorliebe für Kontraste, seiner gewollten Disharmonie und seinem Sinn für die Gefährdung der Wirklichkeit.

2. Der *Don Quijote* handelt nicht nur von Don Quijote und Sancho. Diese beiden Gestalten dominieren zwar im Blickfeld und Bewußtsein des Lesers, es hieße aber das Gefüge und, was noch schlimmer ist, die Bedeutung des Romans verfälschen, ließe man die vielen Kapitel außer acht, in denen sie nicht vorkommen. Man muß sich über die Struktur des *Don Quijote* klarwerden, um zu erkennen, welche Beziehungen zwischen seinen Teilen bestehen und welchen Erfordernissen sie genügen sollen.

In seinen Grundzügen ist der *Don Quijote* (um mit Sklovskij zu reden) ein Roman „nach dem Prinzip der Reihung", der häufig von handlungsfremden, manchmal aber auch in die Handlung integrierten Erzähleinschüben unterbrochen wird. Diese Einschübe stellen gleichsam vertikale Schnitte in der horizontalen Reihung der Abenteuer des Ritters und seines Schildknappen dar. Das dabei zugrunde gelegte Verfahren variiert: es reicht vom „wiedergefundenen Manuskript" (z. B. die Geschichte vom *Curioso impertinente* [von der unbesonnenen Neugier] I, 33–35) bis zur Erzählung durch die Gestalt der eingestreuten Geschichte (die *Historia del cautivo* [Geschichte des Sklaven] I, 39–41) oder in mehreren Fortsetzungen durch die darin vorkommenden Gestalten (Cardenio I, 24 und 27; Dorothea I, 28) oder einen Erzähler (die Geschichte von der Schäferin Marcella I, 12–13).

Hinter dieser unterschiedlichen Handhabung der Einschübe steht sicherlich eine Absicht der *variatio*, sie hängt aber auch damit zusammen, wie die darin vorkommenden Gestalten an der Haupthandlung beteiligt sind: oft greifen sie punktuell ein (sie fordern die Narrheit, gegebenenfalls auch die Besonnenheit Don Quijotes heraus und bereichern dadurch die Vielfalt der Möglichkeiten), manchmal ist ihr Einfluß von großer Bedeutung (Dorothea spielt gern die Rolle der Prinzessin Mikomikona), manchmal haben sie gar keinen Einfluß (der *Curioso impertinente*). Es handelt sich dabei um ein Strukturproblem, über das Cervantes lange nachgedacht haben muß, wie aus II, 44 hervorgeht:

> Sidi Hamet soll, wie es heißt, in der eigentlichen Urschrift dieser Geschichte dieses Kapitel ganz anders begonnen haben, als es der Übersetzer hier tut. Der Maure soll sich nämlich selbst tadeln, daß er eine so trockne und in so enge Grenzen gebannte Geschichte zu schreiben unternommen habe, in der er immer und ewig von Don Quijote und Sancho sprechen müsse, ohne daß er es wagen kann, andere, ernsthaftere und anziehendere Abschweifungen und Episoden einzuflechten. Es sei eine unerträgliche und undankbare Arbeit für einen Schriftsteller, Geist, Hand und Feder stets an einen Gegenstand gefesselt zu sehn und nur durch den Mund so weniger Personen reden zu können. Um diesen Mißstand zu vermeiden, habe er sich im ersten Teil des Werks des Kunstgriffs bedient, einige Novellen einzuschalten, wie die von der unbesonnenen Neugier und vom Hauptmann in der Sklaverei, die nicht eigentlich zur Geschichte gehören, wohingegen in allem übrigen, was erzählt wird und ebendeshalb erzählt werden mußte, Don Quijote selbst eine Rolle spielt. Er habe jedoch, wie er sagt, bedacht, daß manche Leser, durch die Aufmerksamkeit, die sie Don Quijotes Taten widmen mußten, ermüdet, auf diese Novellen weniger achtgeben und sie nur eilig überfliegen oder gar verdrießlich ganz überschlagen würden, ohne die Kunst und die Schönheiten zu bemerken, die sie enthalten und die man sich gewiß nicht entgehn ließe, wenn diese Novellen abgesondert für sich ohne Don Quijotes Narrheiten und Sancho Pansas Torheiten erscheinen würden. Darum wolle er in diesem zweiten Teil keine für sich stehenden oder in die Handlung verflochtenen Novellen einschalten, sondern nur ein paar Episoden, die sich als solche zu erkennen geben und doch mit den Ereignissen dieser wahrhaftigen Geschichte in enger Verbindung stehn; auch die jedoch in beschränktem Maße und vorgetragen mit keinem größern Aufwand an Worten, als nötig war, um sie verständlich zu machen. Da er sich nun in den engen Schranken der Erzählung halte und einschließe und doch vermöge seines Geistes und seiner Geschicklichkeit über das ganze Weltall schreiben könnte, so bitte er, seine Arbeit nicht zu verschmähen, ihn vielmehr zu loben, nicht sowohl wegen dessen, was er geschrieben, als wegen dessen, was er fortgelassen habe.

Im zweiten Teil sind die eingestreuten Geschichten jedenfalls kürzer und eng mit der Haupthandlung verflochten: so die *Bodas de Camacho* [Hochzeit des reichen Camacho] (II, 20–21), die Erzählung der Doña Rodriguez (II, 48), die Geschichten der Claudia Jeronima (II, 60) und der Ana Felix (II, 65), der unschuldigen Tochter des Don Diego, die von zu Hause weggelaufen war (II, 49). Demgegenüber sind im zweiten Teil erstmals Don Quijote und Sancho für längere Zeit getrennt: während der ganzen Episode mit Sancho als Statthalter (II, 44–53).

Es ist über mögliche Querverbindungen zwischen dem *Don Quijote* und dem pikaresken Roman diskutiert worden; inhaltliche Ähnlichkeiten sind dabei äußerst zweifelhaft, während eine strukturelle Verwandtschaft durchaus besteht. Die Ähnlichkeit beruht auf der theoretisch endlos fortsetzbaren Aneinanderreihung von Episoden (Konstruktionsprinzip der „Reihung"), den Streifzügen durch die Gesellschaft jener Zeit, insbesondere die niedrigsten Schichten (Schenke, Dirnen, Sklaven, Schweinehirten usw.), und dem Motiv „Suche nach Arbeit", das sich bei Don Quijote zur „Suche nach Heldentaten" wandelt. Und genau dieser horizontalen Linie entlang konnte Cervantes die relativ unbedeutende Episode der ersten „Ausfahrt" immer weiter ausbauen und zehn Jahre später die Erzählung wiederaufnehmen, wobei er bewußt den Tod des Helden an den Schluß stellte, damit niemand auf den Gedanken kommt, noch einen dritten, vierten oder n-ten Teil folgen zu lassen.

Andererseits kann man sagen, daß das Verfahren der Erzähleinschübe auf den Ritterroman zurückgeht. (Ich möchte hier noch einmal auf den *Orlando Furioso* hinweisen, aus dem die Geschichte des *Curioso impertinente* abgeleitet ist.) Die Integration der Einschübe in die Erzählung ist um so problemloser, je weniger sich die darin vorkommende Gestalt in den Vordergrund spielt. Notfalls wird auf das Verfahren der Verschachtelung zurückgegriffen, bei dem sich eine Mehrzahl von Geschichten von gleichem funktionalem Rang mosaikartig zusammenfügen.

Don Quijote ist ein Werk, welches das andere Extrem verkörpert: Die Geschichte von dem Ritter und seinem Schildknappen verläuft in konstanter Geradlinigkeit. Die Erzähleinschübe mögen Einschnitte markieren, sie ändern aber nichts an dem linearen Verlauf; sie reihen sich an dem Erzählfaden auf, ohne sich mit ihm zu verweben. Selten treten die Gestalten aus diesen Episoden ein zweites Mal in der Geschichte Don Quijotes auf, und noch seltener hinterlassen sie dann eine Spur. Ein Wechsel zwischen gleichberechtigten Partnern – ein Schachtelprinzip – liegt nur zwischen Don Quijote und Sancho vor, und zwar für die kurze Zeit, die sie sich voneinander trennen (I, 26–29, II, 44–53), was nicht ohne Nachteil für den einen wie für den anderen bleibt.

Mögen die eingestreuten Erzählungen auch für die Handlung keinen funktionalen Charakter haben, so gilt dies doch für die Thematik des Romans. Man braucht sich nicht im Detail mit den Abhandlungen des 16. Jahrhunderts über die literarischen Gattungen auseinanderzusetzen, um feststellen zu können, daß alle diese Erzählungen um ein Thema kreisen – die Liebe – und daß sie fast ausschließlich unter die Schäfer- oder Minnedichtung fallen – mit Ausnahme der Erzählung des Sklaven, bei der es sich um eine Abenteuergeschichte handelt. Eine erste Orientierung, die uns gleich noch hilfreich sein wird, mag folgende Beobachtung geben: So viele Liebesbande gleichen das emotionale Defizit aus, das die rein phantastische, intellektuelle Verehrung Don Quijotes für Dulcinea hinterläßt.

Die Auffassung Don Quijotes von der Liebe geht in der Tat noch weit hinaus über das, was man das Paradox der höfischen Liebe genannt hat, deren Schwüre dazu bestimmt sind, nie erhört zu werden, die um so größer und erhabener sind, je ferner die Geliebte weilt, je unerreichbarer sie ist, wenn es sie überhaupt gibt (wie im Fall von Dulcinea del Toboso). Don Quijote lehnt im Gegensatz zu der Mehrzahl der Gestalten des Romans jeden Kompromiß gegenüber der Galanterie ab. Die gleiche Kompromißlosigkeit zeigt er in seiner Auffassung vom Abenteuer; es muß aus Edelmut, allein aus dem Streben nach Ruhm erwachsen.

So glaubte Cervantes den geradlinigen geistigen Weg Don Quijotes mit Gestalten und Geschichten umgeben zu müssen, die weite Bereiche der erzählerischen Phantasie, zumindest im Rahmen der Konventionen, wie sie sich zu seiner

Zeit herausgebildet hatten, erfassen. Don Quijotes Blick ist starr auf die erträumten Ziele gerichtet, während die Gestalten in den eingestreuten Erzählungen Menschen und Dinge um sich wach verfolgen. Die Unerschütterlichkeit der Gefühlswelt Don Quijotes und seine Selbstgenügsamkeit stehen im Gegensatz zur Abhängigkeit der anderen Gestalten, die sich leicht zu Leidenschaften, Gefühlen der Dankbarkeit oder Rache hinreißen lassen. Verbissen reitet Don Quijote auf sein unerreichbares Ziel zu, während die anderen Gestalten sich treiben lassen, wie es ihnen das Gefühl, die Situation oder sonst ein Zufall eingibt.

Es ließe sich unschwer nachweisen, daß die Schäferdichtung (und deren Variante: die Minnedichtung) mit ihrer absoluten Konventionalität der Situationen und Entwicklungen, mit ihrer illusionistischen Verkleidung meist wohlhabender Jünglinge oder Mädchen als Schäfer, die rhetorisch begabt sind und zur poetischen Improvisation neigen, den Grundsätzen der Renaissance-Literatur entsprach. Es war die Vorstellung von einer ländlichen Idylle, von einfachen Gefühlen, von gelebter oder in Leben umsetzbarer Poesie; hinzu kam, wesentlicher noch, die Vorstellung von der Verwirklichung der höfischen Lebensideale, wie sie von den Troubadouren, Petrarca und Schriftstellern des 16. Jahrhunderts formuliert worden sind.

In der arkadischen Traumwelt konkretisierte sich jener Sinn für Würde, Erhabenheit der Gefühle und des Stils, wie ihn die Theoretiker gemäß den Vorstellungen der kultivierten Kreise herausgebildet hatten. Die feine Unterscheidung zwischen Wahrheit und Wahrscheinlichkeit, von der allein die letztere einen Platz in der Erzählliteratur eingeräumt bekam, schuf eine solide Legitimationsgrundlage für die Schäferdichtung. Wie sehr auch Cervantes diese Richtung befürwortete, zeigt die Tatsache, daß er selbst, wenngleich zu einer eher neoplatonischen Allegorik neigend, einen Schäferroman, *Galatea,* geschrieben hat, dem er immer einen zweiten Teil hatte folgen lassen wollen.

Wir können also (mit einigem Vorbehalt, der sich am Ende des Kapitels als hinfällig erweisen wird) sagen, daß die Erzähleinschübe dem Bedürfnis nach Wirklichkeitsnähe entsprechen, wie schwer dies auch für den heutigen Leser zu verstehen sein mag, dem die literarischen Konventionen des 16. Jahrhunderts so fern liegen und der schnell dazu neigt, jede Verschnörkelung des Rahmens und der Handlungen abzulehnen, bei der allenfalls noch die stilistische Brillanz und Nuancierung der Details seinen Gefallen finden.

Der Roman spielt sich also auf zwei Ebenen ab: der des Traums, auf der sich Don Quijote bewegt, und der der Wirklichkeit (nach einem Gentlemen's Agreement zwischen Autor und Leser, genauer gesagt: der Wahrscheinlichkeit), und die Gestalten der eingestreuten Geschichten gehören wohlbemerkt voll und ganz zu der vom Autor als solcher festgelegten Ebene der Wirklichkeit. So beteiligt sich Dorothea [als Prinzessin Mikomikona] an der Liebesverschwörung, damit der Held sicher nach Hause gebracht werden kann.

Darüber hinaus sollen die Erzähleinschübe noch eine andere Wirklichkeit widerspiegeln: das Spektrum der gesellschaftlichen Schichten. Don Quijote, dem armen Hidalgo und Schein-Ritter, sowie dem Bauern Sancho werden in diesen Geschichten Adelige, Gutsbesitzer, Beamte und Geistliche gegenübergestellt. Ohne diese Erzählungen würde der Ritter im ersten Teil des *Don Quijote* nur mit Vertretern niedriger Herkunft und Bildung zusammenkommen. Auch aus diesem Grund waren die Einschübe im zweiten Teil nicht mehr so notwendig, denn dort sind es über lange Zeit fast nur hochgestellte Persönlichkeiten, z. B. der Herzog und später Don Antonio Moreno, die den Ritter von der traurigen Gestalt umgeben und maßgeblichen Einfluß auf sein Schicksal ausüben. Im zweiten Teil braucht die vornehme Gesellschaft sich nicht bei Don Quijote einzufinden, er geht selbst auf sie zu, nimmt ihre Gastfreundschaft und leider auch ihre Bedingungen an.

3. Die Wirklichkeitsnähe der eingestreuten Erzählungen hat noch eine weitere Funktion. Sie sorgt dafür, daß der *Don Quijote* alle literarischen Gattungen seiner Zeit in sich vereinigt: den Ritterroman, allerdings in eher parodierter Form, teilweise mit Rückgriffen auf den pikaresken Roman; ferner die Schäferdichtung, den Abenteuerroman, die Novelle, das literarische Streitgespräch, nicht zu vergessen die Liebeslyrik, die sowohl in den Erzähleinschüben als auch in den Abenteuern Don Quijotes eine Rolle spielt (während nur in den Abenteuern auch die volkstümliche Gattung der Romanzen in Erscheinung tritt).

Die ganze Geschichte des Romans kann als eine Folge von Versuchen angesehen werden, die verschiedenen Romantypen miteinander zu vermischen: erst den keltischen Sagenkreis mit dem karolingischen, dann den Ritterroman, einschließlich des byzantinischen, mit dem Liebes- bzw. Schäferroman. Im *Don Quijote* sind diese verschiedenen Komponenten aber nicht zu einem Ganzen verschmolzen, sondern stehen unverändert nebeneinander. Cervantes hat die zu den verschiedenen Gattungen gehörenden Sequenzen sorgfältig verteilt, ohne daß ihre jeweiligen Merkmale sich gegenseitig beeinflussen konnten oder harmonisiert wurden. Die Gestalt Don Quijotes, wie Cervantes sie bestimmt hatte, machte eine Kombination statt einer Verschmelzung der literarischen Gattungen erforderlich.

Das Verhältnis Don Quijotes zur Wirklichkeit hat zur Folge, daß die darin nebeneinanderstehenden erhabensten und niedrigsten Elemente in ihrer Gegensätzlichkeit betont werden. Je mehr der Held Chimären und unerfüllbaren Idealen nachjagt, desto deutlicher tritt, als Reaktion darauf, das Prosaische und Banale der Situationen und Gegebenheiten hervor. Man könnte sagen, daß der Idealismus Don Quijotes als regelrechter Katalysator des Realismus wirkt. Jedes Abenteuer Don Quijotes spielt sich in der Spanne zwischen diesen beiden Extremen ab: die Niederlage des Helden besteht in der – jedoch immer wieder verdrängten – Erkenntnis darüber, wie klein doch diese Spanne für ihn ist.

Die Benutzung anderer literarischer Gattungen zielt alles in allem auf eine Neutralisierung der Opposition erhaben *vs* niedrig ab, d. h., der Gesamttenor wird ausgewogener: Die Wirklichkeit wird in maßvoller Überhöhung stilisiert, da die Gefühle, durch die sie voll und ganz erfaßt wird, ein geschlossenes System bilden, das Unordnung und Chaos verhindert. Ob gute oder niederträchtige Gefühle, sie lösen sich immer weiter von der rauhen Erde; und in der Tat können sie sehr leicht vom Negativen zum Positiven wechseln.

Solche Überlegungen dürfte Cervantes in voller Übereinstimmung mit den Poetiken der Renaissance angestellt haben. Aber Cervantes ist ein Autor mit zwei Gesichtern; wäre er nur den Gesetzen seiner literaturtheoretischen Reflexionen gefolgt, hätte er nur *Galatea* und *Persiles,* aber nicht den *Don Quijote* geschrieben. Seine Vorgehensweise ist durch die Dialektik zwischen Intuition und Kalkül, Phantasie und theoretischer Reflexion gekennzeichnet; dabei gehören Kalkül und Reflexion in den Bereich des Bestehenden und der Konventionalität, zu der im Untergang begriffenen Renaissance, während Intuition und Phantasie mit Sicherheit in Richtung auf den sich damals abzeichnenden Barock vorstoßen.

Aus diesem Grunde löst der törichte Ritter stärkere und tiefergehende Impulse bei dem Schriftsteller aus als die Gestalten der eingestreuten Erzählungen: Don Quijote bewegt sich in einem Raum, für den es aufgrund seiner Narrheit keine scharfen Grenzen und Beschränkungen gibt. Es ist ein Raum, in dem das Komische und das Groteske (Kategorien, die dem Harmoniebegriff der Renaissance, welcher allenfalls mit einem versteckten Lachen oder feiner Ironie vereinbar ist, zuwiderlaufen) sich entfalten können; ein Raum, in dem die Gestalten ihre natürlichen Konturen verlieren und sich ein neues Gefühl für das Ländliche und Volkstümliche Bahn bricht.

Die Intuitionen, von denen ich sprach, hat Cervantes systematisiert und institutionalisiert. Bemerkenswert ist, daß im zweiten Teil einerseits durch die geringere Zahl von Erzähleinschüben die Gestalt Don Quijote stärker in den Vordergrund rückt, andererseits aber die Verzerrung der Wirklichkeit nicht mehr ausschließlich der Narrheit des Ritters, sondern der – teilweise grausamen – Phantasie seiner Mitspieler zugeschrieben wird; war die Verzerrung der Wirklichkeit anfangs die Frucht eines kranken Geistes, wird sie nun zu einem klar umrissenen, immer wieder einsetzbaren Verfahren.

Cervantes hat also im Laufe seines Werks einen neuen Maßstab entdeckt. Er hat ihn erkannt, ohne ihn sich zu eigen zu machen. Anders ausgedrückt: er hat seinen Helden ausgeschickt, um Neuland zu entdecken, hat das Gefundene aufgegriffen, ohne sich selbst zu engagieren. Die Spiralen, die wir im Verhältnis zwischen Schriftsteller, Held, „erstem Autor" (Sidi Hamet) und Werk beobachtet haben, erscheinen hier ein zweites Mal im Verhältnis zwischen Wirklichkeit, Wahrscheinlichkeit, Traum und Erfindung neuer Wirklichkeiten – zwei Spiralen, die offenbar eng miteinander zusammenhängen; sie erlauben eine Vervielfältigung der Perspektiven und das Verborgenbleiben der Wachsamkeit [des Schriftstellers]. Nur indem Cervantes sein eigenes Wissen (auch als Schriftsteller) unter Kontrolle hielt, konnte er die Narrheiten Don Quijotes erzählen; nur indem er an einer Poetik der Renaissance festhielt, konnte er seine barocken Visionen um so reicher entfalten – und zugleich im Griff behalten.

4. Es ist an der Zeit, einiges zur Narrheit Don Quijotes zu sagen. Über ihre Entstehung läßt Cervantes keinen Zweifel, denn nachdem er so viele Jahre mit Lesen von Ritterbüchern zugebracht hatte, geschah es, daß „er sich endlich durch zu viel Lesen und zu wenig Schlaf das Gehirn so ausdörrte, daß er den Verstand verlor. Er füllte sich den Kopf mit allem an, was er in seinen Büchern fand, als da sind: Fehden, Schlachten, Herausforderungen, Wunden, Zärtlichkeiten, Liebeshändel, Seestürme und andere Tollheiten mehr; und so tief arbeitete er sich hinein, daß ihm endlich dieser Wust von Hirngespinsten, den er las, als die verbürgteste Geschichte von der Welt erschien" (I, 1).

Mit der Verurteilung seines Helden zur Narrheit verfolgte Cervantes ein genaues polemisches Konzept, das durch die beiden bereits oben erwähnten Episoden (Durchforstung der Bibliothek und Gespräch zwischen Domherr und Pfarrer) bis ins Detail untermauert wird. Diese Art von polemischer Auseinandersetzung war in den Jahren 1605–1615 gerade aktuell, zum einen, weil der Ritterroman trotz seiner anachronistischen Orientierung an Idealen und Konventionen des Mittelalters eine literarische Gattung für breite Volksschichten geworden war und nach wie vor Erfolg hatte, zum anderen, weil er schon mehrfach aus Gründen des Zeitgeschmacks oder sogar der Religion verurteilt worden war.

Für die ablehnende Haltung Cervantes' gegenüber dem Ritterroman lassen sich, einigermaßen vereinfachend, zwei Gründe anführen: die Nichtberücksichtigung des aristotelischen Grundsatzes der Wahrscheinlichkeit durch Unkenntnis seitens der Autoren; die Schwülstigkeit ihres Stils. Mit anderen Worten: Verstoß gegen die Wirklichkeit (im Sinne von Denkmöglichkeit, Ausgewogenheit und Angemessenheit) der Begebenheiten und der Redensweisen. Erasmus, dem Cervantes sich insgeheim verbunden fühlte, hatte ähnliche Ansichten geäußert. Cervantes' Urteil ist jedoch sehr differenziert: Einige Ritterromane kommen in seinem scherzhaften Prozeß ungeschoren davon oder werden sogar gelobt. Es sind Werke, die nunmehr von historischer Bedeutung sind, oder solche, die den Vorstellungen Cervantes' mehr oder weniger vollkommen entsprechen.

Wie die Ritterromane nicht in Bausch und Bogen verurteilt werden, so ist auch der Wahn Don Quijotes nicht auf ihn allein beschränkt. In dem ganzen Roman wimmelt es von Opfern der Ritterbücher: angefangen bei dem lesefreudigen Wirt, der nicht weniger leichtgläubig ist als Don Quijote (I, 32), über den Puppenspieler Meister Pedro (II, 26) bis zu den literaturbeflissenen Geistlichen, dem Pfarrer und dem Domherrn, die sich als äußerst kompetent in dieser Frage erweisen. Die Schuld Don Quijotes besteht also nicht darin, daß er Ritterbücher liest, sondern daß er an sie glaubt, ja mehr noch, daß er glaubt, die erzählten Abenteuer seien noch möglich.

Für seine Narrheit hat Don Quijote Vorbilder (die Helden der Ritterromane) und vorgelebte Verhaltensmuster (ihre Heldentaten). Was diese Vorbilder angeht, so schwankt er zwischen Identifizierung und Nachahmung. Er blickt vor allem auf die Erhabensten und Edelmütigsten, Vollkommensten und Verliebtesten unter den Rittern, Lancelot und Amadis von Gallien; die Verhaltensmuster dienen ihm dazu, sich in der Situation zu entscheiden, vor allem aber *Situationen zu schaffen.*

Wenn gesagt worden ist, der *Don Quijote* parodiere die Ritterromane und sei letzten Endes selbst ein Ritterroman, so ist dies kein Widerspruch, sondern eine logische Folge seiner Konzeption: Don Quijote hat alle wichtigsten Stereotypen der Ritterromanhandlung gespeichert. Die Wirklichkeit braucht ihm nur ein Merkmal (eine Ähnlichkeit) vor Augen zu führen, und schon ruft er das ganze Stereotyp ab und verhält sich danach. Anstelle der „Nachfolge Christi" als Grundschema für viele Heiligengeschichten macht sich Don Quijote die „Nachfolge des vollkommenen Ritters" zur Aufgabe. Hier liegt der tiefere Grund für das Strukturprinzip der „Reihung", denn im Leben eines fahrenden Ritters wird das Schicksal durch die Persönlichkeit des Helden und seine Entwicklung in der Auseinandersetzung mit seiner Umwelt bestimmt, während im Leben Don Quijotes – wie bei der „Nachfolge Christi" – der Weg genau vorgezeichnet ist: Es geht für ihn darum, ein gegebenes Spektrum von Möglichkeiten – die Abenteuer des fahrenden Ritters – durchzuspielen; ihre Reihenfolge bleibt dabei zufällig.

Hier geht es also nicht um die Konfrontation des Helden mit wechselnden Situationen, sondern um eine Liste von „Möglichkeiten", unter denen sich dann nach und nach diejenigen herauskristallisieren, die zu einer gewissen Konkretisierung gelangt sind. Jede „Möglichkeit" bildet eine Episode; ihr Bezugspunkt sind nicht frühere oder spätere Episoden, sondern die Romane, die Don Quijote in sich aufgenommen und vereinigt hat. Don Quijote hat in der Tat selbst eine Formalisierung der „möglichen" Abenteuer eines Ritters vorgenommen: Ein Beispiel dafür liefert er, als Sancho (I, 21) typische Episoden aus einem Ritterleben erzählt; sie gewinnen nach und nach an Farbe, verbinden sich miteinander, vermehren sich und werden fast zu einer tatsächlich geschehenen Geschichte. Auf die Austauschbarkeit der Episoden untereinander hat Cervantes mit dem ihm eigenen Scharfsinn hingewiesen (I, 2).

Wir sind damit am Kern der Polemik Cervantes' angelangt. Was Cervantes brandmarkt, ist nicht so sehr die Leidenschaft für die Ritterbücher als vielmehr die Verwischung der Grenze zwischen Literatur und Leben. Die Ritterromane als Abenteuerromane waren besonders gut geeignet, um dem Leser etwas vorzugaukeln; die Narrheit wäre aber die gleiche gewesen, wenn Don Quijote z. B. die Schäferromane allzu ernst genommen hätte. Das ist keine bloße Hypothese, denn Don Quijote sagt selbst an mehreren Stellen, daß er in der Versuchung ist oder war, sich statt in einen fahrenden Ritter in einen verliebten Schäfer zu verwandeln. Daraus resultiert die universale Dimension des Romans; sie wäre undenkbar, läge ihm nur ein Streit zugrunde, der längst überholt ist.

Don Quijote ist ganz durchdrungen von Literatur: Er kennt Ritterromane auswendig; er hat selbst versucht, welche zu schreiben, und schreibt weiterhin Liebesgedichte; sein Leben besteht darin, die Heldentaten fahrender Ritter wieder zum Leben zu erwecken; schließlich sieht er sich selbst als potentielle Romangestalt und macht sich, solange er auf den Schriftsteller warten muß, der ihn unsterblich macht, zum Geschichtsschreiber seiner selbst:

Erscheint dereinst in kommenden Zeiten die wahre Geschichte meiner berühmten Taten vor den Augen der Welt, so wird unstreitig der Weise, der sie schreibt, wenn er an die Erzählung dieser meiner ersten Ausfahrt am frühen Morgen kommt, folgendermaßen beginnen: „Kaum hatte der rotwangige Apoll die goldenen Locken seines schönen Haupthaars über das Angesicht der weiten, langgestreckten Erde hingebreitet; kaum hatten die kleinen bunten Vögelein mit ihren Harfenzungen und ihrer süßen schmelzenden Harmonie die Ankunft der rosigen Aurora begrüßt [...], als der berühmte Ritter Don Quijote de la Mancha die schnöden Federn verließ, sein berühmtes Pferd Rosinante bestieg und dahinzureiten begann über das uralte, weltbekannte Feld Montiel."

Die Literatur ist nicht nur mit seinem Leben verwoben, sie geht auch seinem Leben voraus. Gleich nachdem Don Quijote ausgezogen ist, ruft er aus: „Glückliche Zeit, gesegnetes Jahrhundert, in dem die Welt meine ruhmvollen Taten kennenlernen wird, die da wert sind, in Erz gegossen, in Marmor gemeißelt, der Nachwelt zu ewigem Angedenken in Gemälden dargestellt zu werden" (ibd.). Das ist keine Hybris, die ganze Geschichte Don Quijotes ist vielmehr ein dauerndes Wechselspiel zwischen dem zu schreibenden Roman, dem tatsächlich geschriebenen Roman und den Ereignissen, d. h. dem Scheitern [des Helden].

Die Gleichsetzung von Literatur und Leben bedeutet Gleichsetzung von Ideal und Erfüllung, von Motiv und Tat, von Zweck und Vollzug. Und Don Quijote, der sich für den Schutz der Schwachen und Verfolgten einsetzt, für Gerechtigkeit und den heiligen Wehrdienst des Ritterstandes kämpft, bewirkt nichts anderes, als daß er die Leiden derer vergrößert, für die er eintritt, die Gesetze des Zusammenlebens in der Gesellschaft verletzt und die Grausamkeit der Inquisition heraufbeschwört. In dem Ungestüm, mit dem er auch die letzten Etappen seiner „Nachfolge" durchschreiten will, denkt er nicht über die Rechtmäßigkeit bzw. die Folgen seines Handelns unter den jeweils gegebenen Umständen nach.

Daraus erklärt sich das zwiespältige Verhältnis Cervantes' zu seinem Helden: Cervantes kann nicht umhin, Don Quijotes Traum von großen Heldentaten zu unterstützen; für ihn bedeutet seine Narrheit, d. h. die Entfremdung von der Wirklichkeit, daß er nicht Zeit, Ort und Situation, sondern literarische Vorbilder die Verwirklichung seines Traums bestimmen läßt. Es sind keineswegs wertlose, sondern große Dinge, an die Don Quijote glaubt, nur fehlt ihm die Fähigkeit, sie an der Wirklichkeit zu messen, sie auf diese Weise vor einer fruchtlosen Idolisierung zu bewahren und sie realisierbar und lebendig werden zu lassen.

Cervantes hat den einmal gewählten Ansatz schrittweise ausgebaut; er wurde sich dabei gleichzeitig mehr und mehr bewußt, daß die Spaltung der Persönlichkeit Don Quijotes (der in allem, nur nicht in Sachen des Rittertums, besonnen war) ihm die Möglichkeit gab, eine weitere spiralenförmige Struktur, wie er sie besonders liebte, einzubauen: und zwar dieses Mal in Form eines literarischen Dokuments über die Grenzen der Literatur, bei dem am Ende – durch das Werk selbst – die endlose Verschiebbarkeit der Grenzen gepriesen wird. Denn auf der einen Seite praktiziert der *Don Quijote* mit seinen Erzähleinschüben Literatur als Flucht in die Wahrscheinlichkeit (und knüpft in dieser Hinsicht an die am meisten ausgereiften Werke der Erzählproduktion Cervantes' – von *Galatea* bis *Persiles* – an), auf der anderen Seite dokumentiert er aber auch durch seine Hauptgeschichte Literatur als Flucht in das Unwirkliche und folglich als Eroberung neuer Erzählwirklichkeiten (und ergänzt in diesem Punkt die Einfälle und „Entdeckungen" der *Novelas ejemplares*).

Die Art von Torheit, die Don Quijote befallen hat, ist offenbar ziemlich weit verbreitet: Don Francisco di Portogallo, Melchor Casso, Alonso de Fuentes, Pinciano und Don Luis de Zapata erzählen Anekdoten über Menschen, welche Ritterromane allzu ernst genommen haben und nun auch teilweise davon träumen, es ihren Helden gleichzutun. Der unmittelbare Vorläufer (an einigen Stellen des Romans finden sich Anspielungen darauf) scheint das *Entremés de los romances* zu sein, in dem ein armer Bauer namens Bartolo durch zu vieles Lesen von *romances* sich schließlich einbildet, ein Ritter zu sein, seine junge Braut verläßt und zu Abenteuern aufbricht, die er sich ausgesponnen hat, aber dabei jedesmal Beleidigung und Spott erfahren muß. Er bezieht Abschnitte von Romanzen auf sich selbst und identifiziert sich mit den darin vorkommenden Gestalten, genauso wie Don Quijote Verhaltensweisen und Worte von Lancelot und Amadis übernimmt (vor allem am Anfang seiner Abenteuer orientiert sich aber auch Don Quijote an Abschnitten aus Romanzen).

Es wäre naiv, eine Beschreibung der psychischen Krankheit des Hidalgo (wie es einige versucht haben) in der Psychiatrie zu suchen; wichtig sind die Symptome, die der Schriftsteller dieser Verrücktheit zugeordnet hat. Sie ändern sich nämlich mit dem Fortgang der Erzählung, während eine etwaige klinische Beschreibung mit dem Diagramm des Entwurfs und der Strukturierungsphasen des Romans identisch wäre.

Ein grundlegendes Merkmal, das von allen, die Don Quijote im Roman begegnen oder von ihm sprechen, wie ein Leitmotiv wiederholt wird, ist die „restriktive Geltung" seiner Verrücktheit: Don Quijote ist gebildet, besonnen, umsichtig, geradezu vollkommen, solange es nicht um das Rittertum geht; allein die Ritterromane haben ihn so fasziniert, daß er sich den Plan in den Kopf gesetzt hat, das fahrende Rittertum wieder zum Leben zu erwecken. Daraus ergibt sich ein sprunghafter Verlauf: Der besonnene Don Quijote stürzt in den Wahn, sobald er durch irgendeine Anspielung auf Motive oder Gestalten der Ritterwelt angestachelt wird. Sobald er von dieser Gefahrenzone abgelenkt ist, gewinnt er seine Vernunft zurück. Diese Segmentierung spiegelt im kleinen die Segmentierung wider, die durch die Episoden in ihrer linearen Abfolge gegeben ist.

Man kann sich andererseits zu Recht, jedenfalls solange man literaturimmanent argumentiert, die Frage stellen, ob Cervantes seinem Helden eine pathologische, zumindest im akuten Stadium nicht einzudämmende Verrücktheit oder (wie z. B. Madariaga und Maldonado de Guevara annehmen) eine schwächere, schwerer greifbare Art von Wahn zuschreiben wollte. In der Forschung besteht praktisch ein

Konsens in der Ablehnung der zweiten Hypothese: weil sie auf der zäh sich behauptenden Vorstellung von Don Quijote als Symbolfigur beruht, dem wegen seines bedingungslosen Glaubens an ein Ideal Achtung gebührt und der zugleich der Lächerlichkeit preisgegeben ist, weil er dieses Ideal gezwungen hat, sich auf das Niveau einer mediokren und in ihrer Mediokrität schließlich stärkeren Wirklichkeit zu begeben.

Meines Erachtens ist jedoch die Torheit Don Quijotes äußerst anfällig, unsicher, und ist sein Idealismus vor allem Wille zu glauben. Von Anfang an fehlt es nicht an Hinweisen auf den willentlichen Charakter seiner Narrheit: Zusammenfassend ließe sich dazu das „was ich dir sage, ist wahr", welches einer geradezu vorprogrammierten Behauptung Don Quijotes (I, 8) vorausgeht, anführen; die Wahrhaftigkeit des Behaupteten stützt sich auf die Subjektivität der Überzeugung, aus der sich das Behauptete ableitet. Und was sagt Don Quijote zu den Kaufleuten aus Toledo, als sie von ihm Beweise für die übernatürliche Schönheit Dulcineas fordern? Die Antwort ist wahrscheinlich aus inneren Zweifeln erwachsen:

> Und wenn ich sie [Dulcinea] euch zeigte, wäre es dann noch ein Verdienst, eine so weltkundige Wahrheit einzugestehn? Hier kommt es darauf an, daß ihr, ohne sie gesehen zu haben, glaubt, bekennt, behauptet, beschwört und verfechtet (I, 4).

Der Wille zu glauben stößt natürlich immer wieder auf das objektive Hindernis der Wirklichkeit: Den größten Sieg errang Don Quijote wohl in dem Kampf mit den Weinschläuchen, die er im Traum zerstörte in dem Glauben, er hätte auf einen bösen Riesen eingeschlagen (I, 35). Ein einmaliger Fall, insofern als Don Quijote sonst auf allerhand Alibis angewiesen ist, die ihm meistens von Sancho zugespielt werden, und er sich insgeheim eingestehen muß, wie wenig tragfähig sein Wille zu glauben ist. Don Quijote erfindet jedoch ein wirksames logisches Verfahren, um Illusion und Wirklichkeit umzukehren: das Argument des Zauberers. Nicht der Ritter hat die Windmühlen in Riesen verwandelt (oder verwandeln wollen), sondern der Zauberer hat die Riesen als Windmühlen erscheinen lassen (I, 8). Nicht seine Phantasie vergrößert und überhöht die Wirklichkeit, sondern der Zauberer verkleinert und korrumpiert sie. Nicht einmal dieses perfekte Kalkül kann einem getrübten Geist entsprungen sein, allenfalls dem Geist eines Verrückten, ja im Grunde eines Verzweifelten.

Vielleicht wollte Cervantes mit der Episode in der Sierra Morena (I, 23–25) dem Leser den richtigen Weg weisen. Cardenio verhält sich fast spiegelgleich zu Don Quijote und weist auf ihn voraus: Auch Cardenio verfällt der Narrheit, die im Wechsel mit langen Phasen der Vernunft auftritt; auch er vertieft sich mit ganzer Leidenschaft in die Geschichten der Ritterromane, er lebt armselig in der rauhen Wildnis des Gebirges, wie es schließlich auch der Ritter tut, um dem Beispiel Rolands und Amadis' zu folgen. Der Unterschied besteht darin, daß bei Cardenio die Verrücktheit wirklich Trübung des Geistes bis zur Tierähnlichkeit bedeutet. Bei Don Quijote ist es dagegen eine Verrücktheit „zweiten Grades", ein Wahnsinn bei gleichzeitiger geistiger Klarheit und Denkfähigkeit – das Ergebnis eines vorherigen Entschlusses statt unkontrollierbarer Kräfte. Der gesunde Menschenverstand läßt Sancho sagen, „daß all dieses nur erdichtetes und nachgemachtes Zeug und im Spaß gemeint ist". Doch Don Quijote erwidert in seiner gewollten Sophisterei: „Alles, was ich hier beginne, ist keineswegs zum Spaß, sondern sehr ernst gemeint" (und „ernst" bedeutet „aus Überzeugung", nicht „aus Raserei").

Im zweiten Teil wird der Illusionismus zu einem offenen Bekenntnis, denkt man an einen Ausspruch des Ritters nach dem Abenteuer mit [dem Pferd] Holzzapfer: Don Quijote sagt nämlich zu Sancho, als er mit hochfliegender Phantasie die sieben Zicklein [das Siebengestirn] beschreibt, an denen er auf seinem Ritt durch die Luft vorbeigekommen sei: „Willst du, daß man dir glauben soll, Sancho, was du im Himmel gesehen hast, so verlange ich meinerseits, daß du mir glaubst, was ich in der Höhle des Montesinos gesehen habe; weiter sage ich dir nichts" (II, 41).

Es ist eine mit aller Konsequenz geduldete Verfälschung der Wirklichkeit, sie entspricht nämlich zugleich einer mitleiderregenden Suche nach äußeren Bestätigungen für einen Glauben, der am Schwinden und Verkümmern ist. Nicht Verwegenheit, sondern eine Ahnung von Unsicherheit liegt in der Frage Don Quijotes an den Zauberkopf („Sage mir, Kopf, der du keine Antwort schuldig bleibst, war es Wahrheit oder Traum, was ich von meinen Erlebnissen in der Höhle des Montesinos erzählte?" II, 62). Seine Antwort darauf ist alles andere als klar („Was die Geschichte mit der Höhle betrifft, so läßt sich vieles darüber sagen: es ist von beidem etwas daran, Falsches und Wahres").

Im übrigen läßt Cervantes Sidi Hamet bezüglich des Abenteuers in der Höhle des Montesinos unumwunden sagen: „Es gilt als sicher, daß Don Quichotte es vor seinem Tode und Ende widerrufen und gesagt haben soll [man beachte die Abschwächung von ,es gilt als sicher' zu ,gesagt haben soll'], er habe es erfunden, weil es ihm wunderbar zu den in seinen Ritterbüchern gelesenen Abenteuern zu passen und zu stimmen schien" (II, 48). Die Episode des Montesinos gibt uns nun Gelegenheit, näher auf den zweiten Teil des Romans einzugehen.

Die Veränderung Don Quijotes nach zehnjähriger Pause, vor allem nach dem Erfolg des ersten Teils, liegt auf der Hand. Im ersten Teil des Romans gehen die Abenteuer im allgemeinen aus dem Zusammentreffen zwischen einem auslösenden Moment und der Phantasie des Helden hervor: Er glaubt, auf der Grundlage eines einzigen Merkmals eine ganze „Gestalt" zu erkennen, und schlüpft in eben diese irreale „Gestalt". Durch die Standardisierung der typischen Situationen im Ritterroman wird Don Quijote zum Erfinder von Situationen; sein Scheitern wird bestimmt (vorherbestimmt) durch das totale Auseinanderklaffen von wirklicher Situation und Situation im literarischen Werk. Im ersten Teil wandelt sich Don Quijotes Einstellung von blinder Leidenschaft in maßvollen Eifer und Bereitschaft zur Wiedergutmachung der Folgen seines Übermuts: Sein Stolz mag einmal mehr, einmal weniger groß sein, aber nie fühlt er sich darin verletzt (bzw. gesteht er dies ein); seine Sprache, die alle Schattierungen seiner Stimmung widerspiegelt, ist von großartiger Vielfalt: vornehm oder einfach, affektiert oder spontan, didaktisch oder suggestiv.

Der erste Teil des *Don Quijote* erzählt davon, wie es dem Helden *nicht* gelang, der Held eines Ritterromans zu werden. Es ist aber auch die Geschichte von der Entstehung eines Romanhelden: des Romans Cervantes'. Der zweite Teil steht in einem vollkommen anderen Kontext: alle Gestalten, einschließlich der Hauptfigur, kennen schon den ersten Teil des Romans. Die neuen Abenteuer Don Quijotes, die als wahre Begebenheiten erzählt werden, werden durch das literarisch fundierte Wissen von den früheren, gleichfalls wahrhaftigen Abenteuern mitbestimmt. Zwei Arten von Büchern beeinflussen demnach das Leben: die (unwahren) Ritterbücher, die für das Denken und Handeln Don Quijotes maßgeblich sind, und der (wirklichkeitsgetreue, an der Geschichte orientierte) Roman des Cervantes, der das Bild des Ritters popularisiert hat und infolgedessen das Milieu, in dem dieser sich bewegt, – und ihn selbst – verändert.

Der erste Teil des Romans bringt alles in allem eine Besiegelung jener Form der allmählichen Selbstfindung, wie sie durch die aufeinanderfolgenden Abenteuer erreicht wird; jetzt hat Don Quijote sein Selbstbewußtsein gefunden: Er ist der, zu dem er sich gemacht hat, er ist auf seinem Weg durch den Roman zur Gestalt geworden. Die Improvisationen und Launen seiner Phantasie sind vorbei: Nun spricht und handelt Don Quijote in würdevollem Selbstbewußtsein, so daß seine Charakterzüge sich verfeinern und abrunden. Auch seine Sprache ist sicherer und homogener geworden: sie umfaßt viele, aber nicht mehr zu viele Register. Seiner Selbstkontrolle mußte sich auch seine Narrheit beugen. Und da seine Narrheit das Mittel war, um aus der Wirklichkeit einen Traum zu machen, scheint Don Quijote nun außerstande, die Wirklichkeit wie bisher zu verzerren: Die Wirtshäuser sind keine Schlösser, die Rinder- und Schweineherden keine feindlichen Heere mehr, und die Hiebe zur Entzauberung Dulcineas bekommt Sancho in klingender Münze bezahlt.

Dem Nachlassen der Phantasie Don Quijotes stehen die phantastischen Konstruktionen anderer gegenüber. Der Erfolg des Romans hat zur Folge, daß der Ritter von der traurigen Gestalt sofort erkannt wird und seine Umwelt immer weniger auf seine Launen reagiert; er scheint aber auch bei seinen Mitspielern den Wunsch zu wecken, seine Narrheit – zur Unterhaltung – auszuschlachten. Der soziale Aufstieg des Helden – Don Quijote verkehrt im zweiten Teil in adeligen und wohlhabenden Kreisen – hat die Kehrseite, daß er unfreiwillig zum dauernden Gesprächsstoff der Gesellschaft, zur begehrten Zielscheibe des Spotts wird. Es ist nicht mehr die Phantasie Don Quijotes, die verschiedene Wirklichkeiten erfindet, sondern die seiner Mitspieler, die vor seinen Augen solche Wirklichkeiten inszeniert. Im ersten Teil betrog Don Quijote sich selbst, im zweiten wird er betrogen. Die Entwicklung von der wirklichkeitsverzerrenden Narrheit zur inszenierten, heteronomen Narrheit entspricht genau dem Erzählbogen, der sich vom ersten zum zweiten Teil des Romans spannt.

So betrachtet mußte die mythische Gestalt (der idealistische Ritter) bzw. die komische Gestalt (der arme Hidalgo, der von unrealisierbaren Heldentaten träumt) durch eine tragische ersetzt werden – tragisch auch, was die Entwicklung ihrer Geschichte angeht, denn der Wille zu glauben wird nicht nur mehrfach enttäuscht, er beginnt in gewissem Sinne auch zu erlahmen. Und da die moralische Größe Don Quijotes mit dem Schwächerwerden seines Willens wächst, wird auch seine immer näher rückende Niederlage, die er bald wird eingestehen müssen, eine um so größere Resonanz haben.

Im ersten Teil überwiegen bei Don Quijote Phantasie und Begeisterung über die zu erfüllende Aufgabe gegenüber dem stets negativen Ausgang seiner Taten. Er richtet sich nach diesen Fehlschlägen immer wieder auf und steuert unerschrocken auf neue Ziele zu. Zwischen Phantasie und Wirklichkeit besteht eine notwendige Dialektik, die auch für den Helden, wie er insgeheim weiß, lebenswichtig ist. Im zweiten Teil treffen meistens zwei Arten von Phantasie zusammen: eine spektakuläre, mit Bühneneffekten arbeitende Phantasie (die der Gastgeber) und die letzten Regungen der Phantasie des Ritters, die durch die erstere gesteuert und im Grunde außer Kraft gesetzt wird.

Schon der Aufbruch (der dritte und letzte) Don Quijotes steht im Zeichen von Täuschungsmanövern: Mit seinen Schmeicheleien und Ermunterungen spinnt Sanson Carrasco ein großartiges Netz, um den Ritter von der traurigen Gestalt zu fangen. Auch das Geld, das Sancho fordert und schließlich von Don Quijote resigniert zugestanden bekommt, auch die wiederholte Anerkennung der Funktion des Geldes als Vertragsgegenstand sind Zeichen für einen Kompromiß mit praktischen Grundsätzen, die der Ritter zuvor voller Stolz von sich gewiesen hatte. Der gesamte Tenor des zweiten Teils wird aber überdeutlich durch die erste Geschichte geprägt: die Suche nach Dulcinea. Auf der einen Seite gibt Don Quijote schließlich zu: „Ich habe die unvergleichliche Dulcinea in meinem ganzen Leben noch nicht gesehen und die Schwelle ihres Palastes noch nie betreten" (II, 9). Auf der anderen Seite unternimmt Sancho den Versuch, die Phantasie des Ritters zu manipulieren, indem er ihm eine falsche Dulcinea und falsche Fräuleins vor Augen führt: Don Quijote vermag aber nichts anderes zu erkennen, als was er sieht: derbe, alles andere als anmutige Bäuerinnen.

Die letzte „Ausfahrt" Don Quijotes beginnt also mit dem Eingeständnis einer Niederlage, die noch schmerzlich anklingt in den wenig später geäußerten Worten: „Obgleich Kummer, Unheil und Mißgeschick sich mein Herz zu ihrem Wohnsitz erkoren haben, so haben sie doch nicht das Mitleid daraus vertrieben, das ich fremdem Unglück entgegenbringe" (II, 12). Sie endet mit der schlimmsten Schmach: der Niederlage im Zweikampf, dem Geständnis, „der unglücklichste Ritter auf Erden" zu sein, dem Flehen um den Tod, nachdem die Ehre verloren ist (II, 64). Die Schweineherde, die Don Quijote und Sancho überfällt, ist offenbar ein konkretes Zeichen der Schmach: „Diese Beschimpfung ist die Strafe für meine Vergehen, und es ist eine gerechte Züchtigung des Himmels, wenn er einen besiegten fahrenden Ritter von Wölfen zerfressen, von Wespen zerstechen und von

Schweinen mit Füßen treten läßt" (II, 68). Einige Kapitel zuvor, als er von einer Herde Stiere angefallen und zu Boden gerissen worden war, hatte Don Quijote noch mit Worten, die eines Mystikers würdig wären, reagiert: „Ich bin geboren, um sterbend zu leben" (II, 59).

Das Abenteuer mit den Löwen skizziert wohl am besten die neue tragische Dimension Don Quijotes. Auf die wahre Tollkühnheit des Ritters, der kaltblütig und ohne Täuschung und Selbsttäuschung dem wilden, hungrigen Tier entgegentritt, reagiert der Löwe mit Sich-Recken und Gähnen, kehrt Don Quijote schließlich das Hinterteil zu und zieht sich wieder in seinen Käfig zurück (II, 17). Don Quijote und die anderen Beteiligten, die vor Angst zittern, werden von einem moralischen Sieg sprechen. Aber der verfehlte Kampf ist dennoch ein Symbol dafür, daß ein lebendiger Kontakt unmöglich ist, daß die Umwelt sich vor den Herausforderungen des unglücklichen Ritters verschließt. Ihm ist schon vor dem Erfolg die Möglichkeit versagt, auf sein Ziel zuzusteuern.

5. Don Quijote und Sancho sind durch ein Verhältnis der Komplementarität eng miteinander verbunden. Der gesunde Menschenverstand Sanchos steht, so sagen die einen, im Gegensatz zur Narrheit Don Quijotes; oder, so sagen die anderen, die Narrheit Don Quijotes wiederholt sich in Sancho auf einem sozial niedrigerem Rang (Ritter und Schildknappe wären dann soziokulturelle und stilistische Varianten ein und desselben Prototyps). Beide Interpretationen sind von Fall zu Fall zutreffend: Wichtig ist jedenfalls ihre wechselseitige Austauschbarkeit und Kombinierbarkeit, welche die Komplementarität der beiden Charaktere bestätigt.

Alles in allem bewegt sich Don Quijote auf der Linie Torheit–Vernunft, während Sancho, parallel dazu, der Linie Leichtgläubigkeit–Realismus folgt. Daraus ergeben sich, selbst wenn man nur diese Extrempole berücksichtigt, vier Kombinationsmöglichkeiten; ihre Zahl erhöht sich beträchtlich, nimmt man noch sämtliche Gradabstufungen dazu. Konstant bleibt bei Sancho jedoch die Neigung zum Materiellen: Im allgemeinen geht es bei seinen phantastischen Visionen um die konkreten Vorteile der Herrschaft über die Insel, die Don Quijote ihm versprochen hat, während sein Realismus gekoppelt ist mit Egoismus, Gaunerei und Korruption.

Bei jeder Charakterisierung von Sancho muß jedoch, noch mehr als bei Don Quijote, die Entwicklung der Gestalt im Roman beachtet werden. Es ist insbesondere eine Art Annäherung des Schildknappen an den Ritter, eine „Quichottisierung" Sanchos, zu beobachten. Sancho lernt nicht nur Sprache und Verhaltensnormen des Ritterstandes, so daß er nach einer gewissen Zeit in der Lage ist, diesen Stil herrlich zu parodieren und – zu seinem eigenen Vorteil – die Gesetze dieses Standes zu durchschauen (von ihm stammt auch der Beiname Don Quijotes: „Ritter von der traurigen Gestalt" I, 19): Sancho macht sich auch die Sehweisen Don Quijotes zu eigen.

Man braucht dazu nur die Kapitel I, 31, und II, 10, nebeneinanderzuhalten. Beide sind durch die gleiche Kontrapunktik von überhöhter Stilhaltung einerseits und komischem Realismus andererseits gekennzeichnet: nur daß die beiden Nuancen zwischen Don Quijote und Sancho vertauscht sind. Don Quijote sagt zu Sancho, als dieser seinen Brief an Dulcinea überbracht hatte: „Sicher reihte sie Perlen auf oder stickte mit Goldfäden irgendein Sinnbild für ihren gefangenen Ritter?" Und Sancho erwidert: „So habe ich sie nicht gesehen, sie siebte eben zwei Scheffel Getreide im Hof." Oder: „Empfandest du nicht, als du näher zu ihr tratest, einen Wohlgeruch, einen balsamischen Duft, ein gewisses herrliches unnennbares Etwas, so ungefähr, wie wenn du in den Laden eines sauberen Handschuhmachers gekommen wärest?" Und Sancho: „Was ich sagen kann, ist dies: Sie roch soso, ein bißchen männlich; und das kam wohl daher, daß sie bei dem vielen Sieben auf der ganzen Hand unbändig schwitzte" (I, 31).

Im Gegensatz dazu nur zwei Bemerkungen während und nach der Begegnung mit den drei Bäuerinnen, die Sancho als Dulcinea und ihre Frauen ausgibt. Sancho: „Sie und ihre Frauen sind eine Flammenglut von Gold, nichts als Perlenschnüre, Diamanten, Rubine und Brokattressen, immer ein Dutzend Streifen übereinander." Don Quijote: „Diese Schurken [die Zauberer] begnügten sich nicht damit, Dulcinea zu verwandeln und umzuformen, und zwar in eine so niedrige häßliche Gestalt wie die dieser Dorfdirne; sondern sie haben ihr sogar auch das, was so hohen Damen besonders eigen ist, nämlich den Wohlgeruch, geraubt; denn sie sind immer von Blumen und angenehmen Düften umgeben. Du mußt nämlich wissen, Sancho, als ich mich näherte, um Dulcinea auf ihren Zelter – wie du es nennst, obwohl es mir immer eine Eselin schien – zu helfen, da sandte sie mir einen Knoblauchgeruch zu, der mir ganz übel machte und die ganze Seele verpestete" (II, 10).

Der Schildknappe wird also der erste und wichtigste Betrüger des Ritters. Aber Sanchos Täuschungen sind anderer Natur als die, welche der Herzog und Don Antonio kaltblütig ersinnen. Sancho führt den Ritter hinters Licht, um sich aus der Affäre zu ziehen, um Unannehmlichkeiten, die er für untragbar oder zu groß hält, aus dem Weg zu gehen; sein Betrug stellt eine Ausnahme in seinem Treueverhältnis dar. Hinter allen Vorbehalten, Einwänden, auch seinen Äußerungen steht bei Sancho eine arglose Bejahung der Pläne Don Quijotes und damit auch seiner Welt. Zu Sanson Carrasco, der ihm vom ersten Teil des Romans erzählt, sagt Sancho grimmig: „Sagt daher dem Mohren [Sidi Hamet] oder wer es sonst ist, er möge ein wenig achtgeben, was er tut; denn ich und mein Herr werden ihm so viel Mörtel auf die Kelle geben an Abenteuern und Begebenheiten aller Art, daß er daraus nicht nur einen zweiten, sondern hundert andere Teile bauen kann." Und er fährt sogar fort: „Was ich sagen will, ist nur das: Folgte mein Herr meinem Rat, so wären wir schon wieder draußen auf freiem Felde, steuerten dem Unrecht und machten Unbilden wieder gut, wie es Brauch und Sitte bei wackeren fahrenden Rittern ist" (II, 4).

Die Insel, über die Sancho regieren wird, zeigt in der Tat den kürzeren Atem und die schwächere Kraft der Phantasie Sanchos, gemessen an der überwältigenden Lebendigkeit Dulcineas in der Phantasie Don Quijotes. Gleichzeitig läßt sie aber auch den Glauben an die Wiederherstellung des fahrenden Rittertums erkennen – einen Glauben, der eigentlich nur Don Quijote eigen ist, aber auch (aufs Ganze gesehen) für Sancho gilt. Ist es Leichtgläubigkeit oder – wie bei Don Quijote – Wille zu glauben? Man könnte annehmen, Sancho sei auch hierin seinem Herrn gefolgt. Aber das Reden Don Quijotes von Astronomie und Literatur während der „Luftfahrt" auf dem Rücken von Holzzapfer stehen ganz im Gegensatz zu den anschaulichen Beobachtungen, die Sancho Pansa – ein neuer Menippos – dabei macht: Die Erde erscheint ihm von oben wie ein Senfkorn und das Siebengestirn wie Ziegen in einer Mondlandschaft (II, 41). Sancho ist nun mit Don Quijote gleichgestellt, was der Ritter auch eingesteht.

Die wichtigste Veränderung Sanchos vollzieht sich hinsichtlich seines Realismus: er erweist sich, insbesondere im zweiten Teil, als regelrechte Weisheit – eine Weisheit, die ihre *auctoritates* hat: Sprichwörter, ein volkstümliches Äquivalent der literarischen Zitate Don Quijotes; eine Weisheit, die sich von der Begründung einzelner Handlungen zu einer ganzen Lebensphilosophie weitet. Aus der originellen Synthese von Volksweisheit und Don Quijotes Lehren baut sich Sancho einen eigenen Sittenkodex auf.

In der gemeinsamen Entwicklung in Richtung auf die Vernunft zeichnet sich geradezu eine Angleichung des Doppelgespanns ab – mit dem Unterschied, daß Sancho während seiner Statthalterschaft auf der Insel Barataria seine Besonnenheit souverän zur Geltung bringen kann. Ein ungerechtfertigtes Privileg gegenüber Don Quijote? Keineswegs – man braucht nur aufmerksam zu lesen. Das Band zwischen Don Quijote und Sancho Pansa war nämlich nie so eng wie gerade während ihrer Trennung. Der konkret und realistisch denkende Sancho hat die Aufgabe, der Vernunft Taten folgen zu lassen, während Don Quijote ihr immer eine universale und abstrakte Dimension verleiht. Als Sancho dann aber aufbricht, um sein Amt zu übernehmen, gibt Don Quijote ihm seine *De regimine principis* mit auf den Weg (II, 42–43) und schickt ihm später, nach seiner Abreise, einen Brief mit einem ergänzenden Katalog von Verhaltensregeln (II, 51).

Das Bemerkenswerte an der Episode von Barataria ist, daß sich Sancho bei dieser Statthalterschaft, zu der es durch einen Scherz gekommen war, als ein lächerlicher und wenig majestätischer Salomon, aber immerhin als salomonischer Herrscher erweist. Cervantes hat zu diesem Zweck eine ganze anekdotenhafte Sammlung von klugen Entscheidungen und weitblickenden Urteilen zusammengetragen und läßt Sancho als Statthalter nach kurzer Zeit eine Autorität erlangen, die über der des prunksüchtigen Herzogs steht, welcher im Rahmen einer Reihe von Abenteuern der beiden Helden auch den phantastischen Aufstieg Sanchos inszeniert hat. Auf diese Weise wird, wie der Haushofmeister Sanchos – wahrscheinlich in Übereinstimmung mit Cervantes – sagt, „aus Scherz oft Ernst, und der Ernst trifft die Spötter selbst" (II, 49).

Sancho brüstet sich nicht nur wegen seiner christlichen Herkunft, sein Stammbaum ist auch wesentlich verzweigter als der seines Herrn (dies unterstreicht umgekehrt nur um so mehr die Originalität der Gestalt Don Quijotes). Sein unmittelbarer Vorfahre könnte der Schildknappe Ribaldo aus der *Historia del cabellaro Cifar* sein: eine Art sprichwortreicher Picaro, der (wie Sancho neben Don Quijote) als Kontrastfigur neben dem heldenhaften Cifar auftritt. Wegen seiner menschlichen Vielschichtigkeit erscheint es jedoch eher angebracht, Sancho mit der Figur des *bobo*, später des *gracioso* im Theater des 16. und 17. Jahrhunderts zu vergleichen, der schon in den Dienern der Komödie der Antike und der Renaissance seine Vorgänger und in den *fools* des elisabethanischen Theaters seine brillantesten Vertreter hatte.

Der *gracioso* karikiert die ihm eigene Einfältigkeit ins Schelmenhafte und vermag so tiefe, auch unangenehme Wahrheiten zu sagen. (Das bemerkt auch Don Quijote: „Mit Anmut zu scherzen und witzig zu schreiben, das ist Sache großer Geister. Die geistvollste Rolle in der Komödie ist die des Narren [bobo], denn man darf weder einfältig noch töricht sein, um es scheinen zu können" II, 3.) Er genießt eine Freiheit, die durch sein Dasein am Rande der Gesellschaft und der Konventionen gerechtfertigt ist. Er verkörpert die Natürlichkeit, die von der Etikette der vornehmen Gesellschaft ignoriert bzw. erstickt wird; oder auch die Weisheit des Volkes im Gegensatz zur Kultur und ihren Trugbildern.

Das Theater – angefangen bei den Schäferszenen des geistlichen Dramas – verstand es von jeher, das Urwüchsige der Volksweisheit, das Schelmenhafte, das hinter einem Lachen tiefe Wahrheiten enthüllt oder über die Welt richtet, zu thematisieren und sprachlich zu gestalten. Mit dem Theater verband sich jedoch ein ganzer Bereich der Literatur des Mittelalters, welcher das derb-bäuerliche Element betonte und auf Konzeptionen beruhte, welche sich in Jahrhunderten harter Erfahrung (von Marcolfo bis Bertoldo) herausgebildet hatten. Die Quintessenz dieser Konzeptionen lag im Sprichwort. Es ist kein Zufall, daß die Sprichwortkunde mit Sammlungen von Sprichwörtern, Reimen u. ä. gerade Ende des 16. Jahrhunderts wieder an Bedeutung gewann.

Der *Don Quijote* ist jedoch für sich zu betrachten. Sancho bewegt sich nicht am Rande oder innerhalb einer Geschichte, in der die vornehme Gesellschaft der literarischen Gestalten vorkommt. Sancho begleitet – in erzählerischer Hinsicht – gleichberechtigt einen anderen Gesetzlosen, Don Quijote. Es handelt sich also um zwei Gestalten, die sich (mit jeweils verschiedenem Vorzeichen) von der Gesellschaft loslösen, welche ihrerseits im Roman nur durch die Nebenfiguren und die Gestalten der eingestreuten Erzählungen verkörpert wird. Statt mit einer Norm und einer Normverletzung haben wir es hier mit zwei Fällen von Normverletzung zu tun, die sich komplementär zueinander verhalten. Welches Urteil über die Gesellschaft dahintersteht, läßt sich unschwer erkennen.

6. Der *Don Quijote* ist einem Nebelfleck vergleichbar, der sich immer weiter ausbreitet. Seine Ausbreitung richtet sich nach der Erzählzeit und der erzählten Zeit. Als er nach zehn Jahren wieder ins Blickfeld genommen wird, ist seine Ausbreitung sehr viel weiter fortgeschritten, und im zweiten Teil beginnt die

Fläche erneut zu wachsen. Wir haben daher zu unterscheiden zwischen vorwärtsgerichteten linearen Entwicklungen einerseits (ihnen entspricht die horizontale Abfolge der Episoden, die durch die Einschübe und in wenigen Fällen auch Verschachtelungen unterbrochen, aber zugleich unterstrichen wird) und auf der anderen Seite in Kreisen erfolgende Umstrukturierungsvorgänge, bei denen der Raum an Vorstellungen, Zusammenhängen und Anspielungen um den Kern der Erzählung immer dichter angefüllt wird.

Diese in Kreisen erfolgenden Umstrukturierungen waren es, die uns nun schon mehrfach an das Bild der Spirale erinnert haben. Cervantes nimmt in der Tat nie einen einzigen Standpunkt ein. Er geht vielmehr so vor, daß die Gestalten und ihre Vorstellungen, ja sogar ihre Ausdrucksweisen sich gegenseitig reflektieren – wie sich drehende Spiegel, die nacheinander vor unseren Augen Wirklichkeit und Traum, Wahrheit und Lüge, Tragisches und Komisches, Ironie und Poesie vorbeihuschen lassen.

Von diesen spiralenförmigen Prozessen bleibt noch einer, vielleicht der allerwichtigste, zu untersuchen. Don Quijote schwankt, wie wir gesehen haben, zwischen Narrheit und Vernunft. Er sieht ein Bartbecken und beschließt, es sei ein Helm, warum nicht der Helm Mambrins? Für die anderen bleibt das Becken natürlich ein Becken. Sancho erfindet dafür schließlich den einfallsreichen Zwitternamen „Bartbeckenhelm" (I, 44). Hier hat der Schriftsteller die drei verschiedenen Standpunkte deutlich zum Ausdruck gebracht.

Oftmals ist das Repertoire aber auch noch reicher. Der ursprüngliche Familienname von Don Quijote taucht in I, 1 in den Varianten *Quijada, Quesada, Quejana* auf (so daß der Eindruck mannigfaltiger und einander widersprechender mündlicher Überlieferungen entsteht). Später, in II, 74, wird er mehrmals als *Quijano* erwähnt, dann aber vom angehenden Ritter selbst – wahrscheinlich in Anlehnung an *Lanzarote* [Lancelot] – in *Quijote* (I, 1) umgewandelt. Fast wäre daraus noch *Quijotiz* geworden, wäre der Plan von einem Schäferleben nicht alsbald wieder fallengelassen worden (II, 67). Außerdem werden die Namen aus Unwissenheit oder absichtlich verunglimpft, und schließlich ergeben sich durch etymologische Spielereien, die damit in bunter Folge angestellt werden, weitere Variationsmöglichkeiten.

Aufgrund dieser Vielfalt von Namen hat Spitzer für den *Don Quijote* insgesamt eine Interpretation unter dem Gesichtspunkt des „Perspektivismus" vorgeschlagen: Die Dinge werden im Roman nicht dargestellt, wie sie sind, sondern wie die damit in Berührung kommenden Gestalten davon sprechen. Mit diesem Verfahren hat Cervantes uns die ganze schillernde Fülle der menschlichen Kontakte mit der Wirklichkeit vor Augen geführt. Dahinter steht der Erzähler und Regisseur, der die Fäden aller Figuren in der Hand hat, jede Bewegung und jeden Gedanken überwacht und so seine eigene Allmacht als Schöpfer auskostet.

Die Parallelität zwischen dem Perspektivismus der Erzählung und dem sprachlichen Perspektivismus ist endgültig nachgewiesen. Es wäre sinnvoll, über die Ergebnisse dieser Analyse zu diskutieren. Ich möchte dabei lediglich zu bedenken geben, daß ein Teil der Unsicherheiten in den Namen und der inhaltlichen Widersprüche auf die Überstürzung [des Schreibens] und Zerstreutheit zurückzuführen ist. Anstatt sich zu korrigieren oder auf die Zerstreutheit seiner Leser zu vertrauen, hat Cervantes sich offen zu den Widersprüchen bekannt, sie a posteriori begründet und in das Erzählkontinuum integriert. Im bunten Wechsel der Perspektiven unterstützt er also von sich aus deren endlose Vervielfältigung.

Gehen wir noch einen Schritt weiter, über diese Abweichungen in den Nuancen hinaus. Wie bereits ausgeführt, haben sich die Charaktere von Don Quijote und Sancho ebenso wie die Umwelt, in der sie sich bewegen, im Laufe des Romans, besonders zwischen dem ersten und zweiten Teil, verändert. Der Autor ist sich dieses Wandels auch bewußt. Er hätte dafür ohne weiteres Rechtfertigungen, z. B. biographischer Art, heranziehen können, indem er den Roman zum Bildungsroman deklariert hätte. Statt dessen beruft er sich auf Kohärenzkriterien, die er jedoch alsbald selbst ablehnt. Ich denke hier an das wechselnde Verhältnis zwischen Vertrauen und Mißtrauen gegenüber der angeblichen Quelle [des Romans] (Sidi Hamet); an die Kapitel, von denen Cervantes oder sogar Sidi Hamet sagt, sie stünden im Widerspruch zum übrigen Roman und seien daher nicht echt (II, 5, 24 usw.).

Der Perspektivismus gilt also nicht nur für die Gestalten und ihr Handeln, sondern auch für den Schriftsteller, der durch seine Distanzierung von der angeblichen Quelle die Entscheidung zwischen Vertrauen und Mißtrauen auf eine nachgeschaltete Ebene (die des Lesers) überträgt und im Hinblick darauf eher Zweifel streut als hermeneutische Hilfen gibt. Damit wird auch die Polarität zwischen Narrheit und Vernunft vom Helden auf den Schriftsteller und sogar auf den Leser verlagert. Don Quijote wird zum Spiegel für unsere Kontakte mit der Welt.

Steht dieser Relativismus aber nun nicht im Widerspruch zu dem, was wir bisher zur Poetik Cervantes' und seiner strengen Auffassung von den Beziehungen zwischen Literatur und Wirklichkeit gesagt haben? Und steht er nicht auch im Widerspruch zu seiner ziemlich klaren Befürwortung der neuen Auffassungen [des Barock]?

Scheinbar besteht hier ein Widerspruch. Zum Beweis braucht man nur daran zu denken, wie die Rückkehr des Ritters zur Vernunft im Stil einer Heiligenlegende endet: Der Held verzichtet nicht nur auf seine Traumvorstellungen, das vergebliche Streben nach Ruhm und seinenRitternamen, sondern er stirbt auch einen beispielhaften Tod – mit reinem Gewissen, nach dem Empfang der heiligen Sakramente und der Tröstungen der Kirche, von allen Umstehenden aufrichtig beweint und beklagt. Eine Rückkehr zur Normalität *par excellence.*

In Wirklichkeit beruht der *Don Quijote* auf dem Gleichgewicht zwischen programmatischen Stellungnahmen und ihrer unterschwelligen oder expliziten, aber stets unbegründet bleibenden Ablehnung. Von Doppelzüngigkeit oder raffiniert bzw. bedacht eingestreuten Zweifeln zu sprechen wäre allzu pauschal.

Weniger vage, aber immer noch nicht treffend wäre der Hinweis auf die Unbekümmertheit und Ungebundenheit, mit der sich eine Gestalt ausdrücken kann, die aufgrund ihrer Narrheit keine Verantwortung hat. Fest steht, daß zwischen Autor und Gestalt kein Bruch besteht, daß die Gestalt aber auch nicht das Sprachrohr des Autors ist.

Don Quijote ist, genauer gesagt, eine Frucht der geistigen Erfahrungswelt Cervantes' („Für mich allein [die Feder Sidi Hamets] war Don Quijote geboren und ich für ihn. Er verstand zu handeln und ich zu schreiben. Wir beide allein waren eins" II, 74); durch ihn wagt sich der Schriftsteller in unerforschte und fragwürdige Bereiche. Er bewegt sich dabei zwischen zwei Grenzen: den Regeln der Poetik und den genau festgelegten sittlich-religiösen Grundsätzen des tridentinischen Katholizismus. Bei der Abfassung des *Don Quijote* erforscht und durchläuft Cervantes immer weiter gezogene und (bzw. weil) enger beieinanderliegende Bahnen innerhalb dieses Spielraums.

Anfangs ist der Einfluß der Poetiken der Renaissance noch stärker spürbar. Und die Narrheit Don Quijotes, die die Beziehungen zwischen Literatur und Leben, Wahrscheinlichkeit und Sinnlosigkeit, Phantasie und Wirklichkeit in Unordnung bringt, scheint noch recht harmlos. Die Poetiken dienen dem Autor als Maß für die Abweichungen, die Don Quijote verursacht: Sie sind ein Bezugsrahmen für den Umbruch der Werte, den Don Quijote hervorruft und propagiert.

Aber schon in dieser ersten Phase läßt die revolutionierende Wirkung der Erfindung (und des Einfallsreichtums) Don Quijotes ganz neue Aspekte und Möglichkeiten sichtbar werden. Ein Beispiel dafür ist die Landschaft. Cervantes scheint sich noch dem Beschreibungskanon der Renaissance verbunden zu fühlen, wonach der *locus amoenus* einer antikisierenden Tradition den Rahmen abgibt. Sobald aber Don Quijote in Erscheinung tritt, verdunkelt sich die helle Landschaft durch Nebelbänke oder überzieht sich mit Staub. Häufig kommen nächtliche Landschaften vor, die von Fackeln wie durch Irrlichter erhellt werden oder vom Widerschein eingemummter Gestalten leuchten. Häufig äußert sich die Natur, die nicht mehr harmonisch und wohlgeordnet ist, nur noch durch Geräusche – teilweise beängstigende Geräusche mitten in der Finsternis der Nacht – oder durch ein unheimliches Schweigen.

Daraus wird unmittelbar der Gegensatz zwischen einer für die Renaissance typischen und einer dem Barock nahestehenden Betrachtungsweise ersichtlich. Wir können daraus schließen, daß der Don Quijote ein Versuch gewesen ist, die ästhetischen Barrieren des Renaissance-Stils zu überwinden – eine Richtung, mit der sich auch der Ritter grundsätzlich noch identifiziert, wenn er in seinen Reden Themen anschneidet, die ganz in diesen Rahmen gehören: das Goldene Zeitalter der Harmonie zwischen körperlichen, charakterlichen und intellektuellen Eigenschaften. Die Narrheit führt dann allerdings zu einer Zerstörung dieser Harmonie, wie sie die Renaissance anstrebt, und insbesondere zu einer Infragestellung ihrer Prinzipien. Die barocke Dimension des Romans ist eine Folge der Narrheit Don Quijotes.

Dies gilt erst recht für die Beschreibung der stärker materiellen und häßlichen Aspekte der Wirklichkeit. Cervantes scheint noch zu einer gewissen Stilisierung und Nivellierung zu neigen, bei der allzu große Diskrepanzen zwischen Höhen und Tiefen vermieden werden. Die Charakterzüge Don Quijotes, insbesondere seine Starrköpfigkeit und sein blinder Idealismus, rufen genau das Gegenteil auf den Plan: Gegenstände, Gesten, Verhaltensweisen, Situationen und Milieus, welche von der Renaissance-Literatur bewußt ausgespart (und in die Satire und die „Niederungen" des Theaters verbannt) wurden.

In der Nacht der Liebeshändel und Täuschungsmanöver [in der Schenke] (I, 16) erscheint hinter den Mißverständnissen und dem Partnerwechsel Maritornes' sowie dem sich daraus entwickelnden Handgemenge – ein Schema, das in der Novellistik einen festen Platz hat – Don Quijote als Demiurg: Er zwingt die mißgestaltete und sittenlose Magd [Maritornes], die Rolle der „Tochter des Burgherrn" zu spielen, „die sich dem verwundeten Ritter versprochen hat", und er hält sie in seinen Armen, um ihr zu erklären, daß seine eigene Keuschheit für Dulcinea bestimmt sei. Durch die Einbeziehung des nächtlichen Treffens zwischen der Magd und dem Eseltreiber in die erhabene Sphäre des Ritters kommt die darin angelegte Derbheit zum Durchbruch.

Der Wechsel vom Realistischen zum Absonderlichen und Grotesken geht übergangslos vor sich. Die Gestalt des älter gewordenen Hidalgo wird mit dem Durchschreiten seines imaginären *cursus honorum* immer dürrer, hölzerner, behaarter, ja schmutziger; harmlose Klepper werden von ihm zu Rössern erhoben, während sie in anderen Fällen angeblich wie Dromedare aussehen. Alles wird verzerrt, als unterliege es einem Entfremdungsprozeß, weil es sich der Banalität der Wirklichkeit zuerst nicht fügen kann und dann nicht fügen will.

Die neuen Erfahrungen, die Cervantes über Don Quijote macht, sind in erster Linie künstlerischer Natur: er lernt die Dinge neu sehen. Mit der Entwicklung und Differenzierung der Gestalt des Helden wirft die neue Sehweise aber auch moralische und ideologische Fragen auf. Ein beträchtlicher Teil der Gesellschaft jener Zeit mit ihren Gewohnheiten und Auffassungen tritt in den Blickkreis Don Quijotes.

Vor allem im zweiten Teil des Romans wird der Aktionsradius der Abenteuer größer. Die Grenzen der Heimat, auf die sich die ersten Streifzüge beschränkten, werden überschritten, und der Ritter dringt selbstbewußt in die verschiedenen Landstriche Spaniens vor, bis er sich (zumindest in seiner Phantasie) in Abgründe außerhalb der menschlichen Zeit (II, 22–23) stürzt, sich auf Fahrten zu Wasser jenseits der Tagundnachtgleiche (II, 29) und auf Luftfahrten zu den Gestirnen (II, 40–41) begibt. Erde, Himmel, Wasser und Jenseits – nichts scheint dem heruntergekommenen Odysseefahrer verschlossen zu sein, der sich zudem auf einem Podest glaubt, von dem aus er *ex cathedra* sprechen kann.

Und Don Quijotes Urteil ist nun viel besonnener. Worüber urteilt er? Je umfassender die betrachtete Wirklichkeit ist, desto zufallsabhängiger und flüchtiger ist sie. Vorher gab es zwei Sphären: innerhalb der Narrheit Relativismus,

Umbruch der Werte, Nuancierungen; jenseits der Narrheit klare Kriterien, Paradigmen. Nun haben wir es mit einer Vervielfältigung, Differenzierung und Überlagerung aller schillernden Aspekte einer einzigen Welt zu tun.

Die Metapher der Bühne beherrscht den ganzen zweiten Teil des Romans. Ein erstes Beispiel ist die Begegnung mit dem Wagen vom „Hofstaat des Todes" (II, 11). Der Wechsel zwischen Rolle (die Gestalten auf dem Wagen stellen wohl den Teufel, den Tod, Cupido usw. dar) und eigentlicher Funktion der Personen (Schauspieler einer Gauklerbande) wird unterstrichen durch dauernde Diskussionen darüber, was sie zu sein scheinen und was sie sind – Diskussionen, die auch noch nach ihrer Identifizierung fortgesetzt werden, als der Narr [der Bande] Rosinante und Don Quijote zu Fall bringen (Sancho bezeichnet ihn als „Teufel", und Don Quijote ist bereit, ihm „im tiefsten und finstersten Abgrund der Hölle" nachzujagen). Doch Sancho bringt seinen erzürnten Herrn davon ab, sich an dem Teufelsgaukler zu rächen, weil ein einzelner keine Armee angreifen könne, „die den Tod an der Spitze hat, in der Kaiser in eigener Person kämpfen und der gute und böse Engel beistehen", und weil zudem keiner unter den Schauspielern zum Ritter geschlagen sei.

Ein zweites Beispiel ist Meister Pedro mit seinen Marionetten (II, 25–26). Sie scheinen eine (volkstümliche) Verkörperung der Helden aus den Ritterbüchern zu sein. Don Quijote greift sachkundig in die Regie ein, bis er sich selbst mit der Geschichte identifiziert und darin mitspielt. Doch nachdem Don Quijote das ganze Puppenspiel zerstört hat, sagt Meister Pedro: „Vor einer halben Stunde noch... war ich Herr über Könige und Kaiser, meine Ställe waren angefüllt mit einer Menge Pferde usw", d. h., er setzt das Symbol mit dem Referenten gleich, während Don Quijote zwischen distanzierter Achtung vor den „Marionetten", deren Verlust er dem Puppenspieler ersetzen will, und der Gewißheit schwankt, daß Don Gaifero und Melisendra ihre Flucht zu einem glücklichen Ende gebracht haben.

Symbole von nunmehr unverrückbarer Bedeutung sind schließlich die Heiligenbilder, die für die Aufführung eines geistlichen Dramas von Bauern ins Dorf getragen werden (II, 58). Für jedes Bild hat Don Quijote einen Kommentar bereit, der über das Sichtbare und die jeweils dargestellte Episode hinausgeht. Als er alle Heiligen gesehen hat, schließt der Ritter mit einer schönen Rede, in welcher er die Parallelen zwischen dem Waffendienst im Namen Christi und dem weltlichen Wehrstand herausstellt. Und Sancho, der nicht ohne Scharfsinn argumentiert, gibt zu bedenken, daß dieses „Abenteuer" besonders „ergötzlich" gewesen sei, weil es sich ganz in den Grenzen des Verstandes bewegt habe.

Die drei Abenteuer in Verbindung mit der Theaterwelt spielen sich im Erfahrungsbereich Don Quijotes und der anderen Gestalten ab. Schauspieler und Marionetten führen genau die – menschlichen bzw. übernatürlichen – Handlungen vor, die jedem tagtäglich begegnen können. Die Ritualisierung [dieser Handlungen] auf der Bühne unterstreicht den symbolischen Charakter der dargestellten Inhalte, die schon einer Läuterung unterzogen worden sind. Wenn dann irgend jemand, insbesondere Don Quijote, Wirklichkeit und Aufführung, Ereignis und Ritus verwechselt, dringt nichts von diesem Fehlschluß aus dem psychologischen Raum nach außen.

Es spielt aber noch ein anderer Raum eine Rolle, der außerhalb von Don Quijote und Sancho liegt und in allen Abenteuern beim Herzog sowie in Barcelona vorkommt. Der Ritter und sein Schildknappe stehen nämlich selbst auf einer Bühne, unter Schauspielern, die sie nur in ihr Spiel einbeziehen wollen. Die Possen werden vom Herzog und von der Herzogin im wahrsten Sinne des Wortes inszeniert. Die Spieler improvisieren ihre Rollen und passen ihre Dialoge den Reaktionen Don Quijotes und Sanchos an, die unmerklich zu Akteuren des Stücks geworden sind.

Der Phantasie Don Quijotes wird nunmehr wenig Spielraum gelassen (es sei denn in rhetorischer Hinsicht). Hier ist nur die Phantasie des Herzogs und der Herzogin am Werk, die weitaus weniger originelle und einfallsreiche Stücke erfinden als ursprünglich Don Quijote. Ihre Stücke entsprechen eher dem höfischen Geschmack und der Etikette als den Idealen des Rittertums, sie sind mehr auf visuelle und akustische Wirkung sowie Überraschungseffekte hin angelegt, als daß sie psychologische oder begriffliche Feinheiten berücksichtigen.

Man braucht hier nur an die drei Episoden vom Wagen Merlins (II, 35), der Gräfin Trifaldi (II, 36–41) und Altisidoras (II, 69) zu erinnern – in den Augen ihrer Erfinder lauter anspruchsvolle Szenen mit Zauberern, Verzauberungen und – im Fall von Altisidora – einer Art Wiedererweckung. Sie tragen jedoch Merkmale der höfischen Unterhaltung (Tradition der *entremés*) mit der für sie typischen Diskrepanz zwischen dem Prunk an Verwandlungen und Überraschungseffekten, dem großen Aufwand an Triumphwagen, Prozessionen und Katafalken einerseits und der Banalität der Inhalte andererseits (Entzauberung Dulcineas durch die Hiebe auf das Hinterteil Sanchos; Verzauberung der Gräfin Trifaldi und ihrer Kammerfrauen, denen lange Bärte gewachsen sind; Ohrfeigen und Kniffe, die Sancho zur Wiedererweckung Altisidoras erleiden muß). Der Tenor dieser Stücke erklärt sich daraus, daß sie weniger auf Don Quijote als auf Sancho zugeschnitten sind. Und in der Tat ist der Protest des Schildknappen, der das Opfer der lustigen Zauberei ist, von vornherein als Improvisation in das Stück eingeplant. Bei genauerer Betrachtung stellt man ferner einen grundlegend statischen Charakter der Aufführung fest: der ganze Bühnenwirbel bildet nur den Auftakt zu hochtrabenden, vagen Reden, die das Bildungsniveau der sich am Possenspiel ergötzenden Hofleute widerspiegeln.

Zuerst war Don Quijote das Opfer seiner eigenen Traumvorstellungen. Zu den selbstgewählten Illusionen, die sich durch irgendeinen Anlaß automatisch einstellten, gesellten sich solche, die durch die Vermehrung der Traumbilder entstanden. Die Welt vervielfältigte sich im Traum. Nun wird Don Quijote durch die Phantasie anderer gesteuert und eingeengt; seinem Verhalten sind sehr enge Grenzen gezogen. Die Welt ist flüchtig, weil sie eine Traumwelt ist.

Daß das Ende des Romans nicht ausschließlich auf den Helden bezogen werden soll, ergibt sich schon daraus, daß er schrittweise zur Vernunft zurückkehrt. Von dem Augenblick an, da die Entstehung von Mißverständnissen und Täuschungen nicht mehr in Don Quijote ihre Ursache hat, ist er keine atypische (komische) Gestalt mehr, er wird vielmehr zu einem geplagten und gequälten Menschenwesen (daher die sich häufenden Zeichen der Trostlosigkeit). Es drängt sich der Gedanke auf, Cervantes habe uns in einem universalen Maßstab die Auffassung vom Leben als Bühne nahebringen wollen: eine Bühne, die nicht mehr von den Menschen beherrscht und gelenkt wird, sondern die selbst steuert. Warum sollten nicht auch der Herzog und die Herzogin unbewußt Akteure in einem für sie inszenierten Stück sein, wie sie selbst ein Stück für Don Quijote und Sancho arrangiert haben? Soll die Tatsache, daß die Possenreißer am Ende moralisch besiegt werden, nicht zum Ausdruck bringen, daß jeder Possenreißer seinerseits ein Opfer des Spotts wird und daß auch die Hände des Puppenspielers von unsichtbaren Fäden bewegt werden?

Damit begegnet uns wiederum ein spiralenförmiges Schema: mit seiner Hilfe kann eine größtmögliche Zahl von Punkten innerhalb eines Raums erfaßt werden; es findet hier seine vollkommenste und umfassendste Verwirklichung. Es handelt sich nämlich um die ganze Welt. Cervantes schien am Anfang des Romans davon auszugehen, daß es Bezugspunkte und Maßstäbe außerhalb der menschlichen Erfahrung gebe. Es lasse sich demnach unterscheiden zwischen Narrheit und Vernunft, zwischen Lüge und Wahrheit. Auf dem absteigenden Lebensweg, den der Roman beschreibt, werden die polaren Begriffe, während (ja weil) Don Quijote sich am Ende vernünftiger zeigt als seine Gastgeber, die sich kindlich an seiner Narrheit freuen, dauernd gegeneinander ausgetauscht – wie in einer phantastischen Erkenntniswelt.

Auch Cervantes ist ein Opfer seines eigenen Scharfsinns geworden. Er wollte die Ritterromane mit ihren Traumvorstellungen an den Pranger stellen (warum sollte man ihm das nicht glauben?); das Ergebnis war statt dessen eine Ablehnung des Wirklichkeitsbegriffs, eine neue Auffassung von Kunst als *ars combinatoria*, die Erkenntnis eines Relativismus, der, je nach Gesichtspunkt, eine endlose Veränderung der Situationen und Zusammenhänge ermöglicht. Er war für Maß und Harmonie eingetreten und ist doch in die Gefilde des Grotesken und der Disharmonie vorgestoßen, wo er schließlich verweilte und wiederum – wenn auch unsichere – Normen und Konventionen vorfand.

Auf diesem Weg werden alle nur denkbaren Urteile über die damalige Zeit und Gesellschaft erfaßt und ausgelotet. Es ist sicherlich kein Zufall, wenn die Erforschung der Welt des beginnenden 17. Jahrhunderts gerade einem armen Hidalgo übertragen wird, der von einem kurzerhand zum Burgherrn umfunktionierten Wirt in einer Zeremonie von geradezu blasphemischem Spott zum Ritter geschlagen wird. Die Kritik des Autors geht damit gleich in zwei Richtungen. Er wendet sich vor allem gegen den blinden Ehrgeiz der aristokratischen Schicht (und durch die harmlosen Prahlereien Sanchos gegen die Reinheit des christlichen Bluts). Indirekt und unausgesprochen kritisiert er aber alle Gestalten des Romans, die mit dem Adelsstand zu tun haben, aber hinsichtlich ihrer Ideale dem falschen Ritter allzusehr unterlegen sind, so daß allein schon seine Existenz eine Demütigung für sie bedeutet.

Sancho wird zum Sprachrohr der Kritik am fragwürdigen „blauen Blut" seines Herrn („Der niedere Adel behauptet, Euer Gnaden sei durch Anmaßung des Titels ‚Don' aus den Schranken seines Standes getreten und habe sich so mir nichts, dir nichts zum Reichsritter gemacht, mit Euren vier Fuß Weinberg, zwei Joch Ackerland, einem Lumpen hinten und einem Lumpen vorn. Die Ritter erklären, sie wünschten nicht, daß die Junker [Hidalgos] sich unter sie mischten, am wenigsten jene Junker vom Knappenstande, die ihre Schuhe mit Ruß schwärzen und schwarze Strümpfe mit grüner Seide flicken" II, 2). Don Quijote hebt dagegen natürlich, voller Stolz, die großen Unterschiede zwischen den „echten fahrenden Rittern" und den Höflingen hervor, die, „ohne ihr Zimmer oder die Schwelle des Schlosses zu verlassen, auf der Landkarte die ganze Welt durchreisen [eine Anspielung auf III, 61–66 bei Ariost?] – und das kostet sie keinen Heller, auch brauchen sie dabei weder Kälte noch Hitze, weder Hunger noch Durst zu ertragen" – und deren Ansehen noch dadurch geschmälert wird, daß sie sich um „Belanglosigkeiten" kümmern und ängstlich auf „die Turnierregeln" achten (II, 6). Das ganze Kapitel ist als Abhandlung über den Adel von grundlegender Bedeutung.

Der echte Adel Don Quijotes, der seines Fühlens und Denkens, steht im Roman auf einem mehrfach wechselnden Hintergrund: er entfaltet sich auf seiner Reise durch die verschiedenen Gegenden Spaniens, bei seiner Begegnung mit unterschiedlichen gesellschaftlichen Kreisen des 17. Jahrhunderts. Daraus ergibt sich ein wirklichkeitsgetreues Bild Spaniens unter Philipp III. mit seiner Bevölkerungskrise als Folge der Ausweisung der Morisken [Mauren], der Stagnation seiner Wirtschaft im Anschluß an die Einstellung des Handels mit Flandern, mit seiner Atmosphäre der Unterdrückung durch den politischen und dem damit verbundenen religiösen Absolutismus. Vor allem war moralisch ein Tiefstand erreicht: An die Stelle regen Wirtschaftens, um das sich zuvor die Morisken gekümmert hatten, traten sinnloser Prunk und Prestigestreben; hinter Rhetorik und Wortklauberei verbargen sich Lauheit und Gedankenleere.

Mit der Erfindung der Gestalt Don Quijotes hat Cervantes einerseits sein Gespür für die Krise bewiesen, vor der Spanien stand (und an deren Folgen auch er litt). Gleichzeitig hat er aber auch zum Ausdruck gebracht, daß er als Schriftsteller keine Alternativen, keine ermutigenden Utopien anzubieten hat. Die Utopie Don Quijotes ist auf die Vergangenheit gerichtet; er verabsolutiert Werte, die an unwiederholbare Situationen gebunden sind. Cervantes lehnt die Utopie (des Rittertums) ab, läßt aber zumindest als Vergleichsmaßstab die Verabsolutierung gelten. Wenn Don Quijote mit Verstand spricht, ist er in gewissem Sinne das Sprachrohr Cervantes'. Seine Predigt (wie es manchmal scherzhaft heißt) ähnelt der eines Rufers in der Wüste. Deshalb ist Don Quijote zum Untergang verurteilt.

Seine Niederlage ist aber zugleich ein Sieg der Kunst. Die wechselnden Perspektiven, unter denen Don Quijote die Wirklichkeit sieht, ermöglichen es Cervantes, die Welt seiner Zeit mit allen möglichen Maßstäben (nicht zuletzt dem der Narrheit) zu messen und dank seines Verzichts auf einen kanonisierten Standpunkt in aller Ungebundenheit zu betrachten. Und wie könnten auch die freien, nonkonformistischen Maßstäbe, zu denen Cervantes sich wohlweislich nicht in der ersten Person bekannt hat, mit den konventionellen Kriterien vermengt werden!

Cervantes – weder ein Reformer noch ein Revolutionär – benutzt dieses komplexe Verfahren zu rein heuristischen Zwecken: er hat einen Schlüssel gefunden, um – unter den ihm bekannten historischen Gegebenheiten – in die Tiefen des menschlichen Lebens einzudringen, und er geht voller Entdeckerfreude damit ans Werk.

Die Ergebnisse seiner Suche reichen über Zeit und Raum hinaus; es sind Erfahrungen, die zu den menschlichen Universalien gehören. Es wäre interessant, Verfahren und Lösungen des Cervantes mit solchen des jungen Shakespeare zu vergleichen: von der Figur des Narren als demjenigen, der die verborgenen Winkel des menschlichen Herzens erforscht, bis zur Universalität der Bühnenmetapher. Aber vielleicht wäre ein Vergleich zwischen ihren Kunstauffassungen noch ergiebiger.

Die Abfassung des *Don Quijote* entspricht, wie gezeigt worden ist, einer Entwicklung von der Renaissance zum Barock. Das ließe sich allein schon an zahlreichen formalen Elementen nachweisen: wiederholte Hinweise auf die Lichtverhältnisse, Vorliebe für das Halbdunkel, für die nächtliche Landschaft; Verwendung akustischer Effekte; sorgfältige Beschreibung der (vornehmen, oftmals aber auch ärmlichen) Kleidung sowie der sonstigen Ausstattung; häufiges Vorkommen von Verwandlungsszenen, auch zwischen den Geschlechtern, schließlich Überraschungseffekte.

Die Welt, wie sie sich aus dem Roman ergibt, kann mit Begriffen der barocken Architektur beschrieben werden. Das zeigen Verstöße gegen eine zunächst befürwortete antikisierende Poetik (man vergleiche sie mit der Verletzung der klassischen „Grundregeln", die in ihren Strukturen beibehalten wurden); „perspektivische" Erzählverfahren (analog den elliptischen Schemata mit endlos variierbaren Gesichtspunkten, statt kreisförmiger oder viereckiger Schemata, die an bevorzugte Standpunkte gebunden sind); die Vorliebe für optische Täuschungen (als visuelles Korrelat der Verwischung der Grenze zwischen Wirklichkeit und Traum).

Selbst die Aufhebung der Opposition zwischen Innenraum und Außenraum, wie sie die Architektur des Barock vertrat, hat eine einzigartige Entsprechung in der Übertragung des Perspektivismus vom geschlossenen Raum individueller Wahrnehmungen auf das offene System der Kräfte, die die einzelnen Menschen umgeben und steuern. Es ist dies eine Ausweitung der Wirkungen und Traumvorstellungen vom Innenraum auf die Außenwelt, von der Psychologie auf die

Ontologie. Die Menschen bewegen sich zwischen Bühnenmalereien und Säulengängen, steigen sich drehende Treppen empor, durchqueren die Finsternis, angezogen von strahlendem Licht; sie steigen hinab zwischen Gesträuch und Quellen zu Brücken und künstlichen Grotten, mit Flechten überzogenen Baumstümpfen – um festzustellen, daß alles nur ein vergeblicher Kampf ist, daß all ihr Mühen keinen Zweck und Sinn hat. Die Narrheit ist daher eine tröstliche Illusion: die größte Niederlage Don Quijotes besteht darin, die Vernunft wiedererlangt zu haben.

12. Die Funktion der Sprache in Samuel Becketts *Spiel ohne Worte*

0.1. In Becketts *Acte sans paroles* (Spiel ohne Worte)[1] scheint die Sprache, wie schon der Titel vermuten läßt, eine gänzlich untergeordnete Rolle zu spielen. Und *paroles*, verstanden als „Dialoge" (genauer gesagt, da nur eine Person vorkommt: als „Monologe"), gibt es hier in der Tat keine. Da der *Acte sans paroles* außerdem dazu gedacht ist, auf der Bühne gespielt zu werden, dient die sprachliche Erscheinung des gedruckten Textes demnach einzig und allein zur Beschreibung der Bewegungen, die diesen Text auf der Bühne ohne Begleitung von Sprache aktualisieren.

Andererseits hat Beckett seinen *Acte sans paroles* mehrmals veröffentlicht und somit dem Text eine literarische Eigenständigkeit verliehen. Die Wörter, aus denen dieser Text besteht, sind also unbestreitbar ein Werk Becketts. Hieraus lassen sich unmittelbar zwei Oppositionen ableiten: 1. Verzicht auf Sprache (auf der Bühne) versus Gebrauch von Sprache (in gedruckter Form), 2. Hilfsfunktion des Textes (Bühnenanweisungen) *vs* Eigenständigkeit des Textes (Nachricht).

Auch wenn man den Text des *Acte sans paroles* in seiner Hilfsfunktion betrachtet, ist sein Status offen. Einerseits sind die Sätze, aus denen er besteht und die in erster Linie Regieanweisungen darstellen, den Gesten, Bewegungen und Geräuschen, die das Stück ausmachen, untergeordnet. Andererseits können diese Sätze aber auch als Beschreibung – oder besser: sprachliche Äußerung – eben dieser Gesten, Bewegungen und Geräusche angesehen werden; und insofern sind sie diesen logisch nachgeordnet. Schematisch ausgedrückt:

(Sprachlicher) Text → Gesten, Bewegungen, Geräusche (Spiel auf der Bühne)
→ (sprachlicher) Text.

Diese Oppositionen und Ambivalenzen haben ihre Gültigkeit auch unabhängig von der empirischen Feststellung, ob beispielsweise der Text Becketts der ersten Aufführung tatsächlich vorangegangen ist oder nicht, ob der Leser bei der Lektüre diese oder jene Perspektive einnimmt. Der Regisseur, der das Stück zur Aufführung bringen will, würde jedenfalls dem Text den Status eines „Codex rescriptus" mit Regieanweisungen einräumen, der Besitzer des Buches, in welchem der Text steht, würde ihn als eigenständigen Text betrachten, und der Zuschauer, der eine

---

[1] Dt. von Elmar Tophoven: *Spiel ohne Worte*. In: Samuel Beckett: *Dramatische Dichtungen*, Bd. 1. – Frankfurt a. M.: Suhrkamp 1963, pp. 320–329.

Aufführung des Stücks sieht, könnte ihn als Gedächtnisstütze benutzen oder an ihm die Qualität der Aufführung messen.

0.2. Die oben dargestellten Oppositionen sind konstitutiv und werden klarer, wenn man die Bedeutungsbeziehungen zwischen den verschiedenen Ebenen – der begrifflichen, der sprachlichen und der nichtsprachlichen – bestimmt, auf denen sich der Text tatsächlich oder virtuell entfaltet.

Unter Benutzung einer allgemein geläufigen Terminologie bezeichnen wir mit „Sinn" die Gesamtbedeutung, die sich aus der Folge der sprachlich ausgedrückten Wortbedeutungen, damit auch der implizit bleibenden Bedeutungen der das Stück konstituierenden Bewegungen und Geräusche, ergibt. Dies läßt sich schematisch wie folgt darstellen:

$$\text{Folge der visuellen Signifikanten } vs \text{ geschriebener Text} \left\{ \begin{array}{c} \text{verbale Signifikanten} \\ \hline \text{verbale Signifikate} \end{array} \right.$$

$$\text{Folge der szenischen Signifikate}$$

$$\text{Sinn}$$

Die Frage, die sich hier stellt, ist nicht das zeitliche Vorher oder Nachher der Wörter im Verhältnis zum Spiel auf der Bühne, sondern ihre Teilhabe an der Konstituierung des Sinns. Es liegt auf der Hand: Wenn die Folge der visuellen Signifikate als der dramatischen Bedeutung des geschriebenen Textes äquivalent angesehen werden kann, so könnte die sich an den geschriebenen Text anschlie-ßende Gabelung in Signifikanten und Signifikate – dank der Untergliederung in diskrete Bedeutungseinheiten, also in solche, die feiner und genauer bestimmt sind als etwaige Segmentierungen im Anschluß an die szenische Handlung – eine Vertiefung und größere Präzisierung des Sinns herbeiführen.

Dieses semiotische Modell besitzt nur Gültigkeit, wenn, ja weil es uns Einsichten vermittelt, die über einen etwaigen (in der Praxis wohl kaum realisierbaren) Vergleich zwischen Aufführung und Lektüre des *Acte sans paroles* hinausgehen. Der geschriebene Text des *Acte sans paroles* schränkt die interpretatorische Freiheit des Schauspielers ein; jede unvorhergesehene Bewegung oder Geste kann die Intention (und infolgedessen auch die „Nachricht") des Autors/Senders verfälschen. Andererseits enthält der geschriebene Text, wie noch gezeigt werden soll, Anweisungen, die sich nicht ohne weiteres in Gesten umsetzen lassen.

Mag man den geschriebenen Text im Verhältnis zu seiner Aufführung als logisch vor- oder nachgeordnet ansehen, es ist zu prüfen, ob er nicht – aufgrund seiner Konstitution selbst – ein Potential an Signifikaten und an Sinn enthält, das im ersteren Fall eine Hilfe bei der Inszenierung darstellt und im letzteren Fall zur Erhellung und Präzisierung der semiotischen Qualitäten beiträgt. Im vorliegenden Kapitel soll dieses Bedeutungspotential näher untersucht werden.

1.1. Zunächst ist der Inhalt des Stücks zu beschreiben, wobei wir uns hier auf die Komponenten beschränken, die konstant sind, unabhängig von der verbalen oder nichtverbalen Gestalt des Textes. Ein einziger Protagonist männlichen Geschlechts (er sei hier P genannt) agiert auf einer leeren, grell beleuchteten Bühne (offenbar eine Wüste). P reagiert gehorsam auf Pfeifsignale. In den ersten vier Sequenzen und in zwei weiteren gegen Ende des Stücks fungieren die Pfiffe (die von den Seiten der Bühne kommen) als Kehrt-marsch-Befehle. Im übrigen Stück lenken die Pfiffe (sie kommen von oben) die Aufmerksamkeit von P auf Objekte, die vom Schnürboden heruntergelassen werden und die P ohne das akustische Signal nicht wahrnehmen würde.

Einem Unterschied in der Funktion der Pfiffe entspricht ein Unterschied in der Situation. Die Pfiffe von den Seiten veranlassen P zu einer Reaktion im Raum: jedesmal bewegt er sich auf die rechte oder linke Kulisse zu und wird jedesmal zurückgestoßen. Damit soll P auf die Grenzen des ihm zugestandenen Raums – die Bühne – verwiesen werden. Die Pfiffe von oben zeigen P hingegen die Objekte an, über die er innerhalb dieses begrenzten Raums verfügen kann.

Auf den Reiz der Pfiffe reagiert P mehrere Male gleich; er läuft auf das Ziel zu und erfährt einen Stoß, der ihn schroff auf die Bühne zurückwirft. Das vierte Mal bleibt er vor der Kulisse stehen und weicht von sich aus plötzlich zurück, stolpernd wie die vorangegangenen Male. Der Stoß ist sozusagen internalisiert worden.

Die Pfiffe von oben gliedern eine komplexere Folge von Situationen und Entscheidungen. Ein Baum wird heruntergelassen. P begreift, daß er ihm Schatten spenden kann, und nähert sich dem Baum, doch alsbald sinkt der Ast herab, und der Schatten ist verschwunden. Eine Schere kommt herunter, und P benutzt sie, um sich die Nägel zu schneiden. Es folgt eine Karaffe mit Wasser, und P versucht vergeblich, sie mit den Händen zu fassen. Es kommt ein Würfel herunter, und P versucht, auf den Würfel zu steigen, um die Karaffe zu erreichen, aber wieder umsonst; es kommt ein zweiter Würfel herunter; nach ein paar Versuchen begreift P, daß er den kleinen Würfel auf den großen stellen muß; würde er daraufsteigen, könnte er die Karaffe erreichen, sie wird jedoch wieder höhergezogen und bleibt nach wie vor unerreichbar. Schließlich kommt ein dritter Würfel herunter, nun aber hat P – wie schon bei den Pfiffen von der Seite – die Lektion gelernt und macht keinen weiteren Versuch mehr; der Würfel steigt wieder nach oben.

Ein von oben heruntergelassenes Seil, das in der Luft hängenbleibt, bringt P auf den Gedanken, eine ganze Reihe weiterer Versuche zu machen. Zunächst versucht er, daran hochzuklettern, um die Karaffe zu erreichen, doch das Seil wird weiter heruntergelassen. Dann schneidet er ein Stück mit der Schere ab und benutzt es als Lasso, um die Karaffe in seinen Besitz zu bringen; sie wird jedoch nach oben gezogen und verschwindet. P ist jetzt so verzweifelt, daß er beschließt, sich zu erhängen; er wird jedoch daran gehindert, weil der Ast plötzlich wieder am Stamm heruntergesunken ist.

Zwei Pfiffe von rechts und links veranlassen P zu den gleichen Reaktionen wie am Anfang, aber der Reiz funktioniert nur einmal, das zweite Mal rührt sich P nicht mehr. Es folgt eine letzte Kette von Handlungen mit der Schere: P schneidet sich die Nägel, dann beschließt er, sich mit der Schere die Kehle durchzuschneiden, aber der kleine Würfel steigt nach oben, und mit ihm verschwinden Schere und Lasso, zudem das Taschentuch, das P viele Male auseinander- und wieder zusammengefaltet hatte; auch der große Würfel verschwindet, und P, der sich daraufgesetzt hatte, fällt herunter. Auf der Bühne bleibt nur noch der Baum zurück; dann erscheint auch die Karaffe wieder, sie kommt P entgegen, immer näher, verlockend nah, doch als sie für ihn endlich in Reichweite ist, verzichtet er darauf, sie zu ergreifen, und sie verschwindet wieder; der Baum spendet wieder seinen Schatten (der Ast hat sich wieder aufgerichtet), doch verharrt P regungslos und resigniert an seinem Platz; der Baum verschwindet wieder. P schaut seine Hände an, wie zu Beginn, als der Baum zum erstenmal auf die Bühne herunterkam.

1.2. Der hier kurz erläuterte Inhalt läßt sich am besten anhand einer Übersicht veranschaulichen, in der aufgeführt sind: die von P empfangenen Befehle (PS = Pfiff von der Seite, PO = Pfiff von oben); die von P begehrten Objekte (K = Karaffe, A = Ast als Schattenspender bzw. Galgen), die P dargebotenen Instrumente (Sch = Schere, W1 = großer Würfel, W2 = mittelgroßer Würfel, W3 = kleiner Würfel; S = Seil, von dem P ein Stück abschneidet und als Lasso benutzt; hinzuzufügen wäre noch B = der Baum als Träger von A, obgleich B selbst sonst keine weitere Funktion hat); schließlich das einzige im Besitz von P befindliche Objekt (T = Taschentuch). Neben den einzelnen Handlungen, die von P ausgeführt werden, erscheinen in der Übersicht die Ergebnisse (Z = Zurückweisung von P auf die Bühne; F = Fehlschlag; E = Entzug von Objekten oder Instrumenten). In den links der Handlungen stehenden Spalten wird die Art des Befehls, der die Handlung ausgelöst hat, mit + markiert; ebenso wird für die auf der Bühne befindlichen Objekte, Instrumente und das Taschentuch verfahren. Gleichfalls mit + werden die Ergebnisse der Handlungen (Z oder F) bezeichnet, während unter E das jeweils entzogene Objekt bzw. Instrument eingetragen wird, zusätzlich mit einem Sternchen, wenn es sich um einen partiellen Entzug (Wegbewegung des Objekts/Instruments) handelt. Die Handlungen sind in der Reihenfolge der Befehle (PS bzw. PO) durchnumeriert; führt P nach einem einzigen Pfiff mehrere Handlungen aus, so erhalten sie dieselbe Ziffer und werden durch Buchstaben (a, b usw.) voneinander unterschieden.

2.1. Es kommt häufig vor, daß die Gestalten Becketts sich einem Stummsein nähern, daß sie sich nur noch in Bewegungen und Gesten äußern (manchmal auch durch Grunzlaute, einsilbige Wörter oder kurze Sätze, hier aber nicht). Es kommt außerdem auch in anderen Stücken vor, daß eine einzige Figur auf der Bühne ist. Hier aber trifft beides zusammen: totales Verstummtsein und Einsamkeit *(sans paroles)*. P erscheint regelrecht entmenschlicht, gleichsam abgesunken auf die unterste Stufe der Entwicklung des *homo sapiens* (mir fällt insbesondere das

Fehlen oder zumindest Nicht-explizit-Werden von Erinnerungen auf, die für so viele Gestalten Becketts eine Art von rückwärtsgewandter Hoffnung sind). Man könnte geradezu Zweifel haben, ob P wirklich ein Mensch ist oder vielleicht nur ein Affe in Menschengestalt, wäre da nicht die vertraute Geste beim Auseinanderfalten und Zusammenlegen des Taschentuchs, das Schneiden der Nägel oder die leidenschaftliche Ordnungsliebe, die P dazu bewegt, die Würfel immer wieder wegzuräumen und zurechtzurücken oder auch nach seinen vergeblichen Fangversuchen das Lasso aufzuwickeln.

Es ist sogar so, daß der einzige Bewegungsspielraum, der dem Schauspieler durch die sonst präzisen Regieanweisungen gelassen wird, in bezug auf das Taschentuch besteht. Beckett gibt von P folgende Beschreibung: „Un homme. Geste familier: il plie et déplie son mouchoir." Im weiteren Verlauf ist von dem Taschentuch nicht mehr die Rede, lediglich an der Stelle, wo er es dazu benutzt, um die Schere zu putzen, mit der er sich die Kehle durchschneiden will (Handlung 13), und wo es ihm gleich darauf entzogen wird.

Zugegebenermaßen haben nicht einmal die Bewegungen von P unbedingt etwas Menschliches. Auf den Stimulus der von links und rechts kommenden Pfiffe reagiert P nicht anders als ein Tier, dem Reflexe andressiert werden; auch die Art und Weise, wie er mit den Instrumenten (insbesondere den Würfeln) umgeht – er begreift durch mehrmaliges Versuchen, daß es sinnvoll ist, sie aufeinanderzustellen, und daß dies in abnehmender Größenordnung erfolgen muß –, ist mit dem Verhalten von Schimpansen vergleichbar, deren Intelligenz gemessen werden soll.

Alles in allem scheint Beckett im *Acte sans paroles* eine sehr niedrige Evolutionsstufe an die Stelle des körperlichen Verfalls gesetzt zu haben, der sonst seine Gestalten kennzeichnet. Andererseits ist zu bedenken, daß der körperliche Verfall normalerweise mit einer Bewußtwerdung (des Tragischen und Unausweichlichen) einhergeht, während hier die Bewußtwerdung – da sie wegen des Stummseins [von P] nicht deduzierbar ist – mit einer aus dem Verhalten erschließbaren Entwicklung der Intelligenz parallelisiert worden ist.

Auf die Funktion der Pfiffe weise ich hier im besonderen hin, denn sie ist im Vergleich mit anderen Stücken zu werten. Auch Winnie in *Happy Days* wird durch Klingelzeichen gesteuert; in der Art Vorhölle, in der sie lebt, symbolisieren sie jedoch Anfang und Ende des Tages (die sonst nicht unterschieden wären). Sie haben demnach eine übertragene, nicht nur materielle Bedeutung.

Demgegenüber sollte meines Erachtens nicht allzusehr auf die Frage nach dem Urheber der Pfeifsignale insistiert werden. Es ist ein Wesen (nennen wir es D), das als Beziehung definiert ist; es ist einer, der mit dem Menschen (als einzelnem oder mit dem Menschen schlechthin) spielen kann wie mit einer Marionette, der, außer über seine Bestimmung, auch über die Qualen und Leiden entscheidet, die sein Leben anfüllen sollen und deren Zahl die Individualität dieses Lebens festlegt. In anderen Stücken von Beckett darf man dieses Wesen wegen einer gewissen religiösen Sehnsucht und der biblischen Anspielungen mit „Gott" bezeichnen; im vorliegenden Fall würde dies zu weit gehen.

Befehle		Begehrte Objekte				Instrumente				Objekte im Besitz von P		Handlungen	Ergebnisse		
PS	PO	K	A	B	Sch	W1	W2	W3	S	L	T		Z	F	E
1												(Bewegung nach rechts)	+		
2	+											Bewegung nach rechts	+		
3	+											Bewegung nach links	+		
4	+											Abgebrochene Bewegung nach links	+		
5			+	+								P stellt sich in den Schatten. Betrachtet seine Hände			A
6a		+			+						+	Nimmt Sch und schneidet sich die Nägel			
6b		+			+						+	Läßt Sch fallen			
7		+									+	Versucht K zu fassen			
8a		+				+					+	Steigt auf W1. Versucht K zu fassen		+	
8b		+				+					+	Bringt W1 an seinen Platz zurück		+	
9a		+					+				+	Steigt auf W2. Versucht K zu erreichen		+	
9b		+				+	+				+	Stellt W1 auf W2. Steigt darauf. Fällt herunter		+	
9c		+				+	+				+	Stellt W2 auf W1. Steigt darauf. Versucht K zu erreichen			
9d		+				+	+				+	Bringt die W an ihren Platz zurück			K*
10		+				+	+	+			+	Überlegt, ohne sich zu rühren			W3
11a		+				+	+		+		+	Klettert an S hoch			S
11b		+				+	+		+	+	+	Schneidet mit Sch ein Stück von S ab und formt L			S
11c		+				+	+			+	+	Versucht K mit L in Besitz zu nehmen			K
11d		+	+			+	+			+	+	Hat W2 auf W1 gestellt und versucht, sich mit L an A zu erhängen			A
11e						+	+			+	+	Bringt W an ihren Platz und legt L ab			
12	+										+	Bewegung nach rechts		+	
13a	+										+	Rührt sich nicht			
13b				+	+						+	Schaut sich Hände an. Beginnt sich die Nägel zu schneiden			W2
13c				+	+		+				+	Legt Sch und T auf W2, trifft Vorbereitungen für Selbstmord			L, T
13d						+						Setzt sich auf W1			W1
14		+		+								Versucht nicht K zu fassen			K
15a		+	+	+								Stellt sich nicht in den Schatten von A			
15b		+	+	+								Betrachtet seine Hände			B, A

2.2. So viel läßt sich jedoch an dieser Stelle schon sagen: An dem Spiel sind – entgegen allem Anschein – zwei Figuren beteiligt: P und D, was nicht das geringste an der Isoliertheit von P ändert. Für P ist D eine Macht (oder eine Summe von Mächten), in deren Gewalt er sich erkennt. Zwischen P und dieser Macht/diesen Mächten besteht keine Kommunikation, außer derjenigen, die im Verhalten zum Ausdruck kommt. Die Sprache von D, das sind die Pfiffe und die Handlungen an P. Die Entschlüsselung dieser Sprache und deren anschließende Zuordnung zu einem einzigen Sender bedeutet für P dasselbe wie die Erkenntnis der eigenen Unfreiheit; genau dadurch werden die Handlungen von P wiederum unterbrochen und blockiert.

Der Zusammenhang zwischen D und P ist viel offensichtlicher für den Zuschauer/Leser, der nach Kausalzusammenhängen sucht, weil er davon ausgehen kann, daß ein Stück immer einen Sinn hat; er sucht nach einer Erzähllogik, da nun einmal jedes Theaterstück (wenigstens seine gedankliche Struktur, wo nicht die Struktur der Handlung) erzählerischen Charakter hat. So kreuzen sich zwei Beziehungen: in der Fiktion zwischen P und D einerseits und in der Bühnenhandlung zwischen Sender (Autor) und Empfänger (Zuschauer/Leser) andererseits. Der Sender artikuliert sich durch die Beziehungen zwischen P (dem fiktiven Empfänger) und D (dem fiktiven Sender). Will man seine Aussage (Nachricht) deuten, muß man zuerst die Sprache von D aus der Sicht von P entschlüsseln, dann aus der Distanz den Typ von Kommunikation bestimmen, zu dem die Handlungsweisen von D und P gehören, und schließlich seine Gesetzmäßigkeiten aufdecken.

Zur Existenz von D und seiner Stellung zu P könnte der Zuschauer/Leser (wie P selbst) folgende Überlegungen anstellen.

2.3. Teilt man die Handlungen des *Acte sans paroles* in zwei große Gruppen ein, je nachdem, ob sie durch Pfiffe von der Seite (PS) oder von oben (PO) ausgelöst werden, so erhält man zwei Arten von Abfolgen:

PS: Aufforderung – positive Antwort – Zurückweisung
PO: Angebot von Objekten – positive Antwort – Entzug der Objekte

Sowohl die Aufforderung als auch das Angebot setzen mindestens einen URHEBER (D) außer dem ADRESSATEN (P) voraus. Zurückweisung und Entzug wiederum implizieren einen GEGNER. Ja das ganze Stück stellt die Geschichte von der Aufdeckung des GEGNERS und seiner Verhaltensregeln durch P dar. Die unmittelbare Verknüpfung von Reiz, Reaktion und Folge macht es wahrscheinlich und immer offensichtlicher, daß der GEGNER D selbst ist.

Natürlich stimmen die Begriffe *Aufforderung* und *Angebot von Objekten* nur aus der Sicht von P. In Wirklichkeit sind die Pfiffe nichts anderes als *Signale*, mit denen D die Aufmerksamkeit von P auf das „Objekt" der Verhaltensregeln lenkt, die er gerade mitteilen will, d. h. auf das Verbot, sich der Kulisse zu nähern, und das Verbot, in den Besitz der begehrten Objekte zu gelangen. Das Signal bildet aber nur dann das erste Glied einer Verbotshandlung, wenn P dieses Signal als

Aufforderung bzw. als Angebot interpretiert. Bekanntlich läßt sich das Signal *Nein* nicht so ohne weiteres in eine nonverbale Form übersetzen[2]. D drückt es dadurch aus, daß er einer scheinbaren Aufforderung eine Zurückweisung, einem scheinbaren Angebot einen Entzug folgen läßt.

Die drei oben beschriebenen Momente sind also den drei Phasen der Entschlüsselung der Verhaltensregel durch P zugeordnet: Dieser hört zunächst ein Signal, dann interpretiert er es als Befehl, und schließlich erkennt er es als negativen Befehl (Verbot). Insgesamt ergibt sich folgendes Bild:

	SIGNAL	BEFEHL	VERBOT
PS	Aufforderung	positive Antwort	Zurückweisung
PO	Angebot von Objekten	positive Antwort	Entzug der Objekte

Wesentlich für das Vorgehen von D ist also die pädagogische Art und Weise, seine Regel durchzusetzen. Während er es bei dem Paar Aufforderung–Zurückweisung damit bewenden läßt, die Unauflöslichkeit des Zusammenhangs Reaktion–Folge einzuprägen, greift er bei dem Paar Angebot–Entzug auf eine grausamere und raffiniertere Didaktik zurück. Er bietet P nicht nur die begehrten Objekte (K, A) an, sondern auch die Instrumente, die es ermöglichen sollten, in ihren Genuß zu kommen (W1, W2, W3, Sch, S). So kann P die Unumstößlichkeit der Regel feststellen, nachdem er sich nach besten Kräften bemüht hat, von dem scheinbaren Angebot Gebrauch zu machen.

3.1. Daß P einem Lernprozeß unterworfen wird, ergibt sich auch aus den vorangegangenen Sequenzen. Bis Handlung 7 reagiert P lediglich auf Reize oder vollzieht Handlungen, die nicht kreativ – man könnte sagen: habitueller Natur – sind (Schneiden der Nägel). Das Schwinden des Schattens am Ende von 6a ist bereits ein bedrohliches Zeichen, ohne daß es sich jedoch mit Handlungen von P in Verbindung bringen läßt. Zwischen 8 und 13 bringt P dann seinen Erfindungsgeist voll zur Entfaltung und entwickelt immer mehr Aktivität (quantitativ gesehen, stehen 17 Handlungen 6 Befehlen gegenüber, die autonomen Handlungen von P überwiegen also gegenüber den durch die Pfiffe ausgelösten).

Der Einfallsreichtum von P wächst in dem Maße, wie die Fehlschläge härter werden. So ist eine Steigerung zu beobachten von den Handlungen 7–9b, wo P den Fehlschlag noch auf Schwierigkeiten in den äußeren Bedingungen zurückführen könnte, zu den Handlungen 9c–11d, wo eindeutig ein GEGNER am Werk ist, der die Bedingungen erschwert, indem er jedesmal die Grenzen des Möglichen weiter nach außen schiebt. Als dann P trotz zunehmender Findigkeit im Umgang mit

---

[2] Vgl. P. Watzlawick, J. H. Beavin, D. Jackson: *Pragmatics of human communication*. A study of international patterns, pathologies and paradoxies. New York 1967. – Dt.: Menschliche Kommunikation, Formen, Störungen, Paradoxien. Bern/Stuttgart/Wien ⁴1974.

Würfeln, Seil und selbstgefertigtem Lasso feststellen muß, daß ihm die Karaffe zunächst partiell und dann ganz entzogen wird, entschließt er sich zum Selbstmord. Und auch dafür entfaltet P nicht weniger Phantasie, als um in den Besitz der Karaffe zu gelangen. Das Ergebnis ist jedoch noch schmerzlicher: eine Strafe, durch die P nicht nur die ihm zuvor dargebotenen Instrumente entzogen werden, sondern sogar sein Talisman und Seelentrost, das Taschentuch, weggenommen wird.

Aufschlußreich ist auch die Verteilung der Ergebnisse. Das beste Ergebnis (das Ergebnis 0) wird nach den unproduktiven Handlungen erzielt, im wesentlichen: Ordnungmachen (6b, 8b, 9d, 11e), Beschäftigung mit dem Körper oder Selbstbeobachtung (5: P schaut seine Hände an; 13b: P schneidet sich die Nägel; in 6a sinkt der Ast herab, natürlich als P in den Schatten treten will [5] und nicht nach dem Schneiden der Nägel). Immer sind es die konstruktiven oder (selbst)zerstörerischen Handlungen, auf die unfehlbar die Zurückweisung oder der Entzug der Objekte folgt.

Am wichtigsten aber für den Sinn des Stücks ist die Tatsache, daß P dem Entzug der Objekte und Instrumente auch dann nicht entrinnen kann, wenn er sich dazu entschließt, nicht zu handeln; eine erste Warnung findet sich in Handlung 10, wo der kleine Würfel, gleich nachdem er auf die Bühne herabgelassen wurde, wieder im Schnürboden verschwindet, weil P einen Augenblick lang nachdenkt und zögert; die größte Mächtigkeit erreicht die Regel am Ende, wenn P entschlossen scheint, auf keinen Reiz mehr zu reagieren, und die Karaffe, nachdem sie P in greifbare Nähe gerückt war, endgültig verschwindet (14) und schließlich sogar der Baum hochgezogen wird (15), während zuvor bloß der Ast herabsank, um die Beseitigung des Schattens zu erreichen.

Bei dem *Acte sans paroles* haben wir es offensichtlich mit einem kleinen Apolog zu tun. Sein außerzeitlicher Wert kommt in der Unvollständigkeit von Handlung 1 zum Ausdruck (P wird von der rechten Kulisse zurückgestoßen; was vorausgeht, der Pfiff, der alles unausweichlich in Gang setzt, wird nicht dargestellt); ebenso in Handlung 15b (P betrachtet seine Hände wie in 5, wo gleichzeitig die Objekte auf der Bühne zu erscheinen beginnen). Die Korrelation zwischen fortschreitender Intelligenzleistung und Bewußtwerdung wird angezeigt durch die unterschiedlichen Reaktionen von P auf die Pfiffe von der Seite in 2–4 (wie selbstverständlich in 1, wo der vorausgehende Stimulus mitzudenken ist) und in 12–13a. Am Anfang reagiert P gehorsam auf drei gleiche, aufeinanderfolgende Reize (aus unterschiedlicher Richtung), und erst beim vierten Pfiff zögert er etwas, gehorcht aber immer noch. Später verzichtet er schon bei der zweiten Reizauslösung auf eine Reaktion, dieses Mal ohne jedes Zögern.

Im Bewußtsein von P treten in regelmäßigem Wechsel zwei Arten von Erfahrungen auf. Die einen betreffen den Zusammenhang Reiz–Reaktion–Folge, sie dienen dazu, ihm die Unausweichlichkeit des Wollens von D einzuimpfen. Die anderen beziehen sich auf die Reihe Angebot–positive Antwort–Entzug, sie sollen ihm das Gesetz demonstrieren, daß Gehorsam den Erfolg ausschließt und infolgedessen jegliches Bemühen vergeblich ist, auch der Versuch, durch Selbstmord aus dem Spiel auszusteigen. Gerade nach dem Versuch des Erhängens stellt sich die Erfahrung der ersten Art ein (12, 13a), und gerade dann, als P die Unmöglichkeit des Ausbruchs und die Funktion der begehrten Objekte und der scheinbar hilfreichen Instrumente, als Marterwerkzeug zu dienen, erkannt hat, kommt er zu dem Schluß, daß die einzig angemessene Reaktion die der Immobilität ist.

Die Verdammnis ist zweifacher Natur: Nicht-Erfüllung von Wünschen, die systematisch provoziert werden, und Verweigerung des Ausbruchs, wie P ihn zweimal durch Selbstmord versucht. Dieser Versuch hat sogar eine zusätzliche Strafe zur Folge: den Entzug des Taschentuchs, das zu jenen Requisiten gehört, die für so viele Gestalten Becketts den Wert eines archäologischen Fundes haben, welcher von ihrer Zugehörigkeit zur Kultur zeugt, der ihnen den „aufrechten Gang" verleiht, der ihnen hilft, die Zeit zu vertreiben oder Aktivität vorzuspiegeln. Der Verlust des Taschentuchs kann für P nur eines bedeuten: Verzweiflung.

3.2. Es ist nun die unterschiedliche Funktion des partiellen und des totalen Entzugs der Objekte zu klären. Ihr Wegbewegen dient dazu, das Schema Angebot–Entzug zu erhalten, d. h. die negative Regel zu bekräftigen (9c, 11a); würde dagegen das Objekt den Bühnenraum verlassen, wäre die Regel nicht mehr anwendbar. Der totale Entzug bedeutet Strafe dafür, daß P mit blinder Hartnäckigkeit versucht, in den Besitz des Objekts zu gelangen (diese Versuche gelten als Verletzung der Regel: Handlung 11b–c), ferner Strafe – und durch den Entzug des Taschentuchs erhöhte Strafe – für die Selbstmordversuche, die eine andere Art von Gehorsamsverweigerung darstellen (11d, 13c–d). Am Schluß steht der Entzug *par excellence*, er krönt das didaktische Werk von D: das Objekt wird P entzogen, weil er gelernt hat, auf die Reize nicht zu reagieren (10, 14, 15a).

Insgesamt kann man sagen, daß P einer – wie es die Theorie der menschlichen Kommunikation nennt – „paradoxen Handlungsanweisung" unterliegt. P wird in ein Bezugssystem gestellt, in welchem er sich zwischen „Haben-Wollen" und „Nicht-Haben-Wollen" des Objekts entscheiden muß. Es besteht eine doppelte Paradoxie: 1. Die P dargebotenen Objekte (Ast als Schattenspender, Karaffe und Instrumente zu deren Inbesitznahme) sind per definitionem für P *begehrenswert* (man denke daran, daß der Bühnenraum eine Wüste unter sengender Sonne und brütender Hitze darstellt); das „Nicht-Haben-Wollen" kommt für P also gar nicht in Frage. 2. P ist gezwungen, sich für die paradoxe Lösung des „Nicht-Haben-Wollens" zu entscheiden. Mit anderen Worten: die von D aufoktroyierte Regel lautet: „Du sollst das Begehrenswerte nicht haben wollen."

Als P die Regel unmißverständlich klar erkennt, beschließt er seinen Ausbruch aus dem Bezugssystem, das D ihm aufgezwungen hat, und will Selbstmord begehen. D zwingt P durch die Verhinderung des Selbstmords und die Bestrafung seiner Selbstmordversuche zum Lernen einer zweiten Regel, die lautet: „Du darfst nicht ausbrechen aus dem System, das ich dir auferlege." In der Psychiatrie würde man eine solche Situation mit dem Begriff *double bind* bezeichnen[3]. Die Situation stellt sich folgendermaßen dar: Zwei oder mehr Personen in enger Beziehung zueinander, nur eine der Personen kann psychisch oder sogar physisch überleben; Sendung einer Nachricht oder einer paradoxen Handlungsanweisung; Verbot des Senders an den Empfänger der Nachricht, das Bezugssystem zu verlassen.

Greift man auf die modalen Werte (wollen, können usw.) zurück, so ergibt sich, daß D, in seiner Ausgangsrolle als scheinbarer GEBER, das „Wollen" von P auslöst, das heißt: er „bewirkt das Wollen" von P, während er in seiner Rolle als GESETZGEBER (aus der Sicht von P: als GEGNER) das „Nicht-Können" von P anordnet. Zwischen den beiden Extremen des „Tun-Wollens" und des „Nicht-Tun-Könnens" entwickelt sich bei P im Laufe des Lernprozesses ein anderes „Können": ein „Wissen-Wie" (zweckmäßiger Gebrauch der Instrumente: Würfel, Seil usw.). Daraus ergibt sich:

Tun-Wollen (→ Wissen-Wie) → Nicht-Tun-Können.

In der ersten Reihe von Versuchen ist für P das „Nicht-Tun" identisch mit dem „Nicht-Können" aufgrund der materiellen Gegebenheiten. Erst als die Verschlechterung der äußeren Bedingungen ihm zunehmend klarwerden läßt, daß das „Nicht-Tun-Können" ja soviel heißt wie „am Tun gehindert werden", geht er auf das Anfangsglied der Kette zurück und ersetzt das ohnehin von außen provozierte „Wollen" (das „Bewirken eines Wollens") durch ein „Nicht-Wollen". Ist nun wiederum dieses „Nicht-Wollen" die einzige mögliche Äußerung von Freiheit oder ein durch Konditionierung von D erzielter Lernerfolg bei P, also das Ergebnis jenes paradoxen „Verbots eines Wollens" (das „Bewirken eines Verlernens des angeordneten Wollens")? Auf diese Frage möchte ich weiter unten eine Antwort zu geben versuchen. Wären die Gesetzmäßigkeiten des Verhaltens von P und D klar umrissen, hätten wir bereits den Sinn des Stücks erfaßt. Dazu müssen jedoch noch weitere Überlegungen angestellt werden.

4. Als geschriebener Text hat der *Acte sans paroles* [im Werk Becketts] bereits einen echten Vorläufer: die Bühnenanweisung. Dabei ist weniger an die Regieanweisungen zu denken, die Dialogen zwischengeschaltet sind und eine Einheit zwischen Wort und Bewegungen oder Gesten herstellen wollen, als vielmehr an jene oftmals ausführlichen Anweisungen, die dem eigentlichen Dialog vorgeschaltet sind (*Endgame/Fin de partie, Krapp's last tape, Happy Days;* wohlbemerkt ist das hier behandelte Stück zur gleichen Zeit entstanden wie *Endgame/Fin de partie;* es wurde zusammen mit diesem Einakter erstmals am 1. April 1957 aufgeführt). Der *Acte sans paroles* kann aus zwei Gründen als Weiterentwicklung dieser dialogeinleitenden Bühnenanweisungen verstanden werden. Der eine Grund

---

[3] G. Bateson, D. Jackson, J. Haley, J. Weakland: *Toward a Theory of Schizofrenia.* In: Behavorial Science. 1956.

betrifft die szenische Umsetzung: in den genannten Stücken geben die Regieanweisungen Anlaß zu einer längeren stummen Szene. Ein weiterer Grund liegt im stilistischen Bereich: die Sprache, vor allem die Syntax [der Bühnenanweisungen], weist eindeutig Ähnlichkeiten auf.

Der Automaten- oder Marionettenhaftigkeit der Bewegung der Figuren entspricht in diesen Texten die Kürze der im Präsens formulierten Sätze; sie stehen unverbunden nebeneinander und beginnen jeweils mit dem obstinaten Subjekt *il*. Die Repetition immer gleicher Bewegungen wird durch den wiederholten Gebrauch desselben Satzes zum Ausdruck gebracht. Die Sätze haben oftmals nominalen Charakter, so als sollte die Verantwortung für die Prädikation gar keinem Subjekt zugeordnet werden. Auffallend ist die Wiederholung kurzer Sätze; sie sind dazu da, Automatismen, gleichsam Bewegungsstereotypien anzudeuten oder darauf hinzuweisen, daß alle Aktivität der Figuren unausweichlich in unveränderte Situationen einmündet.

5.1. Mehr noch als in den Bühnenanweisungen (anderer Stücke) greift Beckett im *Acte sans paroles* zu einer Sprache ohne Resonanz und Plastizität. Die ohnehin sparsam verwendeten Adjektive beziehen sich vorwiegend auf Raum und Zahl: *droite, gauche; petit, grand; seule, maigre, légère, rigide, fixe; second*[4]. Lediglich in den vorangeschickten Bemerkungen zur Person und zur Bühne, also vor dem eigentlichen Text, findet sich ein aussagekräftiges Adjektiv wie *éblouissant* (nämlich: *l'éclairage est éblouissant*)[5], was erneut die Wichtigkeit der Beleuchtung in den Theaterstücken Becketts unterstreicht.

Der Autor hat sich generell an das Prinzip gehalten, Aussagen ohne jegliche subjektive Färbung zu liefern: Anweisungen und sonst nichts weiter. Dennoch ist bei dem Stück die Handschrift des Autors nicht zu übersehen, die Nachricht trägt nun einmal den (auch geistigen) Stempel ihres Senders; der Text bleibt vom Autor geschrieben, mag er sich noch so sehr um eine an Anonymität grenzende „Druckschrift" bemühen. So resultiert der Sinn des „Spiels ohne Worte" auch aus den *nicht* artikulierten Wörtern.

Im folgenden möchte ich auf die für die Sinnerschließung wichtigsten Punkte eingehen.

5.2. *P als Mittelpunkt.* Auf der Bühne erscheinen der männliche Protagonist (P) mit seinem Taschentuch, dann nacheinander die begehrten Objekte und die Instrumente; sie werden vom Schnürboden heruntergelassen und von P benutzt oder verändert (er stellt aus dem Seilstück ein Lasso her) mit dem Ziel, in den Besitz der Objekte zu gelangen. Die Objekte werden von der externen Instanz D weg- oder herangewegt, am Schluß werden sie P, zusammen mit den Instrumenten, entzogen.

---

[4] Dt.: rechts, links; groß, klein; allein, dürr, leicht, starr, feststehend; zweiter.
[5] Dt.: grelles Licht.

Ständig wird dabei die Aufmerksamkeit auf P gelenkt, alles, was geschieht, wird aus der Perspektive von P dargestellt; selbst D ergibt sich aus Rückschlüssen, ein äußerer Anhaltspunkt wird nicht dafür gegeben. Die ausschließliche Ausrichtung der Erzählperspektive an P wird von Beckett mit einem simplen grammatikalischen Mittel deutlich gemacht. Nachdem er P in der zweiten Zeile des *Acte sans paroles* als *l'homme* eingeführt hat, bezeichnet er ihn im folgenden ausnahmslos mit dem Personalpronomen *il;* in den Fällen, in denen *il* auch auf vorausgehende maskuline Substantive wie *sifflet, arbre, sol, tronc* usw. bezogen werden könnte, wird die Zuordnung von *il* zu *l'homme* eindeutig dadurch hergestellt, daß P die einzige belebte Figur auf der Bühne ist.

5.3. *Mimemis auf der Ebene des Rhythmus.* Im *Acte sans paroles* dominiert das Verfahren der Wiederholung, sei es ganzer Perioden oder Teilen davon. Hinsichtlich ihrer Funktion scheint sich Beckett an die Regel gehalten zu haben: „gleiche Wörter für gleiche Bewegungen". So sind innerhalb der ersten vier Handlungen die zweite und die dritte mit der gleichen Satzreihe beschrieben: „Rejeté aussitôt en scène, il trébuche, tombe, se relève aussitôt, s'époussette, réfléchit"[6], die erste und vierte Einheit beginnt mit anderen Sätzen, da der Anfang der Handlungen verschieden ist, der Rest ab *trébuche* stimmt wieder mit der genannten Satzreihe zu 2 und 3 überein.

Die Wiederholungen sind nur scheinbar redundant, denn sie beruhen auf zwei ganz bestimmten Absichten. Die eine ist ikonischer Art: durch die konstante Korrelierung von Geste und Wort, Handlung und Satz soll eine genaue Äquivalenz zwischen Text und Bühnengeschehen erreicht werden. Die zweite Absicht liegt im stilistischen Bereich: Durch die Wiederholung gleicher Wörter und Sätze, die genau den Gesten entsprechen, die der Schauspieler ausführen muß, entsteht eine anhaltende Rekurrenz von tragikomischer Wirkung (P wird zu einer Art Marionette, die immer wieder ihre automatenhaften Bewegungen ausführen muß).

Diese Rekurrenz tritt im geschriebenen Text zweifellos noch deutlicher hervor als auf der Bühne. Die Rekurrenz stützt sich dort nicht nur auf deutlicher segmentierte Einheiten (Wörter im Gegensatz zu Gesten), sondern auch auf feinere Segmentierungen (Laute bzw. Buchstaben), für die es im Bühnengeschehen keine Entsprechung gibt; die Rekurrenz [im sprachlichen Text] erstreckt sich also auf eine Menge diskreter und exakt erfaßbarer Elemente, die umfangreicher und deutlicher erkennbar ist als auf der Bühne.

5.4. *Dramatische Qualitäten.* Dies geht sogar so weit, daß die Segmentierung selbst über ihre Entsprechung auf der visuellen Ebene hinausgeht und eine eigene dramatische Funktion erhält, die auch durch die Einförmigkeit der Beschreibung nicht verdeckt wird.

---

[6] Er wird sofort wieder auf die Bühne geworfen, stolpert, fällt [hin], steht sofort wieder auf, klopft den Staub ab und überlegt.

Handlung 14 wird zum Beispiel durch folgende Sätze beschrieben:
(1) La carafe descend, s'immobilise à un demi-mètre de son corps.
(2) Il ne bouge pas.
(3) Coup de sifflet en haut.
(4) Il ne bouge pas.
(5) La carafe descend encore, se balance autour de son visage.
(6) Il ne bouge pas.
(7) La carafe remonte et disparaît dans les cintres [7].

Daß P in (1) nicht reagiert, ist normal, denn er nimmt die Objekte erst auf den Pfiff hin wahr. Dennoch wird durch die Wiederholung von „Il ne bouge pas" (2, 4) das Resignieren von P in der Immobilität unterstrichen, wenngleich, genaugenommen, erst in 4 von Resignation gesprochen werden kann. Ferner entsteht dadurch eine stärkere Abgrenzung zwischen den letzten, minimalen Positionsveränderungen der Karaffe, die zweifellos zu ein und derselben Handlung gehören: zuerst „à un demi-mètre de son visage", dann „autour de son visage". Durch diese Abgrenzung und in gewissem Sinne Isolierung wird es möglich, das „Il ne bouge pas" ein weiteres Mal zu wiederholen (6). Der „Lernprozeß" von P ist abgeschlossen: Obwohl er (so scheint es wenigstens) nur eine kleine Handbewegung zu machen hätte, um die Karaffe zu erreichen, tut er dies nicht.

5.5. *Kognitive Handlungsstruktur.* Angesichts des primär narrativ-deskriptiven Charakters dieses Textes müßten Bezugnahmen auf kognitive Handlungen eigentlich disparat erscheinen. Und sie wirken auch fremd und sollen so wirken in Sätzen, in denen Reflexion beziehungslos neben Gesten tritt, ohne hierarchische Unterscheidungen nach Dauer oder Wichtigkeit. Dazu ein Beispiel:

Il *réfléchit*, va vers la coulisse gauche, s'arrête avant de l'atteindre, se jette en arrière, trébuche, tombe, se relève aussitôt, s'époussette, *réfléchit* (4) [8].

Es ist ein „Überlegen" in Schüben, reduziert zum Automatismus eines *animale rationale*.

---

[7] (1) Die Karaffe wird heruntergelassen, kommt einen halben Meter über seinem Körper zum Stehen.
(2) Er rührt sich nicht.
(3) Pfiff von oben.
(4) Er rührt sich nicht.
(5) Die Karaffe wird weiter heruntergelassen, pendelt vor seinem Gesicht hin und her.
(6) Er rührt sich nicht.
(7) Die Karaffe wird wieder hochgezogen und verschwindet im Schnürboden [eigene Übersetzung bei den Passivformen].

[8] Er überlegt, geht auf die linke Kulisse zu, bleibt noch vor dem Ziel stehen, weicht plötzlich zurück, stolpert, fällt [hin], steht sofort wieder auf, klopft den Staub ab und überlegt [eigene Übersetzung].

Ebenso ist der Gebrauch des Verbs *réfléchir* von Beckett genauestens kalkuliert. Es wird als Grenzsignal eingesetzt: Es markiert Anfang und Ende der Handlungen 2–7; während der Anfang der folgenden Handlungen anders formuliert ist, fungiert das Verb bis 13a als Schlußsignal (dies gilt ebenso für Handlung 1). Da die Objekte, die vom Schnürboden heruntergelassen werden, von P erst nach dem Pfiff wahrgenommen werden, gibt die Wiederholung von *réfléchit* vor und nach dem Erscheinen der Objekte außerdem die Fortdauer des Nachdenkens an (das zweite *réfléchit* erscheint immer mit dem Zusatz *toujours*). Daraus ergibt sich folgendes Schema:

Il (Reihe von Verben) réfléchit.
(Objekte oder Instrumente kommen herunter.)
Il réfléchit toujours.

Danach sind die Handlungen 5, 6b, 7, 8a, 10 und 11a aufgebaut. Sie werden jeweils mit dem Herunterkommen von Objekten bzw. Instrumenten unterbrochen.

Betrachten wir das *réfléchir* als handlungseröffnendes Signal noch etwas näher. Nach den Pfiffen von der Seite (2–4) haben wir es mit einem isolierten *Il réfléchit* zu tun, während nach Erscheinen der Objekte und den Pfiffen von oben Formulierungen vorkommen wie:

Il se retourne, voit . . ., réfléchit (5, 7, 9a, 10, 11a);
il lève la tête, voit . . ., réfléchit (6a);
il lève les yeux, voit . . ., réfléchit (6b) [9].

In den Handlungen 7, 9a und 11d tritt an die Stelle des bloßen *réfléchir* ein Wahrnehmungsverb, die Reflexion wird in Perzeption übersetzt; es sind dies jene Augenblicke, in denen größtes Kombinationsvermögen gefordert ist: P muß entdecken, daß er mit Hilfe des Würfels, genauer gesagt: indem er die zwei Würfel nimmt, aufeinanderstapelt und daraufsteigt, den Abstand zur Karaffe verringern bzw. den Ast des Baumes erreichen kann. Die sich hier abspielende kognitive Leistung der Kombination wird dadurch zum Ausdruck gebracht, daß das Verb *regarder* (betrachten) nacheinander mit den Objekten und Instrumenten, die in die Kombination eingehen müssen, verbunden wird.

Il se retourne, voit le cube, le *regarde, regarde* la carafe, prend le cube . . . (7);
Lasso en main il va vers l'arbre, *regarde* la branche, se retourne, *regarde* les cubes, *regarde* de nouveau la branche . . . (13) [10];

---

[9] Er dreht sich um, sieht . . ., überlegt.
Er schaut auf, sieht . . ., überlegt.
Er blickt nach oben, sieht . . ., überlegt.

[10] Er dreht sich um, sieht den Würfel, betrachtet ihn, betrachtet die Karaffe, nimmt den Würfel . . .
Mit dem Lasso in der Hand geht er auf den Baum zu, betrachtet den Ast, wendet sich ab, betrachtet die Würfel, betrachtet wieder den Ast . . .

Des weiteren erfolgt die Verbindung bei den ersten falschen Handgriffen mittels *vouloir* und einem *se ravise*, zwei Verben, die unbedingt dem kognitiven Bereich angehören.

Il se retourne, voit le second cube ... *veut* rapporter le cube à sa place, *se ravise*, le dépose, va chercher le grand cube ... (8a);
Il ... va vers les cubes, prend le petit et le porte sous la branche, retourne prendre le grand et le porte sous la branche ..., *veut* placer le grand sur le petit, *se ravise*, place le petit sur le grand ... (13)[11].

Die einzelnen kognitiven Schritte werden sorgfältig voneinander unterschieden. Dies wird erreicht durch die Nebeneinanderstellung (von *réfléchir*) und deskriptiven Verben, im Wechselspiel damit auch durch perzeptive, das *réfléchir* konkretisierende Verben *(regarder)* oder schließlich durch eindeutig abstrakte Verben *(vouloir, se raviser)*.

Diese Unterscheidungen folgen genau der Position von P in der Bühnenhandlung. Auf die Steigerung an Aktivität, die zu beobachten ist, wenn P mehr Einfallsreichtum entwickelt, wurde bereits hingewiesen. Zwischen 9b und 11d muß P neue Probleme lösen, dort hat *réfléchir* eine neue Bedeutung: es markiert einen Übergang.

Ab 9c treten die Fehlschläge von P nicht mehr in neutraler Form (als Folge objektiver Schwierigkeiten) auf, sie sind vielmehr von einem GEGNER beabsichtigt. Die erste Episode dieser Art ist die mit der Karaffe; sie wird gerade in dem Augenblick außer Reichweite von P gebracht, als er auf die zwei Würfel gestiegen ist und nach der Karaffe greifen will. Er steigt herunter von den Würfeln, überlegt, stellt sie an ihren Platz zurück, und dann heißt es:

(Il) se détourne, réfléchit [12].

Diese Satzfolge deutet also auf einen Augenblick des Nachdenkens zwischen Bewußtwerdung und möglichen weiteren Handlungen hin. Wir begegnen ihr auch in 11b (zwischen dem weiteren Herablassen des Seils und der Suche nach der Schere, mit der P ein Stück abschneiden will), in 11c (nachdem die Karaffe auf den Schnürboden hinaufgezogen worden ist) und zweimal in 11d–e (nachdem der Ast wieder herabgesunken ist und P sich nicht erhängen konnte; ferner, nachdem er in seiner großen Ordnungsliebe Würfel und Lasso an ihren Platz zurückgebracht hat). Die Reihe endet mit den Handlungen 12 und 13a, die durch Pfiffe von der Seite ausgelöst werden.

---

[11] Er dreht sich um, sieht den zweiten Würfel ..., will den Würfel zurücktragen, besinnt sich eines anderen, setzt ihn ab, holt den großen Würfel ... [leicht veränderte Übersetzung, vgl. *Tophoven*, p. 325].
Er geht auf die Würfel zu, nimmt den kleinen und trägt ihn unter den Ast, will den großen auf den kleinen stellen, besinnt sich eines anderen, stellt den kleinen auf den großen ... [leicht veränd. Übersetzung, vgl. *Tophoven*, p. 327].
[12] Er wendet sich weg, überlegt.

Zu Beginn von Handlung 12 finden wir also dieselbe Abfolge:

Il se détourne, réfléchit.
Coup de sifflet coulisse droite.
Il réfléchit, sort à droite [13].

Der Übergang befindet sich zwischen zwei Abschnitten einer von außen veränderten Abfolge: das *réfléchir* vor dem Pfiff geht über in das zweite *réfléchir*, das der Reaktion auf diesen Pfiff vorausgeht. Besonders interessant ist die Abfolge im Zusammenhang mit dem dritten Würfel:

Il réfléchit toujours.
Coup de sifflet haut.
Il *se retourne*, voit le troisième cube, le *regarde, réfléchit, se détourne, réfléchit*.
Le troisième cube remonte et disparaît dans les cintres [14].

Hier wird zwischen *se retourner* und *se détourner*, zwischen *regarder* und zweimaligem *réfléchir* ein innerer Widerstand beschrieben; die Sequenz „il se détourne, réfléchit" dient als Übergang zu einer Null-Bewegung: P bewegt seinen Kopf, aber sein Körper bleibt bewegungslos. Inhaltlich (wenn auch nicht psychologisch) ist dieser Ausdruck gleichwertig mit dem „Il ne bouge pas" in 13a, 14 und 15a.

In den Handlungseinheiten 11d und 13c taucht ein anderes Verb auf: *constater*. Es geht dort um die zwei Selbstmordversuche. Der GEGNER D entzieht P nicht nur die begehrten Objekte, sondern auch die Instrumente zur Befreiung von seinen Qualen, den Ast zur Befestigung des Lassos und die Schere zum Durchschneiden der Kehle. Beide Male wendet P sich dem Ort zu, den er für seine Selbsthinrichtung ausgewählt hat, und verzichtet dann, weil er erfahren muß, daß diese Möglichkeit infolge des Entzugs der notwendigen Instrumente verschlossen ist. Es heißt dort:

Il se redresse, le lasso à la main, *se retourne, constate* (11d);
Il se retourne pour reprendre les ciseaux, constate, s'assied sur le grand cube (13d) [15].

---

[13] Er wendet sich weg, überlegt.
Pfiff von der rechten Kulisse.
Er überlegt, geht nach rechts ab.

[14] Er überlegt weiter.
Pfiff von oben.
Er dreht sich um, sieht den dritten Würfel, betrachtet ihn, überlegt, wendet sich weg und überlegt.
Der dritte Würfel wird wieder hochgezogen und verschwindet im Schnürboden [„sich abwenden" aus *Tophoven*, p. 325, geändert].

[15] Er richtet sich mit dem Lasso in der Hand wieder auf, dreht sich um und merkt, was geschehen ist.
Er dreht sich um, um die Schere wieder zu ergreifen, merkt, was geschehen ist, und setzt sich auf den großen Würfel.

Das *constater* markiert jeweils den Beginn einer endgültigen Bewußtwerdung. Es bildet andererseits den Schlußpunkt einer komplexeren Folge kognitiver Handlungen, in der alle Modi der Reflexion in Form abstrakter und konkreter perzeptiver Verben vereinigt sind:

> ...il va vers l'arbre, *regarde* la branche... *regarde* les cubes, *regarde* de nouveau la branche... *veut* placer le grand sur le petit, *se ravise*... *regarde* la branche...(11d);
> Il *regarde* ses mains, *cherche des yeux* les ciseaux... *réfléchit*...(13c)[16].

In der letzteren Handlungseinheit bildet die minuziöse Beschreibung der Bewegungen ikonenhaft alle Denkschritte und Gedankenverknüpfungen ab. Vollständig zitiert:

> Il regarde ses mains, cherche des yeux les ciseaux, les voit, va les ramasser, commence à se tailler les ongles, s'arrête, réfléchit, passe le doigt sur la lame des ciseaux, l'essuie avec son mouchoir, va poser ciseaux et mouchoir sur le petit cube, se détourne, ouvre son col, dégage son cou et le palpe... (13b–c)[17].

Die endgültige Bewußtwerdung bedeutet nicht nur Verzicht auf Handeln, sondern sogar auf Denken. Es folgen anschließend nur noch drei Sätze mit P als Subjekt, von denen einer mehrmals wiederholt wird:

> Il reste allongé sur le flanc à la salle, le regard fixe.
> Il ne bouge pas (4x).
> Il regarde ses mains [18].

Durch eine Kommutationsprobe läßt sich der Sinn von „Il ne bouge pas" ohne weiteres herauskristallisieren. Vergleichen wir:

> Coup de sifflet en haut.
> Il se retourne, voit l'arbre, réfléchit... (5);

oder:

---

[16] Er geht auf den Baum zu, betrachtet den Ast... betrachtet die Würfel, betrachtet wieder den Ast... will den großen auf den kleinen (Würfel) stellen... besinnt sich eines anderen... betrachtet den Ast;
Er betrachtet seine Hände, schaut sich nach der Schere um... überlegt... (ibd.).

[17] Er betrachtet seine Hände, schaut sich nach der Schere um, erblickt sie, geht, um sie aufzuheben, beginnt sich die Nägel zu schneiden, hört auf, überlegt, streicht mit dem Finger über die Schneide der Schere, wischt sie mit seinem Taschentuch ab, geht, um Schere und Taschentuch auf den kleinen Würfel zu legen, wendet sich weg, öffnet seinen Kragen, macht seinen Hals frei und betastet ihn [dt., p. 329 mit Ausnahme von „sich abwenden"].

[18] Er bleibt auf der Seite ausgestreckt liegen, das Gesicht zum Saal gewandt, mit starrem Blick.
Er rührt sich nicht (viermal).
Er betrachtet seine Hände.

> Coup de sifflet en haut.
> Il lève les yeux, voit la carafe, réfléchit ... (6b);

mit:

> Coup de sifflet en haut.
> Il ne bouge pas (14).

„Il ne bouge pas" bedeutet demnach den Verzicht auf jenes Überlegen, das jeder Handlung von P vorausging, Verzicht auf Handeln überhaupt. P weiß, daß, wenn er sich bewegen würde, das begehrte Objekt ihm erneut entzogen würde. Ihm bleibt ein fruchtloses Tun ohne Hoffnung, das Betrachten seiner Hände. Es war dies auch seine erste instinktive Handlung in 5, als er den Schatten bemerkt hat; sie wird ihm ebensowenig verboten wie das Schneiden der Nägel (6a), was dazu führt, daß die Schere auf der Bühne bleibt und noch einmal (in 13b) zu demselben Zweck verwendet wird; sie wird ihm erst entzogen, als er sie plötzlich aus eigenem Antrieb zum Selbstmord benutzen will (13c). Der Entzug der Schere ist eine Strafe, genauso wie der gleichzeitige Entzug des Taschentuchs. P bleibt damit nur noch die Möglichkeit, seine Hände zu betrachten, nach innen zu schauen und sich zu spüren. Sonst nichts.

6. Der *Acte sans paroles* ist also Schauplatz eines eigenartigen Ringens zwischen referentieller und poetischer Funktion gewesen. Beckett hat sich bemüht, seinen Text ausschließlich an der ersteren auszurichten, jedoch hat die letztere wider das Wollen des Autors und uns zum Glück das Übergewicht erhalten. Allein schon der Gebrauch von Verben zur Bezeichnung kognitiver Handlungen wäre Beweis genug dafür, daß Beckett das Konzept einer strengen Äquivalenz Wort = Geste, also den, wie es scheinen will, reinen Szenario-Charakter des *Acte sans paroles*-Textes, nicht aufrechterhalten konnte.

Unter den Indizien der poetischen Funktion habe ich hier nur diejenigen herausgegriffen, die einen besonders hohen Anteil an der Gesamtbedeutung („Sinn") haben. Anhand einer stilistischen Analyse ließe sich noch mehr Material finden. Für uns ist es bereits genug, feststellen zu können, daß der Text unter die richterliche Gewalt des Stils fällt, womit impliziert ist, daß sein Sinn quantitativ und qualitativ über die Wortbedeutungen hinausgeht.

Im Widerspruch zu der weitverbreiteten These „poetische Funktion ⇒ Stil als Abweichung" haben wir festgestellt, daß Beckett die Stileffekte im *Acte sans paroles* fast ausschließlich durch Ausnutzung der Linearität der „Rede" entlang der syntagmatischen Achse, einschließlich der transphrastischen Zusammenhänge und nicht der Beziehungen *in absentia*, der Paradigmatik, erzielt. Diese Stileffekte resultieren nämlich aus der Juxtaposition von Verben im Satz, der vollständigen bzw. partiellen Wiederholung von Sätzen oder der Substitution von (immer größeren) Segmenten innerhalb von sonst gleichen Sätzen oder von verschiedenen Sätzen in teilweise gleicher Funktion. Mehr noch: diese Effekte werden gerade durch die nach außen „neutrale" Stillage des Textes, die Wahl eines normalsprachlichen, objektiv beschreibenden Vokabulars usw. gesteigert (die Liste ließe sich durch den Hinweis auf andere Werke Becketts, ihre totale Hoffnungslosigkeit und ihre groteske Komik usw. verlängern).

Einer Argumentation auf der Grundlage von Stilkriterien ziehe ich jedoch (weil mir dies aussagekräftiger und schlüssiger erscheint) den Beweis auf der Ebene des Sinns vor. In 3.2 sind einige Fragen offengeblieben: Bringt die Passivität am Ende des Stücks P zur Freiheit, oder verurteilt sie ihn zur Unfreiheit? Und weiter: Bedeutet das „Nicht-Wollen" von P, daß er „nicht wollen will" oder daß D ihm dieses „Nicht-Wollen" aufzwingt?

Eine erste (wenn auch nur ansatzweise) Lösung liefert die Struktur des Stücks. Da die Pfiffe von der Seite deutlicher als die anderen auf den Versuch der konditionierten Reflexe anspielen, kann die Wiederholung dieser Art von Reizen am Ende des Geschehens (12, 13a) so gedeutet werden: auf der Seite von D gefährliche Bestätigung seiner Macht, auf der Seite von P größere Bereitschaft, sich negativ konditionieren zu lassen; während er nämlich in 4 dem Befehl nur teilweise gefolgt war, zeigt er in 13a keine Reaktion mehr.

Wesentlich sicherer sind die Anhaltspunkte im Text selbst. Die Reaktion von P auf den letzten Pfiff von der Seite („Il ne bouge pas") stimmt überein mit seiner Reaktion auf den Pfiff von oben, mit dem ihm zum letzten Mal das Angebot von Karaffe und Schatten angezeigt wird („Il ne bouge pas", 14, 15a). Zum ersten Mal liegt ein und dieselbe Reaktion auf beide Arten von Befehlen vor: ein untrügliches Zeichen dafür, daß P in beiden Fällen das „Nicht-Wollen" addressiert worden ist. Zu klären bleibt jedoch, was dabei mit ihm auf der kognitiven Ebene geschieht. Hier wiederum sind verbale Ausdrücke für die Sinnerschließung besonders wichtig; auffallend ist das relativ späte Auftreten des *constater* nach häufigem *réfléchir*, zum anderen der Ausdruck „le regard fixe" (13d) nach häufigem *voir* und *regarder*. Dies sind Zeichen für eine Reduktion und schließlich Blockierung der anfangs ausgeprägten Experimentierfreudigkeit und Kreativität, was nicht gleichzusetzen ist mit einer Hemmung seiner intellektuellen Fähigkeiten. „Il constate" ist die letzte kognitive Handlung, die P zugeordnet wird (13d), bevor er auf jede körperlich-motorische Handlung verzichtet (14 ff.).

Wie bereits gesagt (3.2), befindet sich P in einem Zustand des *double bind;* er führt im allgemeinen zur Schizophrenie. Hinzu kommt, daß sich dieser Zustand durch Konditionierungsvorgänge herausbildet (2.1). Wir haben es demnach mit einer „Schizophrenie als Experiment" (Pavlov) zu tun. Das Verhalten von P am Ende des Stücks entspricht, um wieder einen Begriff aus der Psychiatrie zu verwenden, dem Zustand der Katatonie, eine bekannte Form der Schizophrenie. Ich möchte nicht behaupten, daß Beckett die Schizophrenie als Modell für das Verhalten von P gewählt hat (mag sein Werk uns auch viele Schizophrene vorführen); ich bin vielmehr der Auffassung, daß Beckett den *double bind* als ein konstitutives Merkmal menschlicher Existenz überhaupt erkannt hat.

Die Grausamkeit des Experiments, dem P unterzogen wird, besteht gerade darin, daß seine Intelligenz (Wesenszug des Menschen) herausgefordert, anschließend aber seine Willenskräfte unterdrückt werden. Ja die Konditionierung wird auf den Willen (weiteres Wesensmerkmal des Menschen), nicht auf den Instinkt ausgerichtet, so daß P die Hoffnung (Wesenszug des Menschen), nicht aber das Leiden genommen wird. Es wird deutlich sichtbar – und auch hier finden wir eine Bestätigung in den stilistischen Mitteln (vgl. in 5.4 die Hoffnungslosigkeit des Verzichts, die in den Handlungen oder eigentlich ihrem Gegenteil (14 ff.) beschrieben wird) –, daß P nicht aufhört, von Wünschen getrieben zu werden: seinen Durst zu stillen, sich vor Licht und Hitze zu schützen. Das „Nicht-Wollen", das er gelernt hat, ist grausam, weil ihm kein „Nicht-Begehren" entspricht. Das Schema der modalen Werte (3.2) müßte demnach durch das „Begehren" ergänzt werden, und zwar so, daß der unauflösliche Widerspruch, der das Ergebnis des Lernprozesses ist, zum Ausdruck kommt:

$$\left.\begin{array}{r}\text{begehren}\\ \text{wissen-wie}\end{array}\right\} \Rightarrow \text{nicht-wollen (verlernt-haben-zu-wollen)}$$

Da ist die ausführlich beschriebene Nachricht, die Schmerzensbotschaft, die Beckett zwischen den Zeilen seiner Regieanweisungen für automatenhafte, lächerliche Gesten eines stummen Schauspielers zu verbergen gewußt hat.

Bibliographie zum theoretischen Teil

Alexandrescu, S.:
: 1971 A Project in the Semantic Analysis of the Characters in William Faulkner's Work. In: Semiotica 6, pp. 37–51.

Alonso, D.:
: ²1952 Poesia española. Ensayo de métodos y limites estilisticos. Madrid.

Armstrong, R. P.:
: 1959 Content Analysis in Folkloristics. In: Trends in Content Analysis. Urbana, pp. 151–170.

Avalle, S. D.:
: 1966 L'ultimo viaggio di Ulisse. In: Studi Danteschi 43.
: 1970 Tre saggi su Montale. Turin (dt. Teilabdruck in Kapp 1973, pp. 214–218).

Barthes, R.:
: 1957 Mythologies. Paris (dt.: Mythen des Alltags. Frankfurt a. M. ¹²1970).
: 1964 Eléments de sémiologie. In und zitiert nach: Le Degré zéro de l'écriture, suive de Eléments de sémiologie. Paris (dt.: Elemente der Semiologie. Frankfurt 1979).
: 1964a Essais critiques. Paris.
: 1966a Introduction à l'analyse structurale des récits. In: Communications 8, pp. 1–27.
: 1967 Système de la mode. Paris.

Bettetini, G.:
: 1968 Cinema: Lingua e scrittura. Mailand.

Boas, G.:
: 1937 A Primer for Critics. Baltimore.

Bourneuf, R./Ouellet, R.:
: 1972 L'univers du roman. Paris.

Branca, V.:
: 1966 Einleitung z. Dekameron. 3 Bde. Florenz.

Bremond, C.:
: 1964 Le message narratif. In: Communications 4, pp. 4–32 (dt.: Die Erzählnachricht. In: Ihwe, J. [Hrsg.]: Literaturwissenschaft und Linguistik. Ergebnisse und Perspektiven. Bd. III. Frankfurt a. M. 1973, pp. 177–217).
: 1966 La logique des possibles narratifs. In: Communications 8, pp. 60–71.
: 1973 Logique du récit. Paris.

Bronzwaer, W. J. M.:
: 1970 Tense in the Novel. Groningen.

Buyssens, E.:
: 1967 La communication et l'articulation linguistique. Brüssel/Paris (aber schon 1943 in

Brüssel erschienen mit dem Titel: Les langages et le discours. Essai de linguistique fonctionelle dans le cadre de la sémiologie).

Campos, A. de:
 1972 Morfologia do Macunaíma. São Paulo.

Chatman, S.:
 1965 A Theory of Meter. Den Haag, Kap. VII.
 1967 The Semantics of Style. In: Social Science Information/Informations sur les sciences sociales VI, 4.

Corti, M.:
 1969 Metodi e fantasmi. Mailand.

Dewey, J.:
 1946 Peirce's Theory of Linguistic Signs, Thought and Meaning. In: The Journal of Philosophy XVIII.

Dijk, T. A. van:
 1972 Some Aspects of Text Grammars. A Study in Theoretical Linguistics and Poetics. The Hague/Paris.

Doležel, L.:
 1972 From Motifemes to Motifs. In: Poetics 4, pp. 55–90.

Dorfman, E.:
 1969 The Narreme in the Medieval Romance Epic. An Introduction to Narrative Structures. Manchester.

Dressler, W.:
 1971 Einführung in die Textlinguistik. Tübingen.

Dundes, A.:
 1964 The Morphology of North American Indian Folktales. Helsinki (Folklore Fellows Communications LXXXI, 1965).

Eco, U.:
 1965 Il caso Bond. Mailand (dt.: Der Fall Bond. München 1966, dtv. 360).
 1967 Einleitung zu E. Sue: I misteri di Parigi. Mailand.
 1968 La struttura assente. Introduzione alla ricerca semiologica. Mailand. (Autorisierte dt. Ausgabe von J. Trabant: Einführung in die Semiotik. München 1972).
 1970 La critica semiologica. In: I metodi attuali della critica in Italia. Hrsg. M. Corti u. C. Segre. Turin.

Erlich, V.:
 1955 Russian Formalism. History-doctrine. Den Haag (dt.: Russischer Formalismus. München 1964 und Frankfurt a. M. 1973).

Fabbri, P.:
 1968 In: Paragone XIX, Nr. 216.

Faccani, R./Eco, U. (Hrsg.):
 1969 I sistemi di segni e lo strutturalismo sovietico. Mailand.

Fónagy, I.:
 1960 Die Redepausen in der Dichtung. In: Phonetica V.
 1966 Le langage poétique: forme et fonction. In: Problèmes du langage. Paris.

Frye, N.:
 1957 Anatomy of Criticism. Princeton.

Garroni, E.:
 1968 Semiotica ed estetica. L'eterogeneità del linguaggio e il linguaggio cinematografico. Bari.

Genette, G.:
1972 Figures III. Paris.
Genot, G.:
1970a Analyse structurelle de „Pinocchio". Florenz.
1970b Della scomposizione letteraria. In: Sigma 25, pp. 3–38.
1971 Teoria del testo e prassi descrittiva. In: Strumenti Critici V, pp. 152–177.
1972 Le récit (du) déclassé. In: Revue Romane VII, pp. 204–232.
Greimas, A. J.:
1966 Sémantique structurale. Recherche de méthode. Paris (dt.: Strukturale Semantik. Methodologische Untersuchungen. Braunschweig 1971).
1967 Modelli semiologici, a cura di P. Fabbri e G. Paioni. Urbino.
1970 Du sens. Essais sémiotiques. Paris.
Guiraud, P.:
1968 Les fonctions secondaires du langage. In: Le Langage.
Hamburger, K.:
1957 Die Logik der Dichtung. Stuttgart, 2. stark veränd. Aufl. 1968/³1977.
Hendricks, W. O.:
1967 On the Notion „Beyond the Sentence". In: Linguistics 37, pp. 12–51 (dt.: Zum Begriff „Über die Satzgrenze hinaus". In: J. Ihwe [Hrsg.]: Literaturwissenschaft und Linguistik. Ergebnisse und Perspektiven. Bd. II, 1. Frankfurt a. M., 1971, pp. 92–141).
1973 Methodology of Narrative Structural Analysis. In: Semiotica 7, pp. 163–184.
1973 Methodology of Narrative Structural Analysis. In: Semiotica 7, pp. 163–184.
Hjelmslev, L.:
1943 Omkring Sprogteoriens Grundlaeggelse. Kopenhagen. (Prolegomena to a Theory of Language, Memoir 7 von IJAL, Indiana ¹1953.) Madison 1963 (dt.: Prolegomena zu einer Sprachtheorie. München 1974).
Ivanov, V.:
1964 La semiotica e le scienze umanistiche. In: Questo e altro, 6–7.
Ivanov, V. V./Toporov, V. N./Zaliznjak, A. A.:
1962 O vozmožnosti strukturno-tipologičeskogo izučenija nekotorych modelirujuščich semiotičeskich sistem. In: Strukturno-tipologičeskie issledovanija. Moskau, pp. 134–143. (Ital.: Possibilità di uno studio tipologico-strutturale die alcuni sistemi semiotici modellizzanti. In: Faccani/Eco. 1969, pp. 319–332.)
Jakobson, R.:
1963 Essais de linguistique générale. Paris.
1973 Questions de poétique. Paris.
Jansen, S.:
1968 Esquisse d'une théorie de la forme dramatique. In: Langages 12, pp. 71–93 (dt. in: Ihwe 1972, Bd. III, pp. 393–423).
Johansen, S.:
1949 La notion de signe dans la glossématique et dans l'esthétique. In: Travaux du Cercle Linguistique de Copenhague V.
Johnson-Laird, P. N.:
1970 The Perception and Memory of Sentences. In: J. Lyons (Hrsg.): New Horizons in Linguistics. Harmondsworth, pp. 261–270.
Kapp, V. (Hrsg.):
1973 Aspekte objektiver Literaturwissenschaft. Die italienische Literaturwissenschaft zwi-

schen Formalismus, Strukturalismus und Semiotik. Heidelberg.

Koch, W. A.:
1966 Recurrence and a Three-Modal Approach to Poetry. The Hague.

Labov, W./Waletzky, J.:
1967 Narrative Analysis. In: J. Helm (Hrsg.): Essays on the Verbal and Visual Arts. Seattle (dt.: Erzählanalyse. Mündliche Versionen persönlicher Erfahrung. In: J. Ihwe [Hrsg.], Literaturwissenschaft und Linguistik. Frankfurt a. M. 1973, S. 78–126).

Levin, S. R.:
1962 Linguistic Structures in Poetry. The Hague.

Lévi-Strauss, C.:
1955 The Structural Study of Myth. In: Journal of American Folklore LXVIII, 270, pp. 428–444.
1958 Anthropologie structurale. Paris (dt.: Strukturale Anthropologie. Frankfurt a. M. 1967, pp. 226 ff.).
1960 La structure et la forme. Réflexions sur un ouvrage de Vladimir Propp. In: Cahiers de l'Institut de Science Economique Appliquée, série M, 7. März (dt.: Die Struktur und Form. In: Propp 1975, pp. 181–212).
1968 L'origine des manières de table. Paris (dt.: Der Ursprung der Tischsitten. Frankfurt a. M. 1976).

Lotman, Ju. M.:
1966/67 Metodi esatti nella scienza letteraria sovietica. In: Strumenti critici I.
1970 Struktura chudožestvennogo teksta. Moskau (dt.: Die Struktur des künstlerischen Textes, hrsg. v. R. Grübel. Frankfurt a. M. 1973).
1972 Die Struktur literarischer Texte. München.

Machado, A.:
[3]1961 Poesie. Hrsg. v. O. Macrí. Mailand.

Mauron, Ch.:
1963 Des métaphores obsédantes au mythe personnel. Introduction à la psychocritique. Paris.

Meletinskij, E. M.:
1969 Strukturno-tipologičeskoe izučenie skazki. Im Anhang zur Neuauflage von Propp 1928 (dt.: Zur strukturell-typologischen Erforschung des Volksmärchens. In: Propp 1975, pp. 241–276).

Meletinskij, E. M./Nekljudov, S. Ju./Novik, E. S./Segal, D. M.:
1973 La folclorica russa e i problemi del metodo strutturale. In: Ricerche semiotiche. Nuove tendenze delle scienze umane nell'URSS, hrsg. v. Ju. M. Lotman und A. Uspenskij. Turin, pp. 401–432.

Metz, G.:
1968 Essais sur la signification au cinéma. Paris.

Miceli, S.:
1973 Struttura e senso del mito. Palermo.

Mounin, G.:
1959 Les systèmes de communication non linguistiques et leur place dans la vie du XXe siècle. In: Bul. de la Soc. de Ling. de Paris, LIV.
1968 Clefs pour la linguistique. Paris.

Mukařovský, J.:
1932 Standard Language and Poetic Language. In: A Prague School Reader on Esthetics,

Literary Structure, and Style, by P. L. Garvin. Washington 1964.
Pagnini, M.:
    1967 Struttura letteraria e metodo critico. Messina/Florenz.
Panofsky, E.:
    1939 Studies in Iconology. New York.
Peirce, C. S.:
    1960 Collected Papers. 3 Bde. Harvard University Press.
Petöfi, J. S.:
    1971 Transformationsgrammatiken und eine ko-textuelle Texttheorie. Frankfurt a. M.
    1973 Grammatische Beschreibung, Interpretation, Intersubjektivität. Bielefeld (maschinenschr.).
Peytard, J.:
    1969 Linguistique et littérature. Colloque de Cluny. Sondernummer von: La Nouvelle Critique.
Pop, M.:
    1967 Aspects actuels des recherches sur la structure des contes. In: Fabula IX, 1–3.
    1973 Neue Methoden zur Erforschung der Struktur der Märchen. 1967. In: Wege der Märchenforschung, hrsg. v. F. Karlinger. Darmstadt, pp. 428–439.
Prieto, L. J.:
    1966 Messages et signaux. Paris.
    1968 La sémiologie. In: Le Langage, hrsg. v. A. Martinet (Encyclopédie de la Pléiade, XXV), Paris.
Propp, V. Ja.:
    1928a Morfologija skazki. Leningrad ²1969 (dt.: Morphologie des Märchens, hrsg. v. K. Eimermacher. Frankfurt a. M. 1975, suhrkamp taschenbuch wissenschaft 131).
    1928b Transformacija volšebnych skazok. In: Poetika IV, pp. 70–89 (dt.: Transformationen von Zaubermärchen. In: Propp 1975, pp. 155–180).
    1966 Struttura e storia nello studio della favola. In der ital. Übersetzung in: Morfologia della fiaba. Turin 1966, pp. 201–227 (dt. Übersetzung und Überarbeitung nach dem russ. Original: Die Bedeutung von Struktur und Geschichte bei der Untersuchung des Märchens. In: Propp 1975, pp. 215–239).
Ransom, J. G.:
    1938 The World's Body. New York.
    1941 The New Criticism. Norfolk.
Reznikow, L. O.:
    1967 Semiotica e marxismo. Mailand.
Rossi, A.:
    1966 Semiologia a kasimierz sulla Vistola. In: Paragone XVII, Nr. 202, pp. 100–114.
    1967 Protocolli sperimentali per la critica. In: Paragone XVIII.
    1973 La combinatoria decameroniana: Andreuccio. In: Strumenti Critici VII, pp. 1–51.
Rossi-Landi, F.:
    1968 Il linguaggio come lavoro e come mercato. Mailand (dt.: Sprache als Arbeit und als Markt. München 1972).
Rossum-Guyon, F. van:
    1970 Point de vue en perspective narrative. In: Poétique I, pp. 476–497.
Ruwet, N.:
    1972 Langage, musique, poésie. Paris.

Saussure, F.:
1916 Cours de linguistique générale. Paris (dt.: Grundfragen der Allgemeinen Sprachwissenschaft. Berlin ²1967).
Segal, D. M.:
1966 O svjazi semantiki teksta s ego formal'noi strukturoij. In: Poetics, Poetyka, Poetika. II. Warschau (Ital.: Il nesso tra la semantica e la struttura formale del testo. In: Faccani/Eco 1969, pp. 333–364).
1973 Le richerche sovietiche nel campo della semiotica negli ultimi anni. In: Ricerche semiotiche, pp. 452–470.
Šklovskij, V. B.:
1925 O teorii prozy. Moskau ²1929 (dt.: Theorie der Prosa, hrsg. und aus dem Russ. übers. von G. Drohla. Frankfurt a. M. 1966; ferner: Texte der russischen Formalisten I, hrsg. v. Ju. Striedter, München 1969, pp. 3–121 und 245–299).
Sørensen, H.:
1955 Studier i Baudelaires poesi. Kopenhagen.
1958 Littérature et linguistique. In: Contributions à la méthodologie littéraire (Suppl. 2 zu: Orbis Litterarum).
Stanzel, F.:
1959 Episches Praeteritum. Erlebte Rede. Historisches Praesens. In: V. Klotz: Zur Poetik des Romans. Darmstadt, pp. 319–338.
Strada, V.:
1964 Letteratura sovietica 1953–1963. Rom.
Striedter, Ju. (Hrsg.):
1969 Texte der russischen Formalisten. München.
Tadié, J.-Y.:
1971 Proust et le roman. Paris.
Terracini, B.:
1963 Lingua libera e libertà linguistica. Turin.
Todorov, Chr.:
1971 La hiérarchie des liens dans le récit. In: Semiotica III, pp. 121–139.
Todorov, T. (Hrsg.):
1965 Théorie de la littérature. Paris.
1966 Les catégories du récit littéraire. In: Communications 8, pp. 125–151.
1966a Typologie du roman policier. In: Paragone XVII, Nr. 202.
1967 Littérature et signification. Paris.
1968 Poétique. In: Qu'est-ce que le structuralisme? Paris, pp. 97–166 (dt.: Poetik. In: Einführung in den Strukturalismus mit Beiträgen von T. Todorov u. a., Frankfurt a. M. 1973, pp. 105–179).
1969 Grammaire du Décaméron. The Hague/Paris.
Tomaševskij, B. V.:
1925 Sjužetnoe postroenie. In: Teorija literatury. Poetika. Moskau/Leningrad, pp. 131–165 (nur in frz. Übers.: Thématique. In: Théorie de la littérature. Textes des formalistes russes, prés. et trad. par T. Todorov, Paris 1965, pp. 263–307).
Trager, G. L.:
1958 Paralanguage: a First Approximation. In: Studies in Linguistics XII.
Trousson, R.:
1965 Un problème de littérature comparée. Les études de thèmes. Paris.

Tynjanov, Ju.:
: 1924 Das Problem der Verssprache.
: 1929 Avanguardia e tradizione. Bari 1968.

Uspenskij, B. A.:
: 1973 Study of Point of View: Spatial and Temporal Form. Urbino (dt.: Poetik der Komposition. Struktur des künstlerischen Textes und Typologie der Komposition. Frankfurt a. M. 1973).

Vachek, J.:
: 1966 The Linguistic School of Prague. Bloomington/London.

Valesio, P.:
: 1967 Strutture dell' allitterazione. Grammatica, retorica e folklore verbale. Bologna.

Weber, J.-P.:
: 1960 Genèse de l'œuvre poétique. Paris.

Weinrich, H.:
: 1971 Tempus. Besprochene und erzählte Welt. Stuttgart (^{1}1964).

Wimsatt, W. K.:
: 1954 The Verbal Icon. Studies in the Meaning of Poetry. Lexington.

Zumthor, P.:
: 1963 Langue et techniques poétiques à l'époque romane (XIe–XIIIe siècles). Paris.
: 1968 Testo e testura: l'interpretazione delle poesie medievali. In: Strumenti critici II.
: 1969 Charles d'Orléans et le langage de l'allégorie. In: Mélanges offerts à R. Lejeune. Gembloux.
: 1971 Topique et traduction. In: Poetique 7.
: 1972 Essai de poétique médiévale. Paris.

Lea Ritter-Santini

Lesebilder

Essays zur europäischen Literatur

1978, 426 Seiten mit 50 Abb., Leinen mit Schutzumschlag, ISBN 3-12-910590-5

Die Methode dieses Buches besteht darin, daß die Autorin Bilder, Motive und Symbole nach ihren historischen Zusammenhängen befragt und auf diese Weise die wechselseitigen Einflüsse und Übernahmen zwischen Literatur und Gesellschaft, Kunst und Publikum, Poesie und Malerei sichtbar macht. Diese Sammlung von Essays und Aufsätzen zur vergleichenden Literaturwissenschaft geht den vielfältigen Verflechtungen zwischen den europäischen Nationalliteraturen nach und beschreibt vergleichend verschiedene Aspekte der Künste. Thomas Manns weltbürgerliche Inspirationen, Heinrich Manns italienische Lektüren, Gabriele D'Annunzios europäische Themen sind charakteristische Formen einer literarischen Kommunikation der Lesenden und Schreibenden über die Landesgrenzen Europas hinweg.

Käte Hamburger

Wahrheit und Ästhetische Wahrheit

1979, 149 Seiten, Leinen mit Schutzumschlag, ISBN 3-12-933230-8

Hat der Begriff einer ästhetischen Wahrheit etwas mit dem Begriff der Wahrheit selbst zu tun? Käte Hamburger, Autorin des zu einem Standardwerk gewordenen Buches „Die Logik der Dichtung", prüft diese Frage in eingehender Diskussion der wichtigsten philosophischen Wahrheitstheorien von Aristoteles bis zu Husserl und Heidegger und den aktuellsten logisch-semantischen Theorien, darüber hinaus aber anhand der Beobachtung des Gebrauchs des Wahrheitsbegriffs auf den verschiedensten Ebenen unseres sprachlichen Lebens. Kennzeichnend für dieses Buch ist die Einfachheit der Darstellung, die der von jedem Formalismus freie Blick auf die Sache selbst verleiht.

Klett-Cotta

Lucien Tesnière

Grundzüge der strukturalen Syntax

herausgegeben und übersetzt von
Ulrich Engel

1980, ca. 420 Seiten, Leinen, ISBN 3-12-911790-3

Das grundlegende Werk des Vaters der modernen Dependenzgrammatik erscheint hier erstmals in deutscher Übersetzung, versehen mit einer Einführung und einem terminologischen Anhang des Herausgebers. Damit ist eine systematische Rezeption und Weiterentwicklung der Gedanken Tesnières auch für Nichtromanisten ermöglicht.

Harald Weinrich

Sprache in Texten

1977, 356 Seiten, kart., ISBN 3-12-908580-7

Dieses Buch sucht die Sprache dort auf, wo sie uns konkret begegnet. Der Autor analysiert mündliche und schriftliche, literarische und nichtliterarische Texte, insbesondere Brecht, Frisch, Celan, Camus. Im genauen Verständnis der Texte erschließt sich gleichzeitig ein je verschiedener Aspekt der Sprache. Die Methoden der modernen Linguistik, mit Diskretion angewandt, stellen sich hier bei der Arbeit vor. Dabei zeigt der Autor zugleich, daß die Linguistik keine Geheimwissenschaft ist, sondern ihre Dienste allen denen anbietet, die ihre Sprache besser verstehen wollen.

Klett-Cotta